Matthias Maring (Hrsg.)

**Vom Praktisch-Werden der Ethik
in interdisziplinärer Sicht:
Ansätze und Beispiele der
Institutionalisierung, Konkretisierung
und Implementierung der Ethik**

ZTWE Zentrum für Technik- und Wirtschaftsethik
am Karlsruher Institut für Technologie (KIT)

Schriftenreihe des
Zentrums für Technik- und Wirtschaftsethik
am Karlsruher Institut für Technologie
Band 7
Herausgegeben von Matthias Maring

Eine Übersicht aller bisher in dieser Schriftenreihe erschienenen Bände finden Sie am Ende des Buchs.

Vom Praktisch-Werden der Ethik in interdisziplinärer Sicht: Ansätze und Beispiele der Institutionalisierung, Konkretisierung und Implementierung der Ethik

Matthias Maring (Hrsg.)

Impressum

 Scientific
Publishing

Karlsruher Institut für Technologie (KIT)
KIT Scientific Publishing
Straße am Forum 2
D-76131 Karlsruhe

KIT Scientific Publishing is a registered trademark of Karlsruhe
Institute of Technology. Reprint using the book cover is not allowed.

www.ksp.kit.edu

Print on Demand 2015

ISSN 1867-5530
ISBN 978-3-7315-0325-5
DOI 10.5445/KSP/1000044975

Inhaltsverzeichnis

Einleitung und Übersicht

Matthias Maring

Zu den Aufgaben einer praxisnahen, praxiszugewandten und pragmatischen Ethik[1] gehören die Analyse, Kritik, Verbesserung, Weiterentwicklung bestehender Ansätze und der Entwurf, die Konstruktion neuer Ansätze sowie die Moralpragmatik (Birnbacher). Nach Birnbacher (1993, 45f.) bezieht sich die *pragmatische Aufgabe* der Ethik u.a. auf „Fragen der pädagogischen Vermittlung, der praktisch-politischen Umsetzung der vorgeschlagenen Normen [...], der Motivierung zu einem normkonformen Verhalten, der zweckdienlichen Sanktionsform und der möglichen institutionellen Verankerung". Im vorliegenden Band liegt der Schwerpunkt bei „der praktisch-politischen Umsetzung der vorgeschlagenen Normen", d.h. beim Praktisch-Werden der Ethik. Gerade diese Aufgabe ist essenzieller Bestandteil und Bewährungsgesichtspunkt für eine pragmatische Ethik, bleiben Ethik und ethische Diskurse doch naiv und ‚halbherzig‘, solange das *Durchsetzungsproblem* moralischer Regeln und Normen vernachlässigt wird.

Dass moralische Appelle allein zum Praktisch-Werden der Ethik nicht ausreichen, dürfte offenkundig sein: „Moralische Regeln sind die rationale Idee, Gesetze sorgen für die gesellschaftliche Realisierung" schreibt Ropohl (1986, 4) zu Recht. Wenn Ethik die „rationale Idee" (Ropohl) ist, dann bedarf diese, um wirksam werden zu können, der Ergänzung durch Recht und Politik. Es gibt allerdings auch Grenzen der Steuerung durch Moral, Ethik, Recht und Politik bzw. Hindernisse zum Praktisch-Werden. Letzteres lässt sich besonders gut am Durchsetzungsproblem wirtschaftsethischer Überlegungen zeigen.[2] Die Leistungsfähigkeit ethischer Ansätze selbst ist auch immer kritisch zu hinterfragen. So z.B.: Welchen Einfluss hat Ethik in Organisationen, und welche Aktivitäten tragen zur Verbesserung des ethischen Verhaltens von und in Unternehmen bei[3]? Was, welche Formen usw. kann das Praktisch- bzw. Wirksam-Werden unterstützen, befördern, verhindern usw. Gibt

---

1 Vgl. zur pragmatischen Ethik Lenk (z.B. 1975, 1979, 1997), der die Praxisnähe und Institutionen-, Gruppen- und Gesellschaftsorientierung betont. ‚Pragmatisch‘ – so Lenk – bedeute nicht im philosophie-technischen Sinne pragmatistisch.

2 Was kann Ethik bewirken gegen ein „Geiz-ist-geil-Mentalität" oder gegen ‚fragwürdige‘ Anordnungen in Betrieben. Helfen bei Letzteren etwa Regeln zum Schutz von Whistleblowern?

3 Sind hier die US-amerikanischen Sentencing Guidelines, die ethischen Verhalten von Unternehmen fördern sollen, geeignet? (Vgl. Maring 2005.)

es darüber hinaus Einschränkung der „persönliche[n] Verantwortungsfähig-keit" – wie Ropohl (2009, 38[4]) schreibt?

Normen und Regeln werden um so eher eingehalten, je wirksamer die in-neren motivierenden und äußeren Kontrollen sowie die Sanktionsmecha-nismen funktionieren. Eine weitere Aufgabe einer praxisnahen angewandten Ethik ist es also, soziale Sanktionsmechanismen und Anreizsysteme zu ent-werfen und vorzuschlagen, welche die Befolgung der Regeln gewährleisten (helfen). – Die Ethik selbst kann zwar nicht sanktionieren; moralische Sank-tionen bestehen in der Billigung bzw. Missbilligung des Handelns von Perso-nen durch andere Personen oder auch in der moralischen Bewertung des Handelns durch den Handelnden selbst. Die rechtliche Kodifizierung solcher Normensysteme und die damit verbundene – verbindliche – Sanktionierung können also erst die Einhaltung der Normen verwirklichen helfen.

Zur Pragmatisierung der Ethik lassen sich auch folgende Formen der In-stitutionalisierung von Ethik rechnen. Verhaltens-, Berufs-, Ethikkodizes und Gelöbnisse bzw. Eide mit dem Vorbild hippokratischer Eid, Unternehmens- und Branchenkodizes, Leitbilder, Ethik-Audits, Umwelt-, Sozialbilanzen als institutionalisierte Handlungsregeln und organisatorische Maßnahmen wie Ethikbeauftragte, Ethikkommissionen, Ethik-Netzwerke usw.

Neben diesen Fragen und gewisserweise quer dazu ließen sich auch be-stimmte Problemfelder – z.B. Armut, Ungerechtigkeit, Diskriminierung, Do-ping im Sport, Korruption, Energieversorgung, Nachhaltigkeit[5] usw. – dahin gehend untersuchen, ob ‚Ethikmaßnahmen' ergriffen wurden bzw. werden und was diese bewirkt haben. Weitere Beispiele für solche Problemfelder sind das Bruttoinlandsprodukt als Wohlstandsindikator und die Suche nach

---

4 Ropohl (2009, 38) nennt folgende: „Ich werde zeigen, dass Verantwortung sehr verschiedene Ausprägungen annehmen kann, und erläutern, inwieweit der einzelne Ingenieur wirklich Verantwortung trägt. Im dritten Abschnitt werde ich dann die tat-sächlichen und die prinzipiellen Grenzen individueller Verantwortung erörtern. Da-bei wird sich herausstellen, dass die persönliche Verantwortungsfähigkeit im tech-nischen Handeln zahlreichen Einschränkungen unterliegt, die keineswegs mit wohlgemeinten moralischen Appellen zu überwinden sind. schließlich werde ich im dritten Abschnitt auf einige Möglichkeiten zu sprechen kommen, mit denen die Ver-antwortungsbereitschaft und Verantwortungsfähigkeit der Ingenieure zu fördern wären. Da man freilich solche durchaus realistischen Ansätze schon seit Jahrzehn-ten diskutiert, ohne sie bislang konsequent verwirklicht zu haben, werde ich diesen Aufsatz mit einem skeptischen Unterton beenden müssen."

5 Als Konkretisierung des Konzepts der Nachhaltigkeit können beispielhaft genannt werden: die „Karlsruher Schule der Nachhaltigkeit" (vgl. https://www.itas.kit.edu/pro jekte_paro09_schuna.php), das „Netzwerk Nachhaltigkeit am KIT" (vgl. http://www. mensch-und-technik.kit.edu/netzwerk-nachhaltigkeit.php) und für die Nachhaltigkeit in der Stadtentwicklung „Quartier Zukunft – Labor Stadt" für die Oststadt in Karlsru-he (vgl. http://www.itas.kit.edu/projekte_paro11_quazu.php und http://quartierzukun ft.de/).

Alternativen bzw. Ergänzungen, die Millenniumsziele der Vereinten Nationen, die bis zum Jahr 2015 zu erreichen sind, und mittlerweile ergänzt wurden durch die Post-2015-Agenda für nachhaltige Entwicklung. Viele dieser – ethisch und politisch motivierten – Ziele und Programme sind sinnvoll und zu begrüßen. Neben der Operationalisierung von Zielen bleiben vielfach die ‚Wege' zur Verwirklichung ‚nebulös' bzw. mit Schwächen behaftet.

Generell geht es also auch darum, ob die Ansätze der Institutionalisierung, Konkretisierung und Implementierung das halten, was sie versprechen, ob Anspruch und Wirklichkeit übereinstimmen oder es sich bei den Ansätzen um bloße Sonntagsreden mit Alibifunktion handelt oder um ‚mehr'.

Übersicht

Hans Lenk schildert in „Menschenwürde und absolutes Folterverbot" zwei Beispiele des Praktisch-Werdens ethischer Überlegungen: Das erste ist die Gründung der UNO mit einer „Art von Grundrechtskatalog", der „Allgemeine[n] Erklärung der Menschenrechte'". Dies bedeute einen „gewaltige[n] politischen und moralischen [...] Fortschritt". Es sei allerdings immer noch schlecht bestellt um „Sanktionen im praktischen Sinne". Das zweite Beispiel ist „das Folterverbot", das einen „positive[n] Kerngehalt der Menschenwürde" darstellt. So statuiere „die Allgemeine Erklärung der Menschenrechte durch die UNO von 1948, Art. 5: ‚Niemand darf der Folter oder grausamer, unmenschlicher oder erniedrigender Behandlung oder Strafe unterworfen werden'."

Matthias Maring untersucht konkreter in „Folter und die Beteiligung von Wissenschaftlern – ein Fallbeispiel zum Praktisch-Werden von Ethik?" die Beteiligung von Wissenschaftlern, insbesondere Psychologen und deren Standesvereinigung (American Psychological Association, APA) an der Entwicklung von Foltermethoden und am Foltern selbst und fragt nach dem Praktisch-Werden von Ethik und Ethikkodizes. Maring schreibt als Resümee: „Von einem Praktisch-Werden von Ethik bzw. eines Ethikkodexes in den Jahren 2001 bis 2010 kann wohl kaum gesprochen werden, sondern diese Jahre stehen für ein eklatantes Scheitern ethischer Prinzipien in der APA. Handelt es sich doch bei der Legitimation der Foltermethoden im Kodex geradezu um einen Missbrauch eines Ethikkodexes durch die APA und ihre Mitglieder. – Entscheidende Änderungen im Kodex, die ethischen Prinzipien Priorität einräumen, wurden erst im Jahr 2010 vorgenommen".

Bernhard Irrgang möchte in „Mäeutik als Beratungskonzept angewandter Ethik – zu einem Konzept der Unternehmens- und Politikberatung mit sittlicher Ausrichtung" „die Praktikabilität angewandter Ethik in der Praxis" verbessern. Hierzu wird „das noch zu akademische Modell des ‚Ethiktransfers' weiter explizier[t] und konkretisier[t], um die Realisierbarkeit ethischer Ratschläge zu erhöhen". Das von Irrgang vorgestellte „Modell bemüht sich um die praktische Umsetzung wissenschaftlicher ethischer Reflexion und beklagt deren zu geringe Praxisrelevanz angesichts wachsenden Ethikbedarfs". Mit dem das für Modell zentralen Begriff „Ethiktransfer'" werden dann „Umsetzungsfragen und Umsetzungsprobleme wissenschaftlich-ethischer Reflexion in den Alltag" gekennzeichnet.

Friedemann W. Nerdinger und *Gerhard Blickle* schreiben in „Kontraproduktives Verhalten in Organisationen und seine moralisch-ethische Einordnung" als Fazit: „Das Konstrukt des kontraproduktiven Verhaltens" als absichtliche Verletzung der „legitimen Interessen einer Organisation" oder „deren Mitglieder" untersuche „aus ethischer Perspektive partikulare organisationale Werte." Der „normativ-ethische[...] Stellenwert" des Konstrukts könne „nicht generell, sondern" müsse von Fall zu Fall „in einem größeren normativen Rahmen geklärt werden". Insbesondere sei die „Auffassung, kontraproduktives Verhalten sei automatisch auch unmoralisches Handeln, [...] auf jeden Fall kurzschlüssig." Des Weiteren schildern Nerdinger und Blickle „mögliche Ursachen" und „Bedingungen" zur Minderung bzw. Vermeidung „kontraproduktive[n] Verhaltens".

Tobias Eberwein, Susanne Fengler und *Matthias Karmasin* befassen sich in „Praktisch wirkungslos? Perspektiven einer angewandten Medienethik" zunächst „mit dem Begriff der Media Accountability" und berichten dann von „empirische[n] Erhebungen des EU-geförderten Forschungsprojekts ‚Media Accountability and Transparency in Europe' [...], in dessen Rahmen qualitative und quantitative Befragungen mit Medienschaffenden in insgesamt 14 verschiedenen Ländern in Ost- und Westeuropa sowie in der arabischen Welt durchgeführt wurden". „Zusammengenommen können" – so Eberwein, Fengler und Karmasin – „die vorgeschlagenen Entwicklungsschritte das bislang noch unausgewogene Verhältnis zwischen Theorie und Praxis der Media Accountability in ein Gleichgewicht bringen, das den Zielsetzungen einer zeitgemäßen Medienethik auf beispielhafte Art und Weise zu einer zukunftsfähigen Grundlage verhelfen würde. Media Accountability im hier dargestellten Sinne wäre" – so die abschließende These – „ein real gewordener Anwendungsfall institutionalisierter Medienethik – nicht nur praktisch, sondern auch wirksam".

Alexander Brink stellt in „Corporate Responsibility als Versprechen. Empirische Ergebnisse zur Stärkung einer neuen versprechensbasierten Theorie des Unternehmens" vor. Zunächst erläutert Brink die „versprechensbasierte Theorie des Unternehmens als neues Denkmodell". Dann werden die Leistungen des „Corporate Responsibility Index 2013 [...] für deutsche Unternehmen" dargestellt; der Index biete: 1. „Einblicke in den Status quo des CR-Managements bei Unternehmen verschiedener Branchen", 2. eine

„Benchmark der eigenen Leistung im Vergleich zu den Leistungen der Wettbewerber und im Vergleich zu den ‚CR-Champions' der Stichprobe", 3. „eine Analyse der Kernerfolgsfaktoren erfolgreichen CR-Managements" und 4. „eine Plattform zum Austausch von Erfahrungen und Best Practices im Kreis der teilnehmenden Unternehmen." Brink schließt seinen Beitrag folgendermaßen: „Langfristig werden die Anspruchsgruppen [der Unternehmen] ehrliches Verhalten honorieren und wertschätzen, unehrenhaftes Verhalten abstrafen."

Michael Aßländer und *Stefanie Kast* vertreten in „Corporate Social Responsibility – das institutionalisierte Gewissen der Unternehmen?" „die These" auf, „dass in Zeiten einer globalisierten Wirtschaft [...] vor allem die ‚moralisch fittesten' und nicht die ‚ökonomisch fittesten' Unternehmen am Markt überleben würden, nicht" zutreffe. Aßländer und Kast „bezweifel[n]", „dass die Implementierung eines guten Gewissens mittels Umsetzung von CSR-Programmen tatsächlich genügt, um die Frage nach der Verantwortung der Unternehmen innerhalb der Gesellschaft zufriedenstellend zu beantworten".

Ulrich Arnswald behandelt in „Corporate Social Responsibility – das Ende eines ‚glänzenden' Selbstbekenntnisses von Unternehmen?" zunächst das Konzept der Corporate Social Responsibility (CSR) und damit die Frage, in wieweit Unternehmen eine soziale Verantwortung haben. Dann zeigt er auf, dass der Sinn von CSR umstritten und eine präzise Definition von CSR unmöglich ist. Auf Basis der verbreiteten Definition von CSR nach Archie B. Carroll erfolgt ein Diskurs über Pro und Contra von CSR sowie der Frage inwieweit CSR staatliche Regulierung ersetzen kann und soll. Schlussendlich hinterfragt Arnswald die Folgen einer mittlerweile durch die Europäische Union und die Bundesregierung erfolgten partiellen Einschränkung der Freiwilligkeit von CSR und thematisiert den Einzug der Politik in die Unternehmenswelt.

Michael Schramm begreift seinen Aufsatz „Die Ethik der Transaktion. Warum eine Business Metaphysics im operativen Management nützlich ist" „zum einen als Grundlagenbeitrag zum Problem des Wirklichkeitsbezugs jedweder Ethik [...]. Zum anderen soll die hier vorgeschlagene metaphysische Basis", eine „robustere Grundlage als die übliche Sichtweise" geben, „wie effektiv die Ethik praktisch oder wirksam werden kann". Hierzu wird die „‚Business Metaphysics' zu einer konkretisierten ‚Transaktionsethik' weiterentwickelt". Nach Meinung Schramms müssen Manager zwar „keine Metaphysiker sein", sie sollten sich aber „einige der inhaltlichen Kernerkenntnisse einer Business Metaphysics zu eigen [...] machen und in ihrer Managementstrategie" beachten.

Eric Fellhauer plädiert in „Finanzkrise und Verteilungsgerechtigkeit – Beobachtungen aus Sicht eines Praktikers" für zwei „wirtschaftspolitische Postulate zur Adressierung", d.h. zum Praktisch-Werden, von konkreten „Gerechtigkeitsprobleme[n]": „Geldpolitik" dürfe „nicht als Ersatz von notwendigen Strukturreformen missbraucht werden", und die „Staatsverschuldung" sei zu reduzieren. „Die Umsetzung dieser Postulate würde" – nach Fellhauer – „die Durchsetzung anderer notwendiger Maßnahmen wie die Regulierung der Finanzmärkte und staatliche Umverteilung (im Sinne der Eindämmung der entstandenen Ungleichverteilung von Vermögen und Einkommen) erheblich erleichtern bzw. sogar als positiven Zusatzeffekt mit sich bringen." „Ein wesentliches Problem der weltweiten Ungleichheit, nämlich die Frage der Bekämpfung der extremen Armut in einigen Regionen der Welt," sei „allerdings durch diese Postulate nicht adressiert".

Elisabeth Göbel fasst in „Ist ethischer Konsum möglich?" ihren Beitrag wie folgt zusammen: „Alle aufgezählten Hindernisse" für die Konsumenten – u.a. Informationsmängel, beschränkte finanzielle Mittel – „entbinden" diese „letztlich nicht von" ihrer „Mitverantwortung für die Marktergebnisse. Konsum" sei „wie alle Fragen der Lebensführung ethisch relevant. Ein rein individualethischer, privater Lösungsversuch bliebe aber aller Voraussicht nach ziemlich wirkungslos. Die Individuen brauchen institutionelle Unterstützung von Unternehmen, Verbänden, staatlichen und überstaatlichen Institutionen und NGOs." Die Autorin fragt zum Schluss ihres Beitrags, ob man mit ethischem Konsum „die Welt verbessern" könne und antwortet: „Man sollte die moralischen Ansprüche an den einzelnen Konsumenten sicherlich nicht zu hoch hängen, aber jede kleine konkrete Verbesserung" sei „ein Schritt in die richtige Richtung" des Praktisch-Werdens von Ethik.

Ebenfalls mit ethischen ‚Verbesserungen' beschäftigen sich *David Lorenz, Peter Michl* und *Ulrich Arnswald* in „Immobilienwertermittlung und Marktgestaltung – eine ethische Herausforderung?" In ihrem Beitrag werden „die Bedeutung der Verkehrswertermittlung von Immobilien für die Funktionsfähigkeit von Immobilienmärkten sowie deren Gestaltung nach Kriterien einer nachhaltigen Entwicklung" erörtert. Sie analysieren „Probleme", für die eine „Kooperation zwischen Philosophie und Ökonomie" mehr als sinnvoll ist. Hierzu gehört v.a. eine „normativ-ethische[...] Begründung einer um soziale und ökologische Aspekte erweiterten Beschreibung der Qualität von Immobilien und in der normativ-ethischen Ableitung von Handlungsempfehlungen für Wertgutachter". Letztendlich – so die Autoren – führe „kein Weg an einer Diskussion ethisch wünschenswerter Marktgestaltung vorbei".

Jochen Ostheimer befasst sich in „Das Klimaschutz-Trilemma – Akteure, Pflichten und Handlungschancen aus transformationstheoretischer Perspektive" zunächst mit dem „Praktisch-Werden der Ethik", dem „Klimaschutz-Trilemma" und den beteiligten Akteuren – den Staaten, Unternehmen und Bürgern bzw. Konsumenten. Mittels eines gesellschaftstheoretischen „Mehrebenenansatz[es]" will er zeigen, „[w]ie sich das Trilemma auflösen lässt". Ost-heimer diskutiert dann „[p]olitische Gestaltungsmöglichkeiten" und „Hand-lungsmöglichkeiten", den „Klimaschutz unter den Bedingungen ökonomi-schen Wettbewerbs" sowie die (eng zusammenhängenden) Verantwortlich-keiten von Unternehmen, Konsumenten und Gesetzgebern. Fragen der ge-sellschaftlichen Rahmenordnung und der „Umsetzbarkeit" der Lösungsan-sätze werden im Weiteren behandelt.

Armin Grunwald fragt „Fünfzehn Jahre Ethik zur Nanotechnologie – was wurde bewirkt?" und führt hierzu aus: „Die Bilanz fällt [...] durchaus ambiva-lent aus. Die Erfüllung hoch fliegender Erwartungen an eine durch frühe ethische Reflexion substanziell ‚bessere' Nanotechnologie lässt sich kaum nachweisen." Die „Auswirkungen der ethischen Debatte auf das For-schungsumfeld der Nanotechnologie" seien – so Grunwald – „überraschend stark [...], auch die Auswirkungen auf die öffentliche Debatte." Es fänden „sich also substanzielle Folgen der Nano-Ethik, allerdings nicht in der vor zehn oder fünfzehn Jahren an erster Stelle stehenden Form einer direkten Beeinflussung des Ganges der nanotechnischen Entwicklung. Die Folgen für die technische Entwicklung" seien „eher indirekter Art, am deutlichsten viel-leicht zu ersehen über den [...] Code of Conduct" der EU zur Nanotechnolo-gie.

Karsten Weber und *Alena Wackerbarth* stellen in „Partizipative Technik-gestaltung altersgerechter Assistenzsysteme als Verfahren der angewand-ten Ethik" zunächst „verschiedene Ansätze vor [...], die zur ethischen Eva-luierung und/oder partizipativen Technikentwicklung altersgerechter Assis-tenzsysteme genutzt werden (können)." Sie plädieren für eine „pragmatische Herangehensweise an ethische Konflikte" und sind der Überzeugung, dass mit den Ansätzen „reale Probleme der Technikgestaltung adressiert wer-den". Dem Einwand, dass ein solches Vorgehen „vermutlich als prinzipienlos an[ge]sehen" werden kann, „weil dieses Vorgehen grundsätzlich auf den Kompromiss und den Ausgleich unterschiedlicher divergierender normativer Ansprüche aus ist", entgegnen sie: „In der besten aller möglichen Welten mögen Kompromiss und Ausgleich unnötig sein, in der Realität unserer Le-benswelt hingegen sind sie unausweichlich."

Arne Manzeschke stellt in „Angewandte Ethik organisieren: MEESTAR – ein Modell zur ethischen Deliberation in sozio-technischen Arrangements" vor, dass angewandte Ethik als ein ‚Hilfsmittel' versteht, um Menschen Orientierung zu geben. Manzeschke „berichtet von ersten Erfahrungen, eine bestimmte Form der ethischen Hilfestellung angesichts drängender morali-scher Fragen im Bereich von technischen Assistenzsystemen einzuführen". In einem „ersten Schritt" werde der „Anwendungsbereich' technischer As-sistenzen" beschrieben. Im „zweiten Schritt" werden „die Formen ethischer

Reflexion und Deliberation im Bereich altersgerechter Assistenzsysteme anhand des Modells zur ethischen Evaluation sozio-technischer Arrangements (MEESTAR)" vorgestellt. Im dritten Schritt werden „die gemachten Erfahrungen mit dem Modell im Kontext der Angewandten Ethik" und der ethischen, rechtlichen und sozialen Implikationen von „Forschung noch einmal metaethisch" analysiert.

Georg Schaub und *Thomas Turek* geben in „Zukunftsfähige Techniken zur Energiewandlung und Energienutzung – Orientierung und Beispiele" aus ingenieurwissenschaftlicher Perspektive, die zum Praktisch-Werden von Ethik beitragen können. So stehe die „Energieversorgung auf nationaler und globaler Skala [...] vor großen Herausforderungen und Veränderungen". Ein Weiter-So würde „zu einer nicht wünschbaren Veränderung des Klimas und damit der Lebensbedingungen auf der Erde führen". „Aus physikalischer und technologischer Sicht können erneuerbare Energiequellen grundsätzlich ausreichende Mengen zur Verfügung stellen". Es wären aber „gravierende Aspekte von Technologie- und Infrastrukturentwicklung, Investitions- und Kostenaufwand, Interessensausgleich etc." zu klären. Die Umstellung auf erneuerbare Energien erfordere des Weiteren einen „sparsameren Umgang[...] mit Rohstoffen und Energie", biete „aber auch die Chance einer Besinnung auf kulturelle oder postmaterielle Werte".

Alexander Bagattini analysiert in „Das Kindeswohl im Konflikt – kindliches Wohlergehen im Recht, in der Medizin und in der Bildungswissenschaft" „die normative Struktur von [...] einigen, kontroversen Debatten über das Kindeswohl". Bagattini unterscheidet hierzu den „rein negativen Begriff des Kindeswohls" im Recht, der „im Standardfall durch die Eltern vertreten wird" von den „positiv definierte[n] Kindeswohlbegriffe, die auf Güter Bezug nehmen" und „in objektiver Weise im Interesse von Kindern sind, [...] in der Medizin und in der Bildungswissenschaft". Abschließend untersucht Bagattini, „ob der von der UN-Kinderrechtskonvention [...] geforderte Vorrang des Kindeswohls angemessen im deutschen Recht implementiert" sei und die Möglichkeiten der „Vermittlung" der „verschiedene[n] Perspektiven", die zwar „schwierig aber nichtsdestotrotz unausweichlich" sei.

Thomas Mikhail stellt in „Vom Praktisch-Werden der Ethik in der Schule. Aktuelle Bestrebungen und Möglichkeiten in der Lehramtsausbildung" eine Art „Sokratischen Eid" „als Element der Lehrerausbildung" vor. Mithilfe dieses Eides könne man mit angehenden Lehrkräften „ins Gespräch [...] kommen, was daran ethisch vernünftig, was möglicherweise überzogen, was praktikabel, was unrealistisch usw. ist". Im Eid werden „konkret ausformulierte ethische Ansprüche" benannt und können dann kritisch konstruktiv diskutiert werden. „Damit Ethik zukünftig in der Schule noch praktischer werden kann" – so Mikhail – genüge „es nicht, diese" Ansprüche „noch stärker in die

Kompetenzkataloge zu implementieren, sondern jede Lehrperson" sei mit diesen Ansprüchen als „unbedingt[en]" und notwendigen „zu konfrontieren".

Renate Dürr empfiehlt in „Wie kann (irgend-)ein Konzept von Chancengleichheit realisiert werden?" eine Quotenregelung, die „mit Sanktionen" verbunden ist. Dies möge „vielleicht hässlich, aber doch hoffentlich wirksam" sein. Sie schließt ihren Beitrag folgendermaßen: In Bezug auf Chancengleichheit habe sich „in den letzten (sagen wir 50) Jahren einiges, in den letzten (sagen wir 15) Jahren relativ viel getan". Dies sei in „erster Linie dem Engagement von Männern und Frauen zu verdanken, die in ihren Bereichen entweder eine Quote eingeführt haben, und deren ‚Erfüllung' überwachten oder die, auch ohne Quotenregelung z.B. in Betrieben gesehen haben, dass der ‚Laden besser läuft', wenn das jeweils andere Geschlecht nicht bloß als eine verschwindende Minderheit (oder gar nicht) vorkommt".

Klaus Wiegerling betont in „Grenzen und Gefahren der Institutionalisierung von Bereichsethiken", dass die „Institutionalisierung der Ethik [...] nicht zu einer Entlastungs- und Delegationsinstanz degradiert werden" dürfe und dass die Institutionalisierung „nicht einfach zu einer Verrechtlichung führen" werde. In „der angewandten Ethik" gebe es „Grenzen des Konsensprinzips und der Partizipation. Angewandte Ethik" habe insbesondere „ethische Konflikte [...] aufzuweisen und Handeln kritisch zu begleiten". Ethik schaffe „zwar Dispositionen zur Lösung von moralischen Problemen, aber sie" löse die Probleme nicht. „Nur konkrete Handlungen können Probleme lösen". Wiegerling warnt insbesondere davor, dass die „Institutionalisierung der Ethik [...] zu einer Entethisierung der Gesellschaft führen" könne.

Vom Praktisch-Werden der Ethik in interdisziplinärer Sicht handelt der vorliegende Band. Die dem Band zugrunde liegende Idee war es, gelungene Ansätze und Beispiele der Institutionalisierung, Konkretisierung und Implementierung der Ethik zu veröffentlichen, aber auch die Grenzen des Praktisch-Werdens der Ethik aufzuzeigen. Dass dieses Ziel erreicht wurde, verdanke ich den beteiligten Autoren und Autorinnen. Dafür möchte ich mich herzlich bedanken.

Literatur

Birnbacher, D. (1993): Welche Ethik ist als Bioethik tauglich? S. 45–67 in Ach, J.S. – Gaidt, A. (Hrsg.): Herausforderungen der Bioethik. Stuttgart 1993.

Lenk, H. (1975): Pragmatische Philosophie. Hamburg 1975.

Lenk, H. (1979): Pragmatische Vernunft. Philosophie zwischen Wissenschaft und Praxis. Stuttgart 1979.

Lenk, H. (1997): Einführung in die angewandte Ethik: Verantwortlichkeit und Gewissen. Stuttgart 1997.

Maring, M. (2005): Verantwortung und Mitverantwortung in Korporationen. S. 449–479 in Brink, A. – Tiberius, V.A. (Hrsg.): Ethisches Management. Grundlagen eines wert(e)orientierten Führungskräfte-Kodex. Berlin 2005.

Ropohl, G. (1986): Thesen zu B. Gerts „Die moralischen Regeln". Ms. Frankfurt a.M. 1986.

Ropohl, G. (2009): Verantwortung in der Ingenieurarbeit. S. 37–54 in Maring, M. (Hrsg.): Verantwortung in Technik und Ökonomie. Schriftenreihe des Zentrums für Technik- und Wirtschaftsethik an der Universität Karlsruhe (TH). Band 1. Karlsruhe 2009.

Menschenwürde und absolutes Folterverbot

Hans Lenk

Memor amici
Robert Weimar,
Prof. Dr. iur. Dr. mult. Dr. h.c.

Ein ehemaliger Präsident des deutschen Verfassungsgerichts (Benda) antwortete nach einem Vortrag über die Kernsätze und Grundrechte der Verfassung auf meine Frage, woher denn die Kernsätze der Verfassung inhaltlich ihre Begründung erfahren, dass die Menschenwürde als ein Grundrecht – wie auch andere Grundrechte – „aus dem Geiste der Verfassung" abgeleitet würde. Dies sei eine Art von „Stützung", ja, eine „Begründung" (über den Entwurf der verfassungsgebenden Versammlung und Beschlüsse des Parlaments hinaus).

Jedoch gerät auch solche „Stützung" in einen Teufelskreis. Allgemein soll ja diese „Begründung" der Grundrechte aus der „Menschenwürde" folgen, doch die Menschenwürde ist deren wesentlicher Teil und umschreibt eigentlich selber das Insgesamt der Grundrechte, die in den Kernaussagen der Verfassung enthalten sind. Wie soll dies nun gehen? Aus dem „Geiste der Verfassung" *die* Menschenwürde" abzuleiten bzw. die Grundrechte und umgekehrt die Menschenwürde wiederum als das Insgesamt der Grundrechte aufzufassen – dafür benötigt man einen direkten Zugang zum „Geiste der Verfassung". Die Menschenwürde war also hinsichtlich ihrer Stellung und Begründbarkeit nicht klar charakterisiert oder gar definiert. In der Tat „*schwebt*" nach der eigentlich gängigen Auffassung (übrigens auch der nachdenklichen Juristen, Verfassungs- und Staatsrechtler) die Idee der Menschenwürde sozusagen immer noch oberhalb von allem, sie liegt uns aber eigentlich nicht in präziser Formulierung oder analytischer Schärfe vor.

Was aber soll „Menschenwürde" bedeuten? Insbesondere: Was soll es bedeuten, dass die Menschenwürde „*unantastbar*" ist bzw. sei? Dies ist und bleibt – methodologisch gesprochen – von vornherein notorisch unklar. Einerseits „ist" sie unantastbar, andererseits ist sie auch zweifelnden oder redlich begründet kritischen Erwägungen und Argumenten nicht ausgesetzt. Das ist die sogenannte „Unwägbarkeitsthese". Was „unantastbar" ist, kann eigentlich auch nicht abgewogen werden.

Jedoch gibt es leider, wie wir alle wissen, sehr viele Verletzungen der Menschenrechte – somit ist die Würde des Menschen offensichtlich doch *faktisch* „antastbar". Sie ist also nicht unantastbar, sondern, wie Wolfgang Böckenförde 2003 in einem berühmt gewordenen Aufsatz (der auch durch seinen Titel berühmt wurde) festgestellt hat: Die Menschenwürde „*war* un-

antastbar"[1]. Was soll dies nun heißen: „antastbar", „unantastbar" und „unab-
wägbar"? Es ist von vornherein und bleibt unklar, was dies bedeutet, zumal
„unantastbar" schon für den Alltagsverstand doppeldeutig ist, das heißt ja
zugleich, es *darf* nicht verändert werden bzw. es *kann* nicht verändert werden. Dies sind schon zwei sehr unterschiedliche Positionen oder Sichtweisen. Hierauf beruht m.E. auch eines der Hauptprobleme in dieser Diskussion, auf die ich im Einzelnen noch zu sprechen kommen werde.

Verfassungstheoretisch ist es prinzipiell wohl eigentlich so, dass das Apri-
orische von vornherein vor allen Erläuterungen und für jede Diskussion vorausgesetzt wird, also z.B., dass die Menschenwürde nicht angetastet werden darf oder wird usw

Dies ist aber eine Art von apriorischer Grundkonstitution dessen, was wir
unter unseren Grundrechten und unserer Verfassung und ihren Aussagen
verstehen. Allerdings ist die empirische Begründung und auch die empirische Benutzung der Ausdrücke bzw. der Grundintuition in unserer Rechtssprechung, in unserer Judikatur, Legislative usw. durchaus auch der Argumentation unterworfen. Auch dort haben wir die erwähnten Verletzungen der
Menschenrechte zu rügen, was schon zeigt, dass doch in gewissem Sinne
eine Abwägbarkeit oder gar Veränderlichkeit gegeben sein muss. Es handelt
sich letztlich um eine Art von paradoxaler Situation, um ein Paradox.

Es gibt also von vornherein Unklarheiten, die einen tieferen Grund haben
müssen. Das ist jedoch der ambivalente Zustand, welcher der Juristensprache allgemein zugrunde zu liegen scheint. Es wird etwas Indikativisches
formuliert: *„ist* unantastbar". Dabei meint das Formulierte eigentlich keine
indikative Beschreibung oder Deutung(sweise), sondern bezieht sich stets
auf eine Möglichkeit der Darstellung oder Veränderung der Behauptungen
usw. Die Aussage besagt eigentlich nur, dass indikativisch formuliert wird,
was eigentlich statuiert, festgesetzt oder *normativ* als *bindend* gilt oder als
(absolut) *gültig* angesehen wird. Das ist ein ganz entscheidender Punkt: Im
Grunde neigen Juristen fast immer dazu (bis in die Urteilsbegründungen und
die Formulierungen), normative Sätze oder Subsumtionen unter allgemeine
Regeln mit „ist" zu statuieren. Man unterstellt schon aus grammatisch-
sprachlicher Perspektive, dass „Etwas" „der Fall ist", was eigentlich eine
normative Setzung, Konstitution, wenn auch eine von der Gesellschaft gut
fundierte („*bene fundatum*") Begründung ist. Es wird also zwischen den
normativen und den deskriptiven Verwendungsweisen nicht klar genug

---

1 Übrigens ist dies von einer gewissen staatsrechtlich nicht so zugänglichen Autorin namens Ulrike Meinhof übernommen worden. Auch sie hatte schon geschrieben, dass die Menschenwürde „antastbar" sei (zit. n. Wetz 2005, 207, s.a. Wetz
1998).

unterschieden, sogar in unseren Grundgesetzen, aber auch in anderen, nachgeordneten Gesetzen (StGB u.a.).

Offensichtlich hat dies auch Böckenförde in seinem Aufsatz noch immer deskriptiv verstanden, wenn er schreibt: *„war* unantastbar". Diese empirische Aussage bezieht sich darauf, dass die Unantastbarkeits-These gleichsam als eine Aussage über bestehende Verhältnisse gemeint war. Das scheint aber nicht der Fall zu sein. Es ist zwar eine Statuierung eines Grundsatzes (Grundgesetzes), was jedoch etwas anderes ist: Von „Würde" in diesem Sinne (zumindest nach dem Buch von Wetz 2005, 242) war dies „ein Ende" oder eine „Schlusserklärung": „ein Ende der metajuristischen Pathosformel von der Menschenwürde". Dies ist in gewissem Sinne richtig, wenn man es so versteht – aber muss man das so verstehen? Was sicher ist, ist, dass „Würde", „Menschenwürde", „Würde des Menschen" gemeint ist und fallweise zu spezifizieren ist. „Menschenwürde" ist also der allgemeine Begriff, der sich auf den philosophischen Grundgehalt und die anthropologische und moralische Grundthese der Menschenwürde bzw. der „Menschenwürdigkeit" bezieht. *Menschenwürde* ist eine Art konstatierender oder (normativ) statuierender *Zuschreibungsbegriff*. Sie ist nicht ein Etwas, das da ist: Man kann sie nicht sehen; sie ist ein Abstraktum, das zwar durch ein Grundgesetz (Verfassung) konstatiert werden kann, aber eben in einem indirekten Sinn, nämlich als Konstatierung in der normativen „Setzung" oder sanktionierten *Statuierung*, die stattgefunden hat, z.B. durch die Verfassungsorgane der gesamten Gesellschaft bzw. durch eine kulturelle oder sonstige überkommene Tradition, die etwa religiös fundiert sein kann. Die rechtliche Geltung wird also durch eine Art „Erklärung" „in Stand *gesetzt*".

Das gilt auch für unser Grundgesetz bzw. dafür, wie die Formulierung des Menschenwürde-Satzes zustande gekommen ist (am 13.12.1948 vom Herrenchiemseer Gremium, das diese Formulierung dem Parlamentarischen Ausschuss vorgeschlagen hat). „Die Würde des Menschen ist unantastbar. Sie zu achten und wahren ist Aufgabe aller staatlichen Gewalt."

Diese Formulierung wurde dann übrigens auch in die allgemeineren europäischen Konventionen der Menschenrechte übernommen und orientierte sich (zur selben Zeit übrigens) an der UN-Erklärung der allgemeinen Menschenrechte. Die Idee ist dieselbe.

All dies bedeutet freilich eine Art von gewaltigem politischen und moralischen Praktisch-Werden ethischer Überlegungen – ein Fortschritt, der gerade in diesem letzten Jahrhundert der schrecklichsten Grausamkeiten besonders bemerkenswert ist. Die Menschheit war dazu in der Lage, nicht nur die UNO zu gründen, sondern auch eine Art von Grundrechtskatalog, eine „Allgemeine Erklärung der Menschenrechte" zu statuieren und zu weltweiten Geltung zu bringen – das ist einzigartig und wichtig und hat auch eine Art der Wirksamkeitsdynamik entwickelt, die derzeit immer noch Früchte trägt. Dieses Fortwirken wurde also erzeugt durch eine breite politisch-soziale Bewegung und auch von der grundlegenden moralischen Intuition, dass *jedem* Menschen *qua Individuum* das *gleiche* Recht auf Anerkennung, Akzeptanz, Freiheit, Selbstbestimmung und gleichartige Behandlung zusteht. Dies ist in gewissem Sinne, wenigstens ideell, sanktionsbewährt, indem letztlich verschiedene Menschenrechtserklärungen, Grundrechtserklärungen und ähnliche Formen alle dem Rechtsleben zugrunde liegen. Nur mit den Sanktionen im *praktischen* Sinne ‚hapert' es bekanntlich noch immer, obwohl es zumindest in vielen Bereichen der europäischen Gesellschaft, auch aufgrund dieser Menschenrechtserklärungen und -konventionen, offiziell und auch international „besser" geworden ist. (Es gibt z.B. internationale Gerichte für Menschenrechte.)

Ich müsste und möchte an dieser Stelle kurz etwas Methodologisches anschließen: Wie kommt es zu solchen Erklärungen, ja, eigentlich Deutungsverfahren, Deutungsprozessen und „Interpretationskonstrukten", wie ich sage (vgl. u.a. Verf. 1993)? „Menschenwürde" ist ein abstrakter Begriff wie auch „Staat", „Kirche", „Institutionen". Dies alles sind zunächst abstrakte Konzepte oder sprachliche Namen für abstrakte Begriffe – Namen, die ein Kunstwort darstellen, ein sprachliches oder begriffliches Konstrukt. In der Tat spricht auch Wetz von „Menschenwürde" als einem „sozialen Konstrukt". Das ist m.E. richtig, dürfte aber viel allgemeiner gültig sein, nämlich für *alle* abstrakten Begriffe, Modellbildungen usw. (Hier wäre ein erkenntnistheoretischer Exkurs nötig – auch über die Stufungen der Deutung über Deutungen, Metastufen der Interpretationen usw., vgl. Verf. 1993 u.a.) Es ist dabei wichtig zu sehen, dass alle Interpretationen, Deutungen abstrakter Bildungen diesen Charakter haben: Wir benennen uns etwas, das in eine Art Konstruktbildung zusammengerafft wird oder ist und ein Modell, ein Muster darstellt oder aufweist, das allen folgenden Ausführungen zugrunde liegt. Alle unsere Erkenntnis ist abhängig von solchen Musterbildungen. Wir können nur mit Mustern oder, wie ich sage, mit „Schemata" in einem allgemeinen Sinne überhaupt erkennen, aber auch handeln. (Alles Handeln ist strukturiert, insbesondere das Erkennen und Handeln, besonders wenn es Anspruch auf eine gewisse Allgemeingültigkeit hat.) Dies gilt sowohl für das wissenschaftliche Erkennen, für das allgemeine und alltägliche Erkennen, das philosophische – wie auch für das juristische. Übrigens auch dafür, wie wir etwa beim strukturierten oder juristisch formalisierten usw. begleiteten Handeln oder „Urteilen" (im Doppelsinn) vorgehen. Wir können allgemein gar nicht anders als zu schematisieren, Muster zu bilden, Allgemeinheiten zu bilden. *Wir können nicht nicht interpretieren* (nach Watzlawick: „Wir können nicht *nicht* kommunizieren"). Wir müssen deuten, wir können überhaupt nur etwas aussagen, wir können uns überhaupt nur differenziert selber etwas vorstellen, indem wir sprachliche, begriffliche Schemata verwenden und diese sozusagen für die Sache an sich nehmen oder vorgeben. Das heißt also: Bei jeder Deutung, bei jeder Auffassung (das gilt wie gesagt für das Erkennende und sogar für das sinnlich wahrnehmende Tätigsein als auch für das Handeln, Gestalten und Formieren) müssen wir schematisieren. Dies war auch schon früher bekannt: Für Kant war es der Verstand, die Vernunft, der/die diese Strukturierung vornimmt[2]. Für ihn war es immer noch eine dynamische völlig ungeordnete Mannigfaltigkeit, die durch die (äußeren oder inneren) Sinne einströmt, die der Verstand erst bearbeitet, der, quasi als „Homunkulus" im Köpfchen, das sinnliche Material strukturiert.

Die wichtige Idee ist: Es gibt *Stufen* der Schemainterpretation. Diese Niveaus beginnen bei unveränderlichen Ur-Deutungen, die wir nicht anders wahrnehmen, deuten oder auffassen können, z.B. als Normalgesichtige den Unterschied zwischen der Wahrnehmung von „hell" und „dunkel"; es sind genetisch angelegte primäre Konstitutionen oder Ur-Deutungen, die wir Menschen ja auch vielfach haben, obwohl ja angeblich (laut Gehlen) der Mensch das von Instinkten (weitestgehend) ungesteuerte Wesen sein soll(te). Das ist die erste Stufe der biologisch-genetisch angelegten erblichen Musterungen, Schematisierungen, die z.B. in der direkten Wahrnehmung verankert sind. – Die zweite Stufe: gewohnheitsmäßige Muster oder habitualisierte Gleichförmigkeitserkenntisse, Muster*reaktivierungen*, Ähnlichkeiten und Vergleiche feststellen – etwa, ob etwas übereinstimmt (dasselbe Farbmuster ist, dieselbe Form hat u.Ä.): Dies ist größtenteils eine Art von (Muster-)Schematisierung, die *erlernt* ist, wenn auch auf genetisch angelegter Basis. – Die dritte Stufe, die besonders interessant und kompliziert ist, umfasst die *sozial* etablierte, kulturell tradierte und übernommene *konventionalisierte* Schematisierung: Wir pflegen bestimmte Regeln und Normen, die sich z.B. in unserer Familie oder einer entsprechenden kleinen Gruppe ausgeprägt haben, zu übernehmen und danach zu handeln und wahrzunehmen sowie unsere sprachlichen Ergebnisse zu formulieren. (Das ist dann der zweite Teil dieser dritten Stufe: also nicht nur die *vorsprachlich* normierte Begriffsbildung (deren Existenz man bei jedem Kleinkind beobachten kann), sondern auch die sprachlich form(ul)ierte kulturelle und soziale Normierung

---

2 Allerdings hatte Kant nicht bemerkt, dass das Schematisieren schon in den Sinnesorganen vorhanden ist und dass die Sinne selbst schon „schematisieren", wie Herder mit Recht Kant vorhielt. Herder war sogar der Meinung, dass die Sinne selbst auch schon unsere Wahrnehmung nicht nur „schematisieren", sondern (wie er sogar schon völlig modern sagt) „meta-schematisieren". Es gibt für ihn schon übergeordnete Formen der Schematisierung. Das kann natürlich vom Verstand begleitet, veranlasst worden sein usw. Aber wer ist das „Biest" genannt „Verstand"? Es ist ein metastufliches (ursprünglich erkenntnistheoretisches) Interpretationskonstrukt! Darauf ist hier nicht weiter einzugehen!

im Kleingruppenbereich in der Familie, Gesellschaftsnormen usw. – Viertens: Darüber hinaus wird die i.e.S. *repräsentierende*, nach außen durch Formen beschreibend-darstellende, sprachliche Begriffsbildung, Normierung durch Sprache (durch repräsentierende sprachliche normierte Begriffsbildung i.e.S.) geleistet und gesteuert oder „formatiert". Dazu kommen dann die eher philosophisch interessanten und auch für die Rechtsphilosophen interessanten Begriffsbildungen, Modelldeutungen, Einzelauffassungen usw., bei denen eine gewisse *Ein- und Unterordnung* oder *Einbettungsschematisierung* stattfindet, d.h. *Klassifikation*, begriffliche *Subsumierung*, Beschreibung aus durch Artenbildung und Einordnung gezielte Begriffsbildung usw. – Die nächste, fünfte, Stufe wären dann erklärende, rechtfertigende, theoretisch *begründende Interpretationen*, *Rechtfertigungsdeutungen*, die Einbettung in Folgerungs- und Argumentationsbegründungsstrukturen, auch in bzw. über Meta-Schemata. – Schließlich die allerletzte, sechste, Stufe (auch sie ist eigentlich eine nach oben hin offene Kategorie): die erkenntnistheoretische Deutung von derartigen Konstruktbildungen, die auch eine spezielle, aber *eben höherstufige* Form ist. (Man kann dies auch noch verbinden und ergänzen mit Aktivierungs- und Aktivitätenunterschieden hinsichtlich der Stärke der Konstruktion u.Ä.)

All das ist zunächst allgemeine methodologische Erkenntnistheorie, aber es hat auch Auswirkungen auf unser Thema: *normative* Interpretationskonstrukte[3].

Diese Konstruktivität bzw. Strukturierung der Interpretation gilt nicht nur für Erkenntnisvorgänge, sondern auch für normative Konstruktbildungen oder Konstitutionen. Wir haben daher so etwas wie projektierte Konstruktentitäten zur Präferenzbildung in Gestalt von Werten. Das sind theoretische Erklärungsbegriffe, aber auch an den Handelnden gebundene Rechtfertigungsinstrumente oder Rechtfertigungskonzepte, die man auch als „Interpretationskonstrukte" (Verf. z.B. 1993) auffassen kann, ja, *muss*, also als normative Interpretationskonstrukte zu verstehen hat. Mit anderen Worten: Sie können in einem Zusammenhang als Vorschriften, als Wertungen, Evaluationen usw. aufgefasst werden, in einem anderen, u.U. sogar gleichzeitig, als erklärende oder beschreibende. Im juristischen Zusammenhang der Geltung von abstrakteren Gesetzen ist dies immer der Fall. Die eingangs erwähnte Redeweise der indikativen Statuierung von Normen[4] ist von diesem Charakter. Rechtsnormen haben „reale" Wirksamkeit in einem sekundären

---

3 Ich habe 1998 mit M. Maring einen Aufsatz zu diesem Thema geschrieben, der den Titel „Normative Interpretationskonstrukte" trägt; er wurde in der Schweiz veröffentlicht und wurde in Deutschland nicht bekannt.

4 Normen sind ja soziologisch gesehen sozial regulierte Verhaltenserwartungen, die mit sozialen Folgen bewertet sind, werden oder dadurch kontrolliert werden: Man spricht soziologisch von „sozialer Kontrolle".

Sinne dadurch, dass sie statuiert wurden und auch mit Folgen verbunden sind: Unter Normen versteht man institutionalisierte Verhaltenserwartungen, die positiv oder negativ sanktioniert sind. Sie wirken dadurch spezifisch normativ, dass und wenn sie in bestimmten Zusammenhängen vorkommen. Das ist ganz entscheidend für den Unterschied zwischen normativer (be-)wertender, statuierender bzw. vorschreibender Verwendungsweise einerseits und erklärender, ja, konstatierender Verwendungsweise kognitiver Art andererseits.

Aussagen nun wie „Die Menschenwürde *ist* unantastbar" klingen zunächst kognitiv, können auch kognitiv gemeint sein, z.B. wenn jemand nur über die bestehende Rechtsordnung oder Rechtssprechung in der Bundesrepublik spricht, aber dies ist auch (ursprünglich und prototypisch) *normativ* gemeint. In der analytischen Philosophie macht man den Unterschied zwischen Sätzen und deren Gehalten und den „Vorkommnissen" (Satzvorkommnissen): Ein und derselbe Satz („Dies ist gut") kann einerseits deskriptiv gemeint sein in Bezug auf einen bestimmten geltenden Kodex, ein Kriterium oder eine Geschmacksneigung. Es kann aber andererseits auch bewertend sein („Er ist ein guter Einbrecher"). Die Unklarheiten, die ich eingangs erwähnte, hängen zusammen mit der unzureichenden analytischen Trennung von normativer und beschreibender Verwendung von Aussagen, v.a. abstrakter und allgemeiner Aussagen. Diese Art von Schwierigkeit oder Unklarheit der Verwendung des Ausdrucks findet sich sowohl im Alltag als auch im rechtlichen, politischen oder philosophischen Gebrauch, wie auch die unklare Unterscheidung zwischen einer kantisch-apriorischen Auffassung einerseits und andererseits einer immer wie immer auch verstandenen empirischen in der Alltagswelt und Erfahrung stehenden Deutung oder auch einer Konstruktauffassung, einer bewussten Modellbildung. All dies bildet die Grundlage für die erwähnten Schwierigkeiten. Es gibt beispielsweise (nach der Meinung vieler Rechtsphilosophen) sowohl einen „realistischen" Zugang als auch einen instrumentalistischen Zugang und eine Allgemeingültigkeitsaussage, die sozusagen über aller Empirie steht.

Die Würde nun ist an den Besitz, an die Gabe der „Vernunft" (bei Kant und vielen anderen auch so ein Interpretationskonstrukt homunkulusverdächtiger Art!) gebunden, doch auch jedes geborene menschliche Wesen ohne bereits entwickelte oder schon/noch vorhandene Vernunftregung(sanzeichen) ist immer noch ein Wesen, das eine Menschenwürde „besitzt" oder zugesprochen bekommt bzw. zugesprochen bekommen muss. Wenn man also alle Menschen als gleich an Würde und Rechte geboren betrachtet (was ja die Deutung z.B. in der Allgemeinen Erklärung der Menschenrechte ist, die es aber auch schon in der amerikanischen Verfassung, zuvor schon der Bill of Rights bzw. der viel früheren *Dignitas-hominis*-Diskussion – s.u., gibt), ist dieses Konzept ein *normatives* Interpretationskonstrukt, das freilich auch in gewissen Zusammenhängen auf gewissen Deutungsebenen höher-stufig *beschreibend* genutzt werden kann. Die allumfassende normative All-gemeingültigkeit, die im Menschenwürdesatz als Anspruch enthalten ist, ist methodologisch gesehen nützlich als eine Zuschreibungsformel, die einen auf Allgemeingültigkeit zielenden begründeten und sanktionsbewehrten An-spruch erhebt.

Idee und Begriff der Menschenwürde ist also in diesem Sinne (methodo-logisch gesehen!) ein Konstrukt, das in der historischen Entwicklung ent-standen ist.

Cicero war wohl der erste Theoretiker und Praktiker der *„dignitas homini"*, also der menschlichen Würde. Aus abendländischer Sicht ist dies richtig, aus allgemeiner Sicht jedoch nicht, da einige ‚alte Chinesen' auf diesem Ge-biet schon früher so weit waren: Insbesondere der eigentliche Entdecker der „konkreten Humanität" (Verf. 1988), wie ich sie nenne, die im Menschenwür-desatz zum Ausdruck kommt, ist der alte chinesische Konfuzianer Menzius (MengZi) (Verf. 2008). Er forderte eine konkrete Ethik des praktischen Le-bens aus Gründen der Menschlichkeit (*ren/Lunyu*), welche auch bei Konfu-zius oberstes Gebot ist, wobei dieser diese eher allgemein-theoretisch im staatszwecklichen rechtlichen Sinne verstand. Menzius hingegen wandte die praktische „humane" Umgangsweise mit anderen Menschen auf die von den Chinesen sonst (ähnlich wie bei den Griechen) normalerweise verachteten „Barbaren" an. Dies war eine wirklich große „Entdeckung", die erst später auch im Abendland erreicht bzw. neuerlich vollzogen wurde, obwohl man von den chinesischen Ursprüngen bzw. Vorläufen noch gar nichts wusste. Hier wurde all dies in der Folgezeit auch im Zusammenhang mit der christli-chen Nächstenliebe dann aus dem Nahen Osten bzw. aus Ägypten über-nommen und begründet[5]. Im Abendland waren es Thomas von Aquin, Pico della Mirandola, Pufendorf im 17. Jahrhundert und Immanuel Kant, die für diese Art von Auffassung der Menschenwürde als (bei Kant) *„dignitas in-terna"* im Gegensatz zur *„dignitas externa"* bei Cicero die Menschenwürde näher bestimmt haben. Schopenhauer war hier sehr kritisch und treffend, indem er den Vorwurf äußerte, die Rede von „Menschenwürde" sei ein „Schibboleth aller rat- und gedankenlosen Moralisten" (zit. n. Sandkühler 2007, 62), also eine Leerformel und die „Leere" des Begriffs sei so auffällig, dass man nur noch in Zirkeln darüber reden könne.

Heute haben wir hierfür ganz andere Ausdrücke: In der Juristensprache ist die Menschenwürde ein sog. *„unbestimmter Rechtsbegriff"*. Unbestimmte Rechtsbegriffe sind solche, die nicht präzise definiert werden können oder wurden und erst der Ausfüllung durch Interpreten bedürfen, seien es verfas-

---

5 Übrigens wurde auch die allgemeine Menschen*liebe* in China schon lange vor Christus von MoZi gefordert.

sungsrechtlich bestellte oder der allgemeine „Gesunde" Menschenverstand oder die „Vernunft". Sie stellen eine Art Label oder Etikett dar, ein real „offener" Begriff, der eigentlich der (Wert- oder methodologischen) Ausfüllung bedarf.

Deshalb die Eingangsbemerkung des Verfassungsgerichtspräsidenten aus der damaliger Zeit, der nur noch auf den Geist der Verfassung hinweisen konnte. So ‚abgehoben' konnte ich das damals nicht einfach nachvollziehen, und deswegen muss man wohl konkreter werden.

Ich denke, dass es dazu Möglichkeiten gibt: F.J. Wetz (2005) stellt in *„Illusion Menschenwürde"* die Hauptthese auf, dass die Würdeformel auf einen „Gestaltungsauftrag" hinausläuft. Wo immer jemand erniedrigt wird oder brutal seiner Selbstachtung (oder heute auch Selbstbestimmung?) beraubt wird, da schwindet seine Würde, wohlgemerkt aber nicht sein *Anspruch* darauf, der paradoxerweise umso deutlicher hervortritt, je mehr dagegen verstoßen wird. Somit besteht die Würde aus nichts anderem als aus der Achtung davor.

Das klingt auch etwas paradox: Die faktische Würde besteht darin, dass sie sozusagen einerseits normativ konstituiert oder statuiert wird durch irgendeine grundgesetzliche oder „Grund-legende" Instanz, die die Fähigkeit und Macht hat, das Konzept auch sozial zu verbreiten, zu sanktionieren u.Ä. Damit wird die Würde erst *konstituiert*. Erst die Würde zu respektieren heißt sie zu konstituieren. Auch dies ist gewissermaßen eine Art Münchhausen-Trick. Andererseits macht es auch guten Sinn. Die Würde überhaupt als Grundlage der Menschenrechte wäre ja gar nicht gewährt, wenn, wie man schließen muss, die metaphysische Grundlegung (etwa ontologischer oder religiöser Art) nicht mehr als *absolut* anerkannt wird.

Für Kant ist Menschen- und Personenwürde ein höchster Wert. Dies zeigt seine berühmte Formulierung, dass alles „entweder einen *Preis* oder eine *Würde*" hat (AA IV, 434). Für Kant ist „Würde" ein absoluter innerer Wert. Alles, was einen Preis hat, hat keinen absoluten inneren Wert; alles, was einen absoluten inneren Wert hat, „hat" keinen Preis (will sagen: darf keinen Kaufpreis haben). Alles was einen Preis hat, hat keine Würde, und alles, was Würde hat, hat (habe) keinen Preis. Kant unterscheidet zwischen einem relativen Wert oder Anerkennung und einem absoluten Wert und einer Unterscheidung zwischen „Personen" und „Sachen". Sachen haben Preise, aber keinen (inneren) Wert[6]. „Allein der Mensch als *Person* betrachtet, d.i. als Subjekt einer moralisch-praktischen Vernunft, ist über allen Preis erha-

---

6 Tiere kommen bei Kant in dieser Hinsicht nicht vor. Sie haben sozusagen keine Würde, auch wenn das im Sinne von Albert Schweitzers „Ehrfurcht vor dem Leben" (dem Willen zu leben in jedem lebendigen Wesen) nicht mehr so einfach vertretbar ist.

ben". D.h. er „besitzt" als Vernunftwesen „eine *Würde*, (einen absoluten inneren Wert)", das ist sozusagen seine Grundlage und Kants Grundüberzeu-
gung (AA VI, 434f.).

Man kann sagen, dass diese Entweder-oder-Formulierung eigentlich auch
noch zu unklar ist. Sie besagt: entweder „Preis" oder „Würde". Diese Alternative ist aber kein absolute kontradiktorische, wie Kant meint. Es müsste
eigentlich heißen: entweder *„nur"* ein Preis oder eben über jeden Preis erha-
bene Würde. Aber es scheint sich eher um ein „quasi konträres" Verhältnis
der nichtabsoluten Ausschließbarkeit zu handeln. Denn in der Tat werden ja
auch im alltäglichen Leben Rollenträger mit Personencharakter in ihrer Tätigkeit mit Preisen, Lohn oder Gehalt usw. bewertet, nur eben nicht *„als* Person". Kants Grundidee ist, dass ein Mensch niemals ausschließlich oder *nur*
oder *lediglich* oder „*bloß*", wie er sagt, als *„Mittel"* verwendet werden darf. Er
darf nicht *nur* in diesem scharfen Sinne instrumentalisiert werden, aber tatsächlich instrumentalisieren wir ja sozusagen als Teilnehmer am üblichen
Sozialleben immer auch Rollenträger (nur die Rollen, gar nicht mehr die
Träger?). Es ist die berühmte sog. „Objektformel", die bei Kant angeblich
eine große negative Rolle für die Würdebegründung spielt (s.a. neuerdings
Sensen 2011), die, dass die Verletzung einer Menschenwürde dann vorliegt,
wenn der konkrete Mensch zum Objekt, zum *bloßen* Mittel, zur vertretbaren
Größe herabgewürdigt wird. So heißt es auch in dem entsprechenden
Kommentar zum bundesdeutschen Grundgesetz von Maunz/Dürig (2009)
oder auch in neueren Kommentatoren. Allerdings wird dies mittlerweile auch
ein wenig ‚aufgeweicht'. Inzwischen gibt es eine Neuformulierung, in der bestimmte Autoren die Art von Würdezuschreibung, Würdegarantie als problematisch ansehen, z.B. Herdegen (2009), der den letzten Aufsatz in der
Neuauflage von Maunz/Dürig geschrieben hat: Er meinte, dass ein Abwä-
gungsprozess die „Operationalisierung" der Menschenwürde sozusagen in
gewisser Weise erlaubt. Eine Würdegarantie stehe (das ist bei Grundrechten
immer der Fall) auch im Konflikt oder in Übereinstimmung mit den anderen
Grundrechten. Man müsse also auch bei der Menschenwürde abwägen
(oder eine Art von Abwägung vornehmen können, die dann dazu führen
kann, dass unter Umständen die Menschenwürde auch ausnahmsweise
einmal) legitim verletzt werden würde. So könnte man unterstellen. Das ist
aber durch die Unantastbarkeitsthese verboten. „Unantastbar", das heißt:
nicht abwägbar. Die These ist also, dass Unantastbarkeit und Nichtabwäg-
barkeit dasselbe sind, identisch oder logisch äquivalent. Hier liegt die
Schwierigkeit, die dazu führt, dass wir eigentlich noch, wie geschildert, zurzeit noch keine besonders klare Situation der Lösung oder einer Lösungs-
möglichkeit sehen.

Der Staats- und Verfassungsrechtler Karl E. Hain (2007) aus Mainz machte nun einen Vorschlag, den ich ausgezeichnet finde: Er unterscheidet zwei Kategorien von Rechtsnormen mit je unterschiedlichen Anwendungsmodi:

1. Regeln, juristische Rechtsregeln mit Subsumtionscharakter: Man kann Fälle einordnen und dann ableiten, wie das bisher für die gesamte Rechtskultur gemeint war: Man hat ein allgemeines Gesetz und kann einen einzelnen Fall durch Beschreibungen der Einzelumstände und -konditionen darunter subsumieren und kann dann sozusagen gewissermaßen daraus die Konsequenzen (z.B. Strafzumessungen) ‚ableiten'. Das wären also Rechtsregeln der Subsumtion oder Subsumtionsregeln; und die meisten Gesetze und Rechtsnormen haben nach dieser Auffassung diesen Charakter. (Es gibt auch Generalklauseln, offene Begriffe, unbestimmte Rechtsbegriffe (s.o.). Menschenwürde ist einer davon. Generalklauseln gibt es, wenn bestimmte Experten darum gebeten sind, die unklare Ausführung, die der Gesetzgeber evtl. bewusst offen ließ, nun durch den „Stand der Forschung und Technik" zu ergänzen, gerade bei Umweltnormen spielt dies eine große Rolle.)

2. Rechtsprinzipien: Die obersten Prinzipien, die den Modus der Abwägung bzw. der Relativierung auf bestimmte Anwendungsbedingungen umfassen. Hier ist das anders. Sie können nicht durch Subsumtion, Unterordnung unter einen Begriff oder einer allgemeinen Regel erledigt werden. Man muss hier abwägen, argumentieren, usw. Man kann dann u.U. Konstellationen, Situationen und andere Einflussfaktoren für die Abwägung mit in Rücksicht ziehen. Das heißt, Prinzipien in dieser Form sind keine Subsumtionsregeln, sondern Prinzipien, die Abwägung sogar erfordern. Diese Abwägung kann z.B. dazu dienen, scheinbare Leerformeln auszufüllen oder offene, unbestimmte Rechtsbegriffe erst zu konkretisieren. Die Konkretisierung ist das Notwendige dabei und Entscheidende und kann nicht durch „Ableitung" aus dem obersten Prinzipbegriff allein erledigt werden.

Das ergibt sozusagen auch eine Lösung dieser paradoxalen Situation. Die Würdegarantie aus dem Grundgesetz unterstellt damit, dass Menschenwürde und der Satz „Die Menschenwürde ist unantastbar" zumindest als normatives Interpretationskonstrukt *keine schlichte Subsumtion* ist, wie Hain (2007, XXX) sagt. Die Würdegarantie ermöglicht keine schlichte Subsumtion, sondern sie muss konkretisiert werden – etwa durch Einbettung in den Gesamtzusammenhang, Konkretisierung durch Bezug auf Anwendungsbedingungen usw. Nur mit der Anwendung von Prinzipien, die allerdings notwendig ist, ist damit eine Art von Abwägungsparadigma der Menschenwürde erreicht. Die „Menschenwürde" selbst ist gar kein Grundrecht im üblichen Sinne, sie ist die *Basis aller Grundrechte*, aber sie ist selber keine Rechtsformel, die Subsumtion erlaubt. Hain (ebd. XX) drückt dies etwas paradoxal aus: „Zugespitzt heißt das: das Unantastbare ist das Abzuwägende." Die nur prinzipienhafte Festlegung, die in der konkreteren „Anwendung zwangsläufig relativiert werden muss" – das finde ich zu kryptisch formuliert. Das Unantastbare ist das erst noch den Abwägungsprozessen zu unterwerfende, damit eine Konkretisierung auf praktische Anwendung möglich ist. Das ist m.E. sehr wichtig. Es führt allerdings auch dazu, dass man in gewissem Sinne die Problematik der Menschenwürde (ohne die Aporien der Unabwägbarkeitsthese) nun in gewisser Weise wieder neu stellen muss, um die prinzipielle substanzielle Würdegarantie nicht preiszugeben. Auch hinsichtlich der Abtreibungsregeln u.Ä. ist dies also mit Sicherheit ein „weites Feld", das ich hier nicht behandeln kann.

Eine Mindestgarantie der Lebenssicherung, -erhaltung oder des -schutzes gegen mögliche Menschenwürdeverletzungen oder das Recht drauf, Rechte überhaupt zu haben, sei als „Mindest-Standardformel" (Hain 1999, 181ff.) Menschenwürde. Das alles ist weiterhin gegeben. Ebenso der Bezug auf Freiheit und „Gleichheit", genauer: Gleichberechtigung – zwei andere oberste Prinzipien unserer Verfassung, die ebenfalls zum guten („unverzichtbaren") Teil die Menschenwürdegarantie (als deren „Teilwerte" oder Folgekonzepte) zu konkretisieren gestatten.

Falls man die Menschenwürde-Kriterien grundsätzlich als nicht-metaphysisch als nicht ontologisiertes, nicht essentialistisches Konzept auffasst, sondern in enger Verbundenheit mit der Gleichheits- und Freiheitsforderung im Grundgesetz auffasst, so lässt sich eine klare Verbindung zu der Kantischen Formulierung des Kategorischen Imperativs ziehen, der ja auf alle vernünftigen Subjekte (also i.e.S. *Menschen*) *grundsätzlich* generell anzuwenden und insofern nicht „antastbar" ist. Wenn man die Menschenwürde „im nachmetaphysischen Zeitalter nicht mehr als abstraktes Wesensmerkmal" vorstellt, „sondern bestenfalls als konkreten Gestaltungsauftrag" und somit in normativer Weise als „aufgegeben" versteht (Wetz 2005, 206f.), so ist in der Tat „nicht mehr zu erkennen, wie die Idee der Würde überhaupt noch Grundlage der Menschenrechte, deren unverbrüchlicher Ableitungsgrund bleiben kann" (ebd. 205): „So gesehen besteht die Würde des Menschen aus nichts anderem als aus der Achtung davor. Erst die Würde zu respektieren, heißt sie zu konstituieren" (ebd. 243). Durch solche Deutung und Zuordnung zu einer entsprechenden normativen Gestaltungsaufforderung verliert die Idee zwar ihren absoluten metaphysischen Ankerungsgrund, wird aber politisch operabel und kann in dieser Form auch als ein im Hainschen Sinne normatives Regelprinzip gelten, das in der Tat eine „nach ‚Vorne-Verteidigung' der Menschenwürde" – nicht nur „im Hinblick auf werdendes Leben" – möglich macht, „ohne in die Aporien der Unwägbarkeitsthese zu geraten, aber auch ohne die prinzipielle normative Substanz der Würdegarantie preiszugeben" (Hain 2007, 99, 2006, 189)[7].

Menschenwürde wäre also gar kein Grundrecht oder Wert im üblichen Sinne, keine subsumierende Rechtskategorie, sondern als wichtiges grundlegendes Prinzip im Hainschen Sinne ein wesentliches metatheoretisches Interpretationskonstrukt über den Betreff von Rechtsregeln, Grundnormen und Grundrechten „mit dem Anwendungsmodus der Abwägung bzw. Relativierung auf bestimmte Anwendungsbedingungen". Sie sind in dieser Auffassung nach Hain (2007, 94f.) zwar „unbedingte Normen und daher vollständig ohne irgendeinen konkreten Festsetzungsgehalt; ihr Anwendungsmodus ist die Relativierung auf jeweilige tatsächliche und rechtliche Anwendungsbedingungen.

„Erst aus der Relativierung der Prinzipien gehen auf einer mittleren Abstraktions-/Konkretionsebene mehr oder minder vollständige Regeln hervor" (Hain 2007 94, 1999, 101). So hat man zwar „Unbedingtheit" der statuierten „erst unrelativierten Leitgedanken", also in diesem Sinne Unantastbarkeit, kann aber nicht wie das Verfassungsgericht (BVerfGE 30,1, (25)) die Unabwägbarkeit im Sinne einer „vollständig subsumtionsfähigen Regel" schließen. – Durch diese Trennung nach Hain kann man der paradoxalen Kombination von „Unantastbarkeit" und „Unabwägbarkeit" entgehen.

Einen Ansatz zum Praktisch-Werden ethisch-rechtlicher Überlegungen stellt auch das Folterverbot – ein positiver Kerngehalt der Menschenwürde – dar. So statuiert die *Allgemeine Erklärung der Menschenrechte* durch die UNO von 1948, Art. 5: „Niemand darf der Folter oder grausamer, unmenschlicher oder erniedrigender Behandlung oder Strafe unterworfen werden".

Allgemein meinen die deutschen Kommentatoren, die Menschenwürdeformel des deutschen Grundgesetzes (GG Art. 1, Abs. 1) mit der positiven staatlichen Verpflichtung zum Schutze dieser Würde umfasse bzw. enthalte das Folterverbot, dessen Übertretung die Würde des betroffenen Einzelnen missachte – und zwar absolut, bedingungslos und ausnahmslos.

Ist dieses Folterverbot der Allgemeinen Erklärung der Menschenrechte sowie der Folgebestimmungen der UNO absolut? In seinem neuen Buch setzt sich Sandkühler (2014, 303ff., 308ff.) in Wesentlichen „zu Recht" auseinander mit Versuchen zur „Relativierung" des absoluten Folterverbots im Würdeprinzip des Grundgesetzes und in internationalen „Übereinkommen gegen Folter" der UN (z.B. von 1984), diesbezüglich Zusatzbestimmungen, etwa dem „Fakultativprotokoll" der UNO (von 2002) und prominenten juristi-

---

7 So übrigens auch Sandkühler (2007, 58): „Nur die Konzeptualisierung der Menschenwürde als *Prinzip [...] des Rechts* ermöglicht ein angemessenes Verständnis dessen, was durch die Garantie der Würde geschützt werden sollte. Die Freiheit und Gleichheit aller, die Menschen sind."

schen und rechtsphilosophischen Kommentatoren (wie z.B. Herdegen 2009). Wenn man einerseits von Menschenwürde als „Höchstwert" der Verfassung mit „der von der ganz herrschenden Meinung *zu Recht* postulierten Abwägungsfestigkeit der Menschenwürde im Konflikt mit anderen Rechtsgütern" (Herdegen 2009) spricht, die „aber nicht mit absoluter Dominanz gegenüber anderen Grundrechtswerten gleichzusetzen" sei, dann sei bzw. werde die „Abwägungsresistenz" der Würdenorm relativiert, wenn man auf die doch nötige „Berücksichtigung konkurrierender Würdeansprüche Dritter oder des Lebens" verweise und so die Würdenorm „zu einer Norm unter anderen herabgestuft" habe (Sandkühler 2014, 305ff.). Dies zeige sich besonders auch beim Folterverbot und widerspreche „diametral" dessen „Absolutheit", wie etwa auch die „Weltkonferenz über Menschenrechte" (Wien 1993) betonte: So sei „die Freiheit von Folter ein Recht [...], das unter allen Umständen zu schützen ist, und zwar auch in Zeiten innerer oder internationaler Unruhen oder bewaffneter Konflikte" (zit. n. ebd. 309). Man könne nicht wie das sog. ‚gesunde Volksempfinden' (n. einer Umfrage der Frankfurter Rundschau 2011 zum Gäfgen-Urteil über die Gewalt-Androhung durch den Frankfurter Polizeivizepräsidenten Daschner[8] zur „Aussageerzwingung zur Rettung von Menschenleben" (Lenzen, zit. n. ebd. 313) dies als Folter(-Androhung) nicht als ‚Folter'-(Androhung) kategorisieren.

Nach dem „Übereinkommen gegen Folter und ander grausamen, unmenschliche oder erniedrigenden Behandlung oder Strafe" der UN (1984) ist „*Folter*" „jede Handlung, durch die einer Person vorsätzlich große körperliche oder seelische Schmerzen oder Leiden zugefügt werden, zum Beispiel um von ihr oder einem Dritten eine Aussage oder ein Geständnis zu erlangen, um sie für eine tatsächlich oder mutmaßlich von ihr oder einem Dritten begangene Tat zu bestrafen oder um sie oder einen Dritten einzuschüchtern oder zu nötigen, oder aus einem anderen, auf irgendeiner Art von Diskriminierung beruhenden Grund , wenn diese Schmerzen oder Leiden von einem Angehörigen des öffentlichen Dienstes oder einer anderen in amtlicher Eigenschaft handelnden Person, auf deren Veranlassung oder mit deren ausdrücklichem oder stillschweigendem Einverständnis verursacht werden".

Nach der internationalen und nationalen Gesetzes Lage ist also die Androhung von physischen oder psychischen Leiden, also Folter-Androhung oder die Einverständniserklärung bereits als ‚Folter' einzuordnen. Für diese verschärfte gesetzliche Kategorisierung und die Absolutsetzung des Folterverbots gibt es sicherlich gewichtige „In dubio pro reo"- Gründe, die aber manchmal dem Interesse und der Würdegewährleistung eines dritten poten-

---

8 Dieser hatte angewiesen, den beklagten (und später des Mordes überführten) Gäfgen durch eine Folterandrohung zur Preisgabe des Aufenthaltsortes des entführten Kindes zu zwingen. – Gäfgen wurde später dafür verurteilt.

ziellen Opfers (wie im genannten Falle) widersprechen. Dies muss nicht so gesehen werden, dass das Folterverbot (auch nicht in der verschärften Androhungsdefinition) aufgeweicht werden müsste. Wie gesagt bestehen gewichtige Gründe für die verschärfte Auffassung. Doch man hätte trotzdem die Möglichkeit in einer konkreten Situation und Problemlage (wie wohl auch im Falle des Polizeivizepräsidenten Daschner) bewusst die persönlich zu verantwortende Entscheidung zu treffen, dass aus Gründen der Wahrung der konkreten Humanität zur (leider hier nur vermeintlichen) Lebensrettung eines Unschuldigen eine Gesetzesübertretung gewählt wird. (Respekt für eine solche bewusst getroffene Entscheidung *in dubio pro humanitate concreta*"! – vgl. Verf. 1998.) Hierdurch – und in einer solchen Konfliktlage offenbar nur noch so – wird einerseits die Absolutheit und (rechtliche) Unabwägbarkeit des (vielleicht zu scharf aufgefassten) Folter-Androhungsverbots aufrecht zu erhalten sein – und dennoch der konkreten Humanität im ethisch-moralischen Sinne Rechnung zu tragen.

Andererseits könnte die *methodologische* und *ethisch-moralische* Perspektive zu einer die Rechtsabsolutheit nicht gefährdenden, eben philosophischen Abwägung führen, die den vor aller Abwägung bestehenden Prinzipiencharakter der Menschenwürde in Gestalt des (absoluten) Folterverbots und dessen „wesentlichen Fortschritt der Rechtskultur" (Sandkühler 2014, 311) in keiner Weise (z.B. durch Instrumentalisierung) gefährdete.

Literatur

Beestermöller, G. – Brunkhorst, H. (Hrsg.) (2006): Rückkehr der Folter. München 2006.

Bielefeldt, H. (2011): Auslaufmodell Menschenwürde? Freiburg u.a. 2011.

Bieri, P. (2013): Eine Art zu leben: Über die Vielfalt menschlicher Würde. München 2013.

Böckenförde, E.-W. (2003): Die Würde des Menschen war unantastbar. Abschied von den Verfassungsvätern: die Neukommentierung von Artikel 1 des Grundgesetzes markiert einen Epochenbruch. S. 25–31 in Glanzlichter der Wissenschaft . Ein Almanach. Stuttgart 2003.

Brugger, W. (1999): Liberalismus, Pluralismus, Kommunitarismus. Baden-Baden 1999.

Bundeszentrale für Politische Bildung (Hrsg.) (2004): Menschenrechte: Dokumente und Deklarationen. Schriftenreihe BPB. Nr. 397. Bonn [4]2004.

Darwall, S. (2008): Kant on Respect, Dignity and the Duty of Respect. S. 175–199 in Betzler, M. (Hrsg.): Kant's Ethics of Virtue. Berlin – New York 2008, .

Dürig, B. (1956): Der Grundrechtsatz von der Menschenwürde. S. 117–157 in Grewe, W. u.a. (Hrsg.): Archiv des öffentlichen Rechts 81 (1956).

Fischer, T.-L. (2008): Menschen- und Personenwürde. Berlin – Münster 2008.

Göller, T. (Hrsg.) (1999): Philosophie der Menschenrechte. Göttingen 1999.

Hain, K.-E. (1999): Die Grundsätze des Grundgesetzes. Baden-Baden 1999.

Hain, K.-E. (2006): Konkretisierung der Menschenwürde durch Abwägung? S. 189–214 in Der Staat 45 (2006).

Hain, K.-E. (2007): Menschenwürde als Rechtsprinzip. S. 87–103 in Sandkühler, H.-J. (Hrsg.): Menschenwürde: Philosophische, theologische und juristische Analysen. Frankfurt a.M. u.a 2007.

Herdegen, M. (2009): Unantastbarkeit der Menschenwürde. In Maunz, T. – Dürig, B. (Hrsg.): Grundgesetz-Kommentar. München 2009.

Herdegen, M. (2013): Die Garantie der Menschenwürde: absolut und doch differenziert? In Gröscher, R. – Kapust, A. – Lembcke, O.W. (Hrsg.): Wörterbuch der Würde. München 2013.

Herrmann, M. (2003): Pragmatische Rechtfertigungen für einen unscharfen Begriff von Menschenwürde. S. 61–79 in Stoecker, R. (Hrsg.): Menschenwürde. Wien 2003.

Hong, M.: Das grundgesetzliche Folterverbot und der Menschenwürdegehalt der Grundrechte. S. 24–35 in Beestermöller, G. – Brunkhorst, H. (Hrsg.) (2006): Rückkehr der Folter. München 2006.

Horstmann, R.-P. (1980): Menschenwürde. Sp. 1124–1127 in Ritter, J. – Gründer, K. (Hrsg.): Historisches Wörterbuch der Philosophie. Band 5. Basel – Stuttgart 1980.

InterAction Council (1998): Allgemeine Erklärung der Menschenpflichten (1998). URL: www.interactioncouncil.org

Kant, I. (1968): Grundlegung zur Metaphysik der Sitten. S. 358–464 in Kant, I.: Akademie-Ausgabe (AA). Bd. IV. Berlin 1968.

Kant, I. (1968): Metaphysik der Sitten. S. 203–494 in Kant, I.: Akademie-Ausgabe (AA). Bd. VI. Berlin 1968.

Knoepffler, N. – Kunzmann, P. – O'Malley, M. (Hrsg.) (2011): Facetten der Menschenwürde. Freiburg – München 2011.

Kuçuradi, I. (2013): Human Rights: Concepts and Problems. Berlin 2013.

Lenk, H. (1993): Interpretationskonstrukte. Frankfurt a.M. 1993.

Lenk, H. (1998): Konkrete Humanität. Frankfurt a.M. 1998.

Lenk, H. (2008): Humanitätsforschung als interdisziplinäre Anthropologie. zur philosophischen Anthropologie zwischen Stammesgeschichte und Kulturdeutung. Frankfurt a.M. 2008.

Lenk, H. (2011): Das flexible Vielfachwesen. Weilerswist. 2010, [2]2011.

Lenk, H. (2013): Kreative Pluralität. Bochum – Freiburg 2013.

Lenk, H. (2013): Einführung in moderne philosophische Anthropologie. Berlin 2013.

Lenk, H. – Maring, M. (1998): Normative Interpretationskonstrukte. S. 355–371 in Ruch, A. u.a. (Hrsg.): Das Recht in Raum und Zeit. Zürich 1998.

Maunz, T. – Dürig, B. (2009): Grundgesetz-Kommentar. München 2009.

Menken, C. – Pollmann, A. (2007): Philosophie der Menschenrechte. Hamburg 2007 (S. 129–166: Menschenwürde).

Paul, G. – Göller, T. – Lenk, H. – Rappe, G. (Hrsg.) (2001): Humanität, Interkulturalität und Menschenrecht. Frankfurt a.M. 2001.

Pfordten, D. von der (2009): Menschenwürde: Recht und Staat bei Kant. Paderborn 2009.

Pollmann, A. – Lohmann, G. (Hrsg.) (2012): Menschenrechte. Stuttgart 2012 (S. 144–148: Menschenwürde, S. 418–422: Folter).

Poscher, R. (2006): Menschenwürde als Tabu. Die verdeckte Rationaliät eines absoluten Folterverbots. S. 75–87 in Beestermöller, G. – Brunkhorst, H. (Hrsg.) (2006): Rückkehr der Folter. München 2006.

Quante, M. (2010): Menschenwürde und personale Autonomie. Hamburg 2010.

Sandkühler, H.-J. (Hrsg.) (2007): Menschenwürde: Philosophische, theologische und juristische Analysen. Frankfurt a.M. u.a. 2007.

Sandkühler, H.-J. (2014): Menschenwürde und Menschenrechte. Freiburg 2014.

Schaber, P. (2012): Menschenwürde. Stuttgart 2012.

Schute, S. – Hurley, S. (Hrsg.) (1996): Die Idee der Menschenrechte. Frankfurt a.M. 1996.

Sensen, O. (2011): Kant on Human Dignity. Berlin – Boston 2011.

Watzlawick, P. – Beavin, J.H. – Jackson, D.D. (1985): Menschliche Kommunikation: Formen, Störungen, Paradoxien. Bern 1985.

Wetz, F.J. (1998): Die Würde der Menschen ist antastbar. Stuttgart 1998.

Wetz, F.J. (2005): Illusion Menschenwürde: Aufstieg und Fall eines Grundwerts. Stuttgart 2005.

Folter und die Beteiligung von Wissenschaftlern – ein Fallbeispiel zum Praktisch-Werden von Ethik?[1]

Matthias Maring

1. Einleitung

Haben nach den Naturwissenschaftlern, insbesondere den Chemikern und Physikern[2], sowie den Medizinern[3] nun die Psychologen ihre Unschuld (Herrmann 1982) verloren? Anhand des Beispiels Beteiligung von Wissenschaftlern an der Entwicklung von Foltermethoden und am Foltern selbst soll dieser Frage nachgegangen werden und damit auch das Praktisch-Werden von Ethik und Ethikkodizes untersucht werden. Zunächst aber einige kurze allgemeinere Erläuterungen zur Verantwortung in den Wissenschaften, insbesondere in den Sozial- und Humanwissenschaften, in denen einige ‚Besonderheiten' relevant sind, die für die Naturwissenschaften nicht einschlägig sind. Im Anschluss daran erfolgt die Falldarstellung, Fragen zur Verantwortung der Beteiligten werden untersucht, und eine ethische Beurteilung des Falls wird vorgenommen. Ein Zitat aus Brechts Galilei und ein Anhang schließen den Beitrag ab. – Die nachfolgenden Ausführungen verstehen sich in Teilen auch als Dokumentation einer menschenverachtenden Praxis.

2. Verantwortung in den Sozial- und Humanwissenschaften

Das Thema ‚Verantwortung des Wissenschaftlers' enthält zwei Teilaspekte: erstens die Frage der wissenschaftsinternen Verantwortung und zweitens die einer externen Verantwortung des Wissenschaftlers (vgl. Lenk 1992, 19ff., Lenk/Maring 2008, 493f.). Die *interne Verantwortung* trägt der Wissenschaftler gegenüber seiner Zunft; sie umfasst die Beachtung der Regeln sauberen wissenschaftlichen Arbeitens und fairer Konkurrenz unter dem Höchstwert der objektiven Wahrheitssuche und -sicherung. Schon in den 1940er untersuchte Merton diesen Normen-Kodex der Wissenschaftler und sah in den Grundsätzen der Verallgemeinerbarkeit, des systematischen Zweifels, der persönlichen Nichtinteressengebundenheit und der öffentlichen Gemeinschaftsorientierung die leitenden Regeln. Bei diesen Regeln handelt

---

1 Der Hinweis auf das Fallbeispiel stammt von Gerhard Blickle – herzlichen Dank!
2 Vgl. ausführlicher Lenk/Maring (2005, 153ff.) zu Fritz Haber (Entwicklung und Einsatz von Giftgas) und dem Manhattan-Projekt der Entwicklung der Atombombe.
3 Erinnert sei nur an die letalen Versuche im Dritten Reich.

es sich um Idealnormen des wissenschaftlichen Ethos, die der Wissenschaftler nur bei Gefahr ernsthafter Folgen für seine Stellung oder sein Ansehen missachten könnte. So wird z.B. ein Daten-Fälscher – nach der Entdeckung der Fälschung – im Allgemeinen aus der Scientific Community ausgeschlossen, sodass seine wissenschaftliche Karriere zumeist, aber nicht immer beendet ist. Mohr (1977 Kap. 11, 1979) versuchte, konkretere Verhaltensregeln zu fassen – wie beispielsweise: „Sei fair! Manipuliere nie die Daten! Sei präzise! Sei fair hinsichtlich der Priorität von Daten und Ideen deines Rivalen! Mache keine Kompromisse, sondern versuche ein Problem zu lösen!" Weiter werden gefordert: Freiheit der Forschung, Unparteilichkeit, Flexibilität, Definitionsgenauigkeit, Vertrauen und Verlässlichkeit für und bei den Kollegen. Alle diese Regeln betreffen das wissenschaftliche Ethos des einzelnen Wissenschaftlers, seine Verantwortung für objektive Erkenntnisse und beziehen sich durchaus auf seine eigenen Interessen und Anerkennungswünsche. Zum wissenschaftlichen Ethos gehören auch die fachwissenschaftlichen und wissenschaftstheoretischen Regeln und Normen. Alle diese Regeln sind nicht im engeren Sinne ethisch oder universalmoralisch, betreffen nicht die Unversehrtheit anderer Personen usw. Der Normenkodex des Wissenschaftlers in diesem Sinne ist Ethos bzw. Standesethos, wenn die Wahrnehmung der Normen auch sekundär moralisch geboten ist.

Ethos und Universalmoral sollten idealtypisch voneinander getrennt werden, obwohl sie sich im Handeln des Wissenschaftlers überlappen. Dies gilt besonders bei Versuchen mit Menschen und Tieren, Freilandexperimenten und sonstigen Beeinträchtigungen der Mit- und Umwelt. Die *externe Verantwortung* der Wissenschaftler gilt es in Bezug auf die (unmittelbar) vom Forschungsprozess Betroffenen zu untersuchen. Dies wird überdeutlich bei Experimenten mit Menschen, bei so genannten Humanexperimenten, in denen Menschen Objekte der Forschung werden (vgl. Lenk 1997, 50ff., 1985) und bei Tierversuchen.

Oft wurde zur Stärkung der internen und externen Verantwortung und des Gewissens der Wissenschaftler vorgeschlagen, einen Eid nach dem Vorbild des einstigen hippokratischen Eides der Mediziner einzuführen. Viele der vorgeschlagenen Eide klingen allerdings eher idyllisch-betulich oder ohnmächtig mahnend, beschränken sich auf schöne Appelle. Appelle allein – so wichtig sie sind – nützen nicht viel. Ähnliches gilt für die *Verhaltenskodizes*[4] von wissenschaftlichen Gesellschaften. In ihnen wird v.a. festgelegt, wie sich die jeweiligen Mitglieder verhalten sollen. Unterscheiden lassen sich in den Kodizes wiederum allgemeine universalmoralische und spezifische, mit einem Beruf verbundene, Normen und Regeln. Da es eine Vielzahl unter-

---

4 Wenn in den Kodizes Sanktionen bei Verstößen gegen die Kodizes enthalten wären, würde dies die Wirksamkeit der Kodizes erhöhen.

schiedliche Kriterien zur Abgrenzung des Ethischen bzw. der moralischen von der Rollenverantwortung gibt, sind die Unterscheidungen hinsichtlich der Normen und Regeln relativ zu den Kriterien und in jedem Fall idealtypische. Kodizes haben z.B. die Deutsche Physikalische Gesellschaft, die Gesellschaft Deutscher Chemiker, die Deutsche Gesellschaft für Soziologie usw. (vgl. zu Kodizes von Wissenschaftlern Lenk 1991, 379ff.). Nicht nur deutsche wissenschaftliche Gesellschaften haben Kodizes. Kodizes gibt es weltweit. Von besonderem Interesse für den hier behandelten Fall ist der Kodex der American Psychological Association (APA 2010).[5]

Neben den Eiden und Verhaltenskodizes als Institutionalisierungen von Wissenschaftsethik lassen sich noch *organisatorische* Formen der Institutionalisierung nennen. Hierzu zählen: Ethikbeauftragte, Ethikkommissionen und wissenschaftliche Gesellschaften, die aber (eher) Standesvertretungen sind.

Die Sozialwissenschaften haben spätestens seit den Versuchen des Sozialpsychologen Stanley Milgram (1974) zum Autoritätsgehorsam ihre Debatte über moralische Zumutbarkeiten beim Humanexperiment. In diesen Experimenten wurde ermittelt, wieweit Versuchspersonen den Anweisungen und der Autorität wissenschaftlicher Versuchsleiter widerstehen und sich weigern würden, anderen Scheinversuchspersonen Elektroschocks (scheinbar bis an oder über die tödliche Dosis hinaus) zuzufügen.[6]

Ebenfalls in diesen Zusammenhang gehört das Stanford-Gefängnisexperiment des Psychologen Philip Zimbardo (vgl. Bierbrauer 1983), in dem untersucht wurde, ob und inwiefern aufgrund von Rollenzuweisungen – Gefangener bzw. Aufseher – Verhaltensänderungen bei den Versuchspersonen stattfanden. Bierbrauer (ebd. 431) spricht von einer „der eindrucksvollsten experimentellen Demonstrationen über die Pathologie ungebremster Macht

---

5 Der Kodex enthält eine ‚Mischung' aus universalmoralischen und standesethischen Normen (APA 2010): u.a. „Beneficence and Nonmaleficence", „Respect for People's Rights and Dignity", „Advertising and Other Public Statements" und „Education and Training". Auch die „Ethischen Richtlinien" der Deutschen Gesellschaft für Psychologie sind derart gestaltet (DGP 2005), sie haben im Übrigen große Ähnlichkeiten mit den Regeln der APA. In den DGP-Richtlinien wird der „Schutz und das Wohl der Menschen, mit denen Psychologen arbeiten," betont und für „[v]erantwortliches berufliches Handeln [...] hohe fachliche Kompetenz" gefordert. Und für „Psychologie in Forschung und Lehre" gelten die „Grundsätze guter wissenschaftlicher Praxis". – Bei den Kodizes ist insgesamt eine Ethisierung der Normen festzustellen (vgl. Maring 2014), wenn auch nach wie vor Regeln überwiegen, die im Standesinteresse sind.

6 ‚Abgeschwächt' wiederholt wurde das Experiment beispielsweise im Jahre 2008 vom Psychologen Jerry Burger – der Spiegel titelte: „So leicht werden Menschen zu Folterknechten" (http://www.spiegel.de/wissenschaft/mensch/stromstoss-experiment-so-leicht-werden-menschen-zu-folterknechten-a-597501.html).

und Austauschbarkeit von Rollen": In „solchen Extremsituationen" werden „das Ausmaß der Persönlichkeitsdisposition der Akteure überschätzt und die Einflüsse des Kontexts zur Erklärung des beobachteten Verhaltens unterschätzt". Bierbrauer (ebd.) fragt dann, ob sich nicht gegen das Experiment „ethische Bedenken" ergeben, d.h., „ob der wissenschaftliche Wert einer derartigen Untersuchung so groß sein kann, um ein möglicherweise langfristiges Trauma der" Versuchspersonen „in Kauf zu nehmen".

Bei den sozialwissenschaftlichen Experimenten stellen sich nun zahlreiche ethische bzw. standesethische Fragen[7]: Wer ist in welcher Hinsicht verantwortlich? Ist der Versuchsleiter allein verantwortlich gegenüber den Versuchspersonen, ist er ethisch und standesethisch verantwortlich? Trägt auch derjenige, der den Versuch entworfen hatte, eine Verantwortung – und welcher Art? Welche Verantwortung tragen die Versuchspersonen? Darf man Experimente durchführen, die evtl. reversible Schäden – die etwa bei nachträglicher Aufklärung schwinden – bei den Probanden hervorrufen können?

Bei *Humanexperimenten* stehen die Wissenschaftler in einer zweifachen Beziehung zu den Versuchspersonen (vgl. Lenk 1985, 69ff.). Die Versuchsperson darf im Experiment nicht nur als zu manipulierender Gegenstand betrachtet, sondern muss stets zugleich auch als menschlicher Handlungspartner, als Person, als „Selbstzweck" im Sinne Immanuel Kants behandelt werden. Der Experimentator und der Proband befinden sich dabei immer auch in einer lebenspraktischen Handlungssituation. Der Wissenschaftler übernimmt im Humanexperiment eine spezielle moralische Verantwortung für den Versuchspartner – insbesondere da die Situation des Experiments von einer Asymmetrie des Wissens und der Vorausschau, der Abhängigkeit und der Handlungsunfreiheit gekennzeichnet ist. Es ist ein entscheidendes Charakteristikum der Humanwissenschaften, dass in ihnen spezifischere und strengere Normen gegenüber ihrem Untersuchungsgegenstand existieren. So schreibt Schuler (1980, 16f.): „Die besondere sittliche Verpflichtung der Humanwissenschaftler besteht darin, dass ihr Handeln gegenüber ihren Untersuchungsobjekten an den gleichen oder ähnlichen ethischen Prinzipien gemessen wird wie das aufeinander bezogene Handeln von Menschen überhaupt". So sind methodenbedingte Täuschungen, sollten sie unerlässlich und nicht schädigend sein, moralisch nur dann vertretbar, wenn u.a. Maßnahmen der aufklärenden Vor- und Nachsorge stattfinden und keine Versuchsperson in ihrer Menschenwürde und in ihren Menschenrechten verletzt wird.

---

7 Zu den standesethischen Normen, die bei Humanexperimenten einschlägig sind, gehören u.a. Freiwilligkeit der Teilnahme am Versuch, Aufklärung über den Versuch, jederzeit möglicher Abbruch des Versuchs durch die Versuchsperson.

Eine weitere Besonderheit der Sozialwissenschaften im Unterschied zu den Naturwissenschaften und im Hinblick auf eine spezifische – interne und externe – Verantwortung des Sozialwissenschaftlers – auf die hier nur hingewiesen werden soll (vgl. Lenk/Maring 2008, 497f.) –, liegt in der semantischen Mehrstufigkeit und Vielschichtigkeit der Sozialwissenschaften: Die Rückwirkungsmöglichkeiten von reflexiven Prognosen wie z.B. der sich selbst erfüllenden Voraussagen und die versteckte bzw. offene Normativität sozialwissenschaftlicher Aussagen sind solche Besonderheiten.

Zusammenfassend lässt sich sagen: Die Moralprobleme, zumal die interne wie die externe Verantwortung der Human- und Sozialwissenschaftler, sind abhängig von den angedeuteten Besonderheiten des Objektbereichs dieser Wissenschaften; sie unterscheiden sich in dieser spezifischen Hinsicht von denen in anderen Wissenschaften. Die Probleme der Verantwortung sind in beiden Bereichen strukturell ähnlich bzw. gleich, wenn auch in den Human- und Sozialwissenschaften, insbesondere bei den Humanexperimenten, die soziale Handlungsdimension und damit neben der internen die externe, universalmoralische Verantwortung einschlägig ist.

3. Foltern mit wissenschaftlicher Unterstützung

Dass weltweit gefoltert wird und dies auch in sog. Rechtsstaaten, dürfte kaum jemanden verwundern, der politisch etwas informiert ist.[8] Verwundern kann allerdings das Ausmaß: Nach Amnesty International wird in 141 Staaten der Welt „durch Staatsbedienstete" gefoltert (AI 2014a, 7).[9]

Neu war mir allerdings das Ausmaß der Verstrickung von Wissenschaftlern, Sanitätern, Medizinern[10] und Psychologen sowie (die Rolle) der American

---

8 In Diktaturen ist Folter quasi Bestandteil des Systems. – Vgl. zur Verbreitung der Folter weltweit Amnesty International (AI 2014a), zur Geschichte der Folter BFU (2014) und McCoy (2006) zu „CIA Interrogation, from the Cold War to the War on Terror". Vgl. auch McCoy (ebd. 60ff.) zum Phoenix-Folter-Programm in Vietnam – „the largest and bloodiest CIA interrogation effort".

9 Erfasst wurden nur Fälle, die „sich belegen lassen"; „das tatsächliche Ausmaß [der Folter ist] vermutlich bedeutend größer" (AI 2014, 7). – Die Zustimmungsquote zum Foltern in der Bevölkerung, um „Informationen zum Schutz der Öffentlichkeit" zu bekommen, beträgt in China 74, in den USA 45 und in Deutschland 19 Prozent (Amnesty-Umfrage, ca. 21.000 Befragte in 21 Ländern, AI 2014b). – Vgl. Windeln (2010) zur „öffentliche[n] Debatte [um die Folter] in den USA".

10 Vgl. Spiegel Online 07.04.2009 – http://www.spiegel.de/politik/ausland/rot-kreuz-geheimdossier-sanitaeter-halfen-cia-beim-foltern-a-617845.html, Frankfurter Allgemeine Zeitung 04.11.2013 – http://www.faz.net/aktuell/politik/vereinigte-staaten-studie-aerzte-haben-bei-folter-von-gefangenen-mitgewirkt-12647544.html. – Auch in Vietnam gab es Folter-Experimente, an denen Psychiater und ein „skilled neurosurgeon" beteiligt waren (McCoy 2006, 65f.).

Psychological Association bei der Folter von ‚Inhaftierten'[11] und die Versuche der Rechtfertigung durch diese Gesellschaft.

> „An den ‚innovativen Verhörmethoden', wie sie in Guantánamo [einem Stützpunkt der US-Marine auf Kuba], Bagram [Afghanistan] oder Abu Ghraib [Irak[12]] zum Einsatz kamen, haben Psychologen entscheidend mitgewirkt. In den Fokus der Weltöffentlichkeit geriet dies im Jahr 2007: Damals bekundete die größte psychologische Berufsvereinigung, die American Psychological Association (APA), dass Psychologen, die ‚innovative Verhörtechniken' entwickeln oder Verhörexperten darin ausbilden, ‚einen wertvollen Beitrag' leisten, um ‚Schaden von unserer Nation, anderen Nationen und unschuldigen Zivilisten abzuwenden'. Um die Tragweite eines solchen Legitimierungsversuchs der weißen Folter zu verstehen, muss man die Hintergründe näher betrachten" (Mausfeld 2010, 17).

Nach internationalem Recht, schreibt Mausfeld (2009, 230), gibt es ein absolutes und nicht bloß relatives Verbot der Folter, d.h. es gilt ausnahmslos (UN Antifolter-Konvention[13]). Dies gilt auch nach deutschem Recht – resultierend aus der Menschenwürde Art. 1 Abs. 1 Grundgesetz[14] – und nach europäischem Recht (Europäische Menschenrechtskonvention – EMRK[15]). Um nun dieses Verbot bei ‚Verhören' von Inhaftierten zu umgehen, wurde versucht, „dieses Verbot definitorisch zu unterlaufen" (ebd. 231). Die „Zufügung von Schmerzen, die nicht so extrem sind, sei, technisch gesprochen, überhaupt keine Folter, sondern lediglich unmenschliches und erniedrigendes Verhalten, und entzöge sich damit den rechtlichen Sanktionen gegen die Folter", wurde vom US-amerikanischen Justizministerium argumentiert (ebd.). Die „innovativen Verhörmethoden'" wurden „so konzipiert, dass sie keine für die Öffentlichkeit unmittelbar erkennbaren Folgen hinterlassen"; genannt wurden sie auch „weiße Folter" oder „clean torture'" (ebd. 229). Die Techniken wurden in Module zerlegt, „von denen man hofft, dass sich jede[s] einzelne noch nicht als Folter klassifizieren lässt", insgesamt aber geeignet sind, „den Willen des Gefangenen zu brechen vermögen" (ebd. 231).

---

11 Die (Un-)Rechtmäßigkeit der ‚Haft' soll hier nicht untersucht werden.

12 Vgl. im Anhang Bilder zu Abu Ghraib.

13 United Nations Convention against Torture and Other Cruel, Inhuman or Degrading Treatment or Punishment (1984) – vgl. Steiger (2013) zum „völkerrechtliche[n] Folterverbot".

14 Das „Verbot von Zwangsmitteln bei Verhören" regelt § 136a StPO (BFU 2014).

15 EMRK Artikel 3 (Verbot der Folter): „Niemand darf der Folter oder unmenschlicher oder erniedrigender Strafe oder Behandlung unterworfen werden." – Zu weiteren gesetzlichen Verboten der Folter vgl. BFU (2014).

„Neben den systematisch angewandten Techniken kultureller und sexueller Erniedrigung – etwa dass muslimische Gefangene in Gegenwart von Soldatinnen ausgezogen wurden, Frauenunterwäsche tragen [vgl. Bild im Anhang] und wie Hunde Kunststücke vorführen mussten – gehörten hierzu Techniken, die" im „vertraulichen Guantánamo-Bericht des Roten Kreuzes aus dem Jahre 2007" aufgeführt werden als „‚Suffocation by water, Prolonged Stress Standing, Beating and kicking, Confinement in a box, Prolonged nudity, Sleep deprivation and use of loud music, Exposure to cold temperature/cold water, Threats, Deprivation/restricted provision of solid food'" (ebd. 232). Für Guantámamo wurde der „Behavior Management Plan" entwickelt, der „in wesentlichen Grundzügen von Psychologen entworfen [...] wurde"; „Degradation Tactics', ‚Physical Debilitation Tactics', ‚Isolation and Monopolization of Perception Tactics', und ‚Demonstrated Omnipotence Tactics'" gehörten zu dem Plan (ebd., i.O. teilweise kursiv). Ein wesentliches Modul der Verhörtechniken ist „die sensorische Deprivation", die bereits „in den 50er Jahren" von einem „der damals bedeutendsten Psychologen" Donald Hebb untersucht wurde (ebd.)[16]. Nach „2–3 Tagen schalldichte Kopfhörer, eine Augenbinde und den Tastsinn blockierende Bekleidung" kam es zu einem „psychoseähnlichen Zustand [...], der mit Halluzinationen verbunden war und dann zu einem psychischen und oft auch physischem Zusammenbruch führte" (ebd.). („Die tatsächliche Intention" der Hebbschen „Experimente wurde verschleiert"; sie wurden zum Teil vom kanadischen Verteidigungsministerium finanziert (ebd.).)

In dem „CIA-Verhörhandbuch mit dem Namen KUBARK" kann man lesen, dass „Fragen der Verhörtechnik nicht mehr ernsthaft behandelt werden können ohne eine Berücksichtigung der in den letzten zehn Jahren durchgeführten psychologischen Forschungsarbeit" (ebd. 223).

Im Jahr 2005 kam nun die APA „unter öffentlichen Druck, Stellung dazu zu nehmen, ob sich eine [...] Beteiligung" von Psychologen mit deren Berufskodex „vereinbaren lässt" (ebd. 235). Nach der zu erwartenden öffentlichen Ablehnung jeglicher Folter, „betonte [sie] jedoch [wie erwähnt], dass es nicht nur eine ethische Verpflichtung gebe, Schaden vom einzelnen abzuwenden,

---

16 Vgl. zu Hebb und anderen Wissenschaftlern auch Cobain (2012, 111ff.) und zur Folter in Großbritannien seit dem Zweiten Weltkrieg bis heute Cobain (2012). – Cobain (ebd. 309) schreibt zur Alltäglichkeit der Folter in Großbritannien in Anspielung zu einem George Orwell Zitat: „torture can be seen as British as suet pudding and red pillar-boxes". – Der Titel von Cobains Buch „Cruel Britannia" legt Assoziationen zu dem populären Lied „Rule Britannia" mehr als nahe.

sondern auch eine Verpflichtung, Schaden von der Nation abzuwenden" (ebd.).[17] In den Worten der APA (ebd.):

> „helping military interrogators made a valuable contribution because it was part of an effort to prevent terrorism. [...] Psychologist have important contributions to make in eliciting information that can be used to prevent violence and protect our nation's security. [...] Any time the rights of the individual are placed above what is best for the community, it is, by definition, unethical or immoral'" (vgl. auch APA 2005).[18]

Im Übrigen legte die APA bei der Ablehnung der Folter den Folterbegriff der Bush-Regierung zugrunde (ebd. 236, s.o.). Es dauerte dann bis zum Jahr 2008 – nachdem „der öffentliche Druck immer größer wurde" –, dass die APA erklärte, „das sich ab sofort Psychologen an Menschenrechtsverletzungen von Gefangenen nicht mehr beteiligen dürfen" (ebd.). Nach Mausfeld (ebd.) vermittelt die APA den „Eindruck", dass das Thema ‚weiße Folter' sie „nicht unmittelbar betreffe", sondern lediglich einzelne „schwarze Schafe'". Auch teile sie nicht die Auffassung von „Organisationen des Gesundheitswesens, die ihren Mitgliedern eine Beteiligung an derartigen Verhören als unvereinbar mit den ethischen Berufsprinzipien untersagten" (ebd.).

Zu den Vorhaltungen des „U.N. Rapporteur on Torture Manfred Nowak" an den Präsidenten der APA (im Jahre 2009) „now public record of psychologists' involvement in the design, supervision, implementation, and legitimization of a regime of physical and psychological torture at US military and intelligence facilities" (ebd. 237) schreibt Mausfeld: Die APA habe sich „der Verantwortung, die sie an den Bemühungen trägt, den verwendeten Foltertechniken eine ethische Legitimation zu geben, [mindestens bis zum Jahr 2010] nicht gestellt".

Auf Verstöße gegen den sog. Nürnberg-Kodex[19] und gegen moralische Verantwortlichkeiten der Psychologen(vereinigung) macht Pope (2011, 153f.) aufmerksam:

---

17 Die Argumentation ähnelt stark der Fritz Habers, der im Ersten Weltkrieg nach dem Motto „Im Frieden der Menschheit, im Kriege dem Vaterlande" handelte (vgl. Lenk/Maring 2005, 153).

18 Vgl. auch Olson u.a. (2008) zur Rechtfertigungsversuch der APA (2005) im PENS-Bericht aus dem Jahr 2005.

19 Vgl. zum Nürnberg-Kodex aus dem Jahre 1947 Groß (2011, 414f.): „Dieser band [...] die Forschung am Menschen an explizite ethisch relevante Voraussetzungen"; zu diesen gehören u.a. „freiwillige Teilnahme" und „vollständige Aufklärung über den Versuchsablauf". Der Nürnberg-Kodex darf nicht mit der von Pope (2011, 153f.) so genannten „Nuremberg Defense" oder „Nuremberg Ethic" verwechselt werden: Letztere machen deutlich, dass Handeln auf Befehl nicht (von der Verantwortung) exkulpiert.

„On August 21, 2002, for the first time in its history, APA took a stand counter to a basic ethic that seized the world's attention at the Nuremberg trials. In what became known as the Nuremberg Defense, the Nazi defendants said they were just ‚following the law' or ‚just following orders'. The Nuremberg Court and world opinion rejected that attempt to avoid responsibility. The resulting Nuremberg Ethic was clear: People who chose to violate fundamental ethical responsibilities could not avoid responsibility by blaming laws, orders, or regulations. APA's post-9–11 ethics code rejected the historic Nuremberg Ethic, stating that when facing an irreconcilable conflict between their ‚ethical responsibilities' and the state's authority, ‚psychologists may adhere to the requirements of the law, regulations, or other governing legal authority' (Section 1.02). [...] APA continued to support, teach, and promote it as official ethical policy for eight years, including the period that some of the most controversial state policies regarding interrogations were in still in place. Other groups spoke out against the notion that state authority can serve as an acceptable reason to abandon basic ethical responsibilities. Less than a year after APA discarded the Nuremberg Ethic from its code, for example, the World Medical Association's president issued a public reminder: ‚At Nuremberg in 1947, accused physicians tried to defend themselves with the excuse that they were only following the law and commands from their superiors ... the court announced that a physician could not deviate from his ethical obligations even if legislation demands otherwise' (World Medical Association, 2003). APA did not reverse its opposition to the Nuremberg Ethic until 2010, when it amended enforceable Standard 1.02". (Vgl. den Anhang zu den Änderungen im APA-Kodex.)

Zum Abschluss seines Aufsatzes geht Mausfeld (2009, 237) noch auf die Frage der Verantwortung der beteiligten Wissenschaftler ein. Er setzt hierbei voraus, dass der „Schlüssel zur Erfassung von Folter [...] in der Art der durch sie hergestellten interpersonalen Situation" liege; in dieser Situation werde „der Gefolterte [zum] vollständig rechtloses[n] Subjekt", die „Totalinstrumentalisierung" sei „eine der schwersten Verletzungen der Würde und Autonomie des Menschen" (ebd.). Er fasst zusammen (ebd. 238):

„Bei der Bewertung der modularen ‚innovativen Verhörtechniken' als Folter gibt es keinen Interpretationsspielraum. Dies hat das Rote Kreuz [...] in seinem Guantánamo-Bericht deutlich gemacht und dies wird auch von der gegenwärtigen amerikanischen Regierung akzeptiert. Da APA-Psychologen an der Entwicklung und Durchführung dieser ‚innovativen Verhörmethoden' in Guantánamo unmittelbar beteiligt waren, wird sich die APA nicht damit rechtfertigen können, dass ihr die Details dieser Verfahren unbekannt gewesen seien. Die Beteiligung von Psychologen an der Entwicklung und Durchführung

von Methoden der ‚weißen Folter' und die Haltung der APA hierzu
werfen eine Reihe allgemeiner Fragen auf, die über den konkreten
Fall hinausweisen. Die geschilderten Vorgänge lassen sich nach
etablierten internationalen Rechtsnormen als Verbrechen ansehen.
Daher stellt sich die Frage, inwieweit etablierte internationale
Rechtsprinzipien, die im Kontext anderer historischer und politischer
Situationen entwickelt wurden, auch für eine rechtliche Beurteilung
der an der institutionellen Unterstützung, Konzeption, Vorbereitung
und Durchführung von ‚innovativen Verhörtechniken' beteiligten Psychologen heranzuziehen sind. Über die rein rechtliche Beurteilung
hinaus stellt sich die Frage: Welche Beurteilungsstandards wollen wir
im Fach [Psychologie] für diejenigen Wissenschaftler verwenden
‚who participate in torture, whose names, rank, and branch of service
are published, or whose job resumes or memberships reveal their
history in torture? Will they be accepted at international symposia,
will their papers be published, will they be given university posts, fel-
lowships, or other jobs?' ([fragen die Psychologen] Gray & Zielinsky
[...]). Die unmittelbaren oder mittelbaren Verwicklungen in die geschilderten Menschenrechtsverletzungen betrafen nur eine kleine
Zahl von Psychologen, die Frage jedoch, wie wir mit diesen Verletzungen von Rechtsnormen und berufsethischen Prinzipien umgehen,
betrifft uns alle."

4. Fragen zur Verantwortung der Beteiligten – Fallbeurteilung

Zunächst ist festzuhalten: Die Missachtung der internen und externen moralischen Verantwortung durch Psychologen und die APA begann mit der Um-
deutung und Relativierung des Folterbegriffs sowie der Verharmlosung der
Foltermethoden[20] – euphemistisch ‚weiße Folter' genannt. Die Rechtfertigung dieser Methoden durch „Any time the rights of the individual are pla-
ced above what is best for the community, it is, by definition, unethical or
immoral'" ist ein Freibrief, um ‚alles' tun zu können. Der Vorrang einer abstrakten ‚nebulösen' ‚community' vor konkreten Individuen ist ein eklatanter
Verstoß gegen eine jegliche Ethik, insbesondere gegen eine solche, welche
die konkrete Humanität und die Individuengerechtigkeit in den Mittelpunkt

---

20 Vgl. Schütt (2011) zu einer philosophisch-ethischen Diskussion der Folter und
Joerden (2005) zu einer rechtsphilosophischen sowie rechtlichen. Letzterer
schreibt noch: „Ein Folterverbot findet sich zudem in Art. 104 Abs. 1 Satz 2 des
Grundgesetzes, der ein Verbot der körperlichen und seelischen Misshandlung fest-
gehaltener Personen aufstellt". Ebenfalls zu einer ethischen und rechtlichen Auseinandersetzung mit der Folter vgl. Lamprecht (2009). – Für DFG und Leopoldina
(2014, 9) sind „[p]sychologische, medizinische und neurobiologische Forschungen",
die „aggressive Vernehmungstechniken bis hin zur Folter unterstützen" Beispiele
eines „Missbrauch[s] von Wissenschaft".

stellt (Lenk 1998). – Die an der Folter beteiligten Wissenschaftler kann man nur als als willfährige Helfershelfer der Mächtigen und als „erfinderische Zwerge" (s. unten 5.) bezeichnen.

Schwierige Fragen betreffen die *individuelle* und *kollektive* bzw. *korporative* Verantwortung[21] der/aller beteiligten Psychologen (als Person bzw. als Mitglied in der APA) und der Berufvereinigung APA als Korporation. Im Hinblick auf die Frage nach ‚der' Verantwortung der Beteiligten ist folgendes festzustellen: Die direkt an der Entwicklung und Anwendung von Foltermethoden beteiligten Psychologen sind weder ihrer internen noch externen moralischen Verantwortung bzw. Mitverantwortung gerecht geworden. Dies gilt auch für die Psychologen, die mitwirkten in der „2005 eingerichteten internen Arbeitsgruppe der APA, deren Aufgabe es war, ethische Standards für die Beteiligung von Psychologen an diesen Verhörmethoden [so] zu formulieren" (Mausfeld 2009, 229), dass diese gerechtfertigt und mit dem Kodex vereinbar waren.

Eine korporative Verantwortung der APA an der Verharmlosung der Foltermethoden, an der Rechtfertigung dieser durch den APA-Kodex und an der Duldung der Methoden ist ebenfalls zu bejahen. Insbesondere die lange Dauer der *menschenverachtenden Praxis* und die *systematische Form* dieser Praxis sprechen für eine solche Verantwortung, die besteht bzw. bestehen bleibt, auch wenn Vorstand und Mitglieder wechseln. Wichtig in diesem Fall ist – wie generell –, dass die korporative Verantwortung der APA nicht als Schutzschild oder Ablenkungsmanöver für individuelle Verantwortung einzelner Psychologen dient, sodass diese dann nicht mehr verantwortlich wären und dass die korporative Verantwortung der APA nicht dann schon nicht mehr infrage kommt, wenn bestimmte Psychologen verantwortlich sind (vgl. Maring 2001, 318ff.). Individuelle Verantwortung einzelner Psychologen und korporative Verantwortung der APA ergänzen sich.[22]

Der Grad bzw. das Ausmaß der individuellen Mitverantwortung ‚der' Psychologen ist abhängig von der Stellung z.B. in der APA und der Beteiligung

---

21 Die Frage nach der korporativen Verantwortung der USA, der CIA, der US-amerikanischen Armee und nach der individuellen Verantwortung einzelner Personen in diesen Institutionen wurde hier bewusst nicht behandelt. – Erstmals im August 2014 räumte im Übrigen Barack Obama den Folter-Vorwurf ein: „Wir haben einige Dinge gemacht, die falsch waren. [...] Wir haben einige Leute gefoltert. Wir haben einige Dinge gemacht, die unseren Werten widersprochen haben'". Dem „CIA-Chef John Brennan sprach Obama aber [dennoch] sein volles Vertrauen aus" (Quelle: http://www.zeit.de/politik/ausland/2014-08/obama-folter-cia-anschlaege).

22 Eine alleinige Verantwortung eines einzelnen Beteiligten ist nicht zu rechtfertigen, da ein Einzelner nicht allein für etwas verantwortlich gemacht werden kann, was er allein nicht verursachen und in diesem Sinn nicht verantworten kann. Auch würde dies alle anderen Beteiligten in nicht-gerechtfertigter Weise exkulpieren.

an ,Tat' (Entwicklung von Foltermethoden bzw. Beteiligung an der Folter).
Ob eine individuelle Mitverantwortung der APA-Mitglieder für die Verträglichkeit des Kodex mit den Foltermethoden, für die verschiedenen Änderungen
des Kodex oder für eine stillschweigende Duldung der Änderung gegeben
ist, ist in jeden Einzelfall zu prüfen. Mausfeld (s. oben 3.) gibt noch einen
wichtigen Hinweis auf eine ,neue' Verantwortung der ,Zunft' der Psychologen: „wie wir mit diesen Verletzungen von Rechtsnormen und berufsethischen Prinzipien umgehen, betrifft uns alle". Wie diese kollektive Verantwortung der ,Zunft', die keine Korporation ist, auf Psychologen zu beziehen
ist, ist ebenfalls gesondert in jeden Einzelfall zu prüfen.

Besonders brisant sind aber nun die Fälle, in denen Psychologen als abhängig Beschäftigte bei der Armee, der CIA usw. tätig waren und sind: Hier
– so scheint es – kollidieren rechtliche Verantwortung (Arbeitsrecht mit Wei-
sungsgebundenheit, gegebenenfalls Militär- und Disziplinarrecht mit noch
strikteren Regelungen), Rollenverantwortung und moralische sowie berufsethische Verantwortung bzw. müssten in Konflikt geraten. Da aber Folter
absolut (völker-)rechtswidrig ist und moralisch nie geboten sein kann, nie
,Gegenstand' von beruflichen Pflichten sein kann und darf, ist dies kein (ech-
ter) Konflikt. Dass abhängig Beschäftigte in solchen vermeintlichen Konflikten in ein Dilemma geraten (können), ist zweifelsfrei, und sie bedürfen der
institutionellen Unterstützung – z.B. durch ihre Standesorganisation und deren Berufskodex. Die APA und deren Kodex waren aber gerade zur fragli-
chen Zeit wenig hilfreich; ganz im Gegenteil hatten sie doch Verstöße gegen
universalmoralische und völkerrechtliche Prinzipien legitimiert. – Dass ,Han-
deln auf Befehl' lediglich eine Ausrede ist, wurde bereits ausgeführt (s. oben
3.).

Die Reihe der Verstöße gegen universalmoralische und standesethische
sowie rechtliche Normen ist so groß, dass im Folgenden nur noch beispielhaft Verstöße gegen folgende universalmoralische Prinzipien[23] genannt werden (vgl. Lenk/Maring 2008, 492): Achtung der Person, ,Nil nocere', ,Nemi-
nem laedere' (,aus keinem Grund schaden', ,niemanden verletzen'), Katego-

---

23 Nicht nur moralische (und rechtliche) Argumente, sondern auch ganz praktische
Gründe sprechen gegen Folter: So ist schon seit Langem bekannt, dass Folter und
harsche Verhörmethoden ,nichts' bringen, nur geringe bzw. keine Erfolgsaussich-
ten haben, ganz im Gegenteil. (Das zeigen erneut Alison u.a. (2013) in einer sehr
umfangreichen Studie.) Aber selbst wenn das nicht zutreffen würde, würde dies die
moralischen und rechtlichen Verbotsgründe nicht aushebeln. – Mittlerweile ist
durch den im Dezember 2014 veröffentlichten CIA-Teilbericht zu den Folterungen
belegt, dass diese eher kontraproduktiv waren. Ebenfalls belegt ist, dass US-Präsi-
dent Bush „Folter angeorgnet" hat (Die Zeit 17.12.2014).

rische Imperative (Verallgemeinerbarkeit der Handlungsabsicht) (Kant)[24], niemanden bloß als Mittel behandeln (Kant) und das Prinzip situationsethischer konkreter Humanität (Lenk 1998).

Zusammenfassend lässt sich sagen: Von einem Praktisch-Werden von Ethik bzw. eines Ethikkodexes in den Jahren 2001 bis 2010 kann wohl kaum gesprochen werden, sondern diese Jahre stehen für ein eklatantes Scheitern ethischer Prinzipien in der APA. Handelt es sich doch bei der Legitimation der Foltermethoden im Kodex geradezu um einen Missbrauch eines Ethikkodexes durch die APA und ihre Mitglieder. – Entscheidende Änderungen im Kodex, die ethischen Prinzipien Priorität einräumen, wurden erst im Jahr 2010 vorgenommen (s. Anhang).

5. Wissenschaftler „ein Geschlecht erfinderischer Zwerge"[25]

Zum Abschluss dieses Beitrags über die Beteiligung und Verantwortung von Wissenschaftlern an der Entwicklung und Anwendung von Foltertechniken soll *Brechts Galilei* (GBFA 5, 284) zitiert werden:

> „Wenn Wissenschaftler, eingeschüchtert durch selbstsüchtige Machthaber, sich damit begnügen, Wissen um des Wissens willen anzuhäufen, kann die Wissenschaft zum Krüppel werden [...]. Ihr mögt mit der Zeit alles entdecken, was es zu entdecken gibt, und euer Fortschritt wird doch nur ein Fortschreiten von der Menschheit weg. Die Kluft zwischen euch und ihr kann eines Tages so groß werden, daß euer Jubelschrei über irgendeine neue Errungenschaft von einem universalen Entsetzensschrei beantwortet werden könnte. – Ich hatte als Wissenschaftler eine einzigartige Möglichkeit. In meiner Zeit erreichte die Astronomie die Marktplätze. Unter diesen ganz besonderen Umständen hätte die Standhaftigkeit eines Menschen große Erschütterungen hervorrufen können. Hätte ich widerstanden, hätten die Naturwissenschaftler etwas wie den hippokratischen Eid der Ärzte entwickeln können, das Gelöbnis, ihr Wissen einzig dem Wohle der Menschheit anzuwenden. Wie es nun steht, ist das Höchste, was man erhoffen kann, ein Geschlecht erfinderischer Zwerge, die für alles gemietet werden können."

6. Literatur

AI – Amnesty International (2014a): Folter 2014. 30 Jahre gebrochene Versprechen. URL: https://www.amnesty.de/downloads/amnesty-bericht-folter-2014-30-jahre-gebrochene-versprechen

---

24 Vgl. Joerden (2005) zu: „wie sich ein absolutes Folterverbot mit Hilfe des Kategorischen Imperativs begründen lässt".
25 Günter Ropohl verdanke ich den Hinweis auf das Zitat – herzlichen Dank!

AI – Amnesty International (2014b): Die weltweite Umfrage: Einstellungen und Haltungen zu Folter. Auswertung. URL: https://www.amnesty.de/ files/ Stop-Torture_Die_weltweite_Umfrage_Mai2014.pdf

Alison, L.J. – Alison, E. – Noone, G. – Elntib, S. – Christiansen, P. (2013): Why Tough Tactics Fail and Rapport Gets Results: Observing Rapport-Based Interpersonal Techniques (ORBIT) to Generate Useful Information From Terrorists. S. 411–431 in Psychology, Public Policy, and Law 19 (2013).

APA – American Psychological Association (2005): Report of the American Psychological Association. Presidential Task Force on Psychological Ethics and National Security [PENS]. Washington, DC 2005. URL: http://www.apa.org/ pubs/info/reports/pens.pdf

APA – American Psychological Association (2010): Ethical Principles of Psychologists and Code of Conduct. Washington, DC 2010. URL: http://www.apa.org/et hics/code/index.aspx

BFU (2014): Behandlungszentrum für Folteropfer Ulm. URL: http://www.bfu-ulm.de/hintergrund/folter-ein-uberblick

Bierbrauer, G. (1983): Das Stanford-Gefängnisexperiment und seine Folgen. S. 429–433 in Frey, D. – Greif, S. (Hrsg.): Sozialpsychologie. Ein Handbuch in Schlüsselbegriffen. München 1983.

Brecht, B. (1988): Werke. Bd. 5 – Leben des Galilei. Große Berliner und Frankfurter Ausgabe. Hrsg. v. W. Hecht u.a. Berlin – Weimar – Frankfurt a.M. 1988.

Cobain, I. (2012): Cruel Britannia. A Secret History of Torture. London 2012.

DFG (Deutsche Forschungsgemeinschaft) – Leopoldina (Nationale Akademie der Wissenschaften) (2014): Wissenschaftsfreiheit und Wissenschaftsverantwortung. Empfehlungen zum Umgang mit sicherheitsrelevanter Forschung. Bonn – Halle (Saale) 2014.

DGP – Deutsche Gesellschaft für Psychologie e.V. und Berufsverband Deutscher Psychologinnen und Psychologen e.V. (2005): Ethische Richtlinien. O.O. 2005.

Groß, D.(2011): Forschung am Menschen. S. 414–419 in Stoecker, R. – Neuhäuser, C. – Raters, M.-L. (Hrsg.): Handbuch Angewandte Ethik. Stuttgart 2011.

Herrmann, A. (1982): Wie die Wissenschaft ihre Unschuld verlor. Stuttgart 1982.

Joerden, J.C. (2005): Über ein vermeintes Recht (des Staates) aus Menschenliebe zu foltern. S. 495–525 in Byrd, B.S. – Joerden, J.C. (Hrsg.): Jahrbuch für Recht und Ethik / Annual Review of Law and Ethics. Bd. 13. Philosophia Practica Universalis. Festschrift für Joachim Hruschka zum 70. Geburtstag. Berlin 2005.

Lamprecht, F. (2009): Darf der Staat foltern, um Leben zu retten? Folter im Rechtsstaat zwischen Recht und Moral. Paderborn 2009.

Lenk, H. (1979): Pragmatische Vernunft. Stuttgart 1979.

Lenk, H. (1985): Humanexperiment als Tauschvertrag? S. 69–85 in Lenk, H. (Hrsg.): Humane Experimente? Genbiologie und Psychologie. München – Paderborn – Wien – Zürich 1985.

Lenk, H. (Hrsg.) (1991): Wissenschaft und Ethik. Stuttgart 1991.

Lenk, H. (1992): Zwischen Wissenschaft und Ethik. Frankfurt a.M. 1992.

Lenk, H. (1998): Konkrete Humanität. Vorlesungen über Verantwortung und Menschlichkeit. Frankfurt a. M. 1998.

Lenk, H. – Maring, M. (2005): Wissenschaftsethik: Verantwortung der Wissenschaftler – Neutralität der Wissenschaften. S. 153–166 in Maring, M. (Hrsg.): Ethisch-Philosophisches Grundlagenstudium. Ein Studienbuch. Münster ²2005.

Lenk, H. – Maring, M. (2008): Ethik der Wissenschaft – Wissenschaft der Ethik. S. 489–500 in Erwägen – Wissen – Ethik 19 (2008).

Maring, M. (2001): Kollektive und korporative Verantwortung. Begriffs- und Fallstudien aus Wirtschaft, Technik und Alltag. Münster 2001.

Maring, M. (2014): Ein verantwortungsethischer Ansatz für die Technik-, Wirtschafts- und Wissenschaftsethik. S. 113 –130 in Maring, M. (Hrsg.): Bereichsethiken im interdisziplinären Dialog. Schriftenreihe des Zentrums für Technik- und Wirtschaftsethik am Karlsruher Institut für Technologie. Band 6. Karlsruhe 2014.

Mausfeld, R. (2009): Psychologie, ‚weiße Folter' und die Verantwortlichkeit von Wissenschaftlern. S. 229–240 in Psychologische Rundschau 60 (2009).

Mausfeld, R. (2010): Foltern ohne Spuren. Psychologie im Dienste des „Kampfes gegen den Terrorismus". S. 16–19 in Wissenschaft & Frieden 2010.

McCoy, A.W. (2006): A Question Of Torture. CIA Interrogation, from the Cold War to the War on Terror. New York 2006.

Merton, R.K. (1985): Entwicklung und Wandel von Forschungsinteressen. Aufsätze zur Wissenssoziologie. Frankfurt a.M. 1985.

Milgram, S. (1974): Das Milgram-Experiment. Reinbek 1974.

Mohr, H. (1977): Lectures on Structure and Signifance of Science. New York – Heidelberg – Berlin 1977.

Mohr, H. (1979): The Ethics of Science. S. 45–53 in Interdisciplinary Science Reviews 4 (1979) .

Olson, B. – Soldz, S. – Davis, M. (2008): The ethics of interrogation and the American Psychological Association: A critique of policy and process. S. 1–15 in Philosophy, Ethics, and Humanities in Medicine 3 (2008) (zitiert nach der Online-Fassung – doi: 10.1186/1747-5341-3-3).

Pope, K.S. (2011): Are the American Psychological Association's Detainee Interrogation Policies Ethical and Effective? S. 150–158 in Zeitschrift für Psychologie / Journal of Psychology 219 (2011).

Schuler, H. (1980): Ethische Probleme psychologischer Forschung. Göttingen 1980.

Schütt, H.-P. (2011): „Auf den Zweck kommt es an!" S. 305–309 in Maring, M. (Hrsg.): Fallstudien zur Ethik in Wissenschaft, Wirtschaft, Technik und Gesellschaft. Schriftenreihe des Zentrums für Technik- und Wirtschaftsethik am Karlsruher Institut für Technologie. Band 4. KIT Scientific Publishing: Karlruhe 2011.

Steiger, D. (2013): Das völkerrechtliche Folterverbot und der „Krieg gegen den Terror". Heidelberg 2013.

Windeln, L. (2010): Kampf um die Folter. Die öffentliche Debatte in den USA. Marburg 2012.

Anhang

1. Änderungen im APA-Kodex

„The American Psychological Association's Council of Representatives
adopted the following amendments to the 2002 ‚Ethical Principles of Psychologists and Code of Conduct' at its February 2010 meeting. Changes are
indicated by underlining for additions and striking through for deletions. A
history of amending the Ethics Code is provided in the ‚Report of the Ethics
Committee, 2009' in the July-August 2010 issue of the American Psycholo-
gist (Vol. 65, No. 5)" (APA 2010, 15).

„2010 Amendments to the 2002 ‚Ethical Principles of Psychologists and
Code of Conduct'

Introduction and Applicability

If psychologists' ethical responsibilities conflict with law, regulations, or other
governing legal authority, psychologists make known their commitment to
this Ethics Code and take steps to resolve the conflict in a responsible man-
ner. If the conflict is unresolvable via such means, psychologists may adhere
to the requirements of the law, regulations, or other governing authority in
keeping with basic principles of human rights.

1.02 Conflicts Between Ethics and Law, Regulations, or Other Governing
Legal Authority

If psychologists' ethical responsibilities conflict with law, regulations, or other
governing legal authority, psychologists clarify the nature of the conflict,
make known their commitment to the Ethics Code and take reasonable
steps to resolve the conflict consistent with the General Principles and Ethical Standards of the Ethics Code. If the conflict is unresolvable via such
means, psychologists may adhere to the requirements of the law, regulations, or other governing legal authority. Under no circumstances may this
standard be used to justify or defend violating human rights.

1.03 Conflicts Between Ethics and Organizational Demands

If the demands of an organization with which psychologists are affiliated or
for whom they are working are in conflict with this Ethics Code, psychologists
clarify the nature of the conflict, make known their commitment to the Ethics
Code, and to the extent feasible, resolve the conflict in a way that permits
adherence to the Ethics Code. take reasonable steps to resolve the conflict
consistent with the General Principles and Ethical Standards of the Ethics

<u>Code. Under no circumstances may this standard be used to justify or de-
fend violating human rights</u>" (ebd., i.O. teilweise fett – ersetzt durch kursiv).

2. Bilder zu Abu Ghraib[26]

„Bild 1 von 11: Transparenz Ade? Barack Obama hat verhindert, dass weitere Fotos von Folterszenen aus dem Gefängnis Abu Ghraib veröffentlicht werden. Die Begründung: Neue Bilder würden die US-Truppen in Irak und Afghanistan gefährden.
Ein Rückblick auf die Bilder, die seit 2004 bekannt wurden. Diesem Häftling wurde
mit Elektroschocks gedroht. Das Symbolbild für die Folter schlechthin. (foto: dpa)"

---

26 Quelle für alle Bilder: http://www.taz.de/index.php?id=bildergalerie&tx_gooffotob
oek_pi1[fid]=1&tx_gooffotoboek_pi1[srcdir]=Abu-Ghraib&tx_gooffotoboek_pi1[func]
=combine&cHash=ad3920ea7c9238ad2b4e9b53ed16dd86#c173

„Bild 2 von 11: Über 1000 Fotos dieser Art wurden der ‚Washington Post' zuge-
spielt. Sie zeigen Folter und Demütigungen. Besonders schockierte, dass die Soldaten mit ihren Opfern posierten. Die Soldatin auf dem Bild ist Lynndie England.
Sie wurde 2005 von einem Militärgericht zu drei Jahren Haft verurteilt. (foto: dpa)"

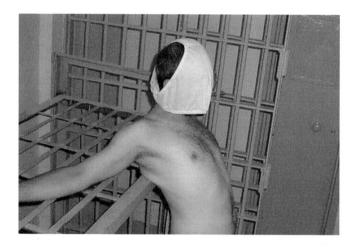

„Bild 5 von 11: Dieser Gefangene wurde an ein Bettgestell gefesselt. Ihm wurde ein
Damenslip über den Kopf gestülpt. (foto: washington post/ dpa)"

Mäeutik als Beratungskonzept angewandter Ethik – zu einem Konzept der Unternehmens- und Politikberatung mit sittlicher Ausrichtung

Bernhard Irrgang

Um die Praktikabilität angewandter Ethik in der Praxis zu erhöhen, möchte ich das noch zu akademische Modell des „Ethiktransfers" weiter explizieren und konkretisieren, um die Realisierbarkeit ethischer Ratschläge zu erhöhen (Irrgang 2008). Dieses Modell bemüht sich um die praktische Umsetzung wissenschaftlicher ethischer Reflexion und beklagt deren zu geringe Praxisrelevanz angesichts wachsenden Ethikbedarfs. Es bezeichnet mit Ethiktransfer Umsetzungsfragen und Umsetzungsprobleme wissenschaftlich-ethischer Reflexion in den Alltag. Transferprozesse selbst müssen verantwortbar sein. Die institutionelle Anbindung von wissenschaftlich-ethischer Reflexion ist meist kirchlich-unternehmerischer Art. Hier sind auch entsprechende Handlungsfelder. In der Philosophie ist immer noch Theorie von Ethik in erster Linie gefragt, Umsetzungs- und Qualitätskriterien erscheinen erst in zweiter Linie als wichtig. Dabei stellt sich die Frage: Inwiefern können Reflexionen in Strukturierungen von Handlungsfeldern konkret einfließen (vgl. Arn 2006, 9–18)? Dies ist nicht einer Moralpädagogik in der Lehrerausbildung gleichzusetzen. Was für Kriterien gibt es, um diese Strukturen und Prozesse zu beurteilen? Angewandte Ethik in der Organisation von Unternehmen ist nicht auf Philosophie in der Ethiklehrer-Ausbildung zu reduzieren. Der Expertenstatus des Ethiklehrers vermittelt nicht die Kompetenzen, die in der Unternehmensberatung, der Beratung von Ärzten, im Gesundheitswesen oder in der Politik z.B. in der Entwicklung europäischer oder von Nato-Verteidigungsstrategien militärischer Art erforderlich sind. Philosophische Ethiken reichen bislang für die Ethiklehrer-Ausbildung, nicht für die gesellschaftlichen Konfliktfelder, für die philosophisch-ethische Theorien unter Berücksichtigung insbesondere des technologischen Hintergrundes, der in der Ethiklehrer-Ausbildung normalerweise keine große Rolle spielt.

1. Realisierung von Ethik oder Ethiktransfer?

In Bereichsethiken stehen Handlungen, Handlungsanreize, Einstellungen und Verhaltensweisen und ihrer Konsistenz im Vordergrund, nicht deren entscheidungstheoretische Engführungen, die in der Philosophie beliebt sind, weil sie sich spieltheoretisch, systemtheoretisch und logisch rekonstruieren und dann digitalisieren lassen. Wir brauchen ein Wissen um Handlungskompetenzen, ein Wissen um unsere Fähigkeiten zu handeln und Verhaltensangebote sowie soziale Normen – und vor allem – diese personal und nicht objektivistisch zu vermitteln. Es geht um personal-strukturelle Bedingungen für Praxis in Unternehmen, in der Politik und in Gesellschaft. Wie kann man ethische Prinzipien bzw. faktische Überzeugungen zur Wirksamkeit in konkreten Handlungsstrukturen bringen? Es geht um das praktische Potenzial zur Wirksamkeit (Realisierbarkeit; Irrgang 2008). Ist dieses praktische Potenzial für alle ethischen Überzeugungen gleich? Oder gibt es Unterschiede in der Plausibilität von Leitbildern? In der Philosophie geht es um ethische Forschung und um Praxisprojekte. Die Transferleistungen sind zwar erwünscht, gelten aber nicht als wissenschaftliche Leistungen. Wofür aber sind universitäre angewandte Ethiker denn Experten? Ein Lehrbuch Medizinethik für Lehramtsstudenten (Irrgang 1995) und für den medizinischen Nachwuchs (Irrgang/Heidel 2015) unterscheiden sich nicht unerheblich – nicht in den Themenfeldern, aber in der philosophisch-ethischen Systematik und wohl auch der Vermittlung.

Pädagogisch-didaktischer und philosophisch-personaler Ethiktransfer unterscheiden sich. Psychologie und Pädagogik individualisieren zu sehr, während es der Ethik um strukturelle Ethik und Fragen der Verallgemeinerung geht. Ethische Gutachten von Ethikexperten sind in diesem Zusammenhang gefragt. Aber können Anwendung und Vermittlung ethischer Fragen Gegenstand und Aufgabe der Philosophie werden? Die Prägung von Handlungsfeldern durch Ethikbildung bzw. Ausbildung von Moral basiert zum Beispiel auf der Prüfung von ethischem Wissen, aber auch auf ihrer personalen Vermittlung. Es geht um Ethikbildung in der Berufsausbildung. Die wissenschaftliche Ethikexpertise und Expertenkultur bedarf der Transferaktivitäten genauso wie der Metareflexion. Hier geht es um Machtstrukturen und Instrumentalisierung (Irrgang 2007a, 2007b). Dabei ist eine Verknüpfung von personalem Transfer und Pädagogik zu erreichen. Die ethische Expertise, das ethische Fachwissen, der wissenschaftlich-ethische Diskurs muss sich nach Adressierbarkeit und Umsetzbarkeit einer wissenschaftlichen Ethik fragen lassen. Es geht um eine präzise Entscheidung und Unterscheidung zwischen Ethiktransfer und Moralpädagogik bzw. Moraldidaktik. Dabei ist auf die methodenspezifische Reflexion des Ethiktransfers hinzuweisen. Dies läuft nicht auf eine Funktionalisierung von Ethik hinaus, sondern auf eine erweiterte Heuristik auf der Basis einer personalen Vermittlung.

Angesichts der Zweiteilung des Universitätssystems aufgrund der Trennung von ethischem Wissen und seiner Anwendung, was auch das Transfermodell implizit voraussetzt und was allerdings letztlich falsch ist, ist Ethik in einen echten Dialog mit den Anwendungsfeldern zu stellen. Ethische Hermeneutik versucht, die richtigen Fragen zu stellen. Damit wird die Bedeutsamkeit von Handlungen aufgewertet. Dabei gibt deskriptives wie normatives Wissen die Einbettung subjektiver Verantwortung in ein bereits in Gang befindliches Gespräch. Auch der Transferinhalt bedarf der Erörterung. Es gibt aber ein Selbstorientierung und eine Klärung ethischer Sachverhalte. Transfer darf nicht zur Einbahnstraße werden, sondern bedarf der Einbettung in die entsprechenden Handlungsfelder, wodurch Wechselwirkungsprozesse ausgelöst werden. In diesem Sinne ist eine hermeneutische Ethik schwach normativ. Es geht um einen langen Weg statt Schnellschüssen bei Ratschlägen (Irrgang 2007b). Ethischer Diskurs und Reflexion und die Praxis des Ethiktransfers als Aktivität sind zusammenzubringen, wobei die wissenschaftliche Ethik als systematischer Ausgangspunkt des Ethiktransfers zu berücksichtigen ist. Die Bewertungskriterien sind offenzulegen. Es geht jedenfalls um eine Systematisierung der normativen Voraussetzungen für Ethiktransfer. Dabei ist die Qualität der dialogischen Kommunikation zu überprüfen (vgl. Arn 2006, 305–340).

2. Beratung als Management

Beratung wird in der Unternehmensethik heute oft im Sinne des Managerwesens konzipiert, ist aber „eine riskante und problematische Tätigkeit, weil sie dort Verantwortung übernimmt, wo sie nicht selbst die Arbeit macht" (Baecker 2012, 27). Jedenfalls bedarf es des Verständnisses für eine ambivalent überfordernde Praxis. Der Manager erweist sich als Nachfolgefigur des modernen Aufklärers. Er glaubt an eine überall und jederzeit durchzusetzende Verbesserung der Verhältnisse. Intellektuelle, Manager und Wissenschaftler beerben zusammen mit dem Projekt der Aufklärung das Feld der Defizitdiagnosen (vgl. ebd. 11–13). „Es gibt vermutlich empirisch und praktisch kein Verhalten, das sich nicht entlang eines mal engen, mal weiten Pfads der Fehlervermeidung kontrolliert und realisiert. [...] Fehlerfreundlichkeit: hier geht es um die doppelte Eigenschaft robuster Systeme, Fehler sowohl zu überleben als auch aus ihnen zu lernen. [...] Hält man sich all dies vor Augen, kann es nicht überraschen, dass der Umgang eines Systems mit Fehlern eine mehrdeutige Angelegenheit sein muss" (ebd. 59–61). Wir lernen aber nur dann, wenn wir Fehler vermeiden, die wir fast gemacht hätten.

Beratung ist „darauf angewiesen, sich entlang der Veränderung, die sie betreuen soll, erst einmal ein zureichendes Verständnis der Verhältnisse zu erarbeiten, [...] in denen die Veränderung stattfinden soll. Ihr Vorteil liegt allein darin, dass sie jederzeit thematisieren kann, worum es ihr geht und von welchen Prämissen sie ausgeht. Dazu dient der Wiedereintritt. Allerdings definiert auch dieser Wiedereintritt wieder nur eine Form, [...] d.h. die Beratung muss ihrerseits wiederum abwarten, was sie mit ihrer Thematisierung dessen, womit sie gerechnet und womit sie nicht gerechnet hat, auslöst" (ebd. 73). Management ist daher auch als Störung im System zu begreifen. „Die einzige Ebene, die dem Management hierfür jedoch zur Verfügung steht, ist die Ebene der Beobachtung von Beobachtern. Störungen und Widersprüche müssen Beobachtern auffallen [...]. Wenn Sie ihre Beobachter nicht finden, finden sie nicht statt" (ebd. 89).

Ein Problem ist dabei, dass die Organisation nie zur Ruhe kommt (vgl. ebd. 107). Entscheidungen „sind das Produkt eines dauernden Streites, der mit jedem Preis, jedem Lohn, jedem Vertrag, jedem Verfahren nur für einen Moment geschlichtet wird, aber jederzeit wieder ausbrechen kann. Gerade dieser Streit ist es, der sicherstellt, dass die Verantwortung verantwortlich wahrgenommen wird" (ebd. 121). „Unser erster Grund, von Unternehmen verantwortliches Handeln zu erwarten, kombiniert demnach mobilisierbare Handlungspotenziale (Privatheit) mit mobilisierten Handlungsmotiven (Erwerbsinteresse)" (ebd. 132). „Der zweite gute Grund, bei Unternehmen nach Bereitschaften zur Übernahme von Verantwortung zu suchen, ist eine Begleiterscheinung der Engführung des Unternehmens auf Interessenorientierung. Denn diese ist die Voraussetzung für eine verantwortliche Planung und Gestaltung des Unternehmens selbst. Ein Unternehmen ist jede Form eines organisierten sozialen Systems, innerhalb deren jeder ständig an eine übernommene oder zugewiesene Verantwortung erinnert werden kann" (ebd. 135). Es ist festzuhalten, „dass die Verantwortlichkeitsordnung eine Delegationsordnung ist, dass es nicht unbedingt selbstverständlich ist, dass die delegierte Verantwortung an jenen Stellen, an die sie delegiert worden ist, so wahrgenommen wird, wie es den Interessen der delegieren Stelle entspricht" (ebd. 136). „Der dritte gute Grund für die Verankerung der Verantwortung für Unternehmen bezieht sich darauf, dass Unternehmen nicht umhin kommen, laufend Entscheidungen zu treffen und dass diese Entscheidungen nur dann solche genannt zu werden verdienen, wenn sie im Kontext alternativen Entscheidungen stehen" (ebd. 139).

Entlastung „bietet nur die von der Neurophysiologie unterstützte Wiederentdeckung jener Intuition und Kreativität, die ein Gespür für richtiges Entscheiden haben, weil sie es offen lassen, woher dieses Gespür kommt. Die einen verlassen sich auf ihren Bauch, die anderen auf ihr unbewusst mitlaufendes ‚Gehirn', die Dritten auf einen durch ihre ‚Sozialisation' erworbenen Schatz an Erfahrungen. Vermutlich treffen diejenigen, die sich auf ihren Bauch verlassen, die beste Entscheidung, weil man über diesen Bauch am wenigsten, aber immerhin weiß, dass sich in ihm mentale Intelligenz, sozialer Sinn und körperliche Robustheit mental, sozial und körperlich unverfügbar vernetzen. [...] Die Beobachtung von Rekursivität hat den Vorteil, dass es sich versuchsweise und vorsichtig auf die Eigenwerte rekursiver Funktionen verlässt, ohne dabei das Chaos der diese Eigenwerte immer wieder verfehlenden und dann doch wieder durchlaufenden Operationen aus den Augen verliert. [...] Dafür gibt es mehrere Möglichkeiten, denn auch die Rekursivität liefert keine Eindeutigkeit, sondern nur (aber immerhin) Beobachterperspektiven, von denen wir hier eine aufgreifen" (ebd. 149f.).

3. Hermeneutik und sokratische Mäeutik als Alternative zum systemtheoretischen Managerkonzept

In seinem Dialog „Theaitetos" entwickelt und gestaltet Platon seine Konzeption der sokratischen Mäeutik als eine Vorform hermeneutischen Philosophierens. Mäeutik meint die so genannte Hebammenkunst, und Sokrates bezeichnet sich selbst als Sohn einer Hebamme. Seine Aufgabe ist aber nicht die Hilfe bei der Geburt gesunder Kinder, sondern die Hilfe bei der Geburt von wahrem Wissen. Es geht um die Geburtshilfe für die Hervorbringung von Wissen. So begreift auch Sokrates Hebammenkunst als Unterscheidungs-Kunst, wobei er die beiden griechischen Begriffe *dianosein* (diagnostizieren) und *krinein* (unterscheiden, urteilen) verwendet. Hilfestellung erhält Sokrates dabei durch das *daimonion*, die innere Stimme oder das Göttliche, da andernfalls das Problem des gleichen Maßes auftritt, wenn Menschen auf unterschiedliche Art und Weise erkennen.

Wichtig für die Konzeption einer hermeneutischen Ethik ist bei Platon nicht nur die Bestimmung des Begriffs der Tugend und die des Guten, sondern auch dessen Methode einer Hebammenkunst. Die Mäeutik ist eine Methode des Umgangs mit Nichtwissen im Sinne des Noch-nicht-Wissens. Theaitetos geht schwanger mit einem Gedanken, er hat Geburtsschmerzen, in der philosophischen Fachterminologie: Theaitetos steckt in der Aporie. Allerdings geht es nicht um das Gebären von Kindern, sondern um das Hervorbringen von Wissen bzw. von Wahrheit oder von richtigen Begriffen. Diejenigen, die noch überlegen und ein Problem noch nicht gelöst haben, bekommen von Sokrates Unterstützung und zwar, indem er immer wieder fragt, nachfragt und den Betroffenen letztendlich die Lösung des Problems selber finden lässt.

Mäeutik doziert daher nicht, sondern versucht im Wechselspiel von Frage und Antwort ein Problem näher und schärfer zu konturieren, um nach dem Durchgang durch die Aporie eine Lösung zu finden. Die Mäeutik (Platon, Theaitetos 149 b 6) verhilft Wahrheitssuchenden zu eigener Einsicht, wobei sich Sokrates als einen hinstellt, der selbst nicht mehr in der Lage ist, philosophische Einsichten zu formulieren und aus diesem Grunde sich darauf beschränkt, andere bei der Suche nach Einsicht zu unterstützen. Die philosophische Hebamme erkennt, ob ein Schüler mit philosophischen Gedanken schwanger geht oder nicht (Platon, Theaitetos 159 c 5 f). Sie ist in der Lage, mit allerhand Kunstgriffen die Geburt eines Gedankens einzuleiten. Mäeutik stellt sich damit als eine spezifische Technik dar, mit einem Wissen umzugehen, das der Schüler schon hat, aber nur in einer impliziten Form, um die er nicht explizit weiß.

Die Mäeutik prüft daher, ob die Seele des Jünglings Missgestaltetes und Falsches zu gebären im Begriff ist oder Gebildetes und Echtes. Sokrates selbst weiß nichts, aber er ist in der Lage bzw. von Gott dazu genötigt, anderen bei der Weisheitssuche zu helfen. Seine Schüler entdecken, ohne jemals etwas von Sokrates selbst gelernt zu haben, in sich und von sich aus viel Schönes und Wahres und sind dann auch in der Lage, dieses festzuhalten im Sinne eines sicheren Wissens. Wer aber Sokrates zu früh verlassen hat und daher nicht der sokratischen Hebammenkunst in vollem Maße teilhaftig geworden ist, der bringt nur geistige Fehlgeburten hervor. Hebammenkunst zu leisten aber nötigt Sokrates der Gott, das Daimonion (Platon, Theaitetos 151 a 3), die göttliche Stimme im Menschen, die in späterer christlicher Interpretation mit dem Gewissen identifiziert worden ist. Die Mäeutik ist eine Methode, die Suchenden und Zweifelnden zu einem Abschluss ihres Zweifels im entsprechenden Wissen zu führen. Sie greift dabei darauf zurück, dass der Zweifelnde und Suchende bereits eine Art von Wissen um das Gesuchte hat, sodass er in der Lage ist, das Gesuchte auch durch die sokratische Hilfe finden zu können. Dabei versteht sich Mäeutik auch als die Kunst, Zweifel zu erzeugen und damit einen Suchprozess einzuleiten. Wichtig ist dabei die Bereitschaft des Suchenden und Zweifelnden, das Unechte, Unwahre, die geistigen Missgeburten – im Text steht Mondkälber – wegzuwerfen, auch wenn die Suchenden zunächst einmal stolz sind auf das, was sie hervorgebracht haben (Platon, Theaitetos 151 c).

Im „Menon" verwendet Sokrates für seine mäeutische Methode ein anderes Bild, das einen spezifischen Aspekt dieser Methode deutlicher hervorkehrt, das Bild des Krampfrochens, der durch seinen Stich das Opfer erstarren lässt (Platon, Menon 84 b 7). Durch seine Fragen bringt Sokrates in diesem Falle Menon in Verlegenheit, sodass er nicht mehr in der Lage ist, die ihm gestellten Fragen zu beantworten. Im Unterschied aber zu dem Schlag des Zitterrochens bedeutet die sokratische Methode, in die Aporie zu führen, keinen Schaden, sondern die Aporie ist die Voraussetzung dafür, dass der Befragte schließlich die Lösung selber findet. Auch an dieser Stelle betont Sokrates, dass er immer nur frage und niemals lehre (Platon, Menon 84 d 1f.). Dazu sollte hermeneutische Ethik ein Verständnis von praktisch ethischem Verstehen herausarbeiten, das aus einem Umgangswissen mit sittlichen Verpflichtungen hervorgeht. Die Methode aber des Fragens, die das zweifelnde Suchen analysiert, möchte demjenigen, der zweifelt und sucht, einen Weg zu eröffnen, von einem vagen Vorbegriff zu einer eigenständigen Einsicht zu kommen. Für die Ethik bedeutet diese Methode, dass nicht die Anwendung vorgegebener Normen und Werte philosophisch ethische Dignität besitzt, sondern die Suche nach der richtigen Entscheidung in einer konkreten Situation. Normen und Werte, die in einer konkreten Situation Anwendung finden sollen, müssen von dem, der entscheiden muss, selbst gefunden werden.

In seinem Dialog „Gorgias" arbeitet Platon einen weiteren wesentlichen Aspekt dieser Methode aus. Hier geht es um die Unterscheidung und Abgrenzung der sokratischen Mäeutik, jetzt neutraler als Gespräch (dialegetai) verstanden, von der Rhetorik. Sophistische Überredungskunst wird abgegrenzt vom erforschenden Gespräch, das auf eine Problemanalyse aus ist (Platon, Gorgias 453 b 1f.). Die sophistische Rhetorik, die dem Manager-Modell der Beratung parallelisiert werden kann, geht davon aus, dass ein bestimmtes und spezifisches Wissen vermittelt werden muss, das effektiv etwas bewirken soll. Platon grenzt die Methode des philosophischen Gespräches ab von jener Form rhetorischer Überredung, wie sie an Gerichtsstätten und an Volksversammlungen vorkommt (Platon, Gorgias 454 b 4f.). Das Gespräch aber muss einer bestimmten Ordnung der Rede entsprechen, um zu einem gewünschten Ergebnis und Ziel zu führen (Gorgias 454 c 1f.). Nur so lässt sich ein Wissen hervorbringen, das über das bloße Glauben und Meinen hinaus reicht.

Die Rhetorik ist die falsche Methode, denn sie führt zu einer belehrenden Überredung in Bezug auf Gerechtes und Ungerechtes, nicht aber zu einer wahren Überzeugung in Fragen der Moral (Gorgias 455 a 1). Der Rhetoriker braucht von den Sachen selbst nichts zu verstehen. Allein die Kunstgriffe der Überredung sind bei ihm entscheidend, um das Ansehen bei den Nichtwissenden zu gewinnen (Gorgias 459 b/c). Während der Philosoph und der wirklich Wissende sich um die einzelnen Sachgebiete jeweils in spezifischer Form bemühen muss, genügt es bei der Rhetorik, die Kunstgriffe der Redekunst zu beherrschen, um ohne Sachverstand und wirkliches Wissen bei den Vielen zu glänzen. Allerdings ist diese Methode erkünstelt und verbirgt nur den Schein des Nichtwissens. Denn die sophistische Rhetorik ist nicht in der Lage, zwischen Gerechtem und Ungerechtem zu unterscheiden. Dazu bedarf es der sokratisch-platonischen Form des Gespräches. Der neue Gedanke, der sich im „Gorgias" anbahnt, liegt im Gedanken einer Ordnung der Rede, die in der Spätphase der platonischen Philosophie zu einer Neuformulierung der Methodik führt. Dort wird eine neue Methode der Begriffsunterscheidung vorbereitet, die Platon dann Dialektik nennen wird. Dialektik meint dabei eine systematisierte Form des Gespräches. Dies impliziert bereits der Name Dialektik, der abgeleitet wird vom Begriff des Sich-Unterredens, Besprechens, Gesprächs, modern Diskurs genannt.

4. Realisierung angewandter Ethik und der Experte hierfür

Angewandte Ethik soll die moralische Unsicherheit in der Praxis reduzieren. Sie soll einen Konsens bezüglich der strittigen ethischen Fragen finden und ethische Handlungsorientierungen für bestimmte gesellschaftliche Gruppen, eine Nation oder sogar ganze Staatengemeinschaften entwickeln. Im Unterschied zu den genannten Fachwissenschaften scheint die Notwendigkeit der Mitarbeit von Philosophen bzw. philosophischen Ethikern oder angewandten Ethikern in Ethikkommissionen nicht evident zu sein. Vielmehr entzünden sich regelmäßig Kontroversen daran, wo es so etwas wie Experten für philosophische Ethik geben könne (Fenner 2010, 83f.). Zu beachten ist, dass in der Praxis kaum jemand angewandte Ethik betreibt. Man definiert sich beispielsweise als Medizinethiker, Wirtschaftsethiker oder Technikethiker. Im Bereich der akademischen Philosophie ist eine solche Spezialisierung fast unumgänglich, weil in jedem Handlungsbereich vertiefte Fachkenntnisse vorausgesetzt werden. Die Generalisten angewandter Ethik werden auf Grund ihres Not gedrungen in die Breite statt in die Tiefe gehenden Überblickswissen eher belächelt (Fenner 2010, 86). Experte meint erprobt, bewährt zu sein und die dazugehörige Erkenntnisstufe oder Erkenntnistheorie eine typisch dialektische Denkbewegung zwischen ethischer Theoriebildung und Erfahrung aufzuweisen. Zu den Aufgaben eines Ethikexperten gehört es, dass er nicht über ethische Grundbegriffe und Theorien dozieren sollte, sondern sie auf aktuelle Fallbeispiele anwenden können muss. Den Idealfall stellen daher angewandte Ethiker dar, die ein Doppelstudium absolviert haben (Fenner 2010, 88f.).

Entscheidend bei der Beurteilung von konkreten Fällen ist ein unparteiischer Standpunkt. In einem zweiten Schritt ist dabei eine gewisse Distanz zu den fremden Interessen genauso wie zu seinen eigenen erforderlich, sodass der Experte zu einem Sachproblem kritisch Stellung nehmen kann. Philosophen sind Spezialisten im systematischen Denken und kennen die wichtigsten Argumentationstypen und Begründungsformen. Von einem Experten in angewandter Ethik wäre darüber hinaus zu wünschen, dass er über besondere Fähigkeiten im Führen oder Moderieren von Gesprächen verfügt. Er hätte die Diskussion zu strukturieren und auf eine normativ-ethische Begründungsebene hinzuführen. Philosophen scheinen damit prädisponiert zu sein für die Rolle eines Moderators von diskursiven Beratungsprozessen. Niemand hat aber ein Privileg zur Auffindung der richtigen Antworten auf ethische Streitfragen: Prinzipiell ist jeder urteilsfähige Mensch im Stande, einen konstruktiven Beitrag zur ethischen Entscheidungsfindung zu leisten. Angesichts der meisten gegenwärtigen moralischen Probleme sind aber ein spezifisches (beispielsweise medizinisches) Fachwissen so wie mannigfaltige Erfahrungen aus der Praxis nötig, die sich Laien erst erarbeiten müssen. Der Vorteil interdisziplinärer Ethikkommissionen besteht zweifellos darin, dass hier ein optimaler Austausch über das unabdingbare Fachwissen aus der Forschung und über die systematisierte Erfahrung gewährleistet ist (vgl. Fenner 2010, 90–92).

Moderne Industriegesellschaften gründen sich in ihrem Selbstverständnis und in ihrer Entwicklung wesentlich auch auf wissenschaftliches Wissen, das in besonderer Weise durch Experten vermittelt wird. Mit der Verlässlichkeit von Experten-Urteilen steht und fällt gleichermaßen auch die Glaubwürdigkeit von Wissenschaft in der öffentlichen Wahrnehmung. Auseinandersetzungen um divergierende Expertengutachten sind häufig von der Hypothese geprägt, schwarze Schafe in der Wissenschaft würden die Beförderung eigener und fremder Interessen über die strenge Norm des ausschließlichen Ringens um Wahrheit stellen. Vom Expertendilemma erster Art wird gesprochen, wenn Widersprüche wissenschaftsintern auftreten. Das Expertendilemma der zweiten Art zeigt sich dagegen an der Nahtstelle zwischen Wissenschaft und Öffentlichkeit bzw. Wissenschaft und Politik. Zum einen wird die Expertise in der politischen Praxis häufig als selektives Instrument benutzt, um bereits getroffene Entscheidungen nachträglich zu legitimieren, statt anstehende Entscheidungen darauf zu stützen. Zum anderen hat sich die Praxis herausgebildet, dass der Politiker damit rechnen kann, zu jeder Sachfrage das gewünschte, als wissenschaftlich bezeichnete Gutachten zu bekommen. Dieses zweite Expertendilemma beruht auch auf einem fehlenden adäquaten Umgang mit dem Eingeständnis des Nicht-genau-Wissens der Experten. Insofern ist das Expertendilemma zweiter Art weniger ein Dilemma der Experten, denn nicht diese, sondern ihre Klienten, die Entscheider, müssen aus der Fülle alternativer Optionen wählen und sich entscheiden. Die Mehrdeutigkeit der technischen Expertise muss aber nicht notwendig ein Problem für die Entscheider sein – im Gegenteil. Sie könnte auch als Möglichkeit begriffen werden, weitere Kriterien und Wertgesichtspunkte in die Entscheidung einfließen zu lassen (Nennen/Garbe 1996, vf.).

Wissenschaftliche Erkenntnis ist nicht unmittelbar praxisfähig. Erkenntnis bedarf der Vermittlung. Die Öffentlichkeit gewinnt bei einer solchen Sachlage leicht den Eindruck, wissenschaftliche Rationalität sei eine höchst fragwürdige Instanz. Dies ist eine Folge des Gutachtendilemmas oder Expertendilemmas erster Stufe (ebd. 3–7). Wissenschaftsintern lässt sich das Expertendilemma oder Gutachtendilemma durch neue Methoden wie Punkt-für-Punkt-Analysen, überlappende Gutachten, Konvergenzstrategien, Meta-Analysen – weitgehend überwinden. Freilich kommt es bei ungenauem Wissen entscheidend auf die Formulierung an, in der eine für die Öffentlichkeit bestimmte Aussage abgefasst ist. Außerdem sollte die Öffentlichkeit über die Unterschiede zwischen einem wissenschaftlichen Gutachten und einem Rechtsgutachten aufgeklärt werden (ebd. 9f.).

Das Expertendilemma, das wirklich zu schaffen macht, das Expertendilemma zweiter Art, entsteht an der Nahtstelle zwischen Wissenschaft und Öffentlichkeit bzw. Wissenschaft und Politik. Den Ausgangspunkt bilden zwei gravierende Missstände: Zum einen wird in der politischen Praxis die Expertise häufig als selektives Instrument benutzt, um bereits getroffene Entscheidungen oder Glaubensakte nachträglich zu legitimieren. Zum anderen hat sich die Praxis herausgebildet, dass Interessengruppen und Politiker damit rechnen können, zu jeder Sachfrage das gewünschte, als wissenschaftlich bezeichnete Gutachten zu bekommen. Auch die Wissenschaft ist gefordert. Sie muss Verfahren entwickeln, um den jeweiligen Erkenntnisstand der Wissenschaft konsensfähig und überzeugend in das öffentliche Gespräch und in die Politikberatung einzubringen. Dabei muss die Wissenschaft eine abnehmende Informationskompetenz der Öffentlichkeit in Rechnung stellen und sich davor hüten, unter öffentlichem Erwartungsdruck mehr geben zu wollen, als im Moment nach den Standards der Wissenschaft möglich ist. Der Experte kann prinzipiell nur über die Angemessenheit der Mittel für vorgegebene Ziele urteilen und nicht die Angemessenheit der Ziele (ebd. 11–13).

Das Expertendilemma könnte auch als Ergebnis der funktionalen Spezialisierung und der jeweiligen Rückwirkungen in den gesellschaftlichen Teilsystemen darauf gefasst werden. Das hätte den Vorteil, das Problem primär als Strukturproblem moderner Gesellschaften anzusehen und nicht ausschließlich als Verhaltensproblem (ebd. 33). Das wissenschaftliche Ethos hat sich als produktiv für die Generierung wissenschaftlichen Wissens erwiesen, ist für den Wissenstransfer in Praxisbereiche jedoch eher hinderlich. Die Verantwortung des einzelnen Wissenschaftlers wie der Wissenschaftsgemeinschaft kann sich heute nicht allein auf die Schaffung verlässlichen Wissens beschränken, sondern muss die Umformung des wissenschaftlichen Wissens in Verfügungswissen, die nach wissenschaftlichen Grundsätzen zu erfolgende Abschätzung von Technikfolgen sowie deren Bewertung beinhalten. Eine erweiterte gesellschaftliche Verantwortung des wissenschaftlichen Experten ist heute angebracht. Die Dynamik, mit der technische Innovationen erzeugt und verwertet werden, hat sich erheblich erhöht. Gleichzeitig aber hat die Entwicklung von Instrumenten zu ihrer Steuerung, Beherrschung und Gestaltung nicht im gleichen Tempo schrittgehalten (vgl. ebd. 72–77). Insgesamt wäre eine stärkere Kommunikation über Resultate wissenschaftlich-technischer Arbeiten in der Öffentlichkeit sinnvoll (ebd. 82). Das Expertendilemma besteht nun darin, dass die Bedarfsträger von Expertenmeinungen, in der Politik, in der Öffentlichkeit oder in der Justiz nicht immer den richtigen Experten folgen. Experten müssen sich an sittlichen Problemen und Urteilen orientieren, nicht an utilitaristisch geprägten Interessen, wie auch an der sokratischen Hebammenkunst.

Der Begriff Expertendilemma trifft im Kern nicht das, worum es hier geht. Es sind nicht die Experten diejenigen, die sich im Dilemma befinden, sondern die Anwender von Expertisen. Auch legt dieser Begriff nahe, es handele sich hierbei um spezifisch wissenschaftliches, ja fast ausschließlich wissenschaftsinternes Problem, das zum überwiegenden Teil die Experten unter sich auszumachen hätten. Tatsächlich aber geht es hier um Probleme im Wechselwirkungsverhältnis zwischen Wissenschaft/Technik, Politik und Gesellschaft und vor allem um die Frage, was zu tun ist, angesichts fälliger Entscheidungen, die durch einen hohen Grad an Unsicherheit und Unvorhersehbarkeit und mangelnder wissenschaftlicher Operationalisierbarkeit gekennzeichnet sind. Einander widersprechende Experten sind kein zureichender Grund für die Annahme, die fachspezifischen Regeln der Kunst seien verletzt worden. Die Entwicklung der wissenschaftstheoretischen Reflexion unseres Jahrhunderts zwingt uns, von der Annahme einer eindeutigen, widerspruchsfreien, zur Vollendung gelangt Wissensbasis Abschied zu nehmen (ebd. 170). Die Reichweite wissenschaftlicher Aussagen selbst kann wiederum aus Gründen der Wissenschaftlichkeit nur begrenzt sein. Es kann nicht die Aufgabe von Wissenschaftlern sein, als Experten aufzutreten, der Gesellschaft oder Teilbereichen der Gesellschaft die Legitimation von Handlungsoptionen abzunehmen, dagegen ist es ihre Aufgabe, mögliche Handlungsoptionen als solche aufzuzeigen und auch die jeweils damit einhergehenden potenziellen Folgen möglichst umfassend und konkret anzugehen (ebd. 177).

Sobald Experten auf Urteilskraft rekurrieren müssen, sind sie den Laien nicht mehr prinzipiell überlegen (aber graduell), sondern wenn sie sich häufig in ihrer Expertise vor allem auch auf persönliche Erfahrung stützen müssen, dann muss gleichfalls der Anwenderseite zugestanden werden, ein adäquates Problembewusstsein entwickeln zu können. Dies wird nicht durch Managerverhalten erreicht, sondern durch persönlichen Dialog und ein gegenseitiges Lernen voneinander. Als typische Eigenschaften des Experten gelten erwiesene Sachkenntnis, Erfahrung auf einem Fachgebiet, Sorgfalt und Redlichkeit der Arbeit, Streben nach Objektivität, Lernfähigkeit durch Kritik und Selbstkritik, Professionalität, Problemlösungskompetenz, systematisches Wissen, Sozial- und Gemeinwohlorientierung, Unparteilichkeit, Unabhängigkeit, Orientierung an objektiven Maßstäben, Kenntnisse und Methodenbewusstsein auf dem aktuellen Wissensstand des Faches, Unvoreingenommenheit, Unbestechlichkeit, Verwendung einer unpersönlichen und sachlichen Sprache, verfügen über ein Deutungsmonopol für Probleme und Wahrheitsorientierung. Die Zuweisung der Expertenrolle ist Resultat einer sozialen Zuschreibung. Die Definition des Experten geschieht durch die Profession selbst. Eine Definition des Experten geschieht aber auch durch die Erwartung des Klienten. Und drittens wird der Experten durch die

Medien definiert. Außerdem gibt es eine Selbstdarstellung als Experte. Experten bieten ihr Wissen zur Lösung gesellschaftlicher Probleme an. Fundamental ist zunächst die Informations- und Beratungsfunktion des Experten (ebd. 187–190).

Die Diskussion um Experten und Expertenmacht haben typischerweise politische Implikationen. In dieser Art und Weise verstanden ist Expertise ein Problem derart, dass es die Vergewaltigung der Bedingungen von Gleichheit zu implizieren scheint, die aber für eine demokratische Zuordnung wichtig sind. Expertentum scheint also mit Demokratie nicht kompatibel zu sein. Aber es gibt eine Reihe von notwendigen Aktionen hinter dieser genuinen Kompetenz von denjenigen, die handeln. So sind wir konfrontiert mit dem Dilemma der Kapitulation vor der Herrschaft der Experten oder der demokratischen Regel der Herrschaft der Populisten. Betrachten wir diese Differenz im Hinblick auf Erziehung oder dem undifferenzierten Entgegentreten gegenüber Expertisen, werden wir der Sachlage nicht gerecht. Nun ist es ein wesentliches Kennzeichen von Expertentum Gleichheit und Neutralität anzuerkennen. Wenn wir die Konzeption, dass Expertenwissen Ideologie ist, als garantiert annehmen, dann ist die Idee einer liberalen parlamentarischen Diskussion letztendlich ein reines Deckmäntelchen. Wichtig ist in diesem Zusammenhang die Autorität und zwar kognitive Autorität – was immer sie umschreiben sollte –, und sie scheint offen zu sein gegenüber Widerstand und Unterwerfung, aber nicht in gewöhnlichem Sinne eines Kompromisses demokratischer politischer Verfahren. So haben wir die kognitive Autorität der Wissenschaft. Diese verdankt sich nicht einer Abstimmung. So haben wir auch den paradigmatischen Fall von Ärzten als kognitiven Autoritäten. So haben wir Experten von dreierlei Art, die in unterschiedlicher Art und Weise kognitive Kompetenz ausüben (Selinger/Crease 2006, 159–167). Expertentum und parlamentarische Demokratie wie innovatives Unternehmertum lassen sich vereinigen, wenn der Erwerb von Kompetenz grundsätzlich jedermann offen steht.

Expertise ist in gewissermaßen personales Wissen beruhend auf persönlicher Erfahrung im leiblichen Kontext. Expertise ist daher in gewisser Weise nicht ohne den Rückbezug auf die Subjektivität des Experten verstehbar. D.h. im Gegensatz zum objektiven mathematischen Wissen muss bei Expertenwissen die Subjektivität des Interpreten mit berücksichtigt werden. Insofern muss bei der Interpretation der Expertise der Standpunkt des anderen Experten bekannt sein. Experte – das ist eine Kontraktion des Partizips „experienced", erfahren. Erfahren erscheint zuerst als ein Substantiv in Frankreich zu Beginn der 3. Republik (ungefähr um 1870). Der Hintergrund dieses Begriffs ist damals so ähnlich wie heute. Experten gibt es für spezialisiertes Wissen, und Experten sind für dieses spezialisierte Wissen trainiert. Experten werden entgegengesetzt dem normalen beruflichen Laientum,

aber auch den entsprechenden Intellektuellen. Es geht dabei um die epistemische Macht der Expertise. Kollegialität befähigt Experten dazu, dass sie
sowohl Wissen repräsentieren als auch eine ideale Form der Macht haben.
Dies alles umschreibt den epistemologischen Status der Expertise. Expertise ist aber auch ein konstitutives soziales Phänomen (ebd. 342–344). Expertentum ist keine universalisierbare soziale Rolle. Außerdem lässt sich die
utopische Vision einer demokratisierten Expertise formulieren. Wissensinge-
nieure spielen eine wichtige Rolle in den zukünftigen Dispositionen von Expertisen und einem allgemeineren Wissen. Expertenwissen darf nicht durch
einen Mangel an Effizienz gekennzeichnet sein, d.h. das Expertenwissen ist
durch diese Folgen gekennzeichnet (ebd. 351–355).

Expertise ist aber nicht nur Folge eines neuen Spezialistentums, sondern
der Befähigung zur Generalisierung, Universalisierung und einer ganzheitlichen Sicht von Problemen. In diesem Zusammenhang erhalten der Experte
und seine Expertise kognitive Autorität. Es gibt aber auch eine Expertise im
Sinne der Berufs- und Standesethik. Ich verstehe zunächst unter Expertise
eine Form des Urteils im Sinne der Reflexions- und Argumentationskompe-
tenz. In dem Zusammenhang ist von Ethikexpertise zu sprechen. Der Experte muss sich rechtfertigen und ausweisen können und zwar durch Methode
und durch Argumentation. Es gibt auch eine interdisziplinäre Kompetenz als
Expertise. Expertise ist die Folge von wissenschaftlich durchgearbeiteter
Kunst, nicht von klassischer Wissenschaft. Von Technoscience und Labora-
toriums- und Experimentalkunst ist Expertise genauso abzuleiten wie von
Epistemologie und Methodologie in der Philosophie. Es gibt eine Methoden-
pluralität im Hinblick auf die Expertise und hoffentlich Konvergenz in den Ergebnissen bzw. den Punkten über die am Anfang gestritten wurde.

5. Schluss: Die paradoxale Rolle des Ethikexperten in der ethischen Beratung

Ethik soll den Menschen von der Entscheidungsunsicherheit entlasten. Dennoch muss die Entscheidung im politischen Prozess von einzelnen Politikern
getroffen werden. Vorbereitende Arbeit hierzu liefert die interdisziplinäre
Arbeit: Verschiedene Disziplinen müssen gutachterlich zu Wort kommen.
Dies ist die Position einer wissenschaftlichen Politikberatung. Es geht um die
fachspezifische Darlegung von entscheidungsrelevanten Sachverhalten.
Dabei dürfen Unparteilichkeit und Richterstuhl nicht miteinander verwechselt
werden. Nur dann macht es Sinn, den Stand der Technik zum Beispiel von
den Technikern bestimmen zu lassen. Der zentrale Hinweis besteht darin,
dass Gutachter Zeugen sind, aber keine Richter. Zeugen haben keine Entscheidungskompetenz, können z.B. keine Grenzwerte festlegen. Auch die
Ethik hat keine Entscheidungskompetenz, sondern nur eine Beurteilungs-

kompetenz. Man muss sich daher deutlich machen, wo die Grenzen der Fachkompetenz liegen (vgl. Feldhaus 1996, 100–107). Neben der subjektiven Verpflichtung zur Wahrheit, die die Glaubwürdigkeit des Gutachters unterstützt, besteht eine Verantwortung des Gutachters, die, wenn sie missbraucht wird, zu Glaubwürdigkeitsirritationen führt.

Walther Zimmerli (1990) spricht von der Grunddialektik des Expertentums. Als Faktum ist technisch-wissenschaftliche Entwicklung fraglos von wünschenswerten ebenso wie von zu vermeidenden Folgen begleitet. Sie hat mit Sicherheit den Effekt, dass Laien immer weniger von dem verstehen, von dem sie mit der zunehmenden technisch-wissenschaftlichen Entwicklung immer abhängiger werden. Anwachsende Laieninkompetenz lässt ihrerseits den Bedarf an Expertenmeinungen steigen. Nun kann selbstverständlich nicht ausbleiben, dass Experten sich in Sachen Vorhersage und Bewertung von Folgen und Nebenfolgen vertun. Statt des erwünschten Effektes einer Übertragung der technisch-wissenschaftlichen Beurteilungskompetenz von Experten auf den Laien ergibt sich durch die Einführung des Expertentums in immer stärkerem Maße das genaue Gegenteil. Keiner glaubt mehr den Experten, und daher wird entweder jeder selbst zum Quasiexperten, oder aber jeder kauft sich seinen Experten. Das Expertentum unterliegt so einer Verkehrung in das Gegenteil dessen, wozu es eigentlich dienen sollte. Dies führt zu massiven Einbußen in der Glaubwürdigkeit des Experten. Nach wissenschaftlicher Ansicht können zwei sich widersprechende Expertenmeinungen nicht beide wahr sein. So kehren die Wissenschaftler und d.h. die Expertengesellschaft gleichsam in den Naturzustand zurück: zum Kampf aller gegen alle.

In der Tat gibt es im Rahmen rein technisch-wissenschaftlicher Information keinen Widerspruch. Allerdings sind auch bei Expertenaussagen immer Bewertungen mit eingeschlossen. Experten unterliegen scheinbar oder vermeintlich vielfachen Zwängen von Seiten ihrer Auftraggeber, auch wenn diese meist unbewusst sind. Im Umfeld des neuen Wissenstyps, den man technologisches Wissen nennen kann, kommen immer weniger rein wissenschaftlich-technische Fragen vor. Vielmehr sind nahezu alle strittigen Punkte in der Diskussion solche, die aus einer Mischung von technischen, wissenschaftlichen, lebensweltlichen, sozialen, politischen, ökonomischen oder ähnlichen Faktoren resultieren. Daher sind diejenigen, die die wissenschaftlich-technische Information bereitzustellen haben, im Regelfall im Zustand der vollständigen Überforderung, da die wissenschaftlich-technischen Aspekte allein zur Beantwortung der gestellten Frage nie ausreichen. Dies führt zu der Häufung von Fällen einer Expertendialektik (vgl. ebd. 2–6).

Zur Beschreibung des Experten haben die Gebrüder Dreyfus (1987) fünf Stufen des Kompetenzerwerbs beschrieben. Es handelt sich um die Stufen:

1. Neuling, 2. Fortgeschrittener, 3. Kompetenz, 4. Gewandtheit und 5. Experte. Daher sind Computermodelle menschlichen Nicht-Experten durch ihr Regelwissen überlegen, den Experten jedoch unterlegen. Denn der Experte folgt keinen Regeln, sondern erkennt Tausende von Einzelfällen (ebd. 151). Hubert Dreyfus hat jüngst (2001) im Rahmen eines Konzeptes leiblichen Lernens eine 6. und 7. Stufe der Kompetenz eingeführt. Ein neuer Zugang zur Erziehung erscheint als möglich. Es geht jetzt um das Training für die Durchführung bestimmter Handlungen. Dazu brauchen wir kontextualisierte Information, um das gegebene Material organisieren zu können. Der Kompetente kann auch mit Unsicherheit umgehen. Kontextualisierte Information ist die Basis, um diese Handlungen zu organisieren genauer gesagt, das dazu erforderliche Material bereitzustellen. Der verleiblichte emotionale Mensch ist das neue Erkenntnisideal. Experten können von mehreren Meistern lernen. Die 6. und 7. Stufe, Meisterschaft und praktisches Wissen, arbeiten vollständig mit diesen Formen des Wissens (ebd.). Auch ein genereller kultureller Stil ist für die Entwicklung dieser Technologien zu etablieren. Es gibt unterschiedliche Ebenen der Kompetenzen und der Fertigkeiten.

Literatur

Arn, C. (2006): Ethiktransfer. Mitgestaltung von organisationalen und gesellschaftlichen Strukturen durch wissenschaftlich-ethische Reflexion. Zürich – Chur 2006.

Baecker, D. (2012): Organisation und Störung. Aufsätze. Frankfurt a.M. 2012.

Dreyfus, H. (2001): On the Internet. London – New York 2001.

Dreyfus, S. – Dreyfus, H. (1987): Künstliche Intelligenz. Von den Grenzen der Denkmaschine und dem Wert der Intuition. Reinbek 1987.

Feldhaus, S. (1996): Unsicherheitsbewältigung durch Expertenkompetenz? Ansätze einer Gutachterethik. S. 96–122 in Jahrbuch für christliche Sozialwissenschaften 37 (1996).

Fenner, D. (2010): Sind Philosophen Experten in „angewandter Ethik"? Zur Relevanz und Aufgabe von Ethikkommissionen. S. 83–95 in Ethica 18 (2010).

Irrgang, B. (1995): Grundriss der medizinischen Ethik. München – Basel 1995.

Irrgang, B. (2007a): Hermeneutische Ethik. Pragmatisch-ethische Orientierung für das Leben in technologisierten Gesellschaften. Darmstadt 2007.

Irrgang, B. (2007b): Technik als Macht. Versuche über politische Technologie. Hamburg 2007

Irrgang, B. (2008): Realisierbarkeit sittlicher Urteile als ethisches Kriterium – Implikationen für Theorien angewandter Ethik. S. 359–386 in Zichy, M. – Grimm, H. (Hrsg.): Praxis in der Ethik. Zur Methodenreflexion in der anwendungsorientierten Moralphilosophie. Berlin – New York 2008.

Irrgang, B. – Heidel, C.-P. (2015): Medizinethik. Lehrbuch für Mediziner. Stuttgart 2015.

Nennen, H.-U. – Garbe, D. (Hrsg.) (1996): Das Expertendilemma. Zur Rolle wissenschaftlicher Gutachter in der öffentlichen Meinungsbildung. Berlin u.a. 1996.

Selinger, E. – Crease, R. (2003): Dreyfus on expertise: The limits of phenomenological analysis. S. 245–279 in continental philosophy review 35 (2002).

Zimmerli, W.C. (1990): Prognosen als Orientierungshilfe für technisch-naturwissenschaftliche Entscheidungen. S. 4–17 in DVT-Schriften 24 (1990). (Hrsg. v. Deutschen Verband technischwissenschaftlicher Vereine.)

Kontraproduktives Verhalten in Organisationen und seine moralisch-ethische Einordnung

Friedemann W. Nerdinger – Gerhard Blickle

Kontraproduktives Verhalten betrifft einen Bereich, über den zwar gewöhnlich ungern gesprochen wird, der aber große Bedeutung für die Unternehmen hat (vgl. Nerdinger 2008). Das damit bezeichnete Phänomen ist eigentlich allgemein bekannt – im Lager verschwindet regelmäßig Material, an Montagen liegen die krankheitsbedingten Ausfalle besonders hoch, manche Mitarbeiter trinken gerne mal „ein Bier über den Durst" und unliebsame KolegInnen werden gelegentlich verbal oder gar körperlich „abgestraft", wenn sie sich nicht an die ungeschriebenen Regeln der Arbeitsgruppe halten. Über solche Vorfälle wird aber gerne hinweggesehen, entsprechend wurde solches Verhalten auch in der Forschung lange Zeit ignoriert. Erst in den letzten Jahren ist hier ein Umdenken zu beobachten, seitdem werden die Ursachen verschiedenster Formen problematischen Mitarbeiterverhaltens wissenschaftlich verstärkt untersucht. Als übergreifendes Konzept für solches Verhalten setzt sich dabei zunehmend der Begriff des *kontraproduktiven Verhaltens* durch. Dieses Konzept wird im Folgenden zunächst etwas genauer erläutert, dann werden mögliche Ursachen für solches Verhalten dargestellt und anschließend einige, in der Literatur diskutierte Möglichkeiten zu seiner Vermeidung betrachtet. Das Konstrukt des kontraproduktiven Verhaltens stammt aus der Personal- und Managementforschung, daher wird es abschließend moralisch-ethisch eingeordnet.

1. Zum Begriff „kontraproduktives Verhalten"

Kontraproduktives Verhalten tritt in den verschiedensten Formen auf, das macht es so schwierig, zu einem einheitlichen Begriffsverständnis zu kommen. Allerdings teilen praktisch alle Akte kontraproduktiven Verhaltens folgende Merkmale (vgl. zum Folgenden Nerdinger 2008, Nerdinger/Blickle/ Schaper 2014): Kontraproduktives Verhalten verletzt die legitimen Interessen einer Organisation, wobei es prinzipiell deren Mitglieder oder die Organisation als Ganzes schädigen kann. Dazu zählen mit Blick auf die Mitglieder der Organisation z.B. Mobbing oder sexuelle Belästigung am Arbeitsplatz, mit Blick auf die Schädigung der Organisation u.a. Diebstahl, Sabotage oder in der Produktion bewusst herbeigeführte Störfalle.

Diese Definition, die – wie es der Begriff der Kontraproduktivität nahelegt – aus der Sicht der Organisation formuliert ist, umfasst drei wesentliche Merkmale (Marcus/Schuler 2004).

- Unabhängig von den Ergebnissen des Verhaltens müssen absichtliche Handlungen vorliegen: Ein Mitarbeiter im Lager kann bei der Arbeit aus Versehen oder aus Ungeschick ein Regal umwerfen, wodurch dem Unternehmen ein großer Schaden entsteht – in diesem Fall handelt es sich um Pech oder ein Unglück, aber nicht um kontraproduktives Verhalten. Beschädigt er aber absichtlich sein Arbeitsgerät, z.B. mit dem Ziel, sich eine kleine Arbeitspause zu verschaffen, liegt kontraproduktives Verhalten vor (auch wenn der Schaden relativ gering und leicht zu beheben ist).

- Das Verhalten muss prinzipiell in der Lage sein, der Organisation zu schaden, wobei dieser Schaden nicht notwendig auch eintreten muss: Wenn sich ein Kraftfahrer betrunken ans Steuer setzt, handelt er kontraproduktiv, auch wenn er keinen Unfall hat. Umgekehrt kann die Kreditvergabe einer Bank immer auch zu einem Verlust führen, z.B. weil der Kreditnehmer irgendwann aus nicht vorhersehbaren Gründen nicht mehr in der Lage ist, den Kredit zu bedienen. Trotz des Schadens liegt aber in diesem Fall kein kontraproduktives Verhalten des Mitarbeiters vor, der den Kredit vergeben hat – sofern er alle bei der Kreditvergabe zu beachtenden Regeln eingehalten hat.

- Das Verhalten muss den legitimen Interessen der Organisation entgegenstehen und dabei nicht durch andere, ebenfalls legitime Interessen aufgewogen werden: „Blaumachen", d.h. sich krank zu melden, ohne krank zu sein, ist kontraproduktives Verhalten; bei Krankheit zu Hause bleiben ist dagegen nicht nur gerechtfertigt, sondern im Interesse der Person und der Organisation angezeigt.

Nach der hier zugrunde gelegten Definition ist kontraproduktives Verhalten ein sehr weites Feld, weshalb Marcus und Schuler (2004) im vorliegenden Fall auch von *allgemeinem* kontraproduktivem Verhalten sprechen. Dieses Konzept muss inhaltlich noch präzisiert werden. In einer umfassenden Analyse der zu diesem Zeitpunkt vorliegenden Literatur (Gruys/Sackett 2003) wurden 87 Formen kontraproduktiven Verhaltens nachgewiesen, die sich zu folgenden elf Kategorien verdichten lassen:

- Diebstahl und verwandtes Verhalten (u.a. Verschenken von Produkten oder Dienstleistungen des Unternehmens)

- Beschädigung oder Zerstörung von Firmeneigentum (Sabotage etc.)

- Missbrauch von Informationen (Fälschung von Akten, Verrat vertraulicher Informationen)

- Missbrauch von Arbeitszeit und Ressourcen (Manipulation der Anwesenheitsdauer, Abwicklung von Privatgeschäften in der Arbeit)

- Verhalten, das die Sicherheit vernachlässigt (fahrlässige Verstöße gegen Sicherheitsvorschriften)

- Absentismus (unentschuldigte Abwesenheit, Verspätungen etc.)

- Geringe Arbeitsqualität
- Alkoholmissbrauch
- Drogenvergehen (Besitz, Gebrauch oder Verkauf von Drogen)
- Unangemessenes verbales Verhalten
- Unangemessene physische Handlungen (Aggressionen, sexuelle Belästigungen)

Diese Kategorien bilden lediglich eine Aufzählung relevanter Verhaltensbereiche, dagegen haben Robinson und Bennett (1995) eine empirisch begründete Klassifikation entwickelt. Sie haben eine Vielzahl verschiedener Formen von kontraproduktivem Verhalten von 180 Berufstätigen auf ihre Ähnlichkeit beurteilen lassen und anschließend einer multidimensionalen Skalierung unterzogen. Die Ergebnisse zeigt die folgende Abbildung:

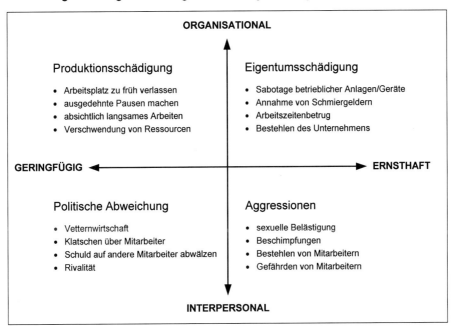

Abb. 1: Klassifikation kontraproduktiven Verhaltens (nach Robinson/Bennett 1995, 565)

Die Befragten gruppieren die Verhaltensweisen nach folgenden zwei Dimensionen:

- *Intensität:* Diese reicht von relativ harmlosen Regelverstößen („geringfügig") bis zu schweren Formen der Sabotage, Aggression oder des sexuellen Missbrauchs („ernsthaft").
- *Objekt:* Dies bezieht sich auf person- („interpersonal") vs. organisationsbezogenes kontraproduktives Mitarbeiterverhalten („organisational").

So lassen sich vier Klassen kontraproduktiven Verhaltens unterscheiden, die als Produktionsschädigung, Eigentumsschädigung, politische Abweichung und Aggressionen bezeichnet werden (in Abbildung 1 finden sich jeweils ausgewählte Beispiele für die Verhaltensweisen auf den einzelnen Dimensionen).

Diese in Abbildung 1 gewählte Darstellung ergibt sich, wenn die verschiedenen Verhaltensweisen hinsichtlich ihrer Ähnlichkeit eingestuft werden, das Ergebnis sagt aber nichts darüber aus, ob als ähnlich wahrgenommenes Verhalten auch häufiger gemeinsam auftritt. So werden z. B. sexueller Missbrauch und Bestehlen von Mitarbeitern als ähnliche Delikte eingestuft, das bedeutet aber nicht, dass Mitarbeiter, die sexuellen Missbrauch begehen, auch mit größerer Wahrscheinlichkeit KollegInnen bestehlen!

Sackett und DeVore (2001) haben die vorliegenden Studien daraufhin untersucht, ob sich Hinweise auf gemeinsame Auftretenshäufigkeiten der verschiedenen Verhaltensweisen finden. Sie kommen zu dem Ergebnis, dass alle kontraproduktiven Verhaltensweisen positiv zusammenhängen (vgl. auch Marcus/Schuler 2004). Dieser Befund rechtfertigt es, von einem übergreifenden Begriff des allgemeinen kontraproduktiven Verhaltens auszugehen, in dem alle Verhaltensweisen zusammengefasst werden, die in irgendeiner Weise direkt oder indirekt der Organisation schaden. In diesem Sinne wird der Begriff im Folgenden verwendet.

2. Bedingungen kontraproduktiven Verhaltens

Die Frage zu beantworten, welche Größen direkten Einfluss auf kontraproduktives Verhalten ausüben, ist relativ schwierig: Zum einen werden gewöhnlich sehr spezifische kontraproduktive Verhaltensweisen untersucht (z.B. Diebstahl, Fehlzeiten oder sexuelle Belästigung), zum anderen ist die Validität der Maße, mit denen solche Verhaltensweisen erhoben werden, aufgrund der delikaten Natur des abgefragten Verhaltens immer eingeschränkt. In generalisierender Betrachtung bilden aber drei Gruppen von Variablen relativ gesicherte Einflussgrößen: erlebte Ungerechtigkeit, Persönlichkeitsmerkmale und Selbstkontrolle im Sinne der Theorie von Gottfredson und Hirschi (1990, gelegentlich werden diese drei Klassen auch als vermittelnde Größen eines grundlegenden Zusammenhangs zwischen Stress und kontraproduktivem Verhalten konzipiert, vgl. Meier/Spector 2013).

Erlebte *Ungerechtigkeit* ist eine sehr gut gesicherte Einflussgröße kontraproduktiven Verhaltens. Das sei an einem Beispiel verdeutlicht: Greenberg (1990) hat in einem ungewöhnlichen Feldexperiment gezeigt, dass eine Gehaltskürzung dann zu besonders hohem Materialschwund führt, wenn die Erklärung für diesen Schritt inadäquat ist und daher das Vorgehen der Geschäftsleitung als ungerecht erlebt wird. Damit in Verbindung steht auch die Erklärung kontraproduktiven Verhaltens über erlebte Frustrationen. Spector (1997) bezeichnet Frustrationen als Zustände, die auftreten, wenn Arbeits- oder persönliche Ziele von Mitarbeitern behindert oder blockiert werden. Nach solchen Behinderungen soll es zu stark aversiven Gefühlen (Frustrationen) kommen, die sich in Rückzugsverhalten wie Absentismus oder Unternehmenswechsel bzw. in Aggressionen gegen Personen oder die Organisation äußern (z.B. Diebstahl, Verrat von Unternehmensgeheimnissen etc.). Für diese Zusammenhänge findet sich mittlerweile einige empirische Evidenz (Conlon/Meyer/Nowakowski 2005).

Weiterhin zeigen *Persönlichkeitsmerkmale* nachweisbare Einflüsse auf kontraproduktives Verhalten. Sackett und DeVore (2001) haben vorliegende Metaanalysen u.a. zur Bedeutung von sog. Integrity-Tests und dem Fünf-Faktoren-Modell der Persönlichkeit (vgl. dazu Borkenau/Ostendorf 1993) auf ihren Einfluss auf das interessierende Verhalten untersucht. Wie der Name andeutet, versuchen Integrity-Tests die Integrität einer Person zu messen. Damit wird letztlich das Ziel verfolgt, Bewerber mit problematischen Verhaltensneigungen möglichst bereits vor der Einstellung in den Betrieb zu identifizieren.

Integrity-Tests finden sich in zwei Varianten, die man als einstellungs- bzw. eigenschaftsorientierte Instrumente bezeichnen kann. Einstellungsorientierte Verfahren bestehen aus Fragen darüber, was die Befragten über bestimmte, problematische Sachverhalte in Verbindung mit Diebstahl glauben. Diese beziehen sich auf Bereiche wie die Häufigkeit und das Ausmaß, die Strafwürdigkeit oder weitverbreitete Verharmlosungen von Diebstahl. Sie beruhen auf der Erkenntnis, dass Menschen, die eher zu einem solchen Verhalten neigen, eine solche Neigung anderen zuschreiben und die Bedeutung verharmlosen. Eigenschaftsorientierte Verfahren erheben in erster Linie Selbstbeschreibungen der Befragten und lehnen sich damit an gebräuchliche Persönlichkeitstests an. Sie sind breiter angelegt und beschränken sich nicht auf den Bereich des Diebstahls. Beispielitems für beide Arten von Verfahren sind im Folgenden zusammengestellt (vgl. Marcus 2000).

Einstellungsorientierte Tests:

- Würde jedermann stehlen, wenn die Bedingungen günstig sind?
- Haben Sie jemals daran gedacht, Geld von Ihrer Arbeitsstelle zu entwenden, ohne es dann tatsächlich zu tun?
- Glauben Sie, dass eine Person, die häufiger Waren aus ihrer Firma mitgenommen hat, eine zweite Chance bekommen sollte?

Eigenschaftsorientierte Tests:

- Sie sind eher vernünftig als abenteuerlustig?
- Neigen Sie dazu, Entscheidungen auf der Grundlage Ihrer ersten, spontanen Reaktion auf eine Situation zu treffen?
- Macht es Ihnen wenig aus, wenn Ihre Freunde in Bedrängnis sind, solange es Sie nicht selbst betrifft?

Ergebnisse von Integrity-Tests korrelieren zu ρ = .32 (um mangelnde Reliabilität korrigierte Korrelation) mit kontraproduktivem Verhalten (Van Iddekinge/Odle-Dusseau/Roth/Raymark 2012), was darauf hindeutet, dass damit tatsächlich das Persönlichkeitsmerkmal der Integrität erfasst wird. Das Fünf-Faktoren-Modell der Persönlichkeit umfasst die Merkmale „Gewissenhaftigkeit, Extraversion, Neurotizismus, Verträglichkeit und Offenheit für Erfahrungen" (vgl. Borkenau/Ostendorf 1993). Von diesen Persönlichkeitsfaktoren weist allein Gewissenhaftigkeit einen relativ engen Zusammenhang zu diesem Verhalten auf (korrigierte Korrelation von ρ = .26). Der Faktor Gewissenhaftigkeit unterscheidet ordentliche, zuverlässige, hart arbeitende, disziplinierte, pünktliche, penible, ehrgeizige und systematische von nachlässigen und gleichgültigen Personen. Da Gewissenhaftigkeit wiederum die Ergebnisse in Integrity-Tests am besten erklären kann, ist dieses Persönlichkeitsmerkmal als wichtiges Korrelat kontraproduktiven Verhaltens anzusehen.

Daneben können aber auch noch andere Persönlichkeitsmerkmale kontraproduktives Verhalten zumindest partiell erklären. O'Boyle, Forsyth, Banks und McDaniel (2012) haben in einer Metaanalyse die Wirkung der sog. Dunklen Triade – Machiavellismus, Narzissmus und Psychopathie – auf das kontraproduktive Verhalten untersucht:

- *Machiavellismus* ist durch den Glauben an die Wirksamkeit manipulativer Techniken, eine zynische Sicht der menschlichen Natur und die Überzeugung, dass der Zweck die Mittel heiligt, gekennzeichnet.
- *Narzissmus* umfasst eine übermäßig positive Sicht des Selbst, Größenfantasien und den Wunsch, dass andere die Eigenliebe verstärken.
- *Psychopathie* ist gekennzeichnet durch einen Mangel an Sorge um andere Menschen, die Missachtung sozialer Regeln, Impulsivität und einen Mangel an Schuldgefühl.

Die Ergebnisse aus Untersuchungen an 245 unabhängigen Stichproben zeigen (N = 43.907), dass kontraproduktives Verhalten mit der Ausprägung in allen drei Merkmalen korreliert, wobei allerdings moderierende Faktoren wie die Kultur wirksam werden.

Die „Dunkle Triade" umfasst Persönlichkeitsmerkmale, die zwar negativ bewertet, aber noch nicht als Störung betrachtet werden. Geht man davon aus, dass kontraproduktives Verhalten mit kriminellem Verhalten verwandt ist, lassen sich auch Erklärungsansätze aus der Kriminologie zur Erklärung heranziehen. Gottfredson und Hirschi (1990) erklären kriminelles Verhalten in erster Linie durch das Merkmal der *Selbstkontrolle*. Sie verstehen darunter die Tendenz, Handlungen zu vermeiden, deren langfristig negativen Folgen den kurzfristigen Vorteil übersteigen. Die Autoren konnten anhand einer Vielzahl empirischer Belege zeigen, dass sich die meisten kriminellen Verhaltensweisen am besten durch einen Mangel an Selbstkontrolle erklären lassen. Marcus und Schuler (2004) haben diesen Ansatz auf die betriebliche Situation übertragen und gezeigt, dass Selbstkontrolle auch das stärkste Korrelat von kontraproduktivem Verhalten darstellt. Zwar wurde in dieser Studie – wie in den meisten Untersuchungen – kontraproduktives Verhalten über Selbstaussagen erfasst, aufgrund der Höhe des Zusammenhangs ($r = -.63$) und der deutlichen Überlegenheit in der Erklärungskraft gegenüber einer Vielzahl alternativer Variablen kann Selbstkontrolle aber als eine entscheidende Bedingung von kontraproduktivem Verhalten im Betrieb angesehen werden.

3. Maßnahmen zur Vermeidung kontraproduktiven Verhaltens

Zur Vermeidung kontraproduktiven Verhaltens werden verschiedene Maßnahmen diskutiert, die sich nach dem jeweiligen Ansatzpunkt in individuen- und organisationsbezogene Interventionen gruppieren lassen (Nerdinger 2008). An den *Individuen* setzen Maßnahmen der Selektion und des Trainings an. Selektionsmaßnahmen sollen verhindern, dass Personen, die zu kontraproduktivem Verhalten neigen, vom Unternehmen eingestellt werden. Denkbar sind hier verschiedene Methoden (Neuman/Baron 2005). Zur Entdeckung von Personen mit aggressiven Neigungen wird empfohlen, möglichst viele Hintergrundinformationen einzuholen (über das Verhalten an früheren Arbeitsplätzen oder beim Militär etc.) bzw. Referenzen genau auf Hinweise für Fehlverhalten zu analysieren. Demselben Zweck dienen auch situative und Stressinterviews, wobei vor allem Fragen zu unfairer Behandlung in früheren Anstellungen hilfreich sind, da wahrgenommene Ungerechtigkeiten wesentlich zur Motivation aggressiven Verhaltens am Arbeitsplatz beitragen. Schließlich ermöglicht – wie bereits gezeigt – auch der Einsatz von Integrity-Tests die Prognose kontraproduktiven Verhaltens (Marcus 2000, Van Iddekinge et al. 2012).

Der Wert von Selektionsmaßnahmen zur Vermeidung kontraproduktiven Verhaltens darf allerdings nicht überschätzt werden. Sie sollten daher durch Maßnahmen zur Kontrolle abweichenden Verhaltens ergänzt werden, auf der Ebene des Individuums z.B. in Form von Trainings. Empfohlen werden speziell zur Begrenzung aggressiven Verhaltens Trainings zur Verbesserung der sozialen Fähigkeiten im Umgang mit Aggressionen oder Konflikt- bzw. Stressmanagementtrainings (Nerdinger 2008). Darüber hinaus lassen sich für die Führung von Mitarbeitern, die kontraproduktives Verhalten zeigen, aus der Forschung einige Maßnahmen ableiten. Besondere Beachtung verdient die Verfahrensgerechtigkeit zur Vermeidung von Gefühlen ungerechter Behandlung. Da Aggressionen und Diebstahl häufig auf Gefühle der Ausbeutung bzw. Wahrnehmung absichtlicher Provokationen zurückzuführen sind, müssen Führungskräfte v.a. die Würde der Mitarbeiter achten, ihnen Respekt entgegenbringen und Ressourcen sensibel verteilen. Zudem kann auch ein partizipativer Führungsstil zur Verringerung abweichenden Verhaltens beitragen. Partizipation erhöht das Kontrollerleben und schwächt damit einen personalen Faktor aggressiven Verhaltens ab.

Schließlich werden auch Maßnahmen empfohlen, die auf der Ebene der *Organisation* anzusiedeln sind. Dazu zählen z.B. Betriebsvereinbarungen, in denen Sanktionen bei gewalttätigem oder sexuell belästigendem Verhalten festgelegt werden. Zur Erhöhung der Wahrnehmung von Bezahlungsgerechtigkeit mit der Folge verringerter Diebstähle werden in der Praxis manchmal Hotlines eingeführt, über die Mitarbeiter z.B. Informationen über die Verfahren der Gehaltsermittlung erhalten können. Aber auch die wichtige Organisation in Form von Profitcentern kann zu kontraproduktivem Verhalten führen. Dabei werden die Mitarbeiter über strenge Zielvorgaben und ein Controlling des kurzfristigen „return on investment" (ROI) geführt. Negative Auswirkungen auf das Mitarbeiterverhalten zeigen sich besonders, wenn hochgesteckte Ziele knapp verfehlt werden (Schweitzer/Ordonez/Douma 2004). Darüber hinaus wird in vielen Unternehmen allein in Umsatzzahlen gemessene Leistung hoch belohnt, Zielverfehlung dagegen empfindlich bestraft. Dadurch entsteht leicht ein enormer Druck zur Präsentation „guter Ergebnisse", der wiederum ein positives Klima für bestimmte Formen des kontraproduktiven Verhaltens erzeugen kann. Demnach sollte auch immer berücksichtigt werden, welche Bedingungen in der Unternehmensstruktur und Unternehmenspolitik kontraproduktives Verhalten begünstigen können.

4. Eine moralisch-ethische Einordnung kontraproduktiven Verhaltens

Moralische Urteile sind Wertungen in Bezug auf die Unterscheidungen von gut und schlecht, berechtigt und unberechtigt oder gerecht und ungerecht, die Personen als Angehörige bestimmter sozialer Gruppen in bestimmten historischen Epochen fällen. Die Akzeptanz solcher Wertungen beruht auf einer oft nicht weiter rational reflektierten, impliziten Entscheidung von Personen, diese Standards ihrer Bezugsgruppen ihrer jeweiligen Zeit zu akzeptieren (Weber 1973). Moralische Urteile sind für unser Erleben und Handeln im Alltag sehr wichtig, weil sie starke Emotionen wie Empörung, Verachtung, Mitleid oder ein Gefühl des Respektes auslösen können (Blickle/Nerdinger 2014).

4.1 Moralität und Kontraproduktivität

Auf den ersten Blick scheint kontraproduktives Verhalten mit Handeln gleichzusetzen zu sein, das wir als moralisch verwerflich beurteilen, wie z.B. Diebstahl von Firmeneigentum oder persönliche Belästigungen von KollegInnen bei der Arbeit. Handlungsweisen dagegen, die der Arbeitssicherheit dienen und darauf abzielen, die Gesundheit der Organisationsmitglieder und die Funktionsfähigkeit organisationaler Abläufe zu erhalten und zu stärken, sind nicht nur produktiv, sondern auch moralisch gut.

Auf den zweiten Blick fällt jedoch auf, dass Handlungsweisen am Arbeitsplatz, die wir heutzutage als moralisch problematisch betrachten, überhaupt nicht von dem Konstrukt des kontraproduktiven Verhaltens erfasst werden, wie z.B. die Mitwirkung an Steuer- und Abgabenbetrug von Mitarbeitern zu Gunsten ihrer Firma oder die Mitwirkung an der Bestechung von Entscheidern in potenziellen Kundenunternehmen, die dazu dienen soll, dass das eigene Unternehmen einen Auftrag bekommt. Auch nicht erfasst ist das gezielte Verschweigen oder Verharmlosen von Risiken eines Produktes für die Konsumenten durch das Verkaufspersonal und die möglicherweise irreführende Werbung des Unternehmens, damit der Absatz nicht stockt oder gerade dadurch gefördert wird. In die gleiche Gruppe von Sachverhalten fällt die sog. unrealistische Tätigkeitsvorschau gegenüber Bewerbern, denen die schwierigen und negativen Seiten ihrer zukünftigen Tätigkeit nicht realistisch dargestellt werden. In allen diesen Fällen besteht die Absicht der Handelnden darin, das Wohl des eigenen Unternehmens zu Lasten Dritter zu fördern. Man kann also nicht sagen: Was nicht kontraproduktiv ist, empfinden wir als moralisch. Im Gegenteil, es gibt organisationsdienliches Handeln, das moralisch hoch problematisch sein kann.

Allerdings gibt es Handlungsweisen, die eindeutig als kontraproduktiv zu klassifizieren sind, wie etwa das Veröffentlichen von firmeninternen Missständen (Whistleblowing; Löhr 2001) oder Arbeitsniederlegungen und Streik als Protest gegen gesundheitsgefährdende Arbeitsbedingungen. Abbildung 2 fasst diese komplexen Beziehungen zwischen unserer gegenwärtigen Moral und dem Konstrukt des kontraproduktiven Verhaltens zusammen. In der Hauptdiagonale (von links oben nach rechts unten) fallen Moralität und Kontraproduktivät auseinander, in der Nebendiagonalen (von links unten nach rechts oben) fallen Moralität und Kontraproduktivät zusammen.

		kontraproduktiv	
		ja	nein
moralisch (gut, berechtigt oder gerecht)	nein	z.B. Diebstahl, Belästigung	z.B. aktive Bestechung, Steuerbetrug, manipulative Werbung, unrealistische Tätigkeitsvorschau
	ja	z.B. Whistleblowing, Arbeitskampf und Arbeitsniederlegungen	z.B. individuelles Handeln zur Förderung der Arbeitssicherheit und Gesundheit

Abbildung 2: Inkongruenz und Kongruenz von Moralität und Kontraproduktivität

4.2 Moral und Ethik

Die meisten von uns betrachten heute einen Arbeitskampf zur Durchsetzung von Arbeitnehmerinteressen als moralisch legitim, obwohl er den Interessen der Organisation schadet und gezielt die Interessen unbeteiligter Dritter (der Kunden) verletzt. Diese positive moralische Einschätzung erfolgt jedoch oft ganz unreflektiert. Wie würde man es moralisch beurteilen, wenn ein Mieter, der freiwillig seinen Mietvertrag unterzeichnet hat, seinen Vermieter danach versucht zu einem dauerhaften Mietnachlass zu bewegen, indem er einen kollektiven Mietzahlungsstopp aller Mietparteien organisiert, damit der Vermieter die Miete für alle herabsetzt? Aus ethischer Sicht müsste man ein solches Mieterhandeln als Vertragsbruch und unzulässige Nötigung klassifizieren. Trifft diese Beurteilung – Vertragsbruch und Nötigung – dann aber nicht auch für gewöhnliche Streiks für höhere Löhne zu? Ist das, was wir unreflektiert als moralisch berechtigt betrachten, wirklich berechtigt? Die rationale Prüfung und Klärung solcher moralischen Urteile ist Aufgabe der normativen Ethik (Blickle/Nerdinger 2014). Ihre Funktion besteht darin, Normen unseres Zusammenlebens rational zu begründen, sodass vernünftige Personen sie nachvollziehen können. Eine weitere Aufgabe der Ethik ist es, auf sog. Moralisieren hinzuweisen. Denn oft sind moralische Appelle willkürliche, rein taktische Kampfmittel in sozialen Auseinandersetzungen. Durch die normative, ethische Reflexion soll also die Subjektivität, Willkür und Konfliktträchtigkeit divergierender moralischer Beurteilungen und ihrer Folgen durch rationale Argumente überwunden werden.

Eine wichtige gesellschaftliche Rechtfertigung von Streiks zur Durchsetzung von Arbeitnehmerinteressen gegen die Interessen ihrer Organisation und nicht-betroffener Dritter lässt sich in etwa wie folgt formulieren: In allen modernen demokratischen und rechtsstaatlichen Gesellschaften haben

Arbeitnehmer das Streikrecht zur Unterstützung ihrer Forderungen. Dieses Recht sorgt für die Teilhabe der Arbeitnehmer an der wirtschaftlichen Wohlstandsentwicklung und dient dem gesellschaftlichen Machtausgleich, solange Streiks nicht willkürlich erfolgen und ihr Ablauf gesetzlichen Regeln entspricht. Wo Arbeitnehmer kein Streikrecht mehr haben, sind Demokratie und Rechtsstaat auf dem Rückzug. Dagegen kann man aber auch argumentieren, dass es allen langfristig am besten geht, wenn sich jeder an die Verträge hält, die er/sie freiwillig und informiert akzeptiert hat und die per se nichts Sittenwidriges beinhalten.

Wie man sieht, ist nicht alles, was moralisch als richtig erscheint, auch ganz einfach ethisch-rational zu rechtfertigen. Es gibt immer unterschiedliche Beurteilungsgesichtspunkte, wie z.B. die Sicherung des Wohlstandes, die Funktionsfähigkeit von Organisationen, Sicherheit, Gesundheit, Umweltqualität, Persönlichkeitsentfaltung, Chancengleichheit (Gesellschaftsqualität) und Wirtschaftlichkeit, die gleichzeitig zu berücksichtigen sind, die aber je nach Fall und Lage ein unterschiedliches Gewicht haben können, sich gegenseitig verstärken, oder in Konflikt miteinander stehen können. Diese komplexen Wertbeziehungen werden in der VDI-Richtlinie 3780 „Technikbewertung, Begriffe und Grundlagen" (in Lenk/Ropohl 1993, 360) schematisch dargestellt (s. Abbildung 3).

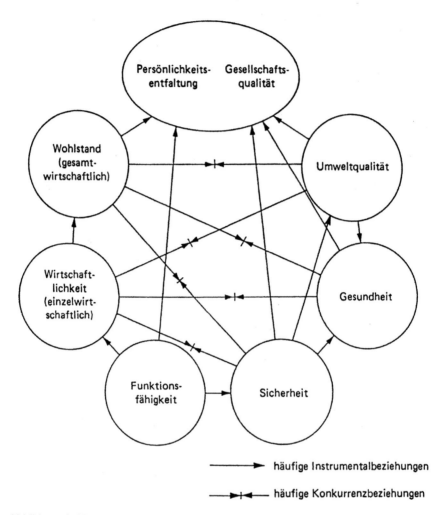

Abbildung 3: Komplexe Wertbeziehungen (in Lenk/Ropohl 1993, 360)

Man kann allerdings die verschiedenen Wertaspekte situationsbezogen integrieren. Das Ziel ist dabei, für eine entsprechende moralische Entscheidungssituation zu einer begründeten Entscheidungsempfehlung zu kommen, bei der die unterschiedlichen Gesichtspunkte rational gegeneinander abgewogen werden. So soll ein kohärent-rationales Überlegungsgleichgewicht entstehen (Rawls 1975). Es kommt daher darauf an, die verschiedenen normativen Gesichtspunkte nicht gegeneinander auszuspielen, sondern sie komplementär aufeinander zu beziehen.

Zusammenfassend lässt sich sagen: Das Konstrukt des kontraproduktiven Verhaltens thematisiert aus ethischer Perspektive partikulare organisationale Werte. Sein normativ-ethischer Stellenwert kann nicht generell, sondern muss fallweise in einem größeren normativen Rahmen geklärt werden (Neuberger 2007). Die Auffassung, kontraproduktives Verhalten sei automatisch auch unmoralisches Handeln, ist auf jeden Fall kurzschlüssig. Hilfreich ist jedoch die empirische Forschung, die Bedingungen aufzeigt, wie kontraproduktives Verhalten gemindert oder vermieden werden kann.

Literatur

Blickle, G. – Nerdinger, F. (2014): Ethik und kontraproduktive Prozesse in Organisationen. S. 757–785 in Schuler, H. – Moser, K. (Hrsg.): Lehrbuch Organisationspsychologie. Bern [5]2014.

Borkenau, P. – Ostendorf, F. (1993): NEO-Fünf-Faktoren-Inventar (NEO-FFI). Göttingen 1993.

Conlon, D.E. – Meyer, C.J. – Nowakowski, J.M. (2005): How does organizational justice affect performance, withdrawal, and counterproductive behavior? S. 301–327 in Greenberg, J. – Colquitt, J.A. (Hrsg.): Handbook of organizational justice. Mahwah, NJ 205.

Gottfredson, M.R. – Hirschi, T. (1990): A general theory of crime. Stanford 1990.

Greenberg, J. (1990): Employee theft as a reaction to underpayment inequity: The hidden cost of pay cuts. S. 561–568 in Journal of Applied Psychology 75 (1990).

Gruys, M.L. – Sackett, P.R. (2003): Investigating the dimensionality of counterproductive work behavior. S. 30–42 in International Journal of Selection and Assessment 11 (2003).

Lenk, H. – Ropohl, G. (Hrsg.) (1993): Technik und Ethik. Stuttgart 1993.

Löhr, A. (2001): Whistleblowing als Prozess. Auf welche Böden fällt Zivilcourage? S. 147–173 in Reichold, H. – Löhr, A. – Blickle, G. (Hrsg.): Wirtschaftsbürger oder Marktopfer. Mering 2001.

Marcus, B. (2000): Kontraproduktives Verhalten im Betrieb. Eine individuumsbezogene Perspektive. Göttingen 2000.

Marcus, B. – Schuler, H. (2004): Antecedents of counterproductive behavior at work: A general perspective. S. 647–660 in Journal of Applied Psychology 89 (2004).

Meier, L.L. – Spector, P.E. (2013): Reciprocal effects of work stressors and counterproductive work behavior: A five-wave longitudinal study. S. 529–539 in Journal of Applied Psychology 98 (2013).

Nerdinger, F.W. (2008): Unternehmensschädigendes Verhalten erkennen und verhindern. Göttingen 2008.

Nerdinger, F.W. – Blickle, G. – Schaper, N. (2014): Arbeits- und Organisationspsychologie. Heidelberg [3]2014.

Neuberger, O. (2007): Mikropolitik und Moral in Organisationen Stuttgart [2]2007.

Neuman, J.H. – Baron, R.A. (2005): Aggression in the workplace: A social-psychological perspective. S. 13–39 in Fox, S. – Spector, P.E. (Hrsg.): Counterproductive work behavior. Investigations of actors and targets. Washington, DC 2005.

O'Boyle, E.H. – Forsyth, D.R. – Banks, G.C. – McDaniel, M.A. (2012): A meta-analysis of the dark triad and work behavior: A social exchange perspective. S. 557–579 in Journal of Applied Psychology 97 (2012).

Rawls, J. (1975): Eine Theorie der Gerechtigkeit. Frankfurt a.M. 1975.

Robinson, S.L. – Bennett, R.J. (1995): A typology of deviant workplace behaviors: A multidimensional scaling study. S. 555–572 in Academy of Management Journal 38 (1995).

Sackett, P.R. – DeVore, C. (2001): Counterproductive behaviors at work. S. 145–164 in Anderson, N. – Ones, D.S. – Sinangil, H.K. – Viswesvaran, C. (Hrsg.): Handbook of industrial, work, and organizational psychology. Vol. 1. London 2001.

Schweitzer, M.E. – Ordonez, L. – Douma, B. (2004): Goal setting as a motivator of unethical behavior. S. 422–432 in Academy of Management Journal 47 (2004).

Spector, P.E. (1997): The role of frustration in antisocial behavior at work. S. 1–17 in Giacalone, R.A. – Greenberg, J. (Hrsg.): Antisocial behavior in organizations. Thousand Oaks 1997.

Van Iddekinge, C.H. – Odle-Dusseau, H.N. – Roth, P.L. – Raymark, P.H. (2012): The criterion-related validity of integrity tests: An updated meta-analysis. S. 499–530 in Journal of Applied Psychology 97 (2012).

Weber, M. (1973): Vom inneren Beruf zur Wissenschaft. S. 311–339 in Weber, M.: Soziologie. Universalgeschichtliche Analysen. Politik. Hrsg. v. J. Winckelmann. Stuttgart 1973.

Praktisch wirkungslos?
Perspektiven einer angewandten Medienethik

Tobias Eberwein – Susanne Fengler – Matthias Karmasin

Einleitung: Medienethik anwenden – aber wie?

In einer durch und durch mediatisierten Welt kommt der Medienethik im Feld der praktischen Philosophie eine Schlüsselrolle zu (vgl. Rath 2014): Wenn menschliches Handeln in zunehmendem Maße durch verschiedenste Formen der Medienkommunikation geprägt wird, dann ist ethische Reflexion ohne Berücksichtigung der Erkenntnisse einer gegenwartsorientierten Medienethik kaum mehr denkbar. Wissenschaftssystematisch wird der Medienethik dabei in der Regel die Rolle einer angewandten Ethik zugewiesen, die die Prinzipien der allgemeinen Ethik auf bereichsspezifische Problemfelder überträgt und praktikabel macht (vgl. z.B. Funiok 2011, 52ff.). In diesem Sinne wird Medienethik häufig auch als ‚Bereichsethik‘ (Nida-Rümelin 1996) oder ‚Spezialethik‘ (Pieper/Thurnherr 1998) gehandelt und benachbarten Disziplinen wie der politischen Ethik, der Wirtschafts-, der Tier-, Technik- oder Medizinethik gleichgestellt.

Die gängigen Systematisierungsversuche laufen jedoch Gefahr, den Gegenstandsbereich der Medienethik – gewollt oder ungewollt – zu verkürzen. So wird Medienethik – in der Tradition der US-amerikanischen *media ethics*, die dort seit längerem fester Bestandteil der hochschulgebundenen Journalistenausbildung sind – oft einseitig als journalistische Berufsethik interpretiert und damit zu einer auf den einzelnen Journalisten gerichteten Individualethik degradiert (vgl. etwa Teichert 1996). Eine solche Auslegung ignoriert jedoch, dass sich medienethisches Denken in der Gegenwartsgesellschaft nicht nur auf journalistisches Handeln, sondern auch auf das wirtschaftliche Handeln von Medienunternehmen, die Aufgabe der kritischen Öffentlichkeit und einer demokratischen Medienordnung sowie die Mitverantwortung des Publikums bezieht (vgl. Debatin/Funiok 2003, 9).

Darüber hinaus muss – wie zuletzt Matthias Rath (2014, 31ff.) gezeigt hat – auch die Anwendungsbezogenheit der Medienethik mindestens zweidimensional betrachtet werden: Demnach verfolgen angewandte Ethiken wie die Medienethik eben nicht nur das Ziel der Konkretion, indem sie Allgemeines auf Spezifisches beziehen, um auf diese Weise Orientierungsleistungen in einem bestimmten Handlungsfeld zu erbringen. Anwendung bedeutet gleichzeitig auch, dass etwas in den Dienst eines Anderen gestellt, d.h. als Mittel für einen Zweck verwendet wird. In diesem Sinne lässt sich der angewandten Medienethik auch eine instrumentelle Funktion zuschreiben, nach der sie Beratungsleistungen sowohl für die Akteure des Mediensystems als auch für die Mediengesellschaft im Allgemeinen anzubieten hat.

Doch wie kann eine zeitgemäße Medienethik diese Aufgaben verlässlich und effektiv umsetzen? Zwar haben sich in vielen Mediensystemen weltweit mit der Einführung von Ethik-Kodizes, Presseräten oder Ombudsleuten Strukturen entwickelt, deren erklärtes Anliegen es ist, medienethische Maximen und Wertorientierungen in die Kommunikationspraxis einzubringen. Gleichwohl wird diesen Instrumenten immer wieder nachgesagt, dass sie nur über geringe Wirkungsmacht verfügen und in vielen Fällen sogar nur eine Alibifunktion erfüllen – was beispielsweise dem Deutschen Presserat den wenig schmeichelhaften Titel eingebracht hat, nicht mehr als ein „zahnloser Tiger" zu sein (vgl. etwa Pöttker 2003). Wenn die Strukturen der Medienethik aber ohne Wirkung bleiben, wird auch ihr Anwendungscharakter brüchig. Der gut gemeinte Ratschlag, die Lösung sei im Wesentlichen „eine Frage der klugen Verbindung von theoretischer Begründung und praktischer Argumentation, eine Frage des Verhältnisses von Theorie und Praxis" (Debatin/Funiok 2003, 11), hat an diesem Problem bislang wenig geändert.

Wie nun lassen sich Theorie und Praxis der Medienethik in Einklang bringen? Ist es um die Wirksamkeit ihrer Instrumente tatsächlich so schlecht bestellt? Oder gibt es möglicherweise auch gelungene Beispiele für medienethische Orientierungs- und Beratungsmaßnahmen? Wenn ja: Was lässt sich aus ihnen lernen – und was bedeutet dies für die zukünftige Entwicklung der angewandten Medienethik in wissenschaftlichen und kommunikationspraktischen Kontexten? Diese Fragen werden im Folgenden am Beispiel der aktuellen Forschung zum Status quo und zu den Entwicklungsoptionen von Media Accountability und Medienselbstregulierung im internationalen Vergleich erörtert. Die Grundlage dafür bieten empirische Erhebungen des EU-geförderten Forschungsprojekts „Media Accountability and Transparency in Europe" (MediaAcT), in dessen Rahmen qualitative und quantitative Befragungen mit Medienschaffenden in insgesamt 14 verschiedenen Ländern in Ost- und Westeuropa sowie in der arabischen Welt durchgeführt wurden.[1] Vor einer detaillierteren Auseinandersetzung mit den Befunden dieser Erhebungen ist es jedoch notwendig, sich ausführlicher mit dem Begriff der Media Accountability zu befassen.

---

1 Hintergründe zu diesem Projekt finden sich auf der Webseite http://www.media act.eu und in den zentralen Buchpublikationen des internationalen MediaAcT-Konsortiums (Eberwein et al. 2011, Fengler et al. 2014).

Media Accountability: Definitionen, Funktionen, Institutionalisierung

Die wissenschaftliche Beschäftigung mit Instrumenten und Prozessen der Media Accountability hat vor allem in der englischsprachigen Literatur eine durchaus lange Tradition, die allerdings im Ethikdiskurs des deutschen Sprachraums (wie auch in anderen Wissenschaftskulturen) bis zuletzt allenfalls beiläufig rezipiert wurde. Dies hat sicherlich auch mit Übersetzungsproblemen zu tun: In vielen Sprachen fehlt ein bedeutungsgleiches Pendant zum Begriff der Media Accountability; der Versuch, die Wortbedeutung mit ähnlichen Prägungen wie ‚Medienverantwortung' oder auch ‚Rechenschaftspflicht der Medien' zu umschreiben (vgl. Bardoel/d'Haenens 2004), bleibt notgedrungen vage. Dass eine theoretische Präzisierung des Media-Accountability-Konzepts bislang ausgeblieben ist, ist schade, denn viele der gegenwärtig virulenten medienethischen Problemlagen und auch die Frage nach möglichen Lösungsansätzen lassen sich damit überaus treffend auf den Punkt bringen. Dies gilt ganz besonders für aktuelle Entwicklungen im Bereich von Online-Kommunikation und Medienkonvergenz, die aus medienethischer Perspektive bislang noch nicht in ausreichendem Maße durchdacht sind.

Claude-Jean Bertrand (2000, 107) definiert Instrumente der Media Accountability als „any non-State means of making media responsible towards the public". Damit lenkt er den Blick auf verwandte Konzepte wie ‚Medienselbstkontrolle' (vgl. z.B. Baum et al. 2005, Stapf 2006) oder ‚Medienselbstregulierung' (vgl. Puppis 2009), mit denen üblicherweise all jene Maßnahmen zur Steuerung öffentlicher Kommunikation beschrieben werden, deren Initiierung auf Akteure aus der Medienbranche zurückzuführen ist. Media Accountability ist aber mehr als das, wie unter anderem Denis McQuail (2003, 19) demonstriert, wenn er ausführt:

> „Accountable communication exists where authors (originators, sources, or gatekeepers) take responsibility for the quality and consequences of the publication, orient themselves to audiences and others affected, and respond to their expectations and those of the wider society."

Dieser Definitionsvorschlag macht deutlich, dass Media Accountability neben der Gruppe der Medienakteure immer auch weitere (nicht-staatliche) Kommunikationspartner voraussetzt – und so eine breite gesellschaftliche Wahrnehmung überhaupt erst möglich macht. McQuail verortet diese Stakeholder der Media Accountability vor allem in der Sphäre des Publikums, was – wie noch zu zeigen sein wird – den gegenwärtigen Bedingungen einer digitalen Medienkultur in besonderem Maße gerecht wird, denn in der Tat spricht in einer Zeit zunehmender Nutzer-Partizipation über diverse Social-Media-Kanäle vieles für eine „(Wieder-)Entdeckung des Publikums" (Loosen/Schmidt 2012) nicht nur in der Medienbranche insgesamt, sondern auch im engeren Kontext der Media-Accountability-Kommunikation. Mit Matthias Karmasin (1998) lässt sich jedoch argumentieren, dass neben journalistischen und Publikumsakteuren noch zahlreiche weitere Stakeholder ein intrinsisches Interesse an ‚gutem' Journalismus haben dürften – so zum Beispiel auf der Ebene der Medienunternehmung oder im ‚öffentlichen Sektor'. Media Accountability wird damit zu einem komplexen Zusammenspiel verschiedenster Anspruchsgruppen aus den Bereichen Journalismus, Medienökonomie, Medienpolitik und Zivilgesellschaft, die mit jeweils unterschiedlichen Mitteln und Motivationen in einen Diskurs über Qualität und Ethik in den Medien eintreten.

Doch wie wird Media Accountability in dieser Gemengelage real praktizierbar? Die vorliegende Forschung zu einzelnen Instrumenten der Media Accountability erlaubt in dieser Hinsicht erste Rückschlüsse, gelangt in den meisten Fällen jedoch zu einem skeptischen Fazit:

Zu den traditionsreichsten Versuchen, journalistisches Handeln auf bestimmte Qualitätsstandards zu verpflichten, gehört demnach die Verschriftlichung berufsethischer Ge- und Verbote in (branchenübergreifenden oder auf einzelne Tätigkeitsbereiche beschränkten) *Ethik-Kodizes* oder *redaktionellen Richtlinien*. Allerdings kommt beispielsweise Angela Campbell (1999, 756) in einer Analyse des US-amerikanischen Mediensektors zu dem Ergebnis, dass die von ihr untersuchten Kodizes „do not provide a great deal of support for the claimed advantages of self-regulation". Ähnliche Bestandsaufnahmen in Europa legen ebenfalls die Gefahr weitgehender Wirkungslosigkeit dieser Instrumente nahe (vgl. etwa Laitila 2005) – zumal neuere berufsethische Probleme, die sich aus den gegenwärtigen Wandlungsprozessen in einer konvergenten Medienwelt ergeben, von ihnen fast durchweg unberücksichtigt bleiben (vgl. Heinonen 2010). Als vermittelnde Instanz, die die Anwendung bestimmter Kodizes im journalistischen Alltag überwachen soll, fungieren häufig *Presse- oder Medienräte*, die vor allem in Nord- und Westeuropa eine lange Tradition aufweisen können (vgl. Leonardi 2004). Ihre Organisationsform (etwa im Hinblick auf die Zusammensetzung der jeweiligen Beschwerdegremien) variiert im europäischen Vergleich jedoch zum Teil erheblich – und damit auch ihre Akzeptanz in der Branche (vgl. Fielden 2012, Puppis 2009). Auch *Ombudsleute* sind verschiedenen Studien zufolge nicht immer in der Lage, der ihnen zugedachten Rolle als redaktionsinterne Kritiker und Mittler zwischen Redaktion und Publikum gerecht zu werden (vgl. z.B. Evers/Groenhart/van Groesen 2010) – erst recht wenn sie, wie gegenwärtig, vielerorts dem allgemeinen Sparzwang zum Opfer fallen (vgl. Starck 2010). Gleiches gilt für *Medienjournalisten*: Auch sie stehen in der weiter um sich greifenden Medienkrise in vielen Redaktionen ganz oben auf der Streichliste – sicherlich auch weil ihr Nutzen als rein journalismusinterne Qualitätssicherungsmaßnahme umstritten ist (vgl. u.a. Fengler 2002, Beuthner/Weichert 2005). Inwieweit darüber hinaus auch weniger stark institutionalisierte Media-Accountability-Instrumente wie etwa *Leserbriefe* (vgl. Mlitz 2008) oder medienkritische *Unterhaltungsformate* im Fernsehen (vgl. Hallenberger/Nieland 2005) einen positiven Einfluss auf den medienethischen Diskurs nehmen können, ist bislang weitgehend ungeklärt.

Angesichts solcher, fast durchweg kritischer Einschätzungen stellt sich die Frage nach der Wirksamkeit traditioneller Kanäle der Media Accountability umso dringlicher. Auf der Suche nach möglichen Alternativen hat sich das Interesse der Kommunikations- und Medienforschung in den vergangenen Jahren vor allem auf die Potenziale der Internet-Kommunikation gerichtet, die eine Partizipation des Publikums (und anderer Stakeholder) im Prozess der Verständigung über Qualität und Ethik in den Medien in besonderem Maße unterstützen könnte. Ein vielversprechendes Vehikel bietet dafür unter anderem die *Kommentarfunktion* vieler journalistischer Websites, die es im Prinzip jedem Nutzer möglich macht, mit geringem Aufwand direkt zu einzelnen Beiträgen Stellung zu nehmen (vgl. etwa Springer 2011, Ziegele et al. 2013). Ein noch konzentrierteres Forum zur Auseinandersetzung mit Fehlentwicklungen in der Medienlandschaft bieten *Medienwatchblogs* wie z.B. das „BILDblog"[2] oder „Kobuk!"[3], die mal von Journalisten, mal aber auch von interessierten Rezipienten betrieben werden (vgl. u.a. Fengler 2008, Eberwein 2010). Auch *Soziale Netzwerkplattformen* wie Twitter oder Facebook stellen eine ideale Grundlage für einen vielstimmigen Austausch über Erfahrungen bei der Medienrezeption dar (vgl. z.B. Wohn/Na 2011, Hofmeyer 2014). Ein eindeutiger empirischer Beleg für ihre Wirksamkeit als Instrumente der Media Accountability steht allerdings noch aus.

Nichtsdestotrotz liefert die vorliegende Forschung zusammengenommen zahlreiche Hinweise auf eine fortgeschrittene Institutionalisierung unterschiedlicher Media-Accountability-Instrumente nicht nur – wie der Wortursprung suggerieren mag – im englischsprachigen Raum, sondern auch in weiten Teilen des nicht-englischsprachigen Europas. Aus der Metaperspektive lässt sich dabei unterscheiden zwischen stärker und schwächer institutionalisierten Instrumenten einerseits sowie zwischen journalismusinternen, kooperativen und journalismusexternen Instrumenten andererseits (vgl. dazu im Detail Eberwein et al. 2013). Welche dieser Instrumente einen stärkeren Einfluss auf das journalistische Handeln im redaktionellen Alltag haben, war bislang nicht nachvollziehbar zu klären – erst recht nicht im internationalen Vergleich. Hier setzt die vorliegende Analyse an.

---

2 http://www.bildblog.de
3 http://www.kobuk.at

Zu prüfen ist konkret, inwiefern sich rein journalismusinterne Media-Accountability-Instrumente in ihrer Wirkung von solchen Instrumenten unterscheiden, die neben journalistischen Akteuren noch weitere Stakeholdergruppen (wie Publikum, Medienmanagement oder Medienpolitik) in den medienethischen Diskurs einbeziehen. Dabei wäre zu erwarten, dass Prozesse
der Media Accountability – im Sinne der oben diskutierten Definition von
McQuail – vor allem dann ihre Zielsetzung besonders gut erfüllen, wenn sie
mehrere gesellschaftliche Kommunikationssysteme verbinden und auf diese
Weise eine größtmögliche Öffentlichkeit herstellen (vgl. Tabelle 1). Dies legen zumindest erste Fallstudien des MediaAcT-Konsortiums nahe, bei
denen in 14 europäischen Ländern in Europa und der arabischen Welt jeweils auf nationaler Ebene Best-practice-Beispiele für gelingende Media-
Accountability-Kommunikation identifiziert und analysiert wurden (vgl. Bichler
et al. 2012). Die Fallstudien zeigen, dass eine Mehrzahl der diskutierten Instrumente gezielt auf Online-Partizipation setzt, um Journalisten, Publikum
und weitere Anspruchsgruppen zu einem Austausch zu bewegen – und so
Mehrsystemzugehörigkeit zu erreichen. Dies gilt für das webbasierte Fehler-
Meldesystem der „Berliner Morgenpost"[4], den Online-Ombudsmann der
„Frankfurter Rundschau"[5] und das Redaktionsblog der „Tagesschau"[6] ebenso wie für die offene Redaktionskonferenz der französischen Webseite
„rue89"[7], die eidgenössische Internet-Plattform „Medienkritik Schweiz"[8] oder
eine partizipativ realisierte Sonderausgabe der finnischen Frauenzeitschrift
„Olivia"[9].

Tab. 1: Nicht-mehrsystemzugehörige und mehrsystemzugehörige Instrumente der
Media Accountability (Auswahl)

Nicht-mehrsystemzugehörig	Mehrsystemzugehörig
Ethik-Kodex	Presserat mit Publikumsbeteiligung
Presserat ohne Publikumsbeteiligung	Journalistenausbildung
Ombudsmann	Medienwatchblogs
Medienjournalismus	Medienkritik im Web 2.0

Sind dies besondere Einzelfälle? Oder lässt sich die Annahme, dass Mehrsystemzugehörigkeit die Wirksamkeit von Media-Accountability-Instrumenten

---

4 http://www.morgenpost.de/berlin-aktuell/article1077710/Leider-falsch-wir-korrigier
en.html
5 http://www.frblog.de
6 http://blog.tagesschau.de
7 http://www.rue89.com/participez-a-la-conference-de-redaction-en-ligne
8 http://medienkritik-schweiz.ch
9 http://www.omaolivia.fi

steigert, verallgemeinern? Um diese Fragen zu beantworten, ist ein systematischer empirischer Forschungsansatz notwendig.

Zur Wirksamkeit von Media-Accountability-Maßnahmen im praktischen Journalismus: Ergebnisse einer empirischen Studie

Methode

Das MediaAcT-Konsortium hat deswegen ein zweistufiges Forschungsdesign realisiert, das qualitative Expertengespräche mit einer quantitativen Journalistenbefragung kombinierte.

Für die *qualitative Vorstudie* (vgl. ausführlich Heikkilä et al. 2012) wurden im Zeitraum von Oktober bis Dezember 2010 insgesamt 98 internationale Experten aus den Bereichen Journalismus, Social Media, Medienforschung und Medienselbstregulierung interviewt und – mit Hilfe eines Leitfadens – zu ihren Einschätzungen zum Status quo sowie möglichen Entwicklungsperspektiven der Media Accountability in ihren jeweiligen Heimatländern befragt. Ziel war es, auf diese Weise zu einer ersten Bestandsaufnahme bezüglich der bis dahin noch kaum komparativ erforschten webbasierten Media-Accountability-Prozesse zu gelangen und deren Potenziale kritisch zu hinterfragen.

Die dabei gewonnenen Erkenntnisse flossen direkt ein in die Konzeption und Durchführung einer *quantitativen Befragung* von insgesamt 1.762 Journalisten in den 14 vom MediaAcT-Konsortium abgedeckten Ländern (vgl. im Detail Eberwein et al. 2014). Bei der Auswahl der Länder wurde die klassische Systemtypologie von Hallin und Mancini (2004) zu Grunde gelegt, die zwischen „demokratisch-korporatistischen" (in dieser Studie repräsentiert durch: Finnland, die Niederlande, Deutschland, Österreich und die Schweiz), „liberalen" (hier: Großbritannien) und „polarisiert-pluralistischen" (hier: Italien, Frankreich, Spanien) Systemtypen unterscheidet. Ergänzend wurden mit Estland, Polen und Rumänien drei zentral- und osteuropäische Mediensysteme in je unterschiedlichen Stadien der politischen Transformation untersucht. Überdies rückten mit Jordanien und Tunesien auch zwei Staaten aus der arabischen Welt in den Fokus, die bislang nur über sehr eingeschränkte Erfahrungen mit Pressefreiheit und Medienselbstregulierung verfügen.

In allen Untersuchungsländern wurde in einem zweistufigen Verfahren ein geschichtetes nationales Teil-Sample konstruiert, das – je nach Verfügbarkeit verlässlicher Statistiken – der jeweils existierenden Grundgesamtheit journalistischer Akteure so genau wie möglich entsprechen sollte. Die erste Schichtung erfolgte anhand der verschiedenen Mediensegmente und gliederte sich in neun Ausprägungen: Tageszeitungen, Wochenzeitungen, Zeitschriften, öffentlich-rechtlicher Hörfunk, privat-kommerzieller Hörfunk, öffent-

lich-rechtliches Fernsehen, privat-kommerzielles Fernsehen, Nachrichten-
agenturen und Online-Medien. Eine zweite Schichtung unterschied zwischen
fünf verschiedenen hierarchischen Positionen im redaktionellen Gefüge:
Chefredakteur, leitender Redakteur, Redakteur, Volontär und Freier Mitarbeiter. In jedem Land wurden mindestens 100 Befragungsteilnehmer re-
krutiert, die zusammengenommen die Schichtungskriterien entsprechend
ihrer Relevanz in den unterschiedlichen Mediensystemen bestmöglich widerspiegeln sollten. In den Ländern mit einer vergleichsweise großen journalistischen Grundgesamtheit (wie z.B. Deutschland) wurde zum Teil mit
erheblich größeren Samples gearbeitet. Insgesamt wurden im Verlauf der
Erhebung annähernd 8.000 Journalisten kontaktiert. Die durchschnittliche
Rücklaufquote der MediaAcT-Befragung lag damit bei 23 Prozent.

Die standardisierte Befragung selbst wurde im Zeitraum von Mai 2011 bis
März 2012 online mit Hilfe der Software EFS Survey (Unipark) umgesetzt.
Dabei wurden zusätzlich zu den relevanten sozialstatistischen Daten der
Studienteilnehmer ihre individuellen Erfahrungen mit (traditionellen und
webbasierten) Instrumenten der Medienselbstregulierung, ihre Einschätzungen zur Kritikkultur in den Redaktionen, zum Einfluss von Medienmanagement und journalistischer Profession auf Prozesse der Media Accountability
sowie zur gesellschaftlichen Relevanz des Themas erhoben. Damit darf die
Befragung des MediaAcT-Konsortiums als erste komparative Kommunika-
torstudie gelten, die systematisch und auf breiter Fallbasis Einstellungen zu
und potenzielle Wirksamkeit von verschiedenen Instrumenten der Media Accountability erhoben hat.

Befunde der qualitativen Erhebung

Die qualitativen Leitfadengespräche zeichnen ein ambivalentes Bild von der
Media-Accountability-Landschaft in Europa und der arabischen Welt, welches die Befunde aus der bis dahin verfügbaren Forschung in weiten Teilen
bestätigt (vgl. dazu auch Eberwein et al. 2012).

So verweisen die interviewten Experten in allen Untersuchungsländern
auf vielfältige Mängel bei der Institutionalisierung traditioneller Instrumente
der Medienselbstregulierung, durch die ihre Wirksamkeit erheblich eingeschränkt sei. Dies wird besonders deutlich am Beispiel der Presseräte. In
einigen Ländern des MediaAcT-Samples – so etwa in Jordanien und Tunesien, aber auch in Frankreich – konnten sich derartige Organisationen bis
heute überhaupt nicht etablieren. Demgegenüber hat das Modell des Presserats vor allem in den Ländern Nordeuropas eine zum Teil mehrere Jahrzehnte umfassende Historie – und auch in vielen osteuropäischen Mediensystemen haben sich im Zuge der politischen Transformationsprozesse
nach dem Fall des ,Eisernen Vorhangs' vergleichbare Einrichtungen heraus-

gebildet. Allerdings zeigen die qualitativen Interviews, dass die Existenz eines Presserats nicht automatisch für mehr Qualität in den Medien sorgt. Im Gegenteil beurteilen die interviewten Experten die Arbeitsweise der Presseräte überaus kritisch. So bemängeln sie etwa, dass die Entscheidungen der Räte in der Regel nur über eine geringe Verbindlichkeit verfügen und dass einige Einrichtungen – wie zum Beispiel der Deutsche Presserat – es versäumen, auch Publikumsvertreter in die Diskussion von Beschwerden einzubinden. Zudem benennen viele Interviewpartner die ungenügende Berücksichtigung aktueller Entwicklungen der Digitalisierung als Problem der herkömmlichen Medienselbstregulierung. Derartige Kritik lenkt den Blick auf alternative Instrumente der Media Accountability.

Solche Alternativen identifizieren die Experten nicht zuletzt im Online-Bereich. Dort hat sich, wie die qualitative Vorstudie ebenfalls zeigt, in den vergangenen Jahren eine Vielzahl neuer Instrumente der Media Accountability entwickelt – unter anderem auf Initiative journalistischer Akteure. Dabei lassen sich drei Typen differenzieren, die in jeweils unterschiedlichen Phasen der Nachrichtenproduktion wirksam werden: 1. *Akteurstransparenz*: vor der Veröffentlichung der Medieninhalte; 2. *Produktionstransparenz*: während der Produktion der Medieninhalte; 3. *Responsivität*: nach der Veröffentlichung der Medieninhalte. Zu Ersteren gehören solche Instrumente, mit deren Hilfe Medienakteure Kontextinformationen über sich selbst oder ihren Arbeitgeber mit den Rezipienten teilen – also beispielsweise verlinkte Autorenzeilen und -profile, online verfügbare Daten zur Eigentümerschaft der Medienorganisation, redaktionelle Mission Statements oder Ethik-Kodizes. Zur zweiten Kategorie lassen sich all jene Kanäle zählen, die Journalisten dazu verwenden, um ihren Rezipienten Hintergrundinformationen zu den veröffentlichten Medieninhalten (z.B. durch Links zu Originalquellen oder Online-Korrekturspalten) oder zum Produktionsprozess (z.B. mit Hilfe redaktioneller Weblogs oder über Twitter und Facebook) zu vermitteln. Die dritte Gruppe umfasst alle Arten des Nutzerfeedbacks – sei es über die Kommentarfunktion auf journalistischen Websites, über eigens dafür eingerichtete Foren oder über das Social Web. Mehr oder weniger einhellig betonten die interviewten Gesprächspartner die Potenziale dieser Instrumente als Motor für Media-Accountability-Prozesse. Ihre tatsächliche Verbreitung variiert im internationalen Vergleich jedoch zum Teil erheblich.

Gleiches gilt für die unterschiedlichen Instanzen der Media Accountability, die auf Betreiben nicht-journalistischer Akteure entstanden sind – beispielsweise im Kontext von Wissenschaft und NGOs, häufig aber auch durch engagierte Privatpersonen. Sie erscheinen oft in Form von medienbezogenen Watchblogs, Interessengruppen auf Netzwerkplattformen wie Facebook oder spontanen Meinungsäußerungen via Twitter. Diese zivilgesellschaftlich initiierte Journalismusbeobachtung ist im Vergleich zu den journalismusinternen

Beispielen meist deutlich weniger stark institutionalisiert und entsteht nicht selten ad hoc als Reaktion auf individuelle Erlebnisse bei der Medienrezeption. Auch auf diese Weise lassen sich den interviewten Experten zu Folge neue Möglichkeiten erschließen, um den gesellschaftlichen Diskurs über die Qualität der Medienkommunikation zu beleben. Ein quantitativ erhobener empirischer Nachweis für diese Annahme stand zum Zeitpunkt der qualitativen Vorstudie jedoch noch aus.

Befunde der quantitativen Erhebung

Doch welche Einstellungen zum Thema Media Accountability hat die breite Masse journalistischer Akteure in Europa und der arabischen Welt? Wie groß ist der Einfluss einzelner Media-Accountability-Instrumente wirklich? Sind mehrsystemzugehörige Instrumente tatsächlich wirkungsvoller als nicht-mehrsystemzugehörige? Antworten auf diese Fragen ermöglicht die quantitative Journalistenbefragung des MediaAcT-Konsortiums (vgl. dazu ausführlich Fengler et al. 2014). Dabei lässt sich eine grundsätzliche Diskrepanz zwischen den Ansprüchen an und dem tatsächlichen Impact von unterschiedlichen Instrumenten der Media Accountability im internationalen Vergleich ausmachen.

Zur Erhebung der journalistischen Ansprüche an Media Accountability wurden die Befragungsteilnehmer mit einer Reihe von Statements konfrontiert, die dazu dienten, die Wünschbarkeit einzelner Mechanismen redaktioneller Transparenz und Interaktion zu messen. Diese Items konnten sie auf einer Skala von 1 („Unterstütze ich gar nicht") bis 5 („Unterstütze ich voll und ganz") bewerten (vgl. Tabelle 2).

Die Auswertung der Antworten zu diesen Teilfragen macht deutlich, dass Journalisten den verschiedenen Ausprägungen redaktioneller Transparenz relativ große Bedeutung zuschreiben. Sie halten es für wichtig, dass Medienunternehmen „ihre Eigentümerstruktur [...] offenlegen" (Mittelwert: 4,22), „einen Ethik-Kodex veröffentlichen" (3,93) und „Leitlinien veröffentlichen" (3,71). Ebenso lässt sich mit Blick auf einzelne journalistische Veröffentlichungen eine wenigstens moderate Befürwortung der Idee nachweisen, „Links zu den Originalquellen [zu] veröffentlichen" (3,46). Und auch der regelmäßige Austausch mit dem Publikum wird als zentral befunden: So ist es den befragten Journalisten offenbar sehr wichtig, „eine Adresse für Beschwerden an[zu]geben" (4,21) oder „auf die Kommentare der Nutzer ein[zu]gehen" (3,86). Zurückhaltung signalisieren sie nur dann, wenn es darum geht, das Publikum direkt in journalistische Arbeitsprozesse eingreifen zu lassen: Das Statement „Medienunternehmen sollten Nutzern die Möglichkeit geben, online an der Produktion eines Beitrags mitzuwirken" wurde im Vergleich zu den vorgenannten mit Abstand am negativsten bewertet (2,82).

Interessante Einsichten lassen sich in diesem Kontext auch aus dem Vergleich der einzelnen Untersuchungsländer ableiten. So sprechen sich beispielsweise italienische Journalisten am deutlichsten für eine Offenlegung der Eigentümerstruktur von Medienunternehmen aus (+0,37) – eine Forderung, die aufgrund der engen Verflechtungen von Politik, Wirtschaft und Medien in Italien unmittelbar einleuchtet (vgl. Mazzoleni/Splendore 2011). Demgegenüber liegen die Bewertungen bei der Frage, ob die Veröffentlichung eines Ethik-Kodex wünschenswert sei, in Polen (-0,56) und in Estland (-0,72) deutlich unterhalb des Durchschnitts. Diese Skepsis erklärt sich vermutlich aus der besonderen Situation in diesen beiden Ländern, in denen die vorhandenen Organisationen der Medienselbstregulierung stark fragmentiert sind und mit jeweils unterschiedlichen Kodizes um Anerkennung in der Branche streiten (vgl. Glowacki/Urbaniak 2011, Loit/Lauk/Harro-Loit 2011). Dass das Konzept des Ombudsmannes vor allem in Spanien (+0,65) und Frankreich (+0,76) auf große Zustimmung stößt, liegt mit ziemlicher Sicherheit an der langen Tradition, die Ombudsleute bei einigen Qualitätsmedien in diesen beiden Ländern aufweisen (vgl. Alsius/Mauri/Rodríguez-Martínez 2011, Baisnée/Balland 2011). In Finnland gibt es eine solche Tradition nicht (vgl. Heikkilä/Kylmälä 2011) – was auch die dort eher zurückhaltende Bewertung des Ombudsmann-Konzeptes erklärt (-0,77). Die Bedeutung von Interaktionsmöglichkeiten mit dem Publikum stellen die Befragten in vielen unserer Befragungsländer positiv heraus – vor allem jedoch in Jordanien, wo die partizipative Medienproduktion (+0,97) und der direkte Austausch mit Nutzern über Social Media (+0,58) im Ländervergleich die höchsten Bewertungen erhalten. Dieses Ergebnis belegt einmal mehr die besonderen Potenziale partizipativer Online-Medien als Motor für Media Accountability – vor allem in solchen Mediensystemen, in denen der Kampf für Pressefreiheit und gegen staatliche Bevormundung noch längst nicht ausgefochten ist (vgl. Hawatmeh/Pies 2011).

Tab. 2: Journalistische Ansprüche an Transparenz und Interaktion

Frage: „Wie stehen Sie zu folgenden Aussagen? Bitte bewerten Sie auf einer Skala von 1 (Unterstütze ich gar nicht) bis 5 (Unterstütze ich voll und ganz)."

Medienunternehmen sollten…	…ihre Eigentümerstruktur sowie Querverbindungen zu anderen Medien oder zu Parteien offenlegen.	…eine Adresse für Beschwerden angeben.	…einen Ethik-Kodex veröffentlichen.	…auf die Kommentare der Nutzer eingehen.	…Leitlinien veröffentlichen.	…Möglichkeiten zur direkten Kommunikation anbieten (z.B. über Social Media).	…einen Ombudsmann beschäftigen.	…Links zu den Originalquellen veröffentlichen.	…journalistische Entscheidungen online an der Produktion eines Beitrags erklären (z.B. im Weblog).	…Nutzern die Möglichkeit geben, online an der Produktion eines Beitrags mitzuwirken.
Mittelwert	4,22	4,21	3,93	3,86	3,71	3,66	3,63	3,46	3,22	2,82
Finnland	0,25	0,44	0,32	0,40	0,45	-0,06	-0,77	0,51	0,34	0,43
Niederlande	-0,11	0,04	-0,15	-0,64	-0,13	-0,15	-0,16	-0,03	0,05	-0,05
Deutschland	0,11	0,03	-0,20	-0,11	0,02	-0,17	-0,33	0,15	0,19	-0,47
Österreich	0,17	0,12	0,09	-0,29	0,46	-0,25	-0,08	0,22	0,23	-0,40
Schweiz	0,18	0,16	0,28	-0,05	0,16	-0,19	0,43	0,14	0,18	-0,52
Großbritannien	-0,10	0,17	0,19	-0,01	-0,40	0,14	-0,20	-0,50	-0,38	-0,03
Frankreich	0,14	-0,05	0,15	0,10	-0,55	-0,23	0,76	-0,18	0,38	-0,30
Italien	0,37	-0,38	0,05	0,45	0,31	0,27	-0,06	0,03	-0,05	-0,08
Spanien	-0,39	0,02	0,27	0,13	0,13	0,15	0,65	-0,32	0,15	0,01
Estland	-0,30	-0,25	-0,72	-0,32	-0,14	-0,31	-0,72	-0,20	-0,01	0,11
Polen	0,06	-0,08	-0,56	0,16	0,09	0,07	-0,13	0,35	-0,71	0,78
Rumänien	0,05	-0,11	0,44	0,06	0,29	0,34	-0,09	0,34	-0,13	0,40
Jordanien	-0,29	-0,13	-0,19	0,19	0,11	0,58	0,40	0,32	-0,05	0,97
Tunesien	-0,38	-0,04	-0,10	-0,16	-0,32	0,03	0,16	-0,38	-0,62	0,12

Kontrastiert man die journalistischen Ansprüche an Media Accountability jedoch mit ihrer tatsächlichen Wirksamkeit, dann werden vielsagende Widersprüche offenkundig. Zur Erhebung der Wirksamkeit einzelner Media-Accountability-Instrumente wurden die Studienteilnehmer gefragt, „[w]ie groß der Einfluss folgender Punkte auf das Verhalten von Journalisten" in ihrem Land sei. Anschließend wurde ihnen eine lange Liste mit unterschiedlichen traditionellen und neueren webbasierten Instrumenten der Media Accountability vorgelegt, die sie abermals auf einer Skala von 1 („Gar kein Einfluss") bis 5 („Sehr großer Einfluss") bewerten konnten. Tabelle 3 fasst die Bewertungen für einige ausgewählte Instrumente zusammen.

Die Daten zeigen, dass der gefühlte Einfluss aller Instrumente hinter den Werten für ihre Wünschbarkeit zurückbleibt. So erreicht der Impact von Ethik-Kodizes mit einem länderübergreifenden Mittelwert von 3,44 zwar noch ein vergleichsweise hohes Niveau. Der Einfluss anderer traditioneller Instrumente der Media Accountability wie etwa Presserat (2,96), Medienjournalismus (2,73) oder Ombudsmann (2,32) wird jedoch allenfalls als mittelmäßig wahrgenommen. Auch die jüngeren webbasierten Kritikkanäle eignen sich offenbar nur bedingt als wirkungsmächtigere Alternative: Zwar erreicht die Zustimmung für das Item „Medienkritik im Web 2.0" mit einem Wert von 2,61 schon annähernd das Niveau, das auch für konventionelle journalistische Medienkritik in den Nachrichtenmedien nachweisbar ist. Der Einfluss von Medienwatchblogs fällt mit einem Durchschnittswert von 2,25 aber noch einmal deutlich dahinter zurück. Die Annahme, dass sich allein über mehr Publikumsbeteiligung eine größere Wirksamkeit von Media-Accountability-Prozessen erreichen lässt, muss vor dem Hintergrund dieser Befragungsergebnisse revidiert werden. Interessant ist in diesem Kontext allerdings die Erkenntnis, dass neben Ethik-Kodizes auch die Journalistenausbildung (3,35) als verhältnismäßig einflussreicher Faktor im Diskurs über Qualität und Ethik in den Medien wahrgenommen wird – ein weiteres Beispiel für ein Instrument der Media Accountability, dessen Funktionsweise auf einem Zusammenspiel verschiedener Gesellschaftssysteme (zumeist Journalismus und Wissenschaft) beruht. Was dies für das Ziel einer nachhaltigen Optimierung des Systems der Media Accountability bedeutet, wird noch zu diskutieren sein.

Dass funktionierende Mehrsystemzugehörigkeit mehr braucht als nur die Inklusion des Publikums, zeigt auch ein Blick auf die Unterschiede im Antwortverhalten der einzelnen Untersuchungsländer. Aufschlussreich sind dabei unter anderen die Einschätzungen zum Einfluss der jeweiligen Presseräte, die – wie oben bereits dargestellt – von Land zu Land sehr unterschiedlich organisiert sind: mal als tripartite Räte (wie der finnische *Julkisen Sanan Neuvosto* oder der estnische *Avaliku Sona Noukogu*), an denen neben journalistischen Akteuren auch Verleger und Öffentlichkeitsvertreter beteiligt sind, und mal als bipartite Räte (wie im Falle des *Österreichischen Presserats* oder des niederländischen *Raad voor de Journalistiek*), in denen nur zwei Anspruchsgruppen, also entweder Journalisten und Verleger oder Journalisten und Öffentlichkeitsvertreter mitwirken (vgl. Puppis 2009, 225). Die Befragungsdaten legen nahe, dass tripartite Räte wie in Finnland (+1,13) oder Estland (+0,18) tendenziell für wirkungsvoller gehalten werden, während sich für bipartite Räte ein uneinheitliches Bild ergibt: Einige von ihnen werden leicht überdurchschnittlich bewertet (Deutschland, Schweiz), andere leicht unterdurchschnittlich (Niederlande, Großbritannien, Spanien). Das besonders kritische Votum zum Presserat in Österreich (-0,39) ergibt sich sicherlich auch aus dem Umstand, dass dieser zum Zeitpunkt der Befragung nach jahrelanger Inaktivität gerade neu gegründet worden war – und seine Leistungsfähigkeit erst noch unter Beweis stellen muss(te). Ungeachtet dessen wurde die Chance einer umfassenden Re-Organisation nach dem Prinzip der Mehrsystemzugehörigkeit dort versäumt. Dass eine solche Organisationsform unbestreitbare Potenziale geborgen hätte, lässt sich angesichts hier vorgestellten empirischen Daten kaum mehr ignorieren.

Tab. 3: Tatsächlicher Einfluss ausgewählter Instrumente der Media Accountability

Frage: „Wie groß ist der Einfluss folgender Punkte auf das Verhalten von Journalisten in [Land]? Bitte bewerten Sie auf einer Skala von 1 (Gar kein Einfluss) bis 5 (Sehr großer Einfluss)."

	Ethik-Kodizes	Journalisten-ausbildung	Presserat	Medienjour-nalismus	Medienkritik im Web 2.0	Ombuds-leute	Medien-watchblogs
Mittelwert	3,44	3,35	2,96	2,73	2,61	2,32	2,25
Finnland	0,92	0,55	1,13	0,89	0,09	-0,08	0,20
Niederlande	-0,09	-0,67	-0,27	0,25	-0,11	0,09	0,05
Deutschland	-0,21	0,47	0,10	-0,10	0,13	-0,04	0,05
Österreich	-0,21	-0,07	-0,39	-0,10	0,20	-0,02	-0,08
Schweiz	0,39	0,63	0,24	-0,21	0,07	0,12	-0,07
Großbritan-nien	0,52	0,15	-0,06	0,13	-0,35	0,26	-0,15
Frankreich	0,20	0,39	-0,18	-0,25	-0,23	-0,06	-0,26
Italien	-0,66	-1,47	0,75	-0,52	-0,09	-0,49	-0,32
Spanien	-0,32	-0,87	-0,15	0,08	-0,10	0,48	0,50
Estland	0,56	0,58	0,18	-0,01	0,14	-0,50	-0,07
Polen	-0,52	-0,05	-0,69	-0,20	-0,04	-0,13	-0,08
Rumänien	-0,61	-0,26	-0,68	-0,05	0,06	-0,23	-0,36
Jordanien	-0,44	-0,32	-0,08	0,17	0,50	0,21	0,40
Tunesien	0,23	0,53	-0,18	0,28	0,33	-0,02	0,54

Perspektiven für Theorie und Praxis

Welche Optionen ergeben sich aus den referierten Befunden für die weitere Entwicklung einer angewandten Medienethik? Kann empirische Forschung dazu beitragen, ihre Orientierungs- und Beratungsleistungen zu fundieren und womöglich auf lange Sicht sogar zu stärken? Oder ist das Dilemma der Medienethik, zwar praktisch, aber weitgehend wirkungslos zu sein, unlösbar? Kontrastiert man die Ergebnisse aus den qualitativen und quantitativen Teilstudien des MediaAcT-Konsortiums, so lassen sich daraus sowohl für die Medienforschung als auch für die Medienpraxis einige Konsequenzen ableiten:

Für die Praxis der Media Accountability erscheint es unausweichlich, das Konstrukt der Mehrsystemzugehörigkeit zu konkretisieren und mit Leben zu füllen, weil sich nur auf diesem Weg ein gesamtgesellschaftlicher Diskurs über Qualität und Ethik in den Medien entfalten kann. Die präsentierten Studien zeigen, dass dies unter anderem über eine verstärkte Einbindung des Publikums möglich wird, was in den vergangenen Jahren dank einer Vielzahl neuer Rückkopplungskanäle im Internet und im Social Web zunehmend leichter geworden ist. Verschiedene Best-practice-Beispiele auf internationaler Ebene bieten dafür anschauliche Belege. Auf breiter Basis werden die Potenziale der webbasierten Media Accountability bislang allerdings kaum genutzt – zumal die Wirksamkeit entsprechender Instrumente (etwa Medienwatchblogs, Medienkritik im Web 2.0) für sich genommen im journalistischen Umfeld als allenfalls mittelmäßig bewertet wird.

Vielversprechender erscheint demgegenüber eine wechselseitige Vernetzung unterschiedlicher Instrumente der Media Accountability, wenn auf diese Weise ein Ineinandergreifen verschiedener gesellschaftlicher Teilsysteme herbeigeführt wird – und dadurch letztlich eine größtmögliche Öffentlichkeit für Themen der Media Accountability. Dies lässt sich beispielsweise über eine gezielte Verzahnung von Presseräten mit Ombudsleuten (als eine Art Clearingstelle) und medienjournalistischen Organen, aber auch mit Akteuren im Social Web realisieren, die gemeinsam dafür sorgen können, Media-Accountability-Prozessen zu gesamtgesellschaftlicher Wahrnehmung zu verhelfen. Eine wichtige Rolle kann dabei auch eine – kooperativ organisierte – Journalistenausbildung spielen, die journalistischen Akteuren bereits in der Sozialisierungsphase grundlegende medienethische Wertorientierungen vermittelt. Auch das Modell einer regulierten Selbstregulierung, bei dem staatliche Akteure mit den traditionellen Organisationen der Media Accountability kooperieren, sichert und stärkt Mehrsystemzugehörigkeit – und sollte deswegen in künftigen medienpolitischen Diskussionen mehr Beachtung finden. Über eine solche Konstellation ließen sich zudem verstärkt Anreize für Media Accountability setzen – beispielsweise indem öffentliche Werbegelder und Subventionen nur an solche Medienunternehmen vergeben werden, die sich (in welcher Form auch immer) für Qualität und Ethik engagieren. Für die weitere Verbreitung einzelner Instrumente der Media Accountability wäre dies in jedem Falle förderlich.

Die Medienpolitik täte überdies gut daran, verstärkt über eine Förderung von Forschungsaktivitäten im Feld der Media Accountability nachzudenken, denn auch auf diesem Wege ließe sich eine wechselseitige Interpenetration verschiedener gesellschaftlicher Teilsysteme intensivieren. So könnten kontinuierliche Maßnahmen zum Monitoring von Media-Accountability-Initiativen etwa dabei helfen, den Status quo in diesem Bereich einzuordnen und auf Entwicklungsbedarf hinzuweisen. Ein solches Monitoring ließe sich unter

anderem mit einem jährlich veröffentlichen ‚Media Accountability Index' sicherstellen, wie ihn das MediaAcT-Projekt prototypisch entwickelt hat.[10]

Doch auch die Grundlagenforschung zur Media Accountability steht erst
am Anfang: Viel zu wenig ist bislang beispielsweise über die Publikumssicht
auf die in diesem Aufsatz diskutierten Instrumente der Media Accountability
bekannt – hier wären systematische Befragungsstudien nötig, die nicht nur
die Seite der Kommunikatoren in den Blick nehmen, sondern auch die Interessen der Mediennutzer. Und um diese Perspektiven sinnvoll im Gesamt-
gefüge der Media-Accountability-Prozesse verorten zu können, bräuchte es
eine umfassende Theorie der Media Accountability, die alle Stakeholder als
gleichberechtigte Kommunikationspartner versteht und zueinander in Relation setzt. Die eingangs dargelegten Argumente stellen allenfalls erste Bau-
steine im Konstruktionsplan einer solchen Theorie dar – weitere müssen folgen.

Zusammengenommen können die vorgeschlagenen Entwicklungsschritte
das bislang noch unausgewogene Verhältnis zwischen Theorie und Praxis
der Media Accountability in ein Gleichgewicht bringen, das den Zielsetzungen einer zeitgemäßen Medienethik auf beispielhafte Art und Weise zu einer
zukunftsfähigen Grundlage verhelfen würde. Media Accountability im hier
dargestellten Sinne wäre ein real gewordener Anwendungsfall institutionalisierter Medienethik – nicht nur praktisch, sondern auch wirksam.

Literatur

Alsius, S. – Mauri, M. – Rodríguez-Martínez, R. (2011): Spain: A diverse and
     asymmetric landscape. S. 155–167 in Eberwein, T. – Fengler, S. – Lauk, E. –
     Leppik-Bork, T. (Hrsg.): Media accountability and transparency – in Europe and
     beyond. Köln 2011.

Baisnée, O. – Balland, L. (2011): France: Much ado about nothing. S. 63–76 in
     Eberwein, T. – Fengler, S. – Lauk, E. – Leppik-Bork, T. (Hrsg.): Media ac-
     countability and transparency – in Europe and beyond. Köln 2011.

Bardoel, J. – d'Haenens, L. (2004): Media responsibility and accountability. New
     conceptualizations and practices. S. 5–25 in Communications 29 (2004).

Baum, A. – Langenbucher, W.R. – Pöttker, H. – Schicha, C. (Hrsg.) (2005): Hand-
     buch Medienselbstkontrolle. Wiesbaden 2005.

Bertrand, C.-J. (2000): Media ethics & accountability systems. New Brunswick –
     London 2000.

Beuthner, M. – Weichert, S.A. (Hrsg.) (2005): Die Selbstbeobachtungsfalle. Gren-
     zen und Grenzgänge des Medienjournalismus. Wiesbaden 2005.

---

10 Weitere Einzelheiten zum Konzept des ‚Media Accountability Index' finden sich
auf der Projekt-Webseite unter http://www.mediaact.eu/fileadmin/user_upload/D18_
MAS_Index.pdf.

Bichler, K. – Harro-Loit, H. – Karmasin, M. – Kraus, D. – Lauk, E. – Loit, U. – Fengler, S. – Schneider-Mombaur, L. (2012): Best practice guidebook. Media accountability and transparency across Europe. URL: http://www.mediaact.eu/file admin/user_upload/Guidebook/guidebook.pdf

Campbell, A.J. (1999): Self-regulation and the media. S. 711–772 in Federal Communications Law Journal 51 (1999).

Debatin, B. – Funiok, R. (2003): Begründungen und Argumentationen der Medienethik – ein Überblick. S. 9–20 in Debatin, B. – Funiok, R. (Hrsg.): Kommunikations- und Medienethik. Konstanz 2003.

Eberwein, T. (2010): Von „Holzhausen" nach „Blogville" – und zurück. Medienbeobachtung in Tagespresse und Weblogs. S. 143–165 in Eberwein, T. – Müller, D. (Hrsg.): Journalismus und Öffentlichkeit. Wiesbaden 2010.

Eberwein, T. – Brinkmann, J. – Sträter, A. (2012): Zivilgesellschaftliche Medienregulierung. Chancen und Grenzen journalistischer Qualitätssicherung durch das Social Web. S. 245–258 in Filipovic, A. – Jäckel, M. – Schicha, C. (Hrsg.): Medien- und Zivilgesellschaft. Weinheim – Basel 2012.

Eberwein, T. – Fengler, S. – Lauk, E. – Leppik-Bork, T. (Hrsg.) (2011): Mapping media accountability – in Europe and beyond. Köln 2011.

Eberwein, T. – Fengler, S. – Philipp, S. – Ille, M. (2014): Counting media accountability – the concept and methodology of the MediaAcT survey. S. 65–79 in Fengler, S. – Eberwein, T. – Mazzoleni, G. – Porlezza, C. – Ruß-Mohl, S. (Hrsg.): Journalists and media accountability. An international study of news people in the digital age. New York 2014.

Eberwein, T. – Leppik-Bork, T. – Lönnendonker, J. (2013): Participatory media regulation: International perspectives on the structural deficits of media self-regulation and the potentials of web-based accountability processes. S. 135–158 in Puppis, M. – Künzler, M. – Jarren, O. (Hrsg.): Media structures and media performance. Wien 2013.

Evers, H. – Groenhart, H. – van Groesen, J. (2010): The newsombudsman: watchdog or decoy? Diemen 2010.

Fengler, S. (2002): Medienjournalismus in den USA. Konstanz 2002.

Fengler, S. (2008): Media WWWatchdogs? Die Rolle von Blogs für die Medienkritik in den USA. S. 157–171 in Quandt, T. – Schweiger, W. (Hrsg.): Journalismus online – Partizipation oder Profession? Wiesbaden 2008.

Fengler, S. – Eberwein, T. – Mazzoleni, G. – Porlezza, C. – Ruß-Mohl, S. (Hrsg.) (2014): Journalists and media accountability. An international study of news people in the digital age. New York 2014.

Fielden, L. (2012): Regulating the press. A comparative study of international press councils. Oxford 2012.

Funiok, R. (2011): Medienethik. Verantwortung in der Mediengesellschaft. Stuttgart ²2011.

Glowacki, M. – Urbaniak, P. (2011): Poland: Between accountability and instrumentalization. S. 131–141 in Eberwein, T. – Fengler, S. – Lauk, E. – Leppik-

Bork, T. (Hrsg.): Media accountability and transparency – in Europe and beyond. Köln 2011.

Hallenberger, G. – Nieland, J.-U. (2005): Ausblick: Medienkritik zwischen Verbraucherschutz und Crititainment. S. 388–405 in Hallenberger, G. – Nieland, J.-U. (Hrsg.): Neue Kritik der Medienkritik. Werkanalyse, Nutzerservice, Sales Promotion oder Kulturkritik. Köln 2005.

Hallin, D.C. – Mancini, P. (2004): Comparing media systems. Three models of media and politics. Cambridge 2004.

Hawatmeh, G. – Pies, J. (2011): Jordan: Media accountability under the patronage of the regime. S. 101–113 in Eberwein, T. – Fengler, S. – Lauk, E. – Leppik-Bork, T. (Hrsg.): Media accountability and transparency – in Europe and beyond. Köln 2011.

Heikkilä, H. – Domingo, D. – Pies, J. – Glowacki, M. – Kus, M. – Baisnée, O. (2012): Media accountability goes online. A transnational study on emerging practices an innovations. MediaAcT Working Paper 14/2012. URL: http://www. mediaact.eu/fileadmin/user_upload/WP4_Outcomes/WP4_Report.pdf

Heikkilä, H. – Kylmälä, T. (2011): Finland: Direction of change still pending. S. 50–62 in Eberwein, T. – Fengler, S. – Lauk, E. – Leppik-Bork, T. (Hrsg.): Media accountability and transparency – in Europe and beyond. Köln 2011.

Heinonen, A. (2010): Old ethics in new media? S. 18–21 in Ethical Space 7 (2010).

Hofmeyer, G. (2014): Kritik in 140 Zeichen. Konturen der partizipativen Medienkritik im Diskursraum Twitter. Eine Analyse der sendungsbegleitenden Tweets zum Tatort „Ohnmacht". Diplomarbeit. TU Dortmund 2014.

Karmasin, M. (1998): Medienökonomie als Theorie (massen-)medialer Kommunikation. Kommunikationsökonomie und Stakeholder Theorie. Graz – Wien 1998.

Laitila, T. (2005): Journalistic codes of ethics in Europe. S. 191–204 in McQuail, D. – Golding, P. – de Bens, E. (Hrsg.): Communication theory & research. London 2005.

Leonardi, D.A. (2004): Self-regulation and the print media. Codes and analysis of codes in use by press councils in countries of the EU. Oxford 2004.

Loit, U. – Lauk, E. – Harro-Loit, H. (2011): Estonia: Fragmented accountability. S. 36–49 in Eberwein, T. – Fengler, S. – Lauk, E. – Leppik-Bork, T. (Hrsg.): Media accountability and transparency – in Europe and beyond. Köln 2011.

Loosen, W. – Schmidt, J.-H. (2012): (Re-)Discovering the audience. The relationship between journalism and audience in networked digital media. S. 867–887 in Information, Communication & Society 15 (2012).

Mazzoleni, G. – Splendore, S. (2011): Italy: Discovering media accountability culture. S. 90–100 in Eberwein, T. – Fengler, S. – Lauk, E. – Leppik-Bork, T. (Hrsg.): Media accountability and transparency – in Europe and beyond. Köln 2011.

McQuail, D. (2003): Media accountability and freedom of publication. Oxford – New York 2003.

Mlitz, A. (2008): Dialogorientierter Journalismus. Leserbriefe in der deutschen Tagespresse. Konstanz 2008.

Nida-Rümelin, J. (1996): Theoretische und angewandte Ethik: Paradigmen, Be-gründungen, Bereiche. S. 2–85 in Nida-Rümelin, J. (Hrsg.): Angewandte Ethik. Die Bereichsethiken und ihre theoretische Fundierung. Ein Handbuch. Stuttgart 1996.

Pieper, A. – Thurnherr, U. (1998): Angewandte Ethik. Eine Einführung. München 1998.

Pöttker, H. (2003): Zahnloser Tiger? Plädoyer für wirksame Selbstkontrolle des Journalismus im Dienste der Kommunikationsfreiheit. S. 379–384 in Langen-bucher, W.R. (Hrsg.): Die Kommunikationsfreiheit der Gesellschaft. Die demo-kratischen Funktionen eines Grundrechts. Wiesbaden 2003 .

Puppis, M. (2009): Organisationen der Medienselbstregulierung. Europäische Presseräte im Vergleich. Köln 2009.

Rath, M. (2014): Ethik der mediatisierten Welt. Grundlagen und Perspektiven. Wiesbaden 2014.

Springer, N. (2011). Suche Meinung, biete Dialog? Warum Leser die Kommentar-funktion auf Nachrichtenportalen nutzen. S. 247–264 in Wolling, J. – Will, A. – Schumann, C. (Hrsg.): Medieninnovationen. Wie Medienentwicklungen die Kommunikation in der Gesellschaft verändern. Konstanz 2011.

Stapf, I. (2006): Medien-Selbstkontrolle. Ethik und Institutionalisierung. Konstanz 2006.

Starck, K. (2010): The news ombudsman: viable or vanishing? S. 109–118 in Eberwein, T. – Müller, D. (Hrsg.): Journalismus und Öffentlichkeit. Wiesbaden 2010 .

Teichert, W. (1996): Journalistische Verantwortung: Medienethik als Qualitätspro-blem. S. 750–776 in Nida-Rümelin, J. (Hrsg.): Angewandte Ethik. Die Be-reichsethiken und ihre theoretische Fundierung. Ein Handbuch. Stuttgart 1996.

Wohn, D. Y. – Na, E.-K. (2011): Tweeting about TV. Sharing television viewing ex-periences via social media message streams. In First Monday 16 (2011). URL: http://firstmonday.org/ojs/index.php/fm/article/view/3368/2779

Ziegele, M. – Johnen, M. – Bickler, A. – Jakobs, I. – Setzer, T. – Schnauber, A. (2013): Männlich, rüstig, kommentiert? Einflussfaktoren auf die Aktivität kom-mentierender Nutzer von Online-Nachrichtenseiten. S. 67–114 in Studies in Communication | Media (SC|M). URL: http://www.scm.nomos.de/aktuelles-heft-und-archiv/2013/heft-1/

Corporate Responsibility als Versprechen.

Empirische Ergebnisse zur Stärkung einer neuen versprechensbasierten Theorie des Unternehmens

Alexander Brink

1. Das Versprechen als Markenkern

Über den Erfolg des Unternehmens und über die Zufriedenheit seiner Anspruchsgruppen ist viel geschrieben worden (vgl. dazu jüngst Fries/Brink 2014). Studien wurden veröffentlicht, selbst ernannte Management-Gurus predigten über die Wirkungsfaktoren von Erfolg und Zufriedenheit. Mal ist es die Produktqualität, mal der Preis, mal die Kultur. Man hat manchmal das Gefühl, alle seien auf der Suche nach dem Heiligen Gral. Unbestritten ist, dass der Marke eines Produkts, einer Dienstleistung oder auch eines gesamten Unternehmens und seiner Kultur eine zunehmend wichtige Schlüsselrolle zukommt.

Der Markt der Marken hat gegenwärtig ein Momentum erreicht wie selten in der noch jungen Geschichte eines weltweit organisierten Käufermarktes. Unternehmen machen auf sich aufmerksam, um für ihre Kunden und Mitarbeiter attraktiv zu sein. Marken sind allgegenwärtig. Sie werden inszeniert, werden verjüngt oder seriöser. Sie manifestieren sich in Geschichten, Events oder im Produktdesign. Marken tun keinem weh: Sie beziehen keine Kinderarbeit, sie stoßen kein CO_2 aus.

Aber stimmt das wirklich? Sind Marken per se nachhaltig, wenn es doch ihre dahinterliegenden Produkte und Dienstleistungen oftmals nicht sind? Oder verschleiern Marken unfaire Produktionsbedingungen, Umweltschäden oder gar Menschenrechtsverletzungen? Die Kernfrage ist: Was passiert in einer Welt, in der Kunden das Markenversprechen eines Unternehmens wirklich ernst nehmen?

Die Anzeichen mehren sich, dass wir genau an einer solchen Sollbruchstelle leben. Kritische Anspruchsgruppen analysieren nicht nur das Produkt- und Dienstleistungsangebot, sondern gleich ganze Unternehmen, indem zum Beispiel ihre Wertschöpfungsketten offengelegt werden – sie fragen nach der unternehmerischen Legitimität. Unternehmen wiederum reagieren auf diese Entwicklung und positionieren ihre unternehmerische Verantwortung im Kerngeschäft ihrer wirtschaftlichen Aktivitäten. Die Krux: Corporate Responsibility wird zum Versprechen. Genauer: Corporate Responsibility wird Teil des Markenkerns und damit zu einem Markenversprechen an die Anspruchsgruppen.

2. Die versprechensbasierte Theorie
des Unternehmens als neues Denkmodell

Viele Wissenschaftler sind davon überzeugt, dass die Entscheidung im Zentrum ökonomischer Überlegungen steht. Das Modell ökonomischer Entscheidungen bildet die Basis einer neoklassisch geprägten Theorie der rationalen Entscheidung (rational choice theory). Diese Theorie unterstellt Handlungsakteuren rationales Verhalten. Dem Modell des homo oeconomicus folgend, werden Entscheidungen bei gegebenen Präferenzen und sich ändernden Restriktionen getroffen (vgl. Manstetten 2002, 48, Anmerkung 12).

Vom Standpunkt des Praktikers ist dieses Modell fragwürdig, da es nicht allein die Entscheidungen des Managers oder des Unternehmers sind, die unsere Wirtschaft im Wesentlichen prägen. Die kleinste ökonomische Einheit ist nicht die Entscheidung, sondern die Transaktion und diese erfolgt durch Aushandlungsprozesse zwischen mindestens zwei Vertragspartnern mit jeweils eigenen Vorstellungen von der Welt, vom Unternehmen und von den präferierten Produkten. Zahlreiche Studien zum Beispiel der experimentellen Ökonomik belegen, dass unsere Präferenzen keineswegs stabil, kohärent oder gar konstant sind. Dass die Ökonomik dennoch im Modell so stark an diesen Annahmen festhält, liegt an der angestrebten Komplexitätsreduktion. Wäre eine Verhaltensveränderung sowohl auf eine Veränderung der Präferenzen als auch auf eine Veränderung der Restriktionen zurückzuführen, könnten wir ökonomische Veränderungen nicht eindeutig erklären. Deshalb bleiben die Präferenzen im Modell konstant. Für die Komplexitätsreduktion hat die Wissenschaft ein Mandat. Die Realität ist also komplexer als ihre Theorie, konkret: Statt einem Entscheider in der Theorie gibt es mindestens zwei Vertragspartner in der Praxis.

In seinem viel beachteten Aufsatz The Theory of the Firm as Governance Structure: From Choice to Contract greift Williamson (2002) in diesem Zusammenhang einen wichtigen Gedanken von Buchanan (1969, 1975) auf. Buchanan (1975, 226) betrachtet die Wirtschaft nämlich als eine soziale Organisation, bei der die Maximierungshypothese, die der Entscheidungstheorie zugrunde liegt, keine Anwendung findet: „My strictures are directed exclusively at the extension of this basic maximizing paradigm to social organization where it does not belong." Beide Autoren schlagen vor, den entscheidungstheoretisch ausgerichteten Rational-choice-Ansatz durch ein vertragstheoretisches Verständnis von Ökonomie abzulösen oder zumindest zu erweitern. Diesem Gedanken möchte ich mich im Folgenden widmen.

In der wirtschafts- und unternehmensethischen Literatur gibt es dazu bereits erste Ansätze, die unter dem Begriff Contractualist Business Ethics

(CBE) zusammengefasst werden. Donaldson und Dunfee (1994, 1999a/b).
etwa haben mit der Integrative Social Contract Theory den wohl bekanntes-
ten vertragstheoretischen Entwurf zur Diskussion gestellt. Der Charme des
Ansatzes liegt in der Idee, „to put the ‚is‘ and the ‚ought‘ in symbiotic har-
mony, requiring the cooperation of both empirical and normative research in
rendering ultimate value judgments" (Donaldson/Dunfee 1994, 255). Einem
weiteren prominenten Ansatz zufolge, der Stakeholder Agency Theory von
Hill und Jones (1992), schließt das Management (Agent) mit seinen verschiedenen Anspruchsgruppen (Prinzipale) wechselseitig Verträge ab. Dadurch entsteht ein Vertragsnetzwerk: „[E]ach stakeholder is a part of the
nexus of implicit and explicit contracts that constitutes the firm" (ebd. 134).
Durch die vertragliche Verpflichtung zwischen Management und Stakeholdergruppen gelingt die Ausbalancierung von Interessen verschiedener Anspruchsgruppen.

Van Oosterhout et al. (2006) fokussieren auf die interne Moralität des Ver-
trages. Es ist der Vertragsmechanismus selbst, der menschliches Zusammenleben den Autoren zufolge ermöglicht: „Hence, all actual contracting
in business and economic organization is substantively constrained to begin
with by the normative commitments imported with the adoption of a contractualist perspective" (ebd. 521). Auch Boatright (2002, 1838) nimmt den
Verhandlungsprozess zwischen den verschiedenen Anspruchsgruppen in
den Blick: „Contracts result from bargaining by these constituencies over the
terms of their compensation as well as the institutional arrangements that
protect this compensation from postcontractual expropriation." Eine weitere
Gruppe befasst sich mit sozialvertraglichen Stakeholdertheorien auf Basis
der Theorie der Gerechtigkeit von John Rawls (1971, vgl. Phillips 1997).
Wieder andere Forscher streben eine sozialvertragliche Rekonstruktion von
Organisationen an (vgl. Keeley 1988) oder sehen den Vertrag als vertrau-
ensbildende Maßnahme in hybriden Netzwerkorganisationen (vgl. Calton/
Lad 1995).

Allen unternehmensethischen Ansätzen gemeinsam ist, dass sie ihrer
Theorie den Vertrag zugrunde legen. Die Theorie psychologischer Verträge
von Denise M. Rousseau (1995) geht noch einen Schritt weiter. Rousseau
versteht unter einem psychologischen Vertrag die individuelle Überzeugung
bezüglich einer wechselseitigen Verpflichtung zwischen zwei Parteien (vgl.
Brink 2010b). Implizite Verträge zum Beispiel sind nach Rousseau das Ergebnis vertragsexterner Zuschreibungen Dritter (z.B. durch Juristen oder
Journalisten). So kann zum Beispiel die Tatsache, dass ein Unternehmen
einen Mitarbeiter in Krisenzeiten nicht entlässt, für einen objektiven Beobachter auf die Erfüllung des Versprechens zurückzuführen sein, sich grundsätzlich, also auch bei schlechter ökonomischer Lage, um seine Mitarbeiter
zu kümmern. Da eine Verletzung des Versprechens kaum justiziabel ist,

subsumiert Rousseau (1995, 15) implizite Verträge unter die sogenannten promissory contracts, also unter Verträge, die auf dem Versprechen basieren. Damit wird der Vertrag eine besondere Form des Versprechens.

Einen ersten wissenschaftlichen Hinweis auf ein solches Verständnis findet sich in dem bislang wenig rezipierten Buch des Harvard Professors Charles Fried Contract as Promise aus dem Jahre 1981 (vgl. Fried 1981 und ähnlich später Kimel 2003). Das mag auf den ersten Blick nicht sehr überraschend wirken, hat aber nicht unbedeutende Implikationen. Konsequenterweise hat man sich dann nämlich an ein Versprechen ebenso zu halten wie an einen Vertrag. Fried (1981, 17) schreibt dazu: „The moralist of duty thus posits a general obligation to keep promises, of which the obligation of contract will be only a special case – that special case in which certain promises have attained legal as well as moral force. But since a contract is first of all a promise, the contract must be kept because a promise must be kept.“

Kritiker könnten auf mögliche Unterschiede hinweisen. Zum Beispiel unterscheiden sich – so könnte ein Einwand lauten – Vertrag und Versprechen in der Stärke des Bindungsmechanismus: Bricht man einen Vertrag, so erhält man eine Strafe – bricht man ein Versprechen, so verliert man vielleicht Freunde oder hat Gewissensbisse. Dieses Argument ist nicht von der Hand zu weisen. Das ist aber auch nicht notwendig, da es sich dabei nur um einen graduellen, nicht aber strukturellen Unterschied handelt. Der schwächere Bindungsmechanismus des Versprechens erfordert eine stärkere Binnensteuerung (z.B. über das Gewissen, die Einsicht, das Bewusstsein, die Überzeugung) und zugleich eine schwächere Außensteuerung (z.B. über Strafe, Anreize, Vergütungsoptionen). Zwischen dem Vertrag und dem Versprechen gibt es mindestens vier Parallelen, die unsere Argumentation stützen (vgl. Abbildung 1).

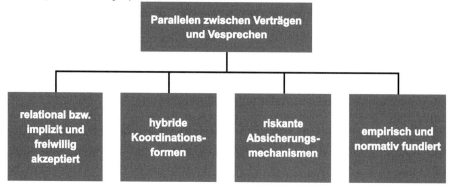

Abbildung 1: Parallelen zwischen Verträgen und Versprechen (Quelle: Eigene Darstellung)

Versprechen kommen nur zustande, wenn der Empfänger das Versprechen freiwillig akzeptiert, die versprochene Handlung intendiert oder zumindest die Verpflichtung zum Versprechen anerkennt (vgl. Searle 1964). Der Kunde anerkennt das Markenversprechen eines Unternehmens zum Beispiel durch seinen Kauf; der Mitarbeiter durch seinen Eintritt in die Firma, seinen Verbleib oder durch gute Leistung; der Lieferant durch seine Lieferantentreue und Pünktlichkeit; der Investor durch seinen Kapitaleinsatz. Verträge und Versprechen sind ihrer Anlage nach relational und implizit.

Angebot und Nachfrage, Preise, Strafen, Anreize und Beiträge funktionieren nur bedingt zur Durchsetzung von Verträgen und Versprechen – diese folgen einer eigenen Logik, die sich vom Marktmechanismus unterscheidet. Auch über Hierarchie, also Befehl, Vorschrift, Dienstanweisung etc. sind Versprechen, erst recht keine freiwilligen, moralischen Mehrforderungen durchzusetzen. Verträge und Versprechen sind hybride Koordinationsformen, weil sie weder über den Markt noch über die Hierarchie zu steuern sind (vgl. Coase 1937). In vielen inhabergeführten Unternehmen, in jungen Start-ups und in einem Großteil der sozialen Organisationen basiert das Erfolgsmodell auf moralischem Engagement und intrinsischer Motivation, deren Koordinationsmechanismus kaum erforscht ist (vgl. Manzeschke/Brink 2010).

Während das Risiko bei der Entscheidung im Zeitpunkt liegt, an dem die Entscheidung in der Regel unrevidierbar getroffen wird, geht es bei dem Vertrag um eine Verpflichtung zu künftigem Verhalten – und damit um Risiken und Unsicherheiten über zukünftige Zustände oder Überzeugungen (vgl. Fried 1981, Searle 1971, Brink 2010a). Versprechen sind deshalb riskant, weil sie auch gebrochen werden können. Unternehmen müssen ihre Versprechen in das interne Risikomanagement einbauen, v.a. auch um auf Krisenzeiten vorbereitet sein, in denen ökologische bzw. soziale Katastrophen zum Beispiel das Markenversprechen gefährden können.

Vertrag und Versprechen basieren auf zwei distinkten Konventionsebenen: Die formelle Konventionsebene besagt, dass es eine Übereinkunft darüber gibt, sich an sein gesprochenes Wort zu halten und zwar unabhängig vom Inhalt des Versprechens (normative Ebene). Die materiale Koordinationsebene adressiert das konkrete Koordinationsproblem (empirische Ebene). Eng mit dem formalen Konventionscharakter des Versprechens verbunden ist das Vertrauen darin, dass der Versprechensgeber sich an sein Wort gebunden fühlt (vgl. Priddat 2003, 294, Searle 1964, van Oosterhout et al. 2006). Manchen Unternehmen wird verziehen, wenn sie ihr Versprechen auf der materialen Koordinationsebene nicht einhalten (können), zum Beispiel wenn sie Gründe angeben oder sich aufrichtig entschuldigen.

Der hier nachgezeichnete Weg von der Entscheidung über den Vertrag hin zum Versprechen ist zugleich ein Weg zunehmender normativen Anspruchshaltung. Die normative Wendung in der Ökonomie wird von Fried

(1981, 8) in die folgenden Worte gefasst: „By promising we transform a choice that was morally neutral into one that is morally compelled". Unternehmen, die das Versprechen ins Zentrum rücken, konstituieren Beziehungen zu ihren verschiedenen Anspruchsgruppen, die weit über verbindliche Vertragsklauseln wie Produktgarantien oder Mitarbeiterverträge hinausgehen. Damit bekommt das Versprechen im Gegensatz zum expliziten Vertrag einen moralischen Verantwortungsspielraum. Verantwortung wird zum Versprechen.

Unternehmerische Verantwortung (in diesem Sinne) ist ein vielfältiges Versprechen. Kunden zum Beispiel wird ein sicheres, gesundes, fair gehandeltes oder günstiges Produkt versprochen, dem Mitarbeiter ein angenehmes Arbeitsumfeld, ein angemessener Lohn, Karriereoptionen. Lieferanten verspricht man marktübliche Bezahlung und Treue, den Aktionären ein gute Rendite, vielleicht auch eine Dividende. Dem regionalen Umfeld verspricht man stabile Arbeitsplätze, die ordnungsgemäße Abführung von Steuern und eine saubere Umwelt. Die Gruppe der Anspruchsgruppen lässt sich beliebig erweitern (vgl. Freeman 1984, Freeman et al. 2010). Wer dabei eine legitime Anspruchsgruppe darstellt, welche Ansprüche verhandelbar sind, wer unberechtigte Ansprüche stellt und wieweit eine korporative Verantwortung reicht, ist Stoff für einen breit angelegten akademischen Diskurs, der sich in Deutschland seit den 1980er Jahre mit wachsender Aufmerksamkeit der Praxis und wissenschaftlicher Einzeldisziplinen fortsetzt. Wir wollen im Weiteren im einfachen Modell bleiben und daher von fünf zentralen Anspruchsgruppen – Kunden, Mitarbeitern, Lieferanten, Aktionäre und Umfeld – ausgehen (vgl. Abbildung 2).

Abbildung 2: Versprechen als riskanter Absicherungsmechanismus legitimer Stakeholderansprüche (Quelle: Eigene Darstellung)

Versprechen als riskanter Absicherungsmechanismus legitimer Stakeholderansprüche dient als Referenzpunkt für eine neue Theorie des Unternehmens: einer versprechensbasierten Theorie des Unternehmens. In Anlehnung an den Aufsatz von Coase (1973) mit dem Titel Nature of the Firm könnte man analog von der Promise Based Theory of the Firm sprechen (vgl. Brink 2011). Während es Coase um den Ursprung der Organisation ging, wollen wir im Folgenden die korporative Gesamtverantwortung in den Vordergrund rücken.

3. Ergebnisse aus der Studie zum Corporate Responsibility Index – CRI

3.1 Hintergrund und Methodik der Studie

Die Wirkungsfaktoren des Erfolgs unternehmerischer Verantwortung bzw. der Zufriedenheit von unternehmerischen Anspruchsgruppen sind bislang wenig erforscht. Unternehmerisch verantwortungsvolles Handeln (Corporate Responsibility, kurz CR) hat in den letzten Jahren bei deutschen Unternehmen kontinuierlich an Bedeutung gewonnen. Lange Zeit war das Thema durch einzelne Vorreiter und eine Vielzahl von Einzelaktivitäten geprägt. Wohlwollende Unternehmer spendeten in die Region, Großkonzerne engagierten sich großflächig für soziale Projekte. Im Zentrum stand das, was einer der wissenschaftlichen Väter, der US-amerikanische Forscher Archie

B. Carroll, als philanthropische Ebene bezeichnet hat (vgl. Carroll 1979, 1999).

Die Wurzeln philanthropischen Handelns reichen weit bis in die Antike zurück. Während Philanthropie damals noch die reine Menschenfreundschaft bzw. Menschenliebe umfasste, äußert sich die zunehmende Professionalität gegenwärtig insbesondere durch die strategische Einbindung von unternehmerischer Verantwortung in das Kerngeschäft des Unternehmens. Dies ist zum einen der stärkeren Einsicht der Unternehmen geschuldet, dass es neben dem social case (was ist gut für die Anspruchsgruppe?) auch den business case (was ist gut für das eigene Unternehmen?) erkannten, aber der wachsenden Regulierung seitens der Europäischen Union (vgl. EU 2011) und anderer Organisationen wie der Global Reporting Initiative (GRI 2014).

Corporate Responsibility steht heute für verantwortliches unternehmerisches Handeln in den operativen und strategischen Kernprozessen des Unternehmens, d.h. in der gesamten Wertschöpfungskette. CR findet somit Eingang in betriebswirtschaftliche Kernprozesse wie F&E, Logistik, Marketing und Vertrieb, in die Entwicklung und Ausgestaltung von Produkten und Dienstleistungen sowie in den Umgang mit Stakeholdern wie Mitarbeitern, Kunden, Lieferanten und der Umwelt. Darüber hinaus umfasst CR auch Aktivitäten im Bereich Corporate Citizenship, d.h. Aktivitäten im gesellschaftlichen Umfeld des Unternehmens. Bei CR geht es um eine ganzheitliche Betrachtung der Auswirkungen der Geschäftstätigkeit eines Unternehmens auf die Gesellschaft. Noch vor wenigen Jahren wurde von Unternehmen in erster Linie erwartet, qualitativ hochwertige und sichere Produkte zu produzieren, am Markt möglichst langfristig erfolgreich zu sein und auf dieser Basis sichere Arbeitsplätze zu schaffen. Die Erreichung dieser Ziele sollte gesetzeskonform erfolgen, freiwillige Zusatzleistungen von Unternehmen für ihre Anspruchsgruppen wie Mitarbeiter, für Umwelt und Gesellschaft wurden von den Stakeholdern nur sehr eingeschränkt erwartet. Heute sind Unternehmen zunehmend gefordert, einen Beitrag zu den ökologischen und sozialen Herausforderungen unserer Zeit zu leisten. Sie sind verantwortlich für ihre gesamten unternehmerischen Aktivitäten.

Das hat zahlreiche Vorzüge: Eine besondere Unternehmenskultur oder die Entwicklung innovativer umweltfreundlicher Produkte kann beispielsweise eine Differenzierung von Wettbewerbern bringen und somit zum strategischen Vorteil werden. Unternehmerische Verantwortung kann Unternehmen helfen, Risiken zu minimieren, neue Märkte zu erschließen, sehr gute Mitarbeiter einzustellen, starke Marken aufzubauen, Kosten zu reduzieren und Innovationen hervorzubringen. Um dies zu erreichen, müssen Unternehmen komplexe Situationen meistern: CR-Risiken, die z.B. durch

Korruption oder Menschenrechtsthemen entstehen können, sind zu vermeiden.

CR kann daher nur erfolgreich sein, wenn es strukturell im Unternehmen und in den Geschäftsprozessen verankert ist und wenn Fortschritte bzw. Ergebnisse messbar sind. Die erfolgreiche Integration von CR in die Kernprozesse des Unternehmens erfordert eine wirksame Steuerung. Dies macht es erforderlich, CR als Querschnittsthema in die verschiedenen Funktionsbereiche zu integrieren sowie Ziele und Maßnahmen bereichsübergreifend zu kontrollieren und zu steuern. Erfolgreiches CR-Management setzt daher die Kenntnis der relevanten Hebel und Erfolgsfaktoren entlang der Wertschöpfungskette des Unternehmens voraus. Da die CR-Erfolgsfaktoren häufig sehr spezifisch und oftmals nicht mit dem üblichen betriebswirtschaftlichen Instrumentarium zu steuern sind, haben Unternehmen Bedarf an Informations- und Erfahrungsaustausch mit Experten, Vorreitern und ihrer Peer Group.

Der Corporate Responsibility Index 2013 leistet dies erstmals für deutsche Unternehmen (vgl. hierzu und im Folgenden v.a. Bertelsmann-Stiftung 2014). Er liefert erstens Einblicke in den Status quo des CR-Managements bei Unternehmen verschiedener Branchen. Zweitens bietet er ein Benchmark der eigenen Leistung im Vergleich zu den Leistungen der Wettbewerber und im Vergleich zu den „CR-Champions" der Stichprobe, d.h. den besten zehn Prozent der Teilnehmer. Der CRI 2013 liefert drittens eine Analyse der Kernerfolgsfaktoren erfolgreichen CR-Managements und schließlich viertens eine Plattform zum Austausch von Erfahrungen und Best Practices im Kreis der teilnehmenden Unternehmen.

Im Rahmen der CRI-Studie wurden insgesamt 169 Unternehmen umfassend zu ihrem CR-Management befragt. Die umfangreiche Stichprobe ermöglicht in dieser Form zum ersten Mal Vergleiche des CR-Managements verschiedener Branchen und Unternehmensstrukturen bei deutschen Unternehmen. Die Unternehmen spiegeln die deutsche Unternehmenslandschaft mit relevanten Branchen gut wider: Schwerpunkte bilden der Maschinen- & Anlagenbau (30 Teilnehmer), Finanzdienstleistungen (27 Teilnehmer), Handel (25 Teilnehmer) und Konsumgüter (22 Teilnehmer). Weitere wichtige Branchen sind Logistik & Verkehr, Unternehmensdienstleistungen, Energie- & Versorgungsbetriebe sowie die Automobil- & Luftfahrtindustrie. Produktionsbetriebe machen 43 Prozent der Stichprobe aus, reine Dienstleistungsbetriebe 36 Prozent. Unternehmen, die sowohl produzieren als auch Dienstleistungsanbieter sind, bilden 21 Prozent der Stichprobe. Hierbei handelt es sich oftmals um Unternehmen, die als Systemanbieter auftreten. Die Stichprobe besteht je zur Hälfte aus Unternehmen mit „Business-to-Business"

(B2B)-Fokus und Unternehmen mit einer „Business-to-Consumer" (B2C)-Orientierung.

Die Datenerhebung erfolgte in der Regel mithilfe eines Online-Fragebogens. Der Fragebogen umfasst insgesamt 50 Fragen. Im Anhang wurden optional weitere Daten abgefragt wie z.B. zu spezifischen Unternehmenskennzahlen, die im Bereich CR eine wichtige Rolle spielen. Der Zeitaufwand betrug im Durchschnitt ca. eine Stunde. Einige CR-Verantwortliche nutzten den CRI, um gemeinsam mit Kollegen erstmals die Informationen zum CR-Management in ihrem Unternehmen zusammenzutragen. Mit 24 Teilnehmern wurden alternativ Telefoninterviews von durchschnittlich ca. 45 Minuten Länge durchgeführt.

Damit ist der CRI 2013 die bisher umfangreichste Studie zum CR-Management deutscher Unternehmen. Er basiert auf den Erfahrungen der Studie „Unternehmerische Verantwortung in der Praxis 2010" der concern GmbH und der Universität Bayreuth mit Datensätzen von über 150 Unternehmen. Zukünftig soll der CRI alle zwei Jahre wiederholt werden. Damit ermöglicht der Index Zeitreihenvergleiche und das Aufzeigen relevanter Entwicklungen und Trends im CR-Management sowohl für die Gesamtheit der beteiligten Unternehmen als auch für einzelne Branchen oder Unternehmen. In den Jahren zwischen den Erhebungen werden für die teilnehmenden Unternehmen individuelles Feedback und ein Peer-to-Peer-Erfahrungsaustausch angeboten. Somit steht erstmals ein aussagekräftiges, praxisorientiertes und auf Dauer angelegtes Benchmarking-Instrument für CR in Deutschland zur Verfügung.

CR erfordert eine Steuerung im Rahmen der Elemente (1) Strategieentwicklung und Zieldefinition, (2) Organisations- und Governancestruktur, (3) Entwicklung und Umsetzung von Maßnahmen, (4) Messung der Ergebnisse und (5) Kommunikation (vgl. Abbildung 3).

Abbildung 3: Elemente und Gestaltungsdimensionen des CR-Managements (Quelle: Bertelsmann-Stiftung 2014, 14)

CR-Strategieentwicklung und Ziele umfasst neben der Entwicklung einer CR-Strategie als Teil der Gesamtstrategie des Unternehmens die Definition von CR-Handlungsfeldern und CR-Themen. Ein gutes Instrument sind standardisierte Stakeholderdialoge mit den wichtigen internen und externen Stakeholdergruppen. Hier können Themen mit konkreten Zielen auf der Ebene der Handlungsfelder bestimmt werden. CR-Governance und Organisation widmet sich den Durchgriffsrechten und CR-Budgets, der Einbettung von CR in Anreizsysteme, der Unterstützung durch die Geschäftsleitung und dem Aufbau einer Wertekultur im Unternehmen. Darunter fallen zum Beispiel CR-Leitfäden, -Richtlinien oder -Management-Systemen. Bei den CR-Maßnahmen geht es um die Auswahl geeigneter Instrumente zur Einbettung von CR in die Wertschöpfungskette, Angebote für Mitarbeiter, Maßnahmen zum Umweltschutz und Corporate-Citizenship-Maßnahmen, d.h. Aktivitäten im gesellschaftlichen Umfeld des Unternehmens. Nach der Umsetzung erfolgt die CR-Erfolgsmessung, d.h. die Messung der ökonomischen, ökologischen und gesellschaftlichen Wirkung der CR-Maßnahmen. Bei der Erfassung von CR-Ergebnissen handelt es sich überwiegend um nicht-finanzielle Kennzahlen, die üblicherweise neu entwickelt und in das bisherige Controlling integriert werden müssen. Im Bereich der CR-Kommunikation beschäftigen sich Unternehmen mit einer glaubwürdigen Kommunikation ihrer CR-Aktivitäten gegenüber zentralen internen und externen Stakeholdern.

Die Inhalte der Befragung sind an diesen fünf Elementen ausgerichtet, wobei jedem Element unterschiedliche Gestaltungsdimensionen zugeordnet wurden. Damit wurde gewährleistet, dass alle relevanten Facetten des CR-Managements abgefragt wurden. Der im Rahmen der Studie entwickelte CR-Index setzt sich aus Governance-, Maßnahmen- und Ergebnis-Index zusammen. Er ermöglicht, dass sich Unternehmen auf einfache Weise mit anderen Unternehmen, unabhängig von Branche und Geschäftsmodell, vergleichen können.

3.2 Kernergebnisse der Studie

Die Teilnehmer der Studie sprechen dem Thema CR generell eine hohe Bedeutung für den Unternehmenserfolg zu. 62 Prozent schätzen die Relevanz von CR für den betriebswirtschaftlichen Erfolg als hoch bis sehr hoch ein. Sie sind interessiert, sich mit den relevanten Erfolgsfaktoren von CR auseinanderzusetzen, konkrete Ziele zu definieren und die Wirkung ihrer CR-Aktivitäten zu messen. Im Hinblick auf das bisher Erreichte sind aber nur zwei Prozent der Teilnehmer vollkommen zufrieden mit den CR-Aktivitäten ihres Unternehmens, 33 Prozent der Teilnehmer sind sehr zufrieden. Folglich besteht bei knapp zwei Drittel der Unternehmen aus der eigenen Wahrnehmung heraus noch deutlicher Spielraum nach oben, um ihr CR-Management zu optimieren.

Für viele Unternehmen ist CR selbstverständlicher und integraler Bestandteil der Unternehmensführung. Die Mehrheit der Teilnehmer verfügt bereits über eine ausformulierte CR-Strategie: 42 Prozent geben an, dass in ihrem Unternehmen CR Teil der Gesamtstrategie ist, weitere 18 Prozent haben eine eigenständige CR-Strategie formuliert. Nur knapp über ein Zehntel der Unternehmen hat bisher keine ausformulierte CR-Strategie und plant dies auch zukünftig nicht. Die besten zehn Prozent der Teilnehmer (CR-Champions) sehen CR stärker strategisch integriert als die Gesamtstichprobe. Bei 92 Prozent der Champions ist die CR-Strategie Teil der Gesamtstrategie. Dies zu gewährleisten ist nicht trivial. Eine Voraussetzung ist, dass die Relevanz des Themas in den verschiedenen Funktionsbereichen wahrgenommen wird. Außerdem sind ausreichende Durchgriffsrechte für die CR-Verantwortlichen wichtig, um CR im ganzen Unternehmen zu etablieren und klare Ziele und Maßnahmen durchsetzen zu können (vgl. Abbildung 4).

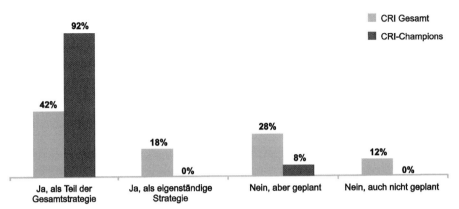

Abbildung 4: Existenz einer ausformulierten Strategie im Unternehmen (Quelle: Bertelsmann-Stiftung 2014, 24)

Vier Gestaltungsdimensionen sind nach den CRI-Ergebnissen besonders wichtig, damit die Integration in die Gesamtstrategie des Unternehmens gelingt (vgl. Abbildung 5).

Abbildung 5: Vier erfolgsbestimmende Gestaltungsdimensionen (Quelle: Eigene Darstellung in Anlehnung an Bertelsmann-Stiftung 2014, 7)

Ein erster wesentlicher Erfolgsfaktor liegt in der Fähigkeit des Top-Managements, verantwortungsvolle Unternehmensführung vorzuleben. Der „tone from the top" bzw. „tone at the top" nicht nur gegenüber den eigenen Mitarbeitern, sondern auch im öffentlichen Auftreten gegenüber anderen Anspruchsgruppen entscheidet über den Grad der Glaubwürdigkeit. Zwar sind letztlich alle Mitarbeiter Repräsentanten des Unternehmens, die Unterstützung durch die Unternehmensleitung bzw. das Top-Management ist jedoch entscheidend für eine erfolgreiche Umsetzung und Integration von CR in Unternehmen. Es gibt auch einen klaren Grund dafür: Eine integrierte Sicht auf die unternehmerische Verantwortung ist oftmals nur aus der Perspektive der Unternehmensleitung möglich, da sie einen besonderen Blick auf CR als Querschnittsthema hat. Der CRI 2013 belegt erstens, dass in etwa der Hälf-

te der Unternehmen CR Teil der Funktionsbeschreibung des Top-Managements (des Vorstands/der Geschäftsführung bzw. der Ressort-/Bereichs-
leitung) ist (vgl. Abbildung 6).

Höchste Management-Ebene in Deutschland, auf welcher CR in der Funktionsbeschreibung eines Mitarbeiters aufgeführt wird

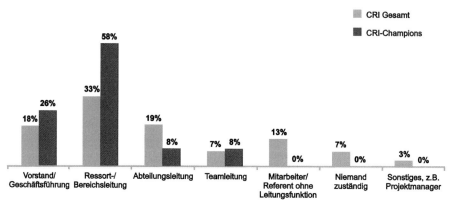

Abbildung 6: Organisation: Management-Ebenen (Quelle: Bertelsmann-Stiftung 2014, 36)

73 Prozent der Befragten geben an, dass die Akzeptanz innerhalb des Vorstands bzw. der Geschäftsführung hoch ist, und bei 65 Prozent erhalten die
CR-Verantwortlichen von der Geschäftsleitung ausreichend Unterstützung.
Teilnehmer, die in ihrem Unternehmen Unterstützung durch die Unternehmensleitung erhalten, sind insgesamt deutlich zufriedener mit ihren CR-Aktivitäten (Anteil vollkommen/sehr zufrieden 45 Prozent gegenüber nur fünf
Prozent ohne Unterstützung durch Vorstand/Geschäftsführung) (vgl. Abbildung 7). Unternehmen mit starker Geschäftsleitungsunterstützung erzielen
in allen wesentlichen Aspekten bessere Ergebnisse.

Zufriedenheit insgesamt mit den CR-Aktivitäten des Unternehmens: Vergleich der Stichprobe mit und ohne Vorstandsunterstützung

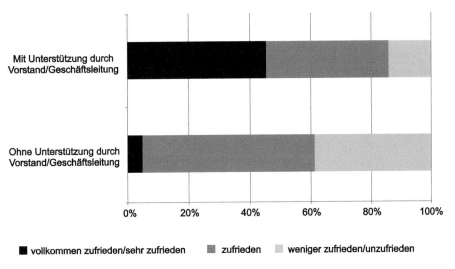

Abbildung 7: Zufriedenheit mit CR-Aktivitäten und Unterstützung durch Vorstand/Geschäftsführung (Quelle: Bertelsmann-Stiftung 2014, 37)

Der CRI 2013 zeigt zweitens, dass eine gelebte Wertekultur ein wesentlicher Erfolgsfaktor bei der Implementierung von CR in die Gesamtstrategie des Unternehmens ist. Die CRI-Teilnehmer sollten angeben, ob Werte in ihrem Unternehmen gelebt werden und ob Wertekodizes vorhanden sind. Dieser Erfolgsfaktor wird nicht nur positiv durch das Vorleben der Unternehmenswerte durch Vorstand und Führungskräfte beeinflusst, sondern hängt auch vom Kenntnisstand der Unternehmenswerte bei sämtlichen Mitarbeitern ab. Idealerweise identifizieren sich die Mitarbeiter mit Unternehmenswerten und setzen sie in ihrer täglichen Arbeit um. An der Formulierung von Werten mangelt es bei den Teilnehmern nicht. Drei Viertel der Unternehmen haben einen Wertekodex schriftlich formuliert. Fast 80 Prozent der Unternehmen ohne einen schriftlichen Kodex geben an, „ungeschriebene" Unternehmenswerte zu haben.

Dennoch finden Werte bisher wenig Eingang in die wesentlichen Bereiche des Unternehmensalltags. Während noch bei über der Hälfte der Befragten Werte im Umgang der Mitarbeiter untereinander sowie bei der Einstellung neuer Mitarbeiter berücksichtigt werden, finden sie bei Vergütungs- und Beförderungsentscheidungen kaum Eingang. Nur 35 Prozent berücksichtigen die Unternehmenswerte schon bei der Entwicklung ihrer Produkte und weniger als ein Drittel bei der Auswahl von Geschäftspartnern. Viele Unternehmen stehen vor der Herausforderung, dass Unternehmenswerte nicht von

Führungskräften vorgelebt (bei über 40 Prozent der Fall) und von Mitarbeitern in ihrer täglichen Arbeit aufgegriffen werden (bei der Hälfte der Unternehmen der Fall). Mehr als 40 Prozent der Unternehmen klagen über fehlende Identifikation der Mitarbeiter mit den Unternehmenswerten.

Bei den CR-Champions hingegen scheinen Werte tatsächlich gelebt zu werden. Sie sind im Umgang miteinander relevant, bei der Einstellung von Mitarbeitern (jeweils bei 93 Prozent) bis hin zu Beförderungs- (71 Prozent) und Vergütungsentscheidungen, bei denen immerhin noch 50 Prozent die Unternehmenswerte einfließen lassen (vgl. Abbildung 8). Auch bei der Entwicklung neuer Produkte (85 Prozent) und der Auswahl von Geschäftspartnern (71 Prozent) werden die Unternehmenswerte berücksichtigt. Anhand der CR-Champions wird ersichtlich, dass das Leben von Werten im Unternehmen auch zu besseren Ergebnissen in fast allen CR-Dimensionen führt. Werden Werte im Unternehmen in wesentlichen Bereichen gelebt, so ist auch die Implementierung von CR in die Wertschöpfungskette weiter vorangeschritten.

Neben den Champions sind die Familienunternehmen Vorreiter im Bereich Werteorientierung. In Familienunternehmen werden Werte signifikant besser gelebt, besonders von Führungskräften. Auch Mitarbeiter identifizieren sich mehr mit Werten und setzen sie besser in ihrer täglichen Arbeit um.

Anteil der Unternehmen, bei denen Werte (sehr) starken Eingang in die jeweiligen Entscheidungsbereiche finden

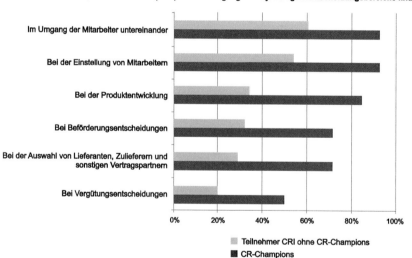

Abbildung 8: Bedeutung von Werten (Quelle: Bertelsmann-Stiftung 2014, 41)

Ein weiterer Erfolgsfaktor ist drittens die Integration von CR-Maßnahmen in die Wertschöpfungskette. Die Unternehmen wurden gefragt, wie stark sie CR in den verschiedenen Bereichen der Wertschöpfungskette berücksichtigen, welche Instrumente sie bereits implementiert haben und ob CR in die

Geschäftsprozesse integriert ist. In der Gesamtstichprobe sind die Berücksichtigung von CR-Themen und die Nutzung von CR-Instrumenten in der Wertschöpfungskette noch deutlich ausbaufähig. Bei der Produktion und Erstellung von Dienstleistungen sowie bei der direkten Beschaffung von Rohstoffen werden CR-Aspekte von ca. 45 Prozent der Befragten beachtet. Bei der indirekten Beschaffung von Rohstoffen geben aber die wenigsten Befragten an, CR zu berücksichtigen. Auch in der Logistik, die oftmals sehr ressourcenintensiv ist und daher große Einsparungspotenziale birgt, ist die Integration von CR-Themen nur bei knapp über einem Drittel der Unternehmen bereits weit fortgeschritten (vgl. Abbildung 9).

Stärke der Berücksichtigung von CR in der Wertschöpfungskette

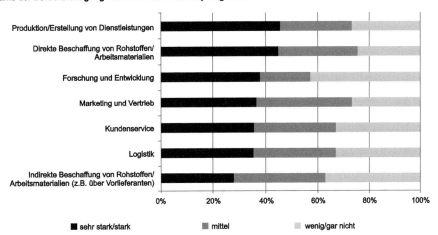

Abbildung 9: Integration von CR in die Wertschöpfungskette (Quelle: Bertelsmann-Stiftung 2014, 44)

Insgesamt integrieren weniger als 50 Prozent der teilnehmenden Unternehmen ihre CR-Aktivitäten in Geschäftsprozesse und berücksichtigen CR-Themen bei der Risikobewertung von zentralen Unternehmensentscheidungen. Unternehmen setzen nur wenige tief greifende Maßnahmen entlang der Wertschöpfungskette um wie z.B. die Berücksichtigung von Nachhaltigkeitsaspekten bei der Produktentwicklung. Dies korrespondiert mit der Tatsache, dass mehr als 50 Prozent der CR-Verantwortlichen der befragten Unternehmen keine ausreichenden Durchgriffsrechte haben, um CR-Aktivitäten im Unternehmen umzusetzen. Bei den CR-Champions haben hingegen bereits knapp 80 Prozent ihre CR-Aktivitäten in viele Geschäftsprozesse integriert.

Bei den Instrumenten, die entlang der Wertschöpfungskette eingesetzt werden, sind Richtlinien am weitesten verbreitet. So geben fast 80 Prozent an, Richtlinien zur Einhaltung von Arbeits-, Sozial- und Umweltstandards bereits vollständig oder zumindest zu weiten Teilen in ihre Wertschöpfungsketten implementiert zu haben. Etwas weniger als die Hälfte wendet zudem CR-Kriterien bei der Auswahl von Geschäftspartnern, z.B. Lieferanten, an. Rund 40 Prozent verhängen bei Regelverstößen Sanktionen. Weniger als ein Drittel setzt weitergehende Maßnahmen wie die Auditierung von Lieferanten, CR-Zielvereinbarungen oder CR-Schulungen konsequent um. Ein Problem bleibt jedoch auch hier, dass die Zielerreichung der Maßnahmen entlang der Wertschöpfungskette kaum gemessen wird. Nur ein Viertel nutzt hier bereits zu weiten Teilen Indikatoren zur Messung der Zielerreichung (vgl. Abbildung 10).

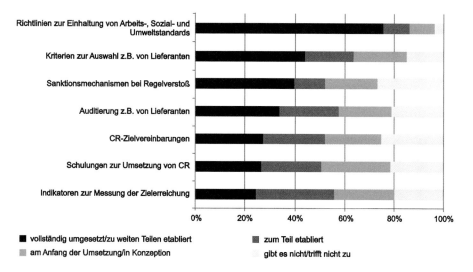

Abbildung 10: Grad der Implementierung von Instrumenten zur Umsetzung von CR entlang der Wertschöpfungskette (Quelle: Bertelsmann-Stiftung 2014, 45)

Ein vierter Erfolgsfaktor ist die Ergebnismessung. Die Teilnehmer wurden gefragt, ob und wie sie die Ergebnisse ihrer CR-Aktivitäten sowie deren Wirkung messen. Um CR-Aktivitäten effektiv zu steuern, müssen Unternehmen sich konkrete Ziele setzen, deren Erreichung nach Durchführung von CR-Maßnahmen messbar, zumindest nachvollziehbar ist. Die Definition konkreter Ziele baut auf der vorgenommenen Themenpriorisierung auf. Für die am stärksten priorisierten Themen sollten sich Unternehmen Ziele setzen, die sie mit ihren CR-Aktivitäten erreichen möchten (vgl. auch Abbildung 16). Umso erstaunlicher ist, dass 34 Prozent der Unternehmen die Ergebnisse ihrer CR-Aktivitäten bisher überhaupt nicht messen (vgl. Abbildung 11).

Messung der Ergebnisse von CR-Aktivitäten

Abbildung 11: Messung der Ergebnisse von CR-Aktivitäten (Quelle: Bertelsmann-Stiftung 2014, 57)

Die Definition der Indikatoren, die Bereitstellung der Daten, die Integration in das Unternehmenscontrolling und der Einsatz als Steuerungsinstrument sind in vielen Unternehmen nicht hinreichend gelöst. Ökologische Wirkungen werden am häufigsten gemessen. Knapp die Hälfte der Teilnehmer hat bereits Ergebnisse bei der Reduktion der ökologischen Belastung erreicht. Analog hierzu werden auch am häufigsten Ziele zur Reduktion der ökologischen Belastung definiert. Ökonomische Wirkungen von CR wie z.B. der Beitrag zur Umsatz- und Gewinnsteigerung, werden deutlich seltener gemessen. Da Umsatz- und Gewinnsteigerung im Mittelpunkt der Geschäftstätigkeit eines Wirtschaftsunternehmens stehen, sind diese Wirkungen für die Unternehmen durchaus relevant. Es gibt bisher allerdings nur wenige Messinstrumente, die den Einfluss von CR auf ökonomische Zielgrößen erfassen. Auch die Messung der gesellschaftlichen Wirkung ist für viele Unternehmen offenbar eine große Herausforderung.

Hinsichtlich der konkreten Zieldefinition definieren die Unternehmen am häufigsten Ziele zur Reduktion der ökologischen Belastungen (von 67 Prozent der Unternehmen, vgl. Abbildung 12). Ebenso setzt sich ca. die Hälfte der befragten Unternehmen Ziele im Bereich Steigerung der Mitarbeiterzufriedenheit und Kostenreduktion (z.B. durch Ressourceneffizienz). Andere Ziele für ihre CR-Aktivitäten, wie die Schaffung von CR-Bewusstsein bei relevanten Stakeholdern, die Verbesserung des Risikomanagements, die Gewinnung neuer Partner oder die Verbesserung der Investor Relations, setzen sich deutlich weniger als die Hälfte der Befragten. Zur Umsatz- bzw. Gewinnsteigerung durch CR-Aktivitäten werden in den seltensten Fällen (von 22 bzw. 16 Prozent) Ziele definiert. Unternehmen, die durch CR ihr Betriebsergebnis verbessern möchten, verfolgen dieses Ziel oft im Rahmen eines ökologischen Ziels, z.B. der Kostenreduktion durch Ressourceneffizienz.

Abbildung 12: Definition konkreter Ziele für CR-Aktivitäten (Quelle: Bertelsmann-Stiftung 2014, 34)

Die CR-Champions definieren mehr konkrete Ziele für ihre CR-Aktivitäten. Ziele zur Reduktion der ökologischen Belastung setzen 100 Prozent der CR-Champions. Am zweithäufigsten nennen knapp 86 Prozent der Champions die Steigerung der Mitarbeiterzufriedenheit sowie die Verbesserung der Public Relations und des Unternehmensimages. Über zwei Drittel setzen sich darüber hinaus Ziele zur Kostenreduktion, zur Lösung von Problemen im gesellschaftlichen Umfeld sowie zur Steigerung der Attraktivität als Arbeitgeber durch CR-Aktivitäten. Lediglich bei der Gewinnsteigerung, der Gewinnung neuer Partner und der Verbesserung der Investor Relations definieren deutlich weniger als die Hälfte der Top 10 Prozent des CRI 2013 konkrete Ziele. Mit der Erreichung von Ergebnissen in den Bereichen Umwelt und Ressourcen sind die CR-Champions deutlich zufriedener als die restlichen Unternehmen der Stichprobe. Das zeigt, dass sich der Aufwand für ein Ziel- und Kennzahlensystem lohnt, da die Messung zu Transparenz führt und CR-Erfolge sichtbar macht. Es besteht ein signifikanter Zusammenhang zwischen Messung und erfolgreicher Umsetzung von Maßnahmen. Darüber hinaus beeinflusst die Messung positiv die Zufriedenheit der Mitarbeiter mit den CR-Aktivitäten im Unternehmen. Die Messung ermöglicht eine erfolgreiche Steuerung der Aktivitäten (vgl. Bertelsmann-Stiftung 2014, 56).

Auf Basis der Unternehmensdaten aus der Stichprobe wurde abschließend ein Index berechnet, um die Ergebnisse der teilnehmenden Unternehmen in eine Rangfolge zu bringen und die Vorreiterunternehmen im Bereich CR zu identifizieren. Der CR-Index bewertet die Umsetzungsqualität von CR auf verschiedenen Dimensionen. Um eine ganzheitliche Beurteilung zu erreichen, setzt sich der CR-Index aus drei Teilindizes zusammen: dem Governance-, dem Maßnahmen- und dem Ergebnis-Index. Der Governance-Index untersucht die Qualität der CR-Organisation und -Steuerung bei den teilnehmenden Unternehmen. Durch den Maßnahmen-Index wird gemessen, wie umfangreich und gut die Unternehmen ihre CR-Aktivitäten umsetzen. Der dritte Teilindex bewertet die Ergebniserreichung durch CR (vgl. Abbildung 13).

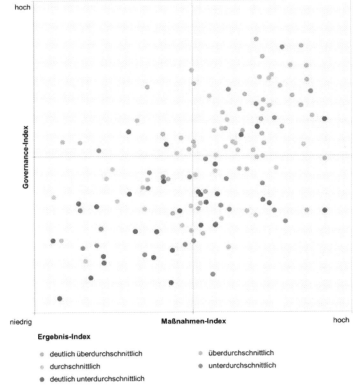

Abbildung 13: CRI 2013 – Vergleich der teilnehmenden Unternehmen anhand des Governance-, Maßnahmen- und Ergebnis-Index (Quelle: Bertelsmann-Stiftung 2014, 18)

In der Abbildung sind die Ergebnisse der teilnehmenden Unternehmen in den drei Teilindizes vergleichend dargestellt. Jeder der abgebildeten Punkte repräsentiert hierbei ein Unternehmen im CRI 2013. Die erzielte Punktzahl im Governance-Index ist auf der Ordinate abgetragen, der Maßnahmen-Index auf der Abszisse. Beide Indizes sind in der Berechnung und Darstellung unabhängig voneinander. In einer dritten Dimension wurde die erzielte Punktzahl im dritten Teilindex, dem Ergebnis-Index, durch farbliche Hervorhebung gekennzeichnet. Dabei geht die Spanne von einer deutlich überdurchschnittlichen Performance in der Ergebniserreichung bis hin zu einer deutlich unterdurchschnittlichen Performance. Auch dieser Teilindex wird unabhängig von den beiden anderen Teilindizes berechnet.

In der Abbildung wird die hohe Schwankungsbreite zwischen den Unternehmen mit der höchsten Punktzahl im Governance- und Maßnahmen-Index und denjenigen Unternehmen mit der niedrigsten Punktzahl deutlich. Insgesamt lässt sich feststellen, dass es einen Zusammenhang zwischen dem Governance- und dem Maßnahmen-Index gibt: je besser der Wert des einen, desto besser (in vielen Fällen) auch der Wert des anderen. Dies entspricht der Erwartung: In der Regel sollte gute Governance mit entsprechenden Maßnahmen einhergehen – und zu guten Ergebnissen führen. Der Zusammenhang ist aber keineswegs perfekt: Es gibt auch Unternehmen, die in Bezug auf Governance sehr gut abschneiden, bei Maßnahmen hingegen Nachholbedarf haben – und umgekehrt. Hier zeigen sich unterschiedliche Schwerpunkte in der Umsetzung: Einige Unternehmen priorisieren offensichtlich (bis zu einem gewissen Grad) Governance gegenüber Maßnahmen (oder umgekehrt). Empfehlenswert ist das aber nicht unbedingt: Sollen deutlich überdurchschnittliche Ergebnisse erzielt werden, braucht es sowohl gute Governance als auch gute Maßnahmen: Die deutlich überdurchschnittliche Ergebnisse liegen weit überwiegend im rechten oberen Quadranten. Hier finden sich dementsprechend auch die Teilnehmer, die als Vorreiterunternehmen angesehen werden können und die es schaffen, auf allen drei Indexkomponenten überdurchschnittlich abzuschneiden.

Die erreichte Umsetzungsqualität von CR ist unter den teilnehmenden Unternehmen noch sehr divers: „Starter", die sich gerade am Anfang ihres CR-Managements befinden, und „CR-Champions", die bereits sehr weit in der Umsetzung von CR-Maßnahmen fortgeschritten sind, liegen bezüglich der im Index erreichten Punktzahl weit auseinander. Die Umsetzung von CR scheint einem Evolutionsprozess zu folgen. Zwischen dem Unternehmen mit dem höchsten (886 Punkte) und dem mit dem niedrigsten Wert (255 Punkte) im Index besteht eine sehr hohe Differenz von 631 Punkten. Die maximal erreichbare Punktzahl im CRI 2013 liegt bei 1.000 Punkten. Die theoretisch mögliche Schwankungsbreite wird also zu fast zwei Dritteln ausgeschöpft. Bis zum theoretischen Maximalwert von 1.000 Punkten haben auch die zehn Prozent der Unternehmen mit den höchsten Werten (die „CR-Champions") noch viel Potenzial, ihre CR-Performance zu verbessern.

Neben dem Vergleich im Gesamtranking werden die teilnehmenden Unternehmen im CRI 2013 innerhalb ihrer jeweiligen Branche bzw. innerhalb der Klasse eines bestimmten Unternehmenstyps, z.B. Familienunternehmen, miteinander verglichen. Dadurch werden die Besonderheiten der Unternehmen und die unterschiedliche Bedeutung der CR-Themen für die jeweiligen Branchen und Unternehmenstypen berücksichtigt. Zusätzlich ermöglicht ein Ranking innerhalb einer Branche bzw. innerhalb einer Unternehmensklasse, dass die Unternehmen der jeweiligen Branche sich bei ihrem CR-Management an dem „Best-in-Class"-Beispiel orientieren. Ein weiteres Kriterium für die Auswahl als bestes Unternehmen innerhalb einer Branche bzw. eines Unternehmenstyps war es, dass die Unternehmen zu den besten 20 des Gesamtindex gehören. Folgende Top-20-Unternehmen stachen innerhalb ihres Clusters positiv heraus (vgl. Abbildung 14).

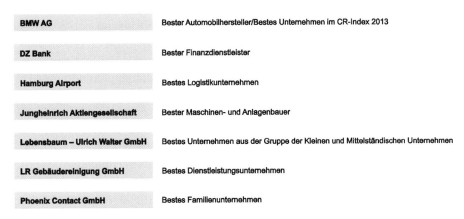

BMW AG	Bester Automobilhersteller/Bestes Unternehmen im CR-Index 2013
DZ Bank	Bester Finanzdienstleister
Hamburg Airport	Bestes Logistikunternehmen
Jungheinrich Aktiengesellschaft	Bester Maschinen- und Anlagenbauer
Lebensbaum – Ulrich Walter GmbH	Bestes Unternehmen aus der Gruppe der Kleinen und Mittelständischen Unternehmen
LR Gebäudereinigung GmbH	Bestes Dienstleistungsunternehmen
Phoenix Contact GmbH	Bestes Familienunternehmen

Abbildung 14: Bestes Unternehmen nach Clustern (Quelle: Bertelsmann-Stiftung 2014, 19)

4. Der Corporate Responsibility Index und das Versprechen

Greifen wir die Idee einer versprechensbasierten Theorie des Unternehmens aus dem zweiten Kapitel noch einmal auf. Das Versprechen ist grundlegend reziprok angelegt: es gibt den Versprechensgeber und den Versprechensnehmer. Wenn Corporate Responsibility ein Versprechen ist, dann gibt das Unternehmen ein Versprechen an seine Anspruchsgruppen. Damit bekommt der Einbindung von Stakeholdern aus der Unternehmensperspektive eine besondere Bedeutung zu (vgl. Abbildung 2).

In der Tat kann der CRI zeigen, dass interne und externe Anspruchsgruppen von Unternehmen zunehmend eingebunden werden, um die für die Unternehmen relevanten CR-Themen zu identifizieren. Stakeholdergruppen innerhalb des Unternehmens sind Mitarbeiter, Führungskräfte und Geschäftsführung. Externe Anspruchsgruppen umfassen üblicherweise Kunden, Lieferanten, Investoren, Politik, Medien und andere gesellschaftliche Gruppen. Unternehmen tauschen sich mit ihren Stakeholdern aus, um die Relevanz von CR für die einzelnen Stakeholdergruppen insgesamt und die Relevanz der verschiedenen CR-Themen für das Unternehmen zu erfahren. Darüber hinaus möchten sie die Erwartungen der Stakeholder bezüglich der CR-Aktivitäten des Unternehmens erfassen und herausfinden, ob die Stakeholder besonders eingebunden werden möchten. Die Reziprozität der Versprechenskonstellation manifestiert sich in der Tatsache, dass Anspruchsgruppen einerseits Adressaten von CR-Aktivitäten sind, die z.B. das Ziel verfolgen, die Anspruchsgruppenzufriedenheit zu steigern. Auf der anderen Seite sind sie an der Umsetzung von Maßnahmen im Unternehmen beteiligt, prägen damit die CR des Unternehmens, ja sind sogar Teil des Versprechens gegenüber Mitarbeiter, Kunden, Lieferanten und der Gesellschaft.

Die Teilnehmer wurden befragt, inwieweit sie mit ihren Stakeholdergruppen zu sozialen und ökologischen Aspekten ihrer Geschäftätigkeit in den Dialog treten. Die Ergebnisse zeigen, dass die Mehrheit der Unternehmen in der Stichprobe über CR vor allem „mit sich selbst reden". Weniger als die Hälfte der Unternehmen pflegt einen regelmäßigen Austausch mit Stakeholdern. Die CR-Kommunikation und Stakeholderdialoge haben außerdem oftmals einen stark internen Fokus. Ein systematischer externer Stakeholderdialog fehlt häufig komplett. Von der Mehrheit der Unternehmen werden derzeit CR-Handlungsfelder und CR-Themen hauptsächlich über die interne Priorisierung durch die Geschäftsleitung und Mitarbeiter vorangetrieben. Den Erwartungen externer Stakeholder wird dabei weniger Bedeutung zugemessen. Auch findet mit den externen Anspruchsgruppen so gut wie kein Austausch zu CR statt. Nur eine kleine Minderheit der Unternehmen gibt an, gegenüber externen Stakeholdern formalisierte Stakeholderdialoge oder regelmäßige Befragungen zu nutzen. Darüber hinaus wurden die Unternehmen nach der Relevanz verschiedener Stakeholder im Rahmen eines Austauschs gefragt. Die meisten Befragten halten Mitarbeiter und Kunden gleichermaßen für die wichtigsten Stakeholder ihres Unternehmens. Einen besonderen Fokus auf Mitarbeiter gibt es vor allem in Branchen, in denen Fachkräftemangel droht, so z.B. im Maschinen- und Anlagenbau. Vor allem dort werden Mitarbeiter in die Entwicklung neuer CR-Ideen einbezogen. Alle Unternehmen stufen dagegen Politik und NGOs als weniger wichtige Gruppen ein (vgl. Abbildung 15).

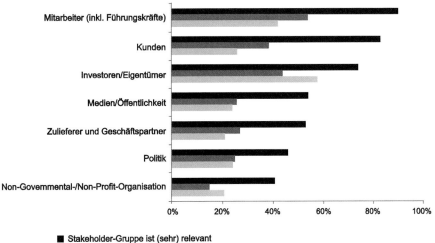

Abbildung 15: Stakeholderrelevanz, -dialog und -kenntnis (Quelle: Bertelsmann-Stiftung 2014, 26)

Betrachtet man die Antworten zum Einfluss der Stakeholdergruppen, gibt es eine Diskrepanz zwischen wahrgenommener Relevanz und regelmäßigem Dialog. Ein regelmäßiger Austausch mit den verschiedenen Anspruchsgruppen findet nur bei wenigen Unternehmen statt. Mit internen Stakeholdern (Mitarbeiter und Investoren/Eigentümer) tauscht sich ca. die Hälfte der teilnehmenden Unternehmen aus. Externe Interessengruppen werden in den seltensten Fällen regelmäßig befragt. Insbesondere mit Medien/Öffentlichkeit, Politik und NGOs gibt es wenig Austausch.

Die CR-Champions pflegen einen deutlich regelmäßigeren Austausch mit ihren Stakeholdern. Mitarbeiter werden auf konstanter Basis einbezogen, über 50 Prozent der CR-Champions tauschen sich regelmäßig mit Kunden, Zulieferern und Investoren aus. NGOs, Politik und Medien/Öffentlichkeit werden von mehr als einem Drittel regelmäßig adressiert. CR-Champions erkennen, das Stakeholderdialoge eine solide Grundlage für erfolgreiches CR-Management sein können.

Die Kommunikation über CR ist meistens stark nach innen gerichtet. Nur etwa 20 Prozent der Unternehmen bestätigen, dass Kunden, Geschäftspartner oder Medien/Öffentlichkeit die CR-Maßnahmen gut kennen. Dies liegt daran, dass formalisierte externe Stakeholderdialoge bis heute noch großenteils fehlen. Weniger als 25 Prozent der Unternehmen pflegen einen systematischen Austausch mit Geschäftspartnern, Medien, Politik oder Non-Profit-Organisationen (NPOs).

Versprechen bilden sich über implizite Verträge zwischen Unternehmen und seinen Anspruchsgruppen. Die Materialitätsanalyse gibt erste Aufschlüsse über die wechselseitigen Erwartungen. Bei der Priorisierung der CR-Themen in Relation zur Zufriedenheit mit der Umsetzung der jeweiligen Themen im Unternehmen ergeben sich zwei wesentliche Themencluster, nämlich CR-Themen der ersten und CR-Themen der zweiten Generation (vgl. Abbildung 16). CR-Themen der ersten Generation (Sicherheit und Gesundheit, Mitarbeiter, Compliance, Verbraucherschutz und Produktverantwortung, Menschenrechte, Aus- und Weiterbildung) weisen eine relativ hohe Wichtigkeit bei gleichzeitig hoher Zufriedenheit in der Wahrnehmung von Unternehmern auf. Es handelt sich um Themen, die fast alle Unternehmen (mehr oder weniger) gut machen, da es gesetzliche Vorschriften gibt und die Unternehmen in diesen Themenfeldern oftmals schon seit längerer Zeit Maßnahmen umgesetzt haben (ggf. auch unabhängig von spezifischen CR-Aktivitäten). Aufgrund vorgegebener Standards und/oder relativ langer Tradition der Themen besteht relativ hohe Gestaltungssicherheit. CR-Themen der zweiten Generation (Mitarbeiterorientierung, Ressourceneffizienz, Werteorientierung, Wertschöpfungskette) weisen hohe Bedeutung bei geringer Zufriedenheit auf. Es sind Themen, die aufgrund ihrer Komplexität einen Kulturwandel, eine Änderung von Kernprozessen und/oder eine stringente Messung und Steuerung erfordern. Hier liegen für Unternehmen die künftigen Chancen und Herausforderungen. Diese Themen sind nicht stark reguliert, die Gestaltungssicherheit ist eher gering. Unternehmen können bzw. müssen hier eigene Ideen entwickeln, um erfolgreich zu sein und sich von Wettbewerbern zu differenzieren.

Aktuelle Bedeutung von CR-Themen im Unternehmen sowie durchschnittliche Zufriedenheit mit dem aktuellen Status des Unternehmens in diesen Themen

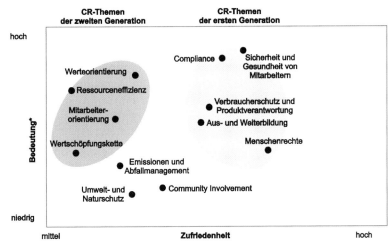

Abbildung 16: Priorisierung von CR-Themen und Zufriedenheit (vgl. Bertels-mann-Stiftung 2014, 32)

Fragt man Unternehmen nach der Themenpriorisierung aus Sicht ihrer Kunden, so schätzen sie Verbraucherschutz, Compliance sowie Ressourceneffizienz und Wertschöpfungskette als bedeutend ein. Werden sie nach der Priorisierung der CR-Themen aus Sicht der kritischen Stakeholder (z.B. NPOs, NGOs, Medien, Öffentlichkeit) gefragt, nennen sie Compliance, Verbraucherschutz und Menschenrechte als wichtigste Themen. Finanzdienstleister schätzen Compliance und Werteorientierung als herausragend bedeutend für ihre kritischen Stakeholder ein. Dies korrespondiert mit den negativen Berichten über die Branche während und nach der Finanzkrise. Der Finanzbranche wurde unter anderem vorgeworfen, nicht im Sinne ihrer Kunden gehandelt zu haben. Zudem sieht sich die Branche seither einer stärkeren Regulierung ausgesetzt. Folglich gewinnen Produkt- und Kundenverantwortung sowie Compliance an Bedeutung.

Neben den Themen Stakeholderdialog, Kommunikation und Themenpriorisierung, sind die folgenden wesentlichen Erfolgsfaktoren in einer versprechensbasierten Theorie der Firma von Bedeutung: Bezieht man die gelebte Wertekultur zum Beispiel auf das Versprechen gegenüber dem Mitarbeiter, so zeigt die Studie einen eindeutigen Zusammenhang (vgl. Abbildung 8). CR-Champions zeigen beispielhaft, dass Werte im Umgang der Mitarbeiter untereinander und bei der Einstellung von Mitarbeitern besonders relevant sind. Daneben spielen Werte auch bei Beförderungs- und Vergütungsentscheidungen eine Rolle. Bezüglich der CR-Maßnahmen für ihre Mitarbeiter geben die meisten Unternehmen an, Weiterbildungen auf Wunsch anzubieten. Über 70 Prozent der befragten Unternehmen haben dieses Angebot zu weiten Teilen etabliert. Über zwei Drittel der Unternehmen bieten auch Sport und weitere Maßnahmen der Gesundheitsförderung an. Etwas weniger als die Hälfte ermöglicht den Mitarbeitern, in Teilzeit oder im Homeoffice zu arbeiten, um auch Eltern langfristig im Beruf zu halten. Allerdings bietet nur knapp ein Drittel auch Kinderbetreuung an. Ebenfalls kaum etabliert sind Angebote wie längerer unbezahlter Urlaub oder Freistellung für soziales Engagement. Dem Versprechen gegenüber dem Mitarbeiter folgt also ein intensives Maßnahmenprogramm.

Versprechen gegenüber Lieferanten etwa zeigen sich hinsichtlich des Erfolgsfaktors Integration in die Wertschöpfungskette. Die Abbildung 10 macht deutlich, dass die meisten der befragten Unternehmen Richtlinien zur Einhaltung Arbeits- Sozial- und Umweltstandards bereits vollständig umsetzen oder zu weiten Teilen etabliert haben. Ein Großteil hat eigene Kriterien zur Auswahl von Lieferanten erarbeitet und entsprechende Sanktionsmechanismen bei Regelverstoß implementiert. Ebenso werden Lieferanten bereits in weiten Teilen auditiert. Es zeigt sich damit, dass das Versprechen gegenüber Lieferanten durch zahlreiche Maßnahmen begleitet wird und erfolgreiche Unternehmen genau in diesem Punkt stark sind. Im Durchschnitt haben sie über drei Viertel der abgefragten CR-Instrumente in ihren Wertschöpfungsketten implementiert und somit CR ins Kerngeschäft integriert; CR ist integraler Bestandteil vieler Funktionsbereiche.

Diese wechselseitigen Erwartungen zwischen Unternehmen und seinen Anspruchsgruppen bauen implizite Verträge im Sinne eines Versprechens auf. Alle vier relevanten Erfolgsfaktoren zur Einbindung von CR in die Gesamtstrategie eines Unternehmens basieren letztlich auf reziproken Erwartungshaltungen, deren Nichterfüllung mindestens zu Irritationen führen wird, wenn nicht zu eklatanten Wettbewerbsnachteilen. Im Vorleben des Vorstands (tone from the top) wird das Versprechen von der oberen Führungsetage eingelöst. Nur wenn Werte von den Führungskräften vorgelebt werden ist eine gelebte Wertekultur glaubhaft. In den Werten wird das Versprechen formuliert und kommuniziert, im tagtäglichen Umgang mit den Anspruchsgruppen umgesetzt. Die meisten Unternehmen, die erfolgreiches CR-Management betreiben, überführen ihre CR-Versprechen in die Wertschöpfungskette. Dass die gesamten CR-Aktivitäten gemessen und die Ergebnisse dann authentisch kommuniziert werden, stellt eine weitere Herausforderung dar. Die Einlösung eines Versprechens zu kommunizieren, nicht aber zu leben (overpromise and underdeliver) ist ein sehr schlechter Ratgeber. Langfristig werden die Anspruchsgruppen ehrliches Verhalten honorieren und wertschätzen, unehrenhaftes Verhalten abstrafen.

Literatur

Bertelsmann-Stiftung (2014): CRI Corporate Responsibility Index 2013. Erfolgsfaktoren unternehmerischer Verantwortung. Gütersloh 2014.

Boatright, J. R. (2002): Contractors as Stakeholders: Reconciling Stakeholder Theory with the Nexus-of-Contracts Firm. S. 1837–1852 in Journal of Banking and Finance 26 (2002).

Brink, A. (2010a): Das riskante Unternehmer-Netzwerk. S. 129–152 in Heidbrink, L. – Seele, P. (Hrsg.): Unternehmertum. Vom Nutzen und Nachteil einer riskanten Lebensform. Frankfurt a.M. 2010

Brink, A. (2010b): Netzwerkgovernance und psychologische Verträge. Making and Keeping Promises. S. 167–197 in Wieland, J. (Hrsg.): Behavioural Business Ethics, Psychologie und Governanceethik. Marburg 2010.

Brink, A. (2011): A Promised Based Theory of the Firm. S. 91–114 in Wieland, J. (Hrsg.): Die Governance der Firma oder was ist The Nature of the Firm. Marburg 2011.

Buchanan, J.M. (1969): Is Economics the Science of Choice? S. 47–64 in Streissler, E. (Hrsg.): Roads to Freedom: Essays in Honor of F.A. Hayek. London 1969.

Buchanan, J.M. (1975): A Contractarian Paradigm for Applying Economic Theory. S. 225–230 in American Economic Review 65 (1975).

Calton, J.M. – Lad, L.J. (1995): Social Contracting as a Trust-Building Process of Network Governance. S. 271–295 in Business Ethics Quarterly 5 (1995).

Carroll, A.B. (1979): A Three-Dimensional Conceptual Model of Corporate Performance. S. 497–505 in Academy of Management Review 4 (1999).

Carroll, A.B. (1999): Corporate Social Responsibility. Evolution of a Definitional Construct. S. 268–295 in Business and Society 38 (1999).

Coase, R.H. (1937): The Nature of the Firm. S. 386–405 in Economica 4 (1937).

Donaldson, T. – Dunfee, T.W. (1994): Toward a Unified Conception of Business Ethics: Integrative Social Contracts Theory. S. 252–284 in Academy of Management Review 19 (1994).

Donaldson, T. – Dunfee, T.W. (1999a): Ties That Bind: A Social Contracts Approach to Business Ethics. Cambridge, MA 1999.

Donaldson, T. – Dunfee, T.W. (1999b): When Ethics Travel: The Promise and Peril of Global Business Ethics. S. 45–63 in California Management Review 41 (1999).

EU – Europäische Kommission (2011): Eine neue EU-Strategie (2011–14) für die soziale Verantwortung der Unternehmen (CSR). Brüssel 2011.

Freeman, R.E. (1984): Strategic Management: A Stakeholder Approach. Boston, MA 1984.

Freeman, R.E. – Harrison, J.S. – Wicks, A.C. – Parmar, B.L. – DeColle, S. (2010): Stakeholder Theory: The State of the Art. Cambridge 2010.

Fried, C. (1981): Contract as Promise. A Theory of Contractual Obligation. Cambridge, MA 1981.

Fries, A. – Brink, A. (2014): Ohne Transparenz geht es nicht. S. 100–102 in Markenartikel 9 (2014).

GRI – Global Reporting Initiative (2011): Sustainability Reporting Guidelines. Amsterdam 2011.

Hill, C.W.L. – Jones, T.M. (1992): Stakeholder-Agency Theory. S. 131–154 in Journal of Management Studies 29 (1992).

Keeley, M. (1988): A Social Contract Theory of Organization. Notre Dame, IN 1988.

Kimel, D. (2003): From Promise to Contract. Towards a Liberal Theory of Contract. Oxford et al. 2003.

Manstetten, R. (2002): Das Menschenbild der Ökonomie. Der homo oeconomicus und die Anthropologie von Adam Smith. Freiburg et al. 2002.

Manzeschke, A. – Brink, A. (2010): Versprechen, Vertrag und Supererogation in Non-Profit-Organisationen. S. 125–141 in Theuvsen, L. – Schauer, R. – Gmür, M. (Hrsg.): Stakeholdermanagement in Non-Profit-Organisationen. Linz 2010.

Phillips, R.A. (1997): Stakeholder Theory and a Principle of Fairness. S. 51–66 in Business Ethics Quarterly 7 (1997).

Priddat, B.P. (2003): Versprechen: Eine Skizze zum Verhältnis von Moral und Ökonomie. S. 293–303 in Breuer, M. – Brink, A. – Schumann, O.J. (Hrsg.): Wirtschaftsethik als kritische Sozialwissenschaft. Bern et al. 2003.

Rawls, J. (1971): A Theory of Justice. Cambridge, MA 1971.

Rousseau, D.M. (1995): Psychological Contracts in Organizations. Understanding Written and Unwritten Agreements. Thousand Oaks, CA 1995.

Searle, J.R. (1964): How to Derive „Ought" from „Is". S. 43–58 in Philosophical Review 73 (1964).

Searle, J.R. (1971): What Is a Speech Act? S. 30–57 in Searle, J.R. (Hrsg.): The Philosophy of Language. Oxford 1971.

Van Oosterhout, J.H. – Heugens, P. – Kaptein, M. (2006): The Internal Morality of Contracting: Advancing in the Contractualist Endeavor in Business Ethics. S. 521–539 in The Academy of Management Review 31 (2006).

Williamson, O.E. (2002): The Theory of the Firm as Governance Structure: From Choice to Contract. S. 171–195 in Journal of Economic Perspectives 16 (2002).

Corporate Social Responsibility – das institutionalisierte Gewissen der Unternehmen?

Michael S. Aßländer – Stefanie Kast

> „I believe in corporations. They are indispensable instruments
> of our modern civilization; but I believe that they should be so
> supervised and so regulated that they shall act for the interests
> of the community as a whole."[1]
>
> (Theodore Roosevelt)

1. Von der Gemeinwohlorientierung zur Corporate Social Responsibility

In den Jahren nach dem Sezessionskrieg und vor dem Ersten Weltkrieg erleben die Vereinigten Staaten einen rasanten Wirtschaftsaufstieg. Unternehmen wachsen zu ungeahnter Größe an und nehmen nicht nur Einfluss auf die Wirtschaft sondern auch auf die Politik der USA. So gilt der bei einem Attentat ums Leben gekommene Vorgänger Roosevelts, William McKinley, als Lieblingskandidat der Industrie, der seinen Wahlsieg bei der Präsidentschaftswahl vor allem der Unterstützung Andrew Carnegies und anderer Industriemagnaten verdankt. Ohne moderne Großunternehmen wäre, und hier ist Roosevelt wohl Recht zu geben, dieser rasante Aufstieg der Vereinigten Staaten zu einer der führenden Wirtschaftsmächte der Welt nicht möglich gewesen. Jedoch weckt dieser Machtzuwachs der Unternehmen erste Zweifel an ihrer Gemeinwohlorientierung und ihrer Bereitschaft, soziale Verantwortung zu übernehmen – nicht nur bei Theodor Roosevelt. So kritisiert Maurice Clark (1916, 210, 229) in einem 1916 im „Journal of Political Economy" erschienen Artikel: „We have inherited an economics of irresponsibility. [...] We need an economics of responsibility, developed and embodied in our working business ethics", und er kommt zu dem Schluss: „The world is familiar enough with the conception of social responsibilities [...]. But the fact that a large part of them are business responsibilities has not yet penetrated".

Trotz dieser frühen Warnung Maurice Clarks bleibt das Thema „Sozialverantwortung der Unternehmen" in den USA für lange Zeit ungehört. Erst in der Zeit nach dem Zweiten Weltkrieg, in der die USA sich zur führenden Industrienation der Welt entwickeln und Europa mit dem Wiederaufbau beschäftigt ist, wird das Thema erneut aufgegriffen – wenngleich diesseits und

---

1 Zitiert nach Micklethwait und Wooldridge (2005, 182).

jenseits des Atlantiks auf unterschiedliche Art und Weise. Während in Europa Sozialverantwortung vor allem zur politischen Frage bei der Ausgestaltung einer Wirtschaftsordnung wird, die in Konzepten wie der deutschen „Sozialen Marktwirtschaft" oder der französischen „Planification" ihren Niederschlag findet, wird Sozialverantwortung in den USA zunehmend von den Unternehmen eingefordert.[2] So etwa wirft Howard Bowen in seinem 1953 erschienenen Buch „Social Responsibilities of the Businessmen" die Frage auf, ob nicht Unternehmen auch eine soziale Verantwortung innerhalb der Gesellschaft zukomme, die über die Einhaltung der Landesgesetze und die Erwirtschaftung von Unternehmensgewinnen zum Wohle der eigenen Aktionäre hinausreicht. Geschäftsleute, so die Meinung Bowens (2013, 28), seien auch für die sozialen Folgen ihrer Entscheidungen sowie für die Unterstützung der staatlichen Politik verantwortlich. Wenige Jahre später beschreibt Morrell Heald (1957, 375) in seinem Aufsatz „Management's Responsibility to Society: The Growth of an Idea" das wachsende Bewusstsein der Manager wie auch der Öffentlichkeit für die Sozialverantwortung der Unternehmen, die nicht nur eine maximale ökonomische Leistung beinhalte, sondern sich auch auf eine humane und konstruktive Sozialpolitik beziehen müsse. Clarence Walton (1967, vii) knüpft 1967 erneut an die Fragestellung Howard Bowens an und kritisiert in seinem Buch „Corporate Social Responsibilities" die weit verbreitete Einstellung US-amerikanischer Manager, dass sie dem öffentlichen Interesse am besten dienten, wenn sie ausschließlich ihre privaten ökonomischen Ziele verfolgten und für die Rendite ihrer Aktionäre wirtschafteten. Er sieht das Unternehmen als einen „Bürger", der auch nicht-ökonomische Pflichten zu erfüllen hat, und fordert daher, dass Manager sich bei ihren unternehmerischen Entscheidungen der sozialen Verantwortung ihrer Firmen bewusst sein sollten (ebd. 110).

Trotz dieser Kritik an der rein auf Gewinnmaximierung ausgerichteten Konzernpolitik bleiben die Forderungen nach Übernahme einer gesellschaftlichen Verantwortung durch Unternehmen in den 1950er und 1960er Jahren jedoch noch weitgehend diffus. Erst mit dem Erscheinen von Archie Carrolls Aufsatz „A Three-Dimensional Conceptual Model of Corporate Social Performance" (1979) erfährt das Konzept eine erste theoretische Konkretisierung. In seiner Schrift versucht Carroll die gängige Vorstellung der Manager, vor allem für das Wohl ihrer Aktionäre zu wirtschaften, mit der Forderung nach der Übernahme von Sozialverantwortung durch Unternehmen zu verbinden. Dabei attestiert er Unternehmen eine ökonomische und rechtliche, aber eben auch eine ethische und philanthropische Verantwortung (ebd.

---

2 Zur US-amerikanischen Debatte um eine Corporate Social Responsibility vgl. Carroll (2009, 19–46), zum Vergleich der US-amerikanischen mit der europäischen Diskussion vgl. Aßländer (2011a, 169–179).

499f.), deren jeweilige Bedeutung für das Unternehmen Carroll mit 4:3:2:1 gewichtet (Pinkston/Carroll 1996, 200). Damit legt Archie Carroll den Grundstein für eine neue Sichtweise unternehmerischer Sozialverantwortung, der zufolge unternehmerisches Handeln nicht nur an ökonomischen Leistungsparametern gemessen werden dürfe, sondern ebenso an der Erfüllung gesellschaftlicher Erwartungen.

In den folgenden drei Jahrzehnten entwickelt sich die Idee einer Corporate Social Responsibility (CSR) zu einem Schlüsselbegriff innerhalb der US-amerikanischen „Business Ethics" und findet ab der Jahrtausendwende zunehmend Eingang in die kontinentaleuropäische Debatte zur Wirtschaftsethik.

2. Wissenschaft – von der Praxis getrieben

Auch in Europa hat sich der Begriff Corporate Social Responsibility innerhalb des letzten Jahrzehnts als Synonym für verantwortungsbewusstes Management und sozialverantwortliches Handeln in Wissenschaft, Politik und Wirtschaft durchgesetzt.[3] So existiert derzeit kaum mehr ein großes europäisches Unternehmen, das nicht mit einschlägigen CSR-Statements auf seinen Informationsseiten im Internet werben würde. Zudem wird das Thema nicht nur seitens zahlreicher Unternehmensberater als neues Geschäftsfeld etabliert und mit zahlreichen „best practice" Beispielen beworben (u.a. McIntosh et al. 1998, Kotler/Lee 2005), sondern auch seitens der Politik in zunehmendem Maße gefördert (Europäische Kommission 2001, 2006, 2011). Während dies von manchen Autoren als Indiz dafür betrachtet wird, dass wirtschafts- und unternehmensethische Fragen nun auch von der Praxis ernst genommen würden (Holland/Albrecht 2013, 778), sehen andere Autoren hierin wenig Anlass zur Freude. So etwa beklagt Bobby Banerjee (2007, 1), dass es in der CSR-Diskussion schon lange nicht mehr um die Frage nach gesellschaftlichen Veränderungen gehe: „Corporate Social Responsibility has become a mini-industry these days both in academia and in the business world". Und auch Joel Bakan (2004, 50) betrachtet die Verantwortungsrhetorik der „CSR-Industrie" vor allem als „Schönwetterparolen" und schreibt: „Corporate Social Responsibility is like call boxes. It holds out promises to help, reassures people, and sometimes works. We should not, however, expect very much from it".

---

3 Allerdings existieren hierzu unterschiedliche Einschätzungen. Während z.B. Matten und Moon (2004, 324) die europäische CSR-Bewegung als verspätete Antwort auf die anglo-amerikanische Entwicklung sehen, gehen z.B. Holland und Albrecht (2013, 786) davon aus, dass CSR zwar seine Ursprünge in den USA hat, jedoch erst durch die politischen Bemühungen in Europa, CSR dort populär zu machen, zum zentralen Thema der US-amerikanischen Business Ethics wurde.

Doch trotz zahlreicher Publikationen zum Thema Corporate Social Responsibility scheint sich gerade die Wissenschaft mit dem Thema schwer zu tun, und zwar aus mehreren Gründen:

(1) Eine erste Schwierigkeit im Umgang mit dem Thema ergibt sich aus der Tatsache, dass trotz zahlreicher Definitionsversuche bisher in der Literatur kein einheitliches Verständnis darüber existiert, was genau unter CSR zu verstehen ist und welche konkreten unternehmerischen Verpflichtungen sich daraus ableiten lassen (u.a. Aßländer 2011b, 116).[4] So kommen Crane et al. (2009, 5) in dem von ihnen herausgegebenen „Oxford Handbook of Corporate Social Responsibility" nicht zu Unrecht zu dem Schluss, dass nach über dreißigjähriger Debatte um CSR: „definitions of the term abound to the extent that even now there is no strong consensus on a definition for CSR".

(2) Während sich CSR in der wirtschaftlichen Praxis trotz oder gerade wegen seiner Deutungsoffenheit mühelos etablieren konnte, scheint die akademische Debatte nach wie vor mit der Begriffsklärung beschäftigt zu sein. Entsprechend konstatiert Guido Palazzo (2009, 6) in einer für das Bundesministerium für Arbeit und Soziales angefertigten Studie zu Corporate Social Responsibility in Deutschland, „dass die Theorie der Praxis hier weitgehend hinterherläuft". Letztendlich führten die uneinheitlichen und zumeist auf die Bedürfnisse der jeweiligen Unternehmen zugeschnittenen CSR-Definitionen der Praxis innerhalb der Wissenschaft zu ständigen Begriffsumdeutungen und Begriffserweiterungen sowie zu zahlreichen neuen Begriffsdefinitionen. So reiht sich CSR mittlerweile ein in eine Folge von Begriffen wie Triple-Bottom-Line (u.a. Elkington 1999, 2004), Corporate Citizenship (u.a. Matten/Crane 2005, Crane et al. 2008), Business Citizenship (u.a. Logsdon/Wood 2002, Wood/Logsdon 2002, 2008), Political Corporate Social Responsibility (u.a. Scherer/Palazzo 2007, 2011) oder Corporate Global Citizenship (u.a. Waddock 2001, Waddock/Smith 2000).

(3) Wenngleich es das gemeinsame Anliegen all dieser unterschiedlichen Labels ist, die gesellschaftliche Verantwortung von Unternehmen zu adressieren, so betonen sie doch jeweils andere Perspektiven und stellen je unterschiedliche Aspekte des unternehmerischen Verantwortungsbereiches in den Vordergrund. Allerdings erweist es sich dabei als problematisch, dass die einzelnen Begriffe oftmals synonym verwendet (u.a. Habisch et al. 2008) oder ineinander integriert werden, wobei das, was als Oberbegriff gesehen wird, bei den einzelnen Autoren variiert. So etwa wird der Begriff einer Corporate Citizenship von einigen Autoren als ein über das Kerngeschäft hinausgehendes philanthropisches Engagement verstanden (Carroll 1991,

---

4 Vgl. hierzu exemplarisch die unterschiedlichen Definitionen Archie Carrolls (1979, 498f., 1991, 199, 1998, 1f.), Buchholtz und Carroll (2009, 60) oder die „Neudefinition" von CSR durch die Europäische Kommission (2001, 7, 2011, 7).

Leisinger 2007), während andere Autoren exakt dieses philanthropische Engagement als Corporate Social Responsibility bezeichnen (McWilliams und Siegel 2001). Wieder andere Autoren plädieren dafür, der Praxis zu folgen und Corporate Citizenship als Oberbegriff zu verwenden, in den alle anderen Formen unternehmerischer Verantwortungsübernahme zu integrieren seien (Buchholtz/Carroll 2009, 33). Eine klare Trennung der Begriffe Corporate Social Responsibility und Corporate Citizenship scheint weder in der Praxis noch innerhalb der wissenschaftlichen Diskussion zu existieren.[5]

(4) Erschwerend für eine klare Begriffsbestimmung erweist sich auch, dass das Feld der „CSR-Forschung" längst nicht mehr ausschließlich von „professionellen Wirtschaftsethikern" besetzt ist: „Nur noch eine Minderheit der Autoren unternehmensethischer Arbeiten sind Unternehmensethiker im engen Sinne" (Palazzo 2009, 3). So sind es zum einen verstärkt Wirtschaftswissenschaftler aus den Bereichen „General Management", „Organizational Behavior" und „Human Resources", die sich mit einem spezifisch ökonomischen Theorieverständnis und Sprachduktus Fragen unternehmerischer Verantwortung zuwenden. Zum andern wird das Feld verstärkt auch von Seiten der Soziologie und der Politikwissenschaften bearbeitet. Zwar mag man hierin, wie Guido Palazzo (2009, 3), „ein Indiz für die wachsende Relevanz der CSR-Debatte" sehen. Andererseits jedoch werfen das unterschiedliche Selbstverständnis und die unterschiedliche Wissenschaftradition der einzelnen Wissenschaften zusätzliche Probleme bei der Suche nach einer einheitlichen CSR-Definition auf.

Dies erklärt auch die unterschiedliche Ausrichtung einzelner Publikationen im Themenfeld CSR. In einer Untersuchung thematisch einschlägiger Veröffentlichungen kommen Elisabet Garriga und Domènec Melé (2004) zu dem Schluss, dass sich hier im Wesentlichen vier unterschiedliche Ansätze identifizieren lassen: (a) Instrumentelle Ansätze, die die Übernahme sozialer Verantwortung von Unternehmen vor allem als Instrument der Gewinnerzielung betrachten, da sich hierdurch „Reputationskapital" für das Unternehmen aufbauen ließe; (b) politisch orientierte Ansätze, die vor allem die Fähigkeit von Unternehmen betonen, Träger von Rechten aber auch von Pflichten zu sein und daraus eine Verpflichtung der Unternehmung ableiten, einen Beitrag zur gesamtgesellschaftlichen Wohlfahrt zu leisten; (c) integrative Ansätze, die die Wechselwirkungen zwischen Wirtschaft und Gesellschaft unterstreichen und die Notwendigkeit betonen, dass ein sozial erwünschtes Verhalten der Unternehmen der Akzeptanz unternehmerischen Handelns und der Aufrechterhaltung einer „licence to operate" diene; (d) ethische Ansätze, die sich auf den Umstand beziehen, dass moralische Regeln für

---

5 Vgl. hierzu die ausführliche Diskussion bei Crane und Matten (2007, 71–74), Matten/Crane (2005, 168–169), Matten et al. (2003, 112–113).

Unternehmen ebenso bindend seien wie für Privatpersonen und es daher keine „unternehmerische Sondermoral" geben dürfe.

Wenig überraschend sind es im Bereich der unternehmerischen Praxis vor allem die „integrative" und die „instrumentelle" Sichtweise, die von zahlreichen Managern, vor allem aber seitens vieler Beratungsagenturen vertreten werden. CSR, so die generelle Lesart, diene durch entsprechende Kosteneinsparungen dazu, langfristig Unternehmensgewinne zu sichern (u.a. Utting 2005, 380), erhöhe das Reputationskapital der Unternehmung (u.a. Gardberg/Fombrun 2006), reduziere das Risiko regulierender staatlicher Eingriffe in die Wirtschaft (u.a. Haufler 2001, 42) und diene zugleich als eine Art Versicherung gegen ungerechtfertigte Anschuldigungen unternehmenskritischer Nichtregierungsorganisationen (NGOs) (u.a. Fombrun et al. 2000). Vor allem Managementtheoretiker betonen die Notwendigkeit einer „strategischen CSR", mittels derer es Unternehmen möglich sei, dauerhaft Wettbewerbsvorteile gegenüber ihren Mitbewerbern zu erringen (u.a. Porter und Kramer 2002, 2006, Werther und Chandler 2006, Orlitzky et al. 2011). Angesichts der zahlreichen Bemühungen, unternehmerische Verantwortungsübernahme auch ökonomisch lukrativ erscheinen zu lassen, bemerkt David Vogel (2006, 11) wohl zu Recht: „Oceans of ink have flowed to support the claim that corporate virtue delivers financial rewards."

3. CSR im Win-Win-Wunderland

War es das ursprüngliche Anliegen der CSR-Diskussion, die Rolle der Unternehmen in der Gesellschaft und die Frage nach dem Beitrag der Unternehmen zum Gemeinwohl neu zu diskutieren (Bowen 2013, Heald 1957, Walton 1967), so tritt dieses Anliegen mit der praktischen Indienstnahme des CSR-Begriffs durch Politik und Wirtschaft in der aktuellen CSR-Debatte nahezu vollständig in den Hintergrund (Scherer/Palazzo 2007, 1096f.). So betrachteten beispielsweise in einer Studie aus dem Jahr 1970 lediglich etwas mehr als zehn Prozent der befragten US-amerikanischen Manager das soziale Engagement ihres Unternehmens als strategisches Engagement im Interesse des Unternehmens. Die große Mehrheit hingegen sah hierin vor allem eine soziale Verpflichtung, deren möglicher „Return on Investment" keine Rolle bei der Entscheidung für das jeweilige Engagement spielte (Vogel 2006, 19). Demgegenüber liegt das Hauptaugenmerk der aktuellen Diskussion vor allem auf der potenziellen ökonomischen Vorteilhaftigkeit einer freiwilligen Verantwortungsübernahme durch die Unternehmen. Aus Sicht der Politik, insbesondere in Europa,[6] wird ein derartiges freiwilli-

---

6 Zur Rolle der europäischen Politik bei der Förderung des CSR-Begriffs vgl. u.a. Liedekerke/Demuijnck (2011).

ges Engagement der Unternehmen in den Bereichen Umwelt und Soziales vor allem als eine Entlastung der öffentlichen Kassen begrüßt (Albareda et al. 2008, 358f.). Das freiwillige CSR-Engagement der Unternehmen, so beispielsweise die Vorstellung der Europäischen Kommission, soll „einen Beitrag leisten […] zur Realisierung des auf dem Lissabonner Gipfel im März 2000 vorgegebenen strategischen Ziels, die EU bis zum Jahr 2010 zum ‚wettbewerbsfähigsten und dynamischsten wissensbasierten Wirtschaftsraum der Welt zu machen'" (Europäische Kommission 2002, 3). Und auch die deutsche Bundesregierung zählt auf die Mitwirkung der Unternehmen bei der Lösung sozialer Probleme und hofft „einen Bewusstseinswandel dahingehend herbeizuführen, dass CSR sich für Unternehmen und Gesellschaft lohnt" (BMAS 2010, 10).

Grundsätzlich lassen sich im CSR-Verständnis der Europäischen Kommission (2001) und auch der deutschen Bundesregierung (BMAS 2010) zwei divergierende Perspektiven unterscheiden (Aßländer 2011b, 118ff.): So geht es zum einen aus einer „Managementperspektive" darum, die „CSR-relevanten" Governance-Strukturen der Unternehmen zu stärken, um so die Einhaltung ethischer Standards im Tagesgeschäft sicherzustellen. Dabei sollen Unternehmen ethischen Prinzipien verstärkt in den Bereichen Human Resource Management, Arbeitsschutz, Unternehmensrestrukturierung und Umweltmanagement Rechnung tragen (Europäische Kommission 2001, 9–17). Jedoch blieben diese Ausführungen der Kommission im Grünbuch eher vage. Deshalb verweist die „neue EU-Strategie" in diesem Punkt explizit auf den Verhaltensstandard ISO 26000 als Richtschnur der Unternehmenspolitik (Europäische Kommission 2011, 16).

Zum anderen aber geht es aus „politischer Perspektive" darum, Unternehmen zu freiwilligen Beitragsleistungen in den Bereichen Umwelt und Soziales zu bewegen, um so „auf eine bessere Gesellschaft und eine sauberere Umwelt hinzuwirken" (Europäische Kommission 2001, 4). So sollen Unternehmen durch ihr freiwilliges CSR-Engagement dazu beitragen, „die Sozial- und Umweltschutzstandards anzuheben und zu erreichen, dass die Grundrechte konsequenter respektiert werden" (Europäische Kommission 2001, 4). Damit wird CSR zu einem in das Ermessen der Unternehmen gestellten Engagement, welches zum einen zur gesamtgesellschaftlichen Wohlfahrtssteigerung beiträgt, zum anderen aber vor allem im Interesse der Unternehmen selbst liegt, da es ihre Wettbewerbsfähigkeit steigert (Kallio 2007, 170). In dieser Perspektive „CSR is seen by the governments […] as a strategic and competitive opportunity for companies, domestically or abroad […] because it enhances companies' reputation" (Albareda et al. 2008, 358).

Für Unternehmen ergibt sich der „Wert" verantwortungsbewussten Verhaltens damit in erster Linie aus dessen ökonomischer Vorteilhaftigkeit. Ent-

sprechend sind auch die Initiatoren der zahlreichen, zwischenzeitlich etablierten CSR-Verhaltensstandards und eine Vielzahl der auf CSR speziali-
sierten Consultants eifrig darum bemüht, die finanzielle Vorteilhaftigkeit
„verantwortlichen Verhaltens" anzupreisen und Unternehmen derart die Vorzüge gesellschaftlichen Engagements schmackhaft zu machen.

So wirbt etwa der 2010 verabschiedete Verhaltensstandard ISO 26000
damit, dass sich durch seine Anwendung: Wettbewerbsvorteile für das
Unternehmen ergeben können, sich die Unternehmensreputation steigern
ließe, sich hierdurch die Attraktivität des Unternehmens für potenzielle Mitarbeiter und Kunden erhöhen könne, die Leistungsbereitschaft sowie die
Arbeitsmoral der Belegschaft gesteigert werden können, die Wahrnehmung
der Organisation in den Augen von Investoren und Sponsoren verbessert
würde und sich dies auch positiv auf die Beziehung zu Medien, Regierungs-
behörden und anderen Stakeholdern auswirken könne (ISO 2010, vi).

Und auch in der zahlreichen Beraterliteratur werden die Vorteile „verantwortungsbewussten" Verhaltens angepriesen. So führe das CSR-Engagement von Unternehmen zu einer Zunahme der Verkaufszahlen, zu einer Erhöhung der Marktanteile, zu einer Verbesserung der Marktposition, zu einem
verbesserten Unternehmensimage, zu einer gesteigerten Attraktivität für
künftige Mitarbeiter, zu einer verbesserten Mitarbeitermotivation, zu einem
Sinken der Geschäftskosten und zu einer verbesserten Einschätzung durch
Investoren und Finanzanalysten (Kotler/Lee 2005, 11f.).

Auf dem Markt der CSR-Beratungsleistungen erinnert nur mehr wenig an
die ursprüngliche Bedeutung von Corporate Social Responsibility im Sinne
unternehmerischer Verantwortung. Hier steht CSR vor allem für ein markt-
gängiges Gut, das mit den Mitteln einer betriebswirtschaftlichen Rhetorik
angepriesen und verkauft wird. So müssen Unternehmen eine bestimmte
„CSR-Strategie" (u.a. Urip 2010) verfolgen und einen Business-Plan zur
Umsetzung ihrer CSR-Aktivitäten (u.a. Werther/Chandler 2006, 69) entwickeln, um so eine adäquate „CSR-Performance" (u.a. Vitt et al. 2011, 150f.)
zu erreichen.

Grundsätzlich, so die gern bemühte „Win-Win-Rhetorik", würden sich die
Bemühungen der Unternehmen sowohl für die Gesellschaft als auch für die
Unternehmen selbst bezahlt machen. Wenngleich ein positiver Zusammen-
hang von sozialem Engagement und finanziellem Erfolg der Unternehmen
noch keineswegs nachgewiesen ist (u.a. Margolis/Elfenbein 2008), lässt sich
die Berücksichtigung sozialer und ökologischer Gesichtspunkte in der
Unternehmenspolitik in der Welt der „mainstream economics" nur rechtferti-
gen, wenn sich eine positive Korrelation zwischen der Übernahme sozialer
Verantwortung durch Unternehmen und der Steigerung ihrer finanziellen
Einkünfte aufzeigen lässt (Blowfield/Murray 2008, 131). Damit wird dieser so

genannte „Business Case für CSR" zum zentralen Argument für die Implementierung eines geeigneten CSR-Instrumentariums: „For business managers, government officials, academics, consultants, to name but a few, making the business case has become the Holy Grail" (ebd.).

Wird die Übernahme von Verantwortung jedoch rein an ihrer ökonomischen Vorteilhaftigkeit gemessen, dann werden dem sozialen Engagement der Unternehmen klare Grenzen gesetzt. Wenn „a corporation can do good only to help itself do well", dann so Joel Bakan, ergibt sich daraus „a profound limit on just how much good it can do". Grundsätzlich könne auch die schönste „Wohlwollensrhetorik" im Bereich CSR kaum über die wahre Natur der Unternehmung hinwegtäuschen: „its unblinking commitment to its own self-interest" (Bakan 2004, 50).

Damit wird deutlich, dass die neue Unternehmensphilosophie des „Doing Well by Doing Good" (u.a. Brainerd et al. 2013) in der Hauptsache nach wie vor das „Doing Well" der Unternehmung selbst im Auge hat. Mit anderen Worten: „when commercial interests and broader social welfare collide, profit comes first" (Kallio 2007, 171). Selbst durch das bestgemeinte Unternehmensengagement darf das Prinzip der unternehmerischen Gewinnerzielung – zumindest nicht grundsätzlich – infrage gestellt werden. „The more responsible firms, no less than the less responsible ones, must survive in high competitive markets. [...] And when such firms find themselves in financial difficulty, many of their distinctive CSR practices can become more difficult to sustain" (Vogel 2006, 44).

In einem kritischen Rückblick anlässlich der hundertsten Ausgabe von „Business Ethics – The Magazine of Corporate Responsibility" fällt Milton Moskowitz (2002, 4) daher ein ernüchterndes Urteil über die bisherigen Leistungen der CSR-Bewegung: „Looking over the history of corporate social responsibility, I can see it has consisted of 95 percent rhetoric and 5 percent action", und er kommt zu dem Schluss: „It appears that much of the corporate social responsibility movement has dealt in peripheral matters, in language, in mechanical social screens. Behind the screens, the dirty work went on as usual".

4. CSR – das institutionalisierte Gewissen?

Gilt innerhalb der philosophischen Diskussion der Verantwortungsbegriff als handlungstheoretischer Begriff, der darauf abzielt, die Frage nach der Zurechenbarkeit von Handlungsfolgen einerseits und die Frage nach den ethischen Verpflichtungen des Handelnden im Vorfeld der Handlung andererseits zu beantworten,[7] trifft dies auf den Begriff der CSR nur mehr bedingt zu. So etwa argumentiert Benedict Sheehy (2014, 4): „that a focus on specific behaviours and their classification fails to advance an understanding of the phenomenon of CSR" und fährt fort: „The better approach, therefore, is to ask and examine what type of institution CSR may be" Ähnlich wie die Institutionen des „Privateigentums" oder des „privaten Unternehmertums" durch rechtliche Regulierungen definiert sind, so Sheehy, sei auch die Institution „CSR" letztlich nur durch die CSR-regulierenden Normen bestimmt. Obwohl Sheehy (ebd. 5) zugesteht, dass die wissenschaftliche Betrachtung von CSR „looks quite different depending upon which disciplinary lens is being used", scheint es – folgt man seiner Analyse – bei der aktuellen Diskussion um eine Corporate Social Responsibility nicht um die Frage nach der Verantwortbarkeit einzelner Handlungen, sondern vor allem um die Frage nach den Möglichkeiten zur gesellschaftlichen Institutionalisierung unternehmerischer Verantwortung zu gehen.

In diesem Sinne wird die gesellschaftliche Verantwortung der Unternehmen durch zahlreiche nationale und internationale Verhaltensstandards vordefiniert, die scheinbar klare Regelungen darüber beinhalten, wofür Unternehmen Verantwortung zu übernehmen haben. Beispiele derartiger internationaler Verhaltensstandards sind der Social Accountability Standard SA 8000, der Verhaltensstandard ISO 26000 oder die neu überarbeiteten OECD-Guidelines for Multinational Enterprises. Grundsätzlich angesprochen werden in nahezu all diesen Dokumenten die Themen Arbeitnehmer- und Menschenrechte, Korruptionsverbot, Wahrung von Verbraucherinteressen und Schutz der natürlichen Umwelt. Daneben existieren zahlreiche branchenspezifische Leitlinien, wie etwa der Standard des Forest Stewardship Councils oder das Responsible Care Programm der chemischen Industrie, die neben diesen allgemeinen Regelungen auch darüber hinausgehende Verpflichtungen enthalten, wie die Wahrung der Rechte indigener Völker oder die Einhaltung von Sicherheitsstandards im Umgang mit Schadstoffen (Aßländer 2011a, 205–233). Referenzpunkt fast aller Standards bilden dabei die verschiedenen Dokumente der Vereinten Nationen und der International Labour Organization zu den Themen Menschen- und Arbeitnehmerrechte, Umweltschutz und Korruptionsverbot (vgl. zur Übersicht Roloff 2011, 254).

Mit der Bezugnahme auf derartig „sakrosankte" Dokumente wie die „Allgemeine Erklärung der Menschenrechte", die den Anspruch erheben, als allgemein anerkannte Grundsatzüberzeugungen der Weltgemeinschaft zu gelten, entfällt die Notwendigkeit einer weitergehenden Reflexion des The-

---

7 Vgl. hierzu u.a. Heidbrink (2008, 17f., 2011, 190ff.), Höffe (1993, 20–24), Lenk (1993, 115–125), Lenk/Maring (1992, 153–164), Werner (2006, 542f.), Zimmerli (1993, 102), Zimmerli/Aßländer (2005, 314f.).

mas „unternehmerische Verantwortung". Verhaltensrichtlinien, wie SA 8000 oder ISO 26000, sind zum „de facto law" (Sheehy 2014, 14) geworden und dienen nun als „Checklisten", die als normative Verhaltensvorgaben die Bandbreite dessen bestimmt, was von Unternehmen erwartet wird. Verantwortung wird so aus Sicht der Unternehmen vor allem zu einer Frage der Implementierung und operativen Umsetzung eines CSR-Instrumentariums, das es erlaubt, die Einhaltung derartiger externer Vorgaben durch das Management sowie die Mitarbeiterinnen und Mitarbeiter des Unternehmens sicherzustellen.

Wenngleich die meisten dieser Vorgaben freiwilliger Natur und nicht gesetzlich vorgeschrieben sind, bestimmen sie doch die Erwartungshaltung der Öffentlichkeit. So bildet gerade der Vorwurf der Verletzung von Menschen- oder Arbeitnehmerrechten den Ausgangspunkt für zahlreiche „Naming- und Shamingkampagnen" mit deren Hilfe unternehmenskritische NGOs auf unethisches Verhalten der Unternehmen aufmerksam machen wollen. Ziel dieser Skandalisierung ist es, die Öffentlichkeit zu mobilisieren und die angeprangerten Unternehmen mittels Verbraucherboykotts und anderer Protestaktionen zu einer Veränderung ihrer Unternehmenspolitik zu zwingen (Palazzo/Scherer 2006, 71f., den Hond/de Bakker 2007, 910). Da NGOs in der Öffentlichkeit vielfach als glaubwürdiger eingestuft werden als die Unternehmen, gegen die sie opponieren, sind NGOs mittels des ihnen zugeschriebenen „Legitimitätsüberschusses" in der Lage, durch ihre öffentlichen Proteste die „licence to operate" der jeweiligen Unternehmen in Frage zu stellen (Curbach 2010, 158f.).

Jedoch bewirkt diese externe Vorgabe des Verantwortungsbereichs eine zweifache Verschiebung der Unternehmensverantwortung.

(1) Dies ist zum einen eine Verkürzung unternehmerischer Verantwortung: Themen, die in den Checklisten für die Übernahme unternehmerischer Verantwortung nicht gelistet werden, entziehen sich der Aufmerksamkeit der Unternehmen, da sich diese ja an international gültigen Verhaltensstandards orientieren, in denen die Themenfelder unternehmerischer Verantwortung abschließend definiert zu sein scheinen (Aßländer/Löhr 2010, 22). So sind etwa Fragen nach der Angemessenheit von Managergehältern oder nach der moralischen Rechtfertigung von Steuerumgehungspraktiken kein Thema in der gegenwärtigen CSR-Debatte.

(2) Zum anderen kommt es zugleich, wie Palazzo (2010, 76f.) es ausdrückt, zu einer „Dehnung des Verantwortungsbegriffs". Gemeint ist damit, dass Unternehmen sich nun mit der Tatsache konfrontiert sehen, dass sie seitens der Öffentlichkeit auch für Menschenrechtsverletzungen ihrer Geschäftspartner oder der Staaten, innerhalb derer sie sich engagieren, verantwortlich gemacht werden. Dabei mag es im Einzelfall durchaus fraglich sein, ob sich

eine derartige Verantwortungszuweisung philosophisch begründen lässt oder ob die Unternehmung im jeweiligen Fall tatsächlich über die nötige politische Handlungsmacht verfügt hätte, um derartigen Zuständen entgegenzuwirken (Bowie/Werhane 2005, 83ff.).

Dennoch erleichtert es der Bezug auf externe Vorgaben Unternehmen, mit Verantwortung umzugehen, da sich die Aufgabe der Unternehmung nun alleine darauf beschränkt, ein geeignetes CSR-Instrumentarium zur Sicherstellung normenkonformen Verhaltens innerhalb des Unternehmens zu implementieren. Normenkonformes Verhalten sowie ein moderater Beitrag zur Unterstützung des Gemeinwesens, so die weit verbreitete Lesart, könne dazu beitragen, die Unternehmenspolitik in der Öffentlichkeit zu rechtfertigen. So ist etwa Klaus Leisinger (2007, 326), vormaliger CEO der Novartis-Stiftung, die auch als „Think-Tank" des Pharmakonzerns fungiert, der Überzeugung, dass „a record of responsible behavior plus corporate philanthropy can also help to mitigate public criticism of corporate behavior".

Die Sicherstellung „unternehmerischer Verantwortung" innerhalb der Organisation erfolgt entsprechend der organisationalen Logik der Unternehmung mittels Vorgaben und Verhaltenskontrolle. In diesem Sinne werden die externen Vorgaben, beispielsweise zur Vermeidung von Korruption, in unternehmenseigene Richtlinien, etwa zur Vergabe und zum Empfang von Geschenken „übersetzt", deren Einhaltung mittels geeigneter Kontrollmechanismen überwacht wird, wie z.B. über anonyme Hinweisgebersysteme, die eigens implementiert werden, um das Aufspüren von Zuwiderhandlungen einzelner Mitarbeiterinnen und Mitarbeiter zu erleichtern. Durch die Schaffung eigener Stellen und Abteilungen, wie etwa die eines „Ethic Officers" oder die Implementierung einer eigenen „Compliance-Abteilung", werden die Zuständigkeiten für das „verantwortliche Verhalten" der Unternehmung klar geregelt.

Fraglich bleibt jedoch, ob eine derartige „Institutionalisierung" einer Corporate Social Responsibility noch mit der ursprünglichen Bedeutung des Begriffs einer unternehmerischen Verantwortung in Einklang gebracht werden kann. Vor allem scheinen die Maßnahmen zur Umsetzung einer CSR darauf zu zielen, die eigene Unternehmenspolitik gegen Kritik von außen zu schützen und die eigene Reputation zu steigern. Damit, so hat es den Anschein, hat sich das Verständnis von CSR von der ursprünglichen Bedeutung des Begriffs Verantwortung nahezu vollständig entkoppelt.

5. CSR – Strategie statt Verantwortung

Trotz des stets bekundeten Anliegens, mit Hilfe derartiger CSR-Maßnahmen „Verantwortung" in die Kernprozesse der Unternehmensführung integrieren zu wollen, scheinen Anspruch und Wirklichkeit einander kaum zu entsprechen. Aus Sicht der Organisation dient die Implementierung von CSR-Maß-nahmen vor allem dazu, die externen Verantwortungszuweisungen aus Politik und Gesellschaft strategisch zu „managen", mit dem Ziel, das eigene Verhalten in der Öffentlichkeit zu rechtfertigen. Aus Unternehmensperspektive gilt es demzufolge, der externen Verantwortungszuweisung formal zu entsprechen ohne dabei die Effizienz- und Rentabilitätsziele der Unternehmung zu gefährden. Mittels CSR etabliert sich so zunehmend eine bestimmte Praxis im Umgang mit Verantwortung, die vor allem durch die oberflächliche Erfüllung externer Vorgaben gekennzeichnet ist, ohne dabei jedoch die ökonomische Entscheidungslogik der Unternehmung im Kern zu hinterfragen.

Diese in der Literatur als „Decoupling" (Meyer/Rowan 1977, 356) bezeichnete Loslösung einer nur vorgeblich auf die Übernahme sozialer Verantwortung gerichteten „CSR-Praxis" von dem rein an ökonomischen Zielen ausgerichteten „Tagesgeschäft" erlaubt es Unternehmen, innerhalb ihres „institutionellen Umfeldes" die Übernahme einer sozialen Verantwortung vorzutäuschen, ohne dabei die etablierten ökonomischen Entscheidungsroutinen aufzugeben. So führt die „gelebte" CSR-Praxis eben gerade nicht zu einem Überdenken der ökonomischen Entscheidungslogik in Unternehmen, sondern ist als davon entkoppelte Verhaltensnorm ausschließlich von den Erwartungen der Unternehmensumwelt an eine „Unternehmensverantwortung" bestimmt. Wenngleich es unterschiedliche Auffassungen darüber gibt, ob Decoupling stets als Teil einer bewusst verfolgten Unternehmensstrategie zu sehen ist (Tilcsik 2010) oder eine Folge mangelnder Kapazitäten von Unternehmen ist, adäquat mit dem Erwartungsdruck in ihrem institutionellen Umfeld umzugehen (Lim/Tsutsui 2012), so ist die rein „symbolische Adaption" (Bromley et al. 2012) von Verantwortung aus Sicht der Unternehmung doch der einfachste und kostengünstigste Weg, den Ansprüchen externer Stakeholder zu genügen (Behnam/MacLean 2011). Die Implementierung eines CSR-Instrumentariums, die Selbstverpflichtung auf einen der zahlreichen konkurrierenden Verhaltensstandards oder die Initiierung von Stakeholder-Dialogen dienen so vor allem als „straightforward effort to protect internal activities from external monitoring" (Bromley/Powell 2012, 484).

Augenfällig dabei ist, dass auch von Politik und Zivilgesellschaft zwar vor allem die „ungenügende CSR-Praxis" bemängelt wird, kaum aber die eigentlichen Zielsetzungen der Unternehmen. So geht es nicht darum, die generellen Konsequenzen der Produktionsverlagerung – etwa der Bekleidungsindustrie – in so genannte „Low-Cost-Countries" kritisch zu hinterfragen oder grundsätzliche Diskussionen über Lohngerechtigkeit und Mitarbeiterverantwortung zu führen, sondern darum, die unzureichende Einhaltung von Arbeitnehmerrechten oder von Umweltschutzstandards in den jeweiligen Zulieferbetrieben zu kritisieren (u.a. Ählström 2010). An die Stelle von generellen Fragen nach den Inhalten einer sozial verantwortlichen Unternehmenspolitik ist so die Frage nach der „best-practice" zur Umsetzung von extern definierten Verhaltensnormen getreten.

Wenngleich es unbestritten ist, dass die Fokussierung der CSR-Bewegung auf die Wahrung von Menschenrechten, die Einhaltung von Umweltstandards oder die Durchsetzung von Sozialstandards zentrale Themen unternehmerischer Verantwortung berührt, bleibt doch festzuhalten, dass es in dieser Diskussion zunehmend weniger um die genuin ethische Verantwortung der Unternehmen in der Gesellschaft geht. Im Zentrum der Debatte steht nicht die Frage, wofür Unternehmen verantwortlich sind oder verantwortlich gemacht werden können oder welchen Beitrag sie für das Gemeinwohl zu leisten haben, sondern die Frage nach den Möglichkeiten zur technischen Umsetzung vorgegebener Standards. Daher entsteht der Eindruck, dass es bei der praktischen Indienstnahme von „Unternehmensverantwortung" durch die CSR-Bewegung in erster Linie um die Schaffung einer „Legitimitätsfassade" geht, die es den Unternehmen erlaubt, durch die rein pflichtgemäße Erfüllung „ethischer" Ansprüche, ihre „licence to operate" aufrechtzuerhalten. Trotz aller Bemühungen der Unternehmen mittels CSR „Soziale Verantwortung" in ihrem Geschäftsumfeld zu übernehmen, zeigt die eingehendere Betrachtung des CSR-Konzepts, dass es sich dabei in erster Linie um ein strategisch konnotiertes Konzept handelt, das die Übernahme von „Verantwortung" und das gesellschaftliche Engagement der Unternehmen in den Dienst des Unternehmenserfolges stellt. So konstatiert Ronen Shamir (2005, 230) in einem bezeichnenderweise in der Zeitschrift „Symbolic Interaction" erschienenen Artikel, dass „the notion of CSR has long departed from the discursive plane of business ethics and has become both politicized and commercialized".

Zahlreiche Unternehmensskandale der jüngeren Zeit belegen dieses Zusammenspiel von symbolischer Adaption von Verantwortung und dem offensichtlich mangelnden Willen der unternehmerischen Entscheidungsträger, eine verantwortungsbewusste Unternehmenspolitik auf allen Ebenen ihres Unternehmens durchzusetzen (Lim/Tsutsui 2012, 89). Weder war diese schöne neue Welt der CSR und der vorgeblichen Selbstverpflichtung der Unternehmen auf ethische Verhaltensrichtlinien in der Lage, handfeste Unternehmensskandale, wie etwa die Bestechungsskandale bei Siemens oder die Manipulation der Finanzmärkte durch die Deutsche Bank zu verhindern, noch konnte hierdurch der „Steuerflucht" zahlreicher namhafter Unternehmen in das Steuerparadies Luxemburg entgegengewirkt werden. Alles in allem scheint sich die These, dass in Zeiten einer globalisierten Wirtschaft – gekennzeichnet durch eine zunehmende Handlungsmacht unternehmenskritischer Nichtregierungsorganisationen und einem wachsenden Bewusstsein der Konsumentinnen und Konsumenten für den „ethischen Mehrwert" der von ihnen erstandenen Produkte – vor allem die „moralisch fittesten" und nicht die „ökonomisch fittesten" Unternehmen am Markt überleben würden, nicht so recht bestätigen zu wollen. Mag man der CSR-Bewegung auch zugutehalten, dass sie ein wachsendes Bewusstsein für bestimmte problematische Verhaltensweisen von Unternehmen geschaffen und Unternehmen in einzelnen Bereichen zu Verhaltensveränderungen gezwungen hat, so muss man ihr doch entgegen halten, dass sie zugleich viele weitere Aspekte der Unternehmensverantwortung verdeckt. So darf durchaus bezweifelt werden, dass die Implementierung eines guten Gewissens mittels Umsetzung von CSR-Programmen tatsächlich genügt, um die Frage nach *der Verantwortung* der Unternehmen innerhalb der Gesellschaft zufriedenstellend zu beantworten.

Literatur

Ählström, J. (2010): Corporate Response to CSO Criticism: Decoupling the Corporate Responsibility Discourse from Business Practice. S. 70–80 in Corporate Social Responsibility and Environmental Management 17 (2010).

Albareda, L. – Lozano, J.M. – Tencati, A. – Midttun, A. – Perrini, F. (2008): The Changing Role of Governments in Corporate Social Responsibility: Drivers and Responses. S. 347–363 in Business Ethics: A European Review 17 (2008).

Aßländer, M.S. (2011a): Grundlagen der Wirtschafts- und Unternehmensethik. Marburg 2011.

Aßländer, M.S. (2011b): Corporate Social Responsibility as Subsidiary Co-Responsibility: A Macroeconomic Perspective. S. 115–128 in Journal of Business Ethics 99 (2011).

Aßländer M.S. – Löhr, A. (2010): Zum Erklärungsbedarf der Modevokabel Corporate Social Responsibility. S. 11–32 in Aßländer M.S. – Löhr, A. (Hrsg.): Corporate Social Responsibility in der Wirtschaftskrise – Reichweiten der Verantwortung. München 2010.

Bakan, J. (2004): The Corporation – The Pathological Pursuit of Profit and Power. New York, NY 2004.

Banerjee, S.B. (2007): Corporate Social Responsibility – The Good, the Bad and the Ugly. Cheltenham 2007.

Behnam, M. – MacLean, T.L. (2011): Where is the Accountability in International Accountability Standards?: A Decoupling Perspective. S. 45–72 in Business Ethics Quarterly 21 (2011).

Blowfield, M. – Murray, A. (2008): Corporate Responsibility – A Critical Introduction. Oxford 2008.

BMAS (2010): Nationale Strategie zur gesellschaftlichen Verantwortung von Unternehmen (Corporate Social Responsibility – CSR) – Aktionsplan CSR – der Bundesregierung. A398. Bundesministerium für Arbeit und Soziales. Bonn 2010.

Bowen, H.R. (2013): Social Responsibilities of the Businessmen. Iowa City, IA 2013.

Bowie, N.E. – Werhane, P.H. (2005): Management Ethics. Malden, MA 2005.

Brainerd, M. – Campbell, J. – Davis, R. (2013): Doing Well by Doing Good: A Leader's Guide. S. 1–11 in McKinsey Quarterly 49 (2013).

Bromley, P. – Powell, W.W. (2012): From Smoke and Mirrors to Walking the Talk: Decoupling in the Contemporary World. S. 483–530 in The Academy of Management Annals 6 (2012).

Bromley, P. – Hwang, H. – Powell, W.W. (2012): Decoupling Revisited: Common Pressures, Divergent Strategies in the U.S. Nonprofit Sector. S. 468–501 in M@n@gment 15 (2012).

Buchholtz, A.K. – Carroll, A.B. (2009): Business and Society. Mason, OH 2009.

Carroll, A.B. (1979): A Three-Dimensional Conceptual Model of Corporate Social Performance. S. 497–505 in Academy of Management Review 4 (1991).

Carroll, A.B. (1991): The Pyramid of Corporate Social Responsibility: Toward the Moral Management of Organizational Stakeholders. S. 39–48 in Business Horizons 34 (1991).

Carroll, A.B. (1998): The four Faces of Corporate Citizenship. S. 1–7 in Business and Society Review 100 (1998).

Carroll, A.B. (2009): A History of Corporate Social Responsibility: Concepts and Practices. S. 19–46 in Crane, A. – McWilliams, A. – Matten, D. – Moon. J. – Siegel, D.S. (Hrsg.): The Oxford Handbook of Corporate Social Responsibility. Oxford 2009.

Clark, M. (1916): The Changing Basis of Economic Responsibility. S. 209–229 in The Journal of Political Economy 24 (19916).

Crane, A. – Matten, D. (2007). Business Ethics. Oxford 2007.

Crane, A.– Matten, D. – Moon, J. (2008): Corporations and Citizenship. New York, NY 2008.

Crane, A. – McWilliams, A. – Matten, D. – Moon, J. – Siegel, D.S. (2009): The Corporate Social Responsibility Agenda. S. 3–15 in Crane, A. – McWilliams, A. – Matten, D. – Moon, J. – Siegel, D.S. (Hrsg.): The Oxford Handbook of Corporate Social Responsibility. Oxford 2009.

Curbach, J. (2010): Gut ist nicht gut genug! – Zur gesellschaftlichen (Un)Produktivität von kritischen NGOs und CSR-Verweigerern. S. 147–171 in Aßländer, M.S. – Löhr, A. (Hrsg.): Corporate Social Responsibility in der Wirtschaftskrise. München 2010.

den Hond, F. – de Bakker, F.G.A. (2007): Ideologically Motivated Activism: How Activist Groups Influence Corporate Social Change Activities. S. 901–924 in Academy of Management Review 32 (2007).

Elkington, J. (1999): Cannibals with Forks – The Triple Bottom Line of 21st Century Business. Oxford 1999.

Elkington, J. (2004): Enter the Triple Bottom Line. S. 1–16 in Henriques, A. – Richardson, J. (Hrsg.): The Triple Bottom Line, Does it all Add up? London 2004.

Europäische Kommission (2001): Grünbuch: Europäische Rahmenbedingungen für die Soziale Verantwortung der Unternehmen. KOM (2001) 366 endgültig. Brüssel 2001.

Europäische Kommission (2002): Mitteilung der Kommission betreffend die soziale Verantwortung der Unternehmen: ein Unternehmensbeitrag zur nachhaltigen Entwicklung. KOM (2002) 347 endgültig. Brüssel 2002.

Europäische Kommission (2006): Mitteilung der Kommission betreffend die Umsetzung der Partnerschaft für Wachstum und Beschäftigung: Europa soll auf dem Gebiet der sozialen Verantwortung der Unternehmen führend werden. KOM (2006) 136 endgültig. Brüssel 2006.

Europäische Kommission (2011): Mitteilungen der Kommission an das Europäische Parlament, den Rat, den Europäischen Wirtschafts- und Sozialausschuss und den Ausschuss der Regionen: Eine neue EU-Strategie (2011–2014) für die soziale Verantwortung der Unternehmen (CSR). KOM (2011) 681 endgültig. Brüssel 2011.

Fombrun, C.J. – Gardberg, N.A. – Barnett, M.L. (2000): Opportunity Platforms and Safety Nets: Corporate Citizenship and Reputational Risk. S. 85–106 in Business and Society Review, Special Edition „Corporate Citizenship for the New Millenium" 105 (2000).

Gardberg, N.A. – Fombrun, C.J. (2006): Corporate Citizenship: Creating Intangible Assets across Institutional Environments. S. 329–346 in Academy of Management Review 31 (2006).

Garriga; E. – Melé, D. (2004): Corporate Social Responsibility Theories. Mapping the Territory. S. 51–71 in Journal of Business Ethics 53 (2004).

Habisch, A. – Schmidpeter, R. – Neureiter, M. (Hrsg.) (2008): Handbuch Corporate Citizenship – Corporate Social Responsibility für Manager. Berlin 2008.

Haufler, V. (2001): A Public Role for the Private Sector. Industry Self-Regulation in a Global Economy. Washington, DC 2001.

Heald, M. (1957): Management's Responsibility to Society: The Growth of an Idea. S. 375–384 in The Business History Review 31 (1957).

Heidbrink, L. (2008): Einleitung – Das Verantwortungsprinzip in der Marktwirtschaft. S. 11–27 in Heidbrink, L. – Hirsch, A. (Hrsg.): Verantwortung als marktwirtschaftliches Prinzip. Frankfurt a.M. 2008.

Heidbrink, L. (2011): Der Verantwortungsbegriff der Wirtschaftsethik. S. 188–197 in Aßländer, M.S. (Hrsg.): Handbuch Wirtschaftsethik. Stuttgart 2011.

Höffe, O. (1993): Moral als Preis der Moderne. Frankfurt a.M. 1993.

Holland, D. – Albrecht, C. (2013): The Worldwide Academic Field of Business Ethics: Scholar's Perceptions of the Most Important Issues. S. 777–788 in Journal of Business Ethics 117 (2013).

ISO 2010: International Standard ISO 26.000: Guidance on Social Responsibility. ISO 26000:2010(E).

Kallio, T.J. (2007): Taboos in Corporate Social Responsibility Discourse. S. 165–175 in Journal of Business Ethics 74 (2007).

Kotler, P. – Lee, N. (2005): Corporate Social Responsibility – Doing the Most Good for Your Company and Your Cause. Hoboken, NJ 2005.

Leisinger, K.M. (2007): Corporate Philanthropy: The Top of the Pyramid. S. 315–342 in Business and Society Review 112 (2007).

Liedekerke, L. van – Demuijnck, G. (2011): Business Ethics as a Field of Training, Teaching, and Research in Europe. S. 29–41 in Journal of Business Ethics 104 (2011).

Lenk, H. (1993): Über Verantwortungsbegriffe und das Verantwortungsproblem in der Technik. S. 112–148 in Lenk, H. – Ropohl, G. (Hrsg.): Technik und Ethik. Stuttgart 1993.

Lenk, H. – Maring, M. (1992): Verantwortung und Mitverantwortung bei korporativem und kollektivem Handeln. S. 153–164 in Lenk, H. – Maring, M. (Hrsg.): Wirtschaft und Ethik. Stuttgart 1992.

Lim, A. – Tsutsui, K. (2012): Globalization and Commitment in Corporate Social Responsibility: Cross-National Analyses of Institutional and Political-Economy Effects. S. 69–98 in American Sociological Review 77 (2012).

Logsdon, J.M. – Wood, D.J. (2002): Business Citizenship: From Domestic to Global Level of Analysis. S. 155–187 in Business Ethics Quarterly 12 (2002).

Margolis, J.D. – Elfenbein, H.A. (2008): Do Well by Doing Good? Don't Count on It. S. 19–20 in Harvard Business Review 86 (2008).

Matten, D. – Crane, A. (2005): Corporate Citizenship: Toward an Extended Theoretical Conceptualization. S. 166–179 in Academy of Management Review 30 (2005).

Matten, D. – Crane, A. – Chapple, W. (2003): Behind the Mask: Revealing the True Face of Corporate Citizenship. S. 109–120 in Journal of Business Ethics 45 (2003).

Matten, D. – Moon J. (2004): Corporate Social Responsibility Education in Europe. S. 323–337 in Journal of Business Ethics 54 (2004).

McIntosh, M. – Leipziger, D. – Jones, K. – Coleman, G. (1998): Corporate Citizenship – Successful Strategies for Responsible Companies. London 1998.

McWilliams, A. – Siegel, D.S. (2001): Corporate Social Responsibility: A Theory of the Firm Perspective. S. 117–127 in Academy of Management Review 26 (2001).

Meyer, J.W. – Rowan, B. (1977): Institutionalized Organizations. Formal Structure as Myth and Ceremony. S. 340–363 in American Journal of Sociology 83 (1977).

Micklethwait, J. – Wooldridge, A. (2005): The Company – A Short History of a Revolutionary Idea. New York, NY 2005.

Moskowitz, M. (2002): What Has CSR Really Accomplished? S. 4 in Business Ethics: The Magazine of Corporate Responsibility 16 (2002).

Orlitzky, M. – Siegel, D.S. – Waldman, D.A. (2011): Strategic Corporate Social Responsibility and Environmental Sustainability. S. 6–27 in Business and Society, 50 (2011).

Palazzo, G. (2009): Der aktuelle Stand der wissenschaftlichen Forschung zur Corporate Social Responsibility (CSR). Gutachten für das Bundesministerium für Arbeit und Soziales. Abteilung VI – Referat GS3. Lausanne 2009.

Palazzo, G. (2010): Des Kaisers neue Kleider? Kritische Anmerkungen zum CSR-Boom. S. 73–82 in Aßländer, M.S. – Löhr, A. (Hrsg.): Corporate Social Responsibility in der Wirtschaftskrise. München 2010.

Palazzo, G. – Scherer, A.G. (2006): Corporate Legitimacy as Deliberation. A Communicative Framework. S. 71–88 in Journal of Business Ethics 66 (2006).

Pinkston, T.S. – Carroll, A.B. (1996): A Retrospective Examination of CSR Orientations: Have They Changed? S. 199–206 in Journal of Business Ethics 15 (1996).

Porter, M.E. – Kramer, M.R. (2002). The Competitive Advantage of Corporate Philanthropy. S. 57–68 in Harvard Business Review 80 (2002).

Porter, M.E. – Kramer, M.R. (2006). Strategy and Society: The Link Between Competitive Advantage and Corporate Social Responsibility S. 78–92, 163 in Harvard Business Review 84 (2006).

Roloff, J. (2011): Sozialstandards. S. 253–260 in Aßländer, M.S. (Hrsg.): Handbuch Wirtschaftsethik. Stuttgart 2011.

Scherer, A.G. – Palazzo, G. (2007): Toward a Political Conception of Corporate Responsibility: Business and Society Seen from a Habermasian Perspective. S. 1096–1120 in Academy of Management Review 32 (2007).

Scherer, A.G. – Palazzo, G. (2011): The New Political Role of Business in a Globalized World: A Review of a New Perspective on CSR and its Implications for the Firm, Governance, and Democracy. S. 899–931 in Journal of Management Studies 48 (2011).

Shamir, R. (2005): Mind the Gap: The Commodification of Corporate Social Responsibility. S. 229–253 in Symbolic Interaction 28 (2005).

Sheehy, B. (2014): Defining CSR: Problems and Solutions. Journal of Business Ethics – doi: 1007/s10551-014-2281-x 8 (im Erscheinen).

Tilcsik, A. (2010): From Ritual to Reality: Demography, Ideology, and Decoupling in a Post-Communist Government Agency. S. 1474–1498 in Academy of Management Journal 53 (2010).

Urip, S. (2010): CSR Strategies – Corporate Social Responsibility for a Competitive Edge in Emerging Markets. Malden, MA 2010.

Utting, P. (2005): Corporate Responsibility and the Movement of Business. S. 375–388 in Development in Practice 15 (2005).

Vitt, J. – Franz, P. – Kleinfeld, A. – Thorns, M. (2011): Gesellschaftliche Verantwortung nach DIN ISO 26000 – Eine Einführung mit Hinweisen für Anwender. Berlin 2011.

Vogel, D. (2006): The Market for Virtue. The Potential and Limits of Corporate Social Responsibility. Washington, DC 2006.

Waddock, S. (2001): Corporate Citizenship Enacted as Operating Practice. S. 237–246 in International Journal of Value Based Management 14 (2001).

Waddock, S. – Smith, N. (2000). Relationship: The Real Challenge of Corporate Global Citizenship. S. 47–62 in Business and Society Review 105 (2000).

Walton, C.C. (1967): Corporate Social Responsibilities. Belmont, CA 1967.

Werner, M.H. (2006): Verantwortung. S. 541–548 in Düwell, M. – Hübenthal, C. – Werner, M.H. (Hrsg.): Handbuch Ethik. Stuttgart 2006.

Werther, W.B. – Chandler, D. (2006): Strategic Corporate Social Responsibility – Stakeholders in a Global Environment. Thousand Oaks, CA 2006.

Wood, D.J. – Logsdon, J.M. (2002): Business Citizenship: From Individuals to Organizations. S. 59–94 in The Ruffin Series of the Society of Business Ethics. Vol. 3 (Ethics and Entrepreneurship) 2002.

Wood, D.J. – Logsdon, J.M. (2008). Business Citizenship as Metaphor and Reality. S. 51–59 in Business Ethics Quarterly 18 (2008).

Zimmerli, W.C. (1993): Wandelt sich die Verantwortung mit dem technischen Wandel? S. 92–111 in Lenk, H. – Ropohl, G. (Hrsg.): Technik und Ethik. Stuttgart 1993.

Zimmerli, W.C. – Aßländer, M.S. (2005): Wirtschaftsethik. S. 302–384 in Nida-Rümelin, J. (Hrsg.): Angewandte Ethik – die Bereichsethiken und ihre theoretische Fundierung. Stuttgart 2005.

Corporate Social Responsibility – das Ende eines „glänzenden" Selbstbekenntnisses von Unternehmen?

Ulrich Arnswald

Corporate Social Responsibility (CSR) beschäftigt sich mit der Frage, inwieweit Unternehmen Verantwortung gegenüber der Gesellschaft haben. Bereits die Frage, ob Unternehmen sozial verantwortlich sind, ist strittig: Z.B. vertritt Milton Friedman (1970) die These, dass nur die Gewinnerzielung sowie die Einhaltung der Gesetze einer Gesellschaft Aufgabe von Unternehmen sein könne. CSR-Befürworter, wie die Europäische Kommission, argumentieren hingegen, dass die Verantwortung einer Unternehmung sich nicht ausschließlich auf wirtschaftliche Aspekte begrenzt, sondern auch soziale und ökologische Aspekte umfasse:

> „In dem Maße, wie die Unternehmen selbst sich den Herausforderungen eines sich wandelnden Umfelds im Kontext der Globalisierung und insbesondere des Binnenmarkts stellen müssen, wächst in ihnen das Bewusstsein, dass die Wahrnehmung ihrer sozialen Verantwortung unmittelbaren wirtschaftlichen Wert haben kann. Obwohl die primäre Aufgabe eines Unternehmens darin besteht, Gewinne zu erzielen, können Unternehmen gleichzeitig einen Beitrag zur Erreichung sozialer und ökologischer Ziele leisten, indem sie die soziale Verantwortung in ihre grundsätzliche Unternehmensstrategie, ihre Managementinstrumente und ihre Unternehmensaktivitäten einbeziehen" (Kommission der Europäischen Gemeinschaften 2001, 4f.).

Der Terminus CSR wurde 2001 in das Grünbuch der Kommission als ein Konzept aufgenommen, „das den Unternehmen als Grundlage dient, auf freiwilliger Basis soziale Belange und Umweltbelange in ihre Unternehmenstätigkeit und in die Wechselbeziehungen mit den Stakeholdern zu integrieren" (ebd. 7). Letztlich sollen die Unternehmen „ihre Beziehungen zu unterschiedlichen Stakeholdern gestalten, die ihrerseits realen Einfluss nehmen auf den Handlungsspielraum der Unternehmen" (ebd. 5).[1] Die Grundfrage der CSR lautet daher schlicht: „Für was soll eine Unternehmung alles verantwortlich sein?"

---

1 Im Anhang des *Grünbuchs* wird der Begriff „Stakeholder" wie folgt bestimmt: „Einzelpersonen, Gemeinschaften oder Organisationen, die die Geschäftstätigkeit eines Unternehmens beeinflussen oder von ihr beeinflusst werden. Es gibt interne Stakeholder (z.B. Belegschaft) und externe Stakeholder (z.B. Kunden, Zulieferer, Anteilseigner, Investoren, lokale Gemeinschaften)" (Kommission der Europäischen Gemeinschaften 2001, 30).

1. Probleme der Begriffsbestimmung

Obwohl der Begriff CSR in der Wirtschaftsliteratur und -praxis in großem Umfang Verwendung findet, bleibt er dennoch äußerst vage. Wer dies positiver umschreiben will, kann davon sprechen, dass der Begriff noch deutungsoffen ist. Carroll (vgl. 1979, 499) stellt fest, dass eine große Bandbreite unterschiedlicher CSR-Definitionen existiert: z.B. von „ausschließlicher Gewinnerzielung" (Friedman), „über die Gewinnerzielung hinaus" (Davis, Backman), „über ökonomische und rechtliche Anforderungen hinaus" (McGuire), zu „freiwilligen Aktivitäten" (Manne) oder „ökonomischen, legalen, freiwilligen Aktivitäten" (Steiner) bis hin zu „konzentrischen Zirkeln, die immer weitere Kreise umfassen" („concentric circles, ever widening" – CED, Davis/Blomstom), „Besorgnis bezüglich des umfassenden sozialen Systems" (Eells/Walton), „Verantwortung in einer Reihe von gesellschaftlichen Problemfeldern" (Hay/Gray/Gates) oder zum „dem Gemeinwohl Vorrang geben" (Ackerman/Bauer, Sethi).

Darüber hinaus kursieren weitere Definitionsvorschläge: Die Organisation *Business for Social Responsibility (BSR)* (2006, 6) definiert CSR als „achieving commercial success in ways that honor ethical values and respect people, communities, and the natural environment." McWilliams und Siegel (2001, 117) meinen, dass CSR am besten als „actions that appear to further some social good, beyond the interest of the firm and that which is required by law" zu beschreiben sei. Jeff Frooman (1997, 227) hingegen bestimmt CSR wie folgt: „An action by a firm, which the firm chooses to take, that substantially affects an identifiable social stakeholder's welfare". Dagegen lautet Friedmans (2002, 164) These, dass Unternehmertum *per se* eine hinreichende Verantwortlichkeit gegenüber der Gesellschaft darstellt: „In einem freien Wirtschaftssystem gibt es nur eine einzige Verantwortung für die Beteiligten: Sie besagt, dass die verfügbaren Mittel möglichst Gewinn bringend eingesetzt und Unternehmungen unter dem Gesichtspunkt der größtmöglichen Profitabilität geführt werden müssen, solange dies unter Berücksichtigung der festgelegten Regeln des Spiels geschieht, d.h. unter Beachtung der Regeln des offenen und freien Wettbewerbs und ohne Betrugs- und Täuschungsmanöver".

Überdeutlich wird, dass die verschiedenen Definitionen unterschiedliche Aspekte umfassen: Während einige die Freiwilligkeit von CSR-Aktivitäten betonen, rücken andere die soziale Verantwortung von Unternehmen in den Mittelpunkt; wieder andere adressieren die Verpflichtung zur Gewinnorientierung bzw. gegenüber den Stakeholdern oder die Selbstregierung der Unternehmung im Sinne von *Corporate Governance*. Während Friedman (vgl. 1970, 33) die philanthropische Verwendung von aus Unternehmensgewinnen erzielten Einkommen durch die Eigentümer als legitim ansieht, verneint er dies für die Unternehmung als juristische Person. Er kann zudem keinen Widerspruch zwischen dem Marktsystem und den Zielen von CSR erkennen: „Es besteht keine Diskrepanz zwischen dem System des freien Marktes und dem Streben nach sozialen und kulturellen Zielen" (Friedman/Friedman 1980, 157).

Insgesamt ist CSR umstritten und begrifflich unklar (vgl. Malloch 2013, vii), wobei die vermutlich einflussreichste und am meisten akzeptierte Definition, die für den weiteren Diskurs verwendet wird, auf Archie B. Carroll (1979) zurückgeht.

2. Das vorherrschende CSR-Konzept

Gemäß Carroll (1979) ist es die oberste Pflicht eines Unternehmens, Gewinne im Rahmen des Rechts zu generieren. Das Recht sei zwingend einzuhalten. Darüber hinaus habe ein Unternehmen auch eine ethische Verantwortung, die die Erfüllung gesellschaftlicher Erwartungen, Normen und sozialer Praktiken umfasst. Diese würden über das Recht der Gemeinschaft hinausgehen. Wünschenswert sei eine weitergehende diskretionäre Verantwortung der Unternehmen für die Gemeinschaft, was bedeute, dass Unternehmen über die Erwartung der Gesellschaft hinaus Verantwortung für die Gemeinschaft übernehmen sollen. Sie würden als „guter Bürger" (*Corporate Citizen*) auftreten, die in dieser Rolle z.B. kulturelle und soziale Einrichtungen unterstützen (vgl. Carroll 1991, Günther/Ruter/Kilius 2009, 71).

Nach dem Konzept von Carroll umfasst CSR vier Dimensionen:

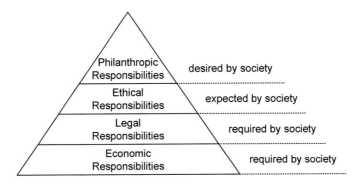

Abb. 1: Dimensionen der CSR nach Archie B. Carrol (Grafik n. Küpper 2011, 127)

Ökonomische Verantwortung (Economic Responsibilities)

Die gesellschaftliche Funktion von Unternehmen in einem Marktsystem bestünde darin, die Versorgung der Gesellschaft mit Gütern und Dienstleistungen sicherzustellen und hierbei gleichfalls Gewinne zu erzielen, um Investitionen tätigen zu können, die wiederum Produkt- und Prozessinnovationen gewährleisten sollen (vgl. Carroll 1991, 40f.).

Rechtliche Verantwortung (Legal Responsibilities)

Rechtliche Normen würden die Nutzenoptimierung wirtschaftlicher Akteure einschränken. Seitens des Gesetzgebers würde das Streben nach Gewinnerzielung durch Rechte und Regulierungen sanktioniert, wenn gewisse Standards nicht erfüllt werden. Unternehmen müssen die Gesetze und Regeln des Staates einhalten, innerhalb deren sie ansonsten frei handeln dürfen. Der Staat setze demnach die rechtlichen Rahmenbedingungen in einer Marktwirtschaft fest. Rechtliche Verpflichtungen basieren auf ethischen Normen, die kodifiziert wurden (vgl. ebd. 41).

Ethische Verantwortung (Ethical Responsibilities)

Ethische Normen gehen rechtlichen Normen voraus. Sie sind nicht gleichermaßen bindend, aber gesellschaftspolitisch wünschenswert. Insofern sind sie häufig Vorwegnahmen möglicher rechtlicher Regelungen, die weitergehende ethische Erwartungen an die Unternehmen beschreiben und jederzeit durch den Gesetzgeber zu rechtlich bindenden Normen erhoben werden können. CSR entspricht daher einer ethischen Erwartungshaltung an die Unternehmen, denen diese gerecht werden sollten, wenn sie gesellschaftliche Akzeptanz finden wollen. Im ökonomischen Kontext sollen Unternehmen zwar ihre Ziele in Form von Gewinn- und Umsatzorientierung anstreben, aber auf eine Art und Weise, die die ethischen Werte der Gesellschaft respektieren sollen. Zu dieser Verpflichtung gehört der angemessene Umgang mit Mensch und Umwelt (vgl. ebd.).

Philanthropische Verantwortung (Philanthropic Responsibilities)

Die philanthropische Verantwortung eines Unternehmens beschreibe das von der Gesellschaft erwünschte Handeln, das ausschließlich freiwillig sei. Es sei eine Art Wunschkatalog der Gesellschaft, dessen Erfüllung sich diese von einer Unternehmung als „guten Bürger" erhoffe. Hierzu gehöre das aktive Engagement von Unternehmen für Initiativen zur Steigerung des Gemeinwohls, ebenso wie Mäzenatentum in Form der finanziellen Unterstützung öffentlicher Angelegenheiten. Während die ethische Verantwortung mit einer Erwartung des richtigen Handelns einhergehe, sei dies bei der philanthropischen Erwartung nicht der Fall. Die Philanthropie sei diskretionär, insoweit, als dass es zu ihr keine moralische Verpflichtung, wenn auch eine gesellschaftliche Erwartung gebe (vgl. ebd. 42).

3. Die Argumentation *Pro CSR*

Für Carroll (vgl. ebd. 40) stehen diese vier Dimensionen in einer wechselseitigen Beziehung, wobei insbesondere die Bedeutung der ethischen sowie der philanthropischen Verantwortung immens gewachsen sei. Ein Grund hierfür sei die zunehmende Globalisierung der Wirtschaft, denn diese könne „zu einer Fragmentierung kollektiver Handlungsfähigkeit, Einschränkung staatlicher Regulierungsfähigkeit und zu einer Teilprivatisierung öffentlicher Autorität (Private Authority)" führen (Scherer/Patzer 2011, 322).

Weiterhin führe der Globalisierungsprozess zu einer „Auflösung nationaler Konsensgemeinschaften durch zunehmende Individualisierung, Infragestellung von Traditionen, Werteerosion, anwachsende Migrationsprozesse und die Entstehung pluralistischer und multikultureller Gesellschaften" (ebd.). Dadurch stünden Gesellschaften immer weniger gemeinsame Werte zur gesellschaftlichen Integration zur Verfügung, was einerseits in einer geringeren staatlichen Steuerbarkeit, andererseits in einer steigenden Heterogenität der gesellschaftlichen Werte resultiere. CSR korrespondiere nicht einmal mehr mit einheitlichen Regeln innerhalb einer Gesellschaft (vgl. Palazzo/Scherer 2006, 77).

Weltweit verschärfe sich die Situation durch das Fortschreiten der Globalisierung weiter, sodass Unternehmen sich damit arrangieren müssten, dass in vielen Ländern der Welt keine hinreichenden moralischen und rechtlichen Standards vorhanden seien. Ebenso lägen keine weithin akzeptierten normativen Grundlagen vor, die als implizite Regeln verstanden werden können. Diese Situation wurde von Habermas (1998) als die „postnationale Konstellation" erfasst. Da die durch die Globalisierung der Märkte gezeitigten Folgen in Form von sozialen, kulturellen und ökologischen Problemen von Unternehmen verursacht würden, sollten sich diese nach der CSR-Logik an deren Beseitigung unmittelbar beteiligen, wobei das jeweilige Unternehmen im Prinzip festlegt, „in welchem Umfang es Verantwortung für die Folgen des eigenen Handelns übernimmt" (Günter/Ruter/Kilius 2009, 70).

Der CSR-Logik ist geschuldet, dass international tätige Unternehmen für die Politik zu einflussreichen Akteuren im Hinblick auf die Bewältigung globaler Herausforderungen (u.a. Arbeitsschutz, Achtung der Menschenrechte, Ausbildung eines ökologischen Bewusstseins etc.) werden können. Bei nicht vorhandener nationaler Gesetzgebung bzw. Rechtsdurchsetzung in Entwicklungsländern können Unternehmen gesellschaftspolitische Verantwortung zugewiesen werden, um dort internationale Standards umzusetzen bzw. nicht umgesetzte rechtliche Vereinbarungen zu substituieren. In diesem Kontext kann die soziale Verantwortung von Unternehmen Ersatz für nicht bestehende oder nicht durchgesetzte Rechtsvorschriften sein (vgl. Nospickel 2010, 39), obwohl sie nach Zuschreibung genau dies in entwickelten Gesellschaften mit bestehenden Rechtsvorschriften und Regelungen (im Bereich sozialer Rechte und Umweltstandards) nicht sein darf (vgl. Kommission der Europäischen Gemeinschaften 2001, 7). Dies wirft Demokratiefragen auf, nämlich ob, wann und mit welcher Legitimation dies in Entwicklungsländern geschehen darf.

Seit Jahren würden Unternehmen mehr und mehr das Thema CSR aufgreifen und damit ihre Bereitschaft unterstreichen, an der Bewältigung von sozialen, ökologischen, aber auch ökonomischen Problemen (wie z.B. der Finanzkrise sowie Unternehmensskandalen) mitzuwirken. Dieses zunehmende Engagement könne als Bemühen angesehen werden, neue gesellschaftliche Legitimation für unternehmerische Aktivitäten einzuholen. Diverse Unternehmensskandale und nicht zuletzt die Finanzkrise hätten eine spürbare Legitimationslücke entstehen lassen. Sowohl die Erwartung der Öffentlichkeit als auch der Druck auf die Unternehmen durch Nichtregierungsorganisationen (*NGOs*) sei deutlich gestiegen. Daher würden sich die Unternehmen der Forderung gegenüber sehen, aktiv Verantwortung für soziale, ökologische und ökonomische Folgen ihres Handelns zu übernehmen (vgl. Shamir 2004, 644).

Neben den Richtlinien der EU entstand in den letzten Jahren eine Vielzahl von CSR-Initiativen: z.B. der *Global Compact* der Vereinten Nationen, die *OECD-Leitsätze für multinationale Unternehmen*, die *Labor Standards* der Internationalen Arbeitsorganisation (ILO), die ISO-Zertifizierungen mit dem Umweltgütesiegel *ISO 14000* und der Norm *ISO 26000* oder die „Wolfsberg-Principles" zur Bekämpfung von Geldwäsche und Korruption.

4. Betriebswirtschaftliche Anreize für CSR

Als positive Anreize für CSR werden diverse betriebswirtschaftliche Vorteile benannt, die letztlich die Wettbewerbsfähigkeit von Unternehmen verbessern würden. Die Abwägung *Pro* und *Contra* CSR erfolgt dabei aus rein zweckrationaler Perspektive, d.h. CSR-Aktivitäten sind nur dann sinnvoll, wenn sich ein positiver Einfluss auf betriebswirtschaftliche Kennzahlen vermuten lässt. Die folgende Auflistung geht mit neueren Ergebnissen zum Wechselspiel von Verantwortungsübernahme und betrieblichen Kennzahlen einher (vgl. Wehner/Lorenz/ Gentile 2008, 353):

- *Marketing / Produkt- bzw. Markendifferenzierung*: CSR-Aktivitäten seien immer als ein (durchaus legitimes) Marketinginstrument anzusehen, um sich in engen Märkten von den Konkurrenten abzusetzen und durch gleichzeitigen Zugewinn von Reputation und Vertrauen die Kaufentscheidung der Kunden positiv zu beeinflussen (vgl. Kaiser/Schuster 2004, 671f.).

- *Reputation / Unternehmensimage*: Mittels CSR-Maßnahmen ließe sich ein positives Unternehmensimage aufbauen und hierdurch sowie durch den Markennamen die Reputation eines Unternehmens steigern. Ein positives Bild einer Unternehmung stelle eine Investition für das Unternehmen dar. Als immaterieller Wert könne sich die Reputation im Marktwert bzw. Börsenwert niederschlagen (vgl. Günther/Ruter/Kilius 2009, 70f.).

- *Vertrauen*: CSR-Maßnahmen seien behilflich Vertrauen von Kapitalgebern, Kunden und weiteren Stakeholdern in ein Unternehmen aufzubauen bzw. zu stärken und dadurch auch Transaktionskosten zu senken. Darüber hinaus würden CSR-Maßnahmen das generelle Vertrauen in die Wirtschaft stärken (vgl. Schmidpeter 2013, 118, Kaiser/Schuster 2004, 671).

- *Legitimation / Geschäftserlaubnis*: Legitimation werde zunehmend wichtig, da Unternehmen einerseits ein Interesse hätten, nicht durch Regulierungen, Steuern oder anderen Interventionen in ihrem Geschäft gestört zu werden, andererseits sich aber zunehmend in der Öffentlichkeit daran messen lassen müssten, ob sie auch allgemeinwohlorientiert handeln. Mittels CSR-Maßnahmen könnten Unternehmen der Regierung bzw. der Öffentlichkeit freiwillige Schritte der Selbstregulierung anbieten. Dieser Ansatz gehe auch mit der Idee der Geschäftserlaubnis (*License to Operate*) einher, die besagt, dass Unternehmen nur dann tätig werden können, wenn sie – stillschweigend oder explizit – die Zustimmung von der Regierung und anderen Stakeholdern besitzen (vgl. Günther/Ruter/Kilius 2009, 70).

- *Arbeitsmarkt / Personalführung*: CSR-Programme würden die Rekrutierung von Mitarbeitern und die Personalführung verbessern: Z.B. könnte ein gutes Arbeitsklima die Attraktivität der Unternehmung als Arbeitgeber erhöhen, die Personalfluktuation senken, die Mitarbeitermotivation steigern und die Identifikation der Mitarbeiter mit dem Unternehmen stärken (vgl. Kaiser/Schuster 2004, 671).

- *Unternehmensführung und -steuerung*: CSR gelte auch als ein Instrument zur Unternehmenssteuerung und verschaffe als solches einen Referenzrahmen zur internen und externen Kommunikation von Geschäftszielen. Soziale Innovationen, Stärkung der Eigenverantwortung der Mitarbeiter, aber auch wirtschaftliche und gesellschaftliche Entwicklungen ließen sich so leichter steuern. Ziel sei es, eine innovationsförderliche Unternehmenskultur gegenüber dem gesellschaftlichen Umfeld zu propagieren (vgl. Schwarz 2006, 279f.).

- *Risikomanagement*: CSR-Initiativen könnten die Risikoabwägung verbessern: Durch Eingebundenheit in das Umfeld, erkenne das Unternehmen die Erwartungen von externen Stakeholdern und könne zugleich gesellschaftliche Trends leichter einstufen. Darüber hinaus würden der Unternehmung Informationen aus ihrem gesamten Umfeld zufließen, sodass sie schneller reagieren könnte (vgl. Wehner/Lorenz/Gentile 2008, 353, Malloch 2013, vii).

- *Finanzmärkte*: CSR-Aktivitäten würden sich positiv auf die Position von Unternehmen in den Finanzmärkten auswirken. Kapitalgeber würden gesellschaftlich verantwortliche Unternehmen bevorzugen bzw. von einer Investition in nicht gesellschaftlich verantwortlichen Unternehmen absehen (vgl. Schwarz 2006, 284f., Kaiser/Schuster 2004, 671).

5. Mögliche „verborgene Motive" hinter CSR-Initiativen

CSR-Kritiker bezeichnen mit „Greenwashing" und „Bluewashing" die Teilnahme von Unternehmen an solchen CSR-Initiativen, die ausschließlich ihre Reputation verbessern, ohne die Unternehmensprozesse an soziale und/ oder ökologische Erfordernisse anzupassen. In Anbetracht der globalen Umweltproblematik stellen solche Maßnahmen letztlich unbedeutende Aktivitäten in den Mittelpunkt der Öffentlichkeitsarbeit von Unternehmen (vgl. Fembek 2013, 10), die die eigentlichen Probleme nicht lösen können. Einem Rezept gleich lautet die Handlungsanweisung an Unternehmen ganz einfach: „Corporations that want to be seen as ethical ‚stewards', but have much to hide, wash their reputations – ‚greenwash' environmental violations or ‚bluewash' by suggesting ethical leadership and affiliating with the United Nations or other strategic nongovernmental organizations or standards groups" (Laufer 2006, x).

„Bluewashing" bezieht sich auf den Umstand, „dass häufig auch die Mitgliedschaft in einschlägig aktiven UN-Organisationen oder die Unterzeichnung einer UN-Erklärung (wie UN Global Compact) in der täglichen unternehmerischen Praxis ignoriert und damit die UNO zum ‚blauen Feigenblatt' wird: Die Unterzeichnung von Erklärungen wie UN Global Compact begründet für sich alleine gesehen keine Verpflichtungen für das Unternehmen" (Fembek 2013, 20). Insgesamt sind „Greenwashing" und „Bluewashing" Täuschungsmanöver, die neben dem Reputationsgewinn nur dazu dienen, eine gute Stimmung bei der Kundschaft zu verbreiten. Unternehmen können sich in diesem Zusammenhang nicht nur an diversen CSR-Programmen beteiligen, um von negativen Auswirkungen ihres Tuns (z.B. Rechtsbrüchen, betrieblichen Versäumnissen oder Anschuldigungen) abzulenken und ihre Reputation zu wahren, sondern sie können zugleich versuchen, sich als führendes Unternehmen in Sachen sozialer Verantwortung darzustellen und hiermit noch ein Geschäft machen (vgl. Laufer 2006, 164).

Dies ist keine Fiktion, wie eine Vielzahl konkreter Beispiele belegt: Gesundheitsschädigende (z.B. Phillipp Morris), umweltverschmutzende (z.B. Shell, Exxon) bis hin zu betrügerisch operierenden internationalen Unternehmen (z.B. Enron, Arthur Andersen) veröffentlichen ebenso regelmäßig medienwirksam CSR-Berichte, die sie als sozial verantwortliche Unternehmen darstellen.[2] Enron und Arthur Andersen wurden für ihre CSR-Aktivitäten mit Preisen geehrt bzw. als Vorreiter ausgewählt, obwohl sich die selbstbenannten CSR-Ziele beim Zusammenbruch der beiden Firmen als einzige Chimäre herausstellten (vgl. Laufer 2006, 62ff., 100f.). Michael Fembek (2013, 20) nennt weitere plastische Beispiele:

> „Ein Unternehmen, das 95 Prozent seiner Erträge aus dem Ölgeschäft macht, kommuniziert liebend gerne über seine Solartechnologien. Ein Unternehmen, das weltweit führend in der Atomtechnologie ist, kommuniziert seinen neuen Windpark. Ein Unternehmen, das 95 Prozent seiner Erträge mit Billigprodukten aus Entwicklungsländern schöpft, kommuniziert laufend über seine geschäftlich unbedeutende Bio-Marke".

Aufgrund der Gefahr des Unterlaufens der hehren Absichten stößt die Selbstrepräsentation der Unternehmen in Sachen CSR in der Öffentlichkeit nicht von ungefähr auf Skepsis. Die Kritik an dieser Praxis sei in aller Kürze wie folgt zusammengefasst:

- CSR-Initiativen, sofern sie keinen Sanktionsmechanismen unterliegen, können Unternehmen Reputationsgewinne ermöglichen, die ohne tatsächliche Umsetzung der CSR-Ziele umsonst oder zu geringen Kosten zu haben sind (vgl. Laufer 2006, 164ff.).

- CSR-Initiativen können Unternehmen dazu dienen, rechtsverbindliche Regelungen durch private freiwillige Selbstregulierungsinitiativen in Form von *Corporate Governance*-Strukturen zu verhindern. Unternehmen versuchen so, Gegenstrategien zu möglichen neuen Gesetzgebungsverfahren zu entwickeln, die helfen sollen, diese entweder zu vermeiden, zu delegitimieren oder gegen diese zu opponieren. Ziel der Unternehmen kann dabei sein, auf Distanz zu Fragen der Verantwortung für gewisse Resultate ihres wirtschaftlichen Handelns zu gehen (vgl. Shamir 2004, 636, 644, 650).

- CSR-Initiativen können trotz gegenteiliger Rhetorik nur der Erhaltung von Legitimität und der Machtsicherung von Unternehmen und Organisationen und nicht dem Ausgleich zwischen unternehmerischen Interessen und dem gesellschaftlichen Gemeinwohl dienen (vgl. Banerjee 2003, 2008).

Die Gefahr des Missbrauchs von CSR-Initiativen ist nicht von der Hand zu weisen. Eine missbräuchliche Vorgehensweise ist *per se* als unethisch ab-

---

2 Die Firmen Enron und Arthur Andersen sind in ihrer ursprünglichen Form nicht mehr existent. Enron meldete im Dezember 2001 Insolvenz an. Arthur Anderesen kollabierte als Folge der Ermittlungen gegen Enron. Der Name Arthur Andersen wurde zwischenzeitlich wieder reaktiviert, die vormalige Organisation gibt es aber nicht mehr.

zulehnen. Neben Transparenz ist daher v.a. darauf zu achten, dass an CSR-Initiativen neutrale und nicht interessensgebundene Akteure beteiligt sind.

Die CSR-Forschungsansätze differenzierten sich in den letzten Jahren erheblich aus. Eine Grobgliederung wird hier nach Elisabet Garriga und Domènec Melé (vgl. 2004, 51) vorgestellt:

1. Der *instrumentelle* Ansatz beruht auf der Nutzung von CSR-Aktivitäten ausschließlich zur Durchsetzung ökonomischer Ziele (z.B. Wertsteigerung der Produkte, Maximierung des Shareholder Value). Die soziale Verantwortung von Unternehmen beschränkt sich auf die These Milton Friedmans (1970): „The social responsibility of business is to increase its profits".

2. Der *politische* Ansatz ist auf die Frage nach den Machtverhältnissen zwischen Wirtschaft und Gesellschaft ausgerichtet. Im Sinne des „guten Bürgers" versucht die Unternehmung, nicht nur als privater Akteur, sondern auch als politischer Akteur aufzutreten.

3. Der *integrative* Ansatz hat zum Gegenstand, einen Ausgleich zwischen den Unternehmensanteilseignern und gesellschaftlichen Gruppen zu finden. Die gesellschaftlichen Anliegen sollen auf eine legitimitätsstiftende Art und Weise im Geschäftsprozess berücksichtigt werden. Hierzu werden Stakeholder-Management- oder auch CSR-Ansätze verwendet, die einer adäquaten Identifizierung und Einbindung legitimer bzw. relevanter Anspruchsgruppen dienen sollen.

4. Beim *ethischen* Ansatz steht die Moralkonzeption im Mittelpunkt der Gestaltung der Beziehung zwischen Gesellschaft und Unternehmen. Ziel des Ansatzes ist es, dass Unternehmen zur Verwirklichung einer „guten" Gesellschaft – im normativen Sinne – beitragen.

CSR-Ansätze sind ethisch weder grundsätzlich zu verwerfen, noch zu begrüßen. Wenn ein CSR-Ansatz mit einem *wahrhaftigen* Wunsch zur Verbesserung von Problemen sozialer, ökologischer oder verantwortungsethischer Art einhergeht, ist er ein Gewinn für die Gesellschaft.

6. CSR als Ersatz für staatliche Institutionen

Oftmals werden CSR-Ansätze auch als Ersatz für staatliche Institutionen empfohlen, um bestehende Steuerungslücken des Staates zu schließen, denen dieser finanziell oder politisch nicht länger nachkommen könne. Diese Erwartung übersteigt m.E. einerseits die Möglichkeiten der Unternehmen, andererseits ist sie zudem nicht wünschenswert, da ein CSR-Ansatz zwar die Gemeinschaft unterstützen, aber nicht den Staat obsolet machen soll.

Des Weiteren fungieren CSR-Maßnahmen primär für die Mitarbeitern einer Firma als interne Stakeholdern sowie für deren unmittelbares Umfeld, sodass eine Art Vorrang vor anderen Mitgliedern des Staatswesens besteht und diese benachteiligt werden. Das CSR-Engagement von Unternehmen ist kein Selbstzweck, sondern Mittel zum Zweck der Renditeerzielung. Bestenfalls handelt es sich um eine Win-Win-Situation für die Unternehmen und die Gesellschaft, wobei die Unternehmen im Gegensatz zur Politik nur eine freiwillige Verantwortung für die Gesellschaft haben (vgl. Meffert 2008, 383, Banerjee 2008, 61).

Da CSR als freiwilliger Ansatz konzipiert ist, können Unternehmen jederzeit aus solchen Aktivitäten aussteigen. Moralische Verpflichtung hin oder her, ein Unternehmen, das wirtschaftlich unter Druck steht, wird mit Sicherheit auch bei seinen CSR-Aktivitäten Einsparungen vornehmen, wenn das Überleben der Firma auf den Spiel steht. Letztlich werden Unternehmen immer abwägen, ob CSR-Aktivitäten der Erreichung ihrer betrieblichen Wertschöpfung dienen und die Zukunft des Unternehmens sichern. Es liegt in der Natur einer Unternehmung, dass diese Leistungen niemals im Umfang eines Staates sein können. Befürchtungen der Usurpation des Staates, wie sie auch bei Friedman zu finden sind, scheinen insofern unbegründet.

Fragwürdig ist zudem, ob ein Unternehmen überhaupt ein „guter Bürger" sein kann. Selbstredend kann ein Unternehmen eine „juristische Person" sein, aber dies ist nicht mit einem Bürger gleichzusetzen. Die demokratischen Rechte eines Bürgers in einer Gesellschaft sind vollkommen andere. Vor allem weist der Begriff des Bürgers auf eine politische Bedeutung hin, denn an diesen sind demokratische Rechte geknüpft, die mit den Aktivitäten eines Unternehmens nicht korrespondieren (vgl. Banerjee 2008, 55).

Weiterhin ist zu hinterfragen, ob Manager in sozialen Fragen kompetenter sind als Politiker, auch wenn die partielle Selbstaufgabe der Politik – „Argument der Einschränkung staatlicher Regulierungsfähigkeit" – dies zu suggerieren vermag. Die Vorstellung, dass mittels *Corporate Governance* das regulatorische System staatlicher Verfassung durch eine flexiblere Selbstregulierung der Unternehmen überwunden werden könne, ist unrealistisch. Die aktuelle Wirtschafts- und Finanzkrise zeigt, dass vermeintlich selbstregulierende Systeme nicht das Eigeninteresse ihrer Akteure außen vor lassen. Eine weitere Privatisierung regulativer Strukturen in Form der Substitution staatlicher Regulierung durch private CSR-Maßnahmen ist sozial unverantwortlich. Praktiken wie Preiskartelle, Steuerflucht, Dumpingpreise, Missbrauch von Marktmacht etc. sprechen für sich. Es bleibt die Frage, wer Unternehmen kontrollieren soll, die sich mittels CSR-Maßnahmen zur eigenen Selbstdisziplinierung ermächtigen (vgl. Shamir 2004, 660, Malloch 2013, xiv).

Letztlich können CSR-Initiativen zwar die Reflexion über das ethische Handeln einer Unternehmung anregen, insofern auch eine Unterstützung der Gesellschaft darstellen, aber sie können kein Ersatz für die Ethik einer

Unternehmung sein. Dieser Kategorienfehler wird häufig begangen. Auch deshalb können CSR-Maßnahmen von Unternehmen weder den ethischen Diskurs in einer Gesellschaft noch die Gesetzgebung durch staatliche demokratische Institutionen ersetzen, die sowohl über die ethischen Erwartungen einer Gesellschaft urteilen wie die rechtlichen Vorgaben der Gesellschaft verbindlich festlegen.

7. Die Vermischung der Entscheidungsebenen von Politik und Wirtschaft

Friedman löste einst mit seinem 1962 publizierten Buch *Capitalism and Freedom*[3], indem er behauptete, dass die Annahme von sozialer Verantwortung durch Unternehmen das Fundament einer freien Gesellschaft untergraben könne, eine Debatte (vgl. Carroll 1979, 497) aus:

> „Es gibt wenig Entwicklungstendenzen, die so gründlich das Fundament unserer freien Gesellschaft untergraben können, wie die Annahme einer anderen sozialen Verantwortung durch Unternehmer als die, für die Aktionäre ihrer Gesellschaften so viel Gewinn wie möglich zu erwirtschaften. Das andere ist eine zutiefst subversive Doktrin. Wenn die Unternehmer eine andere soziale Verantwortung haben, als für ihre Aktionäre möglichst viel Gewinn zu erwirtschaften, wie sollten sie genau bestimmen, was für eine? Können Privatleute, die sich für berufen halten, bestimmen, was das soziale Interesse verlangt? Können sie entscheiden, wie groß die Belastung sein darf, die sie im Namen des sozialen Interesses sich selbst oder ihren Aktionären zumuten können? Kann man tolerieren, dass derart wichtige öffentliche Funktionen wie Besteuerung, Ausgabenverteilung und ihre Kontrolle von den Leuten wahrgenommen werden, die vorübergehend aufgrund ihrer Wahl für bestimmte Positionen durch rein private Gruppen für bestimmte Unternehmen verantwortlich sind? Wenn Unternehmer mehr Staatsbeamte als Angestellte ihrer Anteilseigner sind, werden sie in einem demokratischen Staatswesen früher oder später durch die öffentlichen Methoden von Wahl und Delegierung bestimmt werden" (Friedman 2002, 165).

Friedman scheint einen gegenteiligen Ansatz zum vorherigen Kapitel zu verfolgen: Statt der Substitution des Staates durch die Wirtschaft steht die Politisierung der Wirtschaft durch den Staat im Vordergrund. Aus freien Unternehmern und Managern, die nur dem Allgemeinwohl im Rahmen der Gesetze und der ethischen gesellschaftlichen Verantwortung verpflichtet sind, sollen Unternehmer werden, die Aufgaben öffentlicher Funktionen übernehmen

---

3 Amerikanische Erstfassung von *Kapitalismus und Freiheit* (deutsche Erstfassung 1971, Wiederabdruck 2002).

und das Gemeinwohl der Gesellschaft mitbestimmen sollen. Es geht also um weit mehr als die strategische Verknüpfung von wirtschaftlichem Handeln mit gesellschaftlichem Engagement.

Bis heute wird Friedmans Kritik ausschließlich wie folgt interpretiert: Er habe befürchtet, dass normative Anforderungen über die Gewinnerzielung hinaus, die Wirtschafsakteure überfordern könnten. Dies könnte die Grundlage für ein stark reguliertes System der Unternehmenskontrolle bilden, dass die individuellen Freiräume der Unternehmer einschränken würde (vgl. Palazzo/Scherer 2006, 81f.). Dieses Argument wurde im Laufe der Zeit unter Hinweis auf eine Aussage Friedmans entkräftet, demnach es die Aufgabe der Unternehmensführung sei, „to make as much money as possible while conforming to the basic rules of society, both those embodied in the law and those embodied in ethical custom" (Friedman 1970, 33). Hieraus wurde geschlossen, dass es für Friedman unproblematisch wäre, zumindest die drei Ebenen der ökonomischen, rechtlichen und ethischen Verantwortung der CSR-Pyramide zu unterstützen. Nur die philanthropische Komponente hätte er radikal abgelehnt, da hier Manager über die Verwendung von Mitteln der Eigentümer eigenmächtig entscheiden. Weiterhin wird argumentiert, dass, wenn man berücksichtigt, dass viele Unternehmen sich erfolgreich philanthropisch engagiert hätten, ohne dass dadurch Probleme entstanden wären, sich die Ablehnung dieses CSR-Aspekts durch Friedman als unbegründet erwiesen hätte. CSR sei nicht gegen die Interessen der Shareholder gerichtet, wie Friedman argumentiert habe, denn der *Shareholder Value* der Unternehmung könne dadurch sogar steigen (vgl. Carroll 1991, 43, Smith 2003, 65).

Dies ist aber nur eine denkbare Auslegung Friedmans. Wenn dieser vielmehr die Politisierung der Wirtschaft durch Aktivitäten im Rahmen der sozialen Verantwortung von Unternehmen vor Augen hatte, ist das Resultat ein gänzlich anderes: In diesem Falle führen CSR-Maßnahmen zu einer aus Friedmans Sicht nicht wünschenswerten Verknüpfung von Wirtschaft und Politik, wobei die Politik dadurch anfängt, der Wirtschaft politische Vorgaben zu machen. Die Sphären von Wirtschaft und Politik sind nicht länger getrennt, sondern verschwimmen zunehmend. Wirtschaftliches Handeln ist nicht mehr an der optimalen Zuteilung knapper Ressourcen sowie der Erzielung von Profiten angelehnt, sondern an Vorgaben des politisch Wünschenswerten. Nicht mehr die Befriedigung der Wünsche der Konsumenten steht im Vordergrund, sondern die der Politiker. Zugleich kann es wirtschaftlich erstrebenswert für Unternehmen sein, sich entweder vom Zugriff der Politik durch das Kaufen von Politikern zu befreien oder alternativ, sich für Dienstleistungen an die Politik mit finanziellen Förderungen entlohnen zu lassen. Subventionen und damit einhergehende Fehlallokationen von Steuermitteln könnten Ausgleich für die Begehren der Politiker und ihre an die Unternehmen gerichteten politischen Programme sein (vgl. Garriga/Melé 2004, 64).

Unter diesen Prämissen kann Friedman neu interpretiert werden, sodass seine Aussagen über die soziale Verantwortung einer Unternehmung in ein anderes Licht rücken.

8. Das Ende der Freiwilligkeit von CSR

Die Bundesregierung veröffentlichte 2010 eine nationale CSR-Strategie (vgl. Bundesregierung 2010) – ein Widerspruch in sich, denn CSR war eigentlich als freiwillige Initiative der Wirtschaft entstanden. Gesteigert wird diese Um-widmung der eigentlichen Ziele von CSR dadurch, dass die Bundesregie-rung in der *High Level Group of Representatives on Corporate Social Responsibility* der EU-Kommission vertreten ist.[4] Dieses Gremium hat die Auf-gabe, die gesellschaftliche Verantwortung von Unternehmen im Rahmen des G8-Prozesses und des Dialogprozesses von Heiligendamm[5] weiter zu stärken. Man kann sich nur wundern, dass Unternehmen sich in ihrem frei-willigen Engagement von Regierungen und Bürokraten fernsteuern lassen wollen – außer diese wollen sich dadurch unter Verkennung ihrer eigenen wirtschaftlichen Interessen kurzfristig von weitergehenden Verpflichtungen freikaufen.

Die *Nationale Strategie zur gesellschaftlichen Verantwortung von Unter-nehmen* ist insoweit ein äußerst interessantes Dokument, als dass sie mit der Behauptung beginnt: „Weder Politik, noch Wirtschaft oder Zivilgesell-schaft sind in der Lage, die gewaltigen Herausforderungen unserer Zeit al-leine zu lösen" (Bundesregierung 2010, 7). Bereits die Gleichsetzung der politischen Handlungsmöglichkeiten mit der Ebene der Wirtschaft und Zivil-gesellschaft lassen aufhorchen, denn dies sagt *per se* nichts über die eigent-liche Aufgabenverteilung innerhalb einer Gesellschaft aus. Weiterhin heißt es dort (ebd. 8, 10): „CSR ist freiwillig, aber nicht beliebig. Wenn alle gesell-schaftlichen Gruppen ihrer Verantwortung gerecht werden, dann lassen sich die globalen Herausforderungen gemeinsam meistern – zum gegenseitigen Vorteil ökonomischer, sozialer und ökologischer Ziele" sowie „[w]ichtiges Ziel des ‚Aktionsplans CSR' ist es, einen Bewusstseinswandel dahingehend her-beizuführen, dass CSR sich für Unternehmen und Gesellschaft lohnt. Denn CSR bietet für Deutschland die Chance, sowohl die Wettbewerbsfähigkeit der Unternehmen nachhaltig zu stärken, als auch Antworten auf gesell-schaftliche Herausforderungen zu finden, die durch politische Maßnahmen

---

4 Vgl. http://www.csr-in-deutschland.de/csr-in-deutschland/aktivitaeten-der-bundes regierung/bmas.html (10.01.2015).
5 2007 fand in Heiligendamm ein Treffen der G8 statt.

allein nicht zu erreichen wären. CSR ist gerade in Finanz- und Wirtschafts-krisen wichtig, um das Vertrauen in die Wirtschaft wieder herzustellen."

Hervorzuheben ist zweifelsohne die Betonung der Freiwilligkeit, auf die nochmals einzugehen sein wird. Die Tautologie, dass, wenn alle „ihrer Ver-antwortung gerecht werden", „sich die globalen Herausforderungen gemein-sam meistern" lassen, kann als „Politikersprech" ignoriert werden. Lustiger oder trauriger – je nach Sichtweise – ist, dass man die deutsche Öffentlich-keit bereits auf weitere Krisen – O-Ton: „CSR ist gerade in Finanz- und Wirt-schaftskrisen wichtig, um das Vertrauen in die Wirtschaft wieder herzustel-len" – vorbereitet. Von diesen „Verbalinjurien" abgesehen, will CSR nach der *Nationalen Strategie* neuerdings auch Verbraucherschutz sein, und soll den „bewussten Verbrauchern" als „zweites Preisschild' im Sinne der Nachhal-tigkeit und gesellschaftlichen Verantwortung von Unternehmenshandeln" (ebd. 17) gereichen. Hierzu sollen „verlässliche, transparente und vergleich-bare Informationen" (ebd.) diesen eine Bewertung erlauben, die zwar freiwil-lig von den Unternehmen erbracht werden, zugleich aber „Aufschluss über die Glaubwürdigkeit und Ernsthaftigkeit von CSR-Aktivitäten geben sollen und es Unternehmen ermöglichen, den Verdacht bloßer Schönfärberei zu entkräften" (ebd.). Dies alles ist nichts anderes als ein *performativer Selbst-widerspruch*.

Fest steht unzweifelhaft, dass die in der *Nationalen Strategie* propagierte CSR nichts mehr mit Carrolls CSR-Konzept als freiwillige Aktivität im Sinne sozialer Verantwortung eines Unternehmens zu tun hat: CSR soll z.B. ein positives Bild der deutschen Sozialen Marktwirtschaft im Ausland fördern (ebd. 18), das Thema soll durch die Bundesregierung in der Öffentlichkeit bekannt gemacht werden (ebd. 19), der Begriff „CSR – Made in Germany" soll international mit der Produktqualität und dem Verantwortungsbewusst-sein der deutschen Wirtschaft in Verbindung gebracht werden (ebd. 19), CSR soll die Vernetzung von Schule und Wirtschaft gemeinsam mit den Verbänden und Kammern fördern (ebd. 21), es sollen Anreize für Hoch-schulen im Bereich CSR geschaffen (ebd.), die Verknüpfung von CSR-In-halten mit der staatlichen Programmförderung geprüft (ebd.) und der be-stehende CSR-Ordnungsrahmen für eine nachhaltige Unternehmensführung international gefestigt werden (ebd. 23).

9. Fazit

Der Einzug der Politik in die Unternehmenswelt ist durch die nationale Koor-dinierung bereits erfolgt. Die Unternehmen sollen sich von der Politik anlei-ten lassen, was fundamental dem ursprünglichen CSR-Gedanken zuwider-läuft. *De facto* ist allerdings das hier zuvor diskutierte Modell der CSR bereits weitgehend obsolet, denn zwischenzeitlich hat die EU-Kommission damit begonnen, CSR-Standards rechtlich verbindlich zu mandatieren. Das Europäische Parlament hat 2014 einer Richtlinie zur Offenlegung nicht-finanzieller Informationen, den sogenannten CSR-Berichtspflichten, für Unternehmen von öffentlichem Interesse (primär Banken, Versicherungen, Fondsgesellschaften) und mit mehr als 500 Mitarbeitern, zugestimmt.[6] Die Frage ist also nicht länger ob, sondern nur noch inwieweit die Politik (a) CSR-Regeln festlegen wird und (b) ob CSR-Programme staatlich gefördert werden (vgl. Schwarz 2006, 281f.).

Hieraus entstehen schwierige Folgeprobleme für Unternehmen, die Friedman wahrscheinlich befürchtete: Wie lassen sich die Verantwortlichkeiten zwischen Unternehmen und Regierungen abgrenzen? Wer kontrolliert, bewertet und überwacht CSR-Aktivitäten? Welche Maßnahmen sind verbindlich, welche freiwillig? Wer überwacht die Aktivitäten eines Unternehmens exterritorial (außerhalb der EU)? Gelten festgelegte Maßnahmen für alle Wettbewerber? Auch für jene, deren Sitz außerhalb der EU liegt? Wie praxisnah ist die Regulierung? Gibt es Sanktionsmechanismen? Wenn ja, welche?

Während bisher *alle* Unternehmen eigenständig entscheiden konnten, ob sie CSR-Maßnahmen durchführen wollen, sind nun *manche* erstmals durch eine EU-Regulative dazu gezwungen. Gewisse CSR-Aktivitäten sind damit politisch vorgegeben. Unternehmertum ist somit nicht länger eine private, nicht einmal nur mehr eine öffentlich exponierte Angelegenheit, sondern gehört nun partiell in die Sphäre des Politischen. Die Forderungen der Politik an die Unternehmen sind nicht mehr nur auf deren Geschäftsbetrieb beschränkt, sondern reichen deutlich weiter in den Bereich der Unternehmenspolitik hinein, indem sie ihnen ihr CSR-Engagement diktieren. Steuerungsimpulse für Unternehmen ergeben sich zukünftig nicht mehr ausschließlich aus dem Markt, der Rechtsprechung sowie den ethischen Erwartungen der Gesellschaft, sondern der Staat wird zu einem direkten Stakeholder innerhalb der Unternehmenspolitik. Es ist mehr als zweifelhaft, ob Milton Friedman dies gewollt hätte.

Für das neue CSR-Zeitalter, das mit dem Beschluss der CSR-Berichtspflicht durch das Europäische Parlament begonnen und zugleich das Primat der Freiwilligkeit aufgekündigt hat, gelten nun neue Regeln. Man wird gespannt sein dürfen, wohin die Reise geht. Ob die Vermischung der politischen und wirtschaftlichen Sphäre der Befreiungsschlag zur Lösung der großen gesellschaftlichen – vor allem der sozialen und ökologischen – Probleme der Gegenwart ist, bleibt abzuwarten.

---

6 Vgl. http://www.bmjv.de/SharedDocs/Kurzmeldungen/DE/2014/20140929_Untern ehmenstransparenz.html (10.01.2015).

Literatur

Banerjee, S.B. (2003): Who Sustains Whose Development? Sustainable Development and the Reinvention of Nature. S. 143–180 in Organization Studies 24 (2003).

Banerjee, S.B. (2008): Corporate Social Responsibility: The Good, the Bad and the Ugly. S. 51–79 in Critical Sociology 34 (2008).

Bundesregierung (Hrsg.) (2010): Nationale Strategie zur gesellschaftlichen Verantwortung von Unternehmen (Corporate Social Responsibility – CSR). Aktionsplan CSR. 6. Oktober 2010. Berlin 2010.

Business for Social Responsibility (BSR) (Hrsg.) (2006): Business Brief: Intangibles and CSR. New York – San Francisco 2006. URL: www.https://www.bsr.org/reports/BSR_AW_Intangibles-CSR.pdf (10.01.2015).

Carroll, A.B. (1979): A Three-Dimensional Conceptual Model of Corporate Performance. S. 497–505 in The Academy of Management Review 4 (1979).

Carroll, A.B. (1991): The Pyramid of Corporate Social Responsibility: Toward the Moral Management of Organizational Stakeholders. S. 39–48 in Business Horizons 34 (1991).

Fembek, M. (2013): Die CSR-Orientierungskarte S. 13–39 in Sedmak, C. – Kapferer, E. – Oberholzer, K (2013): Marktwirtschaft für die Zukunft. Wien – Berlin 2013.

Friedman, M. (1970): A Friedman Doctrine – The Social Responsibility of Business is to Increase its Profits. S. 32–33, S. 122–126 in New York Times Magazine 13.09.1970.

Friedman, M. (2002): Kapitalismus und Freiheit. Frankfurt a.M. [1971] 2002.

Friedman, M. – Friedman, R. (1980): Chancen, die ich meine. Ein persönliches Bekenntnis. Berlin – Frankfurt a.M. – Wien 1980.

Frooman, J. (1997): Socially Irresponsible and Illegal Behaviour and Shareholder Wealth: A Meta-Analysis of Event Studies. S. 221–249 in Business and Society 36 (1997).

Garriga, E. – Melé, D. (2004): Corporate Social Responsibility Theories: Mapping the Territory. S. 51–71. in Journal of Business Ethics 53 (2004).

Günther, E. – Ruter, R.X. – Killius, P. (2009): Corporate Responsibility. S. 70–71 in WISU – Das Wirtschaftsstudium 38 (2009).

Habermas, J. (1998): Die postnationale Konstellation. Politische Essays. Frankfurt a.M. 1998.

Kaiser, S. – Schuster, M. (2004): Corporate Citizenship. Eine betriebswirtschaftliche Betrachtung des gesellschaftlichen Engagements von Unternehmen. S. 669–672 in WiSt – Wirtschaftswissenschaftliches Studium 33 (2004).

Kommission der Europäischen Gemeinschaften (2001): Grünbuch. Europäische Rahmenbedingungen für die soziale Verantwortung der Unternehmen. Kom (2001) 366 endgültig. 18.07.2001. Brüssel 2001.

Küpper, H.-U. (2011): Unternehmensethik. Hintergründe, Konzepte, Anwendungs-
bereiche. Stuttgart [2]2011.

Laufer, W.S. (2006): Corporate Bodies and Guilty Minds. The Failure of Corporate
Criminal Liability. Chicago – London 2006.

Malloch, T.R. (2013): Foreword. S. vii–xv in Idowu, S.O. – Capaldi, N. – Zu, L. –
Das Gupta, A. (Hrsg.): Encyclopedia of Corporate Social Responsibility. Heidelberg – New York – Dordrecht – Berlin 2013.

McWilliams, A. – Siegel, D. (2001): Corporate Social Responsibility: A Theory of
the Firm Perspective. S. 117–127 in The Academy of Management Review 26
(2001).

Meffert, H. (2008): Corporate Social Responsibility – mehr als eine Modewelle. S.
381–383 in Zeitschrift für Führung + Organisation 77 (2008).

Nospickel, C. (2010): Armutsbekämpfung durch Corporate Social Responsibility?
S. 34–39 in Aus Politik und Zeitgeschichte 60 (2010).

Palazzo, G. – Scherer, A.G. (2006): Legitimacy as Deliberation: A Communicative
Framework. S. 71–88 in Journal of Business Ethics 66 (2006).

Scherer, A.G. – Patzer, M. (2011): Corporate Social Responsibility. S. 321–329 in
Aßländer, M.S. (Hrsg.), Handbuch Wirtschaftsethik. Stuttgart – Weimar 2011.

Schmidpeter, R. (2013): Unternehmerische Verantwortung – „Corporate Social Re-
sponsibility" als Managementansatz der Nachhaltigkeit. S. 113–120 in Sedmak,
C. – Kapferer, E. – Oberholzer, K. (Hrsg.): Marktwirtschaft für Menschen. Wien
– Münster 2013.

Schwarz, M. (2006): Corporate Citizenship als Politik- und Handlungsfeld und die
Rolle der sozialwissenschaftlichen Begleitung. S. 279–297 in Sozialwissenschaften und Berufspraxis 29 (2006).

Shamir, R. (2004): Between Self-Regulation and the Alien Tort Claims Act: On the
Contested Concept of Corporate Social Responsibility. S. 635–664 in Law &
Society Review 38 (2004).

Smith, C.N. (2003): Corporate Social Responsibility: Whether or How? S. 52–76 in
California Management Review 45 (2003).

Wehner, T. – Lorenz, C. – Gentile, G.-C. (2008): Corporate Volunteering – Das
hohe C der unternehmerischen Verantwortung. S. 352–359 in Zeitschrift für
Führung + Organisation 77 (2008).

Die Ethik der Transaktion.
Warum eine Business Metaphysics
im operativen Management nützlich ist

Michael Schramm

Mein Aufsatz versteht sich zum einen als Grundlagenbeitrag zum *Problem des Wirklichkeitsbezugs jedweder Ethik* (hierzu die Abschnitte 1 bis 3). Zum anderen soll die hier vorgeschlagene *metaphysische Basis*, die eine m.E. robustere Grundlage als die übliche Sichtweise für die Frage (dieses Bandes), wie effektiv die Ethik praktisch oder wirksam werden kann, dann in den Abschnitten 4 bis 6 im Rahmen einer „*Business Metaphysics*" zu einer konkretisierten „*Transaktionsethik*" weiterentwickelt werden.

1. Die übliche Sichtweise: „There are no moral facts, no moral truths"

Ich möchte zunächst die Tatsache illustrieren, dass die meisten Naturwissenschaftler, Ökonomen und Ethiker (Philosophen) der Auffassung sind, dass die Ethik oder die (ethischen) „Werte" nichts als *Erfindungen* des Menschen sind. Als menschliche Erfindungen gehören Werte und Ethik somit nicht zur Welt der „Tatsachen".

(1) Naturwissenschaften. Beispielsweise erklärt der Physiker Steven Weinberg, dass die objektive Wirklichkeit des Universums selber „sinnlos" („pointless") sei[1] und wir Menschen uns daher Sinn und Werte selber schaffen müssten:

> „It is wrong to torture children. And the reason it is wrong to torture children is because I say so. [...] I mean that not only I say so, [...] probably most of us say so. But it is not a moral order out there. It is something we impose"[2].

Objektiv enthält die Welt hier keine moralische Ordnung im Sinn einer Tatsache. Moral ist etwas, dass *wir* mental einführen.

(2) Ökonomik. Ökonomen wie etwa Steven D. Levitt und Stephen J. Dubner klären uns folgendermaßen über das Verhältnis von „Moralität" und „Ökonomik" auf:

---

1 Vgl. Weinberg (1977, 144).
2 Weinberg (1999*). Wenn ich selbst Hervorhebungen in einem Zitat vorgenommen habe, zeige ich das mit einem Asteriskus (*) an.

„Morality [...] represents the way that people would like the world to
work – whereas economics represents how it actually *does* work."[3]

Etwas übertrieben formuliert: Ethik befasse sich mit einem erwünschten, nur
„idealen", aber eben *nicht wirklichen* „Wolkenkuckucksheim" (auch hier gibt
es also keine „moral facts"), während die Ökonomik nicht in das Irgendwo
einer idealen Wunschwelt entschwebe, sondern sich auf dem Boden der
harten, aber „wirklichen" Wirklichkeit mit einer ökonomischen *Anreiz*analyse
nützlich mache.

(3) Philosophie/Ethik. Im Bereich der Geisteswissenschaften herrscht diese
Charakterisierung moralischer Werte ebenfalls vor, etwa bei John L. Mackie:

„There are no objective values. [...] [V]alues are not part of the fabric
of the world."[4]

Die ethische Unterscheidung zwischen richtig und falsch sei eine von Menschen gemachte „Erfindung" (so auch der Untertitel von Mackies Buch: „Inventing Right and Wrong").

Ebenso unterscheidet Jürgen Habermas bekanntlich die „*Richtigkeit* von
moralischen Normen" von der „*Wahrheit* assertorischer Sätze"[5], also Tatsachen feststellender Sätze. Zwar sieht er eine gewisse „Analogie" beider Geltungsbegriffe, doch sind für ihn moralische Normen rational akzeptable
„*Konstruktionen*" des praktischen Diskurses und *keine* „*Beschreibungen*" der
objektiven Welt:

„Was beide Geltungsbegriffe verbindet, ist das Verfahren der diskursiven Einlösung entsprechender Geltungsansprüche. Was sie trennt,
ist der Bezug zur sozialen Welt bzw. zur objektiven Welt. Die soziale
Welt, die [...] nur aus der Teilnehmerperspektive zugänglich ist, ist
[...] ontologisch anders verfaßt als die aus der Beobachterperspek-
tive beschreibbare objektive Welt. [...] Während rationale Akzeptibili-
tät die Wahrheit assertorischer Sätze nur anzeigt, leistet sie zur Geltung moralischer Normen einen konstitutiven Beitrag."[6]

Auch John Rawls ordnet sich diesem „konstruktivistischen" Ethikverständnis
zu:

„Apart from the procedure of constructing the principles of justice,
there are no moral facts."[7]

---

3 Levitt/Dubner (2005/2009, 11, vgl. ebenso xvii).
4 Mackie (1977/1990, 15).
5 Habermas (1997, 54).
6 Ebd. 54 f.
7 Rawls (1980, 519).

Die *ontologische* Annahme, dass es keine objektiven Werte gebe, impliziert die *epistemische* Schlussfolgerung, dass ein „moralischer Realismus" verfehlt sei. Denn, so Gilbert Harman:

> „[T]here are no moral facts, no moral truths, and no moral knowledge."[8]

Die gesellschaftliche Welt der „erfundenen" Moral sei ontologisch strikt von der objektiven Welt der Tatsachen des vorfindlichen Universums („out there") zu *trennen*.

Ich vertrete die Auffassung, dass diese Sichtweise zum *Problem des Wirklichkeitsbezugs der Ethik* nicht realitätsangemessen ist. Dies möchte ich in den beiden folgenden Abschnitten begründen.

2. „NonZero" & „Moral Truth"

In den Sozialwissenschaften ist die spieltheoretische Unterscheidung zwischen *Nullsummen*spielen („*zero* sum games") einerseits und *Positivsummen*spielen („*non-zero* sum games" oder „*win-win* games") andererseits geläufig.[9] Wie viele Ökonomen oder Ethiker hat auch der US-amerikanische Sachbuchautor Robert Wright in zwei wirklich lesenswerten Büchern das Konzept des „*NonZero*" zum Ausgangspunkt seiner Überlegungen zur *kulturellen Evolution* gemacht[10]:

> „[T]here is a moral dimension to history; there is a moral arrow. [...] Capitalism has been a constructive force, [...] it's a non-zero-sumness that has been a constructive force in expanding people's realm of moral awareness. [...] [I]t has driven us to the verge of a moral truth."[11]

Wright argumentiert, dass die „*NonZero*"-Logik, also die Win-Win-Logik menschlicher (Markt-)Kooperationen auf der einen Seite und der moralische Fortschritt in Richtung einer „*moral truth*" auf der anderen Seite zwei Dinge sind, die in ihrer empirischen „*Genese*" zusammenhängen, in Bezug auf ihre Inhalte aber, insbesondere in Bezug auf die moraltheoretische „*Geltung*" dieser „moral truth" zu unterscheiden sind.

Wright zielt darauf ab zu zeigen, dass es diese „NonZero"-Logik war, die zunächst die *biologische* Evolution, dann vor allem aber auch die *kulturelle* und hier wiederum vor allem die *ökonomische* Evolution vorangetrieben hat.

---

8 Harman (1977, 11).

9 *Der* Klassiker zu dieser Begrifflichkeit ist natürlich von Neumann/Morgenstern (1944/2004).

10 Vgl. Wright (2000, 2009).

11 Wright (2006).

Es ist die *ökonomische* Vernunft, die in der wirschaftlichen Zusammenarbeit aufgrund der „NonZero"-Logik Kooperationsrenten wahrnimmt und realisiert:

> The „non-zero-sum opportunities [...] are exploited for the sake of self-interest [...]. That's the magical thing about non-zero-sumness; it translates rational selfishness into the welfare of others."[12]

Es handelt sich bei dieser „Nonzero"-Logik um eine Logik der „ökonomischen" Klugheit. Es geht schlicht um die Intelligenzfrage, die „mutual gains from trade" auch tatsächlich auszuschöpfen. Wright behauptet nun aber, dass in der kulturellen Evolution im Sinne einer expandierenden Verwirklichung dieser *„NonZero"*-Logik noch eine zweite Dimension aufscheine, die Dimension einer *„moral truth"* nämlich:

> „The more closely we examine [...] the drift of human history, the more there seems to *be a point* to it all."[13] We are now talking about „an apprehension not just of the *pragmatic* truth about human interaction, but of a kind of *moral* truth."[14]

An diesem Punkt beginnt das *ethische Nachdenken* über die *moralischen* Fragen, auf die uns die sich ausdehnende ökonomische Kooperation gestoßen hat: Verdienen vielleicht alle Menschen nicht nur aus *pragmatischen* Kooperationsgründen Respekt, sondern auch aus genuin *moralischen* Gründen? Die Frage, um die es jetzt geht, lautet: „recognizing the *moral* worth of human beings everywhere"[15] – ja oder nein? Im Prozess der Ausweitung *wirtschaftlicher* Abschöpfung von Kooperationsrenten wuchs somit auch die Erkenntnis im Bereich einer *ontologisch anders* gearteten Dimension: der Dimension des (genuin) *Moralischen*: „This is the way moral evolution happens"[16]. Die *„NonZero"*-Logik *ökonomischer* (Markt-)Kooperationen und die *„moral truth"* hängen in ihrer empirischen *„Genese"* faktisch zusammen, unterscheiden sich jedoch in Bezug auf die moraltheoretische *„Geltung"* (oder Gültigkeit).

3. Die „Social Structure of Existence" als metaphysische „Moral Truth"

Ich stimme der Argumentationslinie von Robert Wright durchaus zu, meine aber, dass in seinen Überlegungen der letzte, nämlich *metaphysische* Schritt

---

12 Wright (2009, 428). Unschwer lässt sich in dieser Formulierung Wrights die „invisible hand" von Adam Smiths Beschreibung der Marktlogik wiedererkennen.
13 Wright (2000, 3).
14 Wright (2009, 411*).
15 Wright (2000, 331*).
16 Wright (2009, 413).

fehlt. Es wird nämlich nicht so recht klar, warum er von einer „moral *truth*" spricht, also von einer *objektiven* „moralischen Wahrheit". Um Missverständnisse zu vermeiden: Natürlich sind *wir* es, die Gründe pro und contra abwägen müssen, und *wir* sind es auch, die dann moralische Sätze formulieren müssen und sich auf moralische Spielregeln einigen müssen. Insofern ist Weinbergs „cause I say so" schon richtig. Aber es gibt meines Erachtens in der Struktur des Universums empirische *Hinweise* darauf, in welche Richtung dieser ethische Prozess des Abwägens von Gründen verlaufen sollte. Und diese Hinweise ergeben sich aus der „*social structure of existence*", wie sie von den (Prozess-)*Metaphysikern* Alfred North Whitehead und Charles Hartshorne entwickelt worden ist.

Da ich im Folgenden auf die von Whitehead und Hartshorne entwickelte kosmologische *Metaphysik* zurückgreife, möchte ich ganz kurz eine Anmerkung zum Begriff der „Metaphysik" machen. Das *Wort* „Metaphysik" hat im deutschsprachigen Raum eine eher fragwürdige Reputation. Allüberall geistert die Proklamation des Projektleiters der Moderne, Jürgen Habermas, von einem „nachmetaphysischen Denken" herum. Das ist m.E. ein Fehler. Karl R. Popper hat demgegenüber zutreffend festgestellt:

> „[M]etaphysische Hypothesen sind zumindest auf zweierlei Art für die Wissenschaft wichtig. Erstens brauchen wir metaphysische Hypothesen für ein allgemeines Weltbild. Zweitens werden wir beim praktischen Vorbereiten unseres Forschens von dem geleitet, was ich ‚metaphysische Forschungsprogramme' genannt habe."[17]

Die „*Metaphysik*" nun dreht sich – kurz gesagt – um das ganz grundsätzliche Problem, „*how the world works (in general)*".[18]

Nun zu den – in der Konsequenz dann für die Behauptung einer „moral truth" relevanten – *Inhalten* der Metaphysik von Whitehead und Hartshorne. Zunächst: Der *empirische* Haftpunkt, der Whitehead und Hartshorne zu ihrer Metaphysik geführt hat, waren die umwälzenden Erkenntnisse der Physik in den ersten Jahrzehnten des 20. Jahrhunderts: Die moderne Physik offenbart uns eine Wirklichkeit, die nicht mehr aus „A-tomen" im Sinn unveränderlicher „Billardkugeln" (Wirklichkeitsklötzchen, Partikeln) besteht, sondern eine Wirklichkeit, die durch und durch *prozessualer* („Wellen") und *relationaler* Art ist.

Der springende Punkt in den Metaphysiken von Whitehead und Hartshorne in Bezug auf das Thema einer „moral *truth*" ist ihre Hypothese einer „solidarity of the world" oder einer „social structure of existence". Stark ver-

---

17 Popper in Popper/Eccles (1977/1987, 524).

18 Demgegenüber klären die ausdifferenzierten Einzelwissenschaften (Natur- oder Sozialwissenschaften), „how the world works (*in detail*)".

einfacht: *Alles im Universum hängt mit allem zusammen!* Dieser stets etwas allerweltsweisheitlich oder esoterisch klingende Satz ist m.E. nichtsdestotrotz wahr. So wie die Quantenphysik von der Relativität aller Elementarteilchen ausgeht, so konzipiert Whitehead die metaphysische Grundstruktur des Wirklichen überhaupt:

> „[T]he process [...] of any one actual entity[19] involves the other actual entities among its components."[20]

Diese (hier nur angedeutete) metaphysische „Vorlage" Whiteheads hat Charles Hartshorne dann zu seiner systematischen Theorie der *„social structure of existence"* ausgebaut: „reality is *social* process".[21] Dabei muss man aber sorgfältig zwischen zwei systematischen Schritten in dieser metaphysischen Konzeption des Universums unterscheiden (was unbedingt notwendig ist, um einen „naturalistischen Fehlschluss" zu vermeiden): Der erste Schritt besteht in der deskriptiven *Beschreibung* des *faktischen* Universums (des „Natürlichen") als „social" oder „surrelative". Hartshorne präsentiert eine „*social* conception of the universe"[22].

> „[T]he social structure of existence is no mere appearance of something more ultimate, but an aspect of reality itself or as such."[23]

In einem zweiten Schritt wird nun eine *metaphysisch-ethische Bewertung* der *faktisch* „sozial" strukturierten Prozesse des Universums und damit einhergehend eine Unterscheidung von *gelingenden* und *misslingenden* Prozessen oder Geschehnissen vorgenommen. Weit entfernt von einer „Heiligsprechung" aller faktisch (empirisch) ablaufenden Evolutionsereignisse unterscheidet Whitehead zwischen *misslingenden* Prozessen, wobei er zwei Formen des „Übels" benennt (nämlich „Dissonanz" und „Trivialität")[24], und *gelingenden* Prozessen, wobei er als Kriterium des Gelingens das Erlangen einer höheren *„Intensität"* („intensity") im Sinne eines höheren Grades an Wirklichkeitstiefe angibt.[25] In einer Metaphysik, die von der „social structure of existence" ausgeht, kommt ein Null an Beziehungen einem Null an Wirklichkeit oder Wirklichkeitstiefe gleich: „null value only in the case of ‚nonen-

---

19 Mit den Begriffen „actual entity" oder „event" oder „actual occasion" bezeichnet Whitehead die kleinsten Quantenprozesse, aus denen die Welt aufgebaut ist (Whitehead 1929/1978, 91).

20 Whitehead (1929/1978, 7).

21 Hartshorne (1953/1971, 17*).

22 Hartshorne (1953/1971, 29*), vgl. Hartshorne (1948/1964, xii).

23 Hartshorne (1967, 105). Vgl. Hartshorne (1948/1964, 27), Hartshorne (1948/1964, 45).

24 Vgl. Whitehead (1926/2007, 97), Whitehead (1929/1978, 340), Whitehead (1933/1967, 256).

25 Whitehead (1929/1978, 100).

tity"[26]. Dagegen bedeutet ein höherer Grad an Intensität auch einen höheren Grad an Wirklichkeitstiefe, was von der Prozessethik als „besser" eingestuft wird.

In dieser „social structure of the universe" liegt der empirische Haftpunkt für die Rede von einer „moral *truth*". Die gesellschaftliche Welt der „erfundenen" Moral ist eben *nicht* strikt von der objektiven Welt der Tatsachen des vorfindlichen Universums („out there") zu *trennen*. Vielmehr liegen in der *Struktur* des Universums *unbeliebige Vorgaben* für eine realitätsangemessene Ethik vor.

4. Business Metaphysics

Die metaphysische Hypothese der *kosmologischen* Werthaftigkeit *aller* Ereignisse hat natürlich auch Auswirkungen auf die metaphysische Sicht in Bezug auf *wirtschaftliche* Ereignisse, die in der Konsequenz ebenfalls nicht „wertfrei" konzipiert werden können. Dies zu analysieren ist das Geschäft der „*Business Metaphysics*".

(1) „*The Fallacy of Misplaced Concreteness*". Ich beginne diesen Abschnitt über „Business Metaphysics" mit einem Trugschluss, den Whitehead als den „*Fallacy of Misplaced Concreteness*" bezeichnet hat:

> „There is an error; […] it is […] the […] error of mistaking the abstract for the concrete. It is an example of what I will call the ‚Fallacy of Misplaced Concreteness.'"[27]

Einige einfachere Anschauungsbeispiele wären etwa die folgenden:

(a) *Verkehrsregeln*. Die Spielregel „Stop bei Rot!" ist als solche noch *abstrakt*. Sie gewinnt erst und nur dann *konkrete Wirklichkeit*, wenn sich die Leute in ihrem *konkreten* Verhalten tatsächlich daran halten – ansonsten bleibt sie *abstrakt* bzw. virtuell. Hat man nun aber nur die Verkehrsregeln als solche im Blick und meint etwa, mit dem „Stop"-Gebot habe man ein regelwidriges Verhalten auch tatsächlich schon aus der Welt geschafft, dann bleibt die *konkrete* Wirklichkeit – die möglicherweise ganz anders aussieht als die ideale Welt *abstrakter* (Verkehrs-)Regeln – ausgeblendet. Grundsätzlich erklärt Whitehead daher zum „Trugschluss der unzutreffenden Konkretheit":

> Das Problem bei einer „ausschließlichen Konzentration auf eine Gruppe von Abstraktionen besteht […] darin, daß man […] vom Rest der Dinge abstrahiert […]. Soweit die ausgeschlossenen Dinge […]

---

26 Hartshorne (1948/1964, 28).
27 Whitehead (1925/1967, 51).

wichtig sind, bleiben unsere *[abstrahierten; M.S.]* Denkweisen unangemessen."[28]

Die *konkrete* Wirklichkeit ist immer wesentlich „bunter" (vielfältiger) als die (eindimensionale) *abstrakte* Spielregel.

(b) Wirtschafts*system (abstrakt)* & Wirtschafts*geschehen (konkret)*. So wie man das *abstrakte* Verkehrsregelsystem (z.B. die Spielregel „Stop bei Rot!") vom *konkreten* Geschehen an der wirklichen Ampel unterscheiden muss, so muss man auch im wirtschaftlichen Bereich die *Abstraktheit* von Spiel*regeln* von der *Konkretheit* der Spiel*züge* oder *Transaktionen* unterscheiden.

(2) *Multidimensionalität*. Mit der Unterscheidung zwischen dem „*Abstrakten*" und dem „*Konkreten*" in Bezug auf *ökonomische* Fragen nehme ich zudem folgende Differenzierung vor:

- Auf der Seite des *Abstrakten* (Ideellen, Konzeptionellen) ist da die zunächst *abstrakte Idee* des Marktsystems (von Adam Smith oder wem auch immer erfunden), auf der Seite des Konkreten ist das *wirkliche* Geschehen, sind die *konkreten Transaktionen* vom simplen Einkauf an der Supermarktkasse bis hin zur Markteinführung des Apple iPhones im Jahr 2007.

- *Konkrete Wirklichkeit* gewinnt das abstrakte Konzept des Marktsystems erst dann, wenn sich die wirklichen Menschen in ihren wirtschaftlichen Transaktionen tatsächlich nach dieser zunächst *abstrakten Idee* richten und nach dessen Spielregeln spielen – und sich nicht etwa durch Mord, Raub oder Betrug bereichern. (Für Fußballspiele gilt Ähnliches.)

Gleichwohl ist die Erfindung des abstrakten Marktsystems eine gesellschaftliche Errungenschaft ersten Ranges. Denn dass es die Menschheit fertig gebracht hat, den engen Rahmen der antiken Idee von „Hauswirtschaft" (οίκονομία) zu verlassen und sich einem (an sich) *abstrakten* Marktmechanismus anzuvertrauen, sich also in den *wirklichen* Spielzügen oder Transaktionen von den Spielregeln dieses (an sich) *abstrakten* Wirtschaftssystems (Marktwettbewerb) wenigstens partiell leiten zu lassen, hat als „Entdeckungsverfahren"[29] ein enormes Wirtschaftswachstum hervorgebracht.

Umgekehrt jedoch darf man – um nicht dem „Trugschluß der unzutreffenden Konkretheit" anheim zu fallen – jedoch auch nicht das *abstrakte* Modell des Wirtschaftssystems mit der *konkreten* Wirklichkeit des Wirtschafts*geschehens* verwechseln. Denn die *wirkliche* Welt der *konkreten* Transaktionen ist deutlich „bunter" und vielfältiger als die *abstrakte* Modellwelt der

---

28 Whitehead (1925/1984, 75).
29 Vgl. Hayek (1969).

Ökonomik. So zeigt schon eine einfache Analyse eines schlichten Zahlungs-vorgangs[30] an der Supermarktkasse folgende *Multidimensionalität*:

Die konkrete Transaktion dieser Zahlung an der Supermarktkasse ist ein *ökonomischer* Vorgang (im engeren Sinne), denn sein Medium ist das Geld. Da das konkrete Zahlungsereignis den Code des *Wirtschafts*systems („± Zahlen")[31] aktualisiert.

Die konkrete Transaktion dieser Zahlung an der Supermarktkasse weist aber auch eine *juristische* Dimension auf. Denn man ist per Gesetz ver-pflichtet, an der Supermarktkasse zu bezahlen, wenn man einen Jogurt mit nach Hause nehmen möchte. Falls man das nicht glaubt, wird man alsbald vom Supermarktbesitzer darüber aufgeklärt und mit der unschönen Aussicht konfrontiert, dass für den Fall, dass man nicht zahlt, die Polizei verständigt werden wird.

Schließlich weist unsere banale Supermarktsituation aber auch eine *ethi-sche* Dimension auf. Denn wenn ich versuchen sollte, den Jogurt vor der Kassiererin zu verbergen und unbemerkt an der Kasse vorbeizuschmuggeln, dann wird ein anderer Kunde, der das beobachtet, *moralisch* darüber ent-rüstet sein, was sich hier Widerwärtiges abspielt.

Während die *abstrakte* Modellwelt der Marktmechanik nur die *ökonomi-sche Kosten*dimension wahrnimmt, ist die Wirklichkeit multidimensionaler, „bunter" oder „more messy". So hat auch der Nobelpreisträger Paul Krug-man (2009) seiner Ökonomenzunft vorgeworfen, sie verwechselten die „Schönheit" (des *abstrakten* Modells) mit der „Wahrheit" in Bezug auf die tatsächliche und *konkrete* Wirklichkeit: „economists will have to learn to live with messiness."[32]

Also: So wie es schon *kosmologisch* keine „vacuous actuality" gibt, son-dern die konkreten Ereignisse immer multidimensional sind und unter ande-rem auch einen *Wert*aspekt besitzen, so sind auch *wirtschaftliche* Ereignisse *nicht nur* monodimensionale *ökonomische* Vorgänge; vielmehr handelt es sich um multidimensionale Transaktionen, die unter anderem einen *morali-schen* Aspekt aufweisen.

---

30 Eine Vorstellung von der „metaphysical complexity" eines solchen schlichten Vorgangs liefert Searle (1995/1996, 3f.).

31 „Zahlen oder Nichtzahlen – das ist [...] die Seinsfrage der Wirtschaft" (Luhmann 1990, 104).

32 Krugman (2009).

5. Transaktionsethik

John R. Commons war ein Pionier der modernen Institutionenökonomik, dessen Definition einer „Transaktion" zwar des öfteren zitiert wird – zum Beispiel immer wieder von Oliver Williamson[33] –, dessen *systematische Basiskonzeption* jedoch bisher nicht wirklich wahrgenommen wurde. Mit dem Terminus „systematische Basiskonzeption" meine ich nichts anderes als das, was ich hier unter dem Logo *„Business Metaphysics"* erörtere.[34] Und es ist kein Zufall, dass Commons' Basiskonzeption explizit auf Whitehead zurückgreift.

In seinem m.E. wegweisenden Werk „Institutional Economics" berichtet Commons von einer grundlegenden Wende („transition") dergestalt

> „that a corporation which hitherto had only a *legal existence* in the state of its incorporation, because it was an *invisible legal entity existing only in contemplation of law*, now became an economic *going concern existing in its transactions*"[35].

Wenn Commons hier erklärt, dass eine „corporation" nach der von ihm diagnostizierten grundlegenden Wende („transition") nun nicht mehr „only" ein „invisible legal entity" sei, welches ontologisch lediglich in der abstrakten Existenzweise einer juristischen Spielregel gegeben sei („existing only in contemplation of law"), sondern jetzt auch in seiner konkreten Existenzweise als ein „going concern", der in seinen aktualen (wirklichen) Transaktionen bestehe („now became an economic going concern existing in its transactions"), dann ist sich Commons des ontologischen Unterschieds zwischen einer abstrakten und einer konkreten Existenzweise wohl bewusst.[36]

So wie ich Whitehead und Hartshorne als exemplarische Haftpunkte einer angemessenen Metaphysik herangezogen habe, so kann man m.E. Commons als exemplarischen Haftpunkt einer auf der „Business Metaphysics" beruhenden *„Transaction Ethics"* heranziehen.

---

33 Allerdings nimmt Williamson in seinen Zitationen (vgl. etwa Williamson 2010, 673) regelmäßig eine charakteristische Auslassung vor, die das gesamte Problem, das Commons lösen wollte, komplett invisibiliert. Obgleich Commons' Aufsatz die *Überschrift* „The Problem of Correlating Law, Economics, and Ethics" (vgl. Commons 1932/1996) trägt, lässt Williamson genau die Passage *„which correlates law, economics and ethics"* aus. Die Transaktion wird nur noch *mono*dimensional aus dem Blickwinkel der Transaktions*kosten* betrachtet. Näher hierzu Schramm (2011).

34 Als erste Skizze hierzu vgl. Schramm (2014).

35 Commons (1934/2009/2005, 53*). Historischer Hintergrund bei Commons ist eine Reform der steuerrechtlichen Unternehmensbewertung aus dem Jahr 1893 in Indiana.

36 Wenn ich recht sehe, entspricht diese Unterscheidung derjenigen von „*Ökonomie*" (abstrakt) und *„Wirtschaft"* (konkret) bei Wieland (2012, 8).

5.1 „Habits" („Customs") von Transaktionen

(1) *Transaktionen.* Eben so wie Whitehead das *Ereignis* („event", „actual occasion") als den konkret wirklichen „Stoff" denkt, aus dem die *Welt* gemacht ist, und eben so wie Luhmann das *Ereignis* als den konkret wirklichen „Stoff" konzipiert, aus dem die *Systeme* gemacht sind[37], so setzt Commons die „transaction" als den konkret wirklichen „Stoff" an, aus dem die *Wirtschaft* gemacht ist:

> „Thus the *ultimate unit of activity* [...] is a *Transaction*. A transaction [...] is the smallest unit of institutional economics."[38]

Weil wir in *einem wirklichen* Universum leben, kann Commons seine in der Basis *metaphysische* Konzeptionalisierung, „how the *economic* world works (in principle)", analog etwa zu Whiteheads kosmologischem Metaphysikkonzept, „how *the world* works (in principle)", formulieren:

> „These [...] transactions are to economics what Whitehead's [...] ‚event[s]' are to physics."[39]

Metaphysisch ist hier der Punkt von Bedeutung, dass in der Welt der Wirtschaft allein diese Transaktionen *wirklich* sind. Wirtschaftsakteure existieren *wirtschaftlich* nur *in* ihren Transaktionen, seien es nun individuelle oder korporative Wirtschaftsakteure. Ebenso existieren wirtschaftliche „Gesetze" oder „Spielregeln" *konkret* nur in entsprechenden Transaktionen, die diesen „Gesetzen" Leben einhauchen.

(2) *„Habits"* & *„Customs".* Regelmäßigkeiten gewinnen *wirkliche (konkrete)* Existenz, wenn sie zu *„habits"* der Akteure werden. So wie die Verkehrsregel „Stop bei Rot!" *als solche* noch *abstrakt* ist und erst und nur dann *konkrete Wirklichkeit* gewinnt, wenn sich die Leute (Akteure) in ihrem *konkreten* Verhalten, ihren konkreten „habits" also, tatsächlich daran halten, so gewinnt auch die wirtschaftliche Spielregel, dass man an der Supermarktkasse bezahlen muss, wenn man ein Produkt mitnehmen möchte, nur dann *konkrete Wirklichkeit*, wenn ein entsprechendes Verhalten tatsächlich zu einer *konkreten „Gewohnheit" („habit")* der Käufer wird.[40] Auf diese „organische" Wei-

---

37 Luhmann (1984, 62, A. 65) schreibt, dass er „im Anschluss an Whitehead [...] die Temporalität der Elemente sozialer Systeme (Ereignisse) analysieren" möchte. Völlig (zu)treffend notiert Dirk Baecker (2007/2008) hierzu: „Luhmann denkt so radikal wie vor ihm nur die Kosmologie von Alfred North Whitehead das Ereignis als den Stoff, aus dem bei ihm allerdings nicht die Welt, sondern nur die Systeme gemacht sind."

38 Commons (1934/2009/2005, 58*).

39 Commons (1934/2009/2005, 96).

40 Zu Commons' begrifflicher Differenzierung zwischen „habit" und „custom" vgl. Commons (1934/2009/2005, 153–155).

se entsteht ein Netz von „Gewohnheitstransaktionen", das sich in einem *evolutiven* Prozess der konkreten Wirklichkeit von Gesellschaft im allgemeinen und Wirtschaft im besonderen „weiterstrickt".[41]

5.2 „Correlating Law, Economics, and Ethics"

Die konkreten „transactions" sind bei Commons dabei nun aber keine rein ökonomischen Vorkommnisse. Vielmehr diagnostiziert er in der *konkreten Wirklichkeit* einer einzelnen Transaktion (mindestens) *drei* Dimensionen:

> „Thus the ultimate unit of activity whi*ch correlates law, economics and ethics* [...] is a transaction."[42]

Genau diese Korrelation differenter Dimensionen war ja das Ausgangsproblem des klassischen Aufsatzes von 1932, dessen Titel lautete: *„The Problem of Correlating Law, Economics, and Ethics"*. In der *konkreten Transaktion* finden wir eine *Vielfalt* von Dimensionen vor, die nur in der *Abstraktion* von der konkreten Wirklichkeit als *mono*dimensional gedacht werden können.

5.3 „Going Concerns" als evolutionäre „Organismen"

So wie wie Whitehead zwischen „events" („actual occasions") einerseits und „societies" (als „Kooperationen" von „events") andererseits unterscheidet[43], so kennt das Konzept von Commons einerseits die „transaction" und andererseits das, was er „going concern" nennt. Er schließt sich hier explizit an Whitehead an:

> „[T]ransactions [...] are functionally interdependent, and their interdependence constitutes the whole which, following American usage, we name a going concern. [...] This going concern is itself a larger unit, and is analogous to that which in biology is an ‚organism,' or in physics a ‚mechanism.' But its components are not living cells, nor electrons, nor atoms – they are transactions."[44]

Metaphysisch zeigt sich die Firma als ein evolvierender „Faden", der sich aus vielen Transaktions-„Fasern" aufbaut und „weitergestrickt" wird. Ich grei-

---

41 Vgl. Commons (1934/2009/2005, 638).
42 Commons (1932/1996, 454*).
43 Alle dauerhaften Dinge unserer Erfahrungswelt (Stühle, Wassertropfen, Ameisen, Häuser) sind Gebilde, die zwar aus Elementarteilchen bestehen, aber zugleich gewissermaßen enger *„kooperieren"* und dabei eine gewisse *Strukturstabilität* aufweisen oder erreichen. Diese „Kooperations"-Gebilde nennt Whitehead *„societies"*: „The real actual things that endure are all societies" (Whitehead 1933/1967, 204).
44 Commons (1932/1996, 454, vgl. ebd. 335).

fe hier ein Bild auf, das Ludwig Wittgenstein (in ganz anderem Zusammenhang) verwandt hat:

> „wie wir beim Spinnen eines Fadens Faser an Faser drehen. Und die Stärke des Fadens liegt nicht darin, daß irgendeine Faser durch seine ganze Länge läuft, sondern darin, daß viele Fasern einander übergreifen"[45].

Man könnte das Bild noch weiterführen, indem man das Unternehmen als ein *evolvierendes „Seil"* ansieht, das sich aus vielen *„Fasern"* (einzelnen Transaktionen) und *„Fäden"* (Transaktionskomplexen) immer weiter fortschreibt.

Abb.: Das Ineinanderdrehen von „Fasern" (Transaktionen) und „Fäden" (Transaktionskomplexen) zu einem „Seil" oder „Netzwerk" (Unternehmen) (eigene Darstellung)

Die einzelnen „Fasern" stehen also für die wirklichen oder potenziellen Transaktionen. Die reale Transaktion entspricht dem „Drehen" der Fasern. Die Firma besteht in einer fragilen „Gesellschaft" von strukturierten und evolvierenden Transaktionen.

6. Transaktionsethik konkret

Welches sind nun *metaphysische Lehren*, die die Ethik im Allgemeinen und die Wirtschafts- und Unternehmensethik im Besonderen einer Business Metaphysics entnehmen kann? Ich greife die drei Aspekte der Untergliederung des 5. Abschnitts hier (in veränderter Reihenfolge) auf:

- *Multidimensionalität* von Transaktionen (inkl. der ethischen Dimension),
- prozessuales Netzwerk von *„Gewohnheits"-Transaktionen* und
- „organisch" evolvierende „Going Concerns".

---

45 Wittgenstein (1989, 278, § 67).

Um diese drei Aspekte im Hinblick auf eine *Transaktionsethik* (oder Management-Ethik) zu konkretisieren, ziehe ich ein illustrierendes Fallbeispiel heran[46]:

Im Jahr 1997 kam es zwischen der Pizzakette *Pizza Hut* und dem Tomatensoßenhersteller *Hunt Wesson* (einer Sparte von *Con Agra*) zu Verhandlungen über die zukünftige Lieferantenstruktur. *Hunt's* war einer der größten von sechs verschiedenen Tomatensoßenproduzenten, die *Pizza Hut* belieferten. *Hunt's* versorgte etwa 30 Prozent der Pizzen mit seiner Soße.

„Akt 1": Aus Gründen der Kostenoptimierung erklärte nun *Pizza Hut* seinen Zulieferern, dass hinfort nur die zwei kostengünstigsten Anbieter den Zuschlag für das gesamte Zuliefergeschäft erhalten würden. Der Verhandlungsführer auf Seiten von *Hunt's* war nun im Zugzwang. In diesem Zusammenhang ist zu erwähnen, dass er von seinem Produkt absolut überzeugt war:

> „He believed in his product. [...] He swore that his sauce is so good,
> you could tell, just by tasting a Pizza Hut pizza, if it was made with
> Hunt's or not"[47].

Dieses Qualitätsbewusstsein wird bei *Hunt's* auch heute genauso wie damals gepflegt und kommuniziert.[48] *Hunt's* entschloss sich schließlich dazu, *Pizza Hut* einen Preis zu benennen, der keinerlei Abstriche bei der Qualität der Tomatensoße machte.

> Man entwickelte also „a bottom-line financial analysis to determine
> how far they could reduce their price, while maintaining a reasonable
> profit margin, and without any sacrifice of product quality – their lo-
> west, best number"[49].

Ergebnis: *Hunt's* landete nur auf Platz 3 und wurde als Zulieferer von *Pizza Hut* fallen gelassen.

„Akt 2": Doch damit war die Geschichte noch nicht zu Ende. Denn unerwarteterweise kam nun nach etwa sechs Wochen ein Anruf der Beschaffungsagentin von *Pizza Hut*, man habe mittlerweile mit signifikanten Qualitätsproblemen („runny pizza"!) zu kämpfen. Sie bat *Hunt's*, einen Preis für eine Neuauflage des Vertrags zu benennen. Trotz der nun völlig umgekehrten Verhandlungsmacht nannte *Hunt's* daraufhin genau den gleichen Preis, der in der ersten Verhandlungsrunde zum 3. Platz geführt hatte. *Hunt's* wurde

---

46 Shapiro/Jankowski (1998/2001, 231–233), Young (2008, 151f.).
47 Shapiro/Jankowski (1998/2001, 231).
48 Dies wird etwa in den Werbespots von *Hunt's* sehr deutlich. Vgl. etwa http://www.youtube.com/watch?v=AVyMOKPmUkg
49 Shapiro/Jankowski (1998/2001, 232).

schlussendlich wieder als Lieferant eingesetzt und versorgte *Pizza Hut* nun mit etwa 70 Prozent der Tomatensoße.

Das Beispiel illustriert die drei oben genannten Aspekte, die im Konzept einer mikroanalytischen *Transaktionsethik* oder Management-Ethik als im lokalen Geschäftsalltag für ein gelingendes Management entscheidende Faktoren zu identifizieren sind:

(1) Multidimensionalität von Transaktionen. Wie Commons in seiner Definition der „Transaktion" – „a transaction" as "the ultimate unit of activity which correlates law, economics and ethics" – deutlich gemacht hat, sind, haben Management-Transaktionen – in diesem Fall Geschäftsverhandlungen, die zweifelsohne einen essenziellen Bestandteil eines jedweden Management-Basisspiels darstellen – einen multidimensionalen Charakter. Natürlich ging es hier ums Geschäft (ökonomische Dimension). Auch die rechtliche Seite spielte eine bedeutende Rolle (Lieferantenverträge). Vor allem aber zeigt sich hier eine genuin ethische Dimension, die weder auf allgemeine Spielregeln (oder Spielregelreformen) warten kann noch sich auf eine bloße Win-Win-Orientierung eindampfen lässt. Hunt's stand schlichtweg vor der Frage, ob man die Qualität der Soße beibehalten und den entsprechenden Preis benennen sollte – auf die Gefahr hin, dass man sich damit aus dem Rennen katapultierte. Oder ob man faktisch bei der Qualität Abstriche machen sollte – natürlich ohne dies ehrlicherweise gegenüber Pizza Hut zuzugeben – , um dann einen niedrigeren Preis angeben zu können. Man entschied sich für Ehrlichkeit, war damit zunächst der Dumme, konnte dann aber beobachten, dass Lügen kurze Beine haben („runny pizza") und ehrlich wohl doch am längsten währt – jedenfalls in diesem Fall. Dieses Happy End konnte Hunt's aber nicht wirklich voraussehen („Kontingenz"). Und deswegen stand man vor der ethisch codierten Wahl: Geben wir einen integren Preis an (auch bei Gefahr des Auftragsverlustes) oder nicht? Es zeigt sich: Diese (Verhandlungs-)Transaktion war in der Tat eine multidimensionale „activity which correlates law, economics and ethics" (Commons). Ein wirklichkeitsangemessenes Management muss also diese objektive Multidimensionalität einkalkulieren und die Fähigkeit aufweisen, die unterschiedlichen Dimensionen „polylingual" (Josef Wieland) zu managen.

(2) Prozessuales Netzwerk von „Gewohnheits"-Transaktionen. Es ist äußerst unwahrscheinlich, dass Hunt's so entschieden hätte, wie es faktisch entschieden hat, wenn es sich das Unternehmen mit all seinen Mitarbeitern nicht zur „Gewohnheit" gemacht hätte, dass in allen konkreten Transaktionen, die das Unternehmen vollzieht, die Produktqualität ein ganz entscheidender Faktor der Identität des Unternehmens darstellt. Es reicht im Geschäftsalltag nicht aus, wenn man die Produktqualität nur abstrakt auf der Homepage oder in Hochglanzbroschüren verbalisiert. Die Möglichkeitsbe-

dingung dafür, dass Hunt's in der äußerst bedrängenden Verhandlungssitu-
ation der Versuchung widerstehen konnte, einen niedrigeren Preis für die
Tomatensoße durch Abstriche bei der Produktqualität zu erreichen, liegt darin, dass man es sich bei Hunt's in den konkreten Transaktionen der Vergangenheit zur stabilen „Gewohnheit" gemacht hatte, dass die Qualität zählt.
Viele anderen Unternehmen wären hier wankelmütig geworden und hätten –
wie ja offenbar auch die beiden ursprünglich erstplatzierten Unternehmen –
einen zu niedrigen Preis genannt und damit auch eine Soße mit niedriger
Qualität geliefert („runny pizza"). Wenn es das Management hingegen versäumt, ein solches Netzwerk von „Gewohnheitstransaktionen" wirklich und
konkret von langer Hand zu „stricken", dann lässt sich eine robuste Unter-
nehmensidentität nicht aus dem Nichts herbeizaubern. Die an sich noch
abstrakten „working rules"[50] des Unternehmens mögen das Ziel der Produktqualität vorsehen. Sie bleiben aber als solche abstrakt, solange sie nicht in
konkreten Transaktionen mit Leben erfüllt worden sind und sich in einem
Netzwerk von „Gewohnheitstransaktionen" konkretisiert haben. Denn das,
was wirklich ist, sind nur die Transaktionen und das Transaktionsnetzwerk,
aus dem die Wirklichkeit des Unternehmens besteht.

(3) „Organisch" evolvierende „Going Concerns". Nimmt man die beiden ersten Punkte zusammen, so ergibt sich, dass eine Firma ein multidimensionaler und (in „Gewohnheits"-Transaktionen) evolvierender „Organismus" ist.
Darin liegt auch der Grund, warum ein Management, das sich an der traditionellen Firmentheorie orientiert, m.E. scheitern muss. Beispielsweise klären Michael C. Jensen und William H. Meckling (1976, 308, 311) die ge-
neigte Öffentlichkeit folgendermaßen auf:

> „[O]rganizations are simply *legal fictions*"[51]. To be sure, there is „indi-
> vidual behavior in organizations, including behavior of managers",
> but: „*The firm is not an individual*. It is a legal fiction".

Aufgrund dieser „nature" oder „essence of the firm" funktioniert die Sache
Jensen & Meckling zufolge nun so, dass die „legal fiction" Firma instrumental
als „Ort" diene, um die konfligierenden Interessen der beteiligten Individuen
(Shareholder, Manager, Mitarbeiter, Kunden usw.) ins (neoklassische)
„Gleichgewicht" zu bringen (vgl. ebd. 311). Dabei sei die Firma eben keine
handlungsfähige Person, sondern nur eine juristisch *fiktionale* „Als-ob-Per-
son" – ein juristisch fiktiver „Ort", an dem ein *markt*artiger Gleichgewichts-
mechanismus ablaufe (ebd.):

> „In this sense the ‚behavior' of the firm is like the behavior of a mar-
> ket; i.e., the outcome of a complex equilibrium process."

---

50 Zu diesem Begriff vgl. etwa Commons (1934/2009/2005, 58).
51 Jensen/Meckling (1976, 310). Dort auch die vier weiteren Zitate.

Die ganze Konstruktion bei Jensen & Meckling bringt einen nicht nur unternehmensethisch, sondern auch im Hinblick auf ein gelingendes Management *fatalen Effekt* mit sich: Wenn man wie Jensen & Meckling sagt, die Firma sei nichts anderes als eine *mono*dimensionale, also nur monetäre Marktpreise wahrnehmende „Markt"-*Maschine*, dann wird mit Blick auf das Fallbeispiel *Hunt's & Pizza Hut* m.E. unmittelbar deutlich, dass dies eine krasse Verkürzung der konkreten Wirklichkeit des Firmenalltags wäre. Der für die Praxis des Managements springende Punkt ist dabei der, dass damit ein gelingendes und der Wirklichkeit des faktischen Geschäftsalltags angemessenes Management unmöglich gemacht würde.

Fazit

Manager müssen keine Metaphysiker sein. (Für ein explizites „Metaphysizieren" haben sie natürlich keine Zeit.) Aber ich glaube, dass Manager gut daran tun, sich einige der inhaltlichen Kernerkenntnisse einer Business Metaphysics zu eigen zu machen und in ihrer Managementstrategie in Rechnung zu stellen.

Literatur

Baecker, D. (2007/2008): Einleitung. In Luhmann, N.: Sa-hö-tsche-gye-i-ron: Theorie der sozialen Systeme. Transl. into Korean by Yo-song Park. 2 vols. Seoul, Korea 2007. Wieder abgedruckt: S. 456–466 in Baecker, D.: Nie wieder Vernunft: Kleinere Beiträge zur Sozialkunde. Heidelberg 2008.

Commons, J.R. (1932/1996): The Problem of Correlating Law, Economics, and Ethics. S. 3 – 26 in Wisconsin Law Review 8 (1932). Zit. nach: S. 453 – 473 in Commons, J.R.: Selected Essays. Volume Two. Hrsg. v. M. Rutherford – W.J. Samuels. London 1996.

Commons, J.R. (1934/2009/2005): Institutional Economics. Its Place in Political Economy. Volume 1: New Brunswick – London [3]2009. Volume 2: New Brunswick – London [2]2005.

Commons, J.R. (1996): Selected Essays. Volume Two. Hrsg. v. M. Rutherford – W.J. Samuels. London 1996.

Habermas, J. (1997): Die Einbeziehung des Anderen. Studien zur politischen Theorie. Frankfurt a.M. [2]1997.

Harman, G. (1977): The Nature of Morality. An Introduction to Ethics. New York 1977.

Hartshorne, C. (1948/1964): The Divine Relativity. A Social Conception of God. New Haven – London 1948/1964.

Hartshorne, C. (1953/1971): Reality as Social Process. Studies in Metaphysics and Religion. New York 1953/1971.

Hartshorne, C. (1967): A Natural Theology for Our Time. La Salle, ILL 1967.

Hayek, F.A. von (1969): Der Wettbewerb als Entdeckungsverfahren. S. 249–265 in Hayek, F.A. von: Freiburger Studien. Gesammelte Aufsätze. Tübingen 1969.

Jensen, M.C. – Meckling, W.H. (1976): Theory of the Firm: Managerial Behaviour, Agency Costs and Ownership Structure. S. 305–360 in Journal of Financial Economics 3 (1976).

Krugman, P. (2009): How Did Economists Get It So Wrong? In The New York Times Magazine (6. September 2009).

Levitt, S.D. – Dubner, S.J. (2005/2009): Freakonomics. A Rogue Economist Explores the Hidden Side of Everything. New York 2005/2009.

Luhmann, N. (1984): Soziale Systeme. Grundriß einer allgemeinen Theorie. Frankfurt a.M. 1984.

Luhmann, N. (1990): Ökologische Kommunikation. Kann die moderne Gesellschaft sich auf ökologische Gefährdungen einstellen? Opladen [3]1990.

Mackie, J. L. (1977/1990): Ethics. Inventing Right and Wrong. London – New York 1977/1990.

Popper, K.R. – Eccles, J.C. (1977/1987): Das Ich und sein Gehirn. München [6]1977/1987.

Rawls, J. (1980): Kantian Constructivism in Moral Theory. S. 515–572 in Journal of Philosophy 77 (1980).

Schramm, M. (2008): Transaktions-Rhizome. Ontologie und Ethik eines mikroanalytischen Stakeholder-Managements. S. 39–64 in Wieland, J. (Hrsg.): Die Stakeholder-Gesellschaft und ihre Governance. Management, Netzwerke, Diskurse. (Studien zur Governanceethik. Bd. 6.) Marburg 2008.

Schramm, M. (2011): Ethik der Transaktion. Eine mikroanalytische Ontologie des operativen Managements. S. 165 – 187 in Grüninger, S. – Fürst, M. – Pforr, S. – Schmiedeknecht, M. (Hrsg.): Verantwortung in der globalen Ökonomie gestalten. Governanceethik und Wertemanagement (Festschrift für Josef Wieland). Marburg 2011.

Schramm, M. (2014): Business Metaphysics. S. 2–6 In forum wirtschaftsethik. online-zeitschrift des dnwe 22 (2014). URL: http://www.dnwe.de/forum-wirtschaftsethik-online-1-2014.html

Searle, J. (1995/1996): The Construction of Social Reality. London 1995/1996.

Shapiro, R.M. – Jankowski, M.A. (1998/2001): The Power of Nice. How to Negotiate So Everyone Wins – Especially You! Revised Edition. New York 1998/2001.

Neumann, J. von – Morgenstern, O. (1944/2004): Theory of Games and Economic Behavior. 60th Anniversary Edition. Princeton 1944/2004.

Weinberg, S. (1977): The First Three Minutes. New York 1977.

Weinberg, S. (1999): Cosmic Questions. Steven Weinberg and John Polkinghorne – an Exchange. URL: www.counterbalance.org/cqinterv/swjp-frame.html

Whitehead, A.N. (1925/1967): Science and the Modern World. New York 1925/1967.

Whitehead, A.N. (1925/1984): Wissenschaft und moderne Welt. Frankfurt a.M. 1925/1984.

Whitehead, A.N. (1926/2007): Religion in the Making. Lowell Lectures. New York [5]2007.

Whitehead, A.N. (1929/1978): Process and Reality. An Essay in Cosmology. Gifford Lectures Delivered in the University of Edinburgh During the Session 1927–28 (Corrected Edition. Hrsg. v. D.R. Griffin – D.W. Sherburne). New York – London 1929/1978.

Whitehead, A.N. (1933/1967): Adventures of Ideas. New York – London – Toronto – Sydney – Singapore 1933/1967.

Whitehead, A.N. (1936/1968): Modes of Thought. New York 1936/1968.

Wieland, J. (2012): Ökonomische Form und wirtschaftliche Entwicklung – Methodisches zur Analyse der Emergenz ökonomischer Ordnungen. Einleitung zur 2. Auflage. S. 7–15 in Wieland, J.: Die Entdeckung der Ökonomie. Kategorien, Gegenstandsbereiche und Rationalitätstypen der Ökonomie an ihrem Ursprung. Marburg 2012.

Williamson, O.E. (2010): Transaction Cost Economics: The Natural Progression. S. 673–690 in American Economic Review 100 (2010).

Wittgenstein, L. (1989): Philosophische Untersuchungen. In Werkausgabe 1. Frankfurt a.M. [6]1989.

Wright, R. (2000): NonZero. The Logic of Human Destiny. New York 2000.

Wright, R. (2006): Progress is Not a Zero-Sum Game (TED Talk). URL: http://www.ted.com/talks/robert_wright_on_optimism.html

Wright, R. (2009): The Evolution of God. New York – Boston – London 2009.

Young, M. (2008): Sharks, Saints, and Samurai. The Power of Ethics in Negotiations. S. 145–155 in Negotiation Journal 24 (2008).

Finanzkrise und Verteilungsgerechtigkeit – Beobachtungen aus Sicht eines Praktikers

Eric Fellhauer

Widerlegt die Finanzkrise die Gültigkeit liberaler Wirtschaftstheorien?

Vor 20 Jahren habe ich in Fellhauer (1994) den Versuch unternommen, die liberalen wirtschaftspolitischen Thesen F.A. von Hayeks mit einer rechtebasierenden Ethik zu vereinbaren. In diesen 20 Jahren hat die Weltwirtschaft eine äußerst dynamische Entwicklung genommen, die in einer der größten Finanzkrisen der Wirtschaftsgeschichte mündete. Da ich in diesen Jahren mein berufliches Leben in genau jenem internationalen Finanzsektor verbracht habe, dem gemeinhin eine bedeutende Schuld für die Entstehung der Finanzkrise zugewiesen wird, sei hier der Versuch gewagt, die Beobachtungen des Praktikers mit den früheren wirtschaftspolitischen und gerechtigkeitstheoretischen Thesen zu vergleichen bzw. deren Gültigkeit zu hinterfragen.

Im Folgenden werden zunächst die Kernthesen aus Fellhauer (1994) zusammengefasst. Danach werden Entstehung und Ursachen der Finanzkrise beschrieben. Es wird argumentiert, dass die gängige Wahrnehmung der Krise als Marktversagen des Finanzsystems zu kurz greift, sondern dass die Krise mindestens zu gleichen Teilen über die „ordnungszerstörenden Tendenzen von kollektiven […] Eingriffen" erklärbar ist (ebd. 11). Es wird aber auch eine der wesentlichen Thesen aus Fellhauer (1994) bestärkt, nämlich dass staatliche Eingriffe in die wirtschaftliche Ordnung notwendig sind, welche über die Forderungen Hayeks hinausgehen, dass solche Eingriffe ausschließlich auf die Durchsetzung allgemeiner Regeln und die Schaffung eines Minimums von Kollektivgütern beschränkt sein müssen. Es wurden damals bereits gewisse positive sozio-ökonomische Rechte gefordert, die bei Hayek keinen Platz hatten. Die wirtschaftliche Entwicklung der letzten Jahrzehnte hat zu wirtschaftlichen und gesellschaftlichen Zuständen geführt, welche die Frage nach kollektiver Korrektur notwendig machen. Hervorzuheben ist dabei die stark angestiegene Ungleichheit in den westlichen Ländern, die sich zusammen mit anderen zunehmend drängenden Gerechtigkeitsproblemen wie dem der Generationengerechtigkeit und dem des gestiegenen wirtschaftlichen Gesamtrisikos selbst zu einer ordnungszerstörenden Tendenz entwickelt haben. Zum Schluss werden zwei wirtschaftspolitische Postulate abgeleitet. Diese basieren auf der These, dass die derzeit vorherrschende ultraexpansive Geldpolitik die Gerechtigkeitsproblematik weiter verschärfen wird. Dies gilt insbesondere dann, wenn die Geldpolitik als Substitut für Strukturreformen missbraucht und von nicht nachhaltiger staatlicher Verschuldungspolitik begleitet wird.

Liberale Kernthesen

Hayeks (1980, 1981) Vorstellung von einer funktionierenden Wirtschaftsordnung ist anti-konstruktivistisch: Eine spontane Ordnung mit evolutionär entstanden Regeln führt zur Nutzbarmachung verstreuten Wissens. Zentral dafür ist der Markt, der über die gegenseitige Anpassung individueller Marktteilnehmer dazu führt, dass jedermanns Aussichten erhöht werden, „in einem weit größeren Umfang, über die verschiedenen Güter [...] zu verfügen, als wir auf irgendeine andere Weise sicherstellen können" (Hayek 1981, 149).

Hayeks Gerechtigkeitsvorstellung muss man geradezu als anti-utilitaristisch bezeichnen: Der Begriff Gerechtigkeit ist für ihn nur auf individuelles Handeln anwendbar, nicht aber auf die Ergebnisse, die sich in einer spontanen Ordnung wie dem Markt einstellen. Staatliche Eingriffe in den Markt – außer zur Durchsetzung von allgemeinen Regeln und der Herstellung von Kollektivgütern, die der Markt nicht liefern kann – lehnt er damit nicht nur aus Effizienz-, sondern auch aus Gerechtigkeits-Gründen ab. Die Effizienz der spontanen Ordnung Markt leidet – so Hayek – stark unter staatlichen Eingriffen, weshalb diese weitestgehend limitiert werden müssen. Hayek warnt insbesondere vor redistributiven Eingriffen und der verschwenderischen Bereitstellung von kollektiven Gütern, da diese die wesentlichen Funktionsprinzipien des Marktes außer Kraft setzen.

Hayek weist auf die Schwächen der Demokratie hin, ein solches liberales Wirtschaftssystem dauerhaft zu befördern. Relativ kurze Wahlperioden schaffen Anreize zu Wahlgeschenken mit redistributivem und interventionistischem Charakter. Er schlägt daher ein Verfassungsmodell mit deutlicherer Trennung von Exekutive und Legislative vor mit wesentlich längeren Wahlperioden für Letztere.

Synthese aus liberalen Grundvorstellungen
und rechte-basierter Ethik

In Fellhauer (1994) wird versucht, die eigentlich im Wesentlichen deskriptiven Thesen Hayeks zum Funktionieren des Marktes mit einem normativen Rahmen zu verbinden. Dazu wird eine rechte-basierte Ethik beschrieben, deren Grundlage individuelle Grund-Rechte sind: das Recht auf Leben, Gesundheit, Freiheit; das Recht auf die Früchte der eigenen Arbeit; das Recht auf gleichen Zugang zu natürlichen Ressourcen; das Recht auf die Erfüllung vernünftiger Erwartungen[1].

Diese System von Rechten ist zwar genauso wenig utilitaristisch-teleologisch wie die Hayek'sche Gerechtigkeitstheorie, will heißen sie leitet sich nicht von einem zu erreichenden Zielzustand ab wie z.B. maximaler Wohlstand oder größtmögliche Verteilungsgerechtigkeit. Sie geht aber dennoch über die Vorstellung Hayeks von lediglich negativen, individuellen Rechten und den damit verbundenen allgemeinen Regeln hinaus. Die Vorstellung, dass sich der Staat im Wesentlichen auf die Durchsetzung universalisierbarer Gesetze und auf die Bereitstellung solcher Kollektivgüter beschränken muss, die der Markt nicht bereitstellen kann, ist eine liberalistische Illusion. Man kann nämlich nicht einfach faktisch feststellen, welche vom Markt nicht herstellbaren Kollektivgüter unbedingt *gebraucht* werden, sondern es bedarf dazu einer ethischen Analyse, welche Güter *gewünscht* werden.

Dafür bietet die beschriebene rechte-basierte Ethik einen kompatiblen Rahmen. Obwohl zunächst von individuellen Rechten ausgegangen wird, leiten sich rasch auch Rechte bzw. Forderungen gegenüber der Gesellschaftsordung als Ganzes ab, sog. positive sozio-ökonomische Rechte. Die Rechte auf Leben und Gesundheit können eben nicht nur bedeuten, dass es Individuen verboten ist, Leben und Gesundheit anderer zu schädigen. In Gesellschaften, in denen viele Individuen gemeinschaftlich eine marktwirtschaftliche Ordnung nutzen, leitet sich daraus auch ein positives Recht ab, dass solche Individuen, die es nicht von alleine schaffen, ein Recht auf Bereitstellung von Lebensunterhalt und Gesundheitsversorgung durch das Kollektiv haben. Dabei handelt es sich um die grundlegendste Form der Redistribution durch die Bereitstellung der Kollektivgüter Sozialhilfe und Gesundheitsversicherung. Ebenso ist ein weitreichendes staatliches Bildungswesen nicht nur aus Effizienzgründen gefordert, sondern aufgrund des grundlegenden Rechts auf Chancengleichheit, also auf gleichen Zugang zu natürlichen Ressourcen.

Ein weiteres wichtiges Argument für weitergehende Eingriffe des Staates ist die Eindämmung externer Effekte individuellen Handelns. Die liberale Vorstellungswelt kennt nur die Regulierung des individuellen Verhaltens. Was aber, wenn individuell gerechtes oder „richtiges" Verhalten zu kollektiv ungerechten oder „falschen" Resultaten führt? Da dies auch in gut funktionierenden Marktwirtschaften regelmäßig vorkommt, leitet sich auch daraus die Notwendigkeit redistributiver staatlicher Eingriffe ab. Weiter unten wird untersucht, inwiefern die Finanzkrise der Jahre ab 2008 und deren Folgen ein Großereignis von solchen externen Effekten darstellt, das eine ganz

---

1 Vgl. Mackie (1985); die aufgeführten Rechte sind allerdings in Fellhauer (1994) im Hinblick auf die dort dargelegte Argumentation angepasst.

neue Sicht auf die liberalen Thesen bzw. den sog. Kapitalismus notwendig macht.

Praktische Relevanz der liberalen Wirtschaftstheorien

Die radikalen Forderungen Hayeks sind politisch nicht durchsetzbar. Von allen großen kapitalistischen Systemen scheint allerdings das US-amerikanische den Kernforderungen am nächsten zu kommen. Der weitgehende Verzicht auf Kündigungsschutz und zusätzlich auf soziale Absicherung im Falle des Arbeitsplatzverlusts stellt eine ausgeprägte Form der Verhinderung von Redistribution dar.

Am anderen Ende des Spektrums stehen Volkswirtschaften, die zwar dem Grunde nach marktwirtschaftlich orientiert sind, aber durch steuerfinanzierte soziale Sicherungssysteme, Kündigungsschutzgesetze, teilweise auch aufgeblähte Verwaltungsapparate einen Redistributionsmechanismus schaffen, der wesentliche Teile des Sozialprodukts in nicht-marktwirtschaftlicher Form verteilt. Die negativen Auswirkungen bzw. „ordnungszerstörenden Tendenzen" solcher Mechanismen sind derzeit deutlich in Ländern wie Frankreich und Italien zu sehen: Zum einen in Form von dramatisch hoher Jugendarbeitslosigkeit, die zum Teil durch rigide Arbeitsgesetze verursacht wird. Dies ist sowohl ungerecht als auch eine starke Gefährdung der Zukunftsfähigkeit der Nationen. Zum anderen durch permanent steigende Staatsverschuldung auf ein Niveau, das zumindest im Falle Italiens als nicht dauerhaft tragfähig angesehen wird.

Das deutsche Modell der „sozialen" oder „gelenkten Marktwirtschaft" (Schlecht 1990, 49) wird gemeinhin als goldener Mittelweg gesehen, der auch derzeit vergleichsweise gut funktioniert. Selbst hier hat die Umverteilung Ausmaße erreicht, die nicht mit klassisch ordoliberalem Gedankengut vereinbar sind: „41 % der Erwachsenen [beziehen] ihr hauptsächliches Einkommen in Form von Renten, [...] und anderen Transfers direkt vom Staat" (Sinn 2010, 34).

Entstehung der Finanzkrise

Von zentraler Bedeutung für die Entstehung der Finanzkrise war das Platzen einer Immobilienblase, die in den USA zwischen den Jahren 2002 und 2006 durch einen dramatischen Anstieg der Hauspreise entstand. Als Ursache für diese Immobilienblase wird gemeinhin die expansive Geldpolitik der amerikanischen Notenbank „Fed" unter dem damaligen Governor Greenspan gesehen. Allerdings besteht auch weithin Konsens, dass die lockere Geldpolitik allein nicht zu den schädlichen Konsequenzen geführt hätte, wenn sie nicht begleitet worden wäre von regulatorischen Erleichterungen in anderen Bereichen bzw. vom Mangel an Regulierung an wesentlichen Stellen der Finanzmärkte. Es ist also nicht von vorneherein ersichtlich, ob die Finanzkrise aus den „ordnungszerstörenden Tendenzen" von staatlichen Eingriffen (in diesem Fall: ultra-expansive Geldpolitik) erklärbar ist oder aber aus dem Fehlen des staatlichen Eingriffs, also der mangelnden Regulierung. Dazu sei im Folgenden einige wesentliche Erklärungsversuche zur Entstehung der Krise zusammengefasst.

Krugman (2009, 140ff.) beschreibt die Entwicklung bis zur Krise 2008 als „Greenspan's Bubbles" in verschiedenen Phasen:

Nachdem die 1970er und 1980er Jahre durch externe Schocks, Inflation und Arbeitslosigkeit im 2-stelligen Prozent-Bereich geprägt war, zeichneten sich die 1990er Jahre durch niedrige Arbeitslosigkeit bei gleichzeitig niedriger Inflation aus. Dieses gleichzeitige Erscheinen von niedriger Inflation *und* niedriger Arbeitslosigkeit wurde verursacht durch einen Produktivitätsschub, der sich insbesondere in den USA Mitte der 1990er einstellte aufgrund des weitreichenden Einsatzes von Informations-Technologie: Obwohl PCs und auch wesentliche Bereiche der ERM-Software[2] schon in den 1970ern entwickelt wurde, kam es erst in den 1990ern zu einer effizienten Vernetzung und weitreichenden Nutzbarmachung der neuen Technologien. Diese Produktivitätssteigerung hielt die Inflation trotz starken Wachstums gering; die Zinsen konnten dauerhaft niedrig gehalten werden, gleichzeitig stiegen die Unternehmensgewinne und die Aktienmärkte gewannen im Durchschnitt etwa 10 % p.a.

Bereits im Jahre 1996 sprach Greenspan im Zusammenhang mit der übertriebenen Entwicklung der Aktienmärkte von „excessive exuberance" („exzessive Überschwänglichkeit") – tat aber nach Krugmans Meinung nichts, um diese aufzuhalten[3]. So mündete der lange Anstieg der Aktienpreise in der Dotcom-Blase Ende der 1990er, die im Jahre 2001 nach zu großer Übertreibung platzte. Die sich anschließende Rezession war zwar relativ mild und kurz – was wiederum den in den 1990ern gewonnenen Glauben der Investoren stärkte, dass das Vorkommen größerer Rezessionen endgültig ausgestanden sei. Die Arbeitslosigkeit in den USA verblieb jedoch auf einem höheren Niveau als zuvor, sodass Greenspan ein Deflations-Szenario fürchtete, wie es Japan seit 10 Jahren erlebt hatte. Daraufhin betrieb die Fed eine aggressiv-expansive Geldpolitik, die mit einer Senkung des Leitzinses auf 1 % einherging.

---

2 „Enterprise Resource Management" Software dient zur Verarbeitung der in einem Unternehmen anfallenden Informationen wie Buchhaltungsdaten, Kundeninformationen usw.

3 Vgl. Krugman (2009, 142): „While Greenspan warned against excessive exuberance, however, he never *did* much about it."

Eric Fellhauer

Dies war die Initialzündung für steigende Hauspreise in den USA, erklärt
aber noch nicht, warum es danach zu einer nicht enden wollenden Aufwärtsspirale der Hauspreise kam. Krugman erklärt dies mit einer Kombination aus zwei Faktoren: Zum einen, die „excessive exuberance" bei den
amerikanischen Familien, die aufgrund ständig steigender Hauspreise auf
den „Zug aufspringen" wollten und dabei alle Sorgen verdrängten, die laufenden Belastungen aus der Hypothek nicht bedienen zu können. Zum anderen senkten die Banken ihre Praktiken und Standards der Kreditvergabe
in einem bis dahin nicht gekannten Ausmaß. Auch hierbei spielte der Glaube
an immer weiter steigende Hauspreise eine Rolle.

Die entscheidende Rolle bei der Aufweichung der Kreditvergabe-Stan-
dards spielte jedoch die Praxis der „Securitization" von Hypotheken-Darle-
hen, weil es diese Praxis den kreditgebenden Banken erlaubt, nicht selbst
die Risiken aus den Darlehen zu halten, sondern diese in Wertpapieren zu
bündeln und diese weiterzuhandeln. Diese Form der Securitization war seit
seiner Einführung durch Fannie Mae (ein staatlich gesponsortes Unternehmen!) in den 1930er Jahren auf Darlehen mit guter Qualität beschränkt. Mit
der Einführung eines innovativen Finanzinstruments namens „collateralized
debt obligation (CDO)" wurde diese auf sog. „subprime mortgages", also
Hypothekendarlehen mit geringer Qualität ausgeweitet. Der Trick der CDOs
bestand darin, dass auf ein Portfolio aus qualitativ schlechten oder ge-
mischten Hypothekendarlehen verschiedene Tranchen von Wertpapieren
ausgebeben wurden. Diese unterschieden sich in ihrer „Seniorität", also in
der Rangigkeit bzgl. des Anspruchs auf den Cash-Flow[4] aus dem Darle-
hensportfolio. Indem den Tranchen mit der höchsten Seniorität ein vor-
rangiger Anspruch vor den Wertpapieren der anderen Tranchen eingeräumt
wurde, konnte man diese Wertpapiere mit einem „AAA"-Rating ausstatten,
also einer vergleichbaren Bonität wie z.B. der einer Bundesanleihe. Die wei-
tern Tranchen waren mit nachrangigen Ansprüchen ausgestattet und hatten
demgemäß geringere Ratings.

Trotz der mangelnden Qualität der zugrunde liegenden Kreditportfolien
bestätigten die Ratingagenturen die hohen Ratings der strukturell vorrangi-
gen Tranchen und ermöglichte damit einer viel größeren Investorengruppe
den Zugang zu Investments in „subprime". Die wirklich großen Pools von
Kapital, wie z.B. Pensionsfonds oder Lebensversicherer, sind strengen Regeln in ihrer Anlagepolitik unterworfen, die Investments in Wertpapiere geringer Bonität nicht erlauben.

---

4 Cash-Flow bezeichnet hier: Entweder die laufenden Zinszahlungen der Darle-
hensnehmer oder – im Falle eines Zahlungsausfalls – der Liquidationserlös aus der
Verwertung der Immobilie.

Der weitere Verlauf der Finanzkrise stellte sich nach meiner Wahrnehmung wie folgt dar: Im Jahre 2006 kehrte sich der starke und lang anhaltende Anstieg der Hauspreise in den USA erstmals wieder um. Es kam zunächst zu einem Vertrauensverlust auf den Finanzmärkten, der sog. „Subprime Krise". Der Aufwärtsspirale von Kreditwachstum durch Securitization und Hauspreisanstieg war einfach die Luft ausgegangen und der darauf folgende Rückgang der Hauspreise war so stark, das selbst die Werthaltigkeit von CDO-Tranchen mit gutem Rating in Zweifel gezogen wurde und deren Marktpreise fielen. Dies löste ein weltweite Bankenkrise aus, die sich nicht mehr nur auf die USA beschränkte, da in der Schlussphase des US Housing Booms dieser auch noch durch massiven Zufluss von internationalem Kapital gespeist wurde (vgl. z.B. Reinhart/Rogoff (2009, 207). Viele der in Schieflage geratenen Banken und Finanzinstitute wurden 2008 durch staatliche Intervention gerettet wie z.B. die US Investmentbank Bear Stearns (auf staatliches Betreiben durch den Wettbewerber JP Morgan aufgefangen), die Hypothekenfinanzierer Fannie Mae und Freddie Mac, die Versicherung AIG. Im September 2008 jedoch wurde die US Investmentbank Lehman, die für ihr besonders aggressives Gebaren bekannt war und in eine ausgesprochene Schieflage geraten war, nicht vom Staat gerettet und musste Insolvenz anmelden. Die Insolvenz einer so großen Bank führte nicht nur zu einem noch tieferen Schock auf das Finanzsystem. Die Konsumenten in den USA – bis dahin bedeutende Abnehmer von Gütern aus aller Welt und damit stabiler Treiber der Weltkonjunktur – verloren in kürzester Zeit das Vertrauen und verweigerten sich insbesondere dem Kauf größerer Konsumgüter wie Autos[5]. Damit hatte sich die Finanzkrise zu einer realwirtschaftlichen Rezession ausgeweitet, die wiederum ihrerseits zu einer finanzwirtschaftlichen Abwärtsspirale von weiter steigenden Ausfallraten bei Hypotheken und damit noch mehr ‚Stress' auf die Aktivseiten der Banken führte.

Weltweit ging in dieser Lage die Furcht vor einer „Kernschmelze" des Finanzsystems um, dem vollkommenen Vertrauensverlust mit dem einhergehenden Kollaps der Kreditvergabe. Ähnliches geschah in der großen Depression der 1930er Jahre und hatte damals zu einem dramatischen und langjährigen Rückgang der Wirtschaftsleistung geführt. Aus diesem Grunde wurden nach der Lehman-Insolvenz im großen Stil weltweit Banken gerettet und gleichzeitig Konjunkturpakete zur Stimulierung der Nachfrage aufgelegt: 790 Mrd. USD in USA, umgerechnet 500 Mrd. EUR in China und insgesamt 400 Mrd. EUR in Europa[6]. Diese Programme hatten in der Tat ihre Wirkung und insbesondere die Konjunktur in China fasste sehr schnell, nämlich bereits ab Mitte des Jahres 2009, wieder Tritt.

---

5 Der Verkauf von Autos in den US fiel um fast 40 %, vgl. Fellhauer (2013, 145).
6 Quellen: DB Research, Economic Observer, BMF.

Krugman (2009) beschreibt die Rolle der Regulierung bzw. mangelnder Regulierung in der Entstehung und insbesondere der dramatischen Ausweitung der Krise. Nach der großen Depression in den 30er Jahren des letzten Jahrhunderts wurde in den USA mit dem Glass-Steagall-Act ein Trennbankensystem eingeführt. Durch die Trennung des Geschäfts mit Einlagen und Kreditvergabe vom Investmentbanking, also der Platzierung und dem Handel von Wertpapieren, wurde das Risiko einer „Kernschmelze" des Finanzsystems eingedämmt. Die weitgehende Aufhebung des Glass-Steagall Acts zum Ende des letzten Jahrhunderts ist eine der Gründe, warum genau diese Kernschmelze in den USA im Jahre 2008 wieder drohte. Zudem zeigt Krugman (ebd. 163ff.), dass wesentliche Treiber der Finanzkrise in unregulierten Sektoren entstanden, in einer Art „Shadow Banking" System, das für die Entstehung und Verbreitung der CDOs wesentlich verantwortlich war.

Obwohl Krugman (vgl. ebd. 19) in seiner Beschreibung des Hergangs der Krise wesentlich auf die Hauspreisblase in den USA, die Rolle der überexpansiven Geldpolitik und dem Verstärkungseffekt neuer Finanzinstrumente abstellt, liegt sein grundsätzlicher Erklärungsansatz für schwere ökonomische Krisen in einem Mangel an ausreichender Nachfrage („lack of effective demand"). Hierin sieht er das Hauptproblem, das zur großen Depression in den 1930ern des letzten Jahrhunderts geführt hat, ebenso wie zur „Japanischen Falle" (ebd. 62ff.) und zu den Emerging Markets-Krisen der 1990er (ebd. 111f.). Auch in der Erklärung der Entstehung der Finanzkrise 2008 ist dieses Phänomen für ihn von zentraler Bedeutung: Die bereits erwähnte höhere Arbeitslosigkeit nach der Krise 2001 kann durch mangelnde Nachfrage erklärt werden, was die Geldpolitik zu übertriebener Expansivität verleitet hat, und mehr noch die Rezession in 2009, die dem Kollaps des Verbrauchervertrauens in 2008 folgte. Schlussendlich folgert er aus dem in den letzten Jahren relativ häufig vorkommenden Phasen von mangelnder Nachfrage, dass die Weltwirtschaft insgesamt deutlich risikoanfälliger und deren Prosperität limitiert ist[7].

Unterschiedliche Erklärungsansätze

Während hinsichtlich der Beschreibung der Entstehung der Krise, der Rolle der Geldpolitik und der neuen Finanzinstrumente weitgehend Einigkeit in der wesentlichen Literatur herrscht, betonen andere Autoren unterschiedliche Aspekte und andere fundamentale Erklärungsansätze. Darüber soll im Folgenden ein Überblick gegeben werden.

---

7 Vgl. Krugman (2009, 181f.): „world economy has turned out to be a much more dangerous place" und „inefficient private spending to use the available capacity is a clear and present limitation to prosperity" .

Auch Stiglitz (2010) weist den Themen mangelnde Nachfrage und staatliche Regulierung wesentliche Bedeutung zu. Er beschreibt, wie die Bush-Regierung auf die Rezession im Jahre 2001 mit Steuererleichterung für die Reichen reagierte, aber die Hauptbürde für die Wiederherstellung von Voll-beschäftigung der Geldpolitik überließ. Daraus entstand die Immobilien- und Konsumblase, die zur Finanzkrise führte. Die Finanzmärkte haben nach sei-ner Meinung ihre grundlegende gesellschaftlich relevante Funktion nicht er-füllt, nämlich die der risiko-adäquaten Allokation von Kapital (ebd. 7). Statt-dessen wurden Risiken systematisch unterschätzt und mit falschen Preisen versehen.

Stiglitz (ebd. 17) drückt seine grundsätzliche Skepsis gegenüber dem Funktionieren von Märkten in einer sich dynamisch fortentwickelnden Welt aus: „Agency issues and externalities mean that there is a role for govern-ment [and] there needs to be a balanced role". Eine solch ausgewogene Rolle hat die Politik in den USA weder nach 2001 noch in 2008 eingenom-men, sondern im Gegenteil die Probleme noch verstärkt. Statt auf Investitio-nen – insbesondere langfristig orientierte wie Bildung und Altersvorsorge – wurde und wird auf Konsum gesetzt. Stiglitz betont auch die Wichtigkeit staatlicher Ausgaben zum Ausgleich von privater Nachfrageschwäche. Er kritisiert aber deren Qualität (zu stark konsumptiv) und deren einseitige Be-vorzugung höherer Einkommensschichten in den USA (im Gegensatz zu Staaten wie z.B. Schweden, wo das soziale Netz die Anpassung der Bürger an verändernde Marktgegebenheiten erleichtert).

Stiglitz zeigt sich ausgewogen hinsichtlich einer Schuldzuweisung für die Entstehung und Ausweitung der Finanzkrise, insofern er feststellt, dass billi-ges Geld nur im Zusammenspiel mit dem schlecht funktionierenden bzw. schlecht regulierten Bankensystem zu der Blase geführt hat[8]. Diese Erklä-rung hat ihren Ausgangspunkt in der These, dass Märkte, insbesondere Fi-nanzmärkte, grundsätzlich nicht ohne Lenkung funktionieren. Es ist also nicht der „ordnungszerstörende Eingriff" einer zu expansiven und politisch motivierten Geldpolitik alleine, die zum Marktversagen geführt hat, sondern das Zusammenspiel mit einer falschen bzw. nicht vorhandenen Regulierung. Diese Grundthese, dass Märkte insbesondere in einer dynamisch sich ent-wickelnden Welt nicht funktionieren, hat sich inzwischen selbst bei Ökono-men durchgesetzt, die sich ausdrücklich auf liberales Gedankengut von Hayeks beziehen wie z.B. Markus Brunnermeier und Martin Oehmke (2012): Auch hier wird beschrieben, wie Märkte zu einer nicht adäquaten Risikoallo-kation verleiten und daraus Finanzkrisen entstehen, wenn kurzfristiges Ka-

---

8 Stiglitz (2010, 9): „Lax regulation without cheap money might not have led to a bubble. But more importantly, cheap money with a well-functioning or well-regula-ted banking system could have led to a boom."

pital zur Finanzierung langfristiger Projekte zur Verfügung gestellt wird und von den Marktteilnehmern das Auftauchen von Krisen nicht mit ins Kalkül gezogen wird (vgl. ebd. 17).

In einem neueren Beitrag weisen Mian/Sufi (2014) auf eine bislang weniger beachtete Gemeinsamkeit der „Großen Depression" der 1930er Jahre und der „Großen Rezession" von 2008/2009 hin, nämlich dem starken Anstieg der Verschuldung der privaten Haushalte. Diese hatte sich in den USA zwischen den Jahren 2000 und 2007 verdoppelt[9]. Während die anderen Autoren dies eher als Begleiteffekt der Hauspreisblase einzuschätzen scheinen, ist er bei Mian/Sufi von zentraler Bedeutung für das Entstehung der Finanzkrise. Der plötzliche dramatische Einbruch des Konsums in 2008 wurde wesentlich getrieben durch die hohe Verschuldung und damit einhergehende finanzielle Unflexibilität der Konsumenten und dem gleichzeitigen Auftauchen von (berechtigten) Existenzängsten. Die Autoren kritisieren dabei insbesondere den Ungleichheitseffekt, der im Nachgang einer solchen durch Verschuldung getriebenen Finanzkrise entsteht (vgl. ebd. 134): während die hoch verschuldeten Haushalte mit geringem Einkommen nicht selten ihr ganzes Vermögen verlieren (nämlich das Eigenkapital, das sie z.B. für den Hauskauf investiert haben und bei der Sicherheitenverwertung des Hauses verloren geht), gehen z.B. die Gläubiger bzw. Anleihe-Investoren von Banken, die vom Staat gerettet werden müssen, ohne Verlust durch die Krise. Letztere kommen in der Regel aus den höheren Einkommensschichten.

Rajan (2012) bringt die Entstehung der Krise in einen internationalen Kontext. Er spricht von zwei wesentlichen wirtschaftlichen Verwerfungslinien, die sich bei der Entstehung der Finanzkrise getroffen haben. Die erste ist das globale Ungleichgewicht von Kapital: Überschüsse, die von Exportnationen wie China, Japan, Deutschland und den ölfördernden Staaten erwirtschaftet wurden, flossen in die USA, um dort den Konsum zu finanzieren (was einer indirekten Form der Absatzfinanzierung für die nach USA exportierten Güter entspricht). Sowohl in der Entstehung der Dotcom-Blase als auch der Subprime Krise spielte dieses ausländische Kapital eine wichtige Rolle, ohne das die Blasen nicht diesen Umfang erreicht hätten. Die zweite Verwerfungsline entstand durch das von den anderen Autoren bereits beschriebene Zusammentreffen von Politik und Finanzmärkten in den USA: Expansive Geldpolitik führte zur Entstehung einer Hauspreisblase, die durch neue Finanzinstrumente, insbesondere Verbriefungen von Hauskrediten (CDOs) und deren Multiplikator-Effekt aufgeblasen wurde. Wo diese Verwerfungslinien zusammentrafen, befeuerte das zusätzliche Kapital aus den Über-

---

9 Vgl. Mian/Sufi (2014, 4). Die Autoren verallgemeinern diese Beobachtung sogar: „Economic disasters are almost always preceded by a large increase in household debt" (ebd. 9).

schussländern die Immobilienblase in USA in einem Ausmaß, dass deren Platzen zu einer globalen Krise ungekannten Umfangs führte.

Rajan sieht die wachsende Einkommensungleichheit in den USA in den letzten Jahrzehnten weniger als Folge denn als eine der Ursachen der Krise: Die Politik des leichten Geldes und die begleitende Deregulierung wesentlicher Kreditvergabestandards war politisch gewollt, um auch unteren Einkommensschichten den Erwerb von Eigenheimen zu ermöglichen. Insgesamt weist Rajan einen wesentlichen Anteil der Schuld an der Entstehung der Verwerfungslinien der Politik zu[10], insbesondere auch die Schuld an der Entstehung der globalen Kapital-Ungleichgewichte.

Reinhart/Rogoff (2009) haben eine umfangreiche Analyse von Wirtschaftskrisen seit 1800 bis 2009 vorgelegt. Sie stellen fest, dass Finanz- bzw. Bank-Krisen zu besonders ausgeprägten realwirtschaftlichen Rezessionen führen und mit hohen gesellschaftlichen Kosten verbunden sind. Dies liegt an der Abhängigkeit der meisten Volkswirtschaften vom Finanzsystem bzw. dass dieses seine grundsätzliche Funktion erfüllt, nämlich den Transfer von Kapital vom Sparer zu Investitionsprojekten[11]. Da das Finanzwesen besonders abhängig ist von gegenseitigem Vertrauen (ebd. 159), kann eine Bankenkrise zu einer tiefen und langanhaltenden Lähmung der Kreditvergabe und damit der Realwirtschaft führen wie dies in der Großen Depression der Fall war. Auch hier wird auf die besondere Gefährlichkeit von Blasen hingewiesen, die von Krediten getrieben sind. Als typisch für Finanzkrisen wird auch das systematische Unterschätzen des Risikos während des Aufbaus der Blase beschrien, die dann bei dessen Platzen in das genaue Gegenteil umschlägt, nämlich dem kompletten und dauerhaften Vertrauensverlust[12]. Ein „Boom/bust"-Zyklus der Hauspreise wie im letzten Jahrzehnt in USA führt fast immer zu einer Bankenkrise, was sich auch schon in einigen früheren Krisen zwischen 1890 und 1993 gezeigt hat.

Obwohl ihre Untersuchungen im Wesentlichen auf die Historie ausgelegt sind, haben deren Ergebnisse mit die größte Relevanz hinsichtlich des möglichen zukünftigen Fortgangs der Krise von 2008/2009. Reinhart/Rogoff (ebd. XXXII) haben festgestellt, dass Banken- bzw. Finanzkrisen in den meisten Fällen zu einem deutlichen Anstieg der Staatsverschuldung führen: Im Durchschnitt stieg diese um 86 % an. Nicht selten war dies der Vorläufer

---

10 Vgl. Rajan (2012, 21): „Die Verantwortung für einige der gefährlichsten Verwerfungslinien liegen nicht bei der Wirtschaft, sondern der Politik".

11 Reinhart/Rogoff (2009, XLIV): „most economies [...] depend on the financial sector to channel money [...] from savers to investment projects. [...] If a crisis paralyses the banking system, it is very difficult for an economy to resume normal economic activity."

12 Vgl. Reinhart/Rogoff (2009, XXV): „precariousness and fickleness of confidence".

einer Staatsschulden-Krise, die im schlimmsten Fall mit Zahlungsausfall enden kann. Reinhart/Rogoff zählen zwischen den Jahren 1800 und 2009 weltweit alleine 250 Zahlungsausfälle von Staaten, bei denen im Wesentlichen ausländische Gläubiger betroffen waren[13].

Die Besonderheit von übermäßig ansteigender Staatsverschuldung (und damit auch deren Gefährlichkeit) ergibt sich insbesondere daraus, dass der Anstieg sehr lange und heftig ausfallen kann („can dig a very deep hole", ebd. 67), bevor es zur Krise kommt, weil das Vertrauen der Anleger bzw. Gläubiger plötzlich zusammenbricht. Während die Gläubiger von privaten Haushalten oder Unternehmen klar definierte Rechte haben und diese im Falle eines Zahlungsausfalls im Wege eines Insolvenzverfahrens unter gerichtlicher Aufsicht geltend machen können, gibt es kein Insolvenzverfahren für Staaten und damit auch kaum klare Rechte für deren Gläubiger, wenn die Schuldner nicht mehr zahlen können oder wollen. In der Vergangenheit kam es oft nicht nur zu einem Zahlungsausfall eines Staates, sondern gleich zu „serial defaults", die dann auch über längere Zeiträume die Staatsfinanzen und auch die gesamte wirtschaftliche Entwicklung des Landes lähmen[14].

Diese Beobachtung wirft ein besonderes Licht auf den hohen Anstieg der Staatsverschuldung in vielen entwickelten Volkswirtschaften nach 2009, der in Europa bereits zu Schuldenkrisen einiger Staaten geführt hat („Euro-Krise"), was weiter unten besprochen wird.

Sinn (2010) beleuchtet im Besonderen die Auswirkungen der Finanzkrise auf die deutsche Wirtschaft. Deutschland ist eine der größten Exportnationen der Welt mit einem Schwerpunkt auf Investitionsgüter, während die ebenso deutlich auf Exporte ausgelegte Volkswirtschaft Chinas ihren Schwerpunkt bei Konsumgütern hat. Vereinfacht gesprochen liefert Deutschland die Investitionsgüter nach China, die damit die Konsumgüter für den Export nach USA produzieren. Als Ende 2008 die US-Konsumenten in Kaufverweigerung traten, spürten das die Hersteller von Konsumprodukten schon sehr deutlich und fuhren sofort ihre Investitionen zurück und zwar deutlich überproportional im Vergleich zum Rückgang der Auftragseingänge im Konsumgüterbereich. Dieser „Akzelerationseffekt" ist ein gängiges Phänomen, das in jedem konjunkturellen Abschwung zu beobachten ist (vgl. ebd. 30). Lediglich das Ausmaß im Jahr 2009, nämlich ein Rückgang im Auf-

---

13 „External sovereign debt default episodes" (vgl. Reinhart/Rogoff 2009, z.B. 34).
14 Argentinien kann sich zum nächsten solchen Fall entwickeln. Gerade hier zeigen sich die Nachteile des Nichtvorhandenseins eines Insolvenzverfahrens für Staaten: Die Gläubiger können *nicht* wie im privatwirtschaftlichen Insolvenzverfahren gerichtlich zur Einigung, also einem Schuldenschnitt gezwungen werden. Dies eröffnete einem Teil der Anleihegläubiger Argentiniens quasi durch die „Hintertür" eine hohe Nachforderung zu erstreiten. Für die Schaffung eines Insolvenzverfahrens für Staaten plädiert z.B. Kirchhoff (2013).

tragseingang von 30–40 %, war nach dem Zweiten Weltkrieg noch nie aufgetreten.

Hier noch einige ergänzende Beobachtungen aus meiner Wahrnehmung der realwirtschaftlichen Entwicklung in den Jahren 2008 und 2009: Obwohl die Subprime Krise bereits seit etwa einem Jahr in den USA schwelte, waren die meisten Produzenten noch mindestens bis zum 2. Quartal 2008, viele sogar bis September (Lehman-Pleite) der Meinung, dass sich die Krise realwirtschaftlich nicht auswirken würde. Zwar gab es bereits Zweifel, ob die Konsumentenlaune der Amerikaner anhält. Aber andere Exportmärkte wie China und Indien liefen noch so gut, dass man auf eine Kompensation hoffte. Zwischen dem 1. und 2. Quartal 2008 zeigten sich bereits in einigen typisch frühzyklischen Investitionsgüter-Branchen wie z.B. LKWs bzw. LKW-Anhänger dramatische Zeichen des Rückgangs. Dies war kaum noch über den von Sinn beschrieben globalen Kreislauf von „Konsum USA – Produktion China – Lieferung Ausrüstungsgüter aus Deutschland" zu erklären, weil jene Investitionsgüter eben nicht weltweit exportiert werden. Im gleichen Zeitraum begannen auch die Auftragseingänge des aus meiner Sicht wichtigsten Exportguts aus Deutschland, nämlich Premium-Automobile, erste Schwächezeichen zu zeigen. Bis heute ungeklärt ist, warum diese frühen Signale kaum wahrgenommen wurden und in vielen Branchen (z.B. der Automobilindustrie) über den Sommer hinweg noch ein vergleichsweise hohes Produktionsniveau gefahren wurde, was zu hohem Lageraufbau führte. Als in Folge der Lehman-Pleite im September 2008 die Konsumnachfrage in USA kollabierte, traf dies die deutsche Industrie nicht nur indirekt über den Rückgang der Nachfrage nach Investitionsgütern, sondern ganz direkt über den dramatischen Rückgang der weltweiten Nachfrage nach langlebigen Konsumgütern, einschließlich der Premium-Automobile aus Deutschland. Während sich die zyklischen Ausschläge im Premium-Automobil-Segment über Jahrzehnte hinweg als deutlich geringer erwiesen hat als im Massen-Segment, war in dieser Rezession das Premium-Segment mindestens genauso stark betroffen. Zudem führten die hohen Lagerbestände zu einem weiteren Akzelerationseffekt. Die Bedeutung dieses Segments für die deutsche Gesamtwirtschaft wird m.E. nicht hinreichend durch statistische Daten reflektiert, da der Effekt der Vernetzung mit anderen deutschen Schlüsselbranchen und die Rolle als technologisches Zugpferd durch die reinen Daten nicht hinreichend gewürdigt werden. Zum Beispiel folgte eine andere deutsche Schlüsselbranche, die Chemie-Industrie, der Auto-Industrie mit nur wenigen Monaten Verzögerung in die Rezession und das größte Chemieunternehmen der Welt BASF musste im November 2008 einen der herbsten Produktionsrückgänge ihrer Geschichte hinnehmen.

Die Rezession in Deutschland war heftig, aber sehr kurz und wurde von einer sehr deutlichen und nachhaltigen Erholung gefolgt. Die befürchtete 2.

Stufe des Abschwungs, der sich ergeben hätte, wenn es zu massenweisen Entlassungen, hoher Arbeitslosigkeit und damit auch sinkender Binnennachfrage gekommen wäre (Abwärtsspirale), trat m.E. aus zwei Gründen nicht ein. Zum einen machten die Unternehmen Gebrauch vom Instrument der Kurzarbeit – eine direkte staatliche Subvention zum Ausgleich kurzfristiger Beschäftigungsschwankungen – und konnten dadurch Entlassungen weitgehend vermeiden. Zum anderen wurden weltweit umfangreiche Konjunkturpakete aufgelegt, von denen dasjenige der Chinesen eine besonders deutliche Wirkung zeigte. Dies half zuerst den deutschen Investitiongüter-Branchen und dann – aufgrund des überproportionalen Anstiegs der Nachfrage der Chinesen nach Luxus-Konsum-Gütern – der Autoindustrie. Diese Nachfrage-Erholung geschah rechtzeitig bevor das Instrument der Kurzarbeit seine Wirkung verloren hätte.

Sinn (2010, 44) beschreibt noch einen anderen Puffer- oder „Stoßdämpfer"-Effekt, welcher der deutschen Industrie über die Rezession half, nämlich dem hohen Anteil an Transferleistungen am Einkommen der deutschen Bürger (41 %, wie an anderer Stelle bereits erwähnt).

Euro-Krise

Die Euro-Krise nahm ihren Anfang Ende 2009, erreichte ihren Höhepunkt in den Jahren 2011 und 2012 und beruhigte sich erst wieder deutlich im Jahre 2014[15]. Obwohl sie sich zeitlich direkt an die internationale Finanzkrise anschließt, kann sie ursächlich nur zum Teil darauf zurückgeführt werden.

Ende 2009 musste die neu gewählte Regierung in Griechenland eingestehen, dass das bisherige Defizit-Ziel von 6 % bei weitem verfehlt werden würde (letztendlich waren es über 15 %). Dies rückte die insgesamt bereits nicht mehr tragfähige Schuldenlast des Landes in den Fokus der Anleihe-Investoren und Ratingagenturen. Letztere begannen in den nächsten Monaten das Rating von „Investment Grade" auf „Junk"-Niveau[16] zu senken; die Investoren verloren das Vertrauen und verkauften Anleihen, Renditen stiegen dramatisch, sodass das Land nicht mehr in der Lage war, sich am Kapitalmarkt zu refinanzieren und sich an die anderen EU-Länder um Hilfe

---

15 Verlässlicher Indikator dafür sind die Renditen der 10-jährigen Staatsanleihen der großen Krisenländer Italien und Spanien, die im Tiefpunkt der Krise Mitte-Ende 2012 bei knapp 7 % lagen und inzwischen wieder zwischen bei unter 2,5 % angekommen sind.

16 Ratingagenturen analysieren Ausfallwahrscheinlichkeiten von Finanzinstrumenten bzw. Schuldnern und geben diesen entsprechende Ratings. Diese werden insgesamt aufgeteilt in „Investment Grade" und „Speculative Grade" (umgangssprachlich auch „Junk"). Institutionelle Investoren dürfen aus regulatorischen Gründen in der Regel nur im „Investment Grade" investieren.

wenden musste. Im April/Mai 2010 beschlossen EU und IWF ein Hilfspaket für Griechenland, das letztendlich einen Umfang von 240 Mrd. € hatte (zuzüglich der indirekten Hilfe durch Anleihekäufe und Bankenfinanzierung durch die EZB). Begleitet wurden die Hilfsprogramme durch zwei Schuldenschnitte, bei denen die Anleihegläubiger Griechenlands auf über die Hälfte ihrer Forderungen verzichten mussten.

Ebenfalls im Mai 2010 beschlossen die EU-Staaten die Schaffung eines 750 Mrd. € Rettungsschirms für weitere in Not geratene Länder. Als erstes nahm diesen Irland im November in Anspruch. Es folgte Portugal im April 2011; im Juni 2012 dann auch Spanien und kurz darauf Zypern.

Italien litt bereits seit Mitte 2011 unter deutlich ansteigenden Risikoaufschlägen auf seine Anleiherenditen, die mit fast 7 % Mitte 2012 einen Rekordwert erreichten. Da in Italien kurz- bis mittelfristig ein bedeutender Teil der Anleihen zur Refinanzierung anstand, stellte das hohe Renditeniveau und die damit verbundenen Zinskosten für den Haushalt eine ernste Bedrohung für die Zahlungsfähigkeit dar. Dazu kam, dass die Gesamtverschuldungsquote bereits ca. 120 % des Bruttoinlandprodukts erreicht hatte, was im Zusammenspiel mit strukturell sehr geringem bzw. keinem Wachstum der italienischen Wirtschaft allgemein als nicht tragfähig gesehen wurde. Die Wende in Italien kam erst, nachdem unter der Regierung von Ministerpräsident Monti ein Sparprogramm aufgelegt wurde und durch die EZB öffentlich das Versprechen gegeben wurde, den Euro unter allen Umständen zu retten („whatever it takes"), d.h. konkret, in unbegrenztem Umfang Anleihen von Krisenländern aufzukaufen, wenn diese sich gewissen Austeritäts-Bedingungen bzw. Austeritäts-Programmen unterwerfen.

Die Krisen Irlands und Spaniens standen in einem recht direkten Zusammenhang mit der internationalen Finanzkrise. In beiden Ländern gab es ähnliche Immobilienblasen wie in den USA, deren Platzen in einem ursächlichen Zusammenhang mit dem Vertrauensverlust der internationalen Investoren gesehen werden kann. Zusammen mit der weltweiten Rezession in 2009 kam es in beiden Ländern zu Bankenkrisen, auf die mit staatlichen „Bailouts"[17] reagiert wurde, welche die jeweiligen Staatshaushalte überlastete, obwohl diese vorher noch relativ solide waren. Bei beiden Ländern gibt es nachhaltige Zeichen der Besserung, die durch strukturelle Reformen getragen werden. Im Falle Spaniens ist dies im Wesentlichen die Reform der Arbeitsgesetze, die zu den rigidesten in Europa gehört hatten und nicht unwesentlich zum Aufbau der hohen Arbeitslosigkeit (mit katastrophaler Ju-

---

17 „Bail-out" bezeichnet die Rettung des Schuldners durch einen Dritten, hier die Rettung einer Bank durch den Staat z.B. durch Verstaatlichung (Beispiel HRE), Teilverstaatlichung (Beispiel Commerzbank) oder Schuldenübernahme.

gendarbeitslosigkeit von bis zu 50 % und den damit verbundenen Folgen für die Zukunftsfähigkeit des Landes) beigetragen hatte.

In Griechenland und Italien hingegen standen hausgemachte Probleme im Zentrum der Krisen. Griechenland verfügt nicht über ein hinreichend gut funktionierendes Staatswesen. In der Krise zeigten sich insbesondere erhebliche Mängel im Steuersystem bzw. der Effizienz der Steuererhebung, der Erhebung statistischer Daten (z.B. zur Erfassung des Defizits), ausufernde Sozialleistungen, ein aufgeblähter und trotzdem ineffizienter Beamtenapparat, usw. Dazu kommt eine im europäischen Vergleich kaum entwickelte Industrie mit militanten Gewerkschaften. Die Einführung des Euros im Jahr 2000 deckte viele dieser Schwächen zu und der Zugang zu billiger Finanzierung erlaubte es dem griechischen Staat, durch viel zu hohe Ausgaben ein Phase der Prosperität in Gang zu setzen, die jedoch nicht nachhaltig tragfähig war.

Der Fall Italiens ist deutlich differenzierter zu erklären. Das Staatswesen gilt in Teilen als sehr effizient (z.B. Steuererhebung), ist jedoch insgesamt eine große Hürde für Wachstum und ausländische Investitionen, z.B. aufgrund der rigiden Arbeitsgesetzgebung, mangelnder Rechtssicherheit und nicht kalkulierbarer Rechtsprechung sowie häufig wechselnder Regierungen. Einer wettbewerbsfähigen Industrie im Norden des Landes steht eine nicht kompetitive und nicht anpassungsfähige Wirtschaftsstruktur im Süden gegenüber. Einer enormen Verschuldung im öffentlichen Sektor steht eine relativ geringe im privaten Bereich gegenüber. Während in der Vergangenheit diese strukturellen Schwächen über die Abwertung der Lira aufgefangen wurden, zwingt der Euro Italien langfristig entweder zu Strukturreformen oder zum Austritt aus dem Euro. So wird auch nach Meinung führender Notenbanker die Zukunft des Euros ganz wesentlich in Rom entschieden.

Das Abflauen der Euro-Krise in den Jahren 2013/2014 ist m.E. ganz wesentlich auf drei Faktoren zurückzuführen:

- Die Wirkung der expansiven Geldpolitik der EZB und deren Versprechen von unbeschränkten Anleihekäufen auf das Vertrauen der Investoren – eine ordnungspolitisch hochgradig kontroverse Vorgehensweise.

- Der seit 2009 andauernde wirtschaftliche Aufschwung in Deutschland, der zu geringen Defiziten und einem soliden Haushalt geführt hat. Damit hat Deutschland die finanzielle Kraft, um als Garantiegeber für die anderen Euro-Staaten auftreten zu können.

- Nach fast vier Jahren Rezession in den südlichen Krisenländern hat sich dort eine natürliche Nachfrage-Erholung ergeben, die zu einer wirtschaftlichen Stabilisierung führt.

Die Lehren aus der Krise: Staats- oder Marktversagen?

Entgegen der landläufigen Meinung zeigt die Diskussion in der wissenschaftlichen Literatur, dass die Finanzkrise mindestens gleichberechtigt durch das Versagen der Politik und des Marktes verursacht wurde. Zwar gilt die ultra-expansive Geldpolitik der Fed als Auslöser der Entwicklung. Diese kann aber ihrerseits schon als Reaktion auf ein Marktungleichgewicht gedeutet werden, nämlich die beharrlich höhere Arbeitslosigkeit nach der Rezession im Jahr 2001. Ebenso kann die vorausgehende Deregulierung des Trennbankenwesens kaum als „ordnungszerstörender Markteingriff" im Hayek'schen Sinne verstanden werden, da es sich ja um die Rücknahme eines früheren Markteingriffs handelte, nämlich die Aufweichung des Glass Steagall Acts aus dem Jahr 1933.

Insgesamt bestätigt damit die Entstehung der Krise sowohl die Warnung der Liberalen, dass staatliche Eingriffe zu ausgesprochen unerwünschten Auswirkungen auf die Marktordnung führen können, als auch die Thesen der meisten Vertreter des derzeitigen wirtschaftspolitischen Mainstreams, dass Märkte grundsätzlich einer Lenkung bedürfen. Eine sinnvolle Wirtschaftspolitik bewegt sich m.E. zwischen den zwei Polen einer reinen auf die Durchsetzung von individuellen Eigentumsrechten und die Herstellung eines Minimums kollektiver Güter beschränkten Ordnungspolitik und einer auf politische Ziele ausgerichteten staatlichen Lenkungspolitik.

Zu bestätigen scheinen sich auch die von Hayek und anderen Liberalen gezeigten Schwächen der Demokratie, insbesondere aufgrund der relativ kurzfristigen Legislaturperioden, die zu einer Tendenz zu ebenso kurzfristig orientierten Wahlgeschenken führen. Diese Tendenzen verursachen und fördern einerseits z.B. Verkrustungen im Arbeitsrecht und nachhaltig ansteigende Staatsverschuldung mit den bereits erwähnten Folgen für die Arbeitsmärkte und die Zukunftsfähigkeit von Staaten wie Italien und Frankreich. Andererseits hat sich aber auch gezeigt, dass weitgehende redistributive Eingriffe nicht notwendigerweise ordnungszerstörend auf den Markt wirken, wenn insgesamt eine kluge Ordnungspolitik betrieben wird. Das skandinavische Modell, aber auch das deutsche Modell der „Sozialen Marktwirtschaft" zeigt, dass Redistribution in Form von progressiven Steuern, gesundheitlicher und sozialer Grundversorgung, Absicherung gegen Arbeitslosigkeit sogar effizienzsteigernd sein können. Umgekehrt zeigt Stiglitz (2012), wie die stark angestiegene Ungleichheit von Einkommen und Vermögen in den USA der letzten 30 Jahre zu wirtschaftlichen Effizienzeinbußen geführt hat und noch mehr in Zukunft führen wird. Diese Ungleichheit als Resultat der wirtschaftlichen Entwicklung der letzten Jahrzehnte ist eines der wesentlichen Gerechtigkeitsprobleme der heutigen Zeit, die eines staatlichen bzw. politischen Korrektivs bedürfen, was im Folgenden besprochen werden soll.

Gestiegene Ungleichheit als wesentliches Gerechtigkeitsproblem

In Fellhauer (1994) wurde versucht, mit der rechte-basierten Ethik einen normativen Rahmen zu beschreiben, der mit liberalen Grundvorstellungen vom Funktionieren des Marktes vereinbar ist. Es wurde argumentiert, dass die zugrundegelegten Rechte nicht nur solche sein dürfen, die mit negativen, das individuelle Handeln bestimmenden Regeln einhergehen, sondern auch um positive sozio-ökonomische Rechte gegenüber dem System als Ganzem ergänzt werden müssen. Einige der Entwicklungen der letzten Jahrzehnte haben eindeutig zur Verletzung dieser Rechte bei großen Teilen der Bevölkerung geführt[18]. Insbesondere die in den vielen Volkswirtschaften stark gestiegene Ungleichheit hat sich zu einem der wesentlichen Gerechtigkeitsprobleme der westlichen Welt entwickelt. Dieses Phänomen ist Resultat einer im Kern marktwirtschaftlichen Ordnung, die jedoch stark von politischen Eingriffen und Einflüssen geprägt oder sogar gelenkt ist. Es überrascht nicht, dass dieses Phänomen in den USA am stärksten ausgeprägt ist:

Die USA zeichnen sich durch eine im Vergleich zu den anderen Staaten der entwickelten Welt sehr hohe Ungleichheit in Verteilung von Einkommen und Vermögen aus, die in den letzten Jahrzehnten noch deutlich gestiegen ist. Stiglitz (2012) analysiert die Ungleichheit der Verteilung von Vermögen in den USA und deren negative Auswirkungen auf die Effizienz der Volkswirtschaft: Die obersten 10 % der Bevölkerung besitzen dort 72 % des Vermögens; in den meisten europäischen Ländern liegt dieser Anteil bei etwa 60 %; in Skandinavien der 1960er und 1970er lag er bei etwa 50 %. Die obersten 1 % der Amerikaner verfügen über mehr als ein Drittel des nationalen Gesamtvermögens (ebd. 30). Dieser Zustand ist Resultat einer jahrzehntelangen ungleichen Einkommensentwicklung: während die Löhne der unteren 90 % der Amerikaner in den letzten 30 Jahren nur um 15 % stiegen, haben sich die Einkommen der oberen 1 % um 150 % gesteigert (ebd. 32).

Piketty (2014) spricht gar von einer Explosion der Ungleichheit in USA, aber auch in vielen europäischen Ländern in den letzten 30 Jahren: Während 1980 die oberen 10 % der Amerikaner noch zwischen 30 und 35 % des gesamten nationalen Einkommens vereinnahmten, waren es im Jahre 2000 bereits 45 bis 50 % – mit deutlich steigender Tendenz (ebd. 294). Piketty unterscheidet zwischen den zwei wesentlichen Einkommenskategorien: Einkommen aus Arbeit und Einkommen aus Kapitalerträgen. Die ungleiche Entwicklung der 1. Kategorie erklärt er über „The Rise of Supersalaries" (ebd. 298), also dem (ursprünglich im Wesentlichen angelsächsischen) Phänomen abgehobener und im Vergleich zum Durchschnitt der Einkom-

---

18 Vgl. die oben aufgeführten Rechte aus der Synthese aus liberalen Grundvorstellungen und rechte-basierter Ethik.

mensempfänger deutlich schneller steigenden Gehältern von Top-Managern. Die wesentliche Ursache dafür sieht er in mangelnder Corporate Governance, bei der die mächtigsten Manager ihr Gehalt weitestgehend selbst bestimmen können. Die zunehmende Konzentration bei den Kapitalerträgen erklärt er über die einfache Formel $r > g$: Das Wachstum g in fast allen entwickelten Volkswirtschaften liegt über lange Zeiträume unter der Rendite r auf Kapital (also Dividenden, Zinserträge, Mieten, Kapitalgewinne), d.h. die Gesamtwirtschaft wächst langsamer als das Kapital. Da Letzteres schon in der Ausgangslage ungleich verteilt ist, verstärkt sich dessen Konzentration noch und gleichzeitig der Anteil der daraus erzielten Einkommen am Gesamteinkommen der Bevölkerung. Piketty (ebd. 479) beobachtet, dass die „moderne" Form der Redistribution nicht aus einem Transfer von Einkommen von Reichen zu den Ärmeren besteht, sondern viel stärker im Bereitstellen von öffentlichen Gütern und Dienstleistungen wie Gesundheitsversorgung, Bildung und Pensionen. Er sieht diese Art der Redistribution begründet in einer „Logik von Rechten", die der oben beschriebenen rechtebasierten Ethik recht nahe kommt. Zur Korrektur der entstandenen Ungleichheit geht er in seinen Forderungen über die Bereitstellung von Kollektivgütern hinaus und begründet die Notwendigkeit einer globalen progressiven Kapitalsteuer zur Umkehrung des Trends der Kapitalkonzentration.

Während die ungleiche Verteilung von Einkommen und Vermögen in vielen westlichen Volkswirtschaften und insbesondere in der größten, den USA, mit teilweise steigender Tendenz zugenommen hat, gab es zumindest Erfolge bei der Bekämpfung der weltweiten Armut: so wurden in den letzten 20 Jahren fast 1 Milliarde Menschen aus extremer Armut (weniger als 1,25 $ verfügbares Einkommen am Tag) gehoben[19]. Drei Viertel davon leben in China, wo es gelungen ist, die Armutsrate von 84 % im Jahre 1980 auf heute 10 % zu reduzieren und zwar im Wesentlichen durch Einführung marktwirtschaftlicher Elemente. Da der wesentliche Teil der verbleibenden 1,1 Milliarden Menschen in extremer Armut jedoch in Afrika und Indien leben, ist ein vergleichbarer Schub in den nächsten Jahren leider nicht zu erwarten, sodass ein bedeutendes Ungleichheitsproblem sowohl innerhalb der entwickelten Volkswirtschaften als auch zwischen entwickelter und weniger entwickelter Welt bestehen bleibt.

Weitere korrekturbedürftige Gerechtigkeitsprobleme

Die Frage der Generationgerechtigkeit ist eng mit dem Problem der Ungleichheit verbunden und hat ebenfalls durch die Entwicklungen der letzten Jahre und Jahrzehnte an Relevanz zugenommen.

---

19 Vgl. Economist (2013).

Die Verschuldung der wesentlichen Industrie-Staaten ist seit dem Zweiten Weltkrieg praktisch ohne Unterbrechung angestiegen und zwar mit steigender Geschwindigkeit in den letzten Jahrzehnten. Während man lange Zeit davon ausging, dass bei einer Verschuldungsquote von 60 % des Bruttoinlandsprodukts die Grenze der nachhaltigen Tragfähigkeit erreicht ist, wird dieser Wert inzwischen fast durchgängig überschritten: Spitzenreiter Japan liegt bei 225 %, was wegen der gleichzeitig rückläufigen demografischen Entwicklung besonders stark ins Gewicht fällt, die USA und Frankreich liegen bei über 100 %, Italien bei 145 % (bei gleichzeitig erheblichen strukturellen Wachstumsproblemen) und selbst Deutschland bei 85 %[20]. Da keiner dieser Staaten ein reales Wachstum zu erwarten hat, das die Verschuldung wieder in einen tragfähigen Bereich bringen könnte, scheint sich die These der Liberalen zu bestätigen, dass Demokratien grundsätzlich zu übermäßiger Ausgabenpolitik tendieren. Die Schulden sind entweder langfristig finanziert oder werden immer wieder kurzfristig ‚weitergerollt', sodass sie prinzipiell zum Problem der nächsten Generationen werden.

Piketty (2014, 540ff.) sieht in dem Anstieg der Verschuldung der entwickelten Staaten eine Verschiebung von Vermögen der öffentlichen Hand in Richtung der Privaten. Seine Analyse der Struktur des öffentlichen Vermögens in Europa seit Ende des Zweiten Weltkrieges zeigt, dass anfänglich lange die öffentliche Verschuldung relativ gering war und einem relativ großen öffentlichen Vermögen gegenüber stand. In den letzten Jahren stieg die Verschuldung stark an, gleichzeitig wurden große Vermögensteile privatisiert, sodass heute das öffentliche Nettovermögen (Vermögen minus Schulden) bei nahezu null ist und damit das Netto-Gesamtvermögen sich im Wesentlichen in privater Hand befindet.

Piketty diskutiert die drei wesentlichen Methoden zur Reduktion der öffentlichen Verschuldung: Besteuerung von Kapital, Inflation und Austerität. Er zeigt, dass Inflation ein wenig steuerbares Instrument ist, das zu einer willkürlichen und recht zufälligen Lastenverteilung führt. Austerität ist der Weg, der derzeit in Europa verfolgt wird, ist aber nach seiner Ansicht der am wenigsten sinnvolle wegen der Reduktion öffentlicher Investitionen und der damit verbundenen negativen Auswirkungen auf Wachstum und Ungleichheit. Somit argumentiert er hier für die Erhöhung bzw. Einführung einer Kapitalsteuer in signifikanter Höhe – wie er dies bereits zur Lösung des Problems der Ungleichheit gefordert hat.

Wie Reinhardt/Rogoff (2009) gezeigt haben, können sich der Anstieg der Staatsverschuldung über einen sehr langen Zeitraum erstrecken, bevor es zu einem Zusammenbruch des Investorenvertrauens und damit einem Refi-

---

20 Quelle: Bloomberg.

nanzierungsengpass kommt, sodass sich das Problem mit großer Wahrscheinlichkeit auf die nächsten Generationen verlagern wird, die sich dann mit den oben genannten Lösungsmöglichkeiten auseinandersetzen müssen.

Ein weiteres Gerechtigkeitsproblem besteht im insgesamt gestiegenen ökonomischen Gesamtrisiko: „[The] world economy has turned out to be a much more dangerous place" (Krugman 2009, 181). Die Reaktionen der Politik nach 2009 hat das Gesamtrisiko der Weltwirtschaft m.E. weiter erhöht. Zum einen kam es zu einem weltweiten Anstieg der Staatsverschuldung als Folge von Bankenkrisen (wie von Reinhart/Rogoff erklärt) und Konjunkturpaketen. Dies wird den Spielraum der Regierungen weitgehend verringern, um auf spätere Rezessionen oder Bankenrisiken mit Konjunkturstimulanzen (Ausgleich der zu geringen Nachfrage) bzw. Rettung von systemrelevanten Banken zu reagieren. Zum anderen befinden wir uns derzeit in einer Phase einer weltweit noch expansiveren Geldpolitik als derjenigen, die zur Finanzkrise 2008 geführt hat. Der Leitzins nähert sich der 0 % Marke an; die Rendite von als sicher erachteten Staatsanleihen erreichen Rekordtiefststände (unter 1 % für 10-jährige Bundesanleihen), Staaten und Banken werden von Zentralbanken überreichlich mit Geld versorgt. Dies wiederum führt zu neuen Preisblasen: Nur fünf Jahre nach der großen Krise steigen Immobilienmärkte bereits wieder deutlich an (Beispiel UK und Irland); selbst Deutschland erlebt erste Zeichen einer beginnenden Immobilienblase; Aktienmärkte steigen beharrlich und zeigen historische Rekordbewertungen[21]; die Konditionen der Kreditvergabe für die risiko-behafteten sog. Leveraged Buy-outs[22] befindet sich bereits wieder auf dem Niveau vor 2006. Diese Kombination zwischen hoher Verschuldung und dem unkontrollierten Auftreten von Preisblasen ist ein fast sicheres Rezept für die nächste Krise, in der wieder viele Menschen unverschuldet großen Einkommens- und Vermögensverlusten ausgesetzt sein werden. Es zeigt sich in meiner Wahrnehmung als Praktiker auch bereits wieder das bereits erwähnte Phänomen des systematischen Unterschätzens von Risiken[23], die auch in der Wissenschaft als eine der wesentlichen Schwächen von Finanzmärkten gesehen wird.

---

21 Vgl. dazu Fellhauer (2014). Viele Marktbeobachter gehen von einer Überbewertung der wesentlichen Aktienmärkte von etwa 50 % aus. Die Kurssteigerungen sind offensichtlich nicht durch die Erwartung steigender Unternehmensgewinne getrieben, sondern nur durch die hohe Liquidität, die in die Märkte gedrückt wird.

22 Bei einem „Leveraged Buy-out" handelt es sich um den Kauf eines Unternehmens durch einen Private Equity Fund, der in großem Umfang durch Fremdkapital (bis zu ca. 70 % des Gesamtwertes) finanziert wird. Aufgrund dieser hohen Schuldenbelastung handelt es sich um dabei um ein riskantes Segment des Investitionsmarktes, und es kam gerade in den Jahren 2008 und 2009 zu häufigen Ausfällen.

23 Dies zeigt sich z.B. in den Business Cases, die den Bewertungs- und Finanzierungsmodellen von Finanzinvestoren („Private Equity") und deren Banken für die

Schlussfolgerungen

Sowohl in der öffentlichen Wahrnehmung als auch in weiten Teilen der Literatur wird am häufigsten das Versagen der Finanzmärkte (bzw. das Versagen der Politik, die Finanzmärkte einzudämmen) als Ursache der Finanzkrise angeführt. M.E. handelt es sich dabei um eine Überforderung des Anspruchs, den man an einen Markt stellen kann: Der Markt ist lediglich ein Instrument zur effizienten Nutzbarmachung weit verteilter Informationen. Es ist die Aufgabe des politischen Systems, einen Rahmen zu schaffen bzw. zu erhalten, der sicherstellt, dass das Wirken des Marktes nicht zu Ergebnissen führt, welche die Grundrechte der Gesellschaftsmitglieder beeinträchtigen. Dies ist eine evolutorischer Prozess, bei dem zunächst der ethische Rahmen definiert werden muss (Formulierung der Rechte) und dann die Ordnungspolitik bzw. deren Effizienz im Lenken des Marktsystems bei sich ständig ändernden externen Umständen einem kontinuierlichen Verbesserungsverfahren unterzogen werden.

Das Problem des systematischen Unterschätzens von Risiko durch die Marktteilnehmer der Finanz- und Investitions-Märkte begründet die Notwendigkeit einer entsprechenden Finanzmarktregulierung, die sich permanent den ändernden Gegebenheiten (z.B. dem Auftauchen von neuen Finanzinstrumenten wie den CDOs) anpassen muss. Zu den Maßnahmen zur Eindämmung dieses Marktfunktions-Defizits gehört ganz wesentlich eine moderatere Geldpolitik, die sich weniger als dies in den letzten 15 Jahren der Fall war, von politischen Motiven zu einer überexpansiven Geldversorgung verleiten lässt.

Die Entwicklungen der letzten Jahre und Jahrzehnte haben eindrücklich die Gefahr von „ordnungszerstörenden" Eingriffe in die Märkte verdeutlicht, vor denen die Liberalen schon Anfang des letzten Jahrhunderts gewarnt haben. Diese Eingriffe scheinen sich noch gefährlicher auszuwirken, wenn sie auf gewisse Defizite im Funktionieren der Märkte treffen wie der systematischen Risikounterschätzung. Ebenso wurden die Warnungen hinsichtlich der Schwächen von Demokratien zu übermäßigen Ausgaben und kontraproduktiven Arbeitsmarktregulierungen bestätigt.

Allerdings hat sich auch gezeigt, dass makroökonomische Trends wie steigende Ungleichheit sich ebenso ordnungszerstörend auswirken können. Der bislang gering ausgeprägte politische Wille zum Gegensteuern in Staa-

---

Bewertung von Leveraged Buy-outs zugrunde liegen und die aus meiner Erfahrung so gut wie nie einen echten Krisenfall abbilden. Zwar werden regelmäßig die Pläne des Managements für die Bewertung und Kreditprüfung hinsichtlich Wachstumserwartungen und Margenentwicklung nach unten korrigiert. Selten oder nie wird jedoch ein echt rezessiver deutlicher Rückgang des Geschäftsverlaufs modelliert. Ähnliches gilt auch für die Investitionspläne von Industrieunternehmen.

ten wie den USA offenbart m.E. eine weitere Schwäche von bestimmten demokratischen Systemen, nämlich die erfolgreiche Einflussnahme von Eliten zu deren wirtschaftlichem Nutzen. Da aber gleichzeitig in einer Demokratie immer auch die Masse der Wähler gewonnen werden muss, besteht die Tendenz, gleichzeitig großzügige Wahlgeschenke für die Mehrheit zu verteilen und den Eliten einen überproportionalen Anteil an Einkommenschancen zu gewähren (z.B. weil diese im Gegenzug den Wahlkampf finanzieren oder weil sie über Lobby-Arbeit einen besseren Zugang zu den politischen Entscheidern haben). Das Resultat ist permanent ansteigende Staatsverschuldung (einhergehend mit der von Piketty beschriebenen Verringerung des Netto-Vermögens der öffentlichen Hand) und steigende Ungleichheit, was allerdings auf Dauer politisch nicht haltbar erscheint.

Selbst wenn es also in der vorhergehenden Diskussion nicht eindeutig gelungen ist, die „Schuldfrage" für die Finanzkrise zwischen Marktversagen und ordnungszerstörenden Staatseingriffen zu entscheiden, so ergeben sich als Schlussfolgerung doch einige wirtschaftspolitische Postulate zur Adressierung der gezeigten Gerechtigkeitsprobleme:

1. Geldpolitik darf nicht als Ersatz von notwendigen Strukturreformen missbraucht werden: Wo zu geringes Wachstum aufgrund regulativer Verkrustungen zu ungenügender Nachfrage führt (z.B. derzeit in Italien, Frankreich, Japan), wird regelmäßig versucht, mit überexpansiver Geldpolitik Wachstum zu generieren. Allerdings hat sich herausgestellt, dass die Geldpolitik dann schnell an ihre Grenzen stößt und ihre Wirkung auf das reale Wachstum verliert, wenn gleichzeitig strukturell notwendige Maßnahmen wie Liberalisierung des Arbeitsmarktes oder Investitionen des Staates ausbleiben. Stattdessen führt das „leichte Geld" zu spekulativen Blasen (systematischer Risikounterschätzung) mit erheblichen Gerechtigkeitskonsequenzen, nämlich im weiteren Aufbau von Ungleichheit und Erhöhen des wirtschaftlichen Gesamtrisikos.

2. Eindämmen der Staatsverschuldung: Dies ist notwendig, sowohl um langfristige Tragfähigkeit als auch die Balance zwischen öffentlichem und privatem Vermögen herzustellen. Letzteres ist nicht allein durch Austeritätspolitik zu erreichen, sondern durch eine Kombination aus Steuererhöhung und Austerität hinsichtlich staatlicher Konsumausgaben zugunsten von öffentlichen Investitionen (in Infrastruktur, Forschung, Bildung).

Die Umsetzung dieser Postulate würde m.E. die Durchsetzung anderer notwendiger Maßnahmen wie die Regulierung der Finanzmärkte und staatliche Umverteilung (im Sinne der Eindämmung der entstandenen Ungleichverteilung von Vermögen und Einkommen) erheblich erleichtern bzw. sogar als positiven Zusatzeffekt mit sich bringen.

Ein wesentliches Problem der weltweiten Ungleichheit, nämlich die Frage der Bekämpfung der extremen Armut in einigen Regionen der Welt, ist allerdings durch diese Postulate nicht adressiert bzw. bedarf eines anderen wirtschaftspolitischen Instrumentariums.

Literatur

Brunnermeier, M. – Oehmke, M. (2012): Bubbles, financial markets, and systemic risk. NBER Working Papers. Cambridge, MA 2012.

Economist (2013): Towards the end of poverty. 1. Juni 2013.

Fellhauer, E. (1994): Liberalismus und Verteilungsgerechtigkeit: eine Untersuchung der liberalen Gerechtigkeitstheorie F.A. von Hayeks auf der Grundlage einer rechtebasierten Ethik. Frankfurt a.M. 1994.

Fellhauer, E. (2013): Der Fall Opel – aus Sicht eines Beraters. S. 145–155 in Ebke, W. – Seagon, C. – Blatz, M. (Hrsg.): Solvenz – Insolvenz – Resolvenz. Baden-Baden 2013.

Fellhauer, E. (2014): Update zum europäischen und deutschen M+A-Markt. In Ebke, W. – Seagon, C. – Blatz, M. (Hrsg.): Refinanzieren statt Sanieren? – Unternehmen und Staaten in der Krise. Baden-Baden (im Erscheinen).

Hayek, F.A. von (1980): Recht, Gesetzgebung und Freiheit. Bd. 1: Regeln und Ordnung. München 1980.

Hayek, F.A. von (1981): Recht, Gesetzgebung und Freiheit. Bd. 2: Die Illusion der sozialen Gerechtigkeit. München 1981.

Kirchhof, P. (2013): Die Resolvenz des Staates. S. 49–60 in Ebke, W. – Seagon, C. – Blatz, M. (Hrsg.): Solvenz – Insolvenz – Resolvenz. Baden-Baden 2013.

Krugman, P. (2009): The return of depression economics and the crisis of 2008. New York 2009.

Mackie, J. (1985): Persons and values. Oxford 1985.

Mian, A. – Sufi, A. (2014): House of debt: how they (and you) caused the Great Recession, and how we can prevent it from happening again. Chicago 2014.

Piketty, T. (2014): Capital in the twenty-first century. Cambridge 2014.

Rajan, R. (2012): Fault Lines – Verwerfungen: warum sie noch immer die Weltwirtschaft bedrohen und was jetzt zu tun ist. München 2012.

Reinhart, C. – Rogoff, K. (2009): This time is different: eight centuries of financial folly. Princeton 2009.

Schlecht, O. (1990): Grundlagen und Perspektiven der Sozialen Marktwirtschaft. Tübingen 1990.

Sinn, H.-W. (2010): Kasino Kapitalismus. Berlin 2010.

Stiglitz, J. (2010): Freefall: America, free markets, and the sinking of the world economy. New York 2010.

Stiglitz, J. (2012): Der Preis der Ungleichheit: Wie die Spaltung der Gesellschaft unsere Zukunft bedroht. München 2012.

Ist ethischer Konsum möglich?

Elisabeth Göbel

1. Man stelle sich vor …

Man stelle sich vor, im Etikett der Baumwollbluse, welche eine Kundin sich im Geschäft anschaut, wäre zu lesen: „Dieses Produkt trägt wegen des hohen Einsatzes von Pestiziden, Mineraldünger und Wasser bei der Rohstoffproduktion stark zur Umweltverschmutzung bei. Außerdem wurde es mit Hilfsmitteln veredelt, die im Verdacht stehen Krebs zu erregen. Die Näherin erhielt für ihre Arbeit 9 Cent. Sie musste zwölf Stunden pro Tag arbeiten und durfte in dieser Zeit keine Pause machen, weil der Auftrag so eilig war." Die potenzielle Käuferin würde das Kleidungsstück aufgrund dieser Informationen vermutlich ziemlich schockiert im Geschäft hängen lassen.

Oder man stelle sich vor, man wolle einen handgeknüpften Teppich kaufen, der zu einem sensationell günstigen Preis in einem Prospekt angeboten wird, und der Teppichhändler schickte einen zehnjährigen unterernährten Jungen, der sich barfuß und im Hemd im Garten des Kunden niederlässt und dort von morgens sechs bis abends sechs an dem Teppich knüpft. Die allermeisten Konsumenten würden vermutlich den Jungen reinholen, ihm etwas zu essen und warme Kleidung anbieten und ihn zur Schule und zum Spielen schicken. Auf den Teppich würden sie lieber verzichten.

Nicht viele Konsumenten würden vermutlich bewusst ihr Geld für umweltschädliche und giftige Textilien ausgeben oder die massive Ausbeutung von Menschen (und Tieren) bedenkenlos unterstützen. Und dennoch geschieht das natürlich jeden Tag. Konsumenten kaufen den billigen, von Kindern geknüpften, Teppich, die belasteten Textilien, das Fleisch aus der Massentierhaltung usw. Für die Ökonomik ist damit klar, wer die Schuld an kritikwürdigen wirtschaftlichen Zuständen trägt, an Umweltverschmutzung, an Hungerlöhnen, an ungesunden Arbeitsbedingungen, an Tierquälerei, an billigen Wegwerfartikeln, die praktisch schon als Müll in die Welt kommen: Es sind die Verbraucher, die Konsumenten, denn *„die wollen das schließlich"* und als Unternehmen in der Marktwirtschaft muss man sich bei Strafe des Ruins diesem Verbraucherdiktat beugen. So jedenfalls sieht es die Lehre vom souveränen Verbraucher.

2. Der Mythos vom souveränen Verbraucher

Die neoklassische Wirtschaftstheorie sieht die Alleinverantwortung für die Marktergebnisse bei den Konsumenten. Galbraith (1968, 238) glossiert die Lehre vom „souveränen Verbraucher" folgendermaßen:

> „Praktisch die gesamte Wirtschaftsanalyse und Wirtschaftslehre geht davon aus, dass die Initiative beim Verbraucher liege. Auf Grund von Bedürfnissen, die aus ihm heraus entstehen oder die ihm von seiner Umgebung vermittelt werden, kauft er auf dem Markt Güter und Dienstleistungen. Hieraus ergeben sich Gelegenheiten, mehr oder weniger Geld zu verdienen – die Signale des Marktes an die Herstellerfirmen. Diese richten sich nach den Signalen, die vom Markt und damit letztlich vom Verbraucher ausgehen. Der Weg dieser Instruktionen verläuft nur in eine Richtung: vom einzelnen an den Markt und vom Markt an den Hersteller. Das alles wird recht gefällig durch eine Terminologie unterstützt, die unterstellt, dass alle Macht beim Verbraucher liege. Man nennt es die Souveränität des Verbrauchers."

Oder wie einer der Vordenker des Wirtschaftsliberalismus, Ludwig von Mises (1949, 265), es metaphorisch ausdrückte: Die Anbieter müssen den Anordnungen des Kapitäns unbedingt Folge leisten, und der Kapitän ist der Konsument.

Die Anbieter im Markt könnten sich demnach moralisch vollkommen von Schuld an unerwünschten Marktergebnissen freisprechen mit dem Hinweis: Wir bieten nur an, was die Nachfrager wollen. Würden die Nachfrager nur „ethischer" konsumieren, dann könnten die Unternehmen diesem Wunsch Folge leisten und auch verantwortungsbewusster produzieren. Doch was heißt das, „ethischer" zu konsumieren?

3. Was heißt „ethischer Konsum"?

Vereinfacht gesagt heißt „ethischer Konsum", sich als Konsument für die Folgen seines Konsums zu interessieren. Alles, was wir konsumieren, muss hergestellt und eines Tages entsorgt werden, mit zahlreichen sozialen und ökologischen Folgen, die uns nicht gleichgültig sein sollten. Auch beim Konsum hat der Mensch Verantwortung für sich selbst, für die soziale Mitwelt und die natürliche Umwelt. „Verantwortung" ist eine zentrale ethische Kategorie (vgl. Göbel 2013, 197ff.). Sie fordert von den moralischen Subjekten (Individuen oder Institutionen), sich Gedanken zu machen, wie eigene Entscheidungen, Handlungen oder Unterlassungen auf andere einwirken. Sind die Folgen für andere Menschen, für Tiere oder die natürliche Umwelt (und damit letztlich wieder für die Lebewesen) gut oder schlecht? Kann man die

Folgen auf der Basis von Prinzipien wie Menschenwürde, Gemeinwohl, Gerechtigkeit, Umweltschutz und Tierschutz gut heißen? Heute wird als Oberbegriff für einen sozialverantwortlichen und ökologischen Konsum auch häufig der Begriff des „nachhaltigen" Konsums verwendet. „Ethischer", „verantwortlicher" und „nachhaltiger" Konsum können in diesem Sinne als Synonyme verstanden werden. Da die Konsumenten aufgefordert sind, sich Gedanken über ihren Konsum zu machen und die Folgen kritisch-bewusst abzuwägen, handelt es sich zugleich um einen reflektierten und kultivierten Konsum.

Was man unter ethischem Konsum konkreter versteht, soll beispielhaft am „Fair Trade" also dem fairen Handel gezeigt werden (vgl. Hauff/Claus 2012). Die Fair Trade-Bewegung, die ihre Anfänge nach dem Zweiten Weltkrieg in den USA hatte, thematisierte ursprünglich vor allem die sozialen Folgen unseres Konsums für die Erzeuger landwirtschaftlicher Produkte (Kaffee, Tee, Kakao, Bananen) in den Ländern des Südens und stellte Forderungen auf, wie diese Menschen mehr Würde und Gerechtigkeit erfahren könnten. Die sozial-ökonomische Dimension stand im Vordergrund.

Zu den Grundsätzen des fairen Handels zählen:

- Zahlung eines fairen existenzsichernden Preises an die Produzenten, der sich weniger an den Zufälligkeiten der Börsenspekulation als vielmehr an den Kosten und Bedürfnissen der Erzeuger orientiert,
- Hilfe bei der Finanzierung bspw. von Saatgut oder Maschinen,
- langfristige, partnerschaftliche Lieferbeziehungen mit den Produzenten,
- Garantie sozial verträglicher, also sicherer und gesundheitsverträglicher Arbeitsbedingungen und existenzsichernder Löhne für die Beschäftigten,
- Verbot von Kinder- und Sklavenarbeit,
- Verbot von Diskriminierung
- sowie die Vereinigungsfreiheit – z.B. in Gewerkschaften.

Die Fair Trade-Bewegung hat seit ihren Anfängen eine deutliche Entwicklung durchgemacht. Die Grundsätze der Fairness wurden auf immer mehr verschiedene Produkte ausgedehnt – bspw. auf handwerkliche und industrielle Produkte wie Teppiche, Bekleidung, Fußbälle und Computer. Auch Dienstleistungen wie Tourismus und Finanzen werden vermehrt unter dem Fairnessaspekt betrachtet. Immer häufiger wird auch der Umweltschutz zu den Grundsätzen des fairen Handels gerechnet, zumal wenn bspw. durch den Einsatz von Pestiziden auch die Arbeiter gefährdet sind. Ein großer Teil der fair gehandelten Produkte sind mittlerweile zugleich biologisch angebaut (bei Kaffee ca. 60 %). Schließlich gibt es Bestrebungen, die Einhaltung der Grundsätze auch in den entwickelten Ländern vermehrt zu prüfen, denn auch dort gibt es Entwicklungen hin zu unfairen Erzeugerpreisen (bspw. bei der Milch) und Dumpinglöhnen. Der Kauf von „Fair Trade"-Produkten kann somit als eine Art Paradigma für verantwortlichen Konsum angesehen werden.

Obwohl die meisten Menschen den genannten Grundsätzen positiv gegenüber stehen dürften, führen fair gehandelte und/oder ökologisch erzeugte Produkte immer noch ein Nischendasein im Markt. Zwar wachsen die Anteile seit Jahren überproportional, aber das bedeutet konkret immer noch Marktanteile unter 2 % bspw. für fair gehandelten Kaffee, Tee oder Bananen. Sind also tatsächlich die Käufer schuld an unerwünschten Marktergebnissen? Und warum bezeichnen sich in Studien 80 % der Menschen als nachhaltigkeitsorientiert, während die Marktdaten belegen, dass bestenfalls 4 bis 5 % das in ihrem Konsumverhalten umsetzen? Sind wir einfach in der Mehrheit doch gleichgültig gegenüber den Folgen unseres Konsums? Oder was hält die Verbraucher von einem verantwortungsbewussteren Konsum ab?

4. Was die Verbraucher von einem „ethischen Konsum" abhält

Im Überblick scheinen folgende sechs Gründe eine Erklärung dafür zu liefern, warum Anspruch und Realität beim ethischen Konsum so weit auseinanderklaffen:

Informationsdefizite, die Budgetrestriktion, fehlende (glaubhafte) Alternativen, der Charakter öffentlicher Güter, Zweifel am Sinn eines ethischen Konsums sowie ein schlechtes Image der Konsumkritiker. Diese Gründe werden nun genauer erläutert. Zunächst geht es um die Informationsdefizite.

4.1 Informationsdefizite

Die Zuschreibung der alleinigen Verantwortung an die Konsumenten geht im liberalen Marktmodell mit der Voraussetzung einher, dass der Markt vollkommen transparent ist, die Käufer also immer genau wissen, was sie kaufen. Das ist selbstverständlich nicht der Fall. Die moderne Institutionenökonomik gesteht dann auch zu, dass es zu sog. Informationsasymmetrien zwischen Marktparteien kommen kann, also eine Marktseite schlechter informiert ist über die Tauschbedingungen als die andere. Die besser informierte Seite kann das auf Kosten der anderen Seite ausnutzen und sich Vorteile verschaffen. Diese Problematik ist die Kernthese der sog. Agency Theorie (vgl. Göbel 2002, 100).

Im Bereich des Einzelhandels, welcher die Güter zwischen Produzenten und Konsumenten vermittelt, sind regelmäßig die Käufer in der schwächeren Position. Sie sind fast immer unvollständig über die Angebote informiert. So gibt es ca. 7.000 verschiedene Hilfsstoffe zur Bearbeitung von Textilien, zum

Bleichen, Färben, Glätten, Waschbar-Machen usw., die alle auf dem Etikett in dem Kleidungsstück nicht deklariert werden müssen, obwohl sie zum Teil die Gesundheit gefährden. Gibt es gesetzliche Deklarationspflichten, dann findet die Industrie oft Mittel und Wege, um den Verbraucher dennoch im Dunkeln zu lassen. Wer weiß schon, dass das aus Zedernholz gewonnene Himbeeraroma im Joghurt als „natürliches Aroma" deklariert werden darf, weil Zedernholz ja etwas Natürliches ist.

Noch weniger als über die Inhaltsstoffe der Produkte ist der Verbraucher in der Regel über die Produktionsbedingungen informiert. Für die Begriffe „Bio" und „Öko" gibt es mittlerweile verbindliche Regelungen. Aber viele Begriffe sind weiterhin ungeschützt, die dem uninformierten Verbraucher eine ökologische Erzeugung bspw. von Nahrungsmitteln vorgaukeln: Naturnah, alternativ, umweltschonend, aus kontrolliertem Anbau, das alles sagt nicht aus, dass es sich um Lebensmittel aus ökologischer Landwirtschaft handelt, erweckt aber den Eindruck. Die Lebensmittel „aus der Heimat" können auch im Ausland produziert worden sein und wurden nur in Deutschland abgepackt. Der Käufer denkt jedoch, dass er ein regional erzeugtes Produkt erwirbt. Der bunten Bluse im Geschäft ist nicht anzusehen, dass die Färber barfuß in der Bleichbrühe standen und die Reste der Farbbäder einfach weggeschüttet wurden. Der junge Teppichknüpfer sitzt nicht hinter dem Haus des Käufers, sondern weit weg z.B. in Afghanistan.

Der Trend zur globalen Arbeitsteilung und zur Senkung der Fertigungstiefe hat dazu geführt, dass die Produktionsprozesse immer komplexer und undurchschaubarer werden. Die räumliche Entfernung zwischen Produzent und Konsument trägt ein Übriges dazu bei, dass die Produktion aus dem Blickfeld verschwindet. Kann man da wirklich noch sagen, der Käufer einer Bluse stimme mit seinem Kauf darüber ab, dass die Baumwollbauern sich durch Pestizide vergiften, die Näherinnen einen Stundenlohn von 9 Cent bekommen und das Kleidungsstück mehr als 20.000 km transportiert wird, bevor es bei uns im Schrank landet?

4.2 Budgetrestriktionen

Ein weiteres ernst zu nehmendes Hindernis für mehr ethischen Konsum ist sicherlich auch das begrenzte Budget der Verbraucher. Viele Produkte, die ethischen Ansprüchen besser genügen, bspw. umweltschonend produziert und fair gehandelt wurden, sind teurer als herkömmliche Waren. Deutlich ist der Preisunterschied bspw. bei den Lebensmitteln. Fair gehandelter Biokaffee kostet etwa doppelt so viel wie herkömmlicher Kaffee. Nach einer Marktstudie für biologisch erzeugte Lebensmittel stellt der hohe Preis die zentrale Marktbarriere aus der Sicht der Nichtkäufer dar. Bei Gelegenheitskäufern liegt die Mehrpreisbereitschaft mit 10 bis 20 % deutlich unter den tatsächli-

chen Preisaufschlägen. Und selbst bei den Intensivkäufern von Biolebens-
mitteln gewinnen die Biohandelsmarken in den Supermärkten schon bei
kleinen Preisvorteilen schnell Marktanteile. Der Preis ist für die meisten Käufer ein zentrales Entscheidungskriterium, abzulesen auch am stetig wachsenden Anteil der Discounter im Lebensmitteleinzelhandel.

Da in den letzten Jahren auch in vielen Industrieländern das Einkom-
mensniveau eher gesunken ist und eine hohe Arbeitslosenrate zu beklagen
ist, scheitert der ethische Konsum sicher manches Mal an der fehlenden
Kaufkraft. Eine kleine Umfrage der Zeitschrift „enorm" brachte zutage, dass
Konsumenten den Kauf von Billigkleidung häufig mit ihrer schlechten ökonomischen Situation begründen. Ob Schüler, Rentnerin oder Hartz IV-Emp-
fängerin, sie alle gaben an, auf den Preis achten zu müssen und sich teure
Ware nicht leisten zu können (vgl. Steinkröger 2014).

Als weiteres Hindernis erweisen sich die fehlenden (glaubhaften) Alternativen.

4.3 Fehlende (glaubhafte) Alternativen

Die Käufer können nur das kaufen, was auch angeboten wird. Erst seit ca.
20 Jahren gibt es bspw. in einem nennenswerten Umfang fair gehandelte
Lebensmittel und erst in jüngster Zeit sind sie auch in normalen Supermärkten zu finden. Wer in Deutschland gefertigte Kleidung sucht, tut sich
schwer, denn 98 % unserer Bekleidung wird im Ausland gefertigt, oft unter
niedrigeren Sozial- und Umweltstandards als sie bei uns gelten. Fair gehandelte Blumen sind in kaum einer Gärtnerei zu finden. Und natürlich ist speziell die unter dem „Fair Trade"-Siegel angebotene Produktpalette bei aller
Ausweitung in den letzten Jahren immer noch sehr klein. Alternativen zu
konventionell gehandelten Waren zu finden ist auf jeden Fall mit zusätzli-
chem Aufwand verbunden. Ökonomen sprechen von zusätzlichen Transaktionskosten (vgl. Göbel 2002, 129ff.), welche den Kauf aus Sicht des Konsumenten verteuern.

Und wenn Waren angeboten werden, die angeblich verantwortungsbewusster produziert und gehandelt wurden, dann kann der Käufer nicht sicher
sein, ob dieses Versprechen auch eingehalten wird. Es handelt sich nämlich
oft um sog. Vertrauenseigenschaften, die vom Käufer weder durch Inspek-
tion noch durch Ge- und Verbrauch verifiziert werden können. Der normale
Konsument kann nicht wissen, ob der Thunfisch in der Dose wirklich delfin-
freundlich gefangen wurde, ob das Hühnerei wirklich aus biologischer Haltung stammt oder die Näherin eines Kleidungsstückes tatsächlich einen fairen Lohn bekommt. Selbst der Kauf teurer Markenkleidung kann das nicht
garantieren, denn auch die hochpreisige Designerkleidung wird mittlerweile
zumeist in den Billiglohnländern produziert.

Immer wieder kommt es zu größeren Skandalen, bspw. weil Millionen Eier aus Käfighaltung zu Biofreilandeiern deklariert wurden oder die angeblich fair gehandelte Biobaumwolle weder biologisch noch fair gehandelt ist. Oft ist nur ein kleiner Anteil des Fair Trade-Produktes tatsächlich aus fairem Handel. Bei Orangensaft werden bspw. konventionell und fair gehandelte Orangen gemischt. Verbraucherschützer sprechen sogar von „Etiketten-schwindel", weil der Saft als „100 % fair" verkauft wird.

Aus der Sicht des Homo oeconomicus ist es attraktiv, sich als Trittbrett-fahrer zu verhalten und die Preisaufschläge bspw. für fair gehandelte Pro-dukte mitzunehmen, ohne die entsprechenden Mehrkosten aufzuwenden. *Echtheitszweifel* sind daher für viele Konsumenten ein wichtiges Argument gegen ethischen Konsum.

Weiterhin stellen sich viele Konsumenten die Frage: Was habe ich per-sönlich eigentlich davon, wenn ich versuche, ethischer zu konsumieren?

4.4 Der Charakter öffentlicher Güter

Preisaufschläge für biologisch erzeugte und/oder fair gehandelte Waren werden dann vom Konsumenten akzeptiert, wenn er dafür einen sog. Zu-satznutzen bekommt. Ein solcher privater Zusatznutzen kann das Gefühl sein, etwas für die Gesundheit zu tun, etwa weil das Biogemüse weniger mit Pestiziden belastet ist. Ein Problem ist allerdings, dass der Zusatznutzen „ethischer Produkte" zum großen Teil darin besteht, dass in öffentliche Güter investiert wird bzw. dass negative externe Effekte vermieden werden.

Vermieden werden bspw. durch ökologischen Landbau Überdüngung von Gewässern, Belastung der Böden mit Pestiziden, Bodenermüdung und Bo-denversauerung, Verkahlung der Landschaft und Artensterben. D.h. man investiert in die Arterhaltung, den Landschaftsschutz, die Bodenqualität und andere öffentliche Güter.

Der Property-Rights-Ansatz geht davon aus, dass die Menschen in der Regel nicht bereit sind, privat in öffentliche Güter zu investieren bzw. nega-tive externe Effekte in ihrem Kosten-Nutzen-Kalkül zu berücksichtigen (vgl. Göbel 2002, 74f.). Die Nachfrage nach ethischen Produkten wird also nicht nur von Informationsmängeln, Budgetrestriktionen und Echtheitszweifeln belastet, sondern auch von der Forderung an die Verbraucher, über den Preis öffentliche Güter mitzufinanzieren. Jeder fragt sich „Warum soll ausge-rechnet ich investieren, wenn andere dann kostenlos davon mitprofitieren?" bzw. „Warum soll ausgerechnet ich auf die Erzeugung externer Effekte ver-zichten, wenn andere mich mit ihren externen Effekten belasten?"

4.5 Zweifel am Sinn

Demotivierend für die ökologisch und sozial bewussten Käufer wirkt sich auch aus, dass ihr Handeln als Einzelne so wenig auszurichten vermag. Im Jahr 2000 haben die Menschen weltweit 229 Millionen Tonnen Fleisch gegessen, bis 2050 soll sich der Fleischkonsum verdoppeln. Da bei der Fleischerzeugung mehr Nahrungsmittel verbraucht als gewonnen werden, trägt der Fleischkonsum zum weltweiten Hunger bei. Außerdem erzeugen insbesondere Rinder riesige Mengen klimaschädlicher Abgase. Aber hat es irgendeine Bedeutung, wenn ich heute auf mein Steak verzichte, wohl wissend, dass die aufstrebende chinesische Mittelschicht in den nächsten Jahren deutlich mehr Fleisch verzehren wird? Hat es auf die Klimabilanz irgendeine Auswirkung, dass ich das Auto stehen lasse und zu Fuß einkaufe, wenn gleichzeitig die Autokonzerne über Absatzrekorde berichten?

Gerade wenn ein ethischer Konsum auch mit spürbaren Einschränkungen und/oder Mehrkosten belastet ist, stellt sich die Frage nach der Wirksamkeit umso dringlicher. Gefühle von Ohnmacht und Enttäuschung sind vorprogrammiert, denn immer wieder scheint sich zu bestätigen, dass es wenig bedeutet, ob ich als Einzelner nun bewusst konsumiere oder nicht.

Zweifel am Erfolg des ethischen Konsums nähren auch wissenschaftliche Untersuchungen zur Wirksamkeit von Fair Trade (vgl. Cramer et al. 2014). Recherchen bei Kaffeebauern in Äthiopien und Uganda, welche nach den Fair Trade-Kriterien zertifiziert waren, kamen zu enttäuschenden Ergebnissen. Die Arbeiter in zertifizierten Betrieben erhalten oft keinen höheren Lohn und die Arbeitsbedingungen sind auch nicht immer besser als im konventionellen Anbau. Löhne und Arbeitsbedingungen sind vor allem bei den Kleinbauern nicht selten sogar schlechter als in größeren konventionellen Betrieben. Die Bauern müssen hohe Zertifizierungskosten zahlen, was die Zusatzgewinne aufzehrt. Auch in zertifizierten Betrieben ist Kinderarbeit keine Seltenheit. Gerade in letzter Zeit sind in Printmedien wie „Zeit" und „Spiegel", sowie im Fernsehen (WDR, arte) kritische Berichte zu Fair Trade erschienen, welche den Sinn des Ansatzes in Frage stellen.

4.6 Kritik an der Konsumkritik

Schließlich haben die Käufer auch noch mit einer Konsumkultur zu tun, welche den permanenten und intensiven Konsum zum Lebensinhalt und Lebenssinn erhebt. Wir leben in einer *Konsumgesellschaft,* in welcher der Besitz und Gebrauch einer steigenden Anzahl und Vielfalt an Gütern und Dienstleistungen das vorrangige Streben darstellen und als sicherster Weg zu Glück, Status und Erfolg gelten. „Ich konsumiere, also bin ich", dieses Motto eines Londoner Kaufhauses bringt die Bedeutung des Konsums in der heutigen Welt auf den Punkt. Güter sind schon längst nicht mehr nur Mittel zur Befriedigung eines Bedarfs. Sie markieren einen Lebensstil, dienen der sozialen Differenzierung und der Erzeugung von Status, versprechen Erlebnisse und Gefühle.

Ökonomisch gesehen ist Konsum geradezu Bürgerpflicht. Wir erweisen der Volkswirtschaft und damit uns allen einen guten Dienst, wenn wir kaufen. Im Wirtschaftsteil der Zeitung wird die „prächtige Kauflaune" der deutschen Konsumenten bejubelt, die die „Krise wegshoppen". Bei den US-Amerikanern sieht man dagegen mit Sorge, dass die Menschen weniger und überlegter kaufen. Selbst eine zu großen Teilen ausbeuterische Industrie sei besser als nichts, denn sie markiere den Beginn einer Entwicklung raus aus der Armut, argumentiert auch Jeffrey D. Sachs in seinem Bestseller „Das Ende der Armut" (2005). Wer also bspw. die billige Kleidung aus Bangladesch boykottiert, vernichtet Arbeitsplätze und verschlechtert die Zukunftsaussichten für die Ärmsten.

In dieser Atmosphäre hat nachhaltiger Konsum keinen leichten Stand. Wer freiwillig weniger konsumiert, ist eine lebende Konjunkturbremse, wer nicht da kauft, wo es am billigsten ist, der ist blöd, und wer ethischen Konsum predigt ist weltfremd und naiv, ein nerviger Gutmensch, ideologischer Besserwisser und Oberlehrer, der unseren Lebensstandard gefährdet.

Und jetzt? Ist ethischer Konsum unmöglich oder zumindest unzumutbar?

Nein, trotz all dieser Hindernisse kann man die Konsumenten natürlich nicht von jeglicher Verantwortung freisprechen. In der Rolle als Käufer sind wir alle und alltäglich Akteure im Wirtschaftssystem und insofern auch mitverantwortlich für die Marktergebnisse. Nicht von ungefähr beginnt der erste Band des vierbändigen „Handbuchs der Wirtschaftsethik" mit einer kritischen Reflexion der Bedürfnisse sowie der Mahnung an die Konsumenten, ihre Mündigkeit und Freiheit gegenüber einer verlockenden und verführenden Außenlenkung durch die Warenwelt zu behaupten und ihren Konsum nachhaltiger zu gestalten (vgl. Korff 1999). Ob das gelingt, hängt aber auch von Maßnahmen ab, die von anderen Akteuren auf anderen Ebenen der Wirtschaftsethik ergriffen werden. Damit kommt das Drei-Ebenen-Modell der Wirtschaftsethik ins Spiel.

5. Das Drei-Ebenen-Modell der Wirtschaftsethik

Wirtschaftsethik sei hier verstanden als Anwendung der Ethik auf den Sachbereich der Wirtschaft. Diese angewandte Ethik befasst sich mit den Fragen von guten und richtigen Handlungen und Haltungen sowie sittlich erwünschten Zuständen im Subsystem Wirtschaft.

Häufig untergliedert man die allgemeine Wirtschaftsethik in drei Ebenen, die Mikro-, Meso- und Makroebene. Die Mikroebene beschäftigt sich mit der Individualmoral der Wirtschaftsakteure. Auf dieser Ebene geht es u.a. um die hier im Vordergrund stehende Konsumentenverantwortung. Auf ihre individuelle Verantwortung angesprochen werden daneben häufig die Investoren sowie die Unternehmer bzw. Manager.

Mit der Meso- und Makroebene wird thematisiert, dass die individuellen Akteure immer im Rahmen von Institutionen tätig sind, welche ihr Handeln stark beeinflussen, bestimmte Handlungsweisen nahelegen oder verbieten, belohnen oder bestrafen, erleichtern oder erschweren. Darum sieht die Ethik auch in den Institutionen Orte der Moral und nicht nur in den Individuen.

Auf der Mesoebene geht es um die Verantwortung der Unternehmen als korporative Akteure, um „Corporate Social Responsibility" (CSR), wie man heute meist sagt. Auf der Makroebene wird die Gestaltung der wirtschaftlichen, politischen und gesellschaftlichen Rahmenordnung zum Thema. Es gehört zu den zentralen Erkenntnissen der Wirtschaftsethik, dass nur ein Zusammenwirken der drei Ebenen letztlich Erfolg verspricht. Der Konsument braucht „institutionelle Rückenstützen", mit deren Hilfe die aufgezählten Hindernisse zumindest zum Teil überwunden werden können.

6. Institutionelle Rückenstützen
für verantwortungsbewussten Konsum

Wer ethischer konsumieren will, hat mit zahlreichen Problemen zu kämpfen. Darum ist es wichtig, dass der Konsument nicht alleine gelassen wird, sondern Unterstützung erfährt. Im Überblick geht es um die Verbesserung der Markttransparenz, das Schließen der Preisschere, das Angebot glaubhafter Alternativen, die Thematisierung des individuellen Nutzens, die Aktivierung der Öffentlichkeit und eine Imageverbesserung für den nachhaltigen Konsum.

6.1 Informationsdefizite beseitigen

Die Erhöhung der Markttransparenz durch die Bereitstellung von unabhängigen und glaubwürdigen Informationen über das Angebot und die Anbieter ist ohne Zweifel eine zentrale Voraussetzung für die Wahrnehmung von Konsumverantwortung. Der einzelne Konsument ist kaum in der Lage, sich die nötigen Informationen selbst zu beschaffen. Die Industrie hat oft wenig Interesse daran, die genauen Bestandteile der Waren oder ihre Produktionsbedingungen transparent zu machen. Auf der Wurstverpackung kann auch dann mit einer ländlichen Bauernhofidylle geworben werden, wenn die Schweine tatsächlich in einer fabrikmäßigen Großmästerei gezogen wurden.

Als regionales Produkt darf eine Ware auch dann deklariert werden, wenn die Zutaten aus aller Welt stammen. Und kein Anbieter von Sportschuhen muss angeben, welche Löhne er seinen Näherinnen zahlt. Hier ist zum einen der Gesetzgeber gefragt, der per Gesetz stärkere *Deklarationspflichten* einfordern und die Einhaltung auch kontrollieren sowie Verstöße sanktionieren sollte. Da erfahrungsgemäß keine Gesetzgebung lückenlos sein kann, bei globaler Vernetzung verschieden entwickelte Rechtssysteme aufeinander stoßen und die Unternehmen geübt darin sind, die Lücken in den Gesetzen aufzuspüren und auszunutzen, genügt das alleine aber nicht. Man braucht weitere Informations- und Kontrollinstanzen.

Kritische Beobachter der Wirtschaft sind zahlreiche sog. NGOs, also Non-Governmental Organizations (Nichtregierungsorganisationen), auch Civil Society Groups genannt, welche die Öffentlichkeit informieren über unmenschliche Arbeitsbedingungen, massive Umweltverschmutzung, giftige Rückstände in Lebensmitteln und Textilien, Hungerlöhne usw. Zu den bekannten Organisationen gehören bspw. Transfair (fairer Handel), Foodwatch (Lebensmittel), rugmark (Teppichindustrie) und die Clean Clothes Campaign (Kleidung). Auch staatliche Verbraucherorganisationen wie die Stiftung Warentest haben in den letzten Jahren mehr darauf geachtet, ob neben dem Produkt auch die Produktionsweise in Ordnung ist. Unterstützung finden sie bei den Medien, die zumindest zum Teil solche Themen aufgreifen und bekannt machen, auch wenn sie in erheblichem Ausmaß selbst ökonomisch abhängig sind von den Werbeaufträgen der Industrie. Ein bekanntes Verbrauchermagazin ist die Zeitschrift Ökotest. Ökotest untersucht zum einen Konsumprodukte auf Schadstoffe, zum anderen zunehmend aber auch die „Corporate Responsibility" der Produzenten. Auch Einkaufsführer unterstützen bewusste Verbraucher mit Informationen (bspw. Busse 2006, Grimm 2008). Modernste Technik nutzt die Online-Datenbank www.barcoo.de. Wer im Supermarkt den Strichcode eines Produktes einscannt, bekommt u.a. Informationen zur Nachhaltigkeit des Produktes. Unternehmen veröffentlichen auch selbst zunehmend sog. CSR-Berichte und geben damit Auskunft bspw. über Schadstoffausstoß und Energieverbrauch bei der Produktion. Was in den Berichten steht ist allerdings nicht reguliert, sodass Ausführlichkeit und Qualität sehr unterschiedlich ausfallen. Auf der Online Plattform www.corporateregister.com findet man eine große Sammlung von CSR-Reports. Besonders gute Berichte werden mit CR-Reporting Awards ausgezeichnet und können somit zum Maßstab für andere Unternehmen werden.

Zu einer guten und offenen Informationspolitik gehört es sicherlich auch, kritisch Defizite zu benennen, die zurzeit noch zu beklagen sind. BMW kommuniziert bspw. in seinen CSR-Reports ehrlich, dass manche Lieferketten so komplex sind, dass sie sich nicht mehr kontrollieren lassen. Die massive Kritik an Fair Trade in der letzten Zeit konnte die Käufer so verunsichern und am Sinn des ganzen Ansatzes zweifeln lassen, weil die Kommunikation der Trägerorganisationen solche Mängel bisher unterschlagen hatte. Es handelt sich um einen langwierigen und schwierigen Prozess, bei dem manches vorangeht und besser wird, anderes aber noch nicht gelöst ist. Wer die Probleme unterschlägt, riskiert seine Glaubwürdigkeit. Und bei aller Kritik an den mangelhaften Erfolgen bisheriger Bemühungen, durch fairen Handel die Situation in den Ländern des Südens für alle Betroffenen zu verbessern, darf doch auch nicht übersehen werden, dass positive Wirkungen in ökonomischer, sozialer und ökologischer Hinsicht erreicht wurden (vgl. Hauff/Claus 2012, 179ff.). Selbst von den Kritikern anerkannt wird auch die Zunahme der Transparenz. Dass man die Produktionsbedingungen bei Gütern wie Kaffee, Kakao und Bananen heute viel besser kennt und wahrnimmt, ist der Fair Trade-Bewegung zu verdanken.

6.2 Die Preisschere schließen

Als zweites Hindernis wurde genannt, dass die Konsumenten sich biologisch erzeugte und/oder fair produzierte und gehandelte Produkte oft nicht leisten können, weil sie deutlich teurer sind. Manchmal wird deshalb auch kritisch bemerkt, einen ethischen Konsum könne sich nur eine kleine Elite leisten. Doch ist diese Preisdifferenz überhaupt berechtigt? Die Clean Clothes Campaign hat bspw. errechnet, dass die Lohnkosten, die in einem 100 € teuren Markenturnschuh stecken, gerade mal 50 Cent betragen. Bei einem T-Shirt fallen Kosten von 27 Cent für den Rohstoff Baumwolle an. Selbst deutlich höhere Löhne und Rohstoffpreise, die den Produzenten ein Auskommen bieten, müssten sich auf den Ladenverkaufspreis höchstens im Cent-Bereich auswirken. Wenn die Konsumenten tatsächlich die Wahl hätten, bspw. 1 Euro mehr zu bezahlen, um den Näherinnen einen fairen Lohn zu ermöglichen, würden sie das sicher machen.

Hier sind die Anbieter gefragt, die Mehrkosten ehrlich zu kalkulieren und nicht einfach die Gelegenheit für Preisaufschläge zu nutzen, weil ja sowieso jeder erwartet, dass ökologisch erzeugte und fair gehandelte Produkte teuer sind. Besonders den Handelsriesen wird vorgeworfen, hohe Gewinnmargen bei diesen Produkten einzustreichen. Diese Margen könnten verkleinert werden, ohne dass damit gleich der Ruin der Unternehmen droht. Der Otto-Versand bietet z.B. seine aus afrikanischer Biobaumwolle erzeugten Textilien mittlerweile preisneutral an, nachdem er mit einer deutlich teureren Öko-Linie wenig Erfolg hatte.

Einen anderen Ansatzpunkt zum Schließen der Preisschere kann man darin sehen, bei den bisher extrem billigen Anbietern mehr externe Kosten zu internalisieren. Die niedrigen Preise sind ja oft nur deshalb möglich, weil die Produzenten viele Kosten auf die Allgemeinheit abwälzen können. Sie verbrauchen bspw. natürliche Ressourcen wie Wasser, Luft, Boden und Pflanzen, ohne etwas dafür zu bezahlen, weil die Umwelt immer noch viel zu häufig als freies, d.h. kostenloses Gut behandelt wird. Würden diese Kosten reell kalkuliert und beim Erzeuger internalisiert, dann könnten bspw. herkömmlich erzeugte Lebensmittel nicht mehr so viel billiger sein als biologisch erzeugte. Bis ein Fruchtjoghurt im Supermarktregal steht, kommen bspw. mehr als 9.000 LKW-Kilometer zusammen, um die Rohstoffe, den Glasbehälter, den Aluminiumdeckel, die Etiketten usw. zusammen zu bringen. Der allgemeine Trend zur Senkung der Wertschöpfungstiefe im Verbund mit der sog. Just-in-time-Lieferung lässt das Verkehrsaufkommen seit Jahren gigantisch wachsen. Dass eine solche Produktionsweise immer noch betriebswirtschaftlich lohnend ist, ist natürlich nur deshalb möglich, weil damit verbundener Dreck, Lärm, Staus, Gesundheitsprobleme und Straßenschäden nicht in der Kostenrechnung der Hersteller auftauchen. Genauso wenig wie die Gesundheitsschäden der Baumwollanbauer in der Kostenrechnung des Textilhändlers auftauchen. Solange andere die Zeche zahlen und das nicht mal so genau wissen, hat der billigere Anbieter ökonomische Vorteile.

Ökonomisch gesehen wäre die vollständige Internalisierung aller Kosten beim Verursacher die eleganteste Lösung. Der Preis würde dann den wahren Ressourcenverbrauch widerspiegeln, und über den Preis würden die Mittel in ihre effektivste Verwendung gelenkt. Das Unternehmen Puma hat bspw. versucht, seinen Naturverbrauch zu quantifizieren und ist auf die gigantische Summe von 145 Millionen € für 2010 gekommen (vgl. Dilk/Littger 2012/13, 18). Solche Kosten für die Allgemeinheit fallen aber bisher fast immer unter den Tisch. Der Markt belohnt stattdessen die Erzeugung sozialer Kosten, weil der billigere Anbieter die Nachfrage auf sich zieht. Das zu verhindern ist Sache politischer und zivilgesellschaftlicher Institutionen auf staatlicher und globaler Ebene. Eine vollständige Internalisierung wird sicher nicht möglich sein. Denn dann müssten alle Kosten und deren mögliche Folgekosten entlang der gesamten Wertschöpfungskette kalkuliert werden. Selbst mehrere Monate Recherchen von mehreren Mitarbeitern der Verbraucherorganisation „foodwatch" konnten den „wahren Preis" eines Schnitzels aus konventioneller Massenhaltung nicht ermitteln. Zu komplex sind die Zusammenhänge, zu schwierig ist die monetäre Bewertung vieler Folgen. Doch auch ohne exakte Zahlen sind die Dimensionen erkennbar und die Akteure nicht handlungsunfähig. Die Zahlung einer Maut für die Straßenbenutzung oder der Kauf von Verschmutzungsrechten sind einfache Beispiele für die Internalisierung sozialer Kosten beim Verursacher.

6.3 Glaubhafte Alternativen anbieten

Ob ein Apfel ökologisch erzeugt wurde, ob die Textilarbeiter in Bangladesch einer Gewerkschaft beitreten dürfen, Urlaub bekommen und faire Löhne, das alles kann man den Waren nicht ansehen. Es sind aus Sicht der Konsumenten zum größten Teil *Vertrauenseigenschaften*, die „ethische" Produkte auszeichnen. Da diejenigen die größte Gewinnspanne einstreichen können, die den Preisaufschlag für solche Güter am Markt durchsetzen können, ohne die damit verbundenen Mehrkosten zu schultern, liegt die Versuchung zum Etikettenschwindel sehr nahe. Eine zentrale Bedeutung gewinnen daher aus Sicht der Verbraucher einfach zu erfassende und glaubhafte Signale. Für die Vermarktung biologisch erzeugter Lebensmittel waren bspw. die EG-Ökoverordnung und das Öko-Kennzeichen-Gesetz wichtige Meilensteine, weil bis dahin Begriffe wie „Bio" und „Öko" völlig ungeschützt waren. Aktuell in der Diskussion ist der bessere Schutz des Begriffs der „Regionalität".

Für den Verbraucher leicht zu erkennen sind die Informationen, die durch ein Siegel oder Label transportiert werden. Allerdings verlagert sich das Informationsproblem für den Kunden dann auf die Glaubwürdigkeit der Institution, welche ein solches Siegel vergibt und kontrolliert. Gefragt sind vor allem anbieterunabhängige Kontrollen, wie sie staatliche Stellen und die gemeinnützigen Labelling-Organisationen anbieten. Von der Industrie selbst angebotene und kontrollierte Label sind dagegen mit Vorsicht zu genießen. Sie sind oft wenig aussagekräftig und haben zu einer wahren „Label-Flut" geführt, welche den Verbraucher überfordert.

Wichtig erscheint daher auch eine Vereinheitlichung der Siegel, um der Label-Flut Herr zu werden. In Deutschland war die Einführung eines staatlichen Biosiegels ein wichtiger Schritt, um mehr Übersichtlichkeit und Vertrauen zu schaffen. In der Planung ist ein EU-weit gültiges Siegel. Im Jahr 2002 haben sich 17 nationale Siegelorganisationen auf ein gemeinsames Logo für Waren aus fairem Handel geeinigt. Ein einheitliches Siegel, welches nach transparenten Kriterien von nicht anbieterabhängigen Institutionen vergeben und kontrolliert wird und dessen Missbrauch sanktioniert wird, stellt eine wichtige Hilfe für den verantwortungsbewussten Konsumenten dar. Eine Label-Datenbank der Verbraucherinitiative erklärt und bewertet die gängigsten Label (www.label-online.de).

Auch für die Anbieter ist es attraktiv, ihre Waren auf diese Weise „moralisch zu markieren", weil damit Aufmerksamkeit erzeugt wird und eine Produktdifferenzierung möglich ist. Die Käufer können zugleich durch den Kauf solcher markierter Güter ihre Einstellung nach außen demonstrieren und damit einen Zusatznutzen generieren.

6.4 Den individuellen Nutzen thematisieren

„Was bringt es mir" fragt sich der Homo oeconomicus und weigert sich deshalb in öffentliche Güter zu investieren, von denen er sich selbst nur einen marginalen Nutzen verspricht und von denen auch diejenigen profitieren, die nichts investieren. Auch das wurde als Hindernis für ethischen Konsum thematisiert.

Nun könnte man sicherlich an das Gewissen der Menschen appellieren und sie auffordern, weniger egoistisch zu denken. Erfolg versprechender scheint zu sein, wenn man zeigt, wie die schädlichen Folgen des Konsums, die zunächst andere betreffen, letztlich über Umwege doch wieder Rückwirkungen für das eigene Leben haben. Der Konsument wird aufgefordert, *reflexiv* zu denken. Die Gefahren des Klimawandels werden bspw. sofort weniger abstrakt, wenn man erfährt, wie sich das Wetter in der eigenen Region dadurch ändert und dass es mehr Orkane und Überschwemmungen in unmittelbarer Nähe gibt. Eine Naturkatastrophe könnte jeden treffen. Der massive Einsatz von Antibiotika in der Massentierhaltung wird für den Konsumenten in dem Moment zum Problem, wo das Penicillin gegen die Lungenentzündung nichts mehr ausrichtet, weil die Keime resistent geworden sind. Eine starke Zunahme multiresistenter Keime ist in Deutschland seit Jahren zu beobachten. Die Wahrscheinlichkeit, davon selbst betroffen zu sein, steigt ständig. Die Hungerlöhne in anderen Ländern führen zur Auslagerung von Arbeitsplätzen und ganzen Industrien und lassen auch bei uns das Lohnniveau sinken. Über die Nahrungskette gelangen die bei uns verbotenen aber in den Entwicklungsländern nach wie vor massiv eingesetzten Pestizide auch bei uns auf dem Teller.

Die sozialen und ökologischen Kosten der Billigproduktion werden uns allen doch wieder in Rechnung gestellt, und langfristig gesehen ist nicht derjenige dumm, der in öffentliche Güter investiert, sondern der, der solche systemischen Zusammenhänge ignoriert. Forschungseinrichtungen, Institutionen der Verbraucheraufklärung, Bildungseinrichtungen und Medien könnten solche Zusammenhänge aufdecken und bekannt machen.

Einen individuellen Zusatznutzen können die Konsumenten auch dadurch gewinnen, dass sie durch den Konsum von fair gehandelten und/oder biologisch erzeugten Produkten nach außen einen bestimmten Lebensstil und eine bestimmte Einstellung demonstrieren können. Der „demonstrative Konsum" wird bislang eher mit Luxusgütern in Verbindung gebracht. Der Kauf von „überflüssigen" Waren wie bspw. teurer Schmuck soll vor allem den Reichtum des Käufers signalisieren und die Mitmenschen beeindrucken. Genauso gut kann man durch den Konsum „ethischer" Produkte aber auch demonstrieren, dass man auf die sozialen und ökologischen Folgen seines

Konsums achtet. Die Werbung unterstützt die Erzeugung solchen Zusatz-nutzens, wenn sie die Käufer „ethischer" Produkte als besonders innovativ, verantwortungsbewusst und intelligent darstellt. Den Unternehmen bringt eine solche „moralische Aufladung" der Güter Differenzierungsvorteile. Güter sind nach Priddat (2006, 10) immer Güter plus Bedeutung, und gerade eine moralische Bedeutung ist gut geeignet, aus Sicht des Konsumenten einen Unterschied zwischen funktional nahezu gleichartigen Produkten zu erzeu-gen.

6.5 Öffentlichkeit herstellen

„Was kann *ich* schon tun?" ist ein weiteres oft gehörtes Argument gegen verantwortungsbewussteren Konsum. Die Konsumenten erleben sich selbst keineswegs als die Kapitäne, die der Industrie Befehle erteilen, sondern als nahezu ohnmächtig. Tatsächlich bedeutet es oft nicht mal einen Nadelstich für ein Unternehmen, wenn ein Käufer beschließt, dessen Produkte aus mo-ralischen Gründen nicht mehr zu kaufen. Außerdem wird diese private Ent-scheidung in keiner Statistik erfasst und damit nicht marktrelevant. Was die Unternehmen viel mehr fürchten ist die damit möglicherweise einherge-hende öffentliche Kritik. Die öffentliche Legitimation zählt zu den wichtigen Ressourcen für ein Unternehmen, das gute Image zu den wertvollsten Ak-tiva. Und für den guten Ruf des Unternehmens können selbst die Aktionen Einzelner schon schädlich sein.

So bestellte sich im Januar 2001 der amerikanische Student *Jonah Peretti* per E-Mail bei Nike einen Turnschuh mit dem persönlichen Schriftzug „sweatshop". Er ging damit auf ein Internetangebot des Sportartikelherstel-lers ein: Jeder könne sich seine Schuhe ganz nach seinen persönlichen Wünschen gestalten, bspw. mit individuellen Schriftzügen. Auf den Wunsch von *Peretti* wollte sich Nike aber nicht einlassen und lehnte den Schriftzug mit der Begründung ab, der Begriff „sweatshop" sei unangemessener Slang. Der Student widerlegte das mit einem Auszug aus dem Webster's Dictio-nary. Danach war der Begriff seit 1892 geläufig für Fabriken, in denen Arbei-ter lange, schlecht bezahlt und unter ungesunden Bedingungen schuften müssen. Nike lehnte den Wunsch erneut ab, ohne weitere Begründung. *Pe-retti* erklärte sich schließlich bereit, Schuhe mit einem anderen Schriftzug zu bestellen, bat aber um ein Foto des zehnjährigen vietnamesischen Mäd-chens, das seine Schuhe nähen würde. Diese Mail blieb unbeantwortet. Der Student schickte die Mails an ein paar Freunde, die sie weiterleiteten ohne zu ahnen, dass sie eine wahre Lawine lostreten würden. Die Nike-Sweat-shop-Mails wurden von schätzungsweise elf Millionen Menschen weltweit gelesen, der Student von Zeitungen und Fernsehsendern aus aller Welt interviewt. Die Zustände in den Sweatshops wurden zum öffentlich diskutierten Thema, die Unternehmen, die ihre Produkte dort herstellen ließen, gerieten unter Beschuss (vgl. Busse 2006, 60ff.). Die Geschichte gilt als Beleg für den Aufstieg der „global citizenship", der weltweiten Vernetzung von Bürgern und Organisationen, die die soziale und ökologische Verantwortung von Unternehmen einklagen.

Dass die Unternehmen sich gezwungen sehen, auf solche Kritik zu reagieren, zeigt sich auch an der rasanten Ausbreitung von Verhaltenskodizes bei den großen Unternehmen. Zumindest in der Außendarstellung ist schon sehr viel von CSR, also von Corporate Social Responsibility, die Rede, von Transparenz, Fairness und Umweltschutz. Der Sportartikelhersteller Puma arbeitet als Reaktion auf Kritik an den Arbeitsbedingungen bei seinen Lieferanten mit der Clean Clothes Campaign zusammen. Im Rahmen eines Modellprojektes in El Salvador werden zwei direkte Zulieferer und auch deren Zulieferer von unabhängigen Institutionen auf Einhaltung des Code of Conduct kontrolliert. Außerdem werden Management und Belegschaft geschult. Dafür kann sich das Unternehmen auch mit einem Preis für Unternehmensethik schmücken.

Die Reaktionen der Unternehmen zeigen: Die Konsumenten haben durchaus Macht. Sie sind nur ohnmächtig, solange alle an diese Ohnmacht glauben (vgl. Busse 2006, 20). Dank moderner Medien und Kommunikationsmittel kann leichter als früher Öffentlichkeit hergestellt werden. Organisierte zivilgesellschaftliche Akteure bündeln die Kritik und verleihen dem kritischen Konsumenten Stimme und politisches Gewicht. Er wird zum politischen Konsumenten. Die Plattform www.campact.de sammelte bspw. bereits zu zahlreichen Anliegen Unterschriften und schickte sie an Politiker (Kampagnen gab es u.a. gegen genveränderte Lebensmittel oder gegen die Privatisierung der Wasserversorgung). Der Soziologe Ulrich Beck (2002) sieht in dem „politischen Konsumenten" einen „schlafenden Riesen", der – richtig organisiert – eine Veränderung der Welt bewirken kann.

6.6 Das Image des nachhaltigen Konsums verbessern

Schließlich beginnt sich auch das Image des nachhaltigen Konsums zu ändern. In Bewegungen wie den „Lohas" (Lifestyle on Health and Sustainability; www.lohas.de) oder den „Scuppies" (Socially conscious upwardly-mobile people; www.scuppie.com) zeigt sich ein ganz neuer Typ von kritischen Konsumenten. Die „Neo-Ökos", wie sie auch genannt werden, handeln nach der Devise „living well while doing good". Sie wollen nicht in erster Linie auf Konsum verzichten, sondern anders konsumieren – bspw. ein Hybridauto fahren, in einem mit Solarenergie versorgten Haus wohnen, Kosmetik benutzen, die nicht an Tieren getestet wurde oder auch den fair gehandelten Bioorangensaft trinken. Man kann diesen Bewegungen durchaus kritisch gegenüber stehen, denn zumindest bei den Scuppies handelt es sich anscheinend um eine kleine reiche Elite, die ihr Leben marginal an den Stellen ändert, wo es sie – außer Geld – nichts kostet. Beim Flug in die Südsee haben sie Designerkleidung aus Biobaumwolle im Gepäck und Gesichtscreme aus dem Body-Shop, aber es kommt ihnen nicht in den Sinn, aus Umweltschutzgründen ganz auf den Flug zu verzichten. „Wir wollen die Erde retten, aber Spaß dabei haben" heißt es sinngemäß im Scuppie-Handbook (vgl. Failla). Bei den Lohas stehen immerhin auch Konsumeinschränkungen zur Debatte.

Man kann den Bewegungen aber bei aller berechtigten Kritik auch viel Positives abgewinnen. Gerade weil der neue Lebensstil von einer Elite zelebriert wird, hat er für Viele Vorbildcharakter. Auch die Fair Trade-Bewegung wirbt mit prominenten Schauspielern, Musikern und Sportlern. Das Klischee vom „Öko" als dem asketischen Konsumverweigerer, der sich von Tofu und Naturreis ernährt, Kleidung aus ungefärbter Schafwolle trägt und auch im Winter nur mit dem Rad fährt, wird so abgelöst durch das Bild eines wohlversorgten und zugleich besonders fortschrittlichen, cleveren und informierten Konsumenten. Wer fair gehandelte Produkte kauft ist heute kein Außenseiter mehr, sondern kann gerade dadurch Status demonstrieren. Kleine Unternehmen drängen zurzeit auf den Markt, die Kaffee in Bioqualität direkt bei den Anbauern kaufen und in eigenen Cafés oder auch online verkaufen. Wie der Kaffeeverband feststellt, besetzen sie das Produkt nachhaltiger Kaffee „lifestylig und modern und sprechen so die Gruppe der Lohas an" (Hollmer 2014, 53). Die Käufer können sich als Kenner und Genießer fühlen, die sozusagen nebenbei auch noch etwas Gutes tun.

Konservative und grün-alternative Werte nähern sich an. Die „Neo-Ökos" haben keine Aversion gegen moderne Technik und Marktwirtschaft, die Konservativen erkennen, dass Markt und Technik auch negative soziale und ökologische Folgen haben können, die es zu bekämpfen gilt. Auf dieser Basis besteht die Chance, den Gedanken eines sozial und ökologisch rücksichtsvollen Konsums so zu verbreiten, dass er tatsächlich zu dem „Megatrend" wird, den Zukunftsforscher schon jetzt darin sehen. Einem solchen Megatrend können sich dann auch die Unternehmen nicht mehr entziehen, bis es schließlich nicht mehr die Ausnahme, sondern die Regel ist, dass wir durch unseren Konsum anderen keinen Schaden zufügen.

7. Fazit

Alle aufgezählten Hindernisse entbinden den Konsumenten letztlich nicht von seiner Mitverantwortung für die Marktergebnisse. Konsum ist wie alle Fragen der Lebensführung ethisch relevant. Ein rein individualethischer, privater Lösungsversuch bliebe aber aller Voraussicht nach ziemlich wirkungslos. Die Individuen brauchen institutionelle Unterstützung von Unternehmen, Verbänden, staatlichen und überstaatlichen Institutionen und NGOs. Sie müssen umfassend und ehrlich informiert sein über die Produkte und die Produktionsbedingungen, sie brauchen echte Alternativen, die sie schnell anhand von glaubwürdigen Signalen erkennen können und die nicht zu teuer sein dürfen. Mehr Macht und politische Wirksamkeit können sie durch die Organisation von Öffentlichkeit erreichen. Wenn die Konsumenten dann noch bedenken, dass sie letztlich selbst besser leben, wenn sie die Folgen ihres Konsums abwägen und dass sie nicht Mangel leiden, sondern vor allem „anders" konsumieren sollten, dann steht dem ethischen Konsum schon nicht mehr so viel im Wege. Ob man damit die Welt verbessern kann? Man sollte die moralischen Ansprüche an den einzelnen Konsumenten sicherlich nicht zu hoch hängen, aber jede kleine konkrete Verbesserung ist ein Schritt in die richtige Richtung.

> „Damit das Mögliche entsteht, muss immer wieder das Unmögliche versucht werden" (Hermann Hesse).

Literatur

Beck, U. (2002): Macht und Gegenmacht im globalen Zeitalter. Frankfurt a.M. 2002.

Busse, T. (2006): Die Einkaufsrevolution. Konsumenten entdecken ihre Macht. München [4]2006.

Cramer, C. et al. (2014): How to do (and how not to do) fieldwork on fair trade and rural poverty. S. 170–185 in Canadian Journal of Development Research 35 (2014).

Dilk, A. – Littger, H. (2012/13): Der wahre Preis. S. 16–26 in enorm, Wirtschaft. Gemeinsam Denken Dez./Jan. 2012/13.

Failla, C.: The Scuppie Handbook. A Practical Guide to living well while doing good. www.scuppie.com.

Galbraith, J.K. (1968): Die moderne Industriegesellschaft. München – Zürich 1968.

Göbel, E. (2002): Neue Institutionenökonomik. Konzeption und betriebswirtschaftliche Anwendungen. Stuttgart 2002.

Göbel, E. (2013): Unternehmensethik. Grundlagen und praktische Umsetzung. Konstanz – München [3]2013.

Grimm, F. (2008): Shopping hilft die Welt verbessern. München 2008.

Hauff, M. von – Claus, K. (2012): Fair Trade. Ein Konzept nachhaltigen Handelns. Konstanz – München 2012.

Heidbrink, L. – Schmidt, I. – Ahaus, B. (Hrsg.) (2011): Die Verantwortung des Konsumenten. Über das Verhältnis von Markt, Moral und Konsum. Frankfurt a.M. 2011.

Hollmer, K. (2014): Zurück in die Zukunft. S. 52–55 in enorm, Wirtschaft. Gemeinsam. Denken Nov./Dez. 2014.

Korff, W. (1999): Neue Dimensionen der bedürfnisethischen Frage. S. 31–50 in Korff, W. u.a. (Hrsg.): Handbuch der Wirtschaftsethik. Band 1. Gütersloh 1999.

Mises, L. von (1949): Human Action. A Treatise on Economics. London 1949.

Priddat, B. (2006): Moral als Kontext von Gütern. S. 9–22 in Koslowski, P. – Priddat, B. (Hrsg.): Ethik des Konsums. München 2006.

Sachs, J.D. (2005): Das Ende der Armut. Ein ökonomisches Programm für eine gerechtere Welt. München 2005.

Steinkröger, F. (2014): Darf man noch Billigkleidung kaufen? S. 12–13 in enorm, Wirtschaft. Gemeinsam. Denken Nov./Dez. 2014.

Immobilienwertermittlung und Marktgestaltung – eine ethische Herausforderung?

David Lorenz – Peter Michl – Ulrich Arnswald

Dieser Beitrag behandelt die Bedeutung der Verkehrswertermittlung von Immobilien für die Funktionsfähigkeit von Immobilienmärkten sowie deren Gestaltung nach Kriterien einer nachhaltigen Entwicklung. In diesem Kontext werden Probleme erläutert, die den Bedarf einer Kooperation zwischen Philosophie und Ökonomie aufzeigen. Dieser besteht insbesondere in der normativ-ethischen Begründung einer um soziale und ökologische Aspekte erweiterten Beschreibung der Qualität von Immobilien und in der normativ-ethischen Ableitung von Handlungsempfehlungen für Wertgutachter.

1. Märkte, Werte und asymmetrische Information als Marktversagen

1.1 Das Problem von Preis und Wert in Märkten

Unter Markt wird im konkreten Sinn gemeinhin der ökonomische Ort des Tausches verstanden, wobei im abstrakten Sinn oftmals nur die jeweilige Angebots-Nachfrage-Konstellation gemeint ist (vgl. Scherer 1994, 1). Märkte sind die grundlegende Organisationsvoraussetzung für Wirtschaft und Gesellschaft, um den freiwilligen Austausch von Gütern zwischen einer Vielzahl von Menschen, die sich untereinander meistens nicht einmal kennen, weithin institutionell effizient zu ermöglichen.

Effizienz kann aber nicht das einzige maßgebliche Kriterium zur Bewertung von Märkten sein. Die Resultate von Märkten müssen gleichfalls Berücksichtigung finden und daher deren Auswirkungen geprüft werden. Eine solche Sichtweise wird im Rahmen dieses Beitrags eingenommen, um aufzuzeigen, warum Immobilienmärkte mittels normativ-ethischer Kriterien weiterentwickelt werden sollen.

Darüber hinaus bereiten auch andere Dinge erhebliche Schwierigkeiten in Märkten: U.a. kann der Glaube, dass Märkte Werte schaffen und verlässliche Preise benennen können, grundlegend infrage gestellt werden. Der Ermittler des Marktwertes eines Gutes bemüht sich zwar, eine möglichst objektive Aussage über den Wert eines Wirtschaftsgutes zu machen, aber dies stellt keine Garantie für die Richtigkeit der Wertermittlung dar, insbesondere da das Element der Schätzung keine geringfügige Rolle spielt, wie sich im Immobilienmarkt zeigen lässt: Dort wird Wertgutachtern i.d.R. ein Toleranzbereich bei Marktwertermittlungen von bis zu +/- 30 % zugebilligt (vgl. Kleiber 2012, 114f.).

Man kann zwar aus Sicht der ökonomischen Theorie immer behaupten, dass die Gewinne einiger Marktteilnehmer die Verluste anderer darstellen, und somit der Markt qua Definition zum Ausgleich kommen muss, aber dies wird nicht dem Ausmaß der Verwerfungen gerecht, die z.B. als Folge von Immobilienkrisen gezeitigt werden. Insofern bleibt die Wertermittlung eine neuralgische Stelle des gesamten Wirtschaftskreislaufes.

Märkte müssen folglich komplizierter sein, als es das einfache Angebot-Nachfrage-Modell suggeriert. Offensichtlich bedarf es sowohl eines gewissen Vertrauens in das Marktgeschehen ebenso wie in eine stabile Erwartungsstruktur der Marktteilnehmer als auch kooperative Handlungsabsichten, damit es überhaupt zum Markthandeln kommen kann. Hierzu gehört auch die Frage des Wertes der im Markt gehandelten Güter, die ein Kernthema der sozialen Konstruktion von Wert in der Ökonomie und damit zugleich eine Kernessenz des Marktes als zentraler Institution der Marktwirtschaft ist (vgl. Beckert 2007).

Eine auf neoklassischen Prämissen beruhende Immobilienökonomie ist sich des Risikos für die Stabilität der Märkte trotz der generierten Wirtschaftskrisen nicht bewusst, da dieses Problem definitionsgemäß nicht als theoretisches Defizit auftritt. Die Bewertung von Gütern sollte daher nicht stattfinden, ohne den Marktkontext des Vorkommens von Werten und deren verhaltenstheoretische Grundlage bei der Wertdeterminierung durch Marktteilnehmer näher zu analysieren.

Der Wert eines Gutes ist weder allein von seinen immanenten Merkmalen bestimmt, da Preise selbst Werte beeinflussen, noch allein von der Preisfindung zu einem Zeitpunkt X abhängig, wie die neoklassische Ökonomie glauben machen will. Unter anderem ergibt sich der Wert aus den sich aufbauenden sozialen und gesellschaftlichen Trends in Sachen Bedürfniswandel, denen Individuen und folglich Märkte unterliegen. Im Immobilienmarkt hält derzeit ein solcher Bedürfniswandel in Form von mehr Nachhaltigkeit Einzug.

Anders gesagt: Die motivationalen und kognitiven Bedingungen ökonomischer Vorgänge der Wertbildung bedürfen dringend einer tief greifenden Analyse, denn die Verbraucher im Immobilienmarkt sind nicht einfach an einem Gut Immobilie interessiert, sondern vielmehr an den besonderen Merkmalen der spezifischen Immobilie. Die Wertbildung im Markt kommt somit einer normativen Setzung gleich, denn wertrelevant ist zugleich nur etwas, was auch preisrelevant ist. Daher gilt:

> „Werte sind also in diesem Sinne offensichtlich künstliche, fiktive Gegenstände, abstrakte Artefakte, die aus Bewertungen und Bewertungsverfahren [...] entstanden sind. Sie gewinnen erst eine sekundäre, eine gleichsam soziofiktive, durch soziale Konvention und Ab-

sicherung, etwa durch Vorschriften und Gesetze zustandegekommene Geltung. Trotzdem kann diese fiktive Geltungsexistenz von höchster Sozial- und Handlungswirksamkeit sowie Folgeträchtigkeit sein. In bezug auf Preise von Gebäuden usw. zeigt sich dies ja auch deutlich" (Lenk/Maring 1995, 63).

Aufgrund der Besonderheiten von Immobilien als Wirtschaftsgüter (z.B. Heterogenität, Unteilbarkeit etc.) entsteht hier eine besondere Herausforderung, denn es ist gut möglich, dass der tatsächliche „implizite Wert" (vgl. Lenk/Maring 1995, 172) der Immobilie sich als Preis im Markt nicht ausbildet, da er – als der Preis, der unter Berücksichtigung aller positiven und negativen Qualitätsmerkmale zustande kommen würde – sich nicht an sachgerechten Zuordnungskriterien orientieren kann. Die Unkenntnis der tatsächlich zugrunde liegenden Qualitätsmerkmale einer Immobilie erklärt das Verhalten der Verbraucher – die aufgrund von unterschiedlichen verfügbaren Informationen einer Qualitätsunsicherheit bezüglich des Gutes Immobilie unterliegen –, sich in der gegenwärtigen Ermittlung des Wertes einer Immobilie an den von Wertgutachtern geschätzten Marktwerten als maßgebliche Größe zu orientieren. In diesem Fall beeinflusst der Markt selbst die Präferenzen der Immobilienkäufer, denn die Kriterien für die Bewertung von Immobilien sind marktendogen, sie sind als solche Bestandteil des Immobilienmarktes.

Solange in der ökonomischen Theorie die Wertermittlung und -erfassung nicht in das Blickfeld der Modellbildung rückt und – anstatt die Wertbildung als statische Voraussetzung bei der akuten Markträumung im Gleichgewichtsmodell zu betrachten – die dynamische Aktivität innerhalb des langfristigen Marktgeschehens nachvollzogen wird, ist die Wiederholung von Krisen als Folge von Fehlbewertungen nicht auszuschließen. Hierbei ist besonders zu berücksichtigen, dass „[d]ie Fehlrepräsentation von Preisen in einem Markt [...] sich in andere Märkte fort[pflanzt]; auf diese Weise können verzerrte Preise einen Ansteckungseffekt haben, der sich über viele angrenzende Märkte hinweg fortpflanzt" (Hiß/Rona-Tas 2011, 477).

1.2 Marktversagen und asymmetrische Information

Das Modell vollkommener Konkurrenz bezeichnet Prämissen unter denen ein Marktsystem ohne (über die rechtlichen Rahmenbedingungen hinausgehende) staatliche Eingriffe zu einer (pareto-)effizienten Allokation von Gütern und Ressourcen führt. Unter dem Begriff Marktversagen hingegen werden Ursachen verstanden, die zu einer nicht-effizienten Allokation führen und mit der Verletzung wesentlicher Prämissen des Modells verbunden sind. Marktversagen wird hierbei als notwendige, aber nicht hinreichende Begründung für staatliche Eingriffe in den Marktmechanismus angesehen (vgl. Fritsch 2014, 21ff., 72ff.).

Eine Ursache für Marktversagen wird unter dem Begriff der asymmetrischen Information diskutiert, die mit der Verletzung der Prämissen von der Homogenität der Güter und der vollständigen Information der Marktteilnehmer (insbesondere über Preise und Qualitäten) verbunden ist. In diesem Kontext steht das Problem der adversen Selektion, das auf Akerlof (1970) zurückgeht. Dieses ergibt sich, wenn in einem Markt mit heterogenen Gütern die Nachfrager weniger Informationen über relevante (Qualitäts-)Eigenschaften besitzen als die Anbieter. Dies führt im besten Fall dazu, dass die Preise nicht die Qualitätsunterschiede zwischen den Gütern widerspiegeln, kann im schlechtesten Fall jedoch darüber hinaus dazu führen, dass qualitativ hochwertige Güter durch qualitativ geringwertige Güter vom Markt verdrängt oder gar nicht erst hergestellt werden (*adverse Selektion*). Die Problematik ergibt sich insbesondere bei Erfahrungs- und Vertrauenseigenschaften von Gütern (Tabelle 1 – vgl. Fritsch 2014, 247f., Weiber/Adler 1995a, 1995b).

Tabelle 1: Klassifikation von Qualitätseigenschaften (vgl. Weiber/Adler 1995a, 1995b, Kaas/Busch 1996)

Beurteilungskosten \ Beurteilbarkeit	Ja		nein
	vor dem Kauf	nach dem Kauf	
gering	Such-eigenschaft	Erfahrungs-eigenschaft	Vertrauens-eigenschaft
hoch	Erfahrungs- oder Vertrauenseigenschaft		

Nachfrager als auch Anbieter höherer Qualität haben ein Interesse, die asymmetrische Information über die Qualitätseigenschaften zu reduzieren. Hierzu können sich Nachfrager selbst Informationen beschaffen (*screening*) oder Anbieter Maßnahmen ergreifen, um die Qualität ihrer Güter gegenüber den Nachfragern glaubhaft zu vermitteln (*signaling*). Bei Erfahrungs- und Vertrauenseigenschaften ergeben sich seitens der Nachfrager Probleme bei der Beschaffung, seitens der Anbieter in Bezug auf die Glaubwürdigkeit der Informationen. Deshalb greifen die Marktakteure häufig auf unabhängige Dritte als Informationsintermediäre zurück (z.B. Verbraucherschutzorganisationen, Wertgutachter o.Ä.). Der Staat kann ebenso z.B. durch Bereitstellung von Informationen, gesetzliche Informationspflichten oder Mindeststandards dem Problem entgegenwirken (vgl. u.a. Kaas 1995, Hansen 2003, Schrader/Schönheit/Hansen 2003).

Exemplarisch kann in Deutschland die Regelung der Verkehrswertermittlung (ImmoWertV, WertR) sowie die Einrichtung von Gutachterausschüssen (§ 192 BauGB) als Reaktion auf das geschilderte Problem interpretiert werden[1]. Vor der Einführung von Gutachterausschüssen waren Preis- als auch Qualitätsinformationen zu Immobilientransaktionen nicht öffentlich einsehbar. Die ursprüngliche Begründung zum Entwurf eines Bundesbaugesetzes und der darin enthaltenen erstmaligen Einrichtung von Gutachterausschüssen – damals „Schätzstellen" – aus dem Jahre 1958 verdeutlicht dies:

> „In erster Linie muß erreicht werden, daß für die Marktteilnehmer der sie interessierende Markt hinreichend übersichtlich wird. Die Möglichkeit der Marktbeobachtung und das so gewonnene Urteil über den wirklichen Grad der Knappheit des betreffenden Wirtschaftsgutes gehören zu den wesentlichen Vorbedingungen für das gute Funktionieren eines jeden Marktes. Erst wer vergleichen und aus diesem Vergleich Schlüsse über den Wert eines Gegenstandes ziehen kann, wird gegen Übervorteilung geschützt. [...] Die durch die Arbeit der Schätzstellen bewirkte Übersichtlichkeit (Transparenz) des Marktes soll dazu führen, daß sich der in Grundstücksgeschäften nicht erfahrene Vertragspartner zuverlässig über die Markttendenzen unterrichten kann" (Deutscher Bundestag 1958, 106).

Seitdem besteht die Arbeit der Gutachterausschüsse vor allem in folgenden Aufgaben: (1) Führen und Auswerten einer Kaufpreissammlung (Preis- und Qualitätsinformationen), (2) Ermittlung und Veröffentlichung der für die Wertermittlung erforderlichen Daten (z.B. Bodenrichtwerte, Kapitalisierungszinssätze etc.) und (3) der Erstattung von Verkehrswertgutachten für private Auftraggeber, Gerichte und Behörden.

Im Rahmen der Verkehrswertermittlung erfolgt die Beschreibung und Erhebung von Merkmalen zur Qualität von Immobilien überwiegend auf der Ebene ihrer Sucheigenschaften (z.B. Fläche, Zuschnitt, Ausstattung), obwohl eine Vielzahl von Merkmalen den Charakter von Erfahrungs- und Vertrauenseigenschaften aufweisen. Letzteres gilt u.a. für bauphysikalische Eigenschaften (z.B. Feuchte-, Schall-, Wärmeschutz), aber auch insbesondere für soziale und ökologische Aspekte, die im Zusammenhang mit der Nachhaltigkeit von Gebäuden diskutiert werden.

Um die Problematik der adversen Selektion zu vermeiden und auch in Bezug auf ökologische und soziale Aspekte einen Qualitätswettbewerb in Immobilienmärkten zu ermöglichen, wurden verschiedene Instrumente ent-

---

1 ImmoWertV – Verordnung über die Grundsätze für die Ermittlung der Verkehrswerte von Grundstücken, WertR – Richtlinien für die Ermittlung der Verkehrswerte (Marktwerte) von Grundstücken (Wertermittlungsrichtlinien), BauGB – Baugesetzbuch.

wickelt: Für die Energieeffizienz von Gebäuden sind gesetzliche Mindeststandards sowie Informationspflichten (Energieausweise) eingeführt worden. Zur Beschreibung und Bewertung der Nachhaltigkeit von Gebäuden wurden auf nationaler und internationaler Ebene Normen und Standards entwickelt und harmonisiert, die neben traditionellen Eigenschaften soziale und ökologische Aspekte der Qualität von Gebäuden enthalten, jedoch nicht in Form von gesetzlichen Informationspflichten umgesetzt wurden. Ein weiterer Schritt zu einer nachhaltigen Immobilienwirtschaft besteht darin, dass eine solche erweiterte Qualitätsbeschreibung im Rahmen der Wertermittlung von Immobilien nachvollzogen wird.

2. Wertermittlung und Nachhaltigkeit

2.1 Rolle der Wertermittlung für eine nachhaltige Immobilienwirtschaft

Die Immobilienwirtschaft zeichnet sich durch eine Vielzahl von Akteuren aus. Hauptakteure sind (1) Eigentümer (Investoren), (2) Nutzer (Mieter) sowie (3) Hersteller (Architekten, Ingenieure und Projektentwickler). Die Wertermittlung von Immobilien dient als Grundlage für nahezu alle Entscheidungen im Lebenszyklus von Immobilien und beeinflusst damit wesentlich das Verhalten der Marktakteure.

Die Aufgabe der Wertermittlung ist die Angabe einer monetären Größe als Maß für den durch das Eigentum an oder die Kontrolle über eine(r) Immobilie generierten Nutzen. Eine Hauptfunktion der Wertermittlung bezieht sich auf den Erwerb (Errichtung oder An-/Verkauf) von Immobilien. Dabei werden zwei wesentliche Konzepte unterschieden: die Schätzung (a) objektivierter Marktpreise (Verkehrs-/Marktwerte) und (b) subjektiver Grenzpreise aus Sicht des Käufers oder Verkäufers (Investitions-/Nutzwerte).

Anders als Aktien oder Anleihen sind Immobilien äußerst heterogene Güter, die nie oder unregelmäßig gehandelt werden und deren Transaktionsdaten (Preise, Qualitäten) für Marktteilnehmer nicht unmittelbar beobachtbar sind. Die Verkehrswertermittlung basiert daher auf der Erhebung von Transaktionsdaten durch Gutachterausschüsse sowie einem direkten oder indirekten Vergleich von in der Vergangenheit für mehr oder weniger vergleichbare Immobilien erzielten Preise. Diese sind historische Ereignisse – soziale Phänomene, die sich aus der Konstellation einer Vielzahl den Preis beeinflussender Faktoren zu einem ganz bestimmten Zeitpunkt ergaben. Die Immobilienbewertung ist ein komplexes Unterfangen, da sie theoretisch zum Bewertungsstichtag sämtliche den Preis beeinflussende Faktoren berücksichtigen muss. In der Praxis tritt der Fall *vollständiger Information* nie ein. Jede Immobilienbewertung ist mit einem gewissen Maß an Unsicherheit verbunden. Im Idealfall zieht der Wertgutachter alle ihm zur Immobilie sowie zum Marktumfeld relevanten und erhältlichen Informationen zur Wertermittlung heran. Dies bedeutet, dass beim Wertgutachter wesentliche Informationen zusammenlaufen und verarbeitet werden, die als Grundlage für immobilienbezogene Entscheidungen herangezogen werden. Die Berufsgruppe der Wertgutachter wird daher als unabhängiger Dreh- und Angelpunkt immobilienbezogener Informationen bezeichnet (RICS 2008a).

Die Wertermittlung ist darüber hinaus für die mit den Immobilienmärkten eng verwobenen Finanzmärkte (z.B. als Grundlage für die Finanzierung und Renditeberechnung) sowie für nationale Volkswirtschaften von Bedeutung. Mangelhafte Immobilienbewertungen können einen Domino-Effekt auslösen, der zunächst als Krise einzelner Investoren oder Unternehmen beginnt, sich über Finanz- und Bankinstitute fortsetzt und schließlich zu schweren Verwerfungen ganzer Volkswirtschaften führt.[2]

Eine mangelnde Berücksichtigung sozialer und ökologischer Aspekte von Immobilien in Kauf- und Mietpreisanalysen führt dazu, dass sich diese nicht als Qualitätsmerkmale im Markt etablieren. Zugleich fließen diese nur unzureichend in Verkehrswertgutachten und damit auch in die Entscheidungen der Marktakteure ein. Des Weiteren wird die Evaluation sozialer und ökonomischer Folgen der Energie- und Umweltpolitik erschwert. Der Gesetzgeber hat dies offenbar erkannt und verpflichtet seit der letzten Novelle des Mietrechts (§ 558 Abs. 2 BGB) und der Immobilienwertermittlungsverordnung (§ 6 Abs. 5 ImmoWertV) die öffentlichen Institutionen zusätzlich zur Berücksichtigung energetischer Merkmale von Gebäuden in der Kauf- und Mietpreisanalyse, wobei weitere ökologische und insbesondere soziale Aspekte unberücksichtigt bleiben. Insgesamt resultieren daraus noch immer Hemmnisse hinsichtlich der Erreichung gesellschaftlicher Ziele wie z.B. CO_2-Reduktion, Ressourcenschonung, Erhaltung der Biodiversität sowie Gesundheitsvorsorge.

Vor diesem Hintergrund wird die Rolle von Wertgutachtern und Wertermittlung zur Beeinflussung und Motivation der Hauptakteure und damit zur Umsetzung von gesellschaftlichen Nachhaltigkeitszielen erkennbar. Sie können als Schlüsselakteure der Verbreitung nachhaltigen Bauens sowie der Umsetzung nachhaltiger Immobilieninvestitions- und Managementstrategien angesehen werden (vgl. Lützkendorf/Lorenz 2005, RICS 2008b, UNEP FI 2014).

---

2 Beispiele hierfür sind der Immobiliencrash in England während den 1970er Jahren, die Bankenkrise der späten 1980er Jahre in den USA, die Immobilien- und Bankenkrise in Asien gegen Ende der 1990er Jahre sowie die durch Fehlbewertungen von Wohnimmobilien bzw. Fehleinschätzung von deren Eignung als Sicherheit für Immobilienkredite mit verursachte globale Finanz- und Staatsschuldenkrise.

2.2 Probleme in Theorie und Praxis der Verkehrswertermittlung

Ausgangspunkt der Verkehrswertermittlung in Deutschland ist die Definition des Verkehrswertes nach § 194 BauGB:

> „Der Verkehrswert (Marktwert) wird durch den Preis bestimmt, der in dem Zeitpunkt, auf den sich die Ermittlung bezieht, im gewöhnlichen Geschäftsverkehr nach den rechtlichen Gegebenheiten und tatsächlichen Eigenschaften, der sonstigen Beschaffenheit und der Lage des Grundstücks oder des sonstigen Gegenstands der Wertermittlung ohne Rücksicht auf ungewöhnliche oder persönliche Verhältnisse zu erzielen wäre."

Die Definition verpflichtet Wertgutachter, den „gewöhnlichen Geschäftsverkehr" im Verkehrswert abzubilden, unabhängig davon, ob dieser aus ethischer Sicht wünschenswert ist. Eine solche ethische Reflexion ist per Gesetz untersagt. Anders gesagt: Selbst wenn der Markt versagt oder zu nicht wünschenswerten Ergebnissen führt, ist es dem Wertgutachter nicht gestattet, Werte so zu setzen, dass er dem entgegenwirkt.

Der „gewöhnliche Geschäftsverkehr" impliziert eine empirische Analyse des Zusammenhangs zwischen Qualitätsmerkmalen von (un)bebauten Grundstücken und deren Kaufpreisen (multiple Regression) und entspricht einer marktdurchschnittlichen Betrachtung (bedingter Erwartungswert). Kaufpreise, die auf ungewöhnliche Transaktionen zurückzuführen sind, werden von der Analyse ausgeschlossen. Zu einer solchen Analyse sind die Gutachterausschüsse verpflichtet (§§ 192, 193 BauGB), um für die Wertermittlung erforderliche Parameter ableiten zu können. Dabei ergeben sich weitere Probleme:

- *Datenerhebung*: Durch die Immobilienwertermittlungsverordnung (ImmoWertV) wird eine Liste von mindestens zu erhebenden Merkmalen vorgeschrieben, auf die sich die Datenerhebung der Gutachterausschüsse bis dato i.d.R. reduziert. Dadurch werden andere potenziell preisrelevante Merkmale – insbesondere soziale und ökologische Aspekte – ausgeschlossen. Dies entspricht einer normativen Setzung, denn andernfalls würde behauptet werden, dass die von der Erhebung ausgeschlossenen Merkmale nicht preisrelevant seien, ohne dass dies durch Erhebung und Analyse bestätigt wurde. Damit würde vorausgesetzt, was letztlich behauptet werden soll. Insofern würde ein logischer Fehlschluss vorliegen. Die Erhebung der Merkmale kann nur (1) normativ-ethisch, (2) durch qualitative Befragung von Käufern und Mietern oder (3) durch eine mangelnde Verfügbarkeit von Sekundärdaten bzw. (4) mangelnde Ressourcen für Primärdatenerhebungen begründet werden. Dabei sind die Gründe (1) oder (2) notwendig, während die Gründe (3) und (4) potenzielle Hemmnisse in Bezug auf die Integration von Nachhaltigkeitsaspekten darstellen.

- *Datenanalyse*: Die erhobenen Merkmale werden im Hinblick auf ihre Auswirkung auf die Preise analysiert. Nur auf diese Weise kann festgestellt werden, welche Merkmale einen signifikanten Einfluss haben (und damit bei der Wertermittlung zu berücksichtigen sind). In der Analyse unberücksichtigte als auch berücksichtigte Nachhaltigkeitsmerkmale ohne signifikanten Einfluss stellen die Bewertung bzw. die Wertgutachter vor besondere Herausforderungen.

- *Bewertung*: Der Wertgutachter ist verpflichtet, alle aus seiner Beobachtung des Marktes heraus für den Preis einer Immobilie relevanten Merkmale zu berücksichtigen. Die in der Analyse der Gutachterausschüsse unberücksichtigten Merkmale, die der Wertgutachter dennoch als relevant ansieht, bringen diesen in einen Konflikt, dessen Lösung entweder (a) eine normativ-ethische Begründung erfordert oder (b) deren Nichtberücksichtigung in der Bewertung zur Folge hat, was im Widerspruch zur eigentlichen Aufgabe des Wertgutachters steht. In der Analyse berücksichtigte, jedoch statistisch nicht signifikante Merkmale bringen die Wertgutachter in einen Konflikt, wenn deren Berücksichtigung bei der Wertermittlung unter normativ-ethischen Gesichtspunkten wünschenswert wäre, aber aufgrund der fehlenden statistischen Signifikanz im Widerspruch zur Definition des Verkehrswertes steht.

Insgesamt besteht bei den skizzierten Problemen ein Bedarf an normativ-ethischer Rechtfertigung, die auf dieser Basis dann zugleich eine Handlungsempfehlung für die Wertgutachter ermöglicht.

3. Normativ-ethische Begründung einer nachhaltigen Wertermittlung von Immobilien

Die ethische Auseinandersetzung mit der hier vorgestellten Thematik ist aus zweierlei Gründen notwendig: (1) Zum einen werden mit den Forderungen nach einer nachhaltigeren Immobilienwirtschaft im Allgemeinen sowie nach einer Integration von Nachhaltigkeitsaspekten in die Wertermittlung im Besonderen normative Setzungen vorgenommen („Was soll sein?" bzw. „Was ist wünschens- und erstrebenswert?"), die es zu begründen gilt. (2) Zum anderen benötigen Immobilienwertgutachter, die Nachhaltigkeitsaspekte im Rahmen ihrer täglichen Praxis berücksichtigen sowie die voraussehbaren Folgen ihres Handelns moralisch abwägen sollen, eine Handlungsorientierung bzw. Anhaltspunkte, auf welche Werte es ankommt bzw. welche Güter im Konfliktfall höher zu bewerten sind. Die ethische Auseinandersetzung findet auf den drei nachfolgend beschriebenen Ebenen statt.

3.1 Normativ-ethische Begründung eines erweiterten Kriterienkataloges wertrelevanter Merkmale und Eigenschaften von Immobilien

Eine Erweiterung des Kriterienkataloges wertrelevanter Merkmale von Immobilien um soziale und ökologische Aspekte stellt eine notwendige, wenn auch nicht hinreichende Bedingung dafür dar, dass sich Immobilienmärkte nach diesen erweiterten Kriterien ausdifferenzieren können. Diese Kriterien können zu einer erweiterten Beschreibung der Qualität von Immobilien in Gutachten verwendet werden und bilden dann zusammen mit der Markt- und Standortanalyse die Grundlage für die darauf aufbauende Schätzung von Verkehrswerten.

Neben juristischen sowie technischen Normen und Standards würde ein solcher Kriterienkatalog damit auch normativ-ethischen Prinzipien unterliegen. Die normative Ethik will Formen und Prinzipien rechten Handelns begründen. Als solche stellt sie konkrete Forderungen an die handelnden Akteure. Dabei geht die normative Ethik häufig von einem Prinzip, einem letzten, fundamentalen Grundsatz aus, von dem her Anweisungen für das gute Handeln gewonnen werden sollen. Die zusätzlichen Elemente des Kriterienkataloges (z.B. Energieeffizienz, Resilienz, Ressourcenschonung usw.) sollten daher in diesem Kontext normativ-ethisch begründet werden, um den Wertgutachtern eine Rechtfertigung des erweiterten Kriterienkatalogs sowie eine Handreichung zur Erläuterung dieser ethisch wünschenswerten Kriterien gegenüber ihren Auftraggebern und anderen Akteuren an die Hand zu geben.

Mit Hilfe der Wertgutachter lassen sich soziale und ökologische Aspekte der Nachhaltigkeit im Verkehrswert berücksichtigen oder zumindest durch eine Beschreibung im Gutachten als zusätzliche Qualitätsmerkmale setzen. Dies ist sowohl durch eine gesetzliche Verpflichtung[3] als auch durch freiwillige Selbstregulierung[4] der Kriterienkataloge der Wertgutachter denkbar.

Dabei ist es möglich, sich bei der Beschreibung und Operationalisierung sozialer und ökologischer Aspekte an bestehenden internationalen und europäischen Normen/Standards zur Nachhaltigkeitsbewertung von Gebäuden (ISO[5], CEN[6]) zu orientieren (vgl. Lützkendorf/Lorenz 2011, Meins et al.

---

3 Zum Beispiel in Deutschland: Aufnahme der „energetischen Qualität" als wesentliches wertbestimmendes Merkmal in die ImmoWertV.

4 Zum Beispiel im UK und international: Festlegung einer „Sustainability Checklist" für Wertgutachter (vgl. RICS 2013).

5 Siehe: ISO TC 59 SC 17, http://www.iso.org/iso/iso_technical_committee?com mid=322621

6 Siehe: CEN TC 350, http://portailgroupe.afnor.fr/public_espacenormalisation/ CENTC350/index.html

2011). Basierend auf der Brundtland-Definition sowie dem Drei-Säulen-Modell einer nachhaltigen Entwicklung werden diese zur Nachhaltigkeitsbewertung von Gebäuden herangezogenen Kriterien über allgemeine Schutzgüter und Schutzziele abgeleitet. Daraus ergeben sich zunächst Anforderungen für die an Planung, Errichtung und Bewirtschaftung von Gebäuden beteiligten Akteure.

Klare Handlungserfordernisse für alle beteiligten Marktakteure, hier insbesondere für die Berufsgruppe der Wertgutachter als Informationsintermediäre resultieren daraus aber noch nicht. Dies liegt vor allem daran, dass in der Wissenschaft kein einheitliches Nachhaltigkeitsverständnis gegeben ist, sondern eine Vielzahl divergierender Theorien zur Nachhaltigkeit vorliegen (z.B. starke Nachhaltigkeit, schwache Nachhaltigkeit etc.). Außerdem ist die in diesem Zusammenhang relevante Frage nach dem Grad der *Nachhaltigkeit von (Immobilien-)Märkten* weder oft diskutiert worden (vgl. Kauko 2014), noch besteht ein Konsens darüber, was einen nachhaltigen bzw. *einen wünschenswerte Resultate zeitigenden Markt* ausmacht. Somit ist kein konkreter, wünschenswerter Umweltzustand aus den Theorien zur Nachhaltigkeit als Zielvorstellung ableitbar. Eine Operationalisierung von akteurs- und branchenübergreifenden Zielen und Handlungserfordernissen ist aufgrund der Vielstimmigkeit nachhaltiger Theorien nicht in Sicht.

Allein die Moral erlaubt die Relevanz von Nachhaltigkeitskriterien als das Wünschenswerte zu begründen, ohne dass diese sich auf Gesetze und Verordnungen oder auf ein wie auch immer geartetes, einheitliches Nachhaltigkeitsverständnis beziehen muss. Eine gesetzliche Verankerung kann nachgelagert erfolgen, zugleich aber erlaubt ein neu zu fassender bzw. zu begründender Kriterienkatalog bereits den Wertgutachtern, die Berücksichtigung von Nachhaltigkeitsmerkmalen im Gutachten zu rechtfertigen und insofern der Forderung nach einer nachhaltigen Immobilienwirtschaft Rechnung zu tragen.

Als Ergebnis dieser neuen Evaluierungsmöglichkeiten der Wertgutachter, die diese verbindlich zu Entscheidungen im Sinne von mehr Nachhaltigkeit zwingt, entsteht zwangsläufig eine neue Praxis der Wertermittlung. Man kann davon sprechen, dass der Markt nach der Einführung des erweiterten Kriterienkatalogs ein neuer ist, insoweit er ein weitaus höherstufiger Markt sein wird, der auf einem deutlichen Mehr an Informationen und Signalen für die Käufer basiert.

3.2 Die Bildung ethischer Werte zwecks Widerspiegelung in zukünftiger Wertermittlung

Die Bildung von ethischen Werten zur Veränderung des Verbraucherverhaltens hin zu mehr Nachhaltigkeit ist für die Ermittlung eines Nachhaltigkeitsaspekte berücksichtigenden Immobilien(markt)wertes nicht Objekt der ökonomischen Untersuchung, sondern vielmehr die Voraussetzung für eine ökonomische Analyse. Eine solche normativ-ethische Wertbildung zur Motivation von Verbraucherverhaltensänderungen muss Wirtschaften als ein Verfügen über knappe Güter mit dem Ziel verstehen, den zur Erfüllung dieser Bedürfnisse notwendigen Ressourceneinsatz zu minimieren. In dieser Form kann ein solches Wirtschaften als Werte schaffend aufgefasst werden, denn der Wert ergibt sich aus dem optimalen Verfahren der Bedürfnisbefriedigung unter maximaler Ressourcenschonung.

Wenn also Evokationen von erstrebenswerten Nachhaltigkeitsaspekten für die Bestimmung des Wertes einer Immobilie maßgeblich sind, stellt sich die Frage, wie abhängig die Ökonomie von diesen Kriterien zur Ausbildung zukünftiger Märkte ist und inwieweit diese Werte die Märkte beeinflussen können. Wert wird damit zu einer Kategorie, die den von den bisherigen Wertgutachten abgesteckten Bereich der Verkehrswertermittlung von Immobilien überschreitet und zu einer sozialen Kategorie des gesellschaftlichen Begehrens mutiert, die dem Gut erst seinen Wert durch Schaffung von verbraucherverhaltensbestimmenden Grundlagen zubilligt.

Dies bedeutet, dass der *neue*, höherstufige Markt, der die erstrebenswerten Nachhaltigkeitskriterien zeitigt, nicht aus sich selbst heraus entstehen kann. Er ist vielmehr darauf angewiesen, dass mittels eines begründet erweiterten Kriterienkatalogs den Wertgutachtern das Instrument zur Hand gegeben wird, nachhaltig Immobilien bewerten zu können, indem sie auf Grundlage des neuen Kriterienkatalogs nachhaltige Qualitätsmerkmale der jeweiligen Immobilien berücksichtigen und in ihr Wertgutachten einfließen lassen. Der neu zu fassende Kriterienkatalog für die Immobilienbewertung zwingt also auf Basis der vorab zu begründenden normativ-ethischen Anforderungen die handelnden Akteure zu persönlicher Verantwortung und individuellen Entscheidungen (vgl. Frankena 1972, 21).

Zugleich aber gibt der neu gefasste Kriterienkatalog den Wertgutachtern die Möglichkeit, solche normativ-ethischen Forderungen in ihren Wertgutachten zu berücksichtigen und damit als Profession nachhaltig zu handeln. Dieser stellt für die Wertgutachter gleichfalls eine klare Handlungsanleitung dar, insoweit als aus ihm hervorgeht, welche Nachhaltigkeitsmerkmale sie für ihr Wertgutachten verwenden dürfen und somit in dieses einfließen lassen sollen.

Erst wenn diese Option, die einem gesellschaftlichen Begehren nach mehr Nachhaltigkeit entspricht (z.B. Klimaziele der Regierung etc.), ermöglicht wird, kann sich der Markt ausdifferenzieren und dementsprechende Marktsignale an die Käufer von Immobilien mittels des vom Wertgutachter zu erstellenden Gutachten aussenden. Darüber hinaus ermöglicht der neu zu fassende um normativ-ethisch begründete Kriterien erweiterte Katalog den Wertgutachtern erst, als Berufsgruppe einem modernen, zeitgemäßen und gesellschaftsverantwortlichen Berufsethos nachzukommen.

3.3 Ethisch-teleologische Begründung nachhaltiger Immobilienwertermittlung auf der Makro-, Meso- und Mikroebene des Immobilienmarktes

Die teleologische Ethik orientiert sich an den Folgen von Handlungen. Dabei untersucht die Individualethik die Pflichten des Individuums gegenüber sich selbst und den Mitmenschen, während sich die Sozialethik mit der Verantwortung für das Wie der strukturellen Ordnung der Institutionen beschäftigt.

Auf der Makroebene geht es um die Frage der richtigen nachhaltigen Politik, also etwa um die ethische Beurteilung von politisch vorgegebenen gesamtwirtschaftlichen Nachhaltigkeitszielen durch die politische Führung, die dann als bindende Setzung von den handelnden Akteuren wie z.B. den Immobilienwertgutachtern in ihren alltäglichen Handlungen zu berücksichtigen ist. Die Mikroebene beschäftigt sich mit dem richtigen Verhalten des Individuums als Wirtschaftssubjekt. Dies gilt in diesem Kontext für die Investoren, Immobilienentwickler- und Immobilieneigentümerseite. Auf der Mesoebene[7] hingegen findet eine Auseinandersetzung mit dem moralischen Verhalten der Immobilienwertgutachter statt, deren Profession als Katalysator für die Makroebene der Politik als auch für die Mikroebene der Eigentümer, Investoren und Projektentwickler maßgeblich ist.

Wer die voraussehbaren Folgen seines Handelns moralisch abwägen will, braucht zumindest Anhaltspunkte, auf welche Werte es ankommt, welche Güter im Konfliktfall höher zu bewerten sind. Man braucht ebenfalls ein allgemeines Prinzip und unterhalb des allgemeinen Prinzips wertorientierende Instanzen, um zwischen dem Allgemeinen als Menschheitsziel und dem konkreten Handeln in partikulären Verhältnissen vermitteln zu können. Da individuelles Handeln immer in Institutionen eingebunden ist, die handlungsleitende Wirkungen und zum Teil wirkliche Sachzwänge erzeugen (z.B. durch Verordnungen und Standards zur Immobilienwertermittlung), können auch Strukturen wie die Art und Weise der Wertermittlung und Gutachtenerstellung moralisch richtig oder falsch sein.

Der Immobilienmarkt ist aus sich selbst heraus nicht in der Lage, die notwendigen Veränderungen in den Praktiken der Wertgutachter einzuleiten. Ohne eine wegweisende Reform der verhaltenstheoretischen Grundlage der

---

7 Die Mesoebene wird *hier* verstanden als Vermittlungsebene zwischen individuellem – professionellem – Handeln und gesamtwirtschaftlichen Rahmenbedingungen.

Wertermittlungspraxis lässt sich die Integration von Nachhaltigkeitsaspekten in die Wertermittlung nicht bewerkstelligen. Eine Reform der verhaltenstheoretischen Grundlage der Wertermittlungspraxis mit dem Ziel, die Hauptakteure zu motivieren, um dadurch die gewünschte Immobilienmarktausrichtung hin zu mehr Nachhaltigkeit zu erreichen, ist ein *marktorientierter Anreiz* zur nachhaltigen Verhaltensänderung in diesem Sektor.

Wesentliche Bestandteile dieser verhaltenstheoretischen Grundlage sind ein neu gefasster Kriterienkatalog sowie angepasste Wertermittlungsstandards. Hierdurch werden die Bedingungen für Wertgutachter geschaffen, ihr Verhalten bei der Wertermittlung im Sinne einer nachhaltigen Entwicklung zu ändern. Die Integration von Nachhaltigkeitsaspekten in die Wertermittlung kann dann sowohl zu einem Wettbewerbsvorteil für den einzelnen Wertgutachter im Sinne eines Marktvorsprungs führen als auch zu einer ethischen Pflicht für diesen werden.

Für die Umsetzung von mehr Nachhaltigkeit im Immobilienmarkt ist zweifelsohne die Mesoebene der Wertermittlung das entscheidende Scharnier. Den Wertgutachtern ist daher ihre Funktion, Bedeutung und moralische Verpflichtung näher zu bringen und aufzuzeigen. Des Weiteren ist es hilfreich, die Nachhaltigkeitsziele der Makro- wie auch den mittelfristigen Nutzen der Mikroebene zu analysieren und zu dokumentieren, um die stimulierende Motivation auch für diese Bereiche offen zu legen. Hierzu ist eine teleologisch-ethische Erörterung des ganzheitlichen Rahmens der Wertermittlung mit ihren Auswirkungen auf die drei benannten Ebenen geboten.

Die Alternative zu einer solchen durch Adaption der verhaltenstheoretischen Grundlage induzierten Veränderung der Wertermittlungspraktiken, nämlich die Immobilienwertgutachter zu *völlig freien Wesen* zu stilisieren, die zwar an die Verkehrswertdefinition und existierenden Regelungen zur Wertermittlung gebunden sind, sich darüber hinaus aber ihren eigenen Kriterienkatalog zur Objektbeschreibung jeweils selbst erstellen und sich somit über alle weiteren äußeren Gegebenheiten hinwegsetzen können, bedeutet, diese hoffnungslos zu überfordern.

Daher ist es von fundamentaler Bedeutung, die ethisch-teleologische Funktion, die die Immobilienwertgutachter auf der Mesoebene ausführen sollen, normativ-ethisch zu begründen. Ziel einer solchen Begründung ist es zugleich, aufzuzeigen, wie ihre Profession zur Erreichung von Nachhaltigkeitszielen beitragen kann und was sie im Gesamtrahmen einer nachhaltigeren Immobilienwirtschaft nach politischen Vorgaben an Leistungen erfüllen soll.

4. Fazit und Ausblick

Die aufgezeigte Problematik, dass Konflikte für die Wertgutachter aus der Definition des Verkehrswertes und der damit einhergehenden Tatsache resultieren, dass dieser keine normativ-ethische Reflexion des „gewöhnlichen Geschäftsverkehrs" zulässt, kann zu suboptimalen Ergebnissen führen. Und zwar dann, wenn der „gewöhnliche Geschäftsverkehr" und die sich aus diesem ergebenden Marktresultate normativ-ethisch nicht wünschenswert sind, folgt für den Wertgutachter ein moralischer Konflikt, da er gesetzlich dazu verpflichtet ist, nur den „gewöhnlichen Geschäftsverkehr" im geschätzten Wert zu reflektieren. Der Beitrag diskutiert diese Problematik in Bezug auf die Integration von Nachhaltigkeitsaspekten in die Wertermittlung und schlägt hierzu einen Lösungsansatz vor, indem er eine normativ-ethisch begründete Erweiterung des Kriterienkatalogs der Wertgutachter um ökologische und soziale Aspekte fordert.

Die Folgen der Definition des Verkehrswertes sind jedoch weitreichender: Wertgutachter sind z.B. bei einer Marktüberhitzung (Entstehung von Preisblasen) oder einem Immobiliencrash (drastischer Preisverfall) gezwungen, diese extremen Entwicklungen nachzuzeichnen. Den Wertgutachtern ist es einerseits nicht gestattet, Verkehrswerte so zu „setzen", dass derartige Anomalien und deren Konsequenzen vermieden bzw. abgemildert werden. Andererseits muss die Wertermittlung stark reguliert sein und bleiben, und kann den Wertgutachtern nicht *freie Hand* bei der „Setzung" von Verkehrswerten lassen, um Missbrauch und Willkür vorzubeugen. Daher führt kein Weg an einer Diskussion ethisch wünschenswerter Marktgestaltung vorbei, die solche Sachverhalte berücksichtigt. Für die Wertermittlung folgt hieraus die Notwendigkeit einer allgemeinen Debatte über die Verantwortung von Wertgutachtern für die Stabilität als auch die Gestaltung von Immobilienmärkten.

Literatur

Akerlof, G.A. (1970): The Market for „Lemons". Quality Uncertainty and the Market Mechanism. S. 488–500 in Quarterly Journal of Economics 84 (1970).

Beckert, J. (2007): Die soziale Ordnung von Märkten. MPIFG Discussion Paper 07/6. Max-Planck-Institut für Gesellschaftsforschung. Köln 2007.

Birnbacher, D. (1988): Verantwortung für künftige Generationen. Stuttgart 1988.

Boulding, K. (1969): The Interplay of Technologies and Values. S. 336–350 in Baier, K. – Rescher, N. (Hrsg.): Values and the Future. New York – London 1969.

Deutscher Bundestag (1958): Entwurf eines Bundesbaugesetzes. Deutscher Bundestag, 3. Wahlperiode. Drucksache 336. Bonn 1958.

Diederichsen, U. – Scholz, A. (1984): Kausalitäts- und Beweisprobleme im zivil-rechtlichen Umweltschutz. S. 23–46 in Wirtschaft und Verwaltung 22 (1984).

Fischer, M. – Hüser, A. – Mühlenkamp, C. – Schade, C. – Schott, E. (1993): Marketing und neuere ökonomische Theorie: Ansätze zu einer Systematisierung. S. 443-470 in Betriebswirtschaftliche Forschung und Praxis (BFuP) 45 (1993).

Frankena, W. (1972): Analytische Ethik. Eine Einführung. München 1972.

Fritsch, M. (2014): Marktversagen und Wirtschaftspolitik: Mikroökonomische Grundlagen staatlichen Handelns. München [9]2014.

Goolsbee, A. – Levitt, S. – Syverson C. (2014): Mikroökonomik. Stuttgart 2014.

Hansen, U. (2003): Verbraucherinformation als Instrument der Verbraucherpolitik. Konzeptpapier des wissenschaftlichen Beirats „Verbraucher- und Ernährungs-politik" beim BMVEL. Hannover – Berlin 2003.

Hiß, S. – Rona-Tas, A. (2011): Wie entstehen Preise? Zur Lösung des Bewer-tungsproblems auf dem Markt für Ratingurteile strukturierter Finanzprodukte. S. 469–494 in Berliner Journal für Soziologie 21 (2011).

Höffe, O. (Hrsg.) (1997): Lexikon der Ethik. München [5]1997.

Hubig, C. (Hrsg.) (1990): Verantwortung in Wissenschaft und Technik. Kolloquium an der TU Berlin, WS 1987/88. TUB-Dokumentation. Berlin 1990.

Kaas, K.P. (1995): Informationsökonomik. S. 971–981 in Tietz, B. – Köhler, R. – Zentes, J. (Hrsg.) (1995): Handwörterbuch des Marketing. Stuttgart [2]1995.

Kaas K.P. – Busch, A. (1996): Inspektions-, Erfahrungs- und Vertrauenseigen-schaften: Theoretische Konzeption und empirische Validierung. S. 243–252 in Marketing. Zeitschrift für Forschung und Praxis 4 (1996).

Kauko, T. (2014): Towards Evolutionary Economic Analysis of Sustainable Urban Real Estate. S. 67–86 in Walloth, C. – Gurr, J.M. – Schmidt, J.A. (Hrsg.): Un-derstanding Complex Urban Systems: Multidisciplinary Approaches to Model-ing. Berlin 2014.

Kleiber, W. (Hrsg.) (2012): Marktwertermittlung nach ImmoWertV. Praxisnahe Er-läuterungen zur Verkehrswertermittlung von Grundstücken. Köln [7]2012.

Lenk, H. (1994a): Hat die bloß individuelle Verantwortung noch eine Zukunft? S. 115–127 in Zimmerli, W.C. – Brennecke, V.M. (Hrsg.): Technikverantwortung in der Unternehmenskultur. Stuttgart 1994.

Lenk, H. (1994b): Macht und Machbarkeit der Technik. Stuttgart 1994.

Lenk, H. – Maring, M. (1995): Bewertung und Werte. S. 163–183 in De Leeuw, A. – Sayce, S. (Hrsg.): Theorie und Praxis der Wertermittlung von Gebäuden, Grund und Boden. Frankfurt a.M. – Berlin – Bern – New York – Paris – Wien 1995.

Lützkendorf, T. – Lorenz, D. (2005): Sustainable Property Investment: Valuing sus-tainable buildings through property performance assessment. S. 212–223 in Building Research & Information 33 (2005).

Lützkendorf, T. – Lorenz, D. (2011): Capturing sustainability-related information for property valuation. S. 256–273 in Building Research & Information 39 (2011).

Meins, E. – Lützkendorf, T. – Lorenz, D. – Leopoldsberger, G. – Frank, S. –Burk-hard, H.P. – Stoy, C. – Bienert, S. (2011): Nachhaltigkeit und Wertermittlung von Immobilien: Leitfaden für Deutschland, Österreich und die Schweiz (NU-WEL). Hrsg. v. Center for Corporate Responsibility and Sustainability (CCRS) an der Universität Zürich. Zürich 2011.

Pyndyck, R.S. – Rubinfeld, D.L. (2013): Mikroökonomie. München [8]2013.

RICS (2008a): Sustainable Property Investment and Management – Key issues and major challenges, Royal Institution of Chartered Surveyors (RICS). London 2008.

RICS (2008b): Breaking the Vicious Circle of Blame – Making the Business Case for Sustainable Buildings. Royal Institution of Chartered Surveyors (RICS). London 2008.

RICS (2013): Sustainability and commercial property valuation. RICS Global Guidance Note. Royal Institution of Chartered Surveyors (RICS). London 2013.

Scherer, T. (1994): Markt und Preis. Märkte und Marktformen, Wert und Preis, Preismechanismus, Nachfrage, Angebot, Preisbildung, Gütermärkte und Güterpreise, Faktormärkte und Faktorpreise, Arbeitsmarkt, Kapitalmarkt. Wiesbaden 1994.

Schrader, U. – Schoenheit, I. – Hansen, U. (2003): Der Bock als guter Gärtner? Informationsoffenheit von Unternehmen als Beitrag zum Verbraucherschutz. S. 15–17 in Ökologisches Wirtschaften, Nr. 3–4 (2003).

UNEP FI (2014): Sustainability Metrics – Translation and impact on property investment and management, United Nations Environment Programme Finance Initiative (UNEP FI). Geneva 2014.

Weiber, R. – Adler, J. (1995a): Informationsökonomisch begründete Typologisierung von Kaufprozessen. S. 43–65 in Schmalenbachs Zeitschrift für betriebswirtschaftliche Forschung (zfbf) 47 (1995).

Weiber, R. – Adler, J. (1995b): Positionierung von Kaufprozessen im informationsökonomischen Dreieck. S. 99–123 in Schmalenbachs Zeitschrift für betriebswirtschaftliche Forschung (zfbf) 47 (1995).

Das Klimaschutz-Trilemma – Akteure, Pflichten und Handlungschancen aus transformationstheoretischer Perspektive

Jochen Ostheimer

1. Zum Praktisch-Werden der Ethik – hermeneutische Vorüberlegungen

Was die Formulierung des Praktisch- oder Wirksam-Werdens der Ethik betrifft, so ist damit eine scheinbare Selbstverständlichkeit angesprochen, nämlich der Praxisbezug der Ethik. Ethik ist eine praktische Disziplin, der Praxis- oder Handlungsbezug ist ihr inhärent. Auch wenn die Spannweite dieses Bezugs von lebensnahen Betrachtungen und Paränesen eines Epiktet oder Marc Aurel bis hin zu sehr abstrakten und „theoretischen" Überlegungen etwa in Kants *Grundlegung zur Metaphysik der Sitten* reicht, bleibt die Frage, was denn nicht praktisch an der Ethik sei. Diese Frage wird durch die Unterscheidung zwischen „Ethik" und „Moral" nicht aufgehoben – eine Unterscheidung, die für die Klärung der Besonderheit des Praktisch-Werdens der Ethik von großer Bedeutung ist, aber vielfach nivelliert wird, wodurch die Theoriereflexion der Ethik eines wichtigen Unterscheidungsinstruments verlustig geht. Versteht man unter „Moral" oder „Ethos" die Gesamtheit an Normen, Werten, Sinnvorstellungen und Lebensmodellen, die mit dem Anspruch auf unbedingte Geltung, allgemeine Verbindlichkeit und existenzielle Sinnhaftigkeit das gesellschaftliche Zusammenleben regeln und das menschliche Glücksstreben orientieren, so ist Moral unmittelbar auf der Handlungsebene angesiedelt. Im Unterschied dazu fehlt dem Praxisbezug der Ethik als Reflexionstheorie der Moral diese lebensweltliche Unmittelbarkeit, wenngleich auch für die Ethik gilt, dass in vielen Fällen nichts so praktisch ist wie eine gute Theorie.

Das Praktisch- oder Wirksam-Werden der Ethik kann vor dem Hintergrund dieser Klärung weitergedacht werden. Auch wenn die Ethik immer schon praxisorientiert ist, fand in der zweiten Hälfte des vergangenen Jahrhunderts eine praktische Wende der Ethik statt. Es entwickelte sich eine angewandte oder anwendungsorientierte Ethik, und die Ethik differenzierte sich im Zuge dessen in etliche Bereichsethiken aus. Charakteristisch für die angewandte Ethik ist ihre lösungsorientierte Ausrichtung an konkreten Problemen. Sie kann sich nicht allein mit der Begründung des sittlich Richtigen begnügen – was häufig bereits anspruchsvoll genug ist –, sondern muss ebenso die Machbarkeit berücksichtigen. Zwar ist Umsetzbarkeit kein ethisches Argument. Aber wenn ein Lösungsvorschlag ersichtlich nicht implementierbar ist, dann hat die Problemformulierung den für die angewandte Ethik konstitutiven Bezug zu einer lebensweltlichen normativen Unsicherheit aufgegeben. Daher wird es in der angewandten Ethik immer wieder auch darum gehen, zweitbeste Lösungen gegenüber drittbesten auszuzeichnen. Voraussetzung dafür – und damit ist ein weiteres methodisches Erfordernis und folglich Charakteristikum der angewandten Ethik angesprochen – ist es, den Kontext detailliert zu beachten und die Verwobenheit von Sachlogiken und moralischen Ansprüchen zu erhellen, sodass man auch von einer „empirischen Wende" der Ethik sprechen kann.

Diese Ausbildung einer „konkreten Ethik" (Siep 2004) ist eine Reaktion auf mehrere normative Zusammenbrüche in der Gesellschaft infolge der technischen, ökonomischen und politischen Entwicklungen wie auch damit zusammenhängend ein Beitrag zur weiteren Reflexionssteigerung oder gar Demokratisierung der Gesellschaft.[1] Grundlegende Eingriffe in die gesellschaftliche Ordnung werden öffentlich rechenschaftspflichtig. Also muss in der wissenschaftlichen wie industriellen Forschung eine ethische Begleitforschung eingerichtet werden; müssen Unternehmen und auch große Organisationen (wie die FIFA, das IOC oder der ADAC), wenn sie allzu sehr in Korruption und ähnliche Verbrechen verwickelt sind, so genannte Ethikkommissionen oder Ethikbeauftragte einsetzen, auch wenn die Themen, die sie bearbeiten, nur einen sehr engen Ausschnitt der Moral abdecken und im Großen und Ganzen mit dem Strafrecht übereinstimmen; müssen medizinische Einrichtungen und wollen viele in den Gesundheitsberufen Tätige sich ethisch beraten lassen, weil ihre Handlungen zuweilen über Leben und Tod entscheiden und weil der moderne Leitwert der Mündigkeit nun auch im medizinischen Bereich Einzug gehalten hat: Oberstes Gesetz ist nicht mehr *salus aegroti*, sondern *voluntas aegroti*, der Wille des Patienten aber ist nicht immer so eindeutig und so verlässlich, wie eine darauf aufbauende ‚fremde' Entscheidung es gerne hätte.[2]

Das gesellschaftliche Interesse an ethischer Beratung wird in vielerlei Gestalten aufgegriffen, nicht immer fachethisch-akademisch, sondern ebenso in einer ausufernden Ratgeberliteratur oder, mit einer deutlich unterhaltenden Schlagseite, in der *Gewissensfrage*, die Rainer Erlinger seit Februar 2002 im Magazin der *Süddeutschen Zeitung* beantwortet. In gleicher Weise greifen künstlerische Initiativen heiße Themen auf und beleuchten ihre moralische Tragweite mit den Mitteln der Ästhetik.[3] Nicht minder finden sich Aufrufe an bzw. Bewegungen von Konsumenten, Politik mit dem Einkaufs-

---

1 Vgl. Leist 1998, 753f.
2 Vgl. Hilpert 2006, 356–361.
3 Vgl. etwa das Projekt *passage2011* (Huber/Aichner 2012).

korb zu machen. All dies und noch vieles mehr sind Formen moralischer Kommunikation, die in der einen oder anderen Weise mit einem Praktisch-Werden der Ethik in Beziehung gesetzt werden können – und die, darauf soll im Folgenden der Fokus liegen, „Moral institutionalisieren". Ziel der angewandten Ethik ist die Entwicklung von Entscheidungshilfen, Regulierungs- oder Handlungsvorschlägen, die moralische Anliegen und Anforderungen in wirksame Regeln, Leitbilder, Handlungsweisen, Gewohnheiten, Techniken, Geräte oder Infrastruktur eingehen lassen, sodass auf diesem Wege Wahrnehmung und Handeln verändert werden. Dabei lassen sich drei Ebenen unterscheiden, auf denen ethischer Beratungsbedarf und -wunsch bestehen: die Ebene der Gesamtgesellschaft, die Ebene von Organisationen und homogenen Gruppen sowie die Ebene von Einzelpersonen. Die soziale Ebene einer bereichsethischen Argumentation ist nicht unerheblich für die Art ihres Praktisch-Werdens. Eine „Moral für die Politik" (Kaminsky 2005) unterscheidet sich in ihrem Zugang gewaltig von der gemeinsamen Erarbeitung einer moralisch adäquaten und praktisch umsetzbaren Lösung für einen individuellen Akteur, der sich mit einem moralischen Problem konfrontiert sieht.[4]

Wie dieses Institutionalisieren von Moral, d.h. sowohl von moralischen Anliegen und Anforderungen als auch von moralischen Verhaltensweisen, sich vollzieht, wird im Folgenden am Beispiel des Klimaschutzes erörtert. Der Klimawandel wie auch die Maßnahmen, den Anstieg der Erderwärmung zu begrenzen bzw. deren Folgen zu bewältigen, erzeugen zahlreiche Konflikte, sie weisen ein hohes Emotionalisierungspotenzial auf, sie beschwören vielfältige Erwartungen, Befürchtungen und Widersprüche herauf und führen folglich zu erheblichen Kontroversen.[5] Vor allem berühren sie alle drei gerade genannten gesellschaftlichen Handlungsebenen. Damit nötigen sie die angewandt-ethische Reflexion, mehrere ethische Paradigmen zu verbinden, tugendethische, ordnungsethische und organisationsethische Überlegungen zu kombinieren, um der Heterogenität der Akteure bzw. der Handlungsebenen gerecht zu werden.[6]

2. Das Klimaschutz-Trilemma

Klimaschutz ist wie Weltfrieden: Jeder ist dafür. Aber kosten sollte es lieber weniger. Und so schieben die Akteure den schwarzen Peter hin und her. Eigennutzorientierte Entscheidungen der einzelnen Akteure führen infolge fehlender Koordinationsmechanismen zu einem allgemein suboptimalen Zu-

---

4 Vgl. etwa mit Blick auf die landwirtschaftliche Nutztierhaltung Grimm (2010).

5 Vgl. mit Blick auf die Energiewende in Deutschland Ostheimer/Vogt (2014).

6 Dass dies nach wie vor keine Selbstverständlichkeit ist, zeigen beispielsweise Aßländer/Erler (2014) und Weber (2014) an den gängigen medizin- bzw. medienethischen Reflexionspraktiken auf.

stand. Niemand ist bereit, den ersten Schritt zu machen, und so finden sich alle in einem sozialen Dilemma wieder – bzw. genau betrachtet handelt es sich um ein Trilemma.

Unternehmen, die durch ihre Entscheidungen über Produkte und Produktionsweisen maßgeblich die Klimaintensität von Lebensstilen bestimmen, verweisen darauf, dass Beiträge zum Klimaschutz Wettbewerbsnachteile mit sich brächten und daher, so wünschenswert sie auch sein mögen, aus betriebswirtschaftlichen Gründen nicht geleistet werden könnten. Nötig sei eine allgemeine Regelung. Gefragt sei also der Gesetzgeber.

Die Regierungen sehen sich ihrerseits mit mehreren Schwierigkeiten konfrontiert. Die Staaten befinden sich ebenfalls in einer Konkurrenzsituation, in einem Standortwettbewerb.[7] Daher favorisieren auch sie allgemeine Klimaschutzregeln, die global gelten. Dementsprechend wird seit Jahren auf den Weltklimagipfeln um derartige Vereinbarungen gerungen; und dementsprechend handelt es sich bei diesen globalen Treffen auch nicht nur um Umweltschutz-, sondern um große Weltwirtschaftskonferenzen.[8] Des Weiteren müssen Regierungen Belastungen, die der Klimaschutz mit sich bringt, gegenüber ihrer Bevölkerung rechtfertigen, und zwar in einer Weise, die, so verlangt es die Eigenlogik des politischen Systems, die eigene Wiederwahl nicht gefährdet. Dass dies kein leichtes Unterfangen ist, zeigen die Diskussionen und Proteste um die Energiewende hierzulande.[9]

Die dritte Partei sind die Menschen. Als Bürger wollen sie mehrheitlich Klimaschutz, aber nicht unbedingt bestimmte Maßnahmen wie Windräder, Stromtrassen oder Speicherseen vor der eigenen Haustüre. Als Bürger können sie indirekt über Wahlen die Klimawende mitgestalten. Als Konsumenten können sie die Treibhausgasemissionen teils unmittelbar beeinflussen, teils durch ihr Nachfrageverhalten das Angebot verändern. Doch damit dies gelingt, müssen bestimmte Voraussetzungen gegeben sein, die wiederum in den Händen der beiden erstgenannten Akteursgruppen liegen.[10]

Klimaschutz ist eine moralische Pflicht. Es ist geboten, Handlungen zu unterlassen, die zur Erderwärmung beitragen und dadurch, sicherlich ohne böse Absicht, vielfach aber fahrlässig, einen Schaden für andere bewirken. Der Klimawandel bedroht Wohlergehen, Gesundheit und Existenz von

---

7 Vgl. Beck 1997, 116f.
8 Vgl. Edenhofer 2014, 68.
9 Vgl. Ostheimer/Vogt 2014.
10 Damit sind gewiss nicht alle relevanten Akteure benannt. Offenkundig fehlen die Klimawissenschaftler ebenso wie Klimaschutzgruppen oder die Medien. Sie alle haben einen beträchtlichen Einfluss auf die Entwicklungen. Sie werden hier aber nicht aufgeführt, weil ihr Einfluss im Unterschied zu Unternehmen, Endverbrauchern und Gesetzgebern indirekt ist.

Abermilliarden Menschen gegenwärtig und mehr noch in den kommenden Jahrzehnten. Insofern die globale ‚Verbraucherklasse' über ihre Verhältnisse lebt und mehr Platz am ‚Himmel' für ihre Treibhausgasemissionen beansprucht, als ihr gerechterweise zusteht, unterliegt strukturell betrachtet jedes Mitglied der westlichen Gesellschaften (darüber hinaus auch die Wohlhabenden in anderen Ländern) einer Reduktionspflicht.

Um einen gefährlichen Klimawandel zu vermeiden, der die Gesellschaften vor kaum vorhersehbare und vielfach nicht angemessen bewältigbare Veränderungen stellt, ist der Anstieg der globalen Durchschnittstemperatur bis zum Jahr 2100 optimalerweise auf 2 Grad Celsius zu begrenzen. Auf dieser Basis können dann in politischen Entscheidungen Emissionsreduktionspfade festgelegt werden. Bei der Diskussion von Begrenzungs-, Verteilungs- und Mitwirkungsschemata müssen neben den naturwissenschaftlichen Erkenntnissen unbedingt auch sozialwissenschaftliche und ethische Forschungen zu gesellschaftlichen Transformationen angestellt und beachtet werden.

Klimaschutzmaßnahmen können darauf abzielen, die Erderwärmung zu begrenzen oder die Anpassung an die Folgen des Klimawandels zu erleichtern. Beides ist notwendig und nicht gegeneinander auszuspielen. Für einen bedingten Vorrang der Klimaschutzanstrengungen sprechen drei Gründe. Ökonomisch betrachtet werden die Gesamtkosten erheblich niedriger ausfallen, insbesondere wenn ein gefährlicher Klimawandel vermieden, wenn die so genannten Kippschalter im Erdsystem, die teils irreversible, katastrophische Veränderungen auslösen, nicht betätigt werden.[11] Aus ethischer Sicht ist darauf zu verweisen, dass Täter und Opfer des Klimawandels in den meisten Fällen nicht identisch sind. Es ist nicht gerecht, die Leidtragenden auf ihrem Schaden sitzen zu lassen und von ihnen Anpassungsleistungen zu verlangen, selbst wenn dies im Ganzen kostengünstiger wäre. Zudem sind manche Schäden derart, dass der Begriff der Anpassung ein starker Euphemismus ist, etwa wenn ganze Inseln überschwemmt werden. Zuletzt sind diejenigen, die von den Folgen der Erderwärmung besonders betroffen sind, vielfach zu arm, um den lokalen Veränderungen Herr zu werden. Wegen der Priorität von Klimaschutzanstrengungen wird im Folgenden der Aspekt der Anpassung, der keineswegs unerheblich ist, nicht weiter verfolgt.

Im Folgenden wird das gerade skizzierte Klimaschutztrilemma näher untersucht. Es handelt sich dabei nicht um ein rationalitätstheoretisches Konzept, sondern um ein handlungstheoretisches im Sinne eines Gefangenendilemmas. Dabei wird zunächst der Selbstbeschreibung der Akteure gefolgt, die den Verweis auf ein Dilemma als Argument nutzen, ihr Nichthan-

---

11 Vgl. wegweisend Stern 2007.

deln zu legitimieren. Ob diese Rechtfertigung jeweils stichhaltig ist, gilt es zu überprüfen. Dazu wird zum einen die normative Dimension der jeweiligen Positionen herausgearbeitet. Zum anderen wird unter Rückgriff auf Überlegungen aus der Transformationsforschung über Auswege aus der (scheinbaren) Sackgasse nachgedacht. Handlungsmöglichkeiten eröffnen sich insbesondere, wenn Rahmenbedingungen verändert werden. Die Wirksamkeit des Gefangenendilemmas beruht gerade darauf, dass die Gefangenen sich nicht absprechen können. Wie beispielsweise Ostrom und ihre Mitarbeiter (1999, 2007) in zahlreichen Studien zeigen, liegt in der gemeinsamen Festlegung von Regeln zum Umgang mit einem kollektiven Gut vielfach der Schlüssel zur Überwindung von Handlungsblockaden, die zum Schaden aller sind. Insofern kommt Institutionen eine große Bedeutung zu. Dies wird anhand des Klimaschutzdiskurses dargestellt. Auf diese Weise soll das Diktum vom Praktisch-Werden der Ethik erhellt werden.

3. Wie sich das Trilemma auflösen lässt – ein Mehrebenenansatz

Grundsätzlich betrachtet lässt sich ein Trilemma an jedem Ende auflösen. Hilfreich dafür ist eine Perspektivenerweiterung. Dazu wird für die folgenden Betrachtungen ein Mehrebenenansatz, wie er von Ostrom und Transformationsforschern in ihrem Umfeld vorgeschlagen wird, mit dem Konzept der Tetralemmaarbeit, wie es in der psychosozialen Beratung angewandt wird, verbunden.[12] Zu diesem Zweck wird als analytischer Grundbegriff der der soziotechnischen Ordnung eingeführt. Dieser umfasst vielfältige Praxen, diese konstituierende Regeln und Institutionen, die sehr heterogen sein können und beispielsweise rechtliche und technische Normen, kulturelle Gewohnheiten, Rollenmodelle oder eingespielte wirtschaftliche Beziehungen einschließen, sowie das materielle Substrat, d.h. Infrastruktur und Geräte aller Art. Eine solche Ordnung ist stets in eine umfassende soziotechnische Landschaft eingebettet, die beispielsweise von volkswirtschaftlichen und politischen Strukturen bzw. Entwicklungen und von tief sitzenden kulturellen Mustern geprägt ist. Hinzu kommen als drittes analytisches Element Nischen, d.h. geschützte Räume, in denen technische, kulturelle oder ökonomische Innovationen entstehen können.[13] Mit dem Konzept der soziotechnischen Ordnung lassen sich sowohl die gesellschaftlichen Praxen erfassen, die ein stabiles Klima gefährden, wie etwa das Verkehrswesen, Internet und Mobiltelefonie oder Ernährung, als auch Klimaschutzmaßnahmen. Unter dem Blickwinkel der Transformation ist zu klären, welche internen Akteure, d.h. personalen oder organisationalen Handlungsträger, die der jeweiligen

---

12 Vgl. Ostrom 2011, Varga von Kibéd/Sparrer 2009, bes. 75–94.
13 Vgl. Geels/Schot 2007.

soziotechnischen Ordnung angehören, Änderungen herbeiführen können, die die Treibhausgasemissionen senken.

Ein dauerhafter Wandel erfordert zwei Arten von Voraussetzungen. Notwendig ist zum einen ein äußerer Druck, wie er etwa von Umweltveränderungen wie dem Klimawandel mit seinen Folgeerscheinungen, veränderten politisch-rechtlichen Rahmenbedingungen, Verschiebungen makroökonomischer Verhältnisse sowie Protesten oder Wünschen in der gesellschaftlichen Öffentlichkeit aufgrund eines Mentalitätswandels ausgehen kann. Für einen wirksamen Klimaschutz ist insbesondere der Mentalitätswandel hervorzuheben. Denn die Folgen des Klimawandels machen sich erst allmählich bemerkbar, erzeugen somit gegenwärtig keinen ausreichenden Veränderungsdruck. Politik, Volkswirtschaften und Unternehmen wiederum sind Parteien im analysierten Klimaschutztrilemma. Zugleich müssen zum anderen alternative Praxen, Techniken oder Geräte verfügbar sein. Es kommt also auf Pioniergruppen an, die in Nischen Neues ausprobieren. Im Zusammenspiel dieser beiden Faktoren können dann neue institutionelle Ordnungen entstehen, die den einsetzenden Transformationsprozess stabilisieren oder verstärken.

Die hier gewählte transformationstheoretische Perspektive macht deutlich, dass die meist bestehende Konzentration auf das eine *oder* das andere Veränderungen verhindert. Standpunkt und Gegenstandpunkt umfassend und differenziert wahrzunehmen, sind die beiden ersten Gesichtspunkte in der Tetralemmaarbeit. Im dritten Schritt („Beides") geht es darum, wichtige Aspekte beider Positionen zu erkennen und anzuerkennen, um abschließend („Keines von Beidem") den bislang übersehenen Kontext zu thematisieren und in Frage zu stellen; im vorliegenden Fall jeweils die Beschränkung auf eine Gruppe von Akteuren sowie das Übersehen von Veränderungen in der „Landschaft" wie in den „Nischen".

4. Klimagipfel – Klimasackgasse? – Politische Gestaltungsmöglichkeiten

4.1 Die Ausgangslage

Was spricht ethisch dafür, die Staaten in die Verantwortung zu nehmen? Grundsätzlich lässt sich ein Gedanke aus Kants (1795/1977, 208f.) politischer Ethik weiterführen. In seinem Entwurf *Zum ewigen Frieden* legt Kant dar, dass die moralische Pflicht zum Frieden notwendig die Schaffung eines Rechtszustands umfasst. Dazu gehört die Bildung von Staaten sowie auf der nächsten Ebene die Gründung eines Völkerbundes. Ein rechtlich gesicherter Friede kann dabei nicht auf das Schweigen der Waffen beschränkt werden, sondern es muss eine umfassende Rechtsordnung etabliert werden, die, so die gegenwärtige Einsicht, auch den Schutz globaler Naturgüter umfasst, die für eine Vielzahl von Menschen oder gar für jedermann (lebens-)wichtig sind. Diese Naturschätze, wozu etwa das Klima, die Ozonschicht oder die Weltmeere zählen, müssen als Gemeinschaftsgut angesehen und als ein Gemeineigentum der gesamten Menschheit geschützt werden. Die Etablierung eines solchen Rechtsinstituts kann dabei völkerrechtlich auf dem Konzept des Gemeinsamen Erbes der Menschheit aufbauen.[14] Wichtige Schritte auf dem Weg zu einer solchen neuen internationalen Rechtsordnung sind die 1992 auf der UN-Konferenz über Umwelt und Entwicklung beschlossene Klimarahmenkonvention (UNFCCC) und das sich daran anschließende Kioto-Protokoll, das die weiteren Einzelheiten regelt. Philosophisch weitergedacht wird diese Idee beispielsweise in Pogges Überlegungen zu einer „globalen Rohstoffdividende". „Ausgehend von dem Gedanken, dass den Armen dieser Welt ein unveräußerlicher Anteil an allen begrenzten natürlichen Rohstoffen zusteht", sieht Pogges (2011, 245, vgl. 245–268) Vorschlag vor, „dass Staaten und ihre Regierungen nicht die vollen libertären Eigentumsrechte an den natürlichen Rohstoffen ihres Territoriums besitzen und einen kleinen Teil des Gewinns abgeben müssen, den sie durch die Nutzung oder den Verkauf dieser Rohstoffe erzielen". Dieser Ansatz lässt sich in analoger Weise auf die Nutzung von globalen Senken wie der Atmosphäre anwenden.

Das zweite wichtige ethische Thema neben der Begründung einer Rechtspflicht zu einem globalen Klimaschutzregime ist die inhaltliche Klärung der Lastenverteilung. Diese muss anspruchsvoll, umsetzbar und gerecht ausfallen. Als Leitidee formulieren die beiden genannten Dokumente die gemeinsame, aber differenzierte Verantwortung der Staaten. Bei der Konkretisierung sind Kontroversen zu klären.

Industriestaaten schlagen die aktuellen Emissionsmengen als Ausgangspunkt vor. Sie müssten zwar prozentual hohe Reduktionen vornehmen. In absoluten Zahlen würden sie dennoch gut abschneiden, wohingegen der Spielraum für die restliche Welt recht gering ausfiele. Entwicklungs- und Schwellenländer verweisen demgegenüber auf die „historische Schuld" der Industrienationen, die in den nächsten Jahrzehnten durch unterdurchschnittliche Emissionsmengen zu kompensieren seien. Zu berücksichtigen ist jedoch zum einen das damals fehlende Wissen und zum anderen die nicht bestehende Identität zwischen den „historischen Tätern" und denjenigen, die heute und in den kommenden Jahren die Entschädigung leisten sollen. Der normative Individualismus zieht der Praxis einer Gruppenhaftung enge Grenzen, insbesondere wenn die Ursache nicht in einer großen und gemeinsamen Entscheidung, sondern in einer Vielzahl unkoordinierter Hand-

---

14 Vgl. Odendahl 1998, 251–257, 372–374, Kloepfer 2008, 170f.

lungen zu suchen ist. Gleichwohl ist es zutreffend, dass die Industriestaaten bis heute vom frühen Beginn ihrer ökonomisch-technischen, mithin kohlenstoffintensiven Entwicklung profitieren, sodass unter Voraussetzung eines gesamtmenschheitlichen Gemeinschaftseigentums an der Atmosphäre als Kohlenstoffsenke ein begründeter Anspruch besteht, dass sie ihr Vorteile, die mit Schäden für alle erkauft sind, gerecht teilen. Eine dritte Staatengruppe fordert, dass der Erhalt der sich auf ihrem Territorium befindenden Kohlenstoffsenken ebenfalls angerechnet wird. Dieser Gedanke ist sachlich plausibel, denn die Vernichtung dieser Wälder oder Moore ist ein gewichtiger Wirkfaktor in der Erderwärmung.[15] Gleichwohl lässt es sich ethisch nur schwer begründen, warum jemand, der eine Untat unterlässt, dafür eine Kompensation erhalten soll. Ein solcher Grundsatz lässt sich nicht politikfähig verallgemeinern. So könnte analog jedes Land, das sich z.B. nicht an der Jagd auf eine vom Aussterben bedrohte Thunfischart beteiligt, dafür ebenfalls eine Prämie verlangen. Schwierig wird zudem die Abgrenzung, welche Senken wie einzubeziehen sind. Zuletzt melden diejenigen Staaten, die reich an Kohle, Öl oder Gas sind, Ansprüche an. Sie müssen nämlich eine gewaltige Entwertung ihrer Bodenschätze befürchten, wenn der Zugang zur Atmosphäre als Kohlenstoffdeponie streng reglementiert und infolgedessen ihre bisherige Ressourcenrente in eine Klimarente transformiert wird, die dann von anderen vereinnahmt wird (vgl. Edenhofer/Flachsland/Brunner 2011, 204–208). Dieses Anliegen ist zwar kein unerheblicher Gesichtspunkt für die diplomatischen Verhandlungen, im Ganzen indes nicht begründet. Es gibt schlicht kein Recht auf eine bestimmte ökonomisch-technische Ordnung, in der das eigene Angebot auf besonders starke Nachfrage trifft und folglich einen besonders hohen Preis erzielen kann.[16]

Insgesamt lässt sich festhalten, dass verschiedene Anliegen und Interessen aufeinanderprallen, die unterschiedlich gut begründet und die mit unterschiedlichem Drohpotenzial verbunden sind. Sowohl aus politischen als auch aus ethischen Gründen ist ein globaler Klimaegalitarismus eine sinnvolle Lösung. Wenn jedem Menschen das gleiche Recht auf Atmosphärennutzung zugesprochen wird, wird dem Status der Atmosphäre als Gemeineigentum bzw. des stabilen Klimas als eines öffentlichen Guts Rechnung getragen. Zugleich werden die besonderen Bedürfnisse der Ärmeren berück-

---

15 Und umgekehrt betrachtet ist der Erhalt der Wälder eine vergleichsweise kostengünstige Form des Klimaschutzes – vgl. Kindermann u.a. (2008).

16 Dies – und das sei hier nur knapp angedeutet – ließe sich beispielsweise mithilfe von Rawls' (1975) Urzustand-Überlegungen zeigen. Würde über die sozialmoralischen Grundlagen einer Weltgesellschaft verhandelt, dann dürften die Verhandlungspartner nicht nur weder ihre konkrete soziale Position noch ihre Position in der Generationenfolge kennen, auch der geographische Ort mit seinen Rohstoffen oder Nachteilen müsste hinter dem Schleier des Nichtwissens verschwinden.

sichtigt, ohne die Notwendigkeit zu übergehen, dass auch die Entwicklungs-
und Schwellenländer ihren Beitrag zum Klimaschutz leisten müssen.

4.2 Politische Handlungsmöglichkeiten

Mit Blick auf die politische Dimension lassen sich unterschiedliche Akteure
wie auch Handlungsebenen unterscheiden. Die oben (in Abschnitt 2) darge-
stellte Gegenüberstellung der beiden Positionen, wonach entweder (fast)
alle Staaten handeln müssten oder jeder einzelne Staat aus Klugheitsgrün-
den auf Schritte zur Senkung der Treibhausgasemissionen verzichten müsse, ist zu einfach. Beide Ansichten enthalten bedenkenswerte Gesichtspunkte: Das Klima ist ein globales Gut, das von Sinn (2008) analysierte „grüne
Paradoxon" kann nicht einfach ignoriert werden, und eine weltgesellschaft-
liche Einigung ist wenig wahrscheinlich. Gleichwohl ist die Fixierung auf die
eine große globale Lösung durch einen Mehrstufenansatz zu ersetzen.

Auf der politischen Ebene lassen sich grundlegend drei Vorgehensweisen
oder Instrumente unterscheiden, die bei der Implementierung von Klimaschutzmaßnahmen hilfreich sein können: das Recht als Form autoritativer
Bindung, freiwillige Vereinbarungen und Verträge sowie Alleingänge einzelner Staaten oder Regionen. Ein globaler Gesetzgeber existiert nicht. Insofern fällt dieser Weg bis auf Weiteres weg. Internationale Vereinbarungen,
die das Ziel haben, die Nutzung eines öffentlichen Guts zu regeln, laufen
leicht Gefahr, sich in einer Situation wiederzufinden, die sich spieltheoretisch
als Gefangenendilemma rekonstruieren lässt. Aus einem solchen führen
mehrere Wege heraus. Zum einen eine höhere, beispielsweise auch moralische Autorität, die verbindliche Vorgaben zu machen befugt ist – und die in
diesem Fall fehlt. Zum Zweiten Vertrauen und Ansehen von Staaten oder
auch Staatenbündnissen wie der Europäischen Union.[17] Eine solche Reputation kann nicht gezielt strategisch aufgebaut werden. Sie muss bereits bestehen oder durch ein überzeugendes beispielhaftes Voranschreiten gewonnen werden. Insofern haben Alleingänge ihren politischen Wert, unabhängig von der ökonomischen Seite. Deutschland mit seiner Energiewende, die EU mit dem „20-20-20-Programm" als Teil der 2010 beschlosse-
nen Strategie „Europa 2020" oder beispielsweise Kalifornien mit seinem
Emissionshandelssystem können solche Wegbereiter und Trendsetter sein.

---

17 Vgl. Ostrom 2011, 270, 273. Vgl. analog dazu die unternehmensethischen Überlegungen von Wieland (1996, 170f.) zur Notwendigkeit, moralische Kommunikation
als solche wertzuschätzen. Nur dann könne sie, paradox formuliert, ihre produktive
Wirksamkeit entfalten. Bereits aus Gründen des Vertrauens- und Ansehensverlusts
sind daher technische Alleingänge, die die gesamte Menschheit betreffen, wie das
so genannte geo- oder climate engineering wenig ratsam. Zu einer Kritik an diesen
technikorientierten Strategien vgl. Ott (2011), Lerf (2013).

Eine dritte Strategie kann bei asymmetrischen Ausgangs- und Verhandlungspositionen ansetzen. Klimaschutzvereinbarungen, die im vernünftigen Interesse aller liegen, die aber rationalerweise oftmals abgelehnt werden, weil die Strategie des Trittbrettfahrens es ermöglicht, die Vorteile zu genießen, ohne Lasten tragen zu müssen, können mit zusätzlichen Anreizen oder auch Sanktionen verknüpft werden. Technologiepartnerschaften zwischen Industriestaaten und Entwicklungsländern sind ein Beispiel dafür, an Emissionen gekoppelte Einfuhrzölle an der EU-Außengrenze ein anderes.[18] Schließen mehrere Regionen ihre Emissionshandelssysteme zusammen, kann dies die weltwirtschaftliche Lage (in der oben vorgestellten transformationstheoretischen Metaphorik: die „Landschaft") beträchtlich verändern. Nicht zuletzt kann die Einsicht in den langfristigen Eigennutzen wechselseitige Blockaden, wie sie das Gefangenendilemma kennzeichnen, aufbrechen. Dieser Aspekt könnte vor allem bei China und Indien relevant werden. Beide Staaten verfügen (neben Europa, Russland, Australien und den Vereinigten Staaten) über gewaltige Kohlevorkommen, die großteils im Boden verbleiben müssen, um das Klimasystem nicht völlig aus der Balance zu bringen. Beide Staaten erklären, dass günstige Kohle für ihre Entwicklung unverzichtbar sei. Beide Staaten werden jedoch zugleich von den Folgen des Klimawandels besonders hart getroffen werden (vgl. Edenhofer/Kalkuhl 2009, 125). Darüber hinaus entfalten Klimaschutzmaßnahmen in vielen Fällen kurzfristige positive Nebeneffekte. Energiesparen senkt Kosten und verbessert die Luftqualität – dieser letzte Aspekt führt gegenwärtig zu einem Umdenken in China. Ferner kann auf diese Weise eine größere Ressourcenunabhängigkeit von politisch problematischen Herkunftsländern erlangt werden.

Einen weiteren Ausweg, der nicht mehr politikimmanent ist, eröffnen Veränderungen in den Gegebenheiten, insbesondere technische Entwicklungen, die die Energieeffizienz steigern oder Treibhausgase vermeiden, sowie kulturelle Veränderungen hin zu suffizienten Lebensstilen. Dadurch sinken die Klimaschutzkosten, was eine Zustimmung zu internationalen Vereinbarungen erleichtert. Im Extremfall kann das Dilemma sogar verschwinden, wenngleich dies freilich alles andere als wahrscheinlich ist.

Wie Analysen zu Wandlungsprozessen zeigen, braucht es immer auch Pioniergruppen (vgl. Geels/Schot 2007). Auch unter der Annahme, dass Sinns Theorem des grünen Paradoxons stimmt und allein eine angebotsorientierte globale Klimapolitik, die die Förderung fossiler Ressourcen drastisch begrenzt, wirkungsvoll ist, sind nachfrageorientierte Schritte nicht per se überflüssig. Regionen, Nationalstaaten und Kommunen können eigen-

---

18 Diese sind nach Stiglitz (2008, 225f.) mit den WTO-Regeln grundsätzlich vereinbar.

ständig voranschreiten, und Alleingänge haben ihre Bedeutung. Sie können Vertrauen und Reputation erzeugen, die eine günstige Voraussetzung für erfolgreiche internationale Verhandlungen sind. Sie sorgen außerdem für die Entwicklung neuer, dringend benötigter Techniken. Sie machen im Erfolgsfall deutlich, dass Klimaschutz, wirtschaftlicher Wohlstand und Lebensqualität keine Widersprüche sind. In dieser Hinsicht hat die deutsche Energiewende die Bedeutung eines globalen Experiments.[19]

Die Handlungsfähigkeit von Staaten ist weder notwendig auf globale Vereinbarungen begrenzt, noch ist der Stillstand in den gegenwärtigen globalen Verhandlungen grundsätzlich unüberwindlich. Die Semantik des Gefangenendilemmas suggeriert leicht eine Entweder-oder-Konstellation und verdeckt damit den Spielraum, über den alle Beteiligten verfügen. Die Rede vom selbstschädigenden Verhalten übergeht stillschweigend die moralische Pflicht zum Klimaschutz. Sie kaschiert, dass es zunächst um ein fremdschädigendes Verhalten geht, um einen Schaden für Dritte, die in der Regel gar nicht mit am Tisch sitzen.

5. Klimaschutz unter den Bedingungen ökonomischen Wettbewerbs

Warum sollten Unternehmen Verantwortung für ein stabiles Klima übernehmen? Unternehmen sind von ihrem Zweck her am Formalziel der Gewinnmaximierung ausgerichtet. Dies kann, wie bereits im Frühliberalismus etwa von Mandeville oder Smith oder von zeitgenössischen liberalen Vordenkern wie Hayek (2003) dargelegt wird, zum langfristigen Vorteil aller sein. Voraussetzung ist ein geordneter Wettbewerb. Eine Verfassung des Wettbewerbs ist nicht nur eine Verfassung der Freiheit, sondern auch eine Quelle des Wohlstands der Nationen. Daher werden im Folgenden knapp die Vorzüge einer ökonomischen Wettbewerbsordnung zusammengefasst, um vor diesem Hintergrund darüber nachzudenken, wie sich die moralische Forderung, das Klima zu schützen, als Anspruch an Unternehmen implementieren lässt. Denn bei der Entwicklung von Klimaschutzkonzepten ist zu beachten, dass auch Emissionsreduktionen riskant sein können. Den Ausstoß von Treibhausgasen zu begrenzen, kann die wirtschaftliche Entwicklung und damit wiederum die Klimaschutzpolitik gefährden (vgl. Edenhofer 2014, 64).

5.1 Die Vorzüge des Marktes

Wirtschaft im Sinne eines gesellschaftlichen Funktionssystems ist die netzwerkartige Verknüpfung unzähliger Handlungen zahlloser Akteure. Dieses

---

19 Wie die Staaten mit großen Öl-, Gas- und Kohlevorkommen zu einer angebotsorientierten Klimapolitik zu bewegen sind, ist eine Frage, die hier nicht weiter verfolgt werden kann.

Netzwerk kennt keine gemeinsamen, in irgendeiner Hierarchie geordneten Ziele. Vielmehr entsteht aus den diversen Handlungen evolutionär eine soziale Ordnung, eben die Marktordnung. Die soziale Funktion der Wirtschaft besteht in der Erfüllung der Bedürfnisse der Menschen. Die über die Marktmechanismen organisierte Bedürfnisbefriedigung erfolgt anonym und systemisch. Die Marktwirtschaft ist „ein wohlstandschaffendes Spiel"[20], ihre Leistungen kommen langfristig der gesellschaftlichen Allgemeinheit zugute. Mit seiner durch den Preis vermittelten Dynamik von Angebot und Nachfrage steht der Markt für Fortschritt und Freiheit.

Eine wesentliche Ursache für die Leistungsfähigkeit der Marktwirtschaft liegt darin, dass sie ein besonders effektives Entdeckungsverfahren ist. Das freie Spiel der Marktkräfte ist in einmaliger Weise in der Lage, die vielfältigen und verstreuten Informationen zu bündeln und die unzähligen (Inter-)Aktionen der Wirtschaftsakteure zu koordinieren. Unter der Bedingung hoher gesellschaftlicher Komplexität ist dafür eine zentrale Planung weder erforderlich noch möglich. Allein Mechanismen der Selbstorganisation kommen mit diesem Sachverhalt zurecht. Aus der Fähigkeit der Marktwirtschaft, Informationen umfassend und rasch zu vermitteln, resultiert ihre hohe Innovationskraft. Freie Konkurrenz führt dazu, dass Unternehmen Innovationen forcieren und dass gute Neuerungen sich meist relativ rasch durchsetzen und dann allgemein verbreiten.

Der bedeutende sozialmoralische Nebeneffekt der Marktwirtschaft liegt in ihrer Freiheitlichkeit. Sie erbringt ihre Koordinationsleistung freiheitlich, mithin ohne dass eine zentrale, und das heißt eine sowohl besonders wissende als auch besonders mächtige Planungs- und Steuerungsinstanz erforderlich wäre.

Darüber hinaus trägt die Marktordnung durch ihre hohe Leistungsfähigkeit bei der Güterproduktion wie auch durch ihre freiheitliche Koordination zur Stabilität der Gesellschaft bei. Sie vermag die divergierenden und zum Teil auch konfligierenden Ziele der unterschiedlichen Akteure in größtmöglicher Weise miteinander zu vereinbaren und verbessert so die Chancen aller, ihre Ziele zu verwirklichen. Dies schafft grundsätzlich individuelle Zufriedenheit und gesellschaftlichen Frieden. Zwar wirkt auch die marktbasierte Wettbewerbsdynamik korrigierend und zeigt den einzelnen Akteuren, dass ihre Wünsche, Angebote oder Handlungen bisweilen nicht mit denen der anderen kompatibel sind, doch dies erfolgt systemisch und damit anonym, was leichter anzunehmen ist als eine direkte Zurückweisung durch eine Zentralinstanz.

---

20 Hayek 2003, 266, vgl. zum Folgenden ebd. 258–283, 371–403, Koslowski 1982, 243–252.

Im Ganzen spricht also vieles dafür, auch bei der Konzeption und Einführung von Klimaschutzmaßnahmen grundsätzlich an der Wettbewerbsordnung festzuhalten. Dies heißt freilich nicht, dass sie wettbewerbsneutral sein müssen. Vielmehr haben sie gerade die Aufgabe, die Konkurrenzstruktur zu ändern, damit ein insgesamt erwünschtes Ziel mit höherer Wahrscheinlichkeit erreicht wird.[21] Aber sie dürfen nicht interventionistisch erfolgen, d.h. konkrete Akteure absichtlich bevorzugen oder benachteiligen.[22]

5.2 Die Verantwortung von Unternehmen

Das Wirtschaftssystem auf einer liberalen Wettbewerbsordnung zu fundieren, ist gesamtgesellschaftlich vorteilhaft. Daher können Unternehmen aus guten Gründen darauf verweisen, dass ein von ihnen ebenfalls aus guten Gründen verlangter Beitrag zum Klimaschutz nicht gegen die Marktmechanismen erfolgen könne und dürfe. Damit wird der Klimaschutz nicht als Ziel abgelehnt, sondern es wird die Diskussion auf die instrumentelle, auf die Umsetzungsebene verlagert. Erwünschte Ziele, so lässt sich dieser Gedankengang zusammenfassen, werden irrelevant, wenn sie sich als unrealistisch, als unerreichbar erweisen. Eine solche Denkweise, die die angewandte Ethik maßgeblich auf die Implementierbarkeit ihrer Vorschläge verpflichtet, findet sich insbesondere bei Homann, der die gerade skizzierten sozialphilosophischen Überlegungen von Hayek wirtschaftsethisch weiterführt.[23]

Die Stoßrichtung von Homanns Ansatz ist eindeutig. Wirtschaftsethik ist als Ordnungsethik zu betreiben; sozialmoralische Ansprüche sind aus der rhetorischen Form des Appells in ordnungspolitische, mithin rechtliche Vorgaben zu übersetzen; der Ort der Moral ist die Rahmenordnung. Legt man die kantische Unterscheidung zwischen Moralität und Legalität zugrunde, kommt es auf Legalität an. Und dies ist konsequent, denn Organisationen haben nun einmal kein Gewissen, sind keine moralischen Personen, wenngleich ihr Tun eine moralische Tragweite entfaltet.[24]

---

21 Vgl. Ulrich 1997, 317.
22 Zur Unterscheidung zwischen ordnungspolitischen und interventionistischen Steuerungsarten vgl. Hayek (2003, 279–281).
23 Vgl. Homann/Blome-Drees 1992, 18.
24 Vgl. die Diskussionen bei Neuhäuser (2011, bes. 90–177), der zeigt, dass Unternehmen keine Personen und also auch keine moralischen Personen, aber dennoch als Träger von Verantwortung im moralischen Sinn anzusehen sind. French (1979) hingegen konzipiert Unternehmen ausdrücklich als Personen im vollen Sinn und damit auch als moralische Personen; in späteren Veröffentlichungen lässt er zwar diese Bezeichnung wieder fallen, nimmt aber inhaltlich nichts zurück. Vgl. auch als philosophischen Hintergrund Schmid/Schweikard (2009).

Ein ordnungspolitischer Ansatz hat den doppelten Vorteil, dass er wirkungsvoll ist, wenn denn die politisch-rechtlichen Vorgaben anspruchsvoll ausfallen, wenn Ausnahmen vermieden und Schlupflöcher geschlossen werden. Zudem schafft er Chancengleichheit, legt – wie es in dem in diesem Paradigma gerne genutzten Bild heißt – allgemein verbindliche Spielregeln fest. Eine solche Vorgehensweise vermeidet das Problem, dass am Ende der Moralische der Dumme ist.

Mit Blick auf die Ausgangsfrage, wie klimamoralische Anforderungen institutionell umzusetzen sind, ist die ordnungsethische Antwort eindeutig: ordnungspolitisch, d.h. rechtlich und nicht im Medium des Appells, sowie marktkonform statt interventionistisch. Diesbezüglich bieten sich verschiedene Konzepte an. Sinnvoll, was Effizienz und Transparenz angeht, sind einheitliche und umfassende Ansätze wie etwa ein globaler Handel mit Emissionszertifikaten, die ausreichend knapp sind und deren weitere Verringerung möglichst langfristig geplant wird, damit sich alle in ihren Investitionen darauf einstellen können. Organisatorisch umsetzen könnten diesen Cap-and-trade-Ansatz beispielsweise Klimabanken, die in gewisser Analogie zu den Zentralbanken die Kohlenstoffdeponie im Sinne eines Atmosphärenfonds („Earth Atmospheric Trust") treuhänderisch verwalten.[25]

Die offene Flanke des ordnungsethischen Ansatzes besteht in seiner Zweistufen-Architektur. Ökonomische Akteure haben sich verbindlich an die Regeln zu halten; die geeigneten Regeln sind vom Gesetzgeber, d.h. vom Staat oder entsprechenden suprastaatlichen Instanzen, zu erlassen. Was diese dazu motiviert oder wie dies genau geschehen soll, ist kein Thema der Wirtschaftsethik mehr, sondern gehört in die politische Ethik. Diese Auffassung hat sicherlich eine gewisse Berechtigung. Aber sie hinterlässt den unbefriedigenden Eindruck, dass hier lediglich der schwarze Peter weitergeschoben wird.

Darüber hinaus sind die Einwände zu bedenken, die innerhalb der Wirtschaftsethik gegen den ordnungsethischen Ansatz erhoben werden, etwa auf diskursethischer Basis von Ulrich (1997). In der Homannschen Sichtweise wird zum einen das formale Gewinnziel jeglicher ethischer Kritik entzogen, und zum anderen wird die staatsbürgerliche Rolle von Unternehmen bzw. Unternehmern übergangen. Die Freiheit des Unternehmens, seinen Zweck frei zu wählen, wird durch die moralischen Rechte aller von der unternehmerischen Tätigkeit Betroffenen begrenzt, so Ulrichs (ebd. 427–437, 289–332) unternehmensethische Grundidee.

Die von ordnungsethischen Ansätzen ins Zentrum gerückte Problembeschreibung, wonach individuell vorgenommene Klimaschutzleistungen das

---

25 Vgl. Barnes u.a. 2008, Haas/Barnes 2009.

einzelne Unternehmen im Wettbewerb benachteiligen und zugleich die aus Gründen der Chancengleichheit erforderlichen EU-weiten oder besser globalen Vereinbarungen mit schöner Regelmäßigkeit scheitern, ist aus Ulrichs Sicht zu einfach. Anstatt an diesem Punkt die wirtschaftsethische Reflexion abzubrechen, ist Ulrich (ebd. 430) zufolge vielmehr der Blick zu weiten: Auf der ersten Stufe der Verantwortung, dem Feld der „Geschäftsethik", stellt sich Unternehmen eine „unternehmerische Wertschöpfungsaufgabe". Sie müssen einen „lebensdienliche[n] Unternehmenszweck auf einer tragfähigen normativen ‚Geschäftsgrundlage'" entwickeln und verfolgen. Die zweite Stufe der Verantwortung entspringt einer „republikanischen Unternehmensethik". Unternehmen kommt eine „branchen- und ordnungspolitische Mitverantwortung" zu, die insbesondere eine „kritische Hinterfragung gegebener Wettbewerbsbedingungen" beinhaltet (ebd.).[26] Damit reflektiert Ulrich zum einen den faktisch vielfach praktizierten Lobbyismus von Unternehmen und Branchenverbänden, der die Annahme einer sauberen Trennung zwischen Wirtschaft und Politik, wie sie sich in Homanns und in anderen Ansätzen findet, aus faktischen Gründen in Frage stellt. Zum anderen und darüber hinausgehend behauptet Ulrich eine moralische Verantwortung der Unternehmen für eine gute wirtschaftliche Ordnung, etwa durch Branchenvereinbarungen.[27] Damit wird betont, dass Rahmenregelungen, die gesetzlicher Art sein oder auf Selbstverpflichtungen beruhen können, nicht vom Himmel fallen, dass die Erarbeitung derartiger struktureller Lösungen ebenfalls eine moralische Pflicht ist.

Offen bleibt, was geschieht, wenn es zu vielen Unternehmen an einer „moralischen Gesinnung" mangelt, sodass sie ihrer republikanischen Verantwortung nicht nachkommen. Ob dies allerdings der Fall ist, muss empirisch geklärt werden. Es genügt nicht, wie es in manchen ordnungsethischen Überlegungen vorkommt, vom schlechtesten Fall auszugehen.

Fassen wir die bisherigen Überlegungen nochmals zusammen. Eine moralisch begründete Veränderung in der Kostenstruktur lässt sich nicht über Appelle durchsetzen, sondern erforderlich sind allgemeine Regeln. Auf diese können sich die Regierungen bislang nicht (ausreichend) einigen. Unternehmen unterliegen allerdings nicht allein der moralischen wie rechtlichen Pflicht, Regeln einzuhalten, sondern sie haben die darüber hinausgehende, allerdings meist übersehene Aufgabe, an der Erstellung einer Rahmenord-

---

26 Auch Homann/Blome-Drees (1992, 159–163) verweisen knapp auf die politische Mitverantwortung von Unternehmen. Zum Wandel des gesellschaftlichen Blicks auf Unternehmen und ihre Rolle vgl. Aßländer (2011, 59f.).

27 Ulrich (1997, 434) vermischt dabei allerdings die beiden unterschiedlichen Aspekte der Begründung und der Motivation. Ebenso vermengt er im Zusammenhang damit im Konzept der republikanischen Mitverantwortung ein genuin sozialmoralisches Anliegen mit Klugheitserwägungen.

nung, die die Belange Dritter berücksichtigt, mitzuwirken. Die akteurstheore-
tisch-methodologische Voraussetzung dafür ist, Unternehmen als Verant-
wortungsträger zu denken. Sie sind keine moralischen Subjekte oder Personen. Dafür ließen sich verschiedene Argumente anführen, die in den Bereich
der Metaphysik gehören und hier nicht weiter verhandelt werden können.
Sie sind auch keine (Staats-)Bürger, wie der englische Ausdruck *corporate
citizenship* es nahelegt. Aber sie sind in der Lage, Verantwortung wahrzunehmen, was bereits das Konzept der juristischen Person und die damit verbundene Praxis deutlich machen. Ulrich (ebd. 434–437) allerdings geht im
Rahmen seines Entwurfs einer republikanischen Unternehmensethik vor-
sichtiger vor und thematisiert das Handeln von Unternehmern und Führungskräften. Damit jedoch wird das Handeln von Organisationen auf die
Einstellungen von Personen zurückgeführt, was soziologisch betrachtet zu
einfach ist.

Ähnlich wie bei den Staaten sind auch bei Unternehmen Alleingänge
möglich. Unternehmen müssen nicht notwendigerweise abwarten, bis staatliche oder brancheninterne Regelwerke greifen. Sie können auch unabhängig von der politischen Ebene tätig werden. Klimaschutz kann für sie lohnend sein: als Geschäftsfeld, zur Imagepflege sowie als Nebeneffekt von
Energie- und damit Kostensparmaßnahmen. Freilich gilt der erste Aspekt
nicht für jedes Unternehmen in gleicher Weise. Unternehmen, die klimatech-
nische Vorreiter sind, gehen zwar das Risiko ein, dass sich ihre Investitionen
in Forschung und Entwicklung nicht lohnen. Doch dies ist ein normales Ge-
schäftsrisiko. Dafür locken Pioniergewinne. Dem Marketing kommt daher wie
bei allen Neuerungen eine große Bedeutung zu. Es ist also auch aus ökonomischer Sicht nicht unplausibel, dass Unternehmen Vorreiter werden können. Diese können die Wettbewerbsstruktur von innen heraus verändern
und damit der wirtschaftlich-technischen Entwicklung eine neue Richtung
geben.

Global betrachtet sind frühzeitige und intensive Forschungen und anschließende Massenproduktion unbedingt notwendig, weil dadurch bessere
Techniken günstiger und dann auch in den Entwicklungs- und Schwellenlän-
dern finanzierbar werden. Deren Beteiligung am Klimaschutz wiederum ist
unabdingbar, um das angestrebte Zwei-Grad-Ziel zu erreichen. Insofern ist
die staatliche Förderung von erneuerbaren Energien hierzulande grundsätzlich sinnvoll, auch wenn die vielfältige und zum Teil wohl auch unkoordinierte
Förderung einzelner Techniken mit Blick auf ihren direkten Nutzen für den
Klimaschutz bisweilen ineffizient oder gar kontraproduktiv ausfällt.[28] Ein weiteres Beispiel für ein gemeinsames Voranschreiten von Forschung, Unternehmen und Gesetzgebung im nationalen oder regionalen Alleingang ist die

---

28 Vgl. Sinn 2008, 159–164, 173–185, Edenhofer/Kalkuhl 2009, 142f.

großmaßstäbliche Abscheidung von Kohlenstoff an Punktquellen wie insbesondere Kohlekraftwerken, das sog. *carbon capture and storage*. Diese bislang noch kaum eingeführte Praxis mag mit zahlreichen Problemen verbunden sein. Gleichwohl wird sich das Ziel eines stabilen Klimas vermutlich
kaum erreichen lassen, wenn nicht Länder, die wie China, Indien, USA oder
Australien stark auf Kohle setzen, CCS einführen. Zudem könnten durch die
Kombination von Energieerzeugung durch Biomasse und CCS (kurz BECS)
„negative" Emissionen entstehen, die einigen Einschätzungen zufolge ebenfalls unverzichtbar sind.[29]

6. Konsumentenverantwortung

6.1 Nachhaltiger Konsum

Staatliche Gesetze wären überflüssig, unternehmerische Dilemmata entfie-
len, würden die Menschen ökologisch konsumieren. Mit dem Handeln von
Einzelpersonen ist die dritte Ebene angesprochen, auf der Klimaschutzmaßnahmen institutionalisiert werden können.

Für diesen Ansatzpunkt lassen sich zwei voneinander unabhängige Argumente anführen. Unternehmen erzeugen und verkaufen nur das, was der
König Kunde möchte. Würden die Konsumenten, die „schlafende[n] Rie-
se[n]"[30], an der Ladentheke oder im Internetshop nur verlangen, was mit
dem Ziel eines stabilen Klimas vereinbar wäre, würde die unsichtbare Hand
des Marktes dafür sorgen, dass die Unternehmen sich auf einen grünen
Pfad begäben, und die Wegwerfgesellschaft würde einen Weg in eine nachhaltige Zukunft einschlagen. Mit dieser Überlegung wird die neoklassische
Annahme, dass Konsum moralisch neutral sei, zurückgewiesen.[31] Ein zweiter Grund für die Fokussierung auf diese Implementierungsebene ist, dass
der Einzelne im emphatischen Sinn als Subjekt ernst genommen wird.

Beide Argumente sind indes etwas zu einfach gestrickt. Das Individuum
als Subjekt zu sehen, ist das eine; es zu überfordern, das andere. Der normative oder legitimatorische Individualismus verlangt lediglich, dass sich
Handlungen und somit auch politische Entscheidungen von der Autonomie
des Einzelnen her rechtfertigen lassen müssen. Die darüber hinausgehende
Annahme, dass der Einzelne stets der maßgebliche Akteur sein müsse, ist
nicht nur nicht ethisch zwingend, eine solche Deutung verkennt insbesondere die Spezifika der modernen Gesellschaft.

---

29 Vgl. Ostheimer 2010, Edenhofer/Kalkuhl 2009, 141, Knopf/Luderer/Edenhofer
2011, 622f.
30 Beck 2002, 131, vgl. Busse 2006, Pötter 2006, Scherhorn/Weber 2002.
31 Vgl. Hansen/Schrader 2009, 465.

Was das erste Argument betrifft, sind zwei Einwände geltend zu machen. Unternehmen sind für ihre Geschäftspraxis eigenständig verantwortlich. Das Bestehen einer Nachfrage genügt nicht, um ein entgegenkommendes Angebot zu rechtfertigen. Darüber hinaus darf nicht übersehen werden, dass die Wünsche der Kunden von den Unternehmen mit hervorgebracht und bestärkt werden, insbesondere durch die verschiedenen Formen von Werbung, aber ebenso durch das schlichte Bereitstellen von Produkten, die bestimmte Verhaltensweisen oder Lebensstile hervorrufen oder stabilisieren.[32]

Auch wenn die Gestaltungsmöglichkeiten wie der Verantwortungshorizont des Einzelnen beschränkt sind, ist diese Ebene der Institutionalisierung moralischer Anliegen dennoch nicht unerheblich, insbesondere weil ein Großteil nichtnachhaltiger Verhaltensweisen auf Nachlässigkeit beruht und ohne große Einschränkungen in der Lebensqualität verändert werden kann.[33] Bei der Umsetzung sind zwei Ebenen auseinanderzuhalten. Ein Ansatzpunkt ist die Selbstverpflichtung des Einzelnen zu einem ökofairen Einkaufsverhalten. Das Bemühen, mit den eigenen Konsumentscheidungen und Verhaltensweisen das Klima möglichst wenig zu belasten, kann als Teil eines nachhaltigen Lebensstils aufgefasst werden, der vielfältige Ausgestaltungen erlaubt. Bei dieser Art der Verbindlichkeit können moralische Belange durchaus von dritter Seite werbend eingebracht werden, und es ist in dieser Hinsicht sicherlich von Kindesbeinen an eine verstärkte Umwelterziehung erforderlich.

Daneben können die berechtigten moralischen Anforderungen an den Konsum durch rechtliche Regeln implementiert werden, d.h. durch Maßnahmen, die Teil der öffentlichen Ordnung sind und als solche öffentlich diskutiert und kritisiert werden dürfen und die zu unterstützen, sofern sie sinnvoll sind, Pflicht der Staatsbürger ist.[34] Die Verbindlichkeit dieser Vorgehensweise ist deutlich höher. Sie beschränkt die individuelle Freiheit in einer Weise, die sich als legitim ausweisen muss.

Im Übergangsbereich zwischen diesen beiden Institutionalisierungsformen ist der so genannte soziale Druck anzusiedeln, der sich noch diesseits der Rechts befindet, aber die individuelle Entscheidungsfreiheit zu Gunsten des Gemeinwohls durchaus einzuschränken bereit ist. Eine Anregung, der jüngst für eine gewisse öffentliche Aufregung gesorgt hat, ist der Vorschlag eines Veggie-Tags. Die ethisch zentrale Frage ist nun, wie stark und insbesondere auf welche Weise in individuelle Konsumentscheidungen eingegriffen werden darf.

---

32 Vgl. die eindeutige Kritik von Marcuse (1970).

33 Vgl. Dietz u.a. 2009, Pötter 2006, 13, Renn 2002, 37.

34 Vgl. Spaemann 2007, 50. Die bereits angesprochenen Selbstverpflichtungen von Unternehmen und Branchen wirken ähnlich, sind in dem Schema von öffentlich und privat hingegen der Seite der privaten Entscheidungen zuzurechnen.

6.2 Konsumentenverantwortung und der libertäre Paternalismus

Die verschiedenartigen Ansätze jenseits der freiwilligen Selbstverpflichtung, die die Freiheit des Einzelnen um dessen ihm selbst vielleicht gar nicht bewussten Wohlergehens oder um des Gemeinwohls willen beschneiden, lassen sich unter dem Begriff des Paternalismus zusammenfassen. Systematisch-ethisch zu diskutieren ist, ob und in welcher Weise die Verbraucher sittlich oder rechtlich zu einem verantwortlichen Konsum genötigt werden dürfen.

Werden die entscheidenden Schritte hin zu mehr Klimaschutz vorrangig vom verantwortungsbewussten Konsumenten erwartet, bedeutet dies, Menschen in einer bestimmten Rolle anzusprechen. Zentral für die Konsumentenrolle ist die Eigennutzorientierung. Dies bedeutet nun gewiss nicht, dass jegliches Interesse von moralischen Anforderungen freizuhalten sei und dass sämtliche Nebenfolgen ignoriert werden dürften. Der springende Punkt ist, dass der eigeninteressierte Konsum und das Eintreten für allgemeine Belange wie den Klimaschutz zwei unterschiedlichen Sphären zuzurechnen sind: dem Privaten und dem Öffentlichen. Diese Trennung ist konstitutiv für das liberale Selbstverständnis der modernen Gesellschaft. Beide Sphären unterscheiden sich in ihren Anforderungen, Handlungen und Einstellungen offenzulegen und zu rechtfertigen.[35]

Allerdings ist mit Blick auf diese Grenzziehung auch ein Wandel im gesellschaftlichen Selbstverständnis in den letzten Jahren zu bedenken, in dem eine neue Öffentlichkeit entsteht und eine neue Gemeinwohlverantwortung zum Ausdruck kommt. Konzepte wie Zivilgesellschaft, Subpolitik (Beck) oder Modus 2-Gesellschaft (Nowotny u.a. 2004) stehen exemplarisch für sozialwissenschaftliche Versuche, diesen Trend auf einen Begriff zu bringen. Zu diesen an der Leitidee der aktiven Bürgergesellschaft ausgerichteten Formen der Gesellschaftsgestaltung würde tatsächlich eine „Regulierung durch Anstoßen" passen, mithin eine Form der Steuerung, die zunächst diesseits gesetzlicher Vorgaben vielfältige Maßnahmen unterschiedlicher Akteure kombiniert, die ein nachhaltiges Verhalten der Massen erleichtern. Dazu knüpfen „Regulierungsarrangements […] an das privatautonome Nutzenkalkül der privaten Akteure an […], soweit sie nicht nur individuell, sondern gesamtgesellschaftlich akzeptable Ergebnisse ermöglichen" (Smeddinck 2011, 386f.).

Die Grenzziehung zu einem Paternalismus, und sei er noch so libertär, wird damit schwieriger, aber sie bleibt geboten. Der libertäre Paternalismus

---

35 Vgl. Petersen/Schiller 2011, 160, Grunwald 2012, 81–86, 89–108 sowie die Diskussionen von Grunwald 2012, Heidbrink/Reidel 2011, Petersen/Schiller 2011 u.a. in Gaia 19 & 20, ferner Dauvergne 2008, Heidbrink/Schmidt/Ahaus 2011.

mitsamt den verschiedenen Formen sanfter Verhaltensanleitung ist eine Idee, die gegenwärtig besonders von Thaler und Sunstein in die Diskussion eingebracht wird.[36] Sie wollen zeigen, dass paternalistische Vorgaben zugunsten des Gemeinwohls oder im Interesse von Personen, die wie etwa Konsumenten oder Arbeitnehmer in einem gewissen Abhängigkeitsverhältnis zum Entscheider stehen, mit einer liberalen Grundauffassung, wie sie sie bei den meisten Ökonomen vorzufinden meinen, vereinbar ist. Anstatt die Legitimität paternalistischer Modelle allgemein zu diskutieren, ist es für die vorliegende Fragestellung fruchtbarer, nicht auf die Schlussfolgerungen, sondern auf Erkenntnisse von Thaler und Sunstein einzugehen. Ihr Ausgangspunkt ist die Abkehr vom akteurstheoretischen Modell des *homo oeconomicus*. Dessen wesentliche Eigenschaften halten sie für unrealistisch. An die Stelle von hoher Informationsverarbeitungskompetenz, Eigenmotivation, Entscheidungsfreude und Willensstärke setzen sie den phlegmatischen Menschen. Auf dieser Basis stellen sie fest, dass die Art und Weise, wie eine Entscheidungssituation gestaltet ist, wie beispielsweise die Waren in einem Laden angeordnet sind, das Entscheidungsverhalten maßgeblich beeinflusst.[37] So wie man im zwischenmenschlichen Miteinander nicht nicht kommunizieren kann,[38] so kann man in Handlungen, die auf andere bezogen sind, diese nicht nicht beeinflussen, selbst wenn man auf alle Manipulationen, und seien sie noch so subtil, verzichtet.

Daraus ergibt sich nun die Verantwortung für die Gesetzgeber wie für die Unternehmen, Entscheidungssituationen nachhaltig zu gestalten. Dies mit Paternalismus gleichzusetzen, ist indes irreführend. Vielmehr legen Thaler und Sunstein zunächst eine handlungstheoretische Analyse vor, wonach Entscheidungssituationen niemals in einem absoluten Sinn neutral sein können. Dies ist plausibel, denn dann läge überhaupt keine Situation vor. Zum Begriff der Situation gehört zwangsläufig eine Bestimmtheit. Die Vorschläge der beiden Autoren lassen sich nun so rekonstruieren und ethisch geklärt zu der Forderung zusammenfassen, dass diejenigen Akteure, die Situationen gestalten, verantwortlich handeln und sinnvolle Entscheidungsalternativen vorlegen sollen. Damit greifen diese aber nicht in die Freiheit Dritter ein und üben Zwang aus, sondern es liegt der handlungstheoretisch betrachtet normale Umstand vor, dass Handlungen des einen Handlungen anderer beeinflussen. Beeinflussen darf nun nicht mit Intervenieren gleichgesetzt werden,

---

36 Vgl. Thaler/Sunstein 2003, 2009, vgl. auch die Kommentare von (zustimmend) Smeddinck 2011, Heidbrink/Reidel 2011 sowie (kritisch) Petersen/Schiller 2011, Grunwald 2012.

37 Vgl. auch die zwei Beispiele bei Pötter 2006, 118.

38 Vgl. Watzlawick u.a. 1974, 50–53.

wenn ein politisch-philosophisch gehaltvoller Freiheitsbegriff bewahrt werden soll.

Um diesen Gedankengang abschließend zusammenzufassen: Unternehmen gestalten die Situation der Kaufentscheidung und sind folglich für diese „Rahmenhandlung" verantwortlich. Aus einer wirtschafts- und unternehmensethischen Sicht, wie sie Ulrich in seinem republikanischen Ansatz vorlegt, müssen Anbieter auch Gewinneinbußen in Kauf nehmen, wenn die Transaktionen moralische Rechte Dritter verletzen. Das ordnungsethische Denkmodell, wie es etwa Homann lehrt, betont daher die wichtige Rolle des Gesetzgebers, der mit einer Veränderung der allgemeinen Regeln einer solchen Entscheidung den Charakter der Selbstschädigung gegenüber den Wettbewerbern nimmt, wodurch das gewünschte Ergebnis deutlich wahrscheinlicher wird. Unabhängig davon, was Staat und Unternehmen tun, ist der Kunde moralisch für seine Konsumentscheidungen innerhalb des ihm vorgegebenen Rahmens verantwortlich und unter bestimmten Umständen auch zum Konsumverzicht verpflichtet. Aber, um auf die Metaebene der Begriffsanalyse überzugehen, all dies spielt sich noch diesseits eines Paternalismus ab.

Die Überlegungen zur Konsumentenverantwortung haben gezeigt, dass private Verbraucher durchaus einen Beitrag zu einer nachhaltigeren Gestaltung der Welt im Allgemeinen und zu Klimaschutz im Besonderen leisten können und sollen. Die Sachlage ist hier allerdings eine etwas andere als bei den zunächst behandelten Akteuren im Klimaschutz-Trilemma, den Unternehmen und Staaten. Die zentrale ethische Frage bezieht sich nicht auf eine scheinbare Dilemmasituation, sondern darauf, in welcher Weise und in welcher Rolle Einzelpersonen anzusprechen sind. Eine moralisierende Bevormundung der Konsumenten widerspricht dem liberalen Grundzug der modernen Gesellschaft. Dies ändert freilich nichts an der Möglichkeit des Einzelnen, seinem Einkauf eine politische Note zu geben. So sind beispielsweise „nachhaltige Konsumgenossenschaften" denkbar, die ihre Nachfragemacht bündeln, etwa auch im investiven Bereich, oder ebenso Formen des gemeinschaftlichen Prosums wie Energiegenossenschaften oder Tauschringe. Ein solches Handeln kann gleichermaßen unternehmerische wie politische Entscheidungen beeinflussen. Aber die Verbraucher dürfen nicht isoliert betrachtet werden. Der Gedankengang führt daher weiter und damit wieder zurück: zur Politik, d.h. zu den Regierungen und Parlamenten, die die nötigen Rahmenbedingungen gestalten müssen, sowie zu den Unternehmen, die die Regeln aktiv einhalten, die ferner und darüber hinausgehend innovative „grüne" Produkte und Prozesse (bei Herstellung und Wiederverwertung[39] sowie ebenso beim Marketing) entwickeln und die

---

39 Vgl. dazu Braungart/McDonough (2013).

nicht zuletzt eigenverantwortlich an einer guten Rahmenordnung mitarbeiten müssen.

* * *

Die Fokussierung auf das Praktisch- und Wirksam-Werden der Ethik und auf die Institutionalisierung moralischer Anliegen zwingt dazu, Konflikte konkret zu betrachten. In der Konkretisierung werden oftmals ungeahnte Lösungsmöglichkeiten sichtbar, weil das Konkrete dicht, mithin vielfältig ist, somit zur Multiperspektivität einlädt. Multiperspektivität wiederum verflüssigt scheinbare Grenzen, verschiebt kognitive Rahmen und findet Lösungen zweiter Ordnung. Dass diese moralisch legitim sind, darauf zu achten, ist die Aufgabe des Ethischen in der interdisziplinären Zusammenarbeit angewandter Ethik.

Literatur

Ach, J. – Runtenberg, C. (2002): Bioethik: Disziplin und Diskurs. Zur Selbstaufklärung angewandter Ethik. Frankfurt a.M. – New York 2002.

Aßländer, M. (2011): Unternehmerische Verantwortung und die Rolle des Konsumenten. S. 57–74 in Heidbrink, L. – Schmidt, I. – Ahaus, B. (Hrsg): Die Verantwortung des Konsumenten. Über das Verhältnis von Markt, Moral und Konsum, Frankfurt a.M. – New York 2011.

Aßländer, M. – Erler, M. (2014): Ärztliches Handeln zwischen Standesethos und Managementphilosophie. S. 345–365 in Maring, M. (Hrsg.): Bereichsethiken im interdisziplinären Dialog. Karlsruhe 2014.

Barnes, P. u.a. (2008): Creating an earth atmospheric trust. S. 724 in Science 319 (2008).

Beck, U. (1997): Was ist Globalisierung? Irrtümer des Globalismus – Antworten auf die Globalisierung. Frankfurt a.M. 1997.

Beck, U. (2002): Macht und Gegenmacht im globalen Zeitalter. Neue weltpolitische Ökonomie. Frankfurt a.M. 2002.

Braungart, M. – McDonough, W. (2013): Cradle to Cradle. Einfach intelligent produzieren. München 2013.

Busse, T. (2006): Die Einkaufsrevolution. Konsumenten entdecken ihre Macht, München 2006.

Dauvergne, P. (2008): The shadows of consumption. Consequences for the global environment. Cambridge, MA – London 2008.

Dietz, T. u.a. (2009): Household actions can provide a behavioral wedge to rapidly reduce US carbon emissions. S. 18452–18456 in Proceedings of the National Academy of Sciences of the United States of America 106 (2009).

Edenhofer, O. (2014): Globale Klima- und Energiepolitik nach Durban. S. 61–74 in Schneckener, U. u.a. (Hrsg.): Wettstreit um Ressourcen. Konflikte um Klima, Wasser und Boden. München 2014.

Edenhofer, O. – Flachsland, C. – Brunner, S. (2011): Wer besitzt die Atmosphäre? Zur Politischen Ökonomie des Klimawandels. S. 201–221 in Leviathan 39 (2011).

Edenhofer, O. – Kalkuhl, M. (2009): Das grüne Paradoxon – Menetekel oder Prognose. S. 115–151 in Weinmann, J. (Hrsg.): Diskurs Klimapolitik. Jahrbuch Ökologische Ökonomik. Bd. 6. Marburg: 2009.

French, P. (1979): The corporation as a moral person. S. 207–215 in American Philosophical Quarterly 16 (1979).

Geels, F. – Schot, J. (2007): Typology of sociotechnical transition pathways. S. 399–417 in Research Policy 36 (2007).

Grimm, H. (2010): Das moralphilosophische Experiment. John Deweys Methode empirischer Untersuchungen als Modell der problem- und anwendungsorientierten Tierethik. Tübingen 2010.

Grunwald, A. (2012): Ende einer Illusion. Warum ökologisch korrekter Konsum die Umwelt nicht retten kann. München 2012.

Haas, J. – Barnes, P. (2009): Die Atmosphäre als Gemeingut – Zukunft des Europäischen Emissionshandels. S. 229–236 in Helfrich, S. – Heinrich-Böll-Stiftung (Hrsg.): Wem gehört die Welt? Zur Wiederentdeckung der Gemeingüter. München 2009.

Hansen, U. – Schrader, U. (2009): Zukunftsfähiger Konsum als Ziel der Wirtschaftstätigkeit. S. 463–486 in Korff, W. u.a. (Hrsg.): Handbuch der Wirtschaftsethik. Bd. 3: Ethik wirtschaftlichen Handelns. Berlin 2009.

Hartmann, K. (2009): Ende der Märchenstunde. Wie die Industrie die Lohas und Lifestyle-Ökos vereinnahmt. München 2009.

Hayek, F.A. von (2003): Recht, Gesetz und Freiheit. Eine Neufassung der liberalen Grundsätze der Gerechtigkeit und der politischen Ökonomie. Gesammelte Schriften in deutscher Sprache B 4. Tübingen 2003.

Heidbrink, L. – Reidel, J. (2011): Nachhaltiger Konsum durch politische Selbstbindung. S. 152–156 in Gaia 20 (2011).

Heidbrink, L. –Schmidt, I. – Ahaus, B. (Hrsg.) (2011): Die Verantwortung des Konsumenten. Über das Verhältnis von Markt, Moral und Konsum. Frankfurt a.M. – New York 2011.

Hilpert, K. (2006): Institutionalisierung bioethischer Reflexion als Schnittstelle von wissenschaftlichem und öffentlichem Diskurs. S. 356–379 in Hilpert, K.– Mieth, D. (Hrsg.): Kriterien biomedizinischer Ethik. Theologische Beiträge zum gesellschaftlichen Diskurs. Freiburg 2006.

Homann, K. – Blome-Drees, F. (1992): Wirtschafts- und Unternehmensethik, Göttingen 1992.

Huber, T. – Aichner, W. (2012): passage2011. München 2012.

Kaminsky, C. (2005): Moral für die Politik. Eine konzeptionelle Grundlegung der Angewandten Ethik. Paderborn 2005.

Kant, I. (1795/1977): Zum ewigen Frieden. Ein philosophischer Entwurf. S. 191–251 in Werkausgabe. Bd. 11. Hrsg. v. W. Weischedel. Frankfurt a.M. 1977.

Kindermann, G. u.a. (2008): Global Cost Estimates of Reducing Carbon Emissions through Avoided Deforestation. S. 10302–10307 in Proceedings of the National Academy of Sciences of the United States of America 105 (2008).

Kloepfer, M. (2008): Umweltschutzrecht. München 2008.

Knopf, B. – Luderer, G. – Edenhofer, O. (2011): Exploring the feasibility of low stabilization targets. S. 617–626 in Wiley Interdisciplinary Reviews of Climate Change 2 (2011). URL: http://onlinelibrary.wiley.com/doi/10.1002/wcc.124/pdf (Zugriff: 22.05.2014).

Koslowski, P. (1982): Gesellschaft und Staat. Ein unvermeidlicher Dualismus. Stuttgart 1982.

Leist, A. (1998): Angewandte Ethik zwischen theoretischem Anspruch und sozialer Funktion. S. 753–779 in Deutsche Zeitschrift für Philosophie 46 (1998).

Lerf, A. (2013): Umweltethik – Die Ignoranz der Naturwissenschaftler/Techniker. S. 379–394 in Vogt, M. – Ostheimer, J. – Uekötter, F. (Hrsg.): Wo steht die Umweltethik? Argumentationsmuster im Wandel. Marburg 2013.

Marcuse, H. (1970): Der eindimensionale Mensch. Studien zur Ideologie der fortgeschrittenen Industriegesellschaft. Neuwied – Berlin 1970.

Neuhäuser, C. (2011): Unternehmen als moralische Akteure. Berlin 2011.

Nowotny, H. – Scott, P. – Gibbons, M. (2004): Wissenschaft neu denken. Wissen und Öffentlichkeit in einem Zeitalter der Ungewissheit. Weilerswist 2004.

Odendahl, K. (1998): Die Umweltpflichtigkeit der Souveränität. Reichweite und Schranken territorialer Souveränitätsrechte über die Umwelt und die Notwendigkeit eines veränderten Verständnisses staatlicher Souveränität. Berlin 1998.

Ostheimer, J. (2010): Kohlekraftwerke ohne Treibhausgase? Zur Abscheidung und Lagerung von Kohlendioxid. S. 12–20 in Amos International 4 (2010).

Ostheimer, J. (2014): Die Formatierung angewandt-ethischer Argumentationsmuster – am Beispiel des Atomenergie-Diskurses. S. 49–87 in Ostheimer, J. – Vogt, M. (Hrsg.): Die Moral der Energiewende. Risikowahrnehmung im Wandel – am Beispiel der Atomenergie. Stuttgart 2014.

Ostheimer, J. – Vogt, M. (Hrsg.) (2014): Die Moral der Energiewende. Risikowahrnehmung im Wandel – am Beispiel der Atomenergie. Stuttgart 2014.

Ostrom, E. (1999): Die Verfassung der Allmende. Jenseits von Staat und Markt, Tübingen 1999.

Ostrom, E. (2007): A diagnostic approach for going beyond panaceas. S. 15181–15187 in Proceedings of the National Academy of Sciences of the United States of America 104 (2007).

Ostrom, E. (2011): Handeln statt Warten: Ein mehrstufiger Ansatz zur Bewältigung des Klimaproblems. S. 267–278 in Leviathan 39 (2011).

Ott, K. (2011): Argumente für und wider „Climate Engineering". S. 198–210 in Maring, M. (Hrsg.): Fallstudien zur Ethik in Wissenschaft, Wirtschaft, Technik und Gesellschaft. Karlsruhe 2011.

Petersen, T. – Schiller, J. (2011): Politische Verantwortung für Nachhaltigkeit und Konsumentensouveränität. S. 157–161 in Gaia 20 (2011).

Pogge, T. (2011): Weltarmut und Menschenrechte. Kosmopolitische Verantwortung und Reformen. Berlin – New York 2011.

Pötter, B. (2006): König Kunde ruiniert sein Land. Wie der Verbraucherschutz am Verbraucher scheitert. Und was dagegen zu tun ist. München 2006.

Rawls, J. (1975): Eine Theorie der Gerechtigkeit. Frankfurt a.M. 1975.

Renn, O. (2002): Nachhaltiger Konsum: Was kann der einzelne tun? S. 33–39 in Scherhorn, G. – Weber, C. (Hrsg.): Nachhaltiger Konsum. Auf dem Weg zur gesellschaftlichen Verankerung. München 2002, .

Scherhorn, G. – Weber, C. (Hrsg.) (2002): Nachhaltiger Konsum. Auf dem Weg zur gesellschaftlichen Verankerung. München 2002.

Schmid, H. – Schweikard, D. (Hrsg.) (2009): Kollektive Intentionalität. Eine Debatte über die Grundlagen des Sozialen. Frankfurt a.M. 2009.

Siep, L. (2004): Konkrete Ethik. Grundlagen der Natur- und Kulturethik. Frankfurt a.M. 2004.

Sinn, H.-W. (2008): Das grüne Paradoxon. Plädoyer für eine illusionsfreie Klimapolitik. Berlin 2008.

Smeddinck, U. (2011): Regulieren durch „Anstoßen". Nachhaltiger Konsum durch gemeinwohlverträgliche Gestaltung von Entscheidungssituationen? S. 375–395 in Die Verwaltung 44 (2011).

Spaemann, R. (2007): Grenzen der Verantwortung. S. 37–53 in Heidbrink, L. – Hirsch, A. (Hrsg.): Staat ohne Verantwortung? Zum Wandel der Aufgaben von Staat und Politik. Frankfurt a.M. – New York 2007.

Stern, N. (Hrsg.) (2007): The economics of climate change. Cambridge: 2007.

Stiglitz, J. (2008): Die Chancen der Globalisierung. München. 2008.

Thaler, R. – Sunstein, C. (2003): Libertarian Paternalism. S. 175–179 in The American Economic Review 93 (2003).

Thaler, R. – Sunstein, C. (2009): Nudge. Wie man kluge Entscheidungen anstößt. Berlin 2009.

Ulrich, P. (1997): Integrative Wirtschaftsethik. Grundlagen einer lebensdienlichen Ökonomie. Bern u.a. 1997.

Van Parijs, P. (1995): Real freedom for all. What (if anything) can justify capitalism? Oxford 1995.

Varga von Kibéd, M, – Sparrer, I. (2009): Ganz im Gegenteil. Tetralemmaarbeit und andere Grundformen Systemischer Strukturaufstellungen – für Querdenker, und solche die es werden wollen. Heidelberg [6]2009.

Watzlawick, P. u.a. (1974): Menschliche Kommunikation. Formen, Störungen, Paradoxien. Bern u.a. [4]1974.

Weber, K. (2014): Wider die Medienethik als Professionsethik: Der Versuch einer Verankerung in der politischen Philosophie. S. 383–402 in Maring, M. (Hrsg.): Bereichsethiken im interdisziplinären Dialog. Karlsruhe 2014.

Wieland, J. (1996): Ökonomische Organisation, Allokation und Status. Tübingen. 1996.

Fünfzehn Jahre Ethik zur Nanotechnologie – was wurde bewirkt?

Armin Grunwald

1. Fragestellung und Überblick

Nanotechnologie ist seit den 1990er Jahren durch das Zusammenwirken einer Reihe avancierter Wissenschafts- und Technikrichtungen aus Physik, Chemie, Biologie und Ingenieurwissenschaften entstanden. Ihre Gemeinsamkeit besteht darin, wissenschaftliche Analyse und technische Manipulation in der Nanometer-Dimension zu erlauben, welche bis dahin dem technischen Zugriff verschlossen war. Das gezielte Anordnen von Materie in der Nanometerdimension, im Extremfall auf der Ebene von Atomen und Molekülen, und, damit verbunden, die Erzeugung und Nutzung von neuartigen Materialeigenschaften eröffnen weit reichende Anwendungsmöglichkeiten. Besonders in der Oberflächenbehandlung, in neuen Materialien und Werkstoffen, in der Elektronik und in den Lebenswissenschaften bestehen hohe Erwartungen. Teils gilt Nanotechnologie gar als Grundlage einer dritten industriellen Revolution (Schmid et al. 2006).

Verbunden mit derartigen Erwartungen hat Nanotechnologie auch eine Karriere als öffentlicher und medialer Begriff gemacht. Dabei standen zunächst ausnahmslos die erwarteten positiven Eigenschaften im Mittelpunkt: Nanotechnologie galt lange als Synonym für die ‚gute' Seite des technischen Fortschritts. Etwa ab dem Jahre 2000 hat sich daneben, in einer pluralen Gesellschaft nicht überraschend, auch eine Risikodebatte zur Nanotechnologie entwickelt (Schmid et al. 2006, Kap. 5). Dementsprechend sind sozialwissenschaftliche Untersuchungen angelaufen, haben Debatten über Regulierung von Nano-Materialien begonnen, wurden Fragen nach der Toxizität von Nanopartikeln gestellt, öffentliche Dialoge initiiert und eben auch ethische Überlegungen angestellt (z.B. Grunwald 2005).

So kann man sagen, dass die Nanotechnologie seit etwa 15 Jahren Gegenstand ethischer Reflexion ist – begleitet insbesondere in der Anfangszeit von hohen Erwartungen an deren praktische Wirksamkeit. Die zentrale Frage dieses Beitrages ist, welche konkreten Folgen ethische Analysen der Nanotechnologie bis heute gehabt haben und wie sich die eingetretenen Folgen zu den anfänglich gehegten Erwartungen verhalten. Um diese Frage zu beantworten, werde ich zunächst den Ursprung der Ethik zur Nanotechnologie unter besonderer Berücksichtigung der Erwartungen skizzieren (Kap. 2). Sodann werde ich die Folgen in unterschiedlichen Dimensionen

beschreiben: Folgen für die Gestaltung der Nanotechnologie, forschungs-
politische Folgen in ihrem Umfeld, Folgen für die öffentliche Debatte und
Folgen für die Angewandte Ethik selbst (Kap. 3).

Insgesamt zeigt sich, dass sich die Erwartungen hinsichtlich einer aktiv
durch ethische Reflexion angeleiteten Gestaltung der Nanotechnologie
kaum erfüllt haben. Die These, dass die Entwicklung der Nanotechnologie
aufgrund ethischer Erwägungen einen anderen Verlauf genommen hat als
ohne eine solche, lässt sich nicht erhärten. Demgegenüber lassen sich klar
erkennbare Folgen der ethischen Befassung mit Nanotechnologie für konzeptionelle Fragen Angewandter Ethik aufzeigen. Aber auch für den gesellschaftlichen Dialog über Nanotechnologie ebenso wie für die Gestaltung der
Forschungslandschaft im nicht-technischen Umfeld der Nanotechnologie
lassen sich relevante und sichtbare Folgen identifizieren.

2. Frühzeit der Nano-Ethik – hoch gespannte Erwartungen

Bereits das erste große Förderprogramm zur Nanotechnologie, die US-amerikanische Initiative „Shaping the World Atom by Atom" (NNI 1999) sah ethische Begleitforschung vor, ganz nach dem Vorbild des Human Genome Project. Die in der Folge des berühmt gewordenen Artikels „Why the Future Do-
esn't Need Us" von Bill Joy (2000) rasch aufflammende, auf futuristische Befürchtungen begründete internationale Risikodebatte (vgl. Schmid et al.
2006, Kap. 5) und die etwas später (ca. 2002) einsetzende Risikodebatte zu
möglichen Gesundheitsgefahren und Umweltrisiken durch Nano-Materialien
(Colvin 2003) führten zu einer schnell anwachsenden Befassung mit ethischen Aspekten. Von daher ist es gerechtfertigt, aus heutiger Perspektive
auf ca. 15 Jahre der ethischen Befassung mit Nanotechnologie zurückzubli-
cken.

In den frühen ethischen Arbeiten zur Nanotechnologie (bis ca. 2003) wurde vor allem der *Bedarf* nach Ethik in der und für die Nanotechnologie an-
gemeldet (2.1). Charakteristisch für diese Phase waren aber auch Unsicherheiten, ob Nanotechnologie *neue* ethische Fragen aufwerfe, ob sie
überhaupt ethische Fragen aufwerfe, und wenn ja, in welchem wissenschaftlichen und wissenschaftssystematischen Rahmen diese Fragen adäquat zu behandeln und zu beantworten wären. Die sich anschließende
„Formierungsphase" der Nano-Ethik (bis ca. 2005) führte zur Entwicklung
eines informellen Kanons der Ethik der Nanotechnologie in Form von immer
wieder in ähnlicher Form genannten Themenfeldern (Grunwald 2005, Grunwald 2008, Kap. 6). Rasch wurde in diesem Zusammenhang der Begriff
‚Nano-Ethik' geprägt, übernommen aus dem amerikanischen ‚nanoethics'.
Von Anfang an wurde hier ein unscharfes, nur teilweise auf die philosophische Ethik Bezug nehmendes Ethik-Verständnis zugrunde gelegt (Grunwald

2008, Kap. 5.2), das gelegentlich auf alle Bereiche der Reflexion über Folgen der Nanotechnologie ausgedehnt wurde (Allhoff et al. 2007) und sich bis heute nicht geändert hat (man schaue z.B. auf die Themen der in der Zeitschrift „Nanoethics" veröffentlichten Beiträge).

Ab etwa dem Jahr 2005 kam es zu einer Zweiteilung der ethischen Debatte in die Reflexion der eher technikvisionären, teils spekulativen Anteile (etwa zur ,technischen Verbesserung' des Menschen und zur Nanobiotechnologie mit fließendem Übergang zur Synthetischen Biologie) einerseits, und zu den Fragen der Verantwortbarkeit der Herstellung und Nutzung von Nanomaterialien in marktgängigen Produkten, z.B. Kosmetika und Lebensmittel, in Bezug auf mögliche Gefahren für Gesundheit und Umwelt andererseits. Zusätzlich hat sich die ethische Reflexion der Nanotechnologie spezialisiert, so z.B. auf Fragen der Gerechtigkeit (Zugang von Entwicklungsländern zu den Potenzialen der Nanotechnologie), des Einsatzes der Nanotechnologie in der Medizin oder zu ihrer Rolle in der gegenwärtigen und zukünftigen Militärtechnik. Gegenwärtig, so kann man sagen, wird kaum noch über Ethik der Nanotechnologie insgesamt gesprochen, sondern über konkrete Anwendungsfelder und Teilbereiche.

2.1 Motivationen für das Entstehen der Nano-Ethik

Erste Äußerungen, warum Reflexion zu gesellschaftlichen und ethischen Fragen der Nanotechnologie dringend erforderlich sei, sind zunächst spärlich, kulminieren aber in einer Fülle von Äußerungen im Jahr 2003. Dorthin lassen sich die meisten auch der späteren Forderungen nach einer Ethik der Nanotechnologie zurückverfolgen.[1] In der Retrospektive lauten die vorherrschenden Argumentationsmuster dieser Anfänge der Ethik-Debatte zur Nanotechnologie zusammengefasst:

> „Without an attention to ethics, it would not be possible to ensure efficient and harmonious development, to cooperate between people and organisations, to make the best investment choices, to prevent harm to other people, and to diminish undesirable economic implications" (Roco 2007, XI).

Eine entscheidende Diagnose zu Beginn der Nano-Ethik war, dass die Entwicklung der Nanotechnologie und ihre ethische Reflexion scheinbar mit sehr unterschiedlichen Geschwindigkeiten erfolgten (Mnyusiwalla et al. 2003). Während die Nanotechnologie sich rasch entwickle, gebe es kaum ethische Reflexion dazu. Die Sorge der Autoren war, dass es durch eine sich weiter vergrößernde Lücke zwischen dem raschen nanotechnologischen Fortschritt und seiner ungenügenden ethischen Aufarbeitung (daher

---

1 Dieser Abschnitt folgt der Aufarbeitung in Grunwald (2008, Kap. 5).

der Titel dieses Aufsatzes ‚Mind the Gap!') zu Fehlentwicklungen kommen
könne:

> „We believe that there is danger of derailing NT [nanotechnology,
> A.G.] if serious study of NT's ethical, environmental, economic, legal
> and social implications [...] does not reach the speed of progress in
> the science" (Mnyusiwalla et al. 2003, R9).

Ethik und frühzeitige Folgenreflexion seien erforderlich, um Innovationen in
modernen Gesellschaften einführen zu können, anderenfalls drohe öffentlicher Widerstand, der den Fortschritt und die gesellschaftliche Nutzung der
von Wissenschaft und Technik erwarteten Vorteile und Nutzen behindere:

> „The only way to avoid such a moratorium [es geht um die von der
> ETC Group 2003 publizierte Forderung nach einem Moratorium für
> Produkte mit Nanomaterialien, A.G.] is to immediately close the gap
> between the science and ethics of NT. [...] Either the ethics of NT will
> catch up or the science will slow down" (Mnyusiwalla et al. 2003,
> R12).

Hier wird ethische Reflexion in den Dienst eines möglichst raschen wissenschaftlich-technischen Fortschritts und der gesellschaftlichen Umsetzung
seiner Ergebnisse gestellt. Angesichts der Ergebnisoffenheit ethischer Reflexion – ich unterstelle, dass die Autoren diese ebenso hoch einschätzen
würden – wäre jedoch nicht auszuschließen, dass das Schließen der beklagten Lücke genau das Gegenteil der Erwartungen, nämlich massive ethische Vorbehalte gegen Nanotechnologie zutage fördern und so vielleicht gar
ihr innovationspolitisches Ende bedeuten könnte. Aber auch angesichts dieser Möglichkeit erscheint die Forderung ‚Mind the Gap!' innovationspolitisch
klug: Je früher mögliche Folgenprobleme von Innovationen erkannt werden,
umso besser könnte vermutlich damit konstruktiv umgegangen werden.

Vielfach werden die vermutete große Eindringtiefe und das gesellschaftliche Veränderungspotenzial der Nanotechnologie als Grund für die Notwendigkeit ethischer Befassung genannt. So werben Allhoff et al. (2007, Vor-
wort) mit dem Satz: „Nanotechnology will eventually impact every area of our
world". Angesichts des revolutionären Potenzials, das der Nanotechnologie
von vielen zugeschrieben wird, auch in ökonomischer Hinsicht, sei es geboten, ethische, rechtliche und soziale Implikationen frühzeitig zu erforschen
und zu reflektieren. Gerade die revolutionäre Kraft der Nanotechnologie führe dazu, dass bestehende normative Regularien, Standards und Üblich-
keiten diesen Neuerungen gegenüber wohl unzulänglich bleiben werden:

> „In this regard, the advocate could maintain that issues are trans-
> formative or revolutionary in some particular way and that, whatever
> other ethical frameworks we have already developed, those frame-

works will be ill-equipped to deal with the force that nanotechnology represents" (Allhoff 2007, 198).

Auch von politischer Seite wurden Forderungen nach einer verantwortungsvollen Gestaltung der Nanotechnologie erhoben, beispielsweise:

> „Die Nanotechnologie ist sicher und verantwortungsbewusst zu entwickeln. Es gilt, ethische Grundsätze einzuhalten und potentielle Gesundheits-, Sicherheits- und Umweltrisiken wissenschaftlich zu untersuchen, auch um eine etwaige Regulierung vorzubereiten. Gesellschaftliche Auswirkungen sind zu prüfen und zu berücksichtigen. Dem Dialog mit der Öffentlichkeit kommt maßgebliche Bedeutung zu, da die Aufmerksamkeit auf Fragen von echtem Belang und nicht auf Science Fiction Szenarios zu lenken ist" (EU 2004, 3).

Die bislang genannten Gründe für eine Nano-Ethik entstammen der Sorge, dass die erwarteten Vorteile der Nanotechnologie nur mit frühzeitiger ethischer Reflexion Realität werden könnten. Ethik wird zweifellos in einen instrumentellen Kontext der Innovationsförderung gestellt.

Es gibt jedoch auch Motivationen aus genau der anderen Richtung. Die möglicherweise apokalyptische Seite der Nanotechnologie (Joy 2000) hat ebenfalls Ethiker auf den Plan gerufen. Beispielsweise haben Moor und Weckert (2004) mit einer Ethik der Nanotechnologie die Erwartung verbunden, dass diese „would include [...] how to minimize the risk of runaway robots". Die apokalyptische Dimension wurde sogar in den Mittelpunkt einer eigenen Ethik für die Nanotechnologie gestellt (Dupuy/Grinbaum 2004). Den Autoren geht es nicht um konkrete Nanotechnologie und darauf aufbauende Produkte, sondern um das mit Nanotechnologie generell verbundene Denken, den seiner Diagnose nach intendierten Triumph des Homo Faber und die mit der Naturalisierung des Menschen verbundene Mechanisierung. Diese Träume würden, insofern sie von Prinzipien der Selbstorganisation Gebrauch machen und auf diese Weise selbst organisierende Nanomaschinen in die Welt setzen könnten, letztlich und zwangsläufig zu der ultimativen Katastrophe führen (Dupuy/Grinbaum 2004, vgl. auch Grunwald 2008).

2.2 Hohe Erwartungen

Diesen Bedarfsdiagnosen wurden teils hohe Erwartungen an die Gestaltungskraft ethischer Reflexion an die Seite gestellt und zwar als Gegenbewegung zu der damalig vorherrschenden resignativen Einschätzung der Gestaltungsmöglichkeiten durch Ethik. Denn Ethik schien, so der Tenor der damaligen Zeit, oftmals der technischen Entwicklung ohnmächtig hinterherzulaufen und den Erwartungen an Gestaltung gerade nicht zu entsprechen (Ropohl 1995). Aufgrund des frühen Entwicklungsstadiums der Nanotechnologie wurde hier aber eine seltene Gunst der Stunde gesehen: Es schienen Chancen und auch Zeit sowohl für frühzeitige Reflexion(en) vorhanden, als auch die Möglichkeit, die Ergebnisse der Reflexion in den Entwicklungsprozess einzuspeisen und damit zur weiteren Gestaltung der Nanotechnologie substanziell beizutragen. Die Chance schien gegeben, nicht mehr nur „Reparaturethik" im Nachhinein zu betreiben (Mittelstraß 1991), sondern durch ethischen Rat in die relevanten Gestaltungsprozesse eingreifen zu können.

Dazu gibt es durchaus konzeptionelle Vorläufer. Technikbewertung wird von Ingenieuren und in der Industrie immer betrieben, wenn z.B. eine Techniklinie als aussichtsreich, eine andere als Sackgasse bewertet wird, wenn zukünftige Produktchancen bewertet werden oder ein neues Produktionsverfahren im Betrieb eingeführt werden soll. Die VDI-Richtlinie 3780 zur Technikbewertung (VDI 1991) war angetreten, den traditionellen Bewertungshorizont der Ingenieure über übliche technische und wirtschaftliche Faktoren hinaus um gesellschaftlich anerkannte Werte wie z.B. Sicherheit, Gesundheit und Umweltqualität zu erweitern. Diese Werte sollen das technische Handeln prägen und von den Ingenieuren in die Technik quasi *eingebaut* werden. Vom Ansatz her analog wurde an der TU Delft das Value Sensitive Design entwickelt, verbunden vor allem mit der Frage, wie und warum Technologien in bestimmter Weise ausgelegt werden (van de Poel 2009). Die Erwartung ist, dass auf diesem Weg ethisch ‚bessere', also weniger moralische Probleme verursachende Technologien und Techniken entwickelt werden.

Die Bilanz ist jedoch enttäuschend (Rapp 1999). Das VDI-Konzept hat zwar einen Platz in der Lehre gefunden, aber Umsetzungen in der Ingenieurpraxis sind kaum bekannt. Nicht viel anders verhält es sich mit dem Anspruch des Constructive Technology Assessment (CTA) „to achieve a better technology in a better world" (Rip et al. 1995), was selbstverständlich sowohl ethische Kriterien des ‚besser' erfordert als auch Strategien der Implementierung dieses ‚besser' in der realen Technikentwicklung. Die Misserfolge von auf Ethik basierenden Gestaltungsmöglichkeiten wurden zumeist mit dem so genannten Collingridge-Dilemma erklärt (Collingridge 1982). Danach kommen Gestaltungswünsche nach außertechnischen, also auch ethischen Kriterien grundsätzlich entweder zu früh oder zu spät und seien in beiden Fällen zum Scheitern verurteilt: Wenn sie spät kommen, dann sei zwar belastbares Wissen um Produkte, Anwendungsszenarien und Folgen der Einführung vorhanden – aus ökonomischen Gründen sei es dann jedoch zu spät, noch substanziell in die Technik einzugreifen. Wenn überhaupt, bliebe nur Reparaturethik (Mittelstraß 1991). Wenn Ethik diese Falle vermeiden will, muss sie also früher ansetzen. Hier sagt das Collingridge-Dilemma jedoch, dass auch dann Gestaltung praktisch unmöglich sei, weil man ja über mögliche Produkte, Anwendungen, Märkte und Folgen noch nichts Belastbares wisse, also nicht wisse, in welcher Richtung man eingreifen solle, um zu besseren Resultaten zu kommen.

Die Hoffnung zu Beginn der Nano-Ethik war gerade, diesem zuletzt genannten Ast des Dilemmas ein Schnippchen schlagen zu können. Ethische Reflexion in frühen Phasen der Entwicklung der Nanotechnologie wurde als aussichtsreich angesehen, um den weiteren Gang der Nanotechnologie nicht nur „zu begleiten", sondern substanziell Einfluss auf den Gang der Entwicklung zu nehmen (auch der Autor dieser Zeilen hat diesen Optimismus geteilt, vgl. Schmid et al. 2006, Kap. 6.5.2). Denn ethische Bewertungen könnten wertvolle Hinweise für den weiteren Entwicklungsweg geben, z.B. durch frühzeitige Hinweise auf mögliche moralische Technikkonflikte und Wege zur Deeskalation durch andere Entwicklungsdesigns. Darüber hinaus erlaube die ethische Beurteilung Orientierungen für die Gestaltung des *Prozesses* der Technikentwicklung, z.B. im Hinblick auf Zugangs-, Gerechtigkeits- oder Missbrauchsfragen. Im Verlauf der fortwährenden Konkretisierung der Anwendungsmöglichkeiten der Nanotechnologie sollte es dann möglich werden, die zunächst abstrakten Bewertungen und Orientierungen durch das neu verfügbare Wissen immer weiter zu konkretisieren. Insbesondere wurde ein Einfluss auf die Agenda von Forschung und Entwicklung der Nanotechnologie geltend gemacht.[2]

3. Auswirkungen der Nano-Ethik

Seitdem sind, je nach Äußerung, zehn bis fünfzehn Jahre vergangen. Eine Vielzahl von ethischen Reflexionsbemühungen wurde angestellt, Projekte wurden durchgeführt und Workshops veranstaltet, eine Fülle von Publikationen ist erschienen. Dem Hype der Nanotechnologie ist ein Hype der Ethik zur Nanotechnologie gefolgt (Grunwald 2008). Es ist Zeit zu fragen, was aus den Erwartungen geworden ist und was wiederum aus den Antworten gelernt werden kann.

In diesem Abschnitt werden die Folgen der Nano-Ethik in vier Feldern betrachtet: Folgen für die Nanotechnologie als Technologie-Feld, Folgen für die Forschungslandschaft im Umfeld der Nanotechnologie, Folgen für die gesellschaftliche Debatte zur Nanotechnologie sowie Folgen für die Angewandte Ethik selbst, z.B. für Konzeptionen und Methoden. Datengrundlage bilden meine Erfahrungen und Wahrnehmungen aus den fast fünfzehn Jah-

---

2 Diesen Erwartungsüberschwang findet man gegenwärtig teils in der Debatte um ‚Responsible Research and Innovation' (vgl. Kap. 3.2).

ren meiner Beteiligung an der Nano-Ethik, was selbstverständlich die Geltung der vorgenommenen Einschätzungen begrenzt.[3]

3.1 Gestaltung der Nanotechnologie

Ethische Reflexion als unmittelbarer Beitrag zur Gestaltung von Technologien ist ein hoch voraussetzungsvoller Gedanke (Grunwald 2000), der zwar rhetorisch eingängig ist, sich jedoch schwer umsetzen lässt. Die Frage nach der Umsetzung führt auf das zentrale Problem: Sollen Ethiker in die Labors der Nanotechnologie gehen, dort mit den handelnden Wissenschaftlern und Ingenieuren ins Gespräch kommen, die ethisch relevanten Gehalte ihrer Arbeit rekonstruieren und reflektieren, um sodann die Entwickler im Hinblick auf ‚bessere' Werte für die Technikentwicklung zu beraten (van der Burg/Swierstra 2013)?

Jedenfalls ist ethischer Reflexion entlang der nanotechnologischen Entwicklungskette die Notwendigkeit interdisziplinärer Kommunikation gemeinsam. Ethiker als Experten für Rechtfertigungsstrukturen und normative Argumentationsmuster sind notwendig auf natur- und technik-, aber auch sozialwissenschaftliches Sachwissen über die jeweiligen Bereiche angewiesen, ebenso auf Metawissen über den epistemologischen Status dieses Sachwissens. Differierende Kontexte, Partner und Adressaten ethischer Beratung erfordern unterschiedliche Organisationsformen des inter- und transdisziplinären Dialogs. Mitgestaltung der Nanotechnologie durch Ethik bedarf entsprechender Dialog- und Kooperationsformate.

Unterschiedliche Formate eines ‚early engagement' der Ethik wurden bislang diskutiert (Doorn et al. 2013), allerdings nur wenige umgesetzt. Einige Erfahrungen liegen mit der direkten Involvierung ethischer Expertise in Projekten vor, die in der Hauptsache einen naturwissenschaftlich-technischen Fokus haben. In der EU-Forschungsförderung wurden einige derartige Projekte initiiert und durchgeführt. Hierzu gehört das Projekt ‚Nano2Life', in dem verschiedene Organisationsformen ethischer Begleitforschung und zur Intensivierung der Kommunikation zwischen Nanotechnologie und Ethik realisiert wurden (Ach/Siep 2006): Einrichtung eines Ethik-Beirats, gemeinsame Workshops, Besuche der Ethiker in den Labors etc. Die Erfahrungen in diesem und anderen Projekten zeigten jedoch, dass Kommunikationsbarrieren weniger an disziplinären Spezialsprachen, sondern vor allem an den unterschiedlichen Aggregationsniveaus zwischen konkreter Laborforschung an nanoskaligen Prozessen und der Betrachtung ethischer Fragen liegen. Es

---

3 Diese Einschätzungen gehen zum Teil auf eine retrospektive Analyse zurück, die im Rahmen der S.NET-Konferenz 2010 (Society for the Study of Nanoscience and Emerging Technologies) vorgestellt wurde (Grunwald 2011).

war schwer bis unmöglich, Brücken zu bauen von ethischen Fragen wie Verteilungsgerechtigkeit oder Privatheit bis hin zu nanotechnologischer Laborforschung an sehr spezifischen Prozessen oder Materialien.

Ein weiteres Modell liefert das bereits genannte Constructive Technology Assessment (Rip et al. 1995). Die ‚Lab on a Chip'-Technik, als Beispiel für Nanotechnologie in der Medizin, kann nicht nur individuelle Diagnosen erleichtern und Prognosen auf der Basis persönlicher Gesundheitsdaten erstellen, sondern ermöglicht auch schnelle und preisgünstige Massenscreenings. An den Schutz der Privatsphäre sind daher hohe Anforderungen zu stellen. Für dieses Beispiel wurde ethische Reflexion in ein laufendes Forschungsprojekt eingebunden (van Merkerk 2007). Die Kooperation hat hier zu einer Sensibilisierung des Entwicklerteams geführt mit plausiblen, aber nicht nachweisbaren Folgen für den Fortgang der technischen Entwicklung.

Dies sind nur zwei Beispiele, auf deren Basis allgemeine Aussagen sicher nicht möglich sind. Dennoch verweisen sie darauf, dass die hohen Erwartungen an die direkte Wirksamkeit ethischer Reflexion im wissenschaftlich-technischen Forschungs- und Entwicklungsprozess (s.o.) einer kritischen Reflexion unterzogen werden sollten. Die direkte Beeinflussung von nanotechnologischer Forschung und Entwicklung durch ethische Analyse dürfte die Ausnahme geblieben sein, und hierfür scheint es einleuchtende Gründe zu geben wie z.B. das genannte Problem extrem unterschiedlicher Abstraktionsniveaus zwischen Ethik und Laborforschung. Von einer Einlösung der Erwartungen an die Ethik zur substanziellen Mitgestaltung der Nanotechnologie kann sicher nicht gesprochen werden. Freilich wäre hierzu eine empirische Analyse sinnvoll, um die Diagnose zu erhärten und systematische Ursachenforschung betreiben zu können.

3.2 Gestaltung der Rahmenbedingungen für Nanotechnologie

Nanotechnologie-Entwicklung findet nicht in einem abstrakten Raum statt, sondern inmitten konkreter Randbedingungen. Zu diesen gehören die Forschungsförderung der Nanotechnologie selbst, aber auch die Förderung benachbarter Forschungsfelder, gesetzliche Regelungen, etwa Regulierungen im Umgang mit Gefahrstoffen oder andere Maßnahmen zur Beeinflussung der Forschungspraxis.

Zwar nicht aus der Ethik zur Nanotechnologie im engeren Sinn heraus, aber mit der Technikfolgenabschätzung in einem doch recht benachbarten Gebiet wurden bereits in der Frühzeit der Nanotechnologie (ca. 2003) Entwicklungen unter dem Aspekt der Akzeptabilität möglicher Risiken thematisiert. Synthetische Nanopartikel können durch Emissionen während der Herstellung oder beim alltäglichen Gebrauch von Produkten oder im Zuge der Entsorgung in die Umwelt oder in den menschlichen Körper gelangen.

Ihre Ausbreitung und mögliche Auswirkungen auf Gesundheit und Umwelt, insbesondere Langzeitfolgen, waren damals praktisch nicht und sind heute auch nur unzureichend bekannt. Besonders umstritten ist der Einsatz von Nanopartikeln in Kosmetika und in Lebensmitteln, zumal es dafür bislang keine Kennzeichnungspflicht gibt. Ethisch relevant ist die Frage, was aus diesem Wissensdefizit folgt und welche normativen Kriterien den Umgang mit hoher Unsicherheit anleiten sollen, letztlich also die ganze Problematik der Risikoethik, insbesondere des Vorsorgeprinzips (Phoenix/Treder 2003, Grunwald 2008, Kap. 7). Diese Arbeiten, hier ist insbesondere eine Studie für den Deutschen Bundestag zu nennen (Paschen et al. 2004), haben ohne Zweifel dazu beigetragen, die Nanotoxikologie als eine neue Teildisziplin der Toxikologie in enger Nachbarschaft zur Nanotechnologie aufzubauen und durch Forschungsförderung zu entfalten. Das langjährige Projekt NanoCare als Kooperation zwischen Nanotechnologie, Toxikologie, Industrien und Technikfolgenabschätzung (www.nanopartikel.info/projekte/abgeschlossene-projekte/nanocare) ist ein sichtbares Beispiel, wie durch ethische Reflexion ein neues Forschungsfeld geschaffen wurde.

Zu den Rahmenbedingungen, unter denen Nanotechnologie erforscht und gestaltet wird, gehört auch der Code of Conduct der Europäischen Union (EU 2008). Dieser stellt eine Institutionalisierungsform von ethisch motivierten Verhaltensregeln im Umgang mit Nanotechnologie dar, um die naturwissenschaftlich-technische Forschung nicht ihrer eigenen Dynamik zu überlassen, sondern sie in Bezug auf gesellschaftliche Erwartungen und Folgen reflexiver zu gestalten. Er wurde auf Initiative des Europäischen Parlamentes hin verabschiedet und wäre sicher ohne eine intensive voraus gehende ethische Debatte zur Nanotechnologie nicht zustande gekommen.

Als eine weit über die Nanotechnologie hinaus gehende Folge der ethischen Überlegungen zur Nanotechnologie kann die aktuelle und sehr wirkmächtige Debatte zu ‚Responsible Research and Innovation' (RRI) betrachtet werden. Danach sollen ethische Überlegungen, Folgenreflexion und die Beteiligung von Nutzern und Betroffenen den gesamten Prozess der Forschung und Technikentwicklung von den frühen Phasen im Labor über Entwurf, Design und Produktion bis hin zu marktreifen Innovationen begleiten. Dieser Ansatz, der das aktuelle europäische Forschungsrahmenprogramm Horizon2020 maßgeblich prägt, stammt aus der ethischen Debatte zur Nanotechnologie, wenn es z.B. heißt:

> „Responsible development of nanotechnology can be characterized as the balancing of efforts to maximize the technology's positive contributions and minimize its negative consequences. Thus, responsible development involves an examination both of applications and of potential implications. It implies a commitment to develop and use technology to help meet the most pressing human and societal

needs, while making every reasonable effort to anticipate and mitigate adverse implications or unintended consequences" (NRC 2006,
73).

So gesehen können die Diskussion zu RRI und ihre konkreten Folgen für die
Forschungsförderung der EU als Ausfluss der ethischen Debatte zur Nanotechnologie angesehen werden (Grunwald 2014a).

3.3 Mitgestaltung der gesellschaftlichen Debatte

Auf der gesellschaftlichen Seite sind eine Vielzahl von Aktivitäten erfolgt
oder laufen noch. Stellungnahmen von Nichtregierungsorganisationen (z.B.
ETC-Group 2003, BUND 2008) haben die öffentliche Debatte über Nanotechnologie herausgefordert. Arbeitsgruppen zu gesellschaftlichen Aspekten
der Nanotechnologie wurden geschaffen, wie z.B. der Arbeitskreis „Responsible Production and Use of Nanomaterials" von DECHEMA[4] und dem Verband der Chemischen Industrie (VCI). In Deutschland hatte die Nano-Kom-
mission der Bundesregierung einen speziellen Auftrag zur Einbringung auch
ethischer Reflexion in die öffentliche Debatte.

Chancen und Risiken der Nanotechnologie sind im Rahmen derartiger
Debatten von Beginn an in einer weitgehend offenen gesellschaftlichen Atmosphäre kommuniziert worden. Dabei ist etwas Wesentliches erreicht worden: Die Nanotechnologie wurde ‚normalisiert' (Grunwald/Hocke-Bergler
2010). Während sie zu Beginn der Debatte entweder im Sinne zauberhafter
Verheißungen thematisiert wurde, teils gar in einer Rhetorik der erwarteten
Erlösung von den Beschwerden des Menschseins, oder aber als apokalyptische Technologie mit dem Risiko des Auslöschens der Menschheit oder des
Verlustes der Kontrolle des Menschen über Technik gesehen wurde (zu dieser Diskrepanz Grunwald 2008, Kap. 10), so hat die ethische Debatte sicher
dazu beigetragen, Nanotechnologie als ‚normale' Technologie zu betrachten, mit realistischeren Erwartungen an Fortschritt, aber auch mit realistischeren Sorgen wegen möglicher Risiken. Statt Erlösungshoffnungen oder
Untergangsbefürchtungen werden, um es plakativ zu sagen, Nachweisver-
fahren und verantwortbare Grenzwerte der Konzentration von Nanopartikeln
diskutiert.

Dies führt auf eine zweite, allerdings weniger eindeutig nachweisbare Folge der ethischen Debatte für die öffentliche Wahrnehmung. Entgegen vielen
Befürchtungen, dass eine massive gesellschaftliche Ablehnung der Nanotechnologie drohe, ähnlich wie bei Kernenergie oder der Grünen Gentechnik, ist es dazu nicht gekommen. Frühe und extrem weitreichende, jedoch rein spekulative Befürchtungen in Form von Horrorszenarien wie ein

---

4 Dechema: Gesellschaft für Chemische Technik und Biotechnologie e.V.

Kontrollverlust des Menschen über die Technik (Grunwald 2008, Kap. 10) sind jedoch aus der Debatte wieder verschwunden, ohne dass es zu massiver Ablehnung gekommen ist. Die Nanotechnologie wurde im Rahmen einer offenen Diskussion von den spekulativen Höhen zwischen Paradieserwartungen und apokalyptischen Befürchtungen zu einer ‚normalen' Technologie (s.o.). Aber auch hier gab es Befürchtungen einer massiven Ablehnung. Forderungen von Organisationen wie der ETC-Group (2003) oder dem BUND (2008) nach einer strengen Auslegung des Vorsorgeprinzips, etwa in Form eines Moratoriums der Verwendung von Nanopartikeln in marktgängigen Produkten wie Kosmetika oder Lebensmitteln, galten hierbei als Indizien. Eine fundamentalistische Verhärtung der Fronten ist jedoch nicht eingetreten. Ein Grund dürfte sein, und hierzu hat m.E. auch die nano-ethische Debatte beigetragen, dass die gesellschaftliche Kommunikation ganz anders gelaufen ist als bei Atom- und Gentechnik. Während dort früher die Experten häufig Sorgen und Bedenken nicht ernst genommen, sondern als irrational abqualifiziert haben und eine Botschaft des „Wir haben alles unter Kontrolle" vertreten haben, war und ist die Diskussion zur Nanotechnologie von Offenheit gekennzeichnet. Wissenschaftler und Wirtschaftsvertreter haben nicht bestritten, dass es Wissensdefizite über mögliche Risiken gibt und dass Risiken so lange nicht ausgeschlossen werden können, bis die Toxikologie weiter vorangeschritten ist. Man könnte es paradox formulieren: Weil auf allen Seiten offen über Nichtwissen und mögliche Risiken diskutiert wurde und wird, ist die Debatte konstruktiv verlaufen. Statt sich auf die absolute Vermeidung von Risiken zu kaprizieren (Nullrisiko) ist es gelungen, Vertrauen für einen verantwortlichen Umgang mit möglichen Risiken zu schaffen. Meine Hypothese ist, dass die frühe und offene ethische Debatte an diesem Verlauf ihren Anteil hat.

3.4 Weiterentwicklung der Angewandten Ethik

Sozusagen selbstreferenziell und daher von einem anderen Charakter als die bisherigen drei Kategorien finden sich Folgen der Nano-Ethik in der Art und Weise, wie über Angewandte Ethik heute diskutiert wird. Eine erste und frühe Frage der Nano-Ethik war, ob es sich hierbei um eine neue Teildisziplin der Angewandten Ethik handele (Allhoff et al. 2007). Das Ergebnis war eindeutig (Grunwald 2014b): Angewandte Ethik kann weder sinnvoll an Technikfeldern noch an Größenordnungen festgemacht werden, sondern orientiert sich an grundlegenden ethischen Fragen oder Herausforderungen, die ihren Ursprung in gesellschaftlichen Praxisfeldern haben. Der adäquate Ort ethischer Reflexion zu den Herausforderungen des wissenschaftlich-technischen Fortschritts ist dort, wo der Umgang mit den sich ergebenden oder auch nur antizipierten normativen Unsicherheiten eine Tradition hat – in Technikethik, Informationsethik, Medizinethik, Anthropologie etc.

Dennoch werden allerdings die Anliegen der Nano-Ethik dadurch nicht sämtlich obsolet. Die ‚Reflexion zweiter Ordnung‘, die Reflexion auf das, was und wie die Nano-Ethik über Nanotechnologie reflektiert hat, hat gezeigt, dass nur ein Teil ethische Reflexion in der Tradition Angewandter Ethik darstellt. Vielmehr spielten Definitionsfragen und Selbstverständigungsdiskussionen in diesen Feldern eine große Rolle. Diese betreffen die Identifikation dessen, was „wirklich“ neu an der Nanotechnologie und ethischen Fragen ist, ihre Verbindung mit und Abgrenzung von bereits geführten Debatten, und die Bestimmung der „ethisch relevanten“ Aspekte (z.B. Grunwald 2008, Kap. 5). Diese Fragestellungen sind keine eigentlich ethischen Fragen nach dem moralisch richtigen Handeln, sondern betreffen die erst noch zu schaffenden begrifflichen und konzeptionellen Voraussetzungen, damit Fragen des Handelns in den neu entstehenden Feldern überhaupt erst sinnvoll gestellt, ethisch reflektiert und dann möglicherweise auch beantwortet werden können. Aufgrund dieser Beobachtung wurde vorgeschlagen, die Nano-Ethik nicht als Teilgebiet der Angewandten Ethik, sondern als interdisziplinäre „hermeneutische Plattformen“ zu verstehen (Grunwald 2014b).

Eine andere Präzisierung im Umgang Angewandter Ethik mit neu auftretenden Herausforderungen des wissenschaftlich-technischen Fortschritts brachte die Debatte um die so genannte spekulative Nano-Ethik mit sich (Nordmann 2007, Nordmann/Rip 2009, Grunwald 2010). Kritisch wird angemerkt, dass diese sich mit bloßen Spekulationen befasse und verkenne, dass aus rein Spekulativem nichts Belastbares folgen könne. Ethik zur Nanotechnologie verschwende so ihre Ressourcen und könne sich um die real anstehenden Fragen nicht hinreichend kümmern (Nordmann 2007, Nordmann/Rip 2009). Diese Kritik hat Anlass gegeben, ethische Reflexion je nach Problemstellung, verfolgten Zwecken, Konstellation und nach Validität verfügbaren Folgenwissens zu differenzieren. Dabei hat sich gezeigt, dass die kritisierte ‚spekulative Nano-Ethik‘ auch rechtfertigbaren Zwecken dient, jedoch weniger im Bereich der typischen Zwecke Angewandter Ethik, sondern eher im Rahmen einer ‚explorativen Philosophie‘ mit starkem hermeneutischem Anteil (Grunwald 2010). Zur Illustration: Ist die ethische Verantwortbarkeit z.B. des Einsatzes von Nanopartikeln in Lebensmitteln eine konkrete Frage in der Tradition Angewandter Ethik, so dienen frühe (‚spekulative‘) Überlegungen zur synthetischen Biologie oder zur „technischen Verbesserung“ des Menschen der begrifflichen Verständigung und hermeneutischen Aufklärung dessen, worum es jeweils in normativer Hinsicht geht und welche ethischen Argumentationsmuster einschlägig sind. So kann gesagt werden, dass Nano-Ethik zu einer Präzisierung im Vorgehen ethischer und philosophischer Reflexion neuer Technologien beigetragen hat (z.B. Swierstra/Rip 2007, Grunwald 2010).

4. Resümee

Die Bilanz fällt also durchaus ambivalent aus. Die Erfüllung hoch fliegender Erwartungen an eine durch frühe ethische Reflexion substanziell ‚bessere' Nanotechnologie lässt sich kaum nachweisen. Demgegenüber erscheinen die Auswirkungen der ethischen Debatte auf das Forschungsumfeld der Nanotechnologie überraschend stark zu sein, auch die Auswirkungen auf die öffentliche Debatte. Es finden sich also substanzielle Folgen der Nano-Ethik, allerdings nicht in der vor zehn oder fünfzehn Jahren an erster Stelle stehenden Form einer direkten Beeinflussung des Ganges der nano-technischen Entwicklung. Die Folgen für die technische Entwicklung sind eher indirekter Art, am deutlichsten vielleicht zu ersehen über den genannten Code of Conduct (EU 2008).

Dieser Befund erlaubt mehrere Schlussfolgerungen:

1. hat die Nano-Ethik reale und klar nachweisbare Folgen gehabt. Man kann sicher nicht kritisieren, dass sie akademisches Glasperlenspiel geblieben sei.

2. erstrecken diese Folgen sich zum überwiegenden Teil auf den *Kontext* der Nanotechnologie, also auf die Einrichtung oder Ausgestaltung benachbarter Forschungsfelder, Regeln für verantwortliche Forschung oder auf Folgen in der öffentlichen Debatte.

3. verdankt sich ein nicht unbedeutender Teil dieser Folgen weniger anwendungsnahen und handlungsbezogenen Analysen, wie sie charakteristisch für Angewandte Ethik sind, sondern stammt aus reflexiven und hermeneutischen Analysen zur Nanotechnologie.

4. sind Erwartungen, dass Ethik den Gang der nanotechnologischen Entwicklung direkt und substanziell mitprägen werde, weitgehend unerfüllt geblieben.

Damit scheint eine Rejustierung der Erwartungen an Ethik im wissenschaftlich-technischen Fortschritt erforderlich. Die unmittelbare Mit-Gestaltung der technischen Entwicklung, das Wunschbild vieler Ethiker (z.B. van der Burg/Swierstra 2013), ist zumindest in diesem Fall nicht erreicht worden. Hier wäre eine Debatte anzuschließen, ob nicht das Wunschbild in sich nicht rechtfertigbare und eher einem Wunschdenken geschuldete Züge trägt. Möglicherweise sind sich technische Entwicklung und ethische Reflexion so fremd, dass eine unmittelbare Kooperation in Projektform die Ausnahme bleiben muss. Solche Ausnahmen gibt es, aber es sind eben Ausnahmen. Möglicherweise sind die wesentlichen Auswirkungen ethischer Reflexion für die Ausgestaltung des wissenschaftlich-technischen Fortschritts und seine gesellschaftliche Nutzung doch stärker auf indirektem Wege zu erwarten. Dies bedürfte freilich tiefer gehender Untersuchungen.

Literatur

Ach, J. – Siep, L. (Hrsg.) (2006): Nano-Bio-Ethics. Ethical and Social Dimensions of Nanobiotechnology. Berlin 2006.

Allhoff, F. – Lin, P. – Moor, J. – Weckert, J. (Hrsg.) (2007) Nanoethics. The Ethical and Social Implications of Nanotechnology. New Jersey 2007.

BUND – Bund für Umwelt und Naturschutz in Deutschland (2008): Aus dem Labor auf den Teller. Die Nutzung der Nanotechnologie im Lebensmittelsektor. URL: www.bund.net

Collingridge, D. (1982): The Social Control of Technology. London 1982.

Colvin, V. (2003) Responsible Nanotechnology: Looking Beyond the Good News. Centre for Biological and Environmental Nanotechnology at Rice University URL: http://www.eurekalert.org/

Doorn, N. – Schuurbiers, D. – van de Poel, I. – Gorman, M. (Hrsg.) (2013): Early Engagement and New Technologies: opening Up the Laboratory. Dordrecht et al. 2013.

Dupuy, J.-P. – Grinbaum, A. (2004): Living with Uncertainty: Toward the ongoing Normative Assessment of Nanotechnology. S. 4–25 in Techné 8 (2004).

ETC-Group (2003): The Big Down. Atomtech: Technologies Converging at the Nanoscale. URL: http://www.etcgroup.org

EU – Europäische Kommission (2004): Towards a European Strategy on Nanotechnology. KOM (2004) 338, dt. Fassung. Brussels 2004.

EU – Europäische Kommission (2008): Empfehlungen zur Nanotechnologie. URL: ec.europa.eu/research/industrial_technologies/pdf/policy/nanocode-rec_pe0894 c_en.pdf

Grunwald, A. (2000): Against Over-Estimating the Role of Ethics in Technology. S. 181–196 in Science and Engineering Ethics 6 (2000).

Grunwald, A. (2005): Nanotechnology – A New Field of Ethical Inquiry? S. 187–201 in Science and Engineering Ethics 11 (2005).

Grunwald, A. (2008): Auf dem Weg in eine nanotechnologische Zukunft. Philosophisch-ethische Fragen. Freiburg – München: 2008.

Grunwald, A. (2010) From Speculative Nanoethics to Explorative Philosophy of Nanotechnology. S. 91–101 in NanoEthics 4 (2010).

Grunwald, A. (2011): Ten years of research on nanotechnology and society – outcomes and achievements. S. 41–58 in Zülsdorf, T.B. – Coenen, C. – Ferrari, A. – Fiedeler, U. – Milburn, C. – Wienroth, M. (Hrsg.): Quantum engagements: Social reflections of nanoscience and emerging technologies. Heidelberg 2011.

Grunwald, A. (2014a): Responsible Research and Innovation: an emerging issue in research policy rooted in the debate on nanotechnology. Dordrecht (im Erscheinen).

Grunwald, A. (2014b): Plädoyer gegen eine Inflation von Bereichsethiken. Das Beispiel der vermeintlichen Nano-Ethik. S. 131–146 in Maring, M. (Hrsg.): Bereichsethiken im interdisziplinären Dialog. Karlsruhe 2014.

Grunwald, A. – Hocke-Bergler, P. (2010): The Risk Debate on Nanoparticles: Contribution to a Normalisation of the Science/Society Relationship? S. 157–177 in Kaiser, M. – Kurath, M. – Maasen, S. – Rehmann-Sutter, C.. (Hrsg.): Governing Future Technologies. Nanotechnology and the Rise of an Assessment Regime. Dordrecht 2010.

Joy, B. (2000): Why the Future Does not Need Us. S. 238–263 in Wired Magazine 8.04 (2000) .

Mittelstraß, J. (1991): Auf dem Wege zu einer Reparaturethik? S. 89–108 in Wils, J.-P. – Mieth, D. (Hrsg.): Ethik ohne Chance? Erkundungen im technologischen Zeitalter. Tübingen 1991.

Mnyusiwalla, A. – Daar, A.S. – Singer, P.A. (2003): Mind the Gap. Science and Ethics in Nanotechnology. S. 9–13 in Nanotechnology 14 (2003).

Moor, J. – Weckert, J. (2004): Nanoethics: Assessing the Nanoscale from an ethical point of view. S. 310–310 in Baird, D. – Nordmann, A. – Schummer, J. (Hrsg.): Discovering the Nanoscale. Amsterdam 2004.

NNI – National Nanotechnology Initiative (1999): National Nanotechnology Initiative. Washington 1999.

Nordmann, A. (2007): If and Then: A Critique of Speculative NanoEthics. S. 31–46 in Nanoethics 1 (2007).

Nordmann, A. – Rip, A. (2009): Mind the gap revisited. S. 273–274 in Nature Nanotechnology 4 (2009).

NRC – National Research Council (2006): A Matter of Size: Triennial Review of the National Nanotechnology Initiative. Washington, DC 2006.

Paschen, H. – Coenen, C. – Fleischer, T. – Grünwald, R. – Oertel, D. – Revermann, C. (2004): Nanotechnologie: Forschung, Entwicklung, Anwendung, Berlin 2004.

Phoenix, C. – Treder, M. (2003) Applying the Precautionary Principle to Nanotechnology. URL: http://www.crnano.org/Precautionary.pdf

Rapp, F. (Hrsg.) (1999): Normative Technikbewertung. Wertprobleme der Technik und die Erfahrungen mit der VDI-Richtlinie 3780. Berlin 1999.

Rip, A. – T. Misa – Schot, J. (Hrsg.) (1995): Managing Technology in Society. London 1995.

Roco, M.C. (2007): Foreword: Ethical Choices in Nanotechnology Development. S. 5–6 in Allhoff, F. – Lin, P. – Moor, J. – Weckert, J. (Hrsg.): Nanoethics. The Ethical and Social Implications of Nanotechnology. New Jersey 2007.

Roco, M.C. – Bainbridge, W.S. (Hrsg.) (2002): Converging Technologies for Improving Human Performance. Arlington 2002.

Ropohl, G. (1995): Die Dynamik der Technik und die Trägheit der Vernunft. S. 102–119 in Lenk, H. – Poser, H. (Hrsg.): Neue Realitäten – Herausforderung der Philosophie. Berlin 1995.

Schmid, G. – Ernst, H. – Grünwald, W. – Grunwald, A. – Hofmann, H. – Janich, P. – Krug, H. – Mayor, M. – Rathgeber, W. – Simon, B. – Vogel, V. – Wyrwa, D. (2006): Nanotechnology – Perspectives and Assessment. Berlin 2006.

Swierstra, T. – Rip, A. (2007): Nano-ethics as NEST-ethics: Patterns of Moral Argumentation About New and Emerging Science and Technology. S. 3–20 in Nanoethics 1 (2007).

van de Poel, I. (2009): Values in engineering design. S. 973–1006 in Meijers, A. (Hrsg.): Handbook of the Philosophy of Science. Vol. 9: Philosophy of Technology and Engineering Sciences. Oxford 2009.

van der Burg, S. – Swierstra, T. (Hrsg.): Ethics on the Laboratory Floor. Hampshire, England 2013.

van Merkerk, R. (2007): Intervening in Emerging Technologies – A CTA of Lab-on-a-chip technology. Utrecht 2007.

VDI – Verein Deutscher Ingenieure (1991): Richtlinie 3780. Technikbewertung, Begriffe und Grundlagen. Düsseldorf 1991.

Partizipative Technikgestaltung altersgerechter Assistenzsysteme als Verfahren der angewandten Ethik

Karsten Weber – Alena Wackerbarth

Herkunft und Folgen ubiquitärer Technik

> „The most profound technologies are those that disappear. They weave themselves into the fabric of everyday life until they are indistinguishable from it. [...] We are therefore trying to conceive a new way of thinking about computers, one that takes into account the human world and allows the computers themselves to vanish into the background" (Weiser 1991, 94).

Vor mehr als 20 Jahren skizzierte Mark Weiser mit diesem Zitat die Vision einer Informations- und Kommunikationstechnologie, die sich fundamental von jener Technik unterscheiden sollte, die in den frühen 1990er Jahren allgemein verfügbar war. *Ambient Intelligence*, *Ubiquitous Computing* und *Pervasive Computing*: Diese und andere Bezeichnungen stehen seitdem für Technologien, die informations- und kommunikationsorientierte Dienstleistungen erbringen sollen, ohne dass die entsprechenden Geräte als technische Artefakte erkennbar wären (vgl. Weber 2012). Im Grunde kamen Weisers Ideen in Hinsicht auf die in den 1990er Jahren verfügbare Informations- und Kommunikationstechnologie jedoch zu früh, da zu dieser Zeit viele technische Voraussetzungen zu deren Realisierung noch fehlten. Allerdings stießen seine Ideen neue Entwicklungen an, die heute *Smart Home*, *Ambient Assisted Living* oder *altersgerechte Assistenzsysteme* genannt werden – IuK-Technologie für die eigenen vier Wände, die den Alltag erleichtern oder bei gehandicapten Personen ein selbstständiges Leben überhaupt erst möglich werden lassen soll.

So dynamisch sich die technische Weiterentwicklung seit den frühen 1990er Jahren im Bereich ubiquitärer Informations- und Kommunikationstechnologie zeigte, so wenig wurde systematisch über die sozialen und normativen Auswirkungen einer Technologie nachgedacht, die überall und jederzeit verfügbar sein würde. Obwohl es durchaus eine breit angelegte fachliche Diskussion über die normativen Fragen, die mit einer solchen Technologie einhergehen könnten, gab und gibt, fand eine öffentlich geführte Debatte lange Zeit kaum oder gar nicht statt – das Praktisch-Werden der Ethik in Bezug auf ubiquitäre Technik blieb bis in die 2010er Jahre weitgehend aus. Selbst die fachliche Diskussion beschränkte sich zu guten Teilen auf die Folgen ubiquitärer Technik für die Privatsphäre jener Menschen, die damit umgehen (müssen). So wichtig Privatsphäre und deren Schutz für Individuen und Gesellschaft ohne Zweifel sind, stellt sie jedoch nicht den einzigen sozialen Kontext dar, der durch den Einsatz entsprechender Technik betroffen sein wird. Selbst in den wenigen Dokumenten, die auch für politische Entscheidungen bspw. in Hinsicht auf die Gestaltung von Forschungs-Agenden relevant waren, so der ISTAG-Report „Scenarios for Ambient Intelligence in 2010" (ISTAG 2001), der massive Forschungsanstrengungen auf diesem Technologiefeld in den Mitgliedsländern der Europäischen Union auslöste, fanden normativ informierte Folgenabschätzungen, die sich an Adressaten außerhalb des akademischen Umfelds richteten, kaum statt.[1]

Das Fehlen einer normativen Auseinandersetzung mit den Folgen ist schon deshalb erstaunlich, da ubiquitäre IuK-Technologie oft im Kontext der Unterstützung von hilfsbedürftigen oder sich in Not befindenden Menschen diskutiert wird – also im Zusammenhang mit besonders vulnerablen Personengruppen. Eines der Forschungsfelder hinsichtlich ubiquitärer IuK-Technologien umfasst altersgerechte Assistenzsysteme, die insbesondere in der Pflege alter und hochbetagter Menschen eingesetzt werden sollen. Dahinter verbergen sich ganz unterschiedliche Anwendungen, so bspw. Computerspiele, die die geistige Fitness und Leistungsfähigkeit insbesondere von alten und hochbetagten Menschen erhalten helfen sollen (bspw. Kapralos et al. 2007), Telemonitoring- und Telecare-Systeme zur Unterstützung der ärztlichen Versorgung vor allem in ländlichen Gebieten (z.B. Botsis/Hartvigsen 2008), Haushalts- und Pflegeroboter wie die Robbe *Paro* (bspw. Kidd/Taggart/Turkle 2006) oder hochgradig vernetzte Systeme, die Menschen mit physischen und psychischen Handicaps ein selbstbestimmtes Leben in den eigenen vier Wänden ermöglichen sollen (z.B. Park et al. 2003). Dabei ist die Technik natürlich nicht Selbstzweck, sondern soll

- zur Kostendämpfung im Gesundheits- und Pflegesystem beitragen, da angesichts des demografischen Wandels befürchtet wird, dass die Zunahme der Zahl alter und hochbetagter Menschen, die noch dazu in immer größerer Zahl chronisch krank sind (Lichtenthaler 2011), bei gleichzeitiger Verringerung der Arbeitstätigen und damit Beitragszahler zu erheblichen Finanzierungslücken führen könnte (vgl. Weber/Haug 2005);

- dem Arbeitskräftemangel abhelfen, denn schon heute haben Gesundheits- und Pflegedienstleister erhebliche Schwierigkeiten, ihren Arbeitskräftebedarf zu decken – Einwanderung wird dieses Problem nicht lösen können;

---

1 Eine wichtige Ausnahme in Deutschland stellt die Studie von Friedewald et al. (2010) dar.

- die Beschäftigten im Gesundheits- und Pflegedienst sowie Angehörige oder andere Personen, die informelle Pflege erbringen, bei der Verrichtung von (in erster Linie körperlich) anstrengenden Tätigkeiten entlasten, um zu verhindern, dass diese Personen aufgrund ihrer Tätigkeit selbst zu schweren Pflegefällen werden;
- dazu beitragen die Gesundheits- und Pflegeversorgung in ländlichen Regionen sicherzustellen, da aufgrund der meist geringen Besiedlung dort schon heute die notwendige Infrastruktur ausgedünnt ist (vgl. Bauer 2009, 100);
- pflege- und hilfsbedürftigen (alten und hochbetagten) Menschen ermöglichen, zuhause ein selbstbestimmtes Leben zu führen und deren soziale Teilhabe zu sichern (vgl. Betz et al. 2010);
- für die deutsche Industrie neue Märkte öffnen und damit wohlstandsfördernd wirken (vgl. VDI/VDE-IT 2011, Fachinger et al. 2012).

Technik, mit deren Hilfe so unterschiedliche Ziele verfolgt werden soll, wirft beinahe unweigerlich weitreichende soziale und normative Fragen auf, da davon auszugehen ist, dass die genannten Ziele mit entsprechenden Interessen ganz verschiedener Stakeholder verbunden sind und diese Interessen in vielen Fällen miteinander im Konflikt stehen. Werden diese Konflikte nicht gelöst oder zumindest moderiert, kann dies unter anderem zur Folge haben, dass Produkte und Dienstleistungen entwickelt werden, die von den potenziellen Nutzern[2] nicht akzeptiert werden. Daher ist es allein schon aus ökonomischen Erwägungen sinnvoll, Technik im Allgemeinen und altersgerechte Assistenzsysteme im Speziellen frühzeitig ethisch zu evaluieren und eine partizipative Technikentwicklung einzuleiten mit dem Ziel, Konflikte lösen zu helfen und Akzeptanz für die Technik und deren Einsatz herzustellen. Eine solche Vorgehensweise zielt letztlich auf eine durch alle Stakeholder mitbestimmte Gestaltung von Technik und gehört damit in den Kontext partizipativer bzw. konstruktiver Technikfolgenforschung (bspw. Guston/Sarewitz 2002, Genus 2006). Darüber böte sich die Chance das Desiderat der Einbeziehung von ethischen und sozio-kulturellen Aspekten im Health Technology Assessment (HTA) einzuholen (z.B. Gerhardus/Stich 2008, Lühmann/Raspe 2008).

Ethische Evaluierung und partizipative Technikentwicklung

Entwicklung und Einsatz altersgerechter Assistenzsysteme stellen nicht nur und vielleicht nicht einmal primär technische, sondern soziale Herausforderungen dar. Dies ergibt sich allein schon daraus, dass entsprechende Systeme zuhause bei den zu pflegenden Personen eingesetzt werden sollen.

---

2 Im vorliegenden Text wird aus Gründen der Kürze und Lesbarkeit stets das generische Maskulinum verwendet; gemeint sind jedoch stets alle Geschlechter.

Die eigenen vier Wände stellen aber nicht nur einen physischen Raum dar, sondern sind ein Heim, das mit Erinnerungen und Erfahrungen gesättigt ist, die gefährdet werden können, wenn sich die Gestalt und der Charakter dieses Heimes durch den massiven Einsatz von Technik verändern. Die Bewertung von Technik in der Pflege- und Gesundheitsversorgung in Bezug auf solche Aspekte wird derzeit jedoch dadurch erschwert, dass sich viele Systeme noch in der Entwicklung befinden oder erst kürzlich auf den Markt gekommen sind – konkrete Erfahrungen liegen also nur in unzureichender Zahl vor. Das heißt jedoch nicht, dass ethische Überlegungen und Bewertungen gänzlich unmöglich wären, denn diese sind in aller Regel von der Empirie unabhängig. Allerdings erfordert das Praktisch-Werden der Ethik die Einbeziehung der Empirie, sodass viele Versuche der normativen Evaluierung altersgerechter Assistenzsysteme auf soziologische Instrumente der Befragung von Nutzern existierender Prototypen oder von potenziellen Anwendern in Form von quantitativen und/oder qualitativen Methoden zurückgreifen.

Im Folgenden sollen vier verschiedene Ansätze vorgestellt werden, die zur ethischen Evaluierung und/oder partizipativen Technikentwicklung altersgerechter Assistenzsysteme genutzt werden (können). Deren Entstehung, Herkunft und Anwendungsmöglichkeiten unterscheiden sich erheblich: Die *VDI-Richtlinie 3780* zielt auf Technik allgemein, *MAST* insbesondere auf telemedizinische Anwendungen, *sentha* auf die seniorengerechte Gestaltung von Technik allgemein, *MEESTAR* wiederum nimmt insbesondere altersgerechte Assistenzsysteme für den Einsatz im eigenen Heim in den Fokus. Auch ist der Anteil ethischer Überlegungen unterschiedlich groß: MEESTAR ist explizit zur ethischen Evaluierung gedacht, sentha beinhaltet solche Überlegungen allenfalls nur implizit, MAST zwar explizit, aber eher am Rande (vgl. Manzeschke et al. 2012), die VDI-Richtlinie 3780 soll Ethik berücksichtigen helfen, gibt aber nur wenig Anleitung, wie dies geschehen könnte. Trotz all dieser Unterschiede in Anspruch, Reichweite und Methodik zeigt sich an den vorgestellten Ansätzen, dass es Verfahren zur Praktisch-Werdung der Ethik bereits gibt. Ob sie in größerem Umfang eingesetzt werden, steht jedoch auf einem anderen Blatt.

VDI-Richtlinie 3780

Die im Jahr 1991 vom Verein Deutscher Ingenieure ins Leben gerufene VDI-Richtlinie 3780 „Technikbewertung – Begriffe und Grundlagen" entstand vor dem Hintergrund der damals geführten normativen Technikdiskussion, die in den Bereichen und Ausschüssen der VDI-Hauptgruppe zu der Einsicht geführt hatte, dass ein Technikbild, welches impliziert, dass Technik eine eigene Welt oder Domäne darstellt, die von anderen Bereichen deutlich abgrenzt ist, eine problematische Engführung bedeutet (VDI 1991b, 10, Kornwachs 1993, 156). Nunmehr galt die Einsicht, dass auch nicht-technische bzw. außer-technische Komponenten bei der technischen Entwicklung berücksichtigt werden müssen, so z.B. die ökologische und soziale Dimension der Technik (Lenk/Maring 1996, 80, Ropohl/Schuchardt/Lauruschkat 1984). Schon allein durch deren bloße Existenz und erst recht durch nutzungsbedingte Ver- und Entsorgungsprozesse verbrauchen künstliche Gegenstände immer schon Naturstoffe und verändern somit die natürliche Umwelt (VDI 1991b, 10). Ebenso erfordert die Tatsache, dass künstliche Gegenstände von und für Menschen entworfen werden und damit „Kristallisationen gesellschaftlicher Verhältnisse" (VDI 1991b, 10) sind, die Berücksichtigung der sozialen Komponente bei der Technikentwicklung. Ein solcherart erweitertes Technikverständnis führte nun dazu, dass in der Richtlinie (VDI 1991a, 2) Technik als „die Menge der nutzenorientierten, künstlichen, gegenständlichen Gebilde (Artefakte oder Sachsysteme) [...], die Menge menschlicher Handlungen und Einrichtungen, in denen Sachsysteme entstehen und [...] die Menge menschlicher Handlungen, in denen Sachsysteme verwendet werden" definiert wird. Demzufolge gehören die Entstehungsbedingungen ebenso wie die Nutzungsfolgen der künstlichen Gebilde genauso zur Technik wie diese Gebilde selbst (VDI 1991b, 11). Das Hauptaugenmerk der Richtlinie liegt auf einem Wertekatalog, der in folgende acht Wertbereiche gegliedert ist: Funktionsfähigkeit, Wirtschaftlichkeit (einzelwirtschaftlich), Wohlstand (gesamtwirtschaftlich), Sicherheit, Gesundheit, Umweltqualität, Persönlichkeitsentfaltung und Gesellschaftsqualität. Die Wertbereiche der Persönlichkeitsentfaltung und der Gesellschaftsqualität sind zusammengefasst, weil sie in engster Wechselwirkung zueinander stehen: Handlungsfreiheit ist z.B. ein Wert der Persönlichkeitsentfaltung, er steht aber auch gleichermaßen für die Qualität einer Gesellschaft, die ihren Mitgliedern ermöglicht, diesen Wert zu verfolgen (VDI 1991b, 33).

Es fällt weiterhin die Beziehung zwischen den unterschiedlichen Wertebereichen auf: Häufig kann es zu Instrumentalbeziehungen (z.B. wenn ein Unternehmen Umwelttechnik herstellt) und Konkurrenzverhältnissen (bspw. zwischen Wirtschaftlichkeit und Umweltqualität) kommen (VDI 1991a, 13, Zoglauer 1998, 251). Zwar deckt der Wertekatalog vom Grundsatz her alle wichtigen Elemente ab, allerdings ist dieser im Detail nicht vollständig. Da sich die Werte auf die Technik im Allgemeinen richten, sind sie in Bezug auf bestimmte Technologien zu unspezifisch. Für die Durchführung der Technikbewertung bedeutet das, die für diesen Fall relevanten Wertebereiche und Ziele zu bestimmen, als auch die Beziehungen, die zwischen diesen bestehen (VDI 1991a, 13). Eine notwendige Differenzierung in den einzelnen Bereichen ist also für die konkrete Technikbewertung unabdingbar. Insofern wird deutlich, dass die Richtlinie dazu anregen will, den Gesamtüberblick und die Beziehungen zwischen den wichtigsten Wertbereichen ins Auge zu fassen: Sie will informieren, Orientierung geben und auf Zusammenhänge und Wechselwirkungen aufmerksam machen. Dagegen gibt die Richtlinie keine spezifischen Handlungsempfehlungen und erhebt ebenso wenig den Anspruch auf definierte Verfahren, ausgewählte Werte und vorgegebene Methoden, weswegen sie auch nicht als Gebrauchsanleitung zur ethischen Evaluierung oder partizipativen Technikgestaltung anzusehen ist (Zweck 2013, 150).

Seniorengerechte Technik im häuslichen Alltag (sentha)

sentha geht auf ein DFG-gefördertes Projekt zurück, das vor dem Hintergrund entstand, dass die auf dem Markt als seniorengerecht angebotenen und beworbenen Produkte den Bedürfnissen der Senioren nicht oder nur teilweise entsprechen und das Marktpotenzial für seniorengerechte Produkte keineswegs ausschöpfen (Dienel 2007, 13). Zudem gelten die klassischen Leitbilder seniorengerechter Technik – wie das Leitbild der Barrierefreiheit sowie der Ansatz des *design for all* als ergänzungsbedürftig: Das Leitbild der Barrierefreiheit konzentriert sich auf die technische Kompensation körperlicher Defizite sowie auf die Absenkung physischer Barrieren und impliziert damit eine Technik für Menschen mit physischen Handicaps. Design for all wiederum lässt die fokusgruppenspezifische Gestaltung von Produkten und Dienstleistungen außer Acht (vgl. Weber 2014), wobei gerade die Identifizierung spezifischer Bedürfnisse einzelner Nutzer und Nutzergruppen in der seniorengerechten Technik- und Dienstleistungsentwicklung für ein nischenorientiertes Industrieland wie Deutschland nachhaltige Wachstumschancen bieten könnte (Dienel 2007, 17).

Vor diesem Hintergrund hatte sich ein multidisziplinäres Team – bestehend aus Ingenieuren, Arbeitswissenschaftlern, Designern und Soziologen – zum Ziel gesetzt, in intensiver Zusammenarbeit Technik im Haushalt zur Unterstützung der selbstständigen Lebensführung älterer Menschen zu untersuchen und daraus neue Konzepte, Gestaltungsregeln und Modelle seniorengerechter Technik zu entwickeln (Mollenkopf et al. 2000, 155). Außerdem waren ein Seniorenrat sowie ein Industriebeirat involviert, sodass von einem transdisziplinären Ansatz gesprochen werden kann, der möglichst viele Stakeholder-Perspektiven berücksichtigen sollte. Die sentha-Methode zielte darauf klassische Methoden der Produktentwicklung dahingehend zu ergänzen, dass der Aspekt der „Seniorengerechtheit" in den Ablauf der allgemeinen methodischen Produktentwicklung integriert und damit eine stärkere Orientierung an den älteren Menschen bei der Entwicklung von seniorengerechten Produkten und Dienstleistungen veranlasst wird (Reinicke/Blessing 2007, 189, Peine/Haase/Dienel 2002, 3). Insofern ist von einem integrativen Ansatz auszugehen, der außerdem nicht nur auf seniorengerechte Produkte und Dienstleistungen anwendbar, sondern ebenso auch auf andere Konsumgüter und Dienstleistungen übertragbar ist. Die sentha-Methode besteht aus drei Ebenen, die in einer hierarchischen Ordnung zueinander stehen: einer *normativen*, einer *strategischen* und einer *operativen* Ebene, welche in insgesamt sieben Dimensionen ausgedrückt werden: der *salutogenetischen*, *fokusgruppenspezifischen*, *selbsterlernenden*, *synergischen*, *partizipativen*, *kooperativen* sowie *empathischen* Dimension. Hierbei ist anzumerken, dass die sentha-Methode nicht als rezeptartige Sammlung von Vorgehensweisen zu betrachten ist (Dienel et al. 2007, 117). Eine Operationalisierung der sentha-Methode muss also im jeweiligen konkreten Anwendungsfall vorgenommen werden.

Die *normative Dimension* beschreibt die Leitbilder einer seniorengerechten Technik und gibt an, worin die Aufgaben der Produkte bestehen und welche Ziele verfolgt werden sollen, wohingegen sie über Produktdetails keine Auskunft erteilt. Während die *salutogenetische* Dimension sich an den Stärken, Bedürfnissen und Wünschen von Senioren und damit nicht an deren Schwächen orientiert – hier kann vermutet werden, dass auf Ideen aus dem Befähigungsansatz der Sozialen Arbeit zurückgegriffen wurde –, handelt es sich bei der *fokusgruppenspezifischen* Dimension um eine Nischenorientierung, die die besondere Situation von Senioren berücksichtigt (ebd.). D.h., die Aufgabe von Produkt- und Dienstleistungsanbietern besteht darin, herauszufinden, ob und welche speziellen Zielgruppen angesprochen werden können und nach welchen speziellen Produkt- und Dienstleistungssegmenten gesucht werden kann, damit spezifisch Senioren, einzelne Gruppen von Senioren oder auch einzelne ältere Menschen mit ihren ganz besonderen Vorlieben und Wünschen berücksichtigt werden (ebd. 118f.). Die *selbsterlernende* sowie *synergische* Dimension beschreiben den Charakter der zu konzipierenden Produkte sowie Dienstleistungen und werden als Mittel angesehen, die normativen Ziele umzusetzen (ebd. 118, 120). Die *selbsterlernende* Dimension bezieht sich auf die Flexibilität und Veränderungsfähigkeit von Produkten. Damit ist gemeint, dass seniorengerechte Produkte an die Ansprüche von Senioren angepasst werden können müssen: So benötigen bspw. Hochbetagte mit zunehmendem Alter eher niedrige Schränke, wohingegen oft höhere Stühle für sie von Vorteil sind. Die *synergische* Dimension bezieht sich auf das Zusammenspiel von Produkten und Dienstleistungen, wie z.B. die Wechselwirkung von verschiedenen technischen Komponenten in einem Haushalt und dessen Umgebung (ebd. 122). Dabei bedeutet dieses Zusammenspiel oft mehr als bloß die Summe der Einzelteile, weswegen sich die Forderung zum einen auf Systemkompatibilität und zum anderen auf gegenseitige funktionelle Stärkung richtet (ebd.). Die *operative* Dimension umfasst *partizipative, kooperative und empathische* Arbeitsweisen, womit sie im

Gegensatz zu den beiden vorherigen Dimensionen wesentlich konkreter, pragmatischer und umsetzungsfreundlicher ist (ebd. 122f.). Bei der *partizi-pativen* Arbeitsweise geht es um Beteiligungsverfahren, die darauf abzielen sollen, Senioren an der Konzeption, Gestaltung und Erprobung von Produk-ten aktiv teilhaben zu lassen. So zeigt sich immer wieder, dass die Nutzer-integration in den Prozess der Produktentwicklung als Notwendigkeit für Wettbewerbsfähigkeit angesehen wird, was sowohl zur Kundenzufriedenheit als auch zum Produkterfolg führt. Während damit die externe Zusammen-arbeit adressiert wird, bezieht sich die *kooperative* Arbeitsweise auf die Zu-sammenarbeit innerhalb eines Unternehmens, einer Forschergruppe oder anderer Kooperationsnetzwerke (ebd. 128). Das Ziel besteht folglich darin, die Zusammenarbeit verschiedener Partner zu optimieren. So führte die wis-senschaftliche Kooperation im sentha-Projekt zwar zu neuen Impulsen, die zentrale Herausforderung des Kooperationsmanagements bestand jedoch darin, die Zusammenarbeit zu fördern, ohne die kreative Spannung zu ge-fährden (ebd. 129). Dagegen geht es bei der *empathischen* Arbeitsweise um Methoden des Einfühlungsvermögens in die Lebenswelt von Senioren (z.B. durch teilnehmende Beobachtung), die es ermöglichen sollen, deren Wün-sche, Ängste, Lebensstile und Ziele zu erfassen (ebd. 123).

Model of Assessment of Telemedicine (MAST)

MAST (siehe Kidholm et al. 2012) stellt ein Bewertungsverfahren für teleme-dizinische Technik dar und ist das Ergebnis einer Studie, die vom MedCom[3] sowie dem Norwegian Centre for Integrated Care and Telemedicine in Part-nerschaft mit der Universität in Stirling sowie dem Norwegian Knowledge Centre for Health Services durchgeführt und von der Europäischen Kommis-sion beauftragt wurde. Ausgangspunkt war eine Literaturrecherche, die er-geben hatte, dass viele Studien über die Bewertung von Telemedizin von keiner hohen Qualität sind sowie fragwürdige Methoden und Techniken ver-wenden; dies gab Anlass zur Entwicklung eines neuen Bewertungsmodells für telemedizinische Systeme, das über folgende Charaktereigenschaften verfügen sollte:

> „A multidisciplinary process that summarizes and evaluates infor-mation about the medical, social, economic and ethical issues related to the use of telemedicine in a systematic, unbiased, robust manner" (Kidholm et al. 2010, 16).

---

3 Die im Jahr 1994 in Dänemark gegründete Projektorganisation MedCom setzt sich zum Ziel, zur Entwicklung, Prüfung, Verbreitung und Qualitätssicherung von IKT im Gesundheitswesen beizutragen, um die Pflege und Behandlung zu unter-stützen.

Hierbei liegt die Betonung auf „multidisciplinary" sowie „systematic, unbiased, robust". Das bedeutet, dass mit der Entwicklung von MAST der Versuch unternommen werden sollte, möglichst alle (wichtigen) Folgen bei der Bewertung telemedizinischer Technik objektiv zu berücksichtigen und dabei die Perspektiven möglichst vieler Stakeholder einfließen zu lassen. Darüber hinaus sollen entsprechende Bewertungen auf wissenschaftlichen Studien, Methoden und Qualitätskriterien basieren. Das Ziel von MAST ist somit folgendes:

> „MAST should be used if the purpose of an assessment is to describe effectiveness and contribution to quality of care of telemedicine applications and to produce a basis for decision making" (ebd. 2).

Insofern dient das Modell als Entscheidungsgrundlage für den Gebrauch telemedizinischer Anwendungen, mit dem es möglich ist deren Effektivität zu bewerten. Mit anderen Worten: Das Modell soll von Entscheidungsträgern dazu herangezogen werden, um darüber urteilen zu können, ob gewisse telemedizinische Dienstleistungen in das Gesundheitswesen implementiert werden sollen oder nicht. Dabei besteht MAST aus folgenden Elementen:

- Vorausgehenden Betrachtungen, die demzufolge *vor* der Bewertung telemedizinischer Anwendungen angestellt werden sollen (siehe „Preceding consideration"),
- einer interdisziplinären Bewertung (siehe „Multidisciplinary assessment") und
- einer Bewertung der Übertragbarkeit von Ergebnissen, die sich aus der wissenschaftlichen Literaturrecherche sowie neuen Studien ergeben (siehe „Transferability assessment").

Preceding consideration: Bevor mit der Bewertung begonnen wird, müssen vorausgehende Betrachtungen angestellt werden. Diese dienen dazu herauszufinden, ob es für eine Institution[4] überhaupt sinnvoll ist, zu diesem Zeitpunkt eine Bewertung durchzuführen. Dafür müssen zu Beginn das Ziel der telemedizinischen Anwendung sowie entsprechende Alternativen bestimmt werden. Diese Beschreibung sollte die Patientenbeschreibung, deren

---

4 In Deutschland könnte eine solche Institution bspw. die im Jahr 2000 am Deutschen Institut für Dokumentation und Information (DIMDI) gegründete Deutsche Agentur für Health Technology Assessment (DAHTA) oder aber das Institut für Qualität und Wirtschaftlichkeit im Gesundheitswesen (IQWiG) sein. Die gesetzlichen Grundlagen für deren Tätigkeit sind in erster Linie im Sozialgesetzbuch – SGB V, §§ 35b, 137c und 139a/b kodifiziert. Die ursprüngliche Idee des Health Technology Assessment geht auf die Pionierarbeit des US-amerikanischen Office of Technology Assessment (OTA) Mitte der 1970er Jahre zurück. Die Gründungsdokumente und die Arbeitsberichte des OTA können im Internet abgerufen werden (siehe http://ota.fas.org/ – zuletzt zugegriffen am 26.09.2014).

zu behandelnde Gesundheitsprobleme sowie den Nutzen der zu bewerten-
den Technologie beinhalten. Auf diese Weise soll geklärt werden, ob die
neue Technologie eine substanzielle Verbesserung gegenüber herkömmlichen Technologien darstellt. Ebenso wichtig ist es, Alternativen zu beschreiben, mit denen die telemedizinische Anwendung verglichen werden kann.
Darüber hinaus sollten noch folgende Aspekte betrachtet werden (ebd., 20):

- Gliedert sich die telemedizinische Dienstleistung in die Gesetzgebung
  ein?
- Wird die telemedizinische Dienstleistung zurückerstattet?
- Wie reif ist die telemedizinische Anwendung?
- Wie hoch ist die Patientenzahl, die von dieser Anwendung Gebrauch ma-
  chen wird?

Multidisciplinary assessment: Nachdem die vorausgehenden Betrachtungen
abgeschlossen wurden und sofern sich herausgestellt hat, dass eine weitere
Bearbeitung für die Institution sinnvoll erscheint, kann mit der multidisziplinä-
ren Bewertung begonnen werden. Diese setzt sich aus sieben zu bewerten-
den Bereichen zusammen: zu lösende Gesundheitsprobleme und Ge-
brauchseigenschaften, Sicherheit, klinische Effektivität, Patientensicht, ökonomische Aspekte, organisatorische Aspekte sowie soziokulturelle, ethische
und rechtliche Aspekte[5].

Transferability assessment: Zusätzlich muss überprüft werden, inwiefern
die aus der Bewertung entstandenen Ergebnisse übertragbar sind. Es soll
also schon während der Durchführung analysiert werden, ob die Ergebnisse
auch in der Realität zu erwarten sind.

Modell zur ethischen Evaluation
sozio-technischer Arrangements (MEESTAR)

MEESTAR entstand 2012 vor dem Hintergrund, dass der Einsatz altersgerechter Assistenzsysteme „ernste moralische Fragen" aufwirft – bspw. „wie
wird man älteren Menschen in ihrer Bedürftigkeit gerecht und unterstützt sie
darin, ihr „eigenes" Leben zu führen?" (Böhme 1997). Das Modell, dessen
Entwicklung im Rahmen der AAL-Initiative des BMBF[6] gefördert wurde, soll
nun dabei helfen, ethisch problematische Effekte altersgerechter Assistenzsysteme zu identifizieren und darauf aufbauend Wege zu deren Lösung oder
zumindest Abschwächung zu finden. Es besteht aus drei Achsen (Manzeschke et al. 2013, 13): Auf der y-Achse befinden sich vier Stufen der ethi-

---

5 Im Englischen wird in diesem Zusammenhang häufig von „ELSA = ethical, legal,
and social aspects" gesprochen.
6 AAL: Ambient Assisted Living for the Aging Population, BMBF: Bundesministerium für Bildung und Forschung.

schen Bewertung, auf der z-Achse drei Beobachtungs- bzw. Bewertungs-perspektiven (gesellschaftlich, organisational und individuell) und auf der x-Achse sieben Dimensionen der ethischen Bewertung:

- *Fürsorge*: Fürsorge meint eine Sorge für andere Personen, die nicht mehr in der Lage sind, Entscheidung und Verantwortung selber zu über-nehmen. Dabei erfolgt die Unterstützung nicht unbedingt personell, son-dern auch technisch. Letztere wird insbesondere in jenen Situationen bevorzugt, die von der zu unterstützenden Person als schamhaft emp-funden werden.

- *Selbstbestimmung/Autonomie*: Selbstbestimmung bedeutet, dass der Einzelne unabhängig von jeder Art der Fremdbestimmung ist und ihm eine maximale Entscheidungs- sowie Handlungsfreiheit gewährt wird. Im Kontext der Internationalen Behindertenrechtskonvention liegt im Art. 1 SGB IX der Fokus auf der Rehabilitation und Teilhabe behinderter Men-schen. Die Integration bzw. Inklusion von Menschen mit Behinderung sind so zu Begriffen der Selbstbestimmung und sozialer Teilhabe gewor-den (ebd.).

- *Sicherheit*: Das übergeordnete Ziel altersgerechte Assistenzsysteme be-steht darin, Sicherheit zu erhöhen. Im Kontext der Pflege- oder Gesund-heitsversorgung bedeutet dies in erster Linie, dass der Schutz der Pa-tienten gewährleistet werden soll (ebd.). Falls ein gesundheitliches Pro-blem akut wird, sollen altersgerechte Assistenzsysteme dazu beitragen die gesundheitliche und/oder pflegerische Versorgung schnellstmöglich sicherzustellen. Hierbei geht es jedoch nicht nur um eine Erhöhung der objektiven Sicherheit, sondern – vor dem Hintergrund der Angehörigen der zu pflegenden Person – auch um die Steigerung des subjektiven Si-cherheitsgefühls.

- *Privatheit*: Unter Privatheit (oder Privatsphäre) versteht man eine persön-liche Sphäre bzw. einen unverletzlichen Bereich um Personen, welcher individuelle Freiheit und Autonomie garantieren soll und als Gegensatz zur Allgemeinheit bzw. Öffentlichkeit verstanden werden kann. Im Kon-text altersgerechter Assistenzsysteme wird hierunter auch die Intimsphä-re gefasst.

- *Gerechtigkeit*: Die Dimension der Gerechtigkeit weist vor allem auf Fra-gen des Zugangs zu altersgerechten Assistenzsystemen hin, da derzeit ungeklärt ist, ob solche Systeme von den Solidarkassen finanziert oder nur über den zweiten Gesundheitsmarkt durch private Finanzierung der zukünftigen Nutzer erworben werden können. Hier sind also gesund-heitsökonomische Fragen ebenso wie Überlegungen zur Generationsge-rechtigkeit relevant.

- *Teilhabe*: Teilhabe meint, „einem Menschen Zugänge, Rechte und Güter zuzubilligen, die ihn als Menschen in der Gemeinschaft mit anderen Menschen leben lassen" (ebd.). Ziel ist es, alle Menschengruppen am

Leben in der Gesellschaft partizipieren zu lassen, so z.B. auch Menschen mit Behinderung.

- *Selbstverständnis*: Dies meint die Bewertung und Beurteilung der eigenen Person durch sich selbst (Selbstbild). Hierbei können u.a. das Alter oder Krankheiten Einflussfaktoren sein, aber auch die Meinung anderer (Fremdbild) kann in das Selbstverständnis einfließen. Da unabhängig von der sozialen Bewertung davon auszugehen ist, dass das Alter(n) in aller Regel z.B. mit körperlichen Abbauprozessen einhergeht, werden u.a. technische Systeme als Kompensation von Mängeln bzw. Defiziten verstanden, was jedoch aus philosophisch-anthropologischer Sicht kritisch betrachtet werden kann.

Bei der Anwendung von MEESTAR sollen Stakeholder-Vertreter anhand eines möglichst realitätsnahen Szenarios des Einsatzes eines altersgerechten Assistenzsystems oder anhand eines konkreten Produkts und dessen Anwendung anhand der sieben Dimensionen bei Zugrundelegung der drei Bewertungsperspektiven das altersgerechte Assistenzsystem unter Anwendung der vier Bewertungsstufen ethisch evaluieren, um Konflikte und mögliche Lösungen zu identifizieren, die dann in die Produktentwicklung einfließen sollen. Damit die genannten ethischen Dimensionen in möglichst vielfältiger Weise evaluiert werden können, soll die Einbeziehung mehrerer Bewertungsebenen (individuell, organisational und gesellschaftlich) dazu dienen, unterschiedliche Perspektiven zur Geltung zu bringen, um damit möglichst viele Stakeholder berücksichtigen zu können. Schließlich müssen nicht nur individuelle Akteure Verantwortung tragen, sondern ebenso korporative Akteure wie Unternehmen (ebd. 21). In Anlehnung an ein Eskalationsmodell zur Bewertung gentechnischer Eingriffe am Menschen (siehe Hacker/ Rendtorff/Cramer 2009) sollen vier Stufen eine Bewertung der sieben Dimensionen aus jeweils einer der Betrachtungsebenen heraus ermöglichen. Die Bewertung kann dabei nur im konkreten Fall stattfinden, d.h. unter Vorgabe eines konkreten technischen Systems und unter Betrachtung einer der sieben Dimensionen sowie eine der drei Ebenen. Dabei ist zu beachten, dass nur die erste Stufe als ethisch unbedenklich zu betrachten ist. Dies sollte aber nicht als eine Form der ethischen Unbedenklichkeitserklärung missverstanden werden: MEESTAR soll nicht zur Vergabe von Gütesiegeln dienen, sondern zur Evaluierung, Konfliktlösung und partizipativen Technikgestaltung.

Der Nutzen des Praktisch-Werdens der Ethik

So divers die gerade beschriebenen Ansätze in Hinblick auf Methoden und Zielsetzungen auch sind, wird doch deutlich, dass damit reale Probleme der Technikgestaltung adressiert werden – es geht hier also nicht um akademische Glasperlenspiele, sondern um die Lösung tatsächlich existierender Herausforderungen. Trotz deren Verschiedenheit eignet den Ansätzen das erklärte Ziel, ethisches Problembewusstsein aufseiten möglichst vieler Stakeholder sowohl auf Entwickler- als auch auf Anwenderseite zu wecken. Sollen altersgerechte Assistenzsysteme mit den hier vorgestellten Werkzeugen bewertet und damit auch gestaltet werden, kann es weder um unkonditionierte Akzeptanz noch grundsätzliche Ablehnung gehen, sondern um die Abwägung davon, ob in einem konkreten Anwendungsszenario eine technische oder nicht-technische Lösung zu präferieren wäre, ob eine High- oder Low-Tech-Variante sinnvoller wäre, ob dauerhafte oder temporäre Lösungen angestrebt werden sollten oder ob datenintensive Maßnahmen durch datensparsame ersetzt werden könnten. Stets muss das Ziel sein die Trade-offs jeder Alternative explizit zu machen, um so informiert wie möglich Nutzen und Belastungen bzw. Kosten, Chancen und Risiken, Vor- und Nachteile, Gewinne und Verluste abschätzen zu können: Nur auf einer informierten Basis sind verantwortliche und verantwortbare Entscheidungen durch die Stakeholder möglich. Im Idealfall werden entsprechende Abschätzungen und Abwägungen nicht erst dann durchgeführt, wenn Unternehmen mit ihren Produkten in den Markt drängen, sondern schon während der Entwicklung und Gestaltung dieser Produkte. Die Nutzung partizipativer Verfahren der Technikgestaltung unter Beteiligung möglichst aller Stakeholder ist nicht nur eine originär ethische Forderung im Sinne des *Empowerment*, sondern auch eine Methode zur Sicherstellung der Gebrauchstauglichkeit altersgerechter Assistenzsysteme. Bedauerlicherweise ist festzustellen, dass diese zentrale Erkenntnis der Technikfolgenforschung im Allgemeinen und des Health Technology Assessment im Speziellen ebenso wie der Gebrauchstauglichkeitsforschung im Zusammenhang mit altersgerechten Assistenzsystemen bisher nicht oder nur unzureichend berücksichtigt wurde. Daraus erwachsen mindestens zwei Gefahren, die sowohl aus Nutzersicht als auch aus einer gesellschaftlichen Perspektive untragbar sind: Zum einen führt die Nichtberücksichtigung von Gebrauchstauglichkeitsüberlegungen regelmäßig zu inadäquaten Produkten, die von den Nutzern nicht akzeptiert werden; zum anderen muss befürchtet werden, dass eine Gesellschaft als Ganzes in eine pfadabhängige technische Entwicklung und damit in einen technologischen Lock-in gerät, der schwer bis gar nicht zu überwinden sein könnte, weil die Wechselkosten untragbar wären. Partizipative Verfahren der Technikgestaltung können helfen dieses *Collingridge-Dilemma* zu vermeiden (vgl. Collingridge 1980), bessere Produkte zu entwickeln und ethische Abwägungen zu berücksichtigen – in der Ökonomie würde man hier wohl von einer Winwin-Situation sprechen. Man kann eine solch pragmatische Herangehensweise an ethische Konflikte vermutlich als prinzipienlos ansehen, weil dieses Vorgehen grundsätzlich auf den Kompromiss und den Ausgleich unterschiedlicher divergierender normativer Ansprüche aus ist. In der besten aller möglichen Welten mögen Kompromiss und Ausgleich unnötig sein, in der Realität unserer Lebenswelt hingegen sind sie unausweichlich.

Quellen

Bauer, S. (2009): Ansteigende Diversitäten ländlicher Räume? Schlussfolgerungen für die Regionalpolitik. S. 97–112 in Friedel, R. – Spindler, E.A. (Hrsg.): Nachhaltige Entwicklung ländlicher Räume. Wiesbaden 2009.

Betz, D. – Häring, S. – Lienert, K. – Lutherdt, S. – Meyer, S. – Reichenbach, M. – Sust, C. – Walter, H.-C. – Weingärtner, P. (2010): Grundlegende Bedürfnisse potenzieller AAL-Nutzer und Möglichkeiten der Unterstützung durch moderne Technologien. S. 40–62 in Meyer, S. – Mollenkopf, H. (Hrsg.): AAL in der alternden Gesellschaft. Anforderungen, Akzeptanz und Perspektiven. Berlin – Offenbach 2010.

Böhme, G. (1997): Ethik im Kontext. Über den Umgang mit ernsten Fragen. Frankfurt a.M. 1997.

Botsis, T. – Hartvigsen, G. (2008): Current status and future perspectives in telecare for elderly people suffering from chronic diseases. S. 195–203 in Journal of Telemedicine and Telecare 14 (2008).

Collingridge, D. (1980): The Social Control of Technology. London 1980.

Dienel, H.-L. – Peine, A. – Blanckenburg, C. von – Cameron, H. (2007): Die sentha-Methode für die Konzeption seniorengerechter Produkte. S. 115–139 in Friesdorf, W. – Heine, A. (Hrsg.): sentha – seniorengerechte Technik im häuslichen Alltag. Ein Forschungsbericht mit integriertem Roman. Berlin – Heidelberg 2007.

Dienel, H.-L. (2007): Einführung. S. 9–23 in Friesdorf, W. – Heine, A. (Hrsg.): sentha – seniorengerechte Technik im häuslichen Alltag. Ein Forschungsbericht mit integriertem Roman. Berlin – Heidelberg 2007.

Fachinger, U. – Koch, H. – Henke, K.-D. – Troppens, S. – Braeseke, B. – Merda, M. (2012): Ökonomische Potenziale altersgerechter Assistenzsysteme. Ergebnisse der „Studie zu Ökonomischen Potenzialen und neuartigen Geschäftsmodellen im Bereich Altersgerechte Assistenzsysteme". Vechta 2012. http://www.mtidw.de/grundsatzfragen/begleitforschung/dokumente/oekonomische-pot enziale-und-neuartige-geschaeftsmodelle-im-bereich-altersgerechter-assistenz-systeme-2 – zuletzt zugegriffen am 13.07.2014.

Friedewald, M. – Raabe, O. – Koch, D.J. – Georgieff, P. – Neuhäusler, P. (2010): Ubiquitäres Computing – Das „Internet der Dinge" – Grundlagen, Anwendungen, Folgen. Studien des Büros für Technikfolgen-Abschätzung beim Deutschen Bundestag. Bd. 31. Berlin 2010.

Genus, A. (2006): Rethinking constructive technology assessment as democratic, reflective, discourse. S. 13–26 in Technological Forecasting and Social Change 73 (2006).

Gerhardus, A. – Stich, A. K. (2008): Sozio-kulturelle Aspekte in Health Technology Assessments (HTA). S. 77–83 in Zeitschrift für Evidenz, Fortbildung und Qualität im Gesundheitswesen 102 (2008).

Guston, D.H. – Sarewitz, D. (2002): Real-time technology assessment. S. 93–109 in Technology in Society 24 (2002).

Hacker, J. – Rendtorff, T. – Cramer, P. (2009): Biomedizinische Eingriffe am Menschen. Ein Stufenmodell zur ethischen Bewertung von Gen- und Zelltherapie. Berlin 2009.

ISTAG (2001): Scenarios for Ambient Intelligence in 2010. Final Report compiled by Ducatel, K. – Bodganowicz, M. – Scapolo, F. – Leijten, J. – Burgelman, J.-C. http://www.ist.hu/doctar/fp5/istagscenarios2010.pdf – zuletzt zugegriffen am 17.09.2014.

Kapralos, B. – Katchabaw, M. – Rajnovich, J. – Ijsselsteijn, W. – Nap, H.H. – Kort, Y. de – Poels, K. (2007): Digital game design for elderly users. S. 17–22 in Proceedings of the 2007 conference on Future Play. New York 2007.

Kidd, C.D. – Taggart, W. – Turkle, S. (2006): A sociable robot to encourage social interaction among the elderly. S. 3972–3976 in Proceedings of the 2006 IEEE International Conference on Robotics and Automation (ICRA). Orlando 2006.

Kidholm, K. – Ekeland, A.G. – Kvistgaard Jensen, L. – Rasmussen, J. – Duedal Pedersen, C. – Bowes, A. – Flottorp, S.A. – Bech, M. (2012): A Model for Asessment of Telemedicine Applications: MAST. S. 44–51 in International Journal of Technology Assessment in Health Care 28 (2012).

Kidholm, K. – Rasmussen, J. – Ekeland, A.G. – Bowes, A. – Flottorp, S.A. – Duedal Pederson, C. – Kvistgaard Jensen, L. – Dyrehauge, S. (2010): MethoTelemed. Final Study Report, V2.11, 2010. http://www.mast-model.info/Downloads/MethoTelemed_final_report_v2_11.pdf – zuletzt zugegriffen am 17.09.2014.

Kornwachs, K. (1993): Information und Kommunikation. Zur menschengerechten Technikgestaltung. Berlin, Heidelberg 1993.

Lenk, H. – Maring, M. (1996): Dimensionen und Subjekte der Verantwortung. S. 78–95 in Jahrbuch für christliche Sozialwissenschaften 37 (1996). http://nbn-resolving.de/urn:nbn:de:hbz:6:3-jcsw-1996-2911 – zuletzt zugegriffen am 17.09.2014.

Lichtenthaler, S.F. (2011): Altern aus der Perspektive der Alzheimer Forschung. S. 49–58 in Gabriel, K. – Jäger, W. – Hoff, G.M. (Hrsg): Alter und Altern als Herausforderung. Freiburg – München 2011.

Lühmann, D. – Raspe, H. (2008): Ethik im Health Technology Assessment – Anspruch und Umsetzung. S. 69–76 in Zeitschrift für Evidenz, Fortbildung und Qualität im Gesundheitswesen 102 (2008).

Manzeschke, A. – Weber, K. – Fangerau, H. – Rother, E. – Quack, F. – Dengler, K. – Bittner, U. (2012): An ethical evaluation of telemedicine applications must consider four major aspects – A comment on Kidholm et al. 2012. S. 110–111 in International Journal of Technology Assessment in Health Care 29 (2012).

Manzeschke, A. – Weber, K. – Rother, E. – Fangerau, H. (2013): Ethische Fragen im Bereich Altersgerechter Assistenzsysteme. Berlin 2013.

Mollenkopf, H. – Meyer, S. – Schulze, E. – Wurm, S. (2000): Technik im Haushalt zur Unterstützung einer selbstbestimmten Lebensführung im Alter. Das Forschungsprojekt „sentha" und erste Ergebnisse des Sozialwissenschaftlichen Teilprojekts. S. 155–168 in Zeitschrift für Gerontologie und Geriatrie 33 (2000).

Park, S.H. – Won, S.H. – Lee, J.B. – Kim, S.W. (2003): Smart home – digitally engineered domestic life. S. 189–196 in Personal and Ubiquitous Computing 7 (2003).

Peine, A. – Haase, R. – Dienel, H.-L. (2002): Prozessevaluation. Evaluation der interdisziplinären Zusammenarbeit im Rahmen der Forschergruppe Sentha. Discussion Paper Nr. 02/02, 2002. https://www.tu-berlin.de/uploads/media/Sen tha_01.pdf – zuletzt zugegriffen am 17.09.2014.

Reinicke, T. – Blessing, L. (2007): Produktentwicklung mit Senioren. S. 187–207 in Friesdorf, W. – Heine, A. (Hrsg.): sentha – seniorengerechte Technik im häuslichen Alltag. Ein Forschungsbericht mit integriertem Roman. Berlin – Heidelberg 2007.

Ropohl, G. – Schuchardt, W. – Lauruschkat, H. (1984): Technische Regeln und Lebensqualität. Analyse technischer Normen und Richtlinien. Düsseldorf 1984.

VDI (1991a): VDI-Richtlinie 3780. Technikbewertung – Begriffe und Grundlagen. Düsseldorf 1991.

VDI (1991b): Technikbewertung – Begriffe und Grundlagen. Erläuterungen und Hinweise zur VDI-Richtlinie 3780. Düsseldorf 1991.

VDI/VDE-IT (2011): Technologische und wirtschaftliche Perspektiven Deutschlands durch die Konvergenz der elektronischen Medien. Berlin 2011. http://www.vdivd e-it.de/publikationen/studien/technologische-und-wirtschaftliche-perspektiven-deutschlands-durch-die-konvergenz-der-elektronischen-medien-studienband – zuletzt besucht am 13.07.2014.

Weber, K. (2012): Bottom-Up Mixed-Reality: Emergente Entwicklung, Unkontrollierbarkeit und soziale Konsequenzen. S. 347–366 in Robben, B. – Schelhowe, H. (Hrsg.): Be-greifbare Interaktionen – Der allgegenwärtige Computer: Touchscreens, Wearables, Tangibles und Ubiquitous Computing. Bielefeld 2012.

Weber, K. (2014): Alternative Benutzerschnittstellen als Möglichkeit der Kompensation sensorischer Handicaps. In Kerkmann, F. – Lewandowski, D. (Hrsg.): Barrierefreie Informationssysteme: Zugänglichkeit für Menschen mit Behinderung in Theorie und Praxis. Berlin 2014 (im Erscheinen).

Weber, K. – Haug, S. (2005): Demographische Entwicklung, Rationierung und (intergenerationelle) Gerechtigkeit – ein Problembündel der Gesundheitsversorgung. S. 45–74 in Joerden, J.C. – Neumann, J.N. (Hrsg.): Medizinethik 5. Studien zur Ethik in Ostmitteleuropa. Bd. 8. Frankfurt a.M. u.a. 2005.

Zoglauer, T. (1998): Normenkonflikte – zur Logik und Rationalität ethischen Argumentierens. Stuttgart – Bad Cannstatt 1998.

Zweck, A. (2013): Technikbewertung auf Basis der VDI-Richtlinie 3780. S. 145–160 in Simonis, G. (Hrsg.): Konzepte und Verfahren der Technikfolgenabschätzung. Wiesbaden 2013.

Angewandte Ethik organisieren: MEESTAR – ein Modell zur ethischen Deliberation in sozio-technischen Arrangements

Arne Manzeschke

1. Technik rettet Ethik – zur Einleitung

In Abwandlung eines bekannten Diktums von Stephen Toulmin, einem britischen Philosophen, könnte man sagen: Die Technik hat der Ethik das Leben gerettet.[1] Es sind nicht zuletzt die rapiden und eminenten Fortschritte im Bereich von Wissenschaft und Technik mit immer weitreichenderen Handlungsfolgen, welche Einzelne und Gesellschaften beständig vor neue Fragen stellen und nach ethischer Klärung verlangen. Mag auf der individuellen Ebene eine moralische Entscheidung noch ansatzweise befriedigend gelingen, so wird auf der Ebene einer pluralen, gesellschaftlichen Öffentlichkeit sehr schnell deutlich, dass überkommene Orientierungen nur bedingt helfen angesichts von Konstellationen, welche in ihrer moralischen Relevanz fragwürdig sind (wie etwa in der Frage nach dem moralischen Status von Keimzellen, die aus induzierten pluripotenten Stammzellen gewonnen werden)[2] oder in einer Güter- oder Normenabwägung keineswegs eindeutig zu entscheiden wären (wie etwa der Einsatz von GPS-Lokatoren bei Menschen mit Orientierungsproblemen).[3]

Es sind nicht zuletzt diese praktisch drängenden Fragen, die der Ethik in den vergangenen Jahrzehnten eine enorme Aufmerksamkeit aus den verschiedensten gesellschaftlichen Feldern eingetragen haben. Die Angewandte Ethik[4] hat sie mit einer starken Ausdifferenzierung und Spezialisie-

---

1 Vgl. hierzu Toulmin (1982). Toulmin betont in diesem Aufsatz die paradigmatische Rolle der Medizinethik, von der die Ethik allgemein lernen könne: 1) Situationsbezogenheit, 2) Analyse des konkreten Falls, 3) Berücsichtigung organisationaler Rahmenbedingungen, 4) Rückwendung zu einer aristotelischen Ethik der Billigkeit, Vernünftigkeit und menschlichen Beziehungen.

2 Vgl. die Pressemitteilung 7/2014 des Deutschen Ethikrates zu künstlich erzeugten Keimzellen und Embryonen vom 15.9.2014; http://www.ethikrat.org/presse/pressemitteilungen/2014/pressemitteilung-07-2014

3 Vgl. zu dem wissenschaftlich noch nicht so stark diskutierten Thema Etspüler (2014).

4 Ob und inwiefern die Ethik als Teil der praktischen Philosophie nicht schon immer einen Anwendungsbezug hatte und sich schlechterdings nicht von der theoretischen Ethik trennen lasse, ist bereits früh diskutiert worden – vgl. etwa Trillhaas (1970, 19), der Ethik als „angewandte Anthropologie" auslegte. Vgl. außerdem Bayertz (1991, bes. 20–33), Gatzemeier (1994).

rung beantwortet hat.[5] Sie ist genauer besehen keine *neue* Ethik, sondern eher eine „Wiederbelebung eines vernachlässigten und in den Hintergrund gedrängten Typus ethischer Reflexion".[6]

Drängend sind die anstehenden moralischen Fragen nicht nur unter dem Zeitaspekt; viele Fragen müssen im Alltag ohne großen Aufschub entschieden werden – und doch werden die Handelnden und ihre Beobachter sich einer moralischen Bewertungen der Handlungen schwerlich entziehen können. Selten wird man sich für umfassende Informationsgewinnung und Evaluation aller relevanten Fakten viel Zeit nehmen, noch seltener alle in Betracht kommenden theoretischen Aspekte ausführlich bedenken können.

Drängend sind diese Fragen auch, weil z.B. die Forschungsförderung neuer Wissenschaftszweige, die Einführung von technischen Systemen oder Allokationsentscheidungen im Gesundheits- oder Bildungswesen weitreichende Handlungsfolgen haben, die schwer zu überschauen sind und gleichwohl gerechtfertigt und verantwortet werden müssen. Gerade im Raum von Entscheidungen, welche die Öffentlichkeit betreffen, wird viel stärker als im Raum einer Individualethik erkennbar, dass eine traditionale Moral nur wenig Orientierungskraft entfalten kann. Und so haben moralische Fragen im öffentlichen Raum, welche die Angewandte Ethik maßgeblich konturieren, dieser einen starken Institutionalisierungsschub verliehen.[7] Ethikräte, Ethikkommissionen, Ethikkomitees, Ethik-Kodizes[8] und Ethik-Beauftragte und zahlreiche Organisationen und Publikationsorgane sind eingeführt worden und haben befruchtend auf die ethische Diskussion, Reflexion und Beratung eingewirkt und. Sie haben neben der Behandlung materialer Fragen in den diversen Handlungsfeldern auch eine ,metaethische' Debatte über Formen der angewandten ethischen Arbeit hervorgebracht.[9]

---

5 Vgl. hierzu exemplarisch Einführungen in die Angewandte Ethik: Thurnherr (2000), Nida-Rümelin (2005), Vieth (2006), Stöcker/Neuhäuser/Raters (2011).

6 Vgl. Bayertz (1991, 8).

7 Zur Institutionalisierung in einzelnen Feldern vgl. Lenk/Maring (1998), Düwell (2008, bes. 2ff.).

8 Vgl. hierzu exemplarisch aus dem technisch-informatischen Bereich: „Ethische Grundsätze des Ingenieurberufs" des VDI von 2002 (https://www.vdi.de/bildung/ethische-grundsaetze/ethische-grundsaetze/), Ethische Leitlinien der Gesellschaft für Informatik von 1994 (vollständig überarbeiteter Version von 2004 – http://fg-ie.gi.de/ethische-leitlinien.html); die Deutsche Gesellschaft für Biomedizinische Technik (DGBMT) erarbeitet gegenwärtig einen Ethik-Kodex für ihre Mitglieder.

9 Metaethik ist hier nicht im strengen Sinne der Überprüfung des Status und der (logischen) Struktur von ethischen Sätzen gemeint; vielmehr geht es um eine Selbstverständigung über Grenzen und Aufgaben der je spezifischen Angewandten Ethik. Vgl. hierzu exemplarisch für die ,Anwendungsbereiche' Medizin und Wirtschaft Rauprich/Steger (2005), Ulrich/Breuer (2004).

Zusammenfassend lässt sich sagen: „Die Angewandte Ethik bildet den Versuch, mit den Mitteln der Ethik Menschen dabei zu helfen, sich in bestimmten Situationen moralisch richtig zu verhalten, in denen Unklarheit darüber herrscht, was in dieser Situation moralisch richtig wäre".[10] So trivial diese Formulierung im ersten Moment klingt, so kompliziert ist diese Hilfestellung im Konkreten.

Dieser Beitrag berichtet von ersten Erfahrungen, eine bestimmte Form der ethischen Hilfestellung angesichts drängender moralischer Fragen im Bereich von technischen Assistenzsystemen einzuführen. Dabei wird es im ersten Schritt darum gehen, diesen ‚Anwendungsbereich' technischer Assistenzen genauer zu beschreiben, in einem zweiten Schritt die Formen ethischer Reflexion und Deliberation im Bereich altersgerechter Assistenzsysteme anhand des Modells zur ethischen Evaluation sozio-technischer Arrangements (MEESTAR) zu skizzieren, drittens die gemachten Erfahrungen mit dem Modell im Kontext der Angewandten Ethik und der ELSI-Forschung noch einmal metaethisch zu reflektieren.

2. Technische Assistenzen und Mensch-Technik-Interaktion für den demografischen Wandel

Der demografische Wandel als dreifache Form der Alterung (1. die Lebenserwartung steigt statistisch, die alten Menschen werden 2. relativ und 3. absolut gesehen einen immer größeren Anteil ausmachen) in vorzugsweise westlichen Industriegesellschaften ist bereits seit den 1970er Jahren thematisiert worden.[11] Verstärkte Aufmerksamkeit hat er in Deutschland ab der Jahrtausendwende erfahren, als mit dem Prozess um die Internationale Behindertenrechtskonvention einerseits und die 2005 von der rot-grünen Bundesregierung angestoßenen Pflegereform andererseits, die Rechte von alten und hilfe- oder pflegebedürftigen Menschen auf eine selbstbestimmte und sozial integrierte Lebensform verstärkt thematisiert wurden.[12]

2007 wurde auf europäischer Ebene das AAL-Joint-Program auf den Weg gebracht,[13] seit 2008 trifft sich die deutsche AAL-Communitiy alljährlich zu einem AAL-Kongress.[14] AAL steht für Ambient-Assisted-Living und bezeich-

---

10 Vgl. Stöcker/Neuhäuser/Raters (2011, 4).

11 Vgl. Kruse/Wahl (2010, bes. 29–76).

12 Vgl. die Berichte der Enquete-Kommission Demographischer Wandel (1994ff.), Manzeschke (2014), grundsätzlicher Graumann (2011).

13 Der Begriff Ambient Assisted Living (AAL) wurde eigens für das Europäische AAL Joint Program aus dem Jahre 2007 kreiert – http://www.aal-europe.eu/

14 Die sechs AAL-Kongresse von 2008–2013 sind vom BMBF mitveranstaltet worden bzw. standen unter dessen Schirmherrschaft. Seit 2014 stehen sie unter der

net zunächst einmal die informations- und kommunikationstechnologisch unterstützte Wohnumgebung, die sich adaptiv zu den Nutzerbedürfnissen verhält. Eine weitreichende Ausbauvariante eines solchen ‚smart-home' sieht vor, dass alle elektrischen Geräte über eine Internetadresse ansteuerbar, miteinander vernetzt sind und aufgrund von intelligenten Algorithmen die Bewohner in ihren jeweiligen Nutzerprofilen individualisiert begleiten und unterstützen.[15] Jenseits einer lifestyle-bedingten Assistenz wird hier seitens des Bundesministeriums für Bildung und Forschung (BMBF) ein großes Potenzial für unterstützungsbedürftige Menschen jeden Alters, vor allem aber des höheren Alters gesehen.[16] Diese Personengruppe soll durch entsprechende Unterstützungssysteme so lange wie möglich sicher, sozial integriert und selbstbestimmt in ihrer eigenen Wohnung verbleiben können. Der dadurch vermiedene oder zumindest hinausgeschobene Umzug in ein Pflege- oder Altenheim soll nicht nur den Interessen dieser Menschen entsprechen. Es könnten obendrein volkswirtschaftlich betrachtet Kosten eingespart und drittens technologisches Know-how in einem neuen Marktsegment gewonnen werden. Die Unterstützungen reichen von einfachen technischen Sicherungen für Wasser, Feuer, Fenster und Türen, über Sensoren zur Sturzerkennung, Notrufsysteme bis hin zu umfangreichen Monitoringsystemen für Vitalparameter und Expertensystemen für Rehabilitationsprogramme. Roboter zur Unterstützung im Haushalt und bei der Pflege befinden sich hierzulande noch in der Erprobung, während sie in anderen Ländern wie Japan oder Schweden bereits im alltäglichen Einsatz sind. Förderprogramme des BMBF führen seit 2012 nicht mehr den Begriff Ambient-Assisted-Living im Titel, sondern haben ihn durch „Altersgerechte Assistenzsysteme" ersetzt; auch gewinnt in den neueren Förderprogrammen die „Mensch-Technik-Interaktion für den demografischen Wandel zunehmend an Bedeutung, womit insgesamt das Zusammenspiel von Technik und Sozialem stärker betont wird als in der stark technikgetriebenen AAL-Perspektive. Mit dieser Rekonzeptionalisierung der Förderprogrammatik ist auch die Ethik bzw. sind ethische, rechtliche und soziale Aspekten stärker berücksichtigt worden.

3. MEESTAR – Ethik im Feld altersgerechter Assistenzsysteme

2012 hat das BMBF eine Studie zu den ethischen Aspekten beim Einsatz von AAL-Systemen initiiert, die als Ergebnis einen Katalog von 15 ethischen Leitlinien für Forschung, Entwicklung, Vertrieb und Nutzung von altersge-

---

Regie des VDE, und das BMBF hat sich sichtbar aus der Beteiligung herausgezogen.
15 Vgl. Barbara Bachmann: Dein Haus kennt dich. S. 12 in Die Zeit vom 4.12.2014.
16 Vgl. Meyer/Mollenkopf (2010), Arbeitsgruppe „Bestandsaufnahme" (2011).

rechten Assistenzsystemen sowie ein Modell zur ethischen Evaluation von sozio-technischen Arrangements (MEESTAR) zeitigte.[17]

Ziel dieser Studie sollte es sein – neben drei anderen Begleitstudien zu ökonomischen nutzerorientierten und juristischen Aspekten solcher Assistenzsysteme[18] –, den Akteuren im Feld ein Instrumentarium an die Hand zu geben, um ethische Aspekte bereits in in der frühen Phase von Förderprojekten zu berücksichtigen und so – nicht zuletzt – die Nutzerakzeptanz zu steigern und die Markteintrittsbarrieren für solche Systeme zu mindern.[19]

Unter diesen Bedingungen erschien es uns im Forschungsteam am sinnvollsten, den verschiedenen Akteuren in diesem Feld (Forschung & Entwicklung, Anbietern und Nutzern) in einer strukturierten Weise Reflexionsräume zu eröffnen, um die eigene ethische Urteilskraft zu stärken. Ergebnis der Forschung konnte es also nicht sein, den Akteuren eine Checkliste auszuhändigen, welche bei entsprechender Punktezahl ihr Gewissen beruhigen oder gar die Verantwortung delegieren könnte. Vielmehr musste es darum gehen, die in den Förderprojekten zum Teil sehr weitreichenden Eingriffe in die Privatsphäre und Lebensführung von unterstützungsbedürftigen Menschen als ethische Probleme sichtbar und bearbeitbar werden zu lassen. Dabei sollten die moralischen Intuitionen und Erfahrungen der Projektpartner den Ausgangspunkt für eine strukturierte ethische Reflexion bilden, in deren Verlauf konkrete Prozessschritte erarbeitet werden, welche die Berücksichtigung der ethischen Probleme im weiteren Projektverlauf realistisch und verantwortbar machen. Die Expertise der professionellen Ethik liegt in diesem Prozess vor allem in der Strukturierung der Perspektiven und Probleme.

Als Ergebnis der Begleitstudie hat das BMBF vom Oktober 2012 an für die Förderlinie „Assistierte Pflege von morgen" zweitägige ethische Workshops nach dem Modell MEESTAR empfohlen und zusätzlich finanziert. Mittlerweile hat das Modell in zahlreichen weiteren Projekten – zum Beispiel im Bereich der Mobilitätsunterstützung, der Telemedizin oder auch der Kraftunterstützung in der güterproduzierenden Arbeitswelt – Anwendung gefunden. Im Folgenden werden die Struktur des Modell und die Arbeit mit ihm im Rahmen eines transdisziplinären, kommunikations- und anwendungsorientierten Workshops kurz erläutert.

---

17 Vgl. Manzeschke/Weber/Rother/Fangerau (2013), Weber/Frommeld/Manzeschke/Fangerau (2015).

18 Vgl. insgesamt dazu http://www.mtidw.de/grundsatzfragen/begleitforschung/

19 Für eine wissenschaftliche Ethik ist die ‚Einladung' zu einer so gelagerten Begleitforschung durchaus ambivalent, haftet ihr doch schnell das Odium ein, als ‚Feigenblatt' und lediglich der Akzeptanzbeschaffung zu dienen. Umgekehrt ist eine um die ‚reine Lehre' besorgte und praktisch abstinente Ethik weitgehend zur Wirkungslosigkeit verdammt. Hier findet sich das „Problem der schmutzigen Hände" auf der Ebene der Ethik selbst wieder – vgl. Celikates (2011).

Das Modell intendiert keine ethische Urteilsbildung durch Ableitung aus grundlegenden oder mittleren Prinzipien, sondern es eröffnet und strukturiert einen Reflexionsraums, der über drei Achsen konturiert wird: 1) Dimensionen moralischer Betroffenheit, 2) Ebenen der Beobachtung und 3) Stufen der moralischen Bewertung.[20]

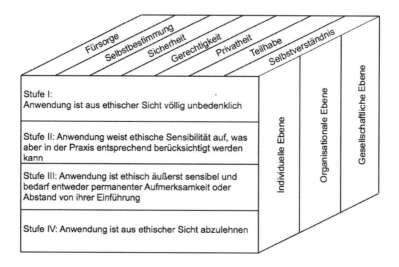

Abb. 1: Modell zur Ethischen Evaluation von Sozio-Technischen Arrangements (MEESTAR). Auf der x-Achse sind die moralisch relevanten Dimensionen aufgeführt, auf der y-Achse die Stufen der ethischen Bewertung, auf der z-Achse die Ebenen der Beobachtung aufgetragen.

Im MEESTAR-Modell ist die Identifizierung und Evaluierung ethischer Probleme aus drei verschiedenen Perspektiven vorgesehen: 1) individuell, 2) organisational und 3) gesellschaftlich. Auf der *individuellen* Ebene soll auf die im konkreten sozio-technischen Arrangement involvierten Individuen fokussiert werden. In erster Linie erfährt der ‚Endnutzer' besondere Aufmerksamkeit; es ist aber durchaus sinnvoll, auch pflegende Angehörige, professionell Pflegende, Nachbarn oder Hausärzte mit in den Fokus zu nehmen und aus ihrer jeweiligen Perspektive zu imaginieren, welche Punkte für sie beim Einsatz und in der Interaktion mit dem technischen System geklärt

---

20 Zur Beschreibung des gesamten Modells vgl. Manzeschke/Weber/Rother/Fangerau (2013), zu den drei Achsen siehe (ebd. bes. 13–21). Zu einer weiteren theoretischen Reflexion und Erfahrung mit dem Modell in der Anwendung vgl. außerdem Weber (2015), Manzeschke (2015).

werden müssten bzw. wo sie moralische Probleme sehen. Aus arbeitsöko-nomischen Gründen haben sich die zweitägigen Workshops bisher vor allem auf die Nutzerperspektive konzentriert.

Auf *organisationaler* Ebene stellt die Organisation, welche das Unterstüt-zungssystem anbietet, in der Regel den Ausgangspunkt der Beobachtung dar. Hier geht es darum, zu bedenken, welche moralisch relevanten Punkte gegenüber verschiedenen ‚Stakeholdern' berücksichtigt und verantwortet werden müssen. Auf *gesellschaftlicher* Ebene besteht die Aufgabe darin zu reflektieren, welche Handlungsfolgen als ethisch problematisch angesehen werden, wenn das zu evaluierende System gewissermaßen flächendeckend zum Einsatz kommt und Standards für bestimmte Unterstützungs- bzw. Hil-fehandlungen setzt. Hierbei sollte stets die Vernetzbarkeit mit anderen tech-nischen Produkten und Prozessen bedacht werden.

Nach einer kurzen theoretischen Einleitung in die ethische Reflexion so-zio-technischer Arrangements werden die Workshop-Teilnehmer für einen ersten Arbeitsschritt nach diesen Beobachtungsperspektiven in drei Grup-pen aufgeteilt, in denen sie die moralisch problematisch erscheinenden As-pekte zu identifizieren und einer der sieben moralischen Dimensionen (x-Achse) zuzuordnen suchen. Idealerweise erscheinen diese Aspekte als ethi-sche Normen- oder Güterkonflikte oder als Differenz zwischen dem mora-lisch als richtig Erkannten und diesem entgegen stehenden Interessen. Schließlich mag auch der moralisch unklare Status eines Aspekts hier be-nannt werden.[21]

In einem zweiten Schritt gilt es, die identifizierten Probleme zu qualifizie-ren, sie also den vier Stufen der ethischen Bewertung einzuordnen (y-Achse). Die Skala reicht hier von ‚unbedenklich' bis ‚abzulehnen', wobei die Erfahrungen zeigen, dass die Workshopteilnehmer auch das eigene Projekt durchaus kritisch evaluieren und keine ‚Unbedenklichkeitsscheine' erteilen. In beiden Arbeitsschritten nutzen die Teilnehmer ihre eigene moralische Urteilskraft und kommen in den Diskussionen zu sehr differenzierten und wohlbegründeten Urteilen. Diese werden dann in einem dritten Arbeitsschritt an einer Metaplanwand zu einem großen Tableau zusammengeführt (vgl. Abb. 2).

---

21 Vgl. zu den drei Kategorien von moralischen Problemen Bayertz (1991, bes. 27–33).

	Fürsorge	Selbstbe-stimmung	Sicher-heit	Gerech-tigkeit	Privat-heit	Teilhabe	Selbst-verständ-nis
Stufe I							
Stufe II							
Stufe III							
Stufe IV							

Abb. 2: Matrix zur Sammlung der in den Arbeitgruppen erarbeiteten moralisch rele-vanten Aspekte. Jeder Problemaspekt erhält wird durch drei Merkmale beschrie-ben: 1) Beobachtungsperspektive (markiert durch unterschiedliche Farben), 2) Zu-ordnung zu einer oder mehreren moralischen Dimensionen, 3) Einordnung auf einer der vier Stufen moralischer Relevanz.

Die auf diese Weise entstehende Problemlandkarte lässt Querbezüge und Wechselwirkungen zwischen einzelnen Punkten erkennen. Dass sich be-stimmte Probleme über mehrere Dimensionen erstrecken, und bestimmte Aspekte aus den drei Perspektiven verschieden bewertet werden, ist eine Erkenntnis, die eine differenzierte, ambivalenzenoffene Betrachtung des so-zio-technischen Arrangements erlaubt.

Im Weiteren wird die erstellte Problemlandkarte durch Clustern verdichtet, und es kristallieren sich einzelne Problemschwerpunkte heraus, die in einem weiteren Arbeitsschritt in der Weise ‚gefiltert‘ werden, dass diejenigen Punkte übrig bleiben, welche im Rahmen des Förderprojektes mit den Kom-petenzen und Kapazitäten der Projektpartner auch tatsächlich bearbeitet werden können. Probleme, welche nicht durch das Projektteam adressiert werden können, weil ihre Bearbeitung die zeitlichen oder finanziellen Res-sourcen übersteigt oder von einer anderen Handlungsebene reguliert wer-den müssten (z.B. politische Regelungen in Gesetzen) können lediglich als solche markiert werden.[22] Diese Lösungsschritte werden im weiteren Verlauf des Workshops so konkret wie möglich erarbeitet und von den Projektpart-nern konsentiert.

Ziel der Workshops ist es, den Workshopteilnehmern, die die Bandbreite, fachliche Expertise und Entscheidungskompetenz des Projektkonsortiums repräsentieren, eine umfassende Sicht auf ihr Projektvorhaben und seine moralischen Implikationen zu liefern, und so Impulse zu einem problembe-

---

22 Hier gibt es noch keine institutionalisierten Rückkoppelungsschleifen, die eine Weiterbearbeitung auf anderer Ebene sicherstellen würden bzw. ein Wissensma-nagement, das mit den Erkenntnissen aus den Einzelprojekten systematisch wei-terarbeitet.

wussten und ethisch verantworteten Handeln im weiteren Projektverlauf zu bieten.

Für die Workshop-Teilnehmer ist dieser nur soweit von Interesse, als sich für sie erkennbar die ethischen Überlegungen mit ihrem Auftrag im Projekt und ihrer jeweiligen professionellen Perspektive verbinden lassen. Das heißt, dass die Ethik, für die meisten eine fachfremde und unter Umständen sogar negativ konnotierte Disziplin, ihre Relevanz darin erweisen muss, dass sie für das eigene Projekt und für die eigene professionellen Perspektive Anschlüsse anbietet, die ohne großes Vorwissen und theoretischen Ballast gewonnen werden können. Aus angewandt ethischer Perspektive ist es von grundlegender Bedeutung, dass im Rahmen des Workshops ethische Urteile auf der Grundlage der Deliberation der Projektpartner gefällt werden. Die im Projektteam selbst erkannten Probleme weisen einen sehr viel höheren Verpflichtungsgrad auf, ihnen konstruktiv zu begegnen und sie im Rahmen des weiteren Projektes zu berücksichtigen. Die ethische Expertise und ethische Kommunikation strukturierende Kompetenz der Workshop-Leitung tragen dazu bei, dass die Praktiker befähigt werden, ihre eigenen Urteile zu bilden und Verantwortung zu übernehmen.[23] Weder Handlung noch Verantwortung kann die Ethik diesen Handelnden abnehmen, aber sie kann ihnen qua ethischer Expertise helfen, zu beurteilen, „was ein guter und was ein schlechter moralischer Grund ist, welche Umstände und Gesichtspunkte moralisch relevant sind und welche nicht, und wie diese zur Begründung und Rechtfertigung einzelner Handlungen zusammenspielen".[24]

Die Rolle des externen Moderators und Ethikers, der das Projektteam im MEESTAR-Workshop begleitet, beschränkt sich aber nicht auf die initiale Vermittlung von ethischem Grundwissen und im Folgenden nur noch moderative Tätigkeit. Es kann durchaus angezeigt sein, auf ethische Probleme hinzuweisen, welche das Projektteam nicht thematisiert. Dass ein Projektteam ein bestimmtes Problem nicht in den Blick bekommt, kann verschiedene Gründe haben: blinde Flecken, Widerstände, Harmoniewünsche, Unkenntnis. Es ist dann die Aufgabe des Workshop-Leiters, mit ethischer Expertise und einem Blick für den deliberativen Prozess das bisher Unthematisierte zu thematisieren.

Die Ethik in MEESTAR-Workshops erreicht gegenwärtig ‚nur' Förderprojekte aus einem bestimmten Bereich der Mensch-Technik-Interaktion; der gesamte Bereich unternehmerischer Technologieentwicklung ohne politische Förderung ist davon noch völlig unberührt. Für die angewandte Ethik ist hier eine entscheidende Frage, wie sie sich in diesen Feldern etablieren

---

23 Vgl. Bayertz (2008). Für den Bereich forschender Wissenschaftler vgl. bereits: Albrecht (1996).
24 Vgl. Stöcker/Neuhäuser/Raters (2011, 10).

kann. Dafür sind weitere Kontakte zu Praxispartner und der Politik, eine weitere Ausarbeitung der theoretischen Fundierung sowie der methodologischen Konzepte unerlässlich. Genauso wichtig sind aber auch weitere ‚metaethische' Forschungen zu diesem noch relativ jungen Zweig der eingebetten Ethik-Forschung und -Beratung.

4. Ethische Reflexion des Modells und seines Kontextes

Das Modell MEESTAR hat in den rund zwanzig Workshops seine Praxistauglichkeit gezeigt. Weitere Workshops und erweiterte Formen der ethischen Evaluation für größere Projektzusammenhänge und neue thematische Zugänge (z.B. virtuelle Realität, emotionale Robotik oder Mensch-Technik-Interaktion mit kognitiv eingeschränkten Personen) werden gegenwärtig ausgearbeitet. Darüber hinaus ist eine weitere theoretische Fundierung anvisiert, da die Angewandte Ethik gerade von der engen Theorie-Praxis-Koppelung lebt und auf eine theoretische, grundlagenorientierte Reflexion nicht verzichten kann. Dies gilt in besonderem Maße für anthropologische Einsichten, die in diesem Feld noch einer vertieften Verkoppelung mit ethischen Fragen bedürfen.[25]

Ein wichtiges Charakteristikum des Modells ist die Integration der ethischen Reflexion in den Prozess der Forschung und Entwicklung von altersgerechten Assistenzsystemen (bzw. in seiner Erweiterung: von technischen Assistenzsystemen und der Mensch-Maschine-Interaktion), um möglichst frühzeitig moralisch relevante Aspekte berücksichtigen zu können. Es wird hier auch von *ethics on the laboratory floor* gesprochen. Allerdings sind mit den MEESTAR-Workshops bisher die Ethiker, welche die Workshops leiten, nicht Teil des Projektteams. Doch hier deuten sich Entwicklungen an, bei denen eine ethische Begleitforschung zusehends in die Förderprogramme integriert wird. Das manifestiert sich in der Begutachtung von Förderanträgen unter ethischen Gesichtspunkten und in für die Förderprojekte obligatorischen Arbeitspakete zu ethischen, rechtlichen und sozialen Aspekten (ELSI/ELSA). Dieser fortschreitende Einbezug der Ethik in die Forschungsprojekte, welche man auch als ‚eingebettete ELSI-Forschung' bezeichnen könnte, soll Gegenstand der folgenden Überlegungen zu Charakter und Qualität einer ethischen Expertise sein. Ausgangspunkt hierfür ist die ELSI-Forschung und ihre Bedeutung für die Bioethik.

Der Begriff und die Geburtsstunde der Bioethik wird gerne mit dem Ad-hoc-Komitee an der Harvard School of Medicine in Verbindung gebracht, an der 1968 eine Definition des Hirntodes entwickelt worden ist, die es Medizinern erlauben sollte, bei komatösen Patienten die Beatmung abzuschalten,

---

25 Vgl. hierzu Heilinger (2010), Müller (2014).

sofern aufgrund des diagnostizierten Hirntodes eine Rückkehr dieser Personen in ein bewusstes Leben auszuschließen wäre. [26] Zugleich bot dieser Zustand des diagnostizierten Hirntodes bei aufrecht erhaltener Beatmung die Möglichkeit, diesen Körpern Organe für die Organtransplantation zu entnehmen. Beide Schritte, Abbruch der Behandlung wie Entnahme von Organen, bedurften nicht nur einer rechtlichen Regelung, sondern auch einer moralischen Rechtfertigung. 1969 wurde das *Institute for Society, Ethics and the Life Sciences* gegründet, das heute als *Hastings Center* firmiert und für den bioethischen Diskurs eine wichtige Referenz bildet. 1971 folgte das *Joseph and Rose Kennedy Institute of Ethics for Reproduction and Bioethics*, das heute als *Kennedy Institute of Ethics* ebenso bekannt ist. Im gleichen Jahr veröffentlichte Van Renselaer Potter (1971) ein programmatisches Buch, das die menschlichen Möglichkeiten in den Blick nahm, mit der Natur die eigenen Lebensgrundlagen zu verändern und zu zerstören und dem er eine ethische und globale Perspektive entgegenstellte. Die erste Enzyklopädie zur Bioethik erschien 1978.[27]

In dieser Linie der Bioethik wurde die ELSI-Forschung entworfen, die Erforschung ethischer, legaler und sozialer Aspekte.[28] Ursprünglich mit der Erforschung des Human Genome Project, der Entzifferung des menschlichen Genoms, verkoppelt hat sie sich zu einem methodisch und inhaltlich expandierenden Forschungszweig entwickelt.[29] Kennzeichen dieser ‚Begleitforschung‘ ist es, den (bio-)technischen Entwicklungen nicht nach-denken zu müssen, sondern zeitgleich mit den sog. Lebenswissenschaften koproduktiv Wissen zu generieren und die ethische Perspektive in den weiteren Forschungs- und Entwicklungsprozess einzuspeisen.[30] Auch im Bereich der

---

26 Vgl. Belkin (2003).

27 Vgl. Reich (1978). Zur (US-amerikanischen) Geschichte vgl. auch Steinbock: (2007, bes. 2ff.). Demgegenüber reklamiert eine ‚deutsche‘ Geschichte der Bioethik den Begriff für sich und verweist auf den evangelischen Pfarrer Fritz Jahr (1895–1953, 1926), der bereits im Jahre 1926 den Begriff der Bioethik als Komplementärbegriff zur Biophysik im Sinne einer „ethischen Verpflichtung nicht nur gegen den Menschen, sondern gegen alle Lebewesen" zur Geltung bringt. Vgl. dazu Muzur/ Sass (2012).

28 Im Deutschen wird auch von ELSA-Forschung gesprochen: Ethische, Legale und Soziale Aspekte. Wesentliche Ziele dieser Forschungen sind: „To anticipate and address the implications for individuals and society of mapping and sequencing the human genome. To examine the ethical, legal and social consequences of mapping and sequencing the human genome. To stimulate public discussion of the issues. To develop policy options that would assure that the information be used to benefit individuals and society" – http://www.genome.gov.

29 Vgl. Walker/Morrissey (2014), Rehmann-Sutter (2011), Rabinow/Bennett (2009).

30 „ELSI provides a new approach to scientific research by identifying, analyzing and addressing the ethical, legal and social implications of human genetics research at the same time that the basic science is being studied. In this way, pro-

staatlichen Forschungsförderung von technischen Assistenzsystemen für den demografischen Wandel etabliert sich aktuell diese ELSI-Forschung als fester Bestandteil von Forschungsanträgen, Gutachterverfahren und Förderung.[31] Für die Ethik folgt daraus, dass auch sie zunehmend in die Forschung eingebettet wird und zumindest teilweise in der Gefahr, steht ihre kritische Distanz zu verlieren.[32] Die Rolle einer „reflexiven ELSI-Forschung", die bei aller Nähe zu Forschungsgegenstand und Forschungspartnern ihre nötige Distanz wahrt, wird nur dann durchzuhalten sein, wenn es gelingt, für diese Forschung einen entsprechenden Governance-Rahmen aufzubauen.[33]

Für die Ethik bedeutet es aber auch, die Konversion der sog. Lebenswissenschaften mit den Ingenieurwissenschaften (*converging technologies*[34]) inhaltlich und methodisch nachzuvollziehen und technikethische mit bio- bzw. medizinethischen Ansätzen zu verbinden.[35] Das ist jedoch nicht nur eine methodologische Frage, sondern eine, welche die Bereiche der Politik, der Wissenschaftsfreiheit und von Forschungsprozessen und deren wechselseitige Verweisung tangiert. So ist zu fragen, auf welche Weise und in welchem Maße eine ELSI-Forschung im Bereich der Mensch-Technik-Interaktion bzw. der konvergierenden NBIC-Technologien geeignet ist, nicht nur eine ethische Sensibilisierung der Forschung und Forschenden zu fördern, sondern tatsächlich zu einem neuen Verständnis von Forschung und Entwicklung führt. Mit Alfred Nordmann (2013, 341) ist zu fragen, ob die Forderung nach *ethics on the laboratory floor* zum rechten Zeitpunkt kommt: „vielleicht aber kann sie erst dann einsetzen, wenn sich das Selbstverständnis der Forschung bereits gewandelt hat. So ist die Forderung erst dann verständlich, wenn die Forschung nicht mehr darin bestehen soll, neue Eigenschaften zu erkunden oder Phänomene zu beherrschen zu lernen, sondern

---

blem areas can be identified and solutions developed before scientific information is integrated into health care practice." – http://www.genome.gov.

31 Das BMBF fördert eine begleitende ELSI-Forschung im Bereich der sogenannten Lebenswissenschaften seit 1997 (vgl. http://www.gesundheitsforschung-bmbf. de/de/186.php), seit 2012 findet dieses Forschungsverständnis auch Eingang in den Bereich „Mensch und Technik im demographischen Wandel" – vgl. http://www. mtidw.de/ueberblick-bekanntmachungen/technik-stellt-sich-auf-den-menschen-ein.

32 Das ist zumindest zu bedenken, da ein Gutteil Angewandter ethischer Forschung über entsprechende Forschungsgelder ermöglicht wird.

33 Vgl. Rehmann-Sutter (2011), Lyall/Tait (2005).

34 In diesem Zusammenhang wird auch von NBIC-Converging Technologies gesprochen: Nanotechnology, Biotechnology, Information Technology and Cognitive Science. Vgl. Coenen (2008), Roco/Bainbridge (2003), Budinger/Budinger (2006).

35 Vgl. Ach/Düber/Quante (2013). – Gerade der Artikel von Nordmann (2013, 341f.) formuliert wichtige „Bleibende Fragen", die ceteris paribus auch für den Bereich biotechnologischer Forschung und Entwicklung und ihrer ethischen Begleitforschung insgesamt gelten.

von vornherein einem auf Weltgestaltung zielenden Designprozess gewidmet ist".

Die Erforschung, Entwicklung und den Einsatz technologischer Systemwelten als einen auf Weltgestaltung zielenden Designprozess zu begreifen, heißt letztlich zu verstehen, dass der Mensch zusehends in die Lage gerät, seine eigenen Grundlagen und die seiner Mitwelt um- und neu zu gestalten. Die neuen technologischen Prozesse bilden die Bedingung der Möglichkeit darüber zu entscheiden, wer wir als Mensch (die *conditio humana*) in dieser Welt (die *conditio terrestre*) sein und in welcher Gesellschaft (die *conditio societale*) wir als Menschen leben wollen. Das ist genau genommen keine ganz neue Einsicht, aber sie wird angesichts der drängenden technischen Möglichkeiten und – nicht zuletzt – ihrer ethischen Thematisierung evident.

In diesem Prozess der Thematisierung, der Organisation von Reflexionsarenen wird sich die Angewandte Ethik „als kritische Wissenschaft zu erweisen haben. Sie soll zur Besinnung anleiten. Diese aber erfordert kritische Distanz des Menschen sowohl zu sich selbst als auch zu der je drängenden Situation. Nur im kritischen Zurücktreten aus der eigenen unmittelbaren Forderung einer Entscheidung kann der Mensch sich über sich selbst und seine Lage besinnen und zur Entscheidung rüsten. In der Anleitung dazu wird die Ethik zur Lebenshilfe."[36]

Literatur

Ach, J.S. – Düber, D. – Quante, M. (2013): Medizintechnik. S. 319–323 in Grunwald, A. (Hrsg.): Handbuch Technikethik. Stuttgart – Weimar 2013.

Albrecht, S. (Hrsg.) (1996): Aufgaben verantwortbarer Wissenschaft. Technik, Technikfolgen, Technikgestaltung. Berlin – Hamburg 1996.

Arbeitsgruppe „Bestandsaufnahme" (2011): Arbeitsgruppe „Bestandsaufnahme" der BMBF/VDE Innovationspartnerschaft AAL: Ambient Assisted Living (AAL). Komponenten, Projekte, Service. Eine Bestandsaufnahme. Berlin – Offenbach 2011.

Bayertz, K. (1991): Praktische Philosophie als angewandte Ethik. S. 7–47 in Bayertz, K. (Hrsg.): Praktische Philosophie. Grundlagen angewandter Ethik. Reinbek 1991.

Bayertz, K. (2008): Was ist angewandte Ethik? S. 165–179 in Ach, J.S. – Bayertz, K. – Siep, L. (Hrsg.): Grundkurs Ethik. Paderborn 2008.

Belkin, G.S. (2003): Brain death and the historical understanding of bioethics. S. 325–361 in Journal of the History of Medicine and Allied Sciences 58 (2003).

Budinger, T.F. – Budinger, M.D. (2006): Ethics of emerging technologies. Scientific facts and moral challenges. Hoboken 2006.

---

36 Vgl. Trillhaas (1987, 747).

Celikates, R. (2011): Gesinnungsethik, Verantwortungsethik und das Problem der ‚schmutzigen Hände'. S. 278–282 in Stöcker, R. – Neuhäuser, C. – Raters, M.-L. (Hrsg.): Handbuch für Angewandte Ethik. Stuttgart – Weimar 2011.

Coenen, C. (2008): Konvergierende Technologien und Wissenschaften. Der Stand der Debatte und politischen Aktivitäten zu „Converging Technologies". In TAB-Hintergrundpapier Nr. 16, März 2008.

Düwell, M. (2008):Bioethik. Methoden, Theorien und Bereiche. Stuttgart 2008.

Enquete-Kommission Demographischer Wandel (1994): Berichte Herausforderungen unserer älter werdenden Gesellschaft an den Einzelnen und die Politik. (Dt. Bundestag.) Bonn – Berlin 1994ff.;

Etspüler, M. (2014): Computerchip statt Pfleger? In Die Zeit online: http://www. zeit.de/gesellschaft/zeitgeschehen/2014-08/demenz-pflegeheim-ortungssystem

Gatzemeier, M. (1994): Berufs- und Tätigkeitsfelder. S. 289–300 in Hastedt, H. – Martens, E. (Hrsg.): Ethik. Ein Grundkurs, Reinbek 1994.

Graumann, S. (2011): Assistierte Freiheit. Von einer Behindertenpolitik der Wohltätigkeit zu einer Politik der Menschenrechte. Frankfurt a.M. – New York 2011.

Heilinger: J.-C. (2010): Anthropologie und Ethik des Enhancements. Berlin 2010.

Jahr, F. (1926): Wissenschaft vom Leben und Sittenlehre. Alte Erkenntnisse in neuem Gewande. S. 604–605 in Die Mittelschule. Zeitschrift für das gesamte mittlere Schulwesen 45 (1926).

Kruse, A. – Wahl, H.-W. (2010): Zukunft Altern. Individuelle und gesellschaftliche Weichenstellungen. Heidelberg 2010.

Lenk, H. – Maring, M. (1998): Formen der Institutionalisierung von Technikethik und Wirtschaftsethik. S. 239–255 in Lenk, H. – Maring, M. (Hrsg.): Technikethik und Wirtschaftsethik. Fragen der praktischen Philosophie. Opladen 1998.

Catherine, L. – Tait, J. (Hrsg.) (2005): New Models of Governance. Developing an integrated policy approach to science, technology, risk and the environment. Aldershot 2005.

Manzeschke: A. (2014): Altersgerechte Assistenzsysteme: Ethische Herausforderungen technologischen Wandels. S. 10–18 in informationsdienst altersfragen 41 (2014).

Manzeschke, A. (2015): Technik – Ethik – Praxis: Erfahrungen mit MEESTAR als Modell Angewandter Ethik im Bereich Assistiver Technologien. In Weber, K. – Frommeld, D. – Manzeschke, A. – Fangerau, H. (Hrsg.): Technisierung des Alters – Beitrag für ein gutes Leben? Ethische, rechtliche, soziale und medizinische Aspekte von technischen Assistenzsystemen bei pflege- und hilfsbedürftigen Menschen im fortgeschrittenen Alter. Stuttgart (im Erscheinen) 2015.

Manzeschke, A. – Weber, K. – Rother, E. – Fangerau, H. (2013): Ergebnisse der Studie „Ethische Fragen im Bereich Altersgerechter Assistenzsysteme". Berlin 2013.

Meyer, S. – Mollenkopf, H. (Hrsg.) (2010): AAL in der alternden Gesellschaft. Anforderungen, Akzeptanz und Perspektiven. Analyse und Planungshilfe. (Unter Mitwirkung der Arbeitsgruppe Nutzeranforderungen und Innovationstransfer der BMBF/VDE Innovationspartnerschaft AAL.) Berlin – Offenbach 2010.

Müller, O. (2014): Selbst, Welt und Technik. Eine anthropologische, geistesge-schichtliche und ethische Untersuchung. Berlin 2014.

Muzur, A. – Sass, H.M. (2012): Fritz Jahr and the foundations of global bioethics: the future of integrative bioethics. Berlin 2012.

Nida-Rümelin, J. (2005): Angewandte Ethik. Die Bereichsethiken und ihre theoreti-sche Fundierung. Stuttgart [2]2005.

Nordmann, A. (2013): Nanotechnologie. S. 338–342 in Grunwald, A. (Hrsg.): Handbuch Technikethik. Stuttgart – Weimar 2013.

Rabinow, P. – Bennett, G. (2009): Auf dem Weg zum synthetischen Anthropos: Re-Mediatisierende Konzepte. S. 330–358 in Weiß, M.G. (Hrsg.): Bios und Zoë. Die menschliche Natur im Zeitalter ihrer technischen Reproduzierbarkeit. Frankfurt a.M. 2009.

Rauprich, O. – Steger, F. (Hrsg.) (2005): Prinzipienethik in der Biomedizin. Moral-philosophie und medizinische Praxis. Frankfurt a.M. – New York 2005.

Rehmann-Sutter, C. (2011): Gesellschaftliche, rechtliche und ethische Implikatio-nen der Biomedizin. Zu der Rolle und den Aufgaben von ELSI-Begleitfor-schung. S. 49–66 in Dickel, S. – Franzen, M. – Kehl, C. (Hrsg.): Herausforde-rung Biomedizin. Gesellschaftliche Deutung und soziale Praxis. Bielefeld 2011.

Reich, W.T. (Hrsg.) (1978): Encyclopedia in Bioethics. London 1978.

Roco, M.C. – Bainbridge, W.S. (Hrsg.) (2003): Converging Technologies for Impro-ving Human Performance. Nanotechnology, Biotechnology and Cognitive Sci-ence. Dortrecht 2003.

Steinbock, B. (2007): Introduction. S. 1–11 in Steinbock, B. (Hrsg.): The Oxford Handbook of Bioethics, Oxford 2007.

Stöcker, R. – Neuhäuser, C. – Raters, M.-L. (2011): Einleitung. S. 1–11 in Stöcker, R. – Neuhäuser, C. – Raters, M.-L. (Hrsg.): Handbuch für Angewandte Ethik. Stuttgart – Weimar 2011.

Stöcker, R. – Neuhäuser, C. – Raters, M.-L. (Hrsg.) (2011): Handbuch für Ange-wandte Ethik. Stuttgart – Weimar 2011.

Thurnherr, U. (2000): Angewandte Ethik. Zur Einführung. Hamburg 2000.

Toulmin, S. (1982): How medicine saved the life of ethics. S. 736–750 in Perspecti-ves of Biological Medicine 25 (1982).

Trillhaas, W. (1970): Ethik. Berlin 1970.

Trillhaas, W. (1987): Ethik. Sp. 734–747 in Herzog, R. – Kunst, H. – Schlaich, K. – Schneemelcher, W. (Hrsg.): Evangelisches Soziallexikon. Stuttgart [3]1987.

Ulrich, P. – Breuer, M. (Hrsg.): Wirtschaftsethik im philosophischen Diskurs. Be-gründung und „Anwendung" praktischen Orientierungswissens. Würzburg 2004.

Van Renselaer Potter (1971): Bioethics. Bridge to the Future. Englewood Cliffs, NJ 1971.

Vieth, A. (2006): Einführung in die Angewandte Ethik. Darmstadt 2006.

Walker R.L. – Morrissey, C. (2014): Bioethics Methods in the Ethical, Legal, and Social Implications of the Human Genome Project Literature. S. 481–490 in Bioethics 28 (2014).;

Weber, K. (2015): MEESTAR – ein Modell zur ethischen Evaluation sozio-technischer Arrangements in der Pflege und Gesundheitsversorgung. In Weber, K. – Frommeld, D. – Manzeschke, A. – Fangerau, H. (Hrsg.): Technisierung des Alters – Beitrag für ein gutes Leben? Ethische, rechtliche, soziale und medizinische Aspekte von technischen Assistenzsystemen bei pflege- und hilfsbedürftigen Menschen im fortgeschrittenen Alter. Stuttgart (im Erscheinen) 2015.

Weber, K. – Frommeld, D. – Manzeschke, A. – Fangerau, H. (Hrsg.) (2015): Technisierung des Alters – Beitrag für ein gutes Leben? Ethische, rechtliche, soziale und medizinische Aspekte von technischen Assistenzsystemen bei pflege- und hilfsbedürftigen Menschen im fortgeschrittenen Alter. Stuttgart (im Erscheinen) 2015.

Zukunftsfähige Techniken zur Energiewandlung und Energienutzung – Orientierung und Beispiele

Georg Schaub – Thomas Turek

1. Orientierung für zukünftige Energieversorgungssysteme

Die Energieversorgung auf nationaler und globaler Skala steht vor großen Herausforderungen und Veränderungen (Energiewende, Transition of Energy Systems, Transition Énergétique). Aus heutiger Sicht stellt sich die Situation dazu wie folgt dar (IPCC 2007, 2014, WBGU 2011, Schaub/Turek 2011).

- Die heute dominierende Nutzung fossiler Energieträger (Beitrag global ca. 80 %) führt durch Freisetzung von CO_2 zu einer signifikanten Erhöhung des Kohlenstoff-Inventars in der Atmosphäre und damit zu einer Verstärkung des Treibhauseffektes, mit Folgen für das Weltklima.

- Die gesicherten Reserven der fossilen Rohstoffe (entsprechend dem ökonomischen „Wert" der Rohstoff-Industrie) entsprechen einer deutlich größeren CO_2-Menge als für die Einhaltung des 2-Grad-Zieles maximal zulässig ist (Abb. 1). Die vollständige Nutzung der gesicherten Reserven (und erst recht der zukünftig explorierten Ressourcen) würde damit zu einer nicht wünschbaren Veränderung des Klimas und damit der Lebensbedingungen auf der Erde führen.

- Da die derzeitige Energieversorgung durch ein deutliches Ungleichgewicht zwischen armen und reichen Ländern geprägt ist, kann die historische Entwicklung der Industrieländer kein Vorbild für die ärmeren Länder sein. Ökonomische Entwicklungsperspektiven bei gleichzeitiger Erhaltung der globalen Umweltbedingungen machen es erforderlich, dass die Basis für die Energieversorgung von fossilen Rohstoffen auf erneuerbare Quellen umgestellt wird.

- Aus physikalischer und technologischer Sicht können erneuerbare Energiequellen grundsätzlich ausreichende Mengen zur Verfügung stellen (solar, Wind, Biomasse etc., WBGU 2011), zu lösen bleiben gravierende Aspekte von Technologie- und Infrastrukturentwicklung, Investitions- und Kostenaufwand, Interessensausgleich etc.

- Da im Übergangsprozess fossile Quellen notwendig bleiben werden und erneuerbare Quellen typisch dezentral sind, ist allgemein ein sparsamer Umgang mit Energie dringend geboten.

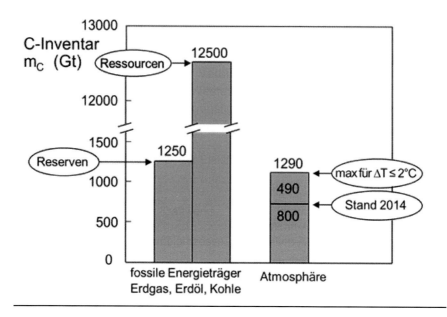

Abb. 1: Kohlenstoff-Inventare von Reserven/Ressourcen fossiler Energieträger (links) und Erdatmosphäre (rechts), mit maximal zulässigem Wert zur Einhaltung des 2-Grad-Zieles (entsprechend Berechnungen mit mathematischen Klimamodellen), Reserven: gesichert, ökonomisch nutzbar, Ressourcen: wahrscheinlich, ökonomische Nutzung unsicher.

Für Deutschland als Beispiel für ein Industrieland ist in Abbildung 2 die derzeitige Energieversorgung (2012) sowie schematisch eine zukünftig anzustrebende Energieversorgung dargestellt. Auf der Basis preisgünstiger fossiler Energieträger gab es in der zweiten Hälfte des 20. Jahrhunderts eine schnelle wirtschaftliche Entwicklung. Als Sekundärenergieträger dienten dabei und dienen heute weitgehend fossile Brennstoffe (für industrielle Feuerungen, Heizungen, Verbrennungsmaschinen). Eine zukünftige Energieversorgung wird stärker auf dem Sekundärenergieträger Elektrizität basiert sein, da diese aus den zur Verfügung stehenden erneuerbaren Haupt-Primärenergiequellen wie Wind, Solarstrahlung zugänglich ist. Chemische Energieträger werden nur dort eingesetzt werden, wo die spezifischen Vorteile (Energiedichte, Handhabbarkeit) zum Tragen kommen, z.B. bei mobilen Anwendungen.

2. Energietechniken konventionell – zukünftig

Im Folgenden wird am Beispiel Deutschland ein Überblick gegeben über heute dominierende Techniken in verschiedenen Bereichen der Energiewandlung und -nutzung (konventionell) sowie über zukünftig zu erwartende

Techniken, entsprechend der in Abschnitt 1 beschriebenen Orientierung (basierend u.a. auf IPCC 2007, 2014, WBGU 2011, Schaub/Turek 2011).

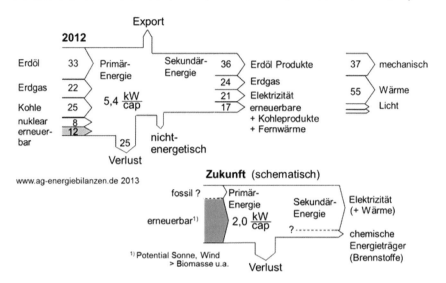

Abb. 2: Energieflüsse in Deutschland 2012 und Orientierung für zukünftige Entwicklungen, grau: erneuerbarer Beitrag – Quellen: AG-Energiebilanzen (2014), WBGU (2011), UBA (2013).

2.1 Elektrizitätserzeugung

Historisch haben sich in Deutschland groß-skalige thermische Kraftwerksprozesse als dominierend erwiesen. Kontinuierliche technische Entwicklungsarbeit in Richtung Wirkungsgrad, Umweltfreundlichkeit und Erzeugungskosten hat die Prozesse über Generationen verbessert. Fossile Einsatzstoffe (heute Kohle und Erdgas) dominieren. Wegen der großen Baugrößen (bis etwa 1.000 MW elektrische Leistung) kann die Abwärme nur begrenzt genutzt werden. Wirkungsgrade der Elektrizitätserzeugung liegen unter 50 %, nur bei Erdgas-Kombiprozessen werden Werte bis 60 % erreicht. Wasserkraft trägt mit geringem Anteil bei, entsprechend geografischer Gegebenheit stehen begrenzte Kapazitäten für Pumpspeicher zur Verfügung.

Zukünftig werden Wind- und Solarenergie einen hohen Beitrag zur Elektrizitätserzeugung leisten, entsprechend der größten Mengenpotenziale (siehe Tab. 1). Wegen der stark zeitabhängigen Leistung dieser Quellen stellt der zeitliche Abgleich von Erzeugung und Bedarf eine große Herausforderung dar. Zum räumlichen Ausgleich müssen elektrische Verteilernetze ausgebaut und in Kombination mit neu zu entwickelnden Speichern (elektrochemisch: Batterien, thermisch: Wärmespeicher, chemisch: Brennstoffe u.a.)

betrieben werden. Die Kombination vieler kleiner Elektrizitätserzeugungs-
anlagen in „virtuellen Kraftwerken" stellt hohe Anforderungen an Netz- und
Prozessregelungen im Hinblick auf bedarfsgerechte und sichere Energiebe-
reitstellung. Das Konzept einer Verbindung von dicht besiedelten Regionen
mit hohem Elektrizitätsbedarf (Westeuropa) mit dünn besiedelten, klimatisch
für die Solarenergienutzung begünstigten Regionen (Nordafrika) wird im De-
sertec-Projekt vorgeschlagen (Desertec 2014).

Tab. 1: Wesentliche Techniken zur Elektrizitätserzeugung konventionell – zukünftig

konventionell	zukünftig
– groß-skalige thermische Kraftwerks-prozesse fossil, nuklear, Dampf-/Gasturbinen, Kombiprozesse	– solar (thermisch, photovoltaisch)[1] – Windkraft-Anlagen[1] – Gezeiten-/Wellen-Wasserkraft
– Fließwasser-Turbinen	– klein-/mittel-skalige thermische Kraftwerksprozesse mit Wärme-Kraft-Kopplung und nachwachsen-den Brennstoffen
– Speicher: Pumpspeicher (Wasser)	– Brennstoffzellen mit nachwachsen-den Brennstoffen
	– im Übergang: thermische Kraft-werksprozesse mit fossilen Brenn-stoffen (vor allem Erdgas) und CO_2-Sequestrierung
	– Speicher: Pumpspeicher (Wasser) und neue Techniken[1]

[1] integriert in ausgebaute elektrische Verteilernetze und in Kombination mit Speichern (eletrochemisch – Batterien, thermisch, chemisch u.a.)

2.2 Wärmeerzeugung für Gebäudeheizung und Industrie

Der größte Teil (> 50 %) der Sekundärenergieträger wird aktuell zur Erzeugung von Wärme eingesetzt (s. Abb. 2). Wärme bei hohen Temperaturen
wird benötigt in industriellen Prozessen (z.B. Metallurgie-, Zement-, Chemie-
Industrien), Nieder-Temperatur-Wärme (etwa 2/3 vom Gesamt-Wärmebe-
darf) hauptsächlich zur Beheizung von Gebäuden. Der größte Teil der Ge-
samtwärme wird heute durch Verbrennung von Brennstoffen erzeugt, von
denen der größte Anteil fossilen Ursprungs ist, d.h. Erdgas, Erdöl und Kohle
(s. Tab. 2).

Bei der Wärmeerzeugung im industriellen Hoch-Temperatur-Bereich wurden in der Vergangenheit kontinuierlich technische Maßnahmen zur Effi-
zienzverbesserung durchgeführt (Nutzung von Abwärme, Wärmeintegration
etc.). Im Bereich der Wärmeversorgung von Gebäuden gibt es dagegen für

die Zukunft ein sehr großes Einsparpotenzial für fossile CO_2-Emissionen. Gesetzliche Regelwerke (z.B. Energieeinsparverordnung EnEV (2014)) begrenzen zum Beispiel den Wärmebedarf pro Wohnfläche durch entsprechende bauliche Maßnahmen. Bei der Modernisierung von Altbauten werden geeignete Maßnahmen finanziell gefördert.

Tab. 2: Wesentliche Techniken zur Wärmeerzeugung konventionell – zukünftig

konventionell	zukünftig
Hoch- und Nieder-Temperatur	Nieder-Temperatur
– Verbrennung fossiler Brennstoffe (gas, flüssig, fest) in Feuerungen	– solarer Wärmegewinn in Gebäuden kombiniert mit Verlust-Minimierung (Dämmung)
	– solare Wärmekollektoren
	– Wärmepumpen
	– Verbrennung nicht-fossiler Brennstoffe[1]
	Hoch-Temperatur
	– Verbrennung nicht-fossiler Brennstoffe[1]
	– Wärmeerzeugung aus Elektrizität
	(– Konzentrierung solarer Strahlung)

[1] im Übergang auch Erdgas, Heizöl (oder Kohle)

Der große Energiebetrag, der heute insgesamt zur Beheizung von Gebäuden auf niedrigem Temperaturniveau aufgewendet wird, ist dadurch verursacht, dass große Teile des Baubestandes nicht nach energetischen Kriterien optimiert sind. Viele Gebäude wurden in Zeiten preisgünstiger Energie gebaut, ohne Minimierung von Wärmeverlusten durch bautechnische Maßnahmen. Der Wärmebedarf wird heute weitgehend durch Verbrennung gedeckt, eine thermodynamisch unelegante Methode, da dabei typisch sehr hohe Temperaturen im Vergleich zum Temperaturniveau der gewünschten Nutzwärme auftreten.

Für die Zukunft sollte die Aufmerksamkeit darauf gerichtet sein, (a) den Bedarf für Nieder-Temperatur-Wärme in Gebäuden durch bautechnische Maßnahmen zu minimieren, (b) Nieder-Temperatur-Wärme auf der Basis von Solarstrahlung oder Umweltwärme bereitzustellen und dadurch Verbrennung soweit möglich zu vermeiden und (c) Hoch-Temperatur-Wärme soweit möglich durch nicht-fossile Brennstoffe oder aus Elektrizität zu erzeugen.

Mögliche Maßnahmen zur Gebäude-Optimierung im Hinblick auf thermische Energie sind in Tabelle 3 zusammengefasst. Abbildung 3 zeigt wesentliche bauliche Elemente für die thermische Energieoptimierung von Gebäuden (z.B. bei der Passivhaus-Gestaltung). Maximierung des solaren Wärmegewinns sowie Minimierung von Wärmeverlusten sind dabei wesentlich, d.h. Orientierung und Form des Gebäudes sind entsprechend optimiert, Wärmebedarf minimiert durch effektive Dämmung, Wärmerückgewinnung aus Abluft (Passiv 2014). Klug durchgeführte Dämmmaßnahmen im Altbaubestand führen außerdem zu größerer Behaglichkeit durch wärmere innere Oberflächen sowie weniger Luftzug nahe den Außenwänden. Die relativ kleinen Wärmemengen, die nach Optimierung zur Beheizung bereitgestellt werden müssen (Größenordnung 15 kWh/m^2 a) können durch Nieder-Temperatur-Quellen (solar, Umwelt) oder durch eine klein-skalige Verbrennung bereitgestellt werden. Im Fall von Bürogebäuden beinhaltet die energetische Optimierung angesichts der meist hohen Anschlussdichte elektrischer Geräte zusätzlich die Minimierung des Kühlbedarfs.

Tab. 3: Maßnahmen zur Gebäude-Optimierung im Hinblick auf thermische Energie

Ziel	Maßnahmen
– Maximierung des solaren Wärmegewinns	– Gebäudeausrichtung zur Sonne
	– Gestaltung der Gebäudeausrichtung (Glasflächen, konvektiver Wärmetransport zur Kühlung)
– Minimierung/Kontrolle von Wärmeverlusten	– Wärmedämmung (von Dach, Wänden etc.)
	– Wärmeaustausch zwischen Frisch- und Abluft
– Wärmespeicherung	– Tag – Nacht
	– saisonal (Sommer – Winter)
– externe Wärme-Bereitstellung	– Einbindung von Umgebungswärme mit Wärmepumpen
	– Verbrennung nicht-fossiler Brennstoffe
	– solare Wärmekollektoren

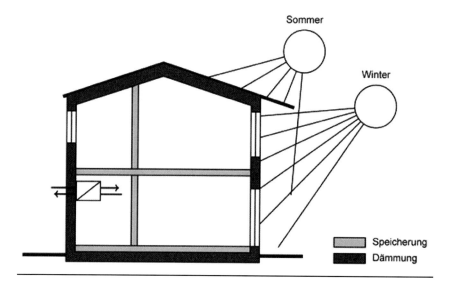

Abb. 3: Bauliche Elemente zur thermischen Energieoptimierung von Gebäuden (vgl. Tab. 3)

2.3 Verkehr, Mobilität, Transport

Der Bereich der individuellen Mobilität wird heute in Deutschland durch PKWs dominiert, etwa 75 % der von Personen zurückgelegten Distanzen werden mit PKWs erledigt. Diese Situation ist historisch gewachsen, auf 1.000 Einwohner kommen heute ca. 545 PKWs, die weitestgehend mit Verbrennungsmotoren und flüssigen Erdöl-Brennstoffen angetrieben werden. Geringe Beiträge liefern heute auch Biokraftstoffe, Erdgas und Flüssiggas (Tab. 4). Die große Verbreitung von PKWs war nur möglich mit preisgünstigem Erdöl, das mit hohem Wirkungsgrad (> 90 %) zu Kraftstoffen raffiniert werden kann (dagegen Kohleverflüssigung: < 50 %). Die heute verwendeten flüssigen Kohlenwasserstoffe haben eine hohe Energiedichte, eignen sich deshalb besonders gut für den mobilen Einsatz, insbesondere für Flugzeuge (heutiger Verbrauch von Kerosin etwa 15 % der Diesel- und Ottokraftstoffe, entsprechend pro Einwohner 0,11 bzw. 0,65 t/a oder als chemische Energie 0,15 bzw. 0,9 kW als Dauerlast gemittelt, nach Zahlenwerten aus MWV 2014).

Zukünftig wird mehr elektrische Energie zum Antrieb von PKWs zum Einsatz kommen. Zwar ist hier die Energiedichte der Speicherung deutlich geringer als bei flüssigen Kohlenwasserstoffen, jedoch sind die großen Primärenergie-Potentiale zur Stromerzeugung (Wind, solar) sowie die höheren Wirkungsgrade von Elektro- gegenüber Verbrennungsmotoren vorteilhaft, bei kürzeren Entfernungen ist der Nachteil der geringeren Energiedichte gespeicherter Elektrizität nicht gravierend. Die Verbindung von Elektro- und Verbrennungsmotoren (in sog. Hybriden) kann die Vorteile von beiden Systemen gegebenenfalls kombinieren. Im Bereich des Flugverkehrs wird es voraussichtlich weiterhin flüssige chemische Energieträger ähnlich dem Kerosin geben, da hier die Energiedichte besonders wichtig ist. Nicht-fossile Treibstoffe für die Gasturbinen können hier entweder aus Biomasse, aus erneuerbarer Elektrizität oder im Übergang auch aus Erdöl erzeugt werden.

Die Übertragung des deutschen Mobilitätssystems heutiger Prägung auf globale Verhältnisse würde den heutigen globalen PKW-Bestand (ca. 1 Milliarde) und den entsprechenden Energiebedarf etwa vervierfachen.

Tab. 4: Wesentliche Techniken/Energieträger für Mobilität und Transport konventionell – zukünftig

konventionell	zukünftig
PKW (+ LKW)	
– Verbrennungsmotor mit Erdöl-Kraftstoffen	– Elektromotor mit erneuerbarer Elektrizität
Erdgas D < 5 % Biokraftstoffe D[1] < 7 %	– Verbrennungsmotor und Hybrid mit nicht-fossilen Treibstoffen aus Biomasse[2] und erneuerbarer Elektrizität
Flugzeug	
– Gasturbinen mit Erdöl-Kraftstoffen	– Gasturbinen mit nicht-fossilen Treibstoffen aus Biomasse[2] und erneuerbarer Elektrizität
Schiff	
– Verbrennungsmotor / Gasturbinen mit Erdöl-Kraftstoffen (Erdgas)	– Verbrennungsmotor / Gasturbinen mit nicht-fossilen Treibstoffen aus Biomasse[2] und erneuerbarer Elektrizität

[1] aktuell aus Pflanzenöl und Nahrungsmittel-Kohlehydraten
[2] aus Lignocellulose, Algen, im Übergang auch Erdöl und Erdgas

3. Fazit

Die historisch gewachsene Energieversorgung der Industrieländer, basierend auf fossilen Energieträgern, bedeutet wegen der CO_2-Emissionen ein Risiko für die globalen Klimabedingungen und kann deshalb kein Vorbild für die Entwicklung der ärmeren Länder sein. Die wohlhabenden Industrieländer stehen in der Verantwortung, Technologien zu entwickeln und umzusetzen, die erneuerbare Quellen nutzen und Entwicklungsperspektiven für den weniger wohlhabenden Teil der Weltbevölkerung eröffnen.

Die Umstellung auf ein erneuerbares Energiesystem stellt für die Gesellschaft in vielfacher Hinsicht eine Herausforderung dar: Entwicklung von neuartiger Technik mit Aufwand an Forschungs-Kreativität und Kosten, Anpassung von gewachsenen Infrastrukturen, Übergänge mit technischen und ökonomischen Risiken, Änderung von individuellen Verhaltens- und Konsumgewohnheiten.

Kostenaufwand ist unvermeidlich, wenn bisher hoch entwickelte, auf einfach zu verarbeitenden Rohstoffen (wie z.B. Erdöl) beruhende Techniken abgelöst werden durch neue Energiequellen und Techniken. Dies gilt zumindest für eine Übergangsphase, in der Infrastrukturänderungen zu bewältigen sind. Gesellschaftliche Konflikte über die Verteilung des Kostenaufwandes sind unvermeidlich, müssen positiv gelöst, soziale Härten dabei minimiert werden, damit die öffentliche Akzeptanz des Übergangs nicht gefährdet wird. Der heute erforderliche Kostenaufwand zur Umstellung des Energiesystems wird jedoch geringer eingeschätzt als die ökonomischen Langfrist-Schäden durch gravierende Klimaveränderungen (Stern 2006).

Die Einführung neuer Techniken im Sinne der Erhaltung globaler Klimabedingungen wird wie in anderen Fällen individuelle Initiative und Risikobereitschaft erfordern, d.h. das Wirken von „Pionieren" (WBGU 2011). Angestoßen durch die politisch initiierte Energiewende werden in Deutschland aktuell vielfältige neue Techniken zur Energiewandlung und -nutzung entwickelt und innovative Kräfte freigesetzt. Die Autoren sind beteiligt an akademischer Begleitforschung zum Thema elektrochemische und chemische Energiespeicherung. Schließlich: Die Erfordernis eines bewussten und sparsameren Umganges mit Rohstoffen und Energie ist auch in einem erneuerbaren Energiesystem gegeben, bietet aber auch die Chance einer Besinnung auf kulturelle oder postmaterielle Werte.

4. Literatur

AG-Energiebilanzen (2014): www.ag-energiebilanzen.de – 10.09.2014.

Desertec (2014): www.desertec.org, www.dii-eumena.com – 15.10.2014.

ENEV (2014): Infoportal Energieeinsparung, www.bbsr-energieeinsparung.de – 15.10.2014.

IPCC – Intergovernmental Panel on Climate Change (2007): Climate Change 2007 – Mitigation of Climate Change. Contribution of Working Group III to the Fourth Assessment Report of the IPCC. Cambridge 2007.

IPCC – Intergovernmental Panel on Climate Change (2014): Climate Change 2014 – Mitigation of Climate Change. Contribution of Working Group III to the Fifth Assessment Report of the IPCC (Draft). www.ipcc.ch – 10.09.2014.

Jess, A. – Kaiser, P. – Kern, C. – Unde, R.B. – Olshausen, C. von (2011): Considerations concerning the Energy Demand and Energy Mix for Global Welfare and Stable Ecosystems. S. 1777–1791 in Chemie Ingenieur Technik 83 (2011).

McKay, D.J.C. (2008): Sustainable Energy – Without the Hot Air. Cambridge 2008.

MWV – Mineralölwirtschaftsverband (2014): Jahresbericht 2013 / Mineralöl-Zahlen. Berlin 2014.

Passiv (2014): www.passiv.de – 10.09.2014.

Schaub, G. – Turek, T. (2011): Energy Flows, Material Cycles and Global Development – A Process Engineering Approach to the Earth System. Heidelberg 2011.

Stern, N. (2006): Review on the Economics of Climate Change. Hier nach: The Guardian 30.10.2006, Frankfurter Rundschau 03.11.2006.

UBA (2013): Studie Treibhausgasneutrales Deutschland im Jahr 2050. Umweltbundesamt 2013. www.uba.de – 15.07.2014.

WBGU (2011): Hauptgutachten Welt im Wandel. Gesellschaftsvertrag für eine Große Transformation. Berlin 2011. www.wbgu.de – 10.09.2014.

Das Kindeswohl im Konflikt – kindliches Wohlergehen im Recht, in der Medizin und in der Bildungswissenschaft

Alexander Bagattini

Einleitung

Der Begriff des Kindeswohls wurde bis vor einiger Zeit im deutschsprachigen Diskurs vor allem als Rechtsterminus verwendet. In den vergangenen Jahren haben sich allerdings mehrere Konfliktfelder herausgebildet, die in der Öffentlichkeit auch ungeachtet der rechtlichen Dimension des Kindeswohlbegriffs diskutiert werden. Dies betrifft nicht nur die bekannte Debatte um die angemessene Schulform für Kinder, die durch die Inklusionsthematik neuen Wind bekommen hat, sondern auch Themen wie das Verhältnis von Stress und Kindheit (Hurrelmann 1990), geeigneten Spielen für Kinder, der Frage nach Mitbestimmung von Kindern in verschiedenen Kontexten wie der Medizin (Wiesemann/Dörries 2003) oder bei Wahlen (Bagattini 2014a, Tremmel 2014). Man kann sagen, während das Recht in Deutschland immer noch eine stark Konservative Tendenz zum Schutz solcher Güter wie Privatheit, Familie und Elternautorität aufweist, haben sich im öffentlichen Diskurs diverse Themen herausgebildet, bei denen der Schutz dieser Güter um den Preis kindlicher Chancen und Lebensmöglichkeiten kritisch diskutiert wird. Bei der auf das Kölner Beschneidungsurteil folgenden Debatte konnte man sehen, wo die Schwierigkeiten rein rechtlicher Lösungsversuche für grundlegende sozialethische Probleme liegen, die mit dem Wohlergehen von Kindern korrelieren. Die Erleichterung von Ärzten und manchen religiösen Gemeinden über die letztlich gefundene rechtliche Regelung in § 1631d BGB[1] ist zwar verständlich. Nichtsdestotrotz bleiben wichtige ethische Fragen über die Legitimität medizinisch nicht notwendiger Eingriffe in die körperliche Integrität von Kindern unerörtert.

---

1 „(1) Die Personensorge umfasst auch das Recht, in eine medizinisch nicht erforderliche Beschneidung des nicht einsichts- und urteilsfähigen männlichen Kindes einzuwilligen, wenn diese nach den Regeln der ärztlichen Kunst durchgeführt werden soll. Dies gilt nicht, wenn durch die Beschneidung auch unter Berücksichtigung ihres Zwecks das Kindeswohl gefährdet wird.
(2) In den ersten sechs Monaten nach der Geburt des Kindes dürfen auch von einer Religionsgesellschaft dazu vorgesehene Personen Beschneidungen gemäß Absatz 1 durchführen, wenn sie dafür besonders ausgebildet und, ohne Arzt zu sein, für die Durchführung der Beschneidung vergleichbar befähigt sind."

Hier tritt eine Spannung zwischen unterschiedlichen Verwendungsweisen des Kindeswohlbegriffs zutage. Auf der einen Seite schützt der rechtliche Begriff des Kindeswohls aufgrund seiner inhaltlichen Unbestimmtheit die Elternautorität, auf der anderen Seite stellt der medizinische Begriff des Kindeswohls medizinisch nicht notwendige Eingriffe infrage, die von Eltern gewünscht werden. Ein normativ ähnlich gelagerter Konflikt besteht, wenn religiöse Eltern ihre Kinder zuhause unterrichten wollen bzw. sie möglichst von öffentlichen Schulen fernhalten wollen.

In diesem Aufsatz wird die These vertreten, dass ethische Konflikte hinsichtlich des Kindeswohls aufgrund verschiedener, gleichermaßen legitimer Verwendungsweisen des Kindeswohlbegriffs entstehen. In den ersten drei Abschnitten werden der rechtliche, der medizinische und der bildungswissenschaftliche Kindeswohlbegriff dargestellt. In Abschnitt vier wird dargestellt wie ethische Konflikte hinsichtlich des Kindeswohls aufgrund dieser verschiedenen Verwendungsweisen des Kindeswohlbegriffs entstehen. Für die folgenden Überlegungen sind weiterhin noch zwei Punkte zu beachten: Erstens wird in diesem Aufsatz kein Anspruch auf Vollständigkeit erhoben. D.h., dass man weitere legitime Verwendungen des Kindeswohlbegriffs thematisieren kann. Zweitens ist das Ziel dieses Aufsatzes nicht die Lösung der hier besprochenen Konflikte. Dies würde den Rahmen dieses Aufsatzes bei weitem sprengen. Es geht vielmehr um die Analyse der Entstehung der Konflikte, durch die verschiedenen, gleichermaßen legitimen Verwendungen des Kindeswohlbegriffs. Gleichwohl werden in Kapitel vier zumindest einige Lösungsversuche im Ansatz skizziert.

1. Der juristische Begriff des Kindeswohls

Der juristische Begriff des Kindeswohls fungiert als Eingriffslegitimation und Entscheidungsmaßstab für Familienrichter, d.h. er dient als Rechtfertigungskriterium für Eingriffe in das Sorgerecht der Eltern (zugunsten des Kindeswohls). Im Recht gilt der *Grundsatz der elterlichen Sorge*. Den Eltern kommt demnach standardmäßig das Sorgerecht für ihre Kinder zu. Nur dann, wenn sie gegen die hiermit korrelierenden Pflichten verstoßen, tritt das so genannte *staatliche Wächteramt* in Kraft. Der Kindeswohlbegriff erfüllt an dieser Stelle eine dem Menschenwürdebegriff analoge Funktion als ein sowohl von elterlicher als auch von staatlicher Autorität unabhängiger Maßstab. Der Kindeswohlbegriff hat hierbei die Funktion einer Norm, die bestimmt, wann staatlicherseits in das elterliche Sorgerecht eingegriffen werden darf. Im Recht spricht man in diesem Sinn auch von der *Normfunktion* des Kindeswohlbegriffs, die in einer Einschränkung des elterlichen Sorgerechts bzw. der Aktivierung des staatlichen Wächteramtes besteht. Im Folgenden wird zunächst das Sorgerechtsprinzip dargestellt. Anschließend wird der Kindeswohlbegriff in seiner Funktion einer möglichen Einschränkung des Sorgerechts erörtert.

1.1 Das Sorgerechtsprinzip im deutschen Verfassungsrecht

Das Sorgerechtsprinzip ist verfassungsrechtlich in Artikel 6 des Grundgesetzes (GG) als Grundrecht verbürgt. Der erste Satz aus Artikel 6 Abs. 2 GG lautet: „Pflege und Erziehung der Kinder sind das natürliche Recht der Eltern und die zuvörderst ihnen obliegende Pflicht." Das Sorgerecht gilt demnach als ein *natürliches Recht*: es soll Eltern unabhängig von staatlicher Legitimation zukommen und zum einen die Freiheit der Eltern, ihre Kinder nach den eigenen Wertvorstellungen zu erziehen, umfassen. Mit dem Begriff der Pflege sind zum anderen aber auch die Pflichten der Eltern angesprochen, ihr Kind gut zu versorgen, also für sein Wohlergehen zu sorgen. Sind die Eltern nicht willens oder in der Lage, diese Pflichten zu erfüllen, tritt das im zweiten Satz aus § 6 Abs. 2 GG bestimmte Wächteramt des Staates in Kraft: „Über ihre Betätigung [der Rechte und Pflichten der Eltern] wacht die staatliche Gemeinschaft."

Hierbei ist zu beachten, dass sich der deutsche Staat nicht als Wächter separater Kinderrechte versteht, sondern vielmehr als Wächter darüber, ob die Eltern den ihnen erteilten Erziehungsauftrag angemessen erfüllen. An dieser Stelle setzt die Überlegung an, ob es notwendig ist, Kindergrundrechte einzuführen. Die Einführung von Kindergrundrechten wie einem Recht auf Bildung würde den Anspruch des Kindes auf Erziehung, Schutz und Entwicklungsförderung auch trotz seiner Eltern und möglicherweise gegen sie stärken. Der Staat wäre dann allerdings auch in der Verantwortung, die Verwirklichung dieser Kindergrundrechte zu gewährleisten. Die Einführung von Kindergrundrechten hätte somit eine Erweiterung des staatlichen Wächteramtes zur Folge (Wiesner 2008).

Hier stellen sich zunächst pragmatische Probleme: Zum einen müsste zuerst ein gesellschaftlicher Konsens hinsichtlich der Einführung von Kinderrechten gefunden werden. Zum anderen lassen sich die Kostenfolgen einer solchen Verfassungsänderung kaum beziffern (Wiesner 2008). Es steht jedenfalls zu befürchten, dass sie sehr teuer werden würde. Neben diesen pragmatischen Punkten müssten auch grundsätzliche Gerechtigkeitsabwägungen erfolgen. Viele sehen hier bereits das Schreckgespenst eines allgegenwärtigen Überwachungsstaates umhergehen, der auch die verantwortungsbewussten Eltern unnötig einschränkt.

Es gibt jedoch auch einen starken Grund für die Einführung von Kindergrundrechten: Die Intuition, dass Kinder ein moralisches Recht auf die Entwicklung zu Personen haben, die selbstständig an der Gesellschaft teilnehmen können.[2] Weil es eine empirische (wenn auch traurige) Tatsache ist, dass viele Eltern dies nicht gewährleisten können, scheint nur der Staat als Garant dieses moralischen Rechts infrage zu kommen. Es bleibt hierbei zunächst eine offene Frage, ob die Einführung von Kindergrundrechten für eine Verbesserung des Kinderschutzes notwendig ist. Bei der Einführung des neuen Bundeskinderschutzgesetzes (2010) verzichtete man jedenfalls auf eine solche Einführung von Kindergrundrechten. Nach den Ergebnissen der OECD-Studie von 2008 zur Kinderarmut bleibt allerdings abzuwarten, ob das neue Kinderschutzgesetz wirklich für die von den UN geforderte Verbesserung der Lage der Kinder in Deutschland hinreicht.[3]

1.2 Das Sorgerechtsprinzip im Familienrecht

Familienrechtlich ist das Sorgerecht u.a. in § 1626 BGB geregelt, wo insbesondere der Begriff der elterlichen Sorge näher bestimmt wird. Im ersten Absatz heißt es dort: „Die Eltern haben die Pflicht und das Recht, für das minderjährige Kind zu sorgen (elterliche Sorge). Die elterliche Sorge umfasst die Sorge für die Person des Kindes (Personensorge) und das Vermögen des Kindes (Vermögenssorge)."[4]

Der Begriff des Kindeswohls bezieht sich auf den Begriff der *Personensorge*. Nach § 1631 Abs. 1 BGB umfasst die Personensorge „insbesondere die Pflicht und das Recht, das Kind zu pflegen, zu erziehen, zu beaufsichtigen und seinen Aufenthalt zu bestimmen." Hier klingt implizit bereits das normative Verständnis an, mit dem das natürliche Recht der elterlichen Sorge aufgefasst wird: Eltern werden von Rechts wegen als *Treuhänder* und

---

2 Dies deckt sich auch mit den durch die UN-Kinderrechtskonvention festgesetzten Kindergrundrechten. Vgl. hierzu auch Feinbergs Idee eines Rechts auf eine offene Zukunft in Feinberg (1992).

3 Die UN-Kinderrechtskonvention fordert etwa in Artikel 3 den „Vorrang des Kindeswohls". Da in Deutschland nach der OECD-Studie von 2008 über 8 % der Kinder und Jugendlichen von Langzeitarmut betroffen sind (was als sicherer Parameter zur Bestimmung von Nachteilen in der Entwicklung gilt), gibt es alleine aus diesem Grund starke Kritik an der konservativen die Elternrechte fokussierenden Implementierung von Kinderrechten in Deutschland.

4 Der Begriff der elterlichen Sorge wurde erst relativ spät mit der 1980 in Kraft getretenen Sorgerechtsreform eingeführt und löste den aus heutiger Perspektive martialisch anmutenden Begriff der väterlichen (später elterlichen) Gewalt ab. Überhaupt lässt sich eine zunehmende Berücksichtigung kindlicher Interessen durch das Recht wahrnehmen, wie etwa auch die 1998 vorgenommene Änderung der Reihenfolge der Begriffe ,Pflicht' und ,Recht' zeigt: Eltern haben ab diesem Zeitpunkt wesentlich mehr Pflichten als Rechte ihren Kindern gegenüber. Vgl. hierzu Greßmann (1998), Parr (2005), Zittelmann (2001).

nicht als Eigentümer ihrer Kinder verstanden.[5] Die elterliche Sorge bestimmt kein Eigentumsverhältnis von Eltern ihren Kindern gegenüber, sondern bezieht sich auf die Tatsache, dass Kinder und Jugendliche noch keine voll entwickelten Personen sind und der Unterstützung durch Erwachsene bedürfen. Besonders deutlich wird dies in § 1 Abs. 1 des Kinder- und Jugendhilfsgesetzes (KJHG) formuliert: „Jeder junge Mensch hat ein Recht auf Förderung seiner Entwicklung und auf Erziehung zu einer eigenverantwortlichen und gemeinschaftsfähigen Persönlichkeit." An dieser Stelle wird auch deutlich, dass sich die elterliche Sorge nicht nur auf den derzeitigen Zustand eines Kindes bezieht, sondern immer eine Zukunftsperspektive aufweisen muss. Die elterliche Sorge wird nicht nur verletzt, wenn Kinder nicht ausreichend mit Nahrung versorgt werden, sondern auch dann, wenn ihre zukünftige Entwicklung gefährdet ist. Dies umfasst insbesondere Fälle wie die Vernachlässigung der Schulpflicht oder eine Indoktrination mit Werten, die mit der Verfassung liberaler Staaten unverträglich sind.[6]

Zusammenfassend kann festgehalten werden, dass das Recht der elterlichen Sorge die normative Form einer Treuhänderschaft hat, die standardmäßig den leiblichen Eltern (als natürliches Recht) zukommt. Das Sorgerecht kann den Eltern allerdings vom Staat entzogen werden, wenn diese ihre Treuhänderschaft nicht (angemessen) wahrnehmen. Hier kommt der eigentliche rechtliche Begriff des Kindeswohls ins Spiel.

1.3 Die Normfunktion des Kindeswohlbegriffs

Indem das deutsche Recht das Sorgerecht der Eltern anerkennt, verzichtet es auf eine positive Bestimmung des Kindeswohlbegriffs. Es soll den Eltern unabhängig von staatlicher oder wissenschaftlicher Autorität gestattet werden, ihre Kinder nach ihren eigenen Wertvorstellungen zu erziehen. D.h. Eltern dürfen unabhängig vom pädagogischen Zeitgeist, unabhängig von Expertenmeinungen (etwa von Pädagogen und Psychologen) und unabhängig

---

5 Selbst wenn man, wie Locke, davon ausgeht, dass eine Person der Eigentümer des Produkts ihrer körperlichen Arbeit ist, kann man nur dann die These rechtfertigen, dass Eltern Eigentümer ihrer Kinder sind, wenn man Kinder als Produkt der Arbeit der Körper ihrer Eltern versteht. Man muss kein Romantiker sein, um in dieser Redeweise ein Problem zu sehen, schließlich betrachten wir Kinder als Wesen mit einer eigenen Würde, die sich nicht auf den bloßen Akt ihrer Zeugung reduzieren lässt. Für eine detaillierte Kritik an der These, dass Eltern Eigentümer ihrer Kinder sind vgl. Archard (2004, 141ff.).

6 Die Pflichten und Rechte der elterlichen Sorge sind im Übrigen konkret im Rahmen der „tatsächlichen Personensorge" und der „Vertretung in persönlichen Angelegenheiten" bestimmt. Beispiele: Die Wahl des Namens, die Bestimmung des Aufenthaltes, der Schutz einer ungestörten sexuellen Entwicklung und die Einhaltung der Schulpflicht (vgl. Staudinger 2010).

von der politischen Ausrichtung einer Legislatur selbst bestimmen, wie sie ihre Kinder erziehen. Eine grundsätzliche Ausnahme ist die schulische Bildung und Erziehung, die weitestgehend autonom gegenüber dem Einfluss der Eltern ist. Ansonsten macht das Recht keine inhaltlichen Vorgaben, wie Kinder zu erziehen sind.

Weil der Kindeswohlbegriff im deutschen Recht nicht positiv, sondern nur negativ bestimmt ist, gibt es im deutschen Recht keine (staatliche) Pflicht, das Wohlergehen von Kindern zu befördern, sondern nur eine (staatliche) Pflicht, das Wohlergehen im Fall der Kindeswohlgefährdung zu schützen. Diese Normfunktion des Kindeswohlbegriffs wird ausgedrückt in der Generalklausel des § 1666 BGB:

> „Wird das körperliche, geistige oder seelische Wohl des Kindes [...] gefährdet und sind die Eltern nicht gewillt oder nicht in der Lage, die Gefahr abzuwenden, so hat das Familiengericht die Maßnahmen zu treffen, die zur Abwendung der Gefahr erforderlich sind."

Dies klingt danach, als ob eine deskriptive Charakterisierung des Begriffs des Kindeswohls notwendig ist. Dies ist allerdings nicht der Fall. In Staudingers Kommentar zum BGB lesen wir etwa:

> „Der Kindeswohlbegriff ist auch nach der Intention des Gesetzes kein deskriptives Tatbestandsmerkmal, sondern Herzstück der Generalklausel des § 1666. Diese Normfunktion verbietet es, das Kindeswohl als Verweisungsklausel in positivistischem Sinn auf rechtliche oder außerrechtliche Kindeswohlmaßstäbe zu verstehen [...]. Wie in anderen Generalklauseln auch, steckt im Kindeswohlbegriff des § 1666 der Auftrag zur richterlichen Rechtskonkretisierung, d.h. zur schöpferischen Umsetzung des Gesetzeszwecks für den Einzelfall."[7]

Der Kommentar ist nur vor dem Hintergrund des deutschen Prinzipienrechts zu verstehen, das – etwa im Gegensatz zum englischen ‚Case Law' – die juristische Bewertung von Einzelfällen standardmäßig als Rechtfertigung angesichts kanonisierter rechtlicher Prinzipien versteht. Der Kindeswohlbegriff dient in diesem Sinn als ein Prinzip für die Rechtfertigung der Einschränkung elterlicher Erziehungsautonomie. Diese Normfunktion ist selbst nicht mehr rechtfertigungsbedürftig: Wenn Kindeswohlgefährdung vorliegt, dann sind rechtlich die entsprechenden Schritte einzuleiten.[8]

Dies bedeutet nicht, dass ein Richter *bei der Feststellung* der Kindeswohlgefährdung keine deskriptiven Gründe geltend machen kann. Auch hier hilft ein Blick in Staudingers Kommentar zum BGB weiter:

---

7 Staudinger 2010, Kommentar zu § 1666, 64. Vgl. hierzu auch Parr (2005).
8 Vgl. hierzu Coester (1983).

> „Im Übrigen sind zur Vervollständigung des Kindeswohlbegriffs
> außerrechtliche Maßstäbe heranzuziehen, insbesondere wissen-
> schaftliche Erkenntnisse, die im Einzelfall auch mittels Sachverstän-
> digengutachten nutzbar zu machen sind. [...] Daneben kann auf ge-
> sellschaftliche Standards, einen gesellschaftlichen ‚Grundkonsens‘
> über die Bedürfnisse des Kindes und angemessenes Elternverhalten
> zurückgegriffen werden."[9]

D.h. ein Richter darf sehr wohl ärztliche Gutachten und Stellungnahmen von
Sozialarbeitern etc. einfordern, um zu klären, ob das Kindeswohl im medizinischen Sinne verletzt ist. Daneben darf ein Richter sich seines gesunden
Menschenverstandes bedienen, um zu ermessen, wann das Wohlergehen
eines Kindes gefährdet ist.[10] Dies gilt trotz der Tatsache, dass das Recht
selbst solche Kriterien gerade nicht bereitstellt – sie müssen im Zweifelsfall
dem außerrechtlichen Bereich entnommen werden. Kann eine Kindeswohlgefährdung festgestellt werden, tritt jedenfalls das staatliche Wächteramt
gemäß § 1666 Abs. 3 BGB in Kraft. Die hier möglichen gerichtlichen Maßnahmen reichen von ‚sanfteren‘ Geboten, bestimmte öffentliche Hilfen in Anspruch zu nehmen bis zum teilweisen oder vollständigen Entzug der elterlichen Sorge. Es bleibt aber festzuhalten, dass der Staat seine Aufgabe standardmäßig nicht darin sieht, in Erziehungsfragen tätig zu werden. Insbesondere umfasst das staatliche Wächteramt bisher keine sozio-ökonomischen
Faktoren. D.h., dass die Eltern und deren sozio-ökonomische Verhältnisse
grundsätzlich als zum Schicksal und Lebensrisiko eines Kindes zugehörig
betrachtet werden.[11] Hier scheinen derzeit zwar gewisse Umbrüche stattzu-
finden, wie etwa die Initiative der damaligen Bundesarbeitsministerin Ursula
von der Leyen, Bildungsgutscheine auszuteilen. Ein separates Recht von
Kindern auf sozio-ökonomische Sicherheit und auf eine qualitativ hochwertige Erziehung und Bildung besteht von Rechts wegen jedoch nicht.

Fazit: Die Normfunktion des Kindeswohlbegriffs besteht in einer staatlich
legitimierten Einschränkung des Sorgerechtsprinzips und damit der Autonomie der Eltern in Erziehungsfragen. Dass Kinder ein Recht auf Wohlergehen
haben, ist hierbei ein normativer Rechtsgegenstand und setzt rechtslogisch
keine deskriptive Charakterisierung des Kindeswohlbegriffs voraus. Das
Recht verzichtet gewissermaßen auf eine solche Charakterisierung, um den

---

9 Staudinger 2010, Kommentar zu § 1666, 69. Vgl. hierzu auch Coester (1983,
60ff.).

10 Ein Beispiel hierfür ist die Münchner Mutter, die im Winter 2008 ihr Kind ohne
Kleider auf dem Rad fahren ließ. Trotz der Berufung der Mutter auf die Autonomie
ihres Kindes benötigte der Richter in diesem Zusammenhang kein Expertengutachten, um eine Gefährdung des Kindeswohls festzustellen (vgl. Sächsischen Zeitung
– online, 16.10. 2008).

11 Vgl. Staudinger (2010, Kommentar zu § 1666, 81).

Eltern der Kinder möglichst viele Freiheiten bei deren Erziehung einzuräumen. Das Kindeswohl ist aus rechtlicher Perspektive ein abstraktes Ideal, welches in verschiedensten Erziehungsformen unterschiedlich ausgestaltet werden kann. Es dient (erst) im Fall der Kindeswohlgefährdung als Rechtfertigungsgrund für Eingriffe in das Sorgerecht, trägt aber nichts zur *inhaltlichen* Ausfüllung prozessualer Möglichkeiten bei.

2. Kindliches Wohlergehen in der Medizin am Beispiel der U1-U9-Untersuchungen

2.1 Gesundheit und Wohlergehen einer Person

Die Medizin hat es als empirische Wissenschaft mit messbaren Kriterien dafür zu tun, wann eine Person gesund oder krank ist. Gesundheit ist laut der WHO-Definition „a state of complete physical, mental and social well-being".[12] Die WHO-Definition der Gesundheit ist wegen der Verwendung des Begriffs des Wohlergehens (well-being) als zu subjektivistisch kritisiert worden (vgl. Boorse 1997). Auf die Feinheiten dieser Kritik kann hier nicht eingegangen werden. Stattdessen wird angenommen, dass der Wohlergehensbegriff zumindest messbare Elemente enthält. Man kann etwa sagen, dass eine Person körperlich gesund ist, wenn:

- ihr Blutdruck einen Normwert wie 120/80 hat,
- ihr Blut 4-6 Millionen rote Blutkörperchen pro Mikroliter Blut hat,
- ihre Schilddrüse genügend Thyroxin produziert,
- ihre Kreatininwerte im Urin nicht erniedrigt sind.

Im gleichen Sinn kann man sagen, dass es einer Person psychisch oder geistig wohl ergeht, wenn:

- sie konzentrationsfähig ist,
- sie emotional stabil ist,
- sie kommunikations- und interaktionsfähig ist.

In beiden Feldern – dem physischen und psychischen Wohlergehen einer Person – liegen quantifizierbare Kriterien vor. Ein Blutdruck von 120/80 ist ein wichtiger Indikator dafür, dass eine Person gesund ist. Ein Arzt wird sich dagegen mit guten Gründen weigern, bei einem Patienten mit einem Blutdruck von 180/140 von körperlichem Wohlergehen zu sprechen (und zwar auch dann, wenn der Patient sich gut fühlt). Das psychische Wohlergehen einer Person ist naturgemäß schwieriger zu messen als das physische, was am Gegenstandsbereich der psychischen Phänomene liegt. Gleichwohl kann man auch für diesen Bereich objektivierbare und messbare Kriterien

---

12 Quelle: http://www.who.int/about/definition/en/print.html – Zugriff: 07.12.2014.

angeben, wie etwa die Zeit, die eine Person für die Lösung bestimmter Aufgaben benötigt (Konzentration) oder Ausdrucksvermögen und Mimik (Kommunikation).

Allgemein kann man festhalten, dass sich die Medizin als Wissenschaft an messbaren Kriterien für das Wohlergehen einer Person orientiert. Ein guter praktischer Arzt wird sich zwar auch oftmals an seiner Erfahrung bzw. seinen Intuitionen orientieren. Die Orientierung an messbaren Normwerten wird er aber in den seltensten Fällen aufgeben. Wie positivistisch ein Arzt seinen Beruf letztlich interpretiert, hängt von seiner persönlichen Meinung ab. Kaum ein Arzt wird jedoch abstreiten, dass messbare Normwerte relevant für die Bestimmung des körperlichen und psychischen Wohlergehens einer Person sind.

2.2 Deskriptive Kriterien für kindliches Wohlergehen – die U1-U9-Untersuchungen

Für eine medizinische Überprüfung des kindlichen Wohlergehens wurde 1971 auf Rat des Bundesausschusses der Ärzte und Krankenkassen eine Reihe von Vorsorgeuntersuchungen in die Pflichtleistungen der Krankenkassen aufgenommen. Diese auch als U1-U9-Untersuchungen bezeichneten Vorsorgeuntersuchungen sollen einen Beitrag dazu leisten, dass alle Kinder in Deutschland gesund, definiert nach allgemein verbindlichen, Standards aufwachsen. Den U1-U9-Untersuchungen folgen mit der U10 und U11 und zwei Vorsorgeuntersuchungen für Jugendliche (J1 und J2) vier weitere Vorsorgeuntersuchungen, die allerdings nicht von den Krankenkassen übernommen werden. Die Verbindlichkeit der U-Untersuchungen richtet sich im Übrigen nach den föderalen Gegebenheiten der Länder.[13] Die Richtlinien für die Kindervorsorgeuntersuchungen U1-U9 (auch „Kinderrichtlinien" genannt) des Bundesausschusses der Ärzte und Krankenkassen dienen der Früherkennung von Krankheiten bei Kindern bis zum vollendeten 6. Lebensjahr (also kurz vor der Einschulung). Man kann sie tabellarisch folgendermaßen darstellen:[14]

---

13 In einigen Bundesländern (z.B. Hessen, NRW, Saarland Sachsen) existiert ein (allerdings nicht einheitliches) verbindliches Einlade- und Meldewesen.

14 Zur folgenden Tabelle vgl. die Richtlinien des Bundesausschusses der Ärzte und Krankenkassen.

U1 2.–4. Lebensstunde	Diagnose lebensbedrohlicher Zustände und augenfälliger Schäden Atmung, Tonus, Reflexe beim Absaugen, Herzschläge, mögl. Gelbsucht, Ödeme
U2 3.–10. Tag	Atmung, Körpermaße, Gesichtsausdruck und Hautbeschaffenheit – evtl. Rückschlüsse auf Krankheiten Funktion der inneren Organe, richtige Lage der Knochen Sinnesorgane, Motorik und Nervensystem Trinkverhalten Kontrolle des Hüftgelenks auf Hüftdysplasie Blutabnahme (an der Ferse): Screening auf: Hypothyreose (Schilddrüsenunterfunktion), Phenylketonurie (Störung im Aminosäurestoffwechsel), Galaktosämie (Störungen des Galaktosestoffwechsels), Mukoviszidose (auch zystische Fibrose, häufigste angeborene Stoffwechselkrankheit)
U3 4.–6. Woche	Ultraschall-Screening der Hüften und der Nieren Beurteilung des motorischen Verhaltens und Sozialverhaltens Ein gesundes Kind in diesem Alter sollte: Seufzende und stöhnende Laute von sich geben, wenn es zufrieden und satt ist. Es sollte Gegenstände, die sein Blickfeld kreuzen, fixieren und mit dem Kopf verfolgen. Und es sollte mit einem Lächeln antworten, wenn es angelächelt wird.
U4-U7 3.–24. Monat	Prüfung der zeitgerechten körperlichen Entwicklung Aufdecken von Bewegungsstörungen Erste Impfungen
U7a 34.–36. Monat	Erkennen und Behandlungseinleitung von allergischen Erkrankungen, Sozialisations- und Verhaltensstörungen, Übergewicht, Sprachentwicklungsstörungen, Zahn-, Mund- und Kieferanomalien
U8 43.–48. Monat	Prüfung der Beweglichkeit und Koordinationsfähigkeit des Kindes sowie der Reflexe, der Muskelkraft, der Aussprache, der Zähne, sowie des Hör- und Sehvermögens
U9 60.–64. Monat	Findet im Jahr vor der Einschulung statt und ist damit besonders wichtig. Tests auf Koordinationsfähigkeit (Grob- und Feinmotorik) Prüfung des Hör- und Sehvermögens Sprachverständnis Sozialverhalten, Verhaltensauffälligkeiten

Für die U1-U9-Untersuchungen gibt es also objektivierende Kriterien für kindliches Wohlergehen. Dies betrifft die Messung des physiologischen Wohlergehens wie etwa Atmung, Herzschlag und die Maße des Hüftgelenks. Mit zunehmendem Alter werden dann auch psychische und soziale Faktoren wie die Sprachentwicklung, das Erkenntnisvermögen, emotionale Stabilität und Sozialverhalten getestet.

Ich möchte hier, wie bereits gesagt wurde, nicht die starke positivistische These vertreten, dass die Medizin sich *ausschließlich* mit messbaren Ergebnissen beschäftigen sollte. Natürlich kann (und wahrscheinlich sollte) ein guter Arzt für die Rechtfertigung einer Diagnose auch auf Empathie und Erfahrung setzen. Dies ändert jedoch nichts am naturwissenschaftlichen Anspruch der Medizin als Wissenschaft. In diesem Sinn sind die U1-U9-Untersuchungen als ein durch naturwissenschaftliche Kriterien geleitetes Set von Untersuchungen zu verstehen. *Der diesen Untersuchungen zugrunde liegende medizinische Begriff des kindlichen Wohlergehens ist in erster Linie ein deskriptiver Begriff, d.h. ein Begriff, der sich darauf bezieht, dass das entsprechende Kind nicht von den tolerierbaren Normwerten abweicht.* Liegt eine solche Abweichung vor, fallen verschiedene Maßnahmen an. Es gibt klare Indikationen für medizinische Maßnahmen, etwa wenn die Schilddrüsenwerte zu niedrig sind oder wenn eine Hüftdysplasie vorliegt. Außerdem gibt es klare Indikationen für soziale bzw. rechtliche Maßnahmen und zwar bei klaren Missbrauchsfällen. Liegt etwa nachweisbar ein sexueller Missbrauch vor, muss dies sofort an das Jugendamt gemeldet werden.

Was ist aber in Fällen zu tun, in denen das kindliche Wohlergehen messbar eingeschränkt ist, bei denen aber nicht deutlich ist, ob ein Missbrauch vorliegt? Hier existieren keine verbindlichen Richtlinien. Außerdem gibt es zahlreiche Grenzfälle, in denen zwar kein Missbrauch, aber eine Vernachlässigung erkennbar ist, etwa bei schlechten Zähnen, starkem Übergewicht oder mangelnder Sprachkompetenz. Rechtlich befinden sich Ärzte in solchen Fällen oft in einer Grauzone. Wann ist das kindliche Wohlergehen in einer Weise gefährdet, die eine Meldung an das Jugendamt notwendig macht? Die Brisanz dieser Frage zeigt sich daran, dass Ärzten bei einem Verletzen der Schweigepflicht teilweise empfindliche Strafen bis hin zum Entzug der Approbation drohen (Fangerau et al. 2010).

3. Das Kindeswohl aus bildungswissenschaftlicher Perspektive

In der Bildungswissenschaft stehen vor allem zukunftsorientierte Aspekte des Kindeswohls im Fokus, die mit Bildungszielen wie Autonomie, spezifischem Wissen oder der Förderung von sportlichen und musikalischen Fähigkeiten korrelieren. Aus bildungswissenschaftlicher Perspektive würde man abstreiten, dass es einem Kind wohl ergeht, welches in den eben genannten Aspekten nicht zumindest ein bestimmtes Maß erreicht, weil ansonsten *Gerechtigkeitsstandards* wie Chancengleichheit nicht beachtet werden. Eine Debatte, auf die ich wegen ihrer Komplexität nicht näher eingehen möchte, ist die zwischen Egalitaristen wie John Rawls, Harry Brighouse und Adam Swift und Non-Egalitaristen wie Debra Satz und Harry Frankfurt. Wichtig für den hier vorliegenden Beitrag ist die bildungswissenschaftliche These, dass alle Kinder ein Recht auf Bildung haben. Kontrovers ist dann, ob dieses Gut (wie Egalitaristen behaupten) gleich verteilt oder (wie Non-Egalitaristen behaupten) in einem adäquaten oder ausreichenden Maß verteilt werden soll. Ein in der Bildungswissenschaft aufgrund seiner praktisch gut umsetzbaren Metrik beliebter Ansatz ist der Capability-Approach. Dieser Aufsatz verhält sich agnostisch zur allgemeinen Frage, nach welcher Metrik (Güter, Fähigkeiten, Freiheiten) Gerechtigkeit zu bemessen ist. M.E. sind die vermeintlichen Gräben zwischen diesen Ansätzen wesentlich flacher als dies oft dargestellt wird. Aus Platzgründen wird hier nur auf den Capability-Approach näher eingegangen.

3.1 Grundzüge des Capability-Approaches

Ein für die Bildungswissenschaft aufgrund seiner Praktikabilität besonders attraktiver Ansatz ist der Capability-Approach (CA), der von einem *eudaimo-nistischen* Konzept des Wohlergehens (*well-being*) von Personen ausgeht. Einen Vorläufer hat der CA in der klassischen Tugendethik von Aristoteles, der in seinem *ergon*-Argument in der *Nikomachischen Ethik* eine objektivie-rend-funktionalistische Konzeption des Wohlergehens (*eudaimonia*) von Personen einführt (Aristoteles 2006). Für Aristoteles bemisst sich das Wohlergehen von Personen relativ dazu, wie sie die menschlichen Grundtugenden wie Tapferkeit, Gerechtigkeit, Weisheit und Großzügigkeit erfüllen. Neuere Autoren und Autorinnen wie Armatya Sen und Martha Nussbaum stellen dem am Begriff der Funktion (*ergon*) orientierten funktionalistischen und perfektionistischem Ansatz von Aristoteles ihren eigenen auf Wahlmöglichkeiten abzielenden CA. Der CA richtet sich gegen perfektionistische sowohl wie gegen klassische liberale Konzeptionen des Wohlergehens von Personen, indem er auf Fähigkeiten (*capabilities*) abzielt, deren moralischer Wert darin liegt, freiheitsermöglichend für Personen zu sein.

Ein Standard-Vorwurf gegen den CA lautet dennoch, dass er perfektionis-tisch sei, d.h., dass der seit der Neuzeit etablierten, an Rechten orientier-ten Gerechtigkeitstheorie eine absolute Idee des Guten überstülpe (Rawls 1993). In ihrem Buch *Creating Capabilities* setzt sich Martha Nussbaum (2010, 18) gegen diesen Vorwurf zu Wehr. Der CA sei „focused on choice or freedom" und weiterhin „resolutely pluralist about value: it holds that the ca-pability achievements that are central for people are different in quality, not just in quantity". Nussbaum meint, dass der Perfektionismus-Einwand ins Leere läuft, weil der CA zum einen anti-paternalistisch auf Freiheiten (*choices*) ausgerichtet und zum anderen werte-pluralistisch sei. Wie wir gleich sehen werden, kommt der CA nicht ohne zumindest einige substanzielle Annahmen über das gute Leben aus. Es wird noch zu fragen sein, ob der Perfektionismus-Vorwurf nicht doch ein Problem für den CA bleibt. Es bleibt weiterhin festzustellen, dass der CA zwar auf Freiheiten im Sinn von Wahlmöglichkeiten abzielt, was ihn als liberalen Ansatz erscheinen lässt. Dies sieht auch Nussbaum (ebd. 20) so, indem sie die Fähigkeiten, auf die der CA abzielt, als „substantial freedoms" bestimmt. Aber, und hier folgt Nussbaum Sens Liberalismuskritik (vgl. etwa Sen 1985). Freiheiten sind für sie nur unter bestimmten Bedingungen möglich, und hier kommen die Fähigkeiten ins Spiel. Für Nussbaum gibt es eine bestimmte Menge von Fähigkeiten, ohne die ein für Menschen angemessenes Leben oder ein Leben in Würde oder eben ein Leben mit einem angemessen Maß an Freiheit (alle drei Aspekte gehören für Nussbaum zusammen) nicht möglich ist. Sie schreibt (ebd. 32f.):

> „Considering the various areas of human life in which people move and act, this approach to social justice asks, what does a life worthy of human dignity require? At a bare minimum, an ample threshold level of ten Central Capabilities is required. Given a widely shared understanding of the task of government (namely, that government has the job of making people able to pursue a dignified and minimally flourishing life), if follows that a decent political order must secure to all citizens at least a threshold level of these ten Central Capabilities".

Bevor gleich auf die von Nussbaum vorgeschlagene Liste von Fähigkeiten weiter eingegangen wird, soll kurz motiviert werden, wieso diese Liste für ihren Ansatz zentral ist. Zuerst ist der CA eine Gerechtigkeitstheorie, die anstelle von Gütern (Ressourcen) auf Fähigkeiten abhebt. Die von Armatya Sen gestellte Frage „Equality of What?" (Sen 1980) wird hier im Gegensatz zu klassischen liberalen Gerechtigkeitstheorien damit beantwortet, dass die Vermittlung von Fähigkeiten das sind, auf was Menschen in gerechten Gesellschaften ein Anrecht haben. Fähigkeiten werden vor Ressourcen oder Gütern bevorzugt, weil davon ausgegangen wird, dass letztlich Fähigkeiten und nicht Güter ausschlaggebend dafür sind, dass Menschen ein freies, würdevolles Leben haben können. Die klassische liberale Gerechtigkeitstheorie (vor allem in der von John Rawls vertretenen Form) wird als gewissermaßen zu liberal kritisiert, weil sie voraussetzt, dass alle Menschen fähig dazu sind, nach ihrer Konzeption des Guten zu leben. Genau hier gibt es Nussbaum zufolge je nach Sozialisation ungerechte Unterschiede. Nussbaum streitet nicht ab, dass auch Güter relevant für die Ausbildung bestimmter Fähigkeiten sind, was sie allerdings vehement bestreitet, ist dass man Fragen der Gerechtigkeit auf den Aspekt der Güterverteilung reduzieren kann. Vor dem Hintergrund dieser Überlegungen führt sie die folgende Liste von zehn Grundbefähigungen ein, auf deren Entwicklung und Förderung alle Menschen, unabhängig von Geschlecht und geografischer Lage ein Grundrecht haben:[15]

Fähigkeit	Funktion
Leben	Ein lebenswertes Leben haben, kein vorzeitiger Tod
Körperliche Gesundheit	Gute Gesundheit und angemessene Ernährung
Körperliche Integrität	Sich frei von Ort zu Ort bewegen können, Schutz vor Gewalt und sexueller Ausbeutung und Wahlfreiheit bei der Fortpflanzung
Sinnlichkeit, Vorstellung und Gedanken	Seine Sinne benutzen können, nachdenken können, ein ‚wirklich menschliches' Leben in dem Sinn führen können, dass man in der Lage ist, am kulturellen Leben teilzunehmen, mathematische wissenschaftliche und literarische Fähigkeiten haben, sich künstlerisch und musisch ausdrücken können
Emotionen	Sich an Dinge und Menschen binden können, nahestehende Menschen lieben können, Trauer und berechtigten Ärger empfinden können,
Praktische Vernunft	Eine eigene Konzeption des Guten formen können, kritisch reflektieren können, sein Leben planen können
Beziehungen	A) Mit anderen Zusammenleben können, Anteil am Leben anderer nehmen können, Empathie mit anderen B) Die soziale Basis für Selbstrespekt haben, als Wesen mit Würde behandelt werden
Andere Spezies	Mit anderen Tieren, Pflanzen und der Welt der Natur in Kontakt stehen
Spiel	Lachen, spielen und Freizeitbeschäftigungen wahrnehmen können
Kontrolle über seine Umgebung	A) Politisch: Politisch partizipieren können, seine eigene Wahl treffen können B) Material: Eigentum haben, Eigentumsrechte haben, Arbeit haben, ein nach eigenen Maßgaben sinnvolles Leben führen können

---

15 Die Liste ist aus Nussbaum (2010, 33f.) entnommen.

3.2 Der Capability-Approach als Modell für das Wohlergehen von Personen aus bildungswissenschaftlicher Perspektive

Der CA formuliert als Gerechtigkeitstheorie Rechte im moralischen Sinn oder auch berechtigte Ansprüche, die alle Personen (qua Gleichheitsprinzip) allen anderen Personen gegenüber haben. Im Gegensatz zu Rawls' Ressourcen-Ansatz, der auf die gerechte Verteilung von so genannten Primärgütern (primary goods) zielt (Rawls 1971), stehen im CA die Fähigkeiten (capabilities) im Fokus der Frage, was gerecht zu verteilen ist. Weil Fähigkeiten (oder Befähigungen) nicht wie Güter verteilt werden können, ist der CA notwendig mit der Frage nach adäquater Bildung verbunden. Nussbaum betont in anderen Schriften (2009) den Unterschied zwischen Bildung und Ausbildung, wobei deutlich wird, dass es ihr nicht um die bloße Ausbildung partieller Fähigkeiten geht. Vielmehr soll die ganze Person, in einem holistischen Sinn, in allen relevanten Fähigkeiten gefördert werden, womit sie sich in relativer Nähe zu Humboldts klassischem Ideal der Bildung bewegt.

Alle Menschen haben dem CA zufolge ein Grundrecht auf eine Bildung in dem Sinn, dass ihre Grundbefähigungen zu einem adäquaten Maß ausgebildet werden. Das Wort ‚adäquat' drückt bereits aus, dass es hier einige Unklarheiten gibt. Diese werden weiter durch die durchaus komplexe Metrik des CA verschärft, die solche Begriffen wie Würde, subjektives Wohlergehen, Freiheit, Respekt und Selbstrespekt, Anerkennung und Rationalität enthält. Im Gegensatz etwa zu utilitaristischen Gerechtigkeitstheorien (die auf das Prinzip der Aggregation des subjektiven Wohlergehens aller Beteiligten einer Gemeinschaft zielen) oder zu Rawls' Ansatz (der die Freiheit der Akteure als Grundprinzip annimmt), geht der CA, zumindest in Nussbaums Version, von einem Prinzipienpluralismus aus, der das Wohlergehen von Personen aus einer ganzen Reihe von Prinzipien ableitet. Wenn eine Person etwa viele Freiheiten hat, dafür aber unglücklich mit ihrem Leben ist, keine Zeit für Freunde und Familie hat oder sich in ihrer Würde verletzt fühlt, würde der CA nicht davon sprechen, dass es dieser Person im für den CA relevanten Sinn gut geht. Obwohl der CA in der Hinsicht kulturrelativ ist, dass er Unterschiede in der Ausdeutung der einzelnen Fähigkeiten zulässt, ist er zugleich ein universalistischer Ansatz mit entsprechendem kritischem Potenzial. Aus der Perspektive des CA wird das Wohlergehen von Personen bereits nicht angemessen gefördert, wenn die für die Freiheit, das subjektive Wohlergehen einer Person und ihre Würde relevanten Fähigkeiten nicht angemessen entwickelt werden. Aus diesem Grund fordert Nussbaum (2000) etwa ein generelles Moratorium für weibliche Beschneidung oder generelle Bildung für Mädchen.

Es ist wichtig zu sehen, dass der CA sowohl egalitäre als auch inegalitäre Momente enthält. Auf der Seite der egalitären Momente steht vor allem das gleiche Grundrecht auf die Ausbildung von Befähigungen, die notwendig für ein würdevolles, glückliches und Leben voller eigener bzw. freier Entscheidungen sind. Die im letzten Abschnitt vorgestellte Liste der Grundbefähigungen ist für Nussbaum in der Hinsicht sakrosankt, dass sie als absolut notwendig für ein gutes Leben im eben genannten Sinn erachtet werden. Daher enthält ein aus dem CA abgeleiteter Begriff des Kindeswohls die in der Liste genannten Grundbefähigungen. Mit anderen Worten das Kindeswohl im moralisch relevanten Sinn ist aus der Perspektive des CA schon dann verletzt, wenn Kinder nicht in der Ausbildung der genannten Grundbefähigungen gefördert werden. An dieser Stelle sind die inegalitären Aspekte des CA zu beachten. Gerade weil es im CA um Werte wie Würde, Glück und Freiheit geht, sind zum einen individuelle und zum anderen kulturelle Unterschiede zu beachten. Kulturelle Unterschiede sind relevant, weil diese zu verschiedenen Bewertungen hinsichtlich der Frage führen können, wie die Ausbildung der Fähigkeiten inhaltlich zu gestalten ist. Auch wenn alle Kinder beispielsweise ein Recht auf Bildung im Sinn der Ausbildung kognitiver und epistemischer Fähigkeiten haben, kann dieses Recht je nach kulturellem Kontext verschieden inhaltlich bestimmt werden. Denn hierbei können sich auch die Standards verändern, nach denen zu beurteilen ist, ob die vorgeschlagene Bildung freiheitsermöglichend oder eventuell einfach nur überflüssig ist. Aber auch innerhalb eines kulturellen Kontexts sind individuelle Unterschiede zu beachten, wie Nussbaum immer wieder betont. Die betont liberale Ausrichtung des CA betont individuelle Differenzen. Deshalb ist der CA auch vereinbar mit der These, dass es verschiedene Formen des kindlichen Wohlergehens gibt. Besonders kritisch sind natürlich Fälle, in denen Kinder subjektiv die Bewertungsmaßstäbe annehmen, die ihnen von ihrer sozialen Gruppe vorgegeben werden. In solchen Fällen, etwa wenn Mädchen ihre Bildung irrelevant finden, weil dies nicht von ihnen erwartet wird, werden die Unterschiede des CA zu klassisch liberalen Ansätzen deutlich: Die Grundbefähigungen stellen die Grundlage für substanzielle Rechte dar, deren Umsetzung unabhängig von subjektiven Urteilen zu fordern ist. (Vgl. hierzu auch die Einflussnahme des CA auf die UN-Kinderrechtskonvention.)

4. Ethische Konflikte bei der Feststellung des kindlichen Wohlergehens

Dieser Aufsatz soll deutlich machen, wie ethische Konflikte bei der Beurteilung des Kindeswohls aus verschiedenen, gleichermaßen legitimen Verwendungen des Kindeswohlbegriffs entstehen. Wieso sind die hier vorgeschlagenen Verwendungen des Kindeswohlbegriffs gleichermaßen legitim? Weil ihnen berechtigte normative Forderungen zugrunde liegen. Der rechtliche Kindeswohlbegriff schützt in erster Linie die Erziehungsautorität der Eltern und die hierfür instrumentell nützlichen Güter der Privatheit und der Familie. Dies kann aus medizinischer sowohl als auch bildungswissenschaftlicher Sicht ein Problem werden, weil mit dem Schutz der Privatheit der Familie genau die Räume geschaffen werden, in denen Kindesmisshandlungen und die Vernachlässigung der Bildung von Kindern nur schwer zu bekämpfen sind. Dennoch enthält der rechtliche Kindeswohlbegriff eine moralisches Konzept, das im Kontext einer liberalen Gesellschaft sakrosankt erscheint: Die Idee, dass Eltern über die Erziehung ihrer Kinder entscheiden, und nicht etwa der Staat oder Erziehungsexperten. Eine Kritik am juristischen Kindeswohlbegriff scheint daher an den Fundamenten unseres demokratisch-liberalen Verständnisses einer gerechten Gesellschaft zu rütteln, die sich von absoluten Vorstellungen des Guten verabschiedet hat. Allerdings können Kinder erhebliche Nachteile erfahren, wenn sie in ihrer Gesundheit oder Bildung vernachlässigt werden. Wenn diese Nachteile die Chancengleichheit der Kinder einschränken, gibt es ebenfalls moralisch gewichtige Gründe, die Interessen der Kinder zu schützen. Auf diesen Zusammenhang weisen der medizinische und der bildungswissenschaftliche Kindeswohlbegriff hin. Man kann diesen Punkt auch auf eine andere Weise formulieren: Bildung, körperliche Unversehrtheit, Gleichberechtigung und Mitbestimmung zählen zu den für Kinder geltenden Grundrechten. Wenn Kinder diese Rechte haben, dann müssen die Gesetze der Staaten, die die UN-Kinderrechtskonvention ratifiziert haben, dies auch widerspiegeln. Hieraus folgt, dass es einen Druck, seitens der UN-Kinderrechtskonvention auf das stark auf Elterninteressen abhebende deutsche Recht gibt. Ich möchte diesen Punkt hier allerdings nicht vertiefen und stattdessen die Struktur einiger ethischer Konflikte näher beleuchten, die aus den hier dargestellten, unterschiedlichen Verwendungsweisen des Kindeswohlbegriffs folgen.

4.1 Medizinisch-rechtliche Konflikte

Zunächst einmal sei auf ethische Konflikte hingewiesen, die im Spannungsfeld zwischen Recht und Medizin liegen. Es wurde bereits darauf hingewiesen, dass wir im Recht einen negativen, rein normativen Begriff des Kindeswohls finden, der durch einen positiv definierten Begriff der Kindeswohlgefährdung ergänzt wird. Das Kindeswohl ist aus der Sicht des Rechts, ein Gut für das sich der Staat im Standardfall nicht interessiert, und von dem angenommen wird, dass die Eltern es am besten für ihre Kinder bereitstellen können. Hiermit kann der positiv-deskriptiv bestimmte Begriff des Kindeswohls der Medizin immer dann konfligieren, wenn Ärzte gesundheitliche Bedenken hinsichtlich der Erziehung von Eltern haben. Dies ist unproblematisch, solange diese Bedenken einen Verdacht auf Kindeswohlgefährdung stützen. Wenn medizinisch eindeutige Evidenzen für eine Kindeswohlgefährdung, wie Hämatome, Schnittwunden oder Blutungen im Genitalbereich vorliegen, kann der Arzt unbedenklich Meldung beim Jugendamt oder einer anderen zuständigen Behörde machen, sodass der Fall näher untersucht wird. Allerdings zwingt der Rechtsgrundsatz *in dubio pro reo* die Ärzte dazu, ihre Bedenken nur in besonders klaren Fällen zu einer solchen Meldung zu nutzen. Es ergibt sich eine für das deutsche Recht typische Rechtfertigungssituation: Im Standardfall müssen Bedenken gegen die elterliche Erziehungsautorität und das Recht auf Privatheit der Familie gerechtfertigt werden. Erst wenn zwingende Gründe für die Annahme vorliegen, dass Elter das Wohlergehen ihrer Kinder gefährden, können die Eltern belangt und die Interessen der Kinder geschützt werden. Für die Kinder behandelnden Ärzte ergibt sich hieraus ein moralisch hoch problematischer Pflichtenkonflikt: nämlich der zwischen Schweige- und Meldepflicht. Versäumen die Ärzte die Schweigepflicht (und machen also eine Meldung beim Jugendamt) können sie von den Eltern der Kinder wegen der Verletzung der Schweigepflicht angezeigt werden. Versäumen sie dagegen die Meldepflicht, kann es zu Fällen kommen, in denen sie wegen Fahrlässigkeit angeklagt werden. Ärzte stehen bei unklaren Diagnosen hinsichtlich einer möglichen Misshandlung eines Kindes gewissermaßen immer mit einem Bein im Raum rechtlicher Probleme (Fangerau et al. 2010).

Diese Situation ist aus zwei Gründen moralisch problematisch: Erstens weil die Ärzte unter Bedingungen der Rechtsunsicherheit agieren, sie haben aber qua ihrer gesellschaftlichen Funktion einen Anspruch auf Rechtssicherheit. Wichtiger für den hier vorliegenden Aufsatz ist aber, dass der genannte unaufgelöste Pflichtenkonflikt ein Hindernis für die Umsetzung des nach der UN-Kinderrechtskonvention in Artikel 3 geforderten Vorrangs des Kindeswohls ist. Ich habe vor diesem Hintergrund an anderer Stelle argumentiert, dass die Meldepflicht von Ärzten in einem institutionellen Zusammenhang verpflichtender U-Untersuchungen gelockert werden sollte (Bagattini 2014b, Bagattini 2013). D.h. die Beweislast auch in Fällen nicht eindeutiger Evidenzen von Kindesmisshandlung umgekehrt werden, sodass die Eltern früher unter Rechtfertigungsdruck kommen. Es gibt mehrere berechtigte Bedenken an einer solchen Umkehrung der Beweislast. *Erstens* muss im Blick behalten werden, dass der Schutz der Elternautorität im Recht auch den Interessen der Kinder dient, weil Kinder ein Interesse an einer funktionierenden Bindung an ihre Eltern haben. Genau diese Bindung kann leicht gestört werden, wenn die Eltern ständig unter öffentlichen Rechtfertigungsdruck geraten. *Zweitens* droht eine schleichende Medikalisierung, bzw. Übermedikalisierung, des Kindeswohlbegriffs, wenn die Autorität der Ärzte zu stark wird. *Drittens* kann das Vertrauen in Ärzte geschädigt werden, wenn sie gewissermaßen als Vollstrecker des Staates von den Eltern wahrgenommen werden. Dies kann wiederum dazu führen, dass Eltern ihre Kinder überhaupt nicht mehr regelmäßig untersuchen lassen. Ich halte alle drei Kritikpunkte für berechtigt. Allerdings sprechen sie m.E. nicht prinzipiell gegen das von mir vorgeschlagene Modell der Umkehrung der Beweislast, sondern nur gegen eine bestimmte, zu radikale Umsetzung dieses Modells. Wie man am Beispiel der allgemeinen Schulpflicht deutlich machen kann, ist ein staatliches Eindringen in den Raum der Familie durchaus vereinbar damit, solche Güter wie Privatheit und Familie weiterhin zu schützen. Die entscheidende Frage ist letztlich, wie die Interessen der Eltern mit denen der Kinder angemessen abgewogen werden können. Hierbei kann es natürlich zu neuen Situationen kommen, die u.U. belastend für manche Eltern sind. Dient dies aber dem Schutz der Interessen der Kinder, sollte man von Eltern zumindest ein gewisses Maß an Akzeptanz erwarten können. Auf den Aspekt der drohenden Übermedikalisierung des Kindeswohlbegriffs gehe ich in Abschnitt 4.3 genauer ein. Ein zweiter medizinisch-rechtlicher Konflikt betrifft die generelle Vollmacht der Eltern, in medizinischen Kontexten Entscheidungen für ihre minderjährigen Kinder zu treffen („proxy-consent"). In der Einleitung wurde bereits die aktuelle deutsche Gesetzeslage für den Fall der Beschneidung dargestellt (§ 1631d, BGB), die allerdings kontrovers diskutiert wird (Bagattini 2015). Hier handelt es sich um eine zumindest kontroverse rechtliche Regelung, weil sie Eltern erlaubt, in medizinisch nicht notwendigen Fällen eine Beschneidung bei ihrem Kind durchführen zu lassen. Eltern haben, zumindest in Deutschland, nicht das Recht, lebensnotwendige, medizinische Versorgung für ihre Kinder abzulehnen, unabhängig davon, was die Motive der Eltern sind.[16] Hier wäre weiter zu diskutieren, ob das deutsche Recht mit seiner starken Fokussierung auf die Elternautorität genug Spielraum für einen angemessen Schutz der Gesundheit von Kindern gestattet. Für eine ausführlichere Darstellung fehlt hier allerdings der Platz. (Ich skizziere zumindest einige Vorschläge in Bagattini 2014b.)

4.2 Bildungswissenschaftlich-rechtliche Konflikte

Die Konflikte zwischen Bildungswissenschaft und Recht sind normativ in gewisser Hinsicht ähnlich gelagert wie die zwischen Medizin und Recht. Auf der einen Seite steht der negative oder unbestimmte, die Elternautorität schützende Begriff des Kindeswohls im Recht. Auf der anderen Seite umfasst der Begriff des kindlichen Wohlergehens in der Bildungswissenschaft eine positive, auf Fähigkeiten zielende Komponente. Es kann hier daher zu normativ analogen ethischen Konflikten kommen wie im Fall der medizinisch-rechtlichen Konflikte: Nämlich immer dann, wenn aus bildungswissenschaftlicher Sicht die Bildung und Ausbildung der relevanten Fähigkeiten in

---

16 Ein einschlägiges Beispiel hierfür ist die Verweigerung von Zeugen Jehovas, ihre Kinder mit Bluttransfusionen medizinisch versorgen zu lassen.

einer Weise vernachlässigt wird, die mit der Situation von oder Einstellungen der Eltern zusammenhängen. Hier schützt das Recht ebenfalls in vielen Fällen die Elternautorität, oftmals zu Lasten der Chancengleichheit der Kinder. Dies soll im Folgenden an zwei Beispielen verdeutlicht werden: zum einen am Beispiel der Schulwahl und zum anderen am Beispiel der Kinderarmut.

Die Eltern haben standardmäßig die Autorität zu entscheiden, welche Schule, bzw. was für einen Schultyp, ihr Kind besucht. Die in Deutschland allgemein verbindliche Schulpflicht schränkt dieses Recht der Eltern allerdings substanziell ein. Die Kinder müssen mindestens bis zur 10. Klasse eine Schule besuchen (Vollzeitschulpflicht), unabhängig von den religiösen oder weltanschaulichen Ansichten der Eltern. Tragen Eltern keine Sorge für den Schulbesuch ihrer Kinder, können sie rechtlich belangt werden. Gerichtsverfahren, wie das der Amish-Familie Yoder gegen den Staat Wisconsin in den USA wären in Deutschland rechtlich nicht möglich. Bei diesem Verfahren plädierte die Familie Yoder auf ihr Recht, ihre Kinder in ihrer religiösen Gemeinschaft (ungestört von der liberalen Mehrheitsgesellschaft) erziehen zu können, was ihrer Meinung nach durch den Besuch auf öffentlichen Schulen erschwert oder sogar gefährdet wird. Joel Feinberg (1992) hat das folgende Urteil, das den Yoders zumindest teilweise Recht gab, in der Hinsicht kritisiert, dass es das Recht der Kinder auf eine offene Zukunft verletze. Feinbergs Open-Future-Ansatz ist vor allem wegen seiner Vagheit kritisiert worden (Mills 2003). Im CA lässt sich besonders deutlich formulieren, inwiefern das Recht von Kindern auf eine offene Zukunft gefährdet wird, wenn ihre für ihre Bildung relevanten Fähigkeiten nicht adäquat ausgebildet werden. Da diese Fähigkeiten relativ dazu bestimmt werden müssen, in welcher Gesellschaft sie aufwachsen, muss eine adäquate Schulbildung entsprechend strukturiert sein. Es reicht jedenfalls in einer multimedialen modernen Gesellschaft nicht aus, Kinder in landwirtschaftlicher Arbeit zu unterrichten. Dies ist nicht vereinbar mit der Idee, dass alle Kinder ein Recht darauf haben, zu autonomen Personen erzogen zu werden. Hier gibt es also grundlegende Einschränkungen der Autorität der Eltern hinsichtlich der Schulbildung ihrer Kinder. In dieser Hinsicht gibt es keinen Konflikt zwischen dem bildungswissenschaftlichen und dem rechtlichen Kindeswohlbegriff. Allerdings gibt es relativ viele, mit der aktuellen rechtlichen Situation vereinbare Ausübungen elterlicher Autorität, die nicht vereinbar mit dem bildungswissenschaftlichen Kindeswohlbegriff sind. Der Ausschluss von Mädchen und jungen Frauen von der so genannten höheren Schulbildung ist immer noch weit verbreitet und grenzt eine große Gruppe von Kindern und Jugendlichen von der Möglichkeit zur Chancengleichheit aus.

Ein weiteres Problem betrifft die nach der letzten OECD-Studie (2008) ca. 80.000 in Kinderarmut lebenden Kinder in Deutschland. Armut ist einer der Hauptfaktoren dafür, dass Kinder in Sachen Bildung nicht adäquat gefördert werden (Mapp 2011). Mangelnde Förderung von Kindern kann zwar in verschiedenen Hinsichten auch ein Problem in wohlhabenden Familien sein. Statistisch ist es aber ein Problem, das vor allem arme Familien betrifft. Die Zusammenhänge sind komplex und vielfältig. Am einfachsten ist sicher der Zusammenhang zwischen ökonomischen Mitteln und Mitteln, die zur Bildung notwendig sind. Dies beginnt bei Schulmaterialien, endet aber nicht dort. Musikinstrumente oder Sportbekleidung sind ebenfalls bildungsrelevante Mittel, die oftmals nicht in armen Familien bereitgestellt werden können. Es gab zwar einige politische Initiativen zur Verbesserung der in Armut lebenden Kinder, wie die Bildungsgutschein-Initiative der damaligen Bundesministerin für Arbeit und Soziales Ursula von der Leyen. Gerade an diesem Beispiel lässt sich aber verdeutlichen, wo die Probleme angesichts der jetzigen rechtlichen Situation liegen: Die Gutscheine wurden von sehr vielen Eltern, die eigentlich zur Zielgruppe gehörten, nicht eingelöst.

4.3 Bildungswissenschaftlich-medizinische Konflikte

Aus bildungswissenschaftlicher Perspektive ist vor allem ein zu stark medikalisierendes Verständnis des Kindeswohls kritisch zu sehen. Dies lässt sich gut am Beispiel der Diagnose von ADHS und den möglichen Reaktionen darauf verdeutlichen. Aus medizinischer Sicht ist oftmals die Gabe von Ritalin indiziert, wenn aus bildungswissenschaftlicher Sicht eher die Frage ist, wie man die Nervosität und gesteigerte Aktivität eines Kindes beispielsweise durch Praktiken wie Sport oder Musik kreativ kanalisieren kann. Zwei Punkte sind hier zu beachten: *Erstens* muss darauf hingewiesen werden, dass sich Normalitätsstandards manchmal innerhalb einer Generation grundlegend ändern können. Dies kann dazu führen, dass Kinder, die vor einigen Jahrzehnten noch als besonders aktiv und lebendig bezeichnet worden wären, heute als verhaltensauffällig, respektive überaktiv, gelten. Das kann zum einen bedeuten, dass man früher für bestimmte Krankheitsbilder nicht adäquat sensibilisiert war. Es kann zum anderen aber auch bedeuten, dass ein Krankheitsbild konstruiert wird, bei dem zumindest kritisch hinterfragt werden sollte, ob eine medizinische Behandlung notwendig ist. Dies führt zum *zweiten* Punkt, der Unterscheidung zwischen Behandlung (treatment) und Enhancement. Viele früher als normal oder gesund betrachtete Verhaltensweisen kommen zunehmend in den Fokus der Medizin und Psychologie (Hacking 1999, Conrad 2004). In vielen Fällen spricht dies dafür, dass die Gesellschaft rationale Erklärungen über weltanschauliche stellt. Kriminalität wird heute oftmals als pathologisches Phänomen betrachtet, und auch die Konjunktur des Begriffs ‚Burnout' macht deutlich, dass kausale Erklärungen dafür verfügbar gemacht werden, die Lebensqualität in der Gesellschaft zu verbessern. Dennoch gibt es hier auch ein Problem. Die Medikalisierung von

Begriffen wie dem des Kindeswohls kann dazu führen, dass Phänomene mit einer komplexen kausalen Geschichte rein medizinisch (monokausal) betrachtet wird. Um beim Beispiel des Ritalin zu bleiben: Andere Faktoren wie Stress, Leistungsdruck, weniger Freizeit, sich verändernde Familienverhältnisse oder neue mediale Gewohnheiten können Auslöser für eine gesteigerte Nervosität und Überaktivität sein, die aus bildungswissenschaftlicher Sicht zunächst nicht mit Medikamenten, sondern mit für Kindern angemessenen Aktivitäten zu ‚behandeln' sind. Hierbei muss nicht bestritten werden, dass die Ritalin-Gabe in manchen Fällen die richtige Behandlung ist. Aus bildungswissenschaftlicher Sicht kann allerdings kritisch darauf aufmerksam gemacht werden, dass die Medikamenten-Verabreichung von Ritalin in manchen Fällen keine einfache medizinische Behandlung mehr ist, sondern bereits Enhancement, das Kinder benötigen, um mit Stressoren wie Leistungsdruck und zu wenig Bewegung klar zu kommen.

Schlussbemerkung

In diesem Aufsatz sollte die normative Struktur von zumindest einigen, kontroversen Debatten über das Kindeswohl analysiert werden. Hierzu wurden zunächst drei verschiedene Verwendungen des Kindeswohlbegriffs dargestellt und erörtert: Als erstes wurde der juristische Kindeswohlbegriff besprochen, wie er in § 1666 BGB bestimmt wird, nämlich als Eingriffslegitimation in das elterliche Sorgerecht. Aus rechtlicher Sicht ist das Kindeswohl nicht positiv definiert, sondern wird im Standardfall durch die Eltern vertreten, erst im Fall einer Kindeswohlgefährdung wird das staatliche Wächteramt aktiviert. Im Gegensatz zu diesem rein negativen Begriff des Kindeswohls gibt es in der Medizin und in der Bildungswissenschaft positiv definierte Kindeswohlbegriffe, die auf Güter Bezug nehmen, von denen gilt, dass sie in objektiver Weise im Interesse von Kindern sind. Gemeint sind solche Güter wie Gesundheit, Bildung und Entwicklung. Gerade weil aufgrund dieser positiven Verwendungen des Kindeswohlbegriffs auch Ansprüche gegen die Ansichten von Eltern über das Wohlergehen ihrer Kinder formuliert werden können, kann es zu ethischen Konflikten bei der Bewertung des Wohlergehens von Kindern kommen. In diesem Aufsatz sollte in erster Linie gezeigt werden, dass diese Konflikte in einer liberalen Gesellschaft notwendig entstehen, weil es sich um gleichermaßen legitime Verwendungen des Kindeswohlbegriffs handelt. Die platonische Fantasie einer perfekten Erziehung durch hierfür qualifizierte Experten mag eine gewisse Attraktivität ausstrahlen. Man denke etwa an Francis Skinners Utopie *Walden Two* (2005), in der die Kinder von Psychologen erzogen werden, mit dem Resultat, dass sie glückliche und starke Individuen werden. Es ist allerdings gerade eines der Hauptanliegen des negativen Kindeswohlbegriffs im deutschen Familienrecht, Eltern (und Kinder) bei der Erziehung davor zu schützen, zum Spielball politischer und wissenschaftlicher Interessen zu werden. Insofern ist der Schutz der Elternautorität auf der einen Seite ein wichtiger Aspekt der Autonomie von Personen, der Freiheit nämlich, seine Kinder nach seinen eigenen Wertevorstellungen zu erziehen. Auf der anderen Seite wird durch die UN-Kinderrechtskonvention klarerweise zum Ausdruck gebracht, dass Kinder, in der Hinsicht den gleichen moralischen Status wie Erwachsene haben, dass ihre Interessen gleichermaßen zu berücksichtigen sind. Dies bedeutet nicht, dass man Kindern die gleichen Rechte einräumen muss wie Erwachsenen, vielmehr geht es darum, die für Kinder angemessenen Rechte zu verteidigen. Gemeint sind also Rechte, die mit der spezifischen Verletzlichkeit, Abhängigkeit und Entwicklung von Kindern korrelieren. Hierzu können Medizin und Bildungswissenschaft viele relevante Informationen liefern, und es erscheint daher fragwürdig, dass sich der Staat erst für das Wohlergehen von Kindern interessiert, wenn dieses bereits gefährdet ist. Gerade weil es in der Medizin und Bildungswissenschaft um moralisch relevante Güter wie Entwicklung und Gesundheit geht, muss sichergestellt werden, dass alle Kinder einen angemessenen Zugang zu ihnen haben. Es ist daher dringend weiter zu diskutieren, ob der von der UN-Kinderrechtskonvention in Artikel geforderte Vorrang des Kindeswohls angemessen im deutschen Recht implementiert ist. Dieser Aufsatz soll einen kleinen Beitrag hierzu leisten, indem verschiedene Perspektiven auf das Kindeswohl diskutiert werden, deren Vermittlung schwierig aber nichtsdestotrotz unausweichlich ist.

Literatur

Archard, D. (2004): Children. Rights and Childhood. London [2]2004 .

Aristoteles (2006): Nikomachische Ethik. Berlin 2006.

Bagattini, A. (2013): Das Kindeswohl im Spannungsfeld liberaler Werte und behördlicher Maßnahmen. S. 91–117 in Trappe, T. (Hrsg.): Ethik der öffentlichen Verwaltung. Bd. 4. Frankfurt a.M. 2013.

Bagattini, A. (2014a): Wahlrecht für Kinder oder bessere politische Partizipation von Kindern? S. 140–156 in Hurrelmann, K. – Schultz, T. (Hrsg.): Wahlrecht für Kinder? Weinheim 2014.

Bagattini, A. (2014b): Children's Well-Being and the Family-Dilemma. S. 191–209 in Bagattini, A. – Macleod, C. (Hrsg.): The Nature of Children's Well-Being: Theory and Practice. Dordrecht 2014.

Bagattini, A. (2015): Circumcision and Children's Interests. In Schweiger, G. – Graf, G. (Hrsg.): Children's Well-Being. London 2015 (im Erscheinen).

Boorse, C. (1997): A rebuttal on health. S. 3–143 in Humber, J.M. – Almeder, R.F. (Hrsg.): What is disease? Totowa, NJ 1997.

Conrad, P. (2004): The Medicalization of Society. Baltimore 2004.

Coester, M. (1983): Das Kindeswohl als Rechtsbegriff. Die richterliche Entscheidung über die elterliche Sorge beim Zerfall der Familiengemeinschaft. Köln 1983.

Fangerau, H. – Fegert, J. – Kemper, A. – Kölch, M. (2010): Ärztliche Schweigepflicht bei Kindeswohlgefährdung. Mehr Handlungssicherheit durch die neuen Kinderschutzgesetze? S. 33–47 in Ethik in der Medizin 22 (2010).

Feinberg, J. (1992): The Child's Right to an Open Future. S. 76–97 in Feinberg, J.: Freedom and Fulfillment. Princeton 1992.

Greßmann, M. (1998): Neues Kindschaftsrecht. Bielefeld 1998.

Hacking, I. (1999): The Social Construction of What? Cambridge, MA 1999.

Hurrelmann, K. (1990): Familienstress, Schulstress, Freizeitstress: Gesundheitsförderung für Kinder und Jugendliche. Weinheim 1990.

Mapp, S. (2011): Global Child Welfare and Well-Being. Oxford 2011.

Mills, C. (2003): The Child's Right to an Open Future? S. 499–509 in The Journal of Social Philosophy 34 (2003).

Nussbaum, M. (2000): Sex and Social Justice. Oxford 2000.

Nussbaum, M. (2009): Tagore, Dewey, and the Imminent Demise of Liberal Education. S. 52–66 in Siegel, H. (Hrsg.): The Oxford Handbook of Philosophy of Education. Oxford 2009.

Nussbaum, M. (2011): Creating Capabilities: The Human Development Aproach. Harvard 2011.

OECD (2008): Mehr Ungleichheit trotz Wachstum? Einkommensverteilung und Armut in OECD-Ländern. O.O. 2008.

Parr, K. (2005): Das Kindeswohl in 100 Jahren. Dissertation. Juristische Fakultät der Universität Würzburg. Würzburg 2005.

Rawls, J. (1971): A Theory of Justice. Cambridge, MA 1971.

Rawls, J. (1993): Political Liberalism. New York 1993.

Sen, A. (1980): Equality of What? Tanner Lectures on Human Values. (Hrsg. v. M. McMurrin.) Cambridge 1980.

Sen, A. (1985): Well-being, Agency and Freedom: The Dewey Lectures 1984. S. 169–221 in Journal of Philosophy 82 (1985).

Skinner, F. (2005): Walden Two. Cambridge 2005.

Staudinger, J. von (2010): Kommentar zum bürgerlichen Gesetzbuch. Berlin 2010.

Tremmel, J. (2014): Demokratie oder Epistemokratie? Politische Urteilsfähigkeit als Kriterium für das Wahlrecht. S. 45–81 in Hurrelmann, K. – Schultz, T. (Hrsg.): Wahlrecht für Kinder? Weinheim 2014.

Wiesemann, C. – Dörries, A. (Hrsg.): (2003): Das Kind als Patient. Frankfurt a.M. 2003.

Wiesner, R. (2008): Kinderrechte in die Verfassung?! S. 225–229 in Zeitschrift für Kindschaftsrecht und Jugendhilfe – ZKJ 2008.

Zittelmann, M. (2001): Kindeswohl und Kindeswille im Spannungsfeld von Pädagogik und Recht. Münster 2001.

Vom Praktisch-Werden der Ethik in der Schule. Aktuelle Bestrebungen und Möglichkeiten in der Lehramtsausbildung

Thomas Mikhail

Alle Handlungen schulischer Lehrkräfte stehen unter ethischen Ansprüchen. Lehrerinnen und Lehrer sollen gut handeln, d.h. sie sollen die Schülerinnen und Schüler gut behandeln. Zugleich steht der Lehrerberuf unter dem Anspruch, das gute Handeln zu befördern. Lehrerinnen und Lehrer sollen auch so handeln, dass ihre Schülerinnen und Schüler lernen, gut zu handeln.

Beide Ansprüche decken sich nicht zwangsläufig. Ihnen muss nicht notwendig in jeder Situation entsprochen werden. So kann bspw. eine Lehrperson durch eine ungerechte Handlung das Gerechtigkeitsempfinden der Heranwachsenden weitaus mehr evozieren als eine gerechte. Schülerinnen und Schüler nehmen oftmals gerade den ungerechten Lehrer zum Anlass, um ihre eigene Werthaltung zu prüfen und einen moralisch vertretbaren Standpunkt zu gewinnen.

Mit beiden Ansprüchen wird die Differenz von Allgemeiner Ethik und Bereichsethik bzw. von allgemeinethischen und bereichsethischen Ansprüchen und Erwartungen markiert. So können zwar an alle Menschen, unabhängig von ihrer Tätigkeit oder von ihrem Beruf, die gleichen ethischen Erwartungen gestellt werden. Allerdings bedürfen diese in Bezug auf die Tätigkeit dennoch der bereichsspezifischen Modifikation. An einen Soldaten oder Profi-Boxer stellt man andere ethische Ansprüche bei der Ausübung ihres Berufs als an dieselben Menschen außerhalb ihrer Profession. Zugleich gelten für einen Soldaten andere ethische Normen als für einen Kaufmann, für einen Kaufmann andere als für einen Arzt und für diesen wiederum andere als für einen Maurer.

Im schulpädagogischen Diskurs wird beinahe ausnahmslos der bereichsethische Anspruch thematisiert. Unter den Schlagwörtern „Werterziehung" bzw. „Werteerziehung", „moralische Erziehung" oder „moralisches Lernen" geht es stets um Fragen danach, was es heißt, die Schülerinnen und Schüler dabei zu unterstützen, zukünftig moralisch zu handeln. Auf der Strecke bleibt allerdings eine Auseinandersetzung mit Fragen nach einem Ethos des Lehrers, das sich nicht nur auf den Inhalt seiner erzieherischen Aufgabe bezieht (Werterziehung), sondern auf die Art und Weise, wie er diese erfüllt (ethisches Handeln der Lehrperson).

Die Vernachlässigung des allgemeinethischen Anspruchs hat nicht zuletzt dazu geführt, dass scheinbar jedes Mittel als ethisch vertretbar angesehen wird, mit dem die Schülerinnen und Schüler ‚auf moralische Spur' gebracht werden. So hat bspw. Ludwig Pongratz (2010, 202f.) diskursanalytisch den Wandel schulischer Strafformen untersucht und herausgestellt, dass „vom Karzer zum Trainingsraum" lediglich eine graduelle Verschiebung der sozialen Exklusion und persönlichen Demütigung stattgefunden habe. An die Stelle der physischen Bestrafung ist eine „sanfte Disziplinierungstechnik" getreten, die keinen ethischen Grundsätzen, sondern einem ökonomischen Kalkül folgt. Zwar lasse sich nicht bezweifeln, dass mit der Ablösung des physischen Strafens ein „Fortschritt zum Besseren" stattgefunden habe. Allerdings könne dagegengehalten werden, „dass die Tarnkappe allgegenwärtiger Regulierung und Kontrolle nur die real fortdauernde Fremdbestimmung verschleiert".

Im Folgenden soll gerade die Schnittstelle von allgemeinethischen und bereichsethischen Ansprüchen thematisiert werden. Es geht um die Fragen, 1. wie heute versucht wird, dem bereichsethischen Anspruch des Lehrerberufs nachzukommen, ohne dabei hinter einem allgemeinethischen Anspruch zurückzubleiben, und 2. was getan werden kann, um das Praktisch-Werden der Ethik an der Schule zu befördern.

Durch die Verbindung von allgemeinethischer und bereichsethischer Perspektive wird der Gegenstandsbereich der Fragen eingegrenzt. Angesichts des bereichsethischen Anspruchs geht es um die spezifische Berufstätigkeit der Lehrpersonen, d.h. um das Unterrichten. Es geht folglich nicht um alle möglichen Tätigkeiten, denen die Lehrerinnen und Lehrer im Schulalltag (im Besonderen an Ganztagsschulen) nachzugehen haben. Ausgenommen bleibt somit eine Auseinandersetzung mit der Frage, wie Lehrkräfte in außerunterrichtlichen Situationen mit Schülerinnen und Schülern umgehen sollen.

Erwähnung findet diese Eingrenzung v.a. in Rücksicht auf die tragischen Missbrauchsfälle an deutschen Schulen in den vergangenen Jahren. Aus deren Anlass die Dringlichkeit nach einem Praktisch-Werden der Ethik an der Schule zu fordern, hieße gleichsam, einen ganzen Berufsstand für die Taten einzelner Personen verantwortlich zu machen. Das wäre selbst ethisch fragwürdig. Es bliebe unberücksichtigt, dass diese ethischen Vergehen zwar von Lehrkräften begangen wurden, aber freilich nichts mit dem Zweck des Lehrens bzw. mit dem Unterrichten zu tun hatten.

Aktuelle Bestrebungen, Ethik an der Schule praktisch werden zu lassen

Damit Ethik an der Schule praktisch werden kann, bedarf es der Reflexion darüber, was es überhaupt heißt, als Lehrperson ethisch zu handeln. Wenn eine solche Reflexion ausbleibt, bleibt es der individuellen und persönlichen Weltanschauung, Werthaltung und Meinung der Lehrkraft überlassen, so oder anders zu handeln. Ebenso wie man sich darüber verständigen kann und muss, was guten Unterricht auszeichnet, kann und muss man darin übereinkommen (können), was einen ‚guten' Lehrer ausmacht (vgl. Harder 2014). Andernfalls würde sich das unterrichtliche Handeln „am Ende jeglicher Gestaltbarkeit entziehen" und wäre lediglich von der „gesinnungsgetragenen Existenzform" der einzelnen Lehrerin und des einzelnen Lehrers abhängig (Terhart 2007, 5). Als Institution kann sich die Schule eine solche Unverbindlichkeit nicht erlauben.

Gleichwohl ist diese Anforderung in Zusammenhang mit ethischem Handeln problematisch. Es ist ja gerade so, dass sich ethisches Handeln, mithin das Praktisch-Werden der Ethik durch Handlungen nicht standardisieren oder gar befehlen lassen. Ethik kann nicht in dem Sinne durch Normen und Regeln verbindlich gemacht bzw. praktisch werden, dass man sich einfach bedingungs- und besinnungslos daran zu halten brauchte, um durch die Einhaltung zwangsläufig ethisch zu handeln.

Gerade aus diesem Grund bedarf es ja der Reflexion – und zwar der Reflexion jeder und jedes Einzelnen. Das Praktisch-Werden der Ethik ist nur möglich, wenn jede und jeder Einzelne die Normen und Regeln reflektiert und in seinem Handeln verbindlich macht. Zeit zur Reflexion, in der ausnahmslos alle zukünftigen Lehrerinnen und Lehrer in eine Auseinandersetzung zur Frage, was es heißt, als Lehrkraft ethisch zu handeln, einbezogen werden können, ist der Vorbereitungsdienst (bzw. das Referendariat). Auf dieser sog. zweiten Phase der Berufsausbildung für das Lehramt muss entsprechend auch ein Fokus liegen, wenn es um konkrete Maßnahmen des Praktisch-Werdens der Ethik in der Schule gehen soll[1]. Auf diese zweite Phase werde ich mich im Folgenden konzentrieren.

Tatsächlich macht die „Ständige Konferenz der Kultusminister der Länder in der Bundesrepublik Deutschland" (KMK) Vorgaben zur ethischen Dimension unterrichtlichen Lehrerhandelns. In ihrem Beschluss vom 16.12.2004 formuliert die KMK als theoretischen bildungswissenschaftlichen Standard des Vorbereitungsdienstes für alle Schulformen: „Die Absolventinnen und

---

1 Grundsätzlich böte sich auch oder sogar vornehmlich das Studium an, um schon in der ersten Berufsbildungsphase allgemein- und berufsethische Reflexionselemente zu implementieren. Eine empirische Sichtung, die sich darauf konzentrierte, wäre jedoch zügig abgeschlossen und relativ ertraglos, um nicht zu sagen ernüchternd. Lediglich Baden-Württemberg verordnet in der Wissenschaftlichen Prüfungsordnung ein „Ethisch-Philosophisches Grundlagenstudium" als verbindlichen Prüfungszweck und integralen Bestandteil der ersten Staatsprüfung. In keiner anderen Prüfungsordnung der ersten Phase findet sich Vergleichbares. Verständlich mag dies vor dem Hintergrund erscheinen, dass das Lehramtsstudium gemeinhin als Phase der fachwissenschaftlichen Bildung betrachtet wird, während der Vorbereitungsdienst erst die konsekutive berufsbezogene Ausbildung darstellt.

Absolventen kennen und reflektieren demokratische Werte und Normen sowie ihre Vermittlung" (KMK 2004, 9). Im Hinblick auf die berufspraktische Ausbildung wird komplementär gefordert, Werte und Werthaltungen zu reflektieren und entsprechend zu handeln. Gerade der praktische Standard gilt dabei weniger für die bereichsspezifische Tätigkeit der Werterziehung als vielmehr für das eigene erzieherische Handeln der Lehrperson.

Für den theoretischen Ausbildungsteil wird zudem festgelegt, „Grundsätze des Umgangs miteinander" zu kennen und in praktischer Hinsicht „Regeln des Umgangs" mit den Schülerinnen und Schülern zu erarbeiten sowie diese gleichsam umzusetzen. Auch hier geht es nicht ausschließlich um die Vermittlung ethischen Handelns, sondern auch um das ethische Handeln der Lehrperson. Sie soll nicht nur mit den Schülerinnen und Schülern Regeln des Umgangs thematisieren und auf deren Einhaltung achten. Sie soll zugleich selbst die erarbeiteten Regeln einhalten und umsetzen.

Alle anderen Standards, die im Rahmen der vier Kompetenzbereiche bzw. der elf Kompetenzfelder ausgewiesen werden, sind zwar nicht ethisch irrelevant. Sie zielen aber ausschließlich auf den bereichsspezifischen ethischen Anspruch, moralisches Handeln zu vermitteln und nur bezogen auf diesen Zweck zu handeln.

Problematisch wird dies bspw., wenn als theoretischer Standard definiert wird, „Theorien der Lern- und Leistungsmotivation" zu kennen und sie praxisbezogen anwenden zu können (KMK 2004, 8). Problematisch deshalb, weil zu den geläufigen Theorien der Lern- und Leistungsmotivation auch die behavioristische Konditionierung zählt. Auf Grundlage dieser Theorie ist es völlig legitim, die Lernleistung z.B. durch Stockschläge zu steigern. Es ist auch legitim, die Leistungsmotivation zu steigern, indem man einen Schüler mit völliger Ignoranz straft, wohlwissend, dass dieser die Lehrperson grundsätzlich sehr schätzt und sympathisch findet. Man gibt dem Schüler zu verstehen, dass die Zuwendung von seiner Leistung abhängt. Ohne Leistungsbereitschaft des Schülers keine Zuwendung des Lehrers.

Freilich werden die meisten Lehrkräfte beide Maßnahmen wegen ihres unsittlichen Charakters vermeiden. Aber aus dem Standard selbst geht diese Bewertung nicht hervor. Vielmehr erfordert die Ablehnung ja gerade eine ethische Reflexion der Lehrpersonen.

Bereits im Jahr 2000 definierte die KMK gemeinsam mit den Bildungs- und Lehrergewerkschaften in der sog. „Bremer Erklärung" ein grundlegendes „Leitbild für den Lehrerberuf". Neben mehreren „Zukunftsaufgaben von Bildung und Erziehung" werden dort auch berufsspezifische Merkmale und Aufgaben festgeschrieben. Der Fokus liegt freilich auf der Skizzierung fachdidaktischer und unterrichtsmethodischer Anforderungen. In diesem Zusammenhang heißt es jedoch auch: „Schülerinnen und Schüler müssen spüren, dass ihre Lehrerinnen und Lehrer ‚ein Herz' für sie haben, sich für ihre individuellen Lebensbedingungen und Lernmöglichkeiten interessieren und sie entsprechend fördern und motivieren, sie fordern, aber nicht überfordern. Verantwortung, Bereitschaft und glaubwürdiges Handeln aller Lehrerinnen und Lehrer auch für ein gutes Schulklima und ein partnerschaftliches Schulleben sind dafür förderliche Voraussetzungen" (KMK 2000, 3).

Explizit hebt dieser Beschluss auf das ethische Handeln der Lehrerinnen und Lehrer ab. Erstaunlich ist v.a. die Betonung der emotional-sittlichen Kehrseite unterrichtlichen Handelns. Während im schulpädagogischen Wissenschaftsdiskurs mit dem Schlagwort ‚Professionalität' meist ein zweckgerichtetes Kalkül thematisiert wird (vgl. u.a. Helsper et al. 2008), kommen in der „Bremer Erklärung" geradezu gegenteilig die spürbare Nähe und warmherzige Aufgeschlossenheit als handlungsleitende Motive zur Sprache. Gemäß diesem Leitbild sollen die Lehrerinnen und Lehrer nicht bloß Fachleute des Lernens sein und Wissen vermitteln. Sie sollen diese Aufgaben auch verantwortungsvoll und glaubhaft erfüllen.

Beide KMK-Beschlüsse, sowohl die „Bremer Erklärung" von 2000 als auch die „Standards für die Lehrerbildung" von 2004, bilden bis heute die Grundlage für die Anforderungen und Ansprüche der zweiten Phase der Lehrerbildung. Dass die darin formulierten ethischen Anforderungen und Ansprüche im darauf folgenden KMK-Beschluss von 2012 unberücksichtigt bleiben, erklärt sich angesichts der Tatsache, dass dieser einerseits explizit auf die beiden vorangehenden Beschlüsse Bezug nimmt sowie andererseits ‚lediglich' als deren Anerkennung durch die Länder zu verstehen ist (vgl. KMK 2012). Von Seiten der KMK ist also durchaus die Basis geschaffen, die Reflexion ethischen Handelns, mithin das Praktisch-Werden der Ethik an der Schule als Bestandteil des Vorbereitungsdienstes (bzw. des Referendariats) zu implementieren.

In der föderalistischen Schullandschaft Deutschlands bleiben die KMK-Beschlüsse allerdings lediglich konsensuelle Rahmenrichtlinien, die der Aufnahme und Verbindlichmachung der Länder sowie darüber hinaus der konkreten Umsetzung im Kompetenzkanon der Ausbildungsseminare der zweiten Phase bedürfen. Als Rahmenrichtlinien dienen sie der ‚Hinwirkung' auf eine länderübergreifende Vereinheitlichung und Vergleichbarkeit von Qualitätsstandards, also nicht ihrer Sicherung und Kontrolle. So kann es nicht verwundern, wenn die curricularen Vorgaben der Länder allesamt explizit oder implizit Bezug auf die KMK-Beschlüsse nehmen und sich mehr oder weniger daran orientieren, wenn sie aber zugleich auch eigene Vorgaben machen und spezifische Standards formulieren. En detail sind die curricularen Vorgaben der Länder für den Vorbereitungsdienst daher überaus heterogen – sowohl hinsichtlich ihrer inhaltlichen Ausgestaltung als auch hinsichtlich ihrer strukturell-organisationalen Verbindlichkeit.

In einer detaillierten „Übersicht über Stand, Problemlagen und Reformtendenzen" der zweiten Phase von 2007, einer Expertise für den Wissenschaftlichen Beirat des Aktionsprogramms „Neue Wege in der Lehrerbildung" des Stifterverbandes für die Deutsche Wissenschaft, schreibt Jutta Walke (2007, 18), dass zwar zur näheren Regelung der Ausbildung in allen Bundesländern Verordnungen bestünden. Allerdings regele „der überwiegende Teil der Ausbildungsordnungen den äußeren Ablauf des Vorbereitungsdienstes", während konkrete Inhalte und Standards „meist nur grob skizziert" werden. Beinahe alle Verordnungen beziehen sich unmittelbar oder mittelbar auf die Kompetenzbereiche und -felder des KMK-Beschlusses von 2004. Das ist der Fall in Bayern, Bremen, Hamburg, Hessen, Nordrhein-Westfalen, Schleswig-Holstein und Thüringen (vgl. ebd.). In Bayern, Berlin, Brandenburg, Niedersachsen, Rheinland-Pfalz, im Saarland, in Sachsen, Sachsen-Anhalt, Schleswig-Holstein und Thüringen bezogen sich die Ausbildungsordnungen in 2007 zudem lediglich auf eine Regelung des äußeren Verlaufs, ohne genauere Angaben zu den Ausbildungsinhalten und Ausbildungsstandards zu machen.

Seit Walkes Expertise sind jedoch einige Änderungen zu verzeichnen. Die folgende Übersicht ist eine Zusammenstellung der aktuellen Ausbildungsinhalte gemäß den länderspezifischen „Ausbildungs(-ver-)ordnungen", Handreichungs- und Vorgabenpapiere der Bundesländer (falls vorhanden, für das gymnasiale Lehramt), sofern sie sich auf den Aspekt ethischen Lehrerhandelns beziehen. Unberücksichtigt bleiben dabei diejenigen Standards und Kompetenzen, die sich genau so oder so ähnlich formuliert in den KMK-Beschlüssen finden. Wo möglich, wurde auf die Papiere der zuständigen Länderinstitute für Qualitätsentwicklung zurückgegriffen. Gerade von ihren Vorgaben war zu erwarten, dass sie nicht bloß den äußeren Ablauf reglementieren, sondern in besonderem Maße konkrete inhaltlich-curriculare Vorgaben machen würden.

Bundesland	Verordnungsform	Ausbildungsinhalte / Standards / Kompetenzen
Baden-Württemberg	Ausbildungsplan (2009)	„Berufsethische und fachethische Kompetenzen müssen im Vorbereitungsdienst weiterentwickelt werden" „Eine Haltung berufsethisch gegründeten Werte- und Verantwortungsbewusstseins wird weiter entwickelt."

Baden-Württemberg		„Hinzu kommt die in der universitären Ausbildung angebahnte Kompetenz, berufs-, fach- und allgemeinethische Fragen zu erkennen, zu analysieren und sie mit fachdidaktischen und pädagogischen Themenstellungen zu verbinden."
Bayern	Ausbildungsordnung (2011)	keine Ergänzung zu KMK-Beschlüssen
Berlin	Handbuch Vorbereitungsdienst (2014)	Die Anwärter_innen „werten die individuellen Bedingungen, um ethisch begründet (Autonomie, Menschenwürde, Hilfe zur Selbsthilfe, größtmögliche Partizipation, Nachhaltigkeit etc.) individuelle Unterrichts-, Erziehungs- und Förder- resp. Therapieziele ableiten zu können."
Brandenburg	Ausbildungsordnung (2014)	keine Ergänzung zu KMK-Vorgaben
Bremen	Ausbildungs- und Prüfungsordnung (2012)	keine Ergänzung zu KMK-Vorgaben
Hamburg	VD-Konzeption (2013)	keine Ergänzung zu KMK-Vorgaben
Hessen	Verordnung zur Durchführung des Hessischen Lehrerbildungsgesetzes (2011)	keine Ergänzung zu KMK-Vorgaben
Mecklenburg-Vorpommern	Handreichung Vorbereitungsdienst (2014)	keine Ergänzung zu KMK-Vorgaben
Niedersachsen	Ausbildungsverordnung (2010)	Die Lehrkräfte „schaffen ein kooperatives, lernförderliches Klima durch eine Kommunikation, die schülerorientiert ist und deutlich macht, dass andere geachtet und wertgeschätzt werden." „Sie reflektieren ihr Handeln, insbesondere ihr Handeln als Vorbild." „Sie gestalten soziale Beziehungen positiv durch Kommunikation und Interaktion."

Niedersachsen		„Sie wertschätzen den individuellen Lernfortschritt ihrer Schülerinnen und Schüler, vermitteln Vertrauen in deren eigene Leistungsfähigkeit und ermuntern sie, Hilfen einzufordern."
Nordrhein-Westfalen	Ausbildungsverordnung (2011)	keine Ergänzung zu KMK-Vorgaben
Rheinland-Pfalz	Landesverordnung (2012)	„Die Anwärterinnen und Anwärter bewirken durch Wertschätzung und Empathie eine angstfreie Lernatmosphäre"
Saarland	Ausbildungsverordnung (2013)	„Die Sitzungen umfassen auch ethische Fragen der Ausbildungsfächer und des Berufs."
Sachsen	Lehramtsprüfungsordnung (2005)	keine Ergänzung zu KMK-Vorgaben
Sachsen-Anhalt	Ausbildungsdidaktisches Konzept (2012)	„Die Auszubildenden im Vorbereitungsdienst sind in der Lage, Wertvorstellungen, die dem Grundgesetz zugrunde liegen, gesellschaftliche Normen, Leitideen und Zielsetzungen zu reflektieren"
Schleswig-Holstein	Infobroschüre (2011)	Die Lehrkräfte „sind Vorbilder für gegenseitige Achtung und Toleranz." „Die Lehrkraft i.V. nimmt in pädagogischen Situationen vielfältige Perspektiven wahr."
Thüringen	Handreichung (2014)	„Reflektieren des eigenen Verhaltens und dessen Wirkung im Prozess"

Hervorstechend sind v.a. die Ausbildungsstandards in Baden-Württemberg und Niedersachsen – nicht allein in quantitativer Sicht. Während im „Ausbildungsplan" Baden-Württembergs der Reflexion ethischen Lehrerhandelns ein vergleichsweise großer Stellenwert zukommt[2], hebt die Ausbildungsver-

---

2 Für Baden-Württemberg zeigt sich hier der Vorteil, mit der Verankerung des „Ethisch-Philosophischen Grundlagenstudiums" in der Prüfungsordnung für das

ordnung in Niedersachsen verstärkt auf die Gestaltung des Lehrerethos ab. An die Lehramtsanwärterinnen und -anwärter in Niedersachsen wird nicht bloß die Anforderung gestellt, ein lernförderliches Klima zu schaffen, sondern sie sollen darüber hinaus „deutlich" machen, „dass andere geachtet und wertgeschätzt werden". Das ist ein Unterschied.

Dieser Unterschied lässt sich mit Kants Unterscheidung von einem „pflichtgemäßen Handeln" und einem „Handeln aus Pflicht" auf den Punkt bringen. Wer sich als Lehrperson ‚lediglich' darum bemüht, ein lernförderliches Klima zu befördern, handelt zweckmäßig. Er handelt so, dass der Zweck des Lernens, der zugleich Pflicht seiner (Berufs-)Tätigkeit ist, erfüllt wird. Wie er diesen Zweck erfüllt, ist unerheblich. Es kommt nur darauf an, dass er seiner Berufspflicht nachkommt. Letztlich heiligt in dieser Sicht die Zweckerfüllung auch die Mittel, die dazu eingesetzt werden.

Wer allerdings ein lernförderliches Klima befördert, indem er bei der Erfüllung dieses Zwecks zugleich darauf achtet, dass die Schülerinnen und Schüler Wertschätzung und Achtung erfahren, hat nicht ausschließlich den Zweck im Blick. Er handelt vielmehr so, dass die ‚Behandelten' jederzeit zugleich als Selbstzweck geachtet werden. Gerade darin zeigt sich aber das Praktisch-Werden der Ethik. Es geht dann nicht mehr nur um ein ‚legales', nach Zwecken und Normen reglementiertes Handeln, sondern um ein sittliches Verhältnis, das die Würde des anderen zum unhintergehbaren Prinzip macht.

Dieser Unterschied ist betonenswert, weil es gerade in (schul-)pädagogischen Kontexten oftmals den Anschein erweckt, als sei das Unterrichten per se eine sittliche Tat. Wer unterrichtet, handelt ethisch. Schließlich – so der Tenor seit Platon – führt der Unterricht die Schülerinnen und Schüler zum Wissen, und Wissen wiederum ist die notwendige, wenn auch nicht die hinreichende Voraussetzung dafür, ein selbstbestimmtes und eigenverantwortliches Leben zu führen. Wer nichts weiß, kann sich auch nicht für das Gute entscheiden. Er kann sich vielmehr überhaupt nicht entscheiden, weil er ja gar nicht weiß, was es ‚gibt' bzw. was ‚ist'. Wenn Unterricht also einen anderen zum Wissen führt, weil Wissen aber seinem Begriff nach stets jemandes Wissen sein muss, sofern nur jemand (eine Person) etwas wissen kann, scheint die Selbstzweckhaftigkeit des Schülers dem Begriff des Unterrichts inhärent zu sein.

Spätestens seit den Untersuchungen der Frankfurter Schule, allerspätestens aber seit den Diskursanalysen Foucaults ist diese Auffassung nicht mehr uneingeschränkt haltbar. Genau aus diesem Grund gewinnt heute auch die ethische Kehrseite des Unterrichtens, mithin des unterrichtlichen

---

erste Staatsexamen auf eine curricular-inhaltliche Basis bzw. Vorarbeit zurückgreifen zu können.

Lehrerhandelns zunehmend an Bedeutung. Wenn Wissen heute realiter immer auch mit hegemonialen Setzungen verbunden ist, wenn mit dem Lernen immer auch oder gar vornehmlich Anpassungsleistungen an fremdbestimmte Zwecke einhergehen, dann ist aus ethischer Perspektive weniger darauf zu achten, dass ein lernförderliches Klima herrscht, sondern dass den Schülerinnen und Schülern im Unterricht mit der Wertschätzung und Achtung begegnet wird, damit sie gerade nicht zu bloßen Erfüllungsgehilfen fremder Zwecke degradiert und letztlich instrumentalisiert werden.

Um vor diesem Hintergrund bei den niedersächsischen Standards zu bleiben: Es ist eben heute nicht ausreichend, die individuellen Lernfortschritte bloß zu diagnostizieren und zu bewerten. Damit Ethik praktisch werden kann, bedarf es v.a. einer „wertschätzen[den]" Diagnose und Bewertung, so dass die Schülerinnen und Schüler „Vertrauen in deren eigene Leistungsfähigkeit" gewinnen. Wertschätzung und Vertrauen sind keine bereichsspezifischen, auf den Lehrerberuf zugeschnittenen Kategorien. Mit diesen Termini bringt die niedersächsische Verordnung vielmehr zum Ausdruck, was einen sittlichen Umgang unabhängig vom institutionellen Rahmen der Schule und den Anforderungen an den Lehrerberuf charakterisiert.

Der Begriff des „individuellen Lernfortschritt" gewinnt in Zusammenhang mit dem Wertschätzen eine ganz eigene ethische Valenz. Dasselbe gilt für die „Leistungsfähigkeit" in Anbetracht der Vertrauensvermittlung oder besser: des Zutrauens seitens der Lehrkraft. Leistungsfähigkeit im Sinne einer empirisch-operationalisierbaren Kategorie kann unabhängig von der konkreten Person diagnostiziert werden. Sie gilt dann ausschließlich im Hinblick auf außerpersonale Zwecke. Indem die Lehramtsanwärterinnen und -anwärter allerdings das Vertrauen der Schülerinnen und Schüler in deren eigene Leistungsfähigkeit vermitteln sollen, sind sie zugleich gefordert, deren Selbstzweckhaftigkeit zu achten und die konkrete Person zum Maß ihres eigenen Leistens zu betrachten. Leistung ist aus dieser Sicht nicht eine objektive Größe, die sich diagnostizieren lässt. Leistung ist dann vielmehr ein Wert des Subjekts, der geschätzt werden muss. Dass eine solche Perspektive notwendig zu einer anderen Form des Umgangs führt als eine kalkülhafte, auf fremde Zwecke ausgerichtete Diagnose, versteht sich von selbst.

Letztlich bleibt noch die Kompetenzanforderung an die angehenden niedersächsischen Lehrkräfte, ihr „Handeln, insbesondere ihr Handeln als Vorbild" reflektieren zu können. Explizit wird darauf auch in den Vorgaben des Landes Schleswig-Holstein hingewiesen. Damit ist gleichsam der Kern der Schnittstelle von allgemein- und bereichsethischen Ansprüchen getroffen. Im Begriff des Vorbilds koinzidieren die Ansprüche, als Lehrer ethisch vertretbar zu handeln sowie die Schülerinnen und Schüler darin zu unterstützen, gut zu handeln.

Macht man sich klar, dass jede Handlung der Lehrperson von den Schülerinnen und Schülern zum Anlass genommen werden kann – und tatsächlich auch oftmals zum Anlass genommen wird (vgl. Harder 2014) –, auf ihre ethische Wertigkeit geprüft zu werden, um eine eigene Haltung auszubilden, dann ist es im Hinblick auf das Praktisch-Werden der Ethik zu keinem Zeitpunkt des Unterrichts irrelevant, wie die Lehrperson handelt. Ob sie monologisiert oder dialogisiert, ob sie im Monologisieren trotzdem zum Selberdenken auffordert, ob und wie sie Gesprächsbeiträge aus der Schülerschaft aufnimmt, einbezieht und beurteilt, wie sie auf den Unterricht vorbereitet ist, wie sie Diskussionen leitet, hier anregt, dort abbricht, jetzt humorvoll ist, dann gleich wieder ernsthaft wird, beim einen Nachsicht zeigt, beim anderen Vorsicht walten lässt (vgl. Eykmann/Seichter 2007) – alle diese Aspekte sind nicht ‚auch bedeutsam' für das Handeln der Lehrkraft, sie sind schon gar keine Rand- oder Begleitaspekte für das Unterrichten. Sie bestimmen das unterrichtliche Lehrerhandeln wesentlich. Im vorbildlichen Handeln der Lehrerinnen und Lehrerinnen allein kann Ethik in der Schule praktisch werden.

Diese Anmerkungen zu den länderspezifischen Kompetenzanforderungen und Standards sollen genügen, um abschließend einen konstruktiven Vorschlag zu unterbreiten, welche (weiteren) konkreten Schritte in der Lehrerausbildung der zweiten Phase unternommen werden können, um ethisches Handeln in der Schule praktisch werden zu lassen.

Der „Sokratische Eid" als Element der Lehrerausbildung

Es darf nicht unterschlagen werden, dass bei der Zusammenstellung der Kompetenzanforderungen und Standards ausschließlich die Ländervorgaben im Fokus standen. Wie sich die faktische Umsetzung und Gestaltung der zweiten Phase ‚vor Ort', also in den Ausbildungsseminaren darstellt, ist damit überhaupt nicht berührt. Tatsächlich zeigt ein Blick in viele Kompetenzprofile und -kataloge von Ausbildungsseminaren, dass der Aspekt des ethischen Handelns weitaus breiter und differenzierter curricular verortet ist als in den Ausbildungsordnungen des jeweiligen Landes. Und selbst wenn solche Vorgaben hier und da fehlen sollten, ist damit noch nichts über die tatsächliche Auseinandersetzung von allgemein- und bereichsethischen Fragen innerhalb der (fachdidaktischen oder pädagogischen) Seminarveranstaltungen durch Mentorinnen und Mentoren, Seminarleiterinnen und Seminarleiter ausgesagt.

Doch selbst angenommen bzw. gesetzt, die Seminare und v.a. die dort tätigen Personen legen mehr Wert auf die mit dem Lehrerhandeln verknüpften ethischen Ansprüche als die Länderverordnungen – es bleibt die Frage, an welchen konkreten Maßgaben sie sich halten sollen. Schließlich wäre nicht viel gewonnen, wenn zwar ethische Fragen im Vorbereitungsdienst aufgeworfen werden würden, wenn aber zugleich weder den Seminarleiterinnen und -leitern als auch den Lehramtsanwärterinnen und -anwärtern keine Orientierungen zur Verfügung stünden, auf die man bei der Reflexion, mithin bei einer Beantwortung der Frage, was es als Lehrkraft heißt, gut zu handeln, herangezogen werden könnten.

Als mögliche, wenngleich und selbstverständlich nicht notwendige Orientierung wird der „Sokratische Eid" aus der Feder Hartmut von Hentigs[3] vorgeschlagen. Dieser „Eid" erscheint inhaltlich wie formal als plausibler Prüfstein, wie er für die Schnittstelle von allgemeinethischen und bereichsethischen Ansprüchen an das Lehrerhandeln erforderlich ist. Zu dessen funktionaler Einordnung heißt es bei von Hentig (2003, 257):

> „Der hier vorgeschlagene Sokratische Eid soll für die Pädagogen die gleiche Rolle spielen wie der Hippokratische Eid für die Mediziner. Wo dieser heute seinen Zweck noch erfüllt, geschieht das nicht, weil (ein) Gott angerufen wird, und nicht, weil seine Verletzung Strafe nach sich zieht. Strafe folgt auf eine Verletzung von Gesetzen. Was dagegen in unseren beiden Fällen – der Verletzung des Sokratischen wie des Hippokratischen Eides – droht, ist einfach Schande. Wer den von ihm freiwillig geleisteten Eid bricht, muß sich vor sich selbst, vor seiner ‚Zunft', vor der Öffentlichkeit schämen – oder ausdrücklich rechtfertigen. Er hat ein von diesen drei ‚Instanzen' geprüftes, für richtig gehaltenes, bestätigtes Prinzip gebrochen".

Der Eid lautet folgendermaßen (ebd. 258f.):

„Als Lehrer und Erzieher verpflichte ich mich,

- die Eigenart eines jeden Kindes zu achten und gegen jedermann zu verteidigen;
- für seine körperliche und seelische Unversehrtheit einzustehen;
- auf seine Regungen zu achten, ihm zuzuhören, es ernst zu nehmen;
- zu allem, was ich seiner Person antue, seine Zustimmung zu suchen, wie ich es bei einem Erwachsenen täte;
- das Gesetz seiner Entwicklung, soweit es erkennbar ist, zum Guten auszulegen und dem Kind zu ermöglichen, dieses Gesetz anzunehmen;
- seine Anlagen herauszufordern und zu fördern;

---

3 Dieser Vorschlag erfolgt nicht ohne Kenntnis, jedoch ohne Rücksicht auf seinen Verfasser, bzw. vielmehr ohne Rücksicht auf die unrühmliche Rolle, die von Hentig im Zusammenhang mit den Missbrauchsfällen an der Odenwaldschule gespielt hat (vgl. u.a. Miller/Oelkers 2014). Grundsätzlich ist klar, dass sein Handeln ethisch umso fragwürdiger erscheinen muss, wenn man es auf die Gedanken des Sokratischen Eids rückbezieht. Wenn dieser Eid hier dennoch herangezogen wird, dann allein in Ansehung seines ethischen Anspruchs.

- es zu schützen, wo es schwach ist, ihm bei der Überwindung von Angst und Schuld, Bosheit und Lüge, Zweifel und Mißtrauen, Wehleidigkeit und Selbstsucht beizustehen, wo es das braucht;

- seinen Willen nicht zu brechen – auch nicht, wo er unsinnig erscheint; ihm vielmehr dabei zu helfen, seinen Willen in die Herrschaft seiner Vernunft zu nehmen; es also den mündigen Verstandesgebrauch und die Kunst der Verständigung wie des Verstehens zu lehren;

- es bereit zu machen, Verantwortung in der Gemeinschaft und für diese zu übernehmen;

- es die Welt erfahren zu lassen, wie sie ist, ohne es der Welt zu unterwerfen, wie sie ist;

- es erfahren zu lassen, was und wie das gemeinte gute Leben ist;

- ihm eine Vision von der besseren Welt zu geben und die Zuversicht, daß sie erreichbar ist;

- es Wahrhaftigkeit zu lehren, nicht die Wahrheit, denn ,die ist bei Gott allein'.

Damit verpflichte ich mich auch,

- so gut ich kann, selber vorzuleben, wie man mit den Schwierigkeiten, den Anfechtungen und Chancen unserer Welt und mit den eigenen immer begrenzten Gaben, mit der eigenen immer gegebenen Schuld zurechtkommt;

- nach meinen Kräften dafür zu sorgen, daß die kommende Generation eine Welt vorfindet, in der es sich zu leben lohnt und in der die ererbten Lasten und Schwierigkeiten nicht deren Ideen und Möglichkeiten erdrücken;

- meine Überzeugungen und Taten öffentlich zu begründen, mich der Kritik – insbesondere der Betroffenen und Sachkundigen – auszusetzen, meine Urteile gewissenhaft zu prüfen;

- mich dann jedoch allen Personen und Verhältnissen zu widersetzen – dem Druck der öffentlichen Meinung, dem Verbandsinteresse, der Dienstvorschrift –, wenn diese meine hier bekundeten Vorsätze behindern.

Ich bekräftige diese Verpflichtung durch die Bereitschaft, mich jederzeit an den in ihr enthaltenen Maßstäben messen zu lassen."

Wenn dieser Eid hier als Orientierung für die berufspraktische Ausbildung bzw. zur Auseinandersetzung in den Ausbildungsseminaren vorgeschlagen wird, dann selbstverständlich nicht in der Form, wie es sich ihr Verfasser ,vorstellt' (ebd. 258): „Ich stelle mir vor, daß Lehrer und Erzieher bei der Übergabe ihrer Einstellungsurkunde – noch einmal sei es gesagt: freiwillig – diesen Eid sprechen und daß dies in der Urkunde bestätigt wird". Um in den Schuldienst übernommen zu werden, legen die angehenden Lehrkräfte oh-

nehin einen Amtseid ab. Es geht hier überhaupt nicht um eine rechtsverbindliche Angelegenheit. Allzu leicht droht die Gefahr, diese ethisch gehalt-
vollen Worte zum bloßen Lippenbekenntnis verkommen zu lassen.

Stattdessen kann dieser Eid mit Lehramtsanwärterinnen und -anwärtern
zum Anlass genommen werden, um ins Gespräch zu kommen, was daran
ethisch vernünftig, was möglicherweise überzogen, was praktikabel, was
unrealistisch usw. ist. In von Hentigs Eid finden sowohl Ausbildende als
auch Anwärterinnen und Anwärter konkret ausformulierte ethische Ansprüche. Sie gewinnen eine Vorstellung davon, auf welche ethischen Facetten
es im Lehrerberuf ankommt. Sie können sich veranlasst sehen, sich mit ihrer
Vorbildrolle auseinanderzusetzen; z.B. indem sie diskutieren, was es in dieser, was es in jener hypothetischen Handlungssituation bedeutet, so gut
man kann, „selber vorzuleben, wie man mit den Schwierigkeiten, den Anfechtungen und Chancen unserer Welt und mit den eigenen immer begrenzten Gaben, mit der eigenen immer gegebenen Schuld zurechtkommt".

Jeder einzelne Punkt dieses Eids eröffnet eine ganze Palette an Fragen,
die der ethischen und d.h. nicht nur der bereichsethischen Reflexion bedürfen (vgl. Löwisch 1995). Wo droht in der Schule Gefahr, den Willen der
Schülerinnen und Schüler zu brechen? Wie kann ich ihnen helfen, ihren Willen in die Herrschaft ihrer Vernunft zu nehmen, z.B. wenn es um die Fest-
setzung der nächsten Klassenarbeit geht? Was können Lehrkräfte tun, um
die seelische Unversehrtheit eines Schülers zu gewährleisten, wenn er ver-
setzungsgefährdet ist? Wie kann man Eigenarten von Schülerinnen und
Schülern achten, die man im Grunde seines Herzens verachtet, ohne dabei
der Heuchelei oder dem Fatalismus zu verfallen? Der kasuistischen Kreativität sind hier keine Grenzen gesetzt.

Dieses Vorgehen müsste sich jenseits rechtlicher Bestimmungen vollzie-
hen. Es müsste nicht in den curricularen Verordnungen verankert werden,
sondern durch ernsthafte Auseinandersetzung in den ‚Herzen' und ‚Köpfen'
der angehenden Lehrkräfte Platz finden. Damit Ethik zukünftig in der Schule
noch praktischer werden kann – der Komparativ sei hier gestattet –, reicht
es nicht, diesen Aspekt noch stärker in die Kompetenzkataloge zu implementieren, sondern jede Lehrperson mit dem Anspruch des unbedingten
Sollens zu konfrontieren.

Literaturquellen

Eykmann, W. – Seichter, S. (Hrsg.) (2007): Pädagogische Tugenden. Würzburg
    2007.

Harder, P. (2014): Werthaltungen und Ethos von Lehrern. Empirische Studie zu
    Annahmen über den ‚guten' Lehrer. Bamberg 2014.

Helsper, W. – Busse, S. – Hummrich, M. – Kramer, R.-T. (Hrsg.) (2008): Pädagogische Professionalität in Organisationen. Neue Verhältnisbestimmungen am Beispiel der Schule. Wiesbaden 2008.

Löwisch, D.-J. (1995): Einführung in pädagogische Ethik. Eine handlungsorientierte Anleitung für die Durchführung von Verantwortungsdiskursen. Darmstadt 1995.

Miller, D. – Oelkers, J. (Hrsg.) (2014): Reformpädagogik nach der Odenwaldschule – Wie weiter? Weinheim – Basel 2014.

Pongratz, L.A. (2010): Sackgassen der Bildung. Pädagogik anders denken. Paderborn 2010.

Terhart, E. (2007): Standards in der Lehrerbildung – eine Einführung. S. 2–14 in Unterrichtswissenschaft 2007.

von Hentig, H. (2003): Die Schule neu denken. Eine Übung in pädagogischer Vernunft. Weinheim – Basel [5]2003.

Internetquellen

KMK (2000): Aufgaben von Lehrerinnen und Lehrern heute – Fachleute für das Lernen. Gemeinsame Erklärung des Präsidenten der Kultusministerkonferenz und der Vorsitzenden der Bildungs- und Lehrergewerkschaften sowie ihrer Spitzenorganisationen Deutscher Gewerkschaftsbund DGB und DBB – Beamtenbund und Tarifunion (Beschluss der Kultusministerkonferenz vom 05.10.2000). Abrufbar unter: http://www.kmk.org/bildung-schule/allgemeine-bildung/lehrer/lehrerbildung.html [zuletzt am 21.11.2014].

KMK (2004): Standards für die Lehrerbildung: Bildungswissenschaft (Beschluss der Kultusministerkonferenz vom 16.12.2004). Abrufbar unter: http://www.kmk.org/bildung-schule/allgemeine-bildung/lehrer/lehrerbildung.html   [zuletzt   am   21.11.2014].

KMK (2012): Ländergemeinsame Anforderungen für die Ausgestaltung des Vorbereitungsdienstes und die abschließende Staatsprüfung (Beschluss der Kultusministerkonferenz vom 06.12.2012). Abrufbar unter: http://www.kmk.org/bildung-schule/allgemeine-bildung/lehrer/lehrerbildung.html [zuletzt am 21.11.2014].

Walke, J. (2007): Die Zweite Phase der Lehrerbildung. Ein Überblick über Stand, Problemlagen und Reformtendenzen. Eine Expertise für den Wissenschaftlichen Beirat des Aktionsprogramms „Neue Wege in der Lehrerbildung" des Stifterverbandes für die DeutscheWissenschaft/Mercator Stiftung. Schriftenreihe zur Lehrerbildung, Bd.III. Essen 2007. Abrufbar unter: www.stifterverband.info/wissenschaft_und_hochschule/ lehre/ lehrerbildung/ die_zweite_phase_der_leh rerbildung.pdf [zuletzt 21.11.2014].

Ausbildungsordnungen der Bundesländer

Baden-Württemberg:

Ministerium für Kultus, Jugend und Sport (2009): Ausbildungsplan. Vorbereitungsdienst für die Laufbahn des höheren Schuldienstes an Gymnasien. Abrufbar unter: http://www.seminare-bw.de/,Lde/809861 [zuletzt am 21.11.2014].

Bayern:

Bayerisches Staatsministerium für Bildung und Kultus, Wissenschaft und Kunst (1992/2011): Zulassungs- und Ausbildungsordnung für das Lehramt an Gymnasien (ZALG). Abrufbar unter: http://www.kmk.org/dokumentation/rechtsvorsch riften/uebersicht-lehrerpruefungen/lehrerpruefungen-bayern.html [zuletzt am 21.11.2014].

Berlin:

Senatsverwaltung für Bildung, Jugend und Wissenschaft (2014): Handbuch Vorbereitungsdienst. Materialien für den reformierten berliner Vorbereitungsdienst. Abrufbar unter: http://www.berlin.de/imperia/md/content/sen-bildung/leh rer_werden/ vorbereitungsdienst/handbuch_vorbereitungsdienst.pdf [zuletzt am 21.11.2014].

Brandenburg:

Ministerium für Bildung, Jugend und Sport: Ordnung des Vorbereitungsdienstes und der zweiten Staatsprüfung für Lehrämter an Schulen (OVP). Abrufbar unter: http://www.bravors.brandenburg.de/sixcms/detail.php?gsid=land_bb_bravors_0 1.c.15012.de#13 [zuletzt am 21.11.2014].

Bremen:

Landesinstitut für Schule Bremen (2012): Ausbildungs- und Prüfungsordnung. Handreichung für Referendarinnen und Referendare 2. Abrufbar unter: http:// www.lis.bremen.de/sixcms/detail.php?gsid=bremen56.c.6263.de [zuletzt am 21.11.2014].

Hamburg:

Landesinstitut für Lehrerbildung und Schulentwicklung (2013): Vorbereitungsdienst 2013. Konzeption des Vorbereitungsdienstes ab dem 1.2.2013. Abrufbar unter: http://li.hamburg.de/publikationen/publikationen/3912710/konzept-vorbe reitungsdienst-2013.html [zuletzt am 21.11.2014].

Hessen:

Hessisches Kultusministerium (2011): Verordnung zur Durchführung des Hessischen Lehrerbildungsgesetzes (HLbGDV). Abrufbar unter: http://www.rv. hessenrecht.hessen.de/jportal/portal/t/20vb/page/bshesprod.psml?pid=Dokume ntanzeige&showdoccase=1&js_peid=Trefferliste&documentnumber=1&number ofresults=2&fromdoctodoc=yes&doc.id=jlr-LehrBiGDVHErahmen&doc.part=R& doc.price=0.0&doc.hl=1#focuspoint [zuletzt am 21.11.2014].

Mecklenburg-Vorpommern:

Ministerium für Bildung, Wissenschaft und Kultur (2014): Handreichung Vorbereitungsdienst 2014/2015. Abrufbar unter: http://www.lehrer-in-mv.de/lehrerin-werden-in-MV/referendare/index.html [zuletzt am 21.11.2014].

Niedersachsen:

Niedersächsisches Kultusministerium (2010): Verordnung über die Ausbildung und Prüfung von Lehrkräften im Vorbereitungsdienst (APVO-Lehr). Abrufbar unter: http://www.mk.niedersachsen.de/portal/live.php?navigation_id=1903&arti cle_id=6521&_psmand=8 [zuletzt am 21.11.2014].

Nordrhein-Westfalen:

Ministerium für Schule und Weiterbildung (2011): Ordnung des Vorbereitungs- dienstes und der Staatsprüfung für Lehrämter an Schulen (OVP). Abrufbar unter: http://www.schulministerium.nrw.de/docs/LehrkraftNRW/Vorbereitungsdie nst/index.html#A_2 [zuletzt am 21.11.2014].

Rheinland-Pfalz:

Ministerium für Bildung, Wissenschaft, Weiterbildung und Kultur (2012): Curri- culare Struktur der Lehrerinnen- und Lehrerausbildung im Vorbereitungsdienst. Abrufbar unter: http://studienseminar.rlp.de/gehezu/startseite.html [zuletzt am 21.11.2014].

Saarland:

Ministerium für Bildung und Kultur (2013): Verordnung über die Ausbildung und Zweite Staatsprüfung für das Lehramt für die Sekundarstufe I und für die Se- kundarstufe II (Gymnasien und Gemeinschaftsschulen) (LPO II - Gymnasien und Gemeinschaftsschulen). Abrufbar unter: http://sl.juris.de/cgi-bin/landes recht.py?d=http://sl.juris.de/sl/gesamt/GymLehrAPO_SL.htm#GymLehrAPO_SL _rahmen [zuletzt am 21.11.2014].

Sachsen:

Sächsichsches Staatsministerium für Kultus (2005): Verordnung des Sächsi- schen Staatsministeriums für Kultus über den Vorbereitungsdienst und die Zweite Staatsprüfung für Lehrämter an Schulen im Freistaat Sachsen (Lehr- amtsprüfungsordnungII–LAPO II). Abrufbar unter: http://revosax.sachsen. de/GetXHTML.do?sid= 472112029531 [zuletzt am 21.11.2014].

Sachsen-Anhalt:

Kultusministerium (2012): Ausbildungsdidaktisches Konzept für den pädagogi- schen Bereich im Vorbereitungsdienst – 16 Monate. Zweite Phase der Lehrer- ausbildung im Land Sachsen-Anhalt. Abrufbar unter: http://www2.bildung-lsa. de/lehrerbildung/vorbereitungsdienst_in_sachsen_anhalt/ausbildung.html [zu- letzt am 21.11.2014].

Schleswig-Holstein:

Institut für Qualitätsentwicklung an Schulen Schleswig-Holstein (2011): Der Vorbereitungsdienst in Schleswig-Holstein. Ausbildung, Prüfung. Abrufbar unter: http://www.schleswig-holstein.de/IQSH/DE/AusbildungQualifizierung/Infor mationenVorbereitungsdienst/InformationenVorbereitungsdienst_node.html [zu- letzt am 21.11.2014].

Thüringen:

Ministerium für Bildung, Wissenschaft und Kultur (2014): Ausbildung und Zweite Staatsprüfung der Lehramtsanwärter im Thüringer Vorbereitungsdienst. Abrufbar unter: https://www.schulportal-thueringen.de/web/guest/seminare/documen ts?tspi=76144 [zuletzt am 21.11.2014].

Wie kann (irgend-)ein Konzept von Chancengleichheit realisiert werden?

Renate Dürr

Beginnen wir mit einer These, die steil aussieht, dies aber gar nicht ist. Sie ist vielmehr wahr: Es gibt natürlich keine Chancengleichheit. Der „Wahrmacher", wenn man so will, ist das „natürlich", denn in der Natur kommt Chancengleichheit nun mal wirklich nicht vor. Es ist also etwas, das hergestellt werden muss. Wenn man aber etwas herstellen möchte, muss man schon so etwas wie eine Art Vorstellung davon haben, wie das Herzustellende beschaffen sein sollte und für welche Zwecke es „benützt" werden soll. Das gilt für die Herstellung eines Tisches ebenso wie für die „Herstellung" einer Norm. Ein kleiner Unterschied mag darin liegen, dass Ersteres als gelungen angesehen werden kann, wenn der Tisch seine Funktion erfüllt, i.e. dass man etwas darauf stellen kann, man daran sitzen kann, darauf schreiben, seine Mahlzeit einnehmen kann und anderes mehr, und dass er möglichst nicht wackelt. Das ist im zweiten Fall nicht ganz so einfach, denn eine Norm „funktioniert" nicht schon, indem sie vereinbart oder niedergeschrieben wird, denn vor allem muss ein solches Vorhaben auch gerechtfertigt werden.

Man könnte nun natürlich sagen: Chancengleichheit ist ein Ideal – und es liegt im Wesen (oder der Natur?!) von Idealen, dass diese sich prinzipiell der Realisation entziehen und man deshalb auch nicht unbedingt ihre Merkmale und Eigenschaften angeben muss, weil man das sowieso nicht kann.

Aber man darf da den Worten nicht auf den Leim gehen, IDEAL ist nicht gleich IDEAL. Die einen IDEALE sind – mehr oder weniger verquaste – philosophisch-theoretische Konzepte, die anderen sind Entwürfe, Pläne usw. die Menschen machen, unter anderem, um die Welt bzw. das Leben „gerechter" zu gestalten. Das sind in einem Sinne auch nur Theorien, die aber letztlich (hoffentlich!) in die Praxis umgesetzt werden.

Und damit werden wir uns im Folgenden beschäftigen:

1. Warum es „natürlich" gar keine Chancengleichheit geben kann.
2. Verschiedene Konzeptionen der Chancengleichheit.
3. Wo Chancengleichheit geboten ist und wo sie Sinn (oder eben keinen Sinn) macht.
4. Wie Chancengleichheit hergestellt werden kann (Mittel und Wege).
5. Wo Chancengleichheit tatsächlich vorkommt – und weshalb sie dann doch nicht überall vorkommt.

1. Warum es „natürlich" gar keine Chancengleichheit geben kann.

Es ist nun gar nicht so leicht zu sagen, was den Menschen als „natürlich" zuzuschreiben ist. Klarerweise zwar seine biologische Ausstattung, aber schon wenn man den Blick auf Verstand, Vernunft, Geist, Seele – oder wie man heute gern sagt –: auf das Mentale richtet, wird die Abgrenzung schon schwierig bzw. gibt es diesbezüglich unterschiedliche Positionen. Und dann erst recht in Bezug auf „das Soziale". Zwar hatte der alte Aristoteles schon, wie später dann auch Thomas von Aquin, den Menschen als „zoon politikon" gekennzeichnet, und damit vorgegeben, dass der Mensch „von Natur aus" ein politisches und soziales Wesen ist (denn er ist auf die Gruppe verwiesen, weil seine biologische Ausstattung vorne und hinten nicht ausreicht, damit er sich Nahrung und Kleidung beschaffen kann, er hat keine natürlichen Waffen wie Hörner, Stacheln, Krallen, Giftzähne, und schnell genug laufen kann er auch nicht. Seine Instinkte sind, man kann nicht sagen „hundsmiserabel", sondern „menschmiserabel". Tiere wissen instinktiv, was ihnen nützt oder schadet, wir nicht. Um diesen Naturmangel zu kompensieren haben wir die „Naturgabe" Vernunft bekommen, aber selbst diese nützt uns isoliert nichts. Menschen müssen notwendig in Gesellschaft leben, und sie brauchen die Sprache).

Wenn wir nunmehr das Augenmerk auf einen „Naturzustand" (den es faktisch nie gegeben hat, der immer, wenn man so will, ein philosophisches Konstrukt war) richten, lässt sich leicht feststellen, dass Chancengleichheit gar nicht vorkommen kann, denn das kleine, mickrige Männlein hat gegen den Hünen mit der Keule einfach keine Chance, wenn es um die Verteilung der (gemeinsam erlegten) Jagdbeute geht. Wir dürfen allerdings davon ausgehen (mit gutem Grund, denn schließlich GIBT es uns ja), dass die Vorväter einen Brutpflegetrieb hatten und mithin Nahrung und Felle mit den „Weibchen" in der Höhle teilten.

Schon mal ein erstes Fazit: Auch wenn unglaublich viele Generationen von Menschen überhaupt keine Begriffe von Gerechtigkeit, Chance und mithin von Chancengleichheit hatten, so gab es offenkundig doch irgend eine Vorstellung davon, dass es *nützlich* ist, „Dinge" mit jenen zu teilen, die keinen direkten Zugriff auf diese „Dinge" hatten. Nun gibt es heute (wie auch schon in der Vor- und Frühmoderne) die Auffassung, dass Nützlichkeit kein besonders edles Motiv (keine lobenswerte Motivation) sei. Diese Auffassung muss man aber ganz und gar nicht teilen.

2. Verschiedene Konzeptionen der Chancengleichheit.

Ganz eng verknüpft mit „Chancengleichheit" sind u.a. Konzeptionen von Gerechtigkeit und – ggf. etwas weniger allgemein – von Verteilungsgerechtigkeit. Es gibt, wie das halt nun mal ist, nicht DIE EINE Auffassung von Gerechtigkeit, sondern viele. Und mindestens zwei davon haben – bezogen auf bestimmte Bereiche – absolut ihre Berechtigung. Und die eine bedarf noch nicht einmal einer besonderen Rechtfertigung. Es gilt als gerecht, dass *vor dem Gesetz* alle Menschen gleich sind. Hier bedürfen die Abweichungen von diesem Grundsatz der Rechtfertigung (und genau genommen sind die überhaupt nicht zu rechtfertigen). Um die beiden Typen der Verteilungsgerechtigkeit bei knappen Gütern zu explizieren, bedient man sich in der Regel der „Kuchenmetapher". Eine Möglichkeit: Ein gleich großes Stück für jeden, die andere: Verschieden große Stücke, je nach „Bedürfnis". Das gilt letztlich sowohl bei materiellen, aber auch bei „abstrakten" Gütern wie Freiheit, Selbstbestimmung u.Ä.

Ein ganz besonders knappes „Gut" sind Professoren-, Vorstands- und Aufsichtsratsratsstellen, aber auch unterhalb dieser Ebene gibt es durchaus eine „Verteilungsproblematik", genau so, wie in bestimmten ganz anderen Bereichen, die traditionell eher männer- oder traditionell eher frauendominiert sind. Und das wollen wir jetzt anhand einiger Beispiele aus der Praxis durchdeklinieren.

1. Geschichte: Eine Professur wird ausgeschrieben, mit dem üblichen Hinweis, dass die Universität X bemüht ist, den Frauenanteil zu erhöhen und deshalb […]. Es bewerben sich 121 Personen, 105 Männer und 15 Frauen. 20 Männer und eine der Frauen werden, da sie nicht über die nötige Qualifikation verfügen, gar nicht weiter in Betracht gezogen. Es bleiben also 95 ernsthaft zu prüfende Männer und vier ebenfalls für die Stelle potenziell qualifizierte Frauen. Die Wahrscheinlichkeit, dass eine Frau die Stelle bekommt, liegt demnach unter 0,05 %. Nun ist das Schöne an der Wahrscheinlichkeit ja, dass auch das Unwahrscheinliche eintreten kann – und es sich letztlich doch nur um eine reine Zahlenspielerei handelt. Die Frage allerdings ist, wie ernsthaft ist die Universität X bemüht, „den Frauenanteil zu erhöhen". Und da es immer wieder mal Anlass zu berechtigten Zweifeln an dieser „Ernsthaftigkeit" gibt, hilft definitiv nur eines: die Quote. Für all jene Fakultäten, denen ein einigermaßen ausgewogenes Geschlechterverhältnis „am Herzen liegt", stellt die Quote überhaupt kein Problem dar – und den anders „gestrickten" Fakultäten fallen dann schon mal, von rein rechnerisch korrekten bis zu höchst abstrusen Statements, Begründungen ein, weshalb man letztlich dann doch keine Frau „auf die Liste" setzt. Eine Begründung setzt auf das Verhältnis der Geschlechter bei den konkreten Bewerbungen und deren Vertreter setzen darauf, dass es gerecht sei, wenn ein Subjekt aus der größeren Menge zum Zuge kommt – und dass es himmelschreiend ungerecht sei, eine Frau zu nominieren, wenn doch so viele Männer „im Angebot" sind. Und als Beispiele für die abstrusen Pseudoargumente (die die Autorin nicht

erfunden, sondern gehört hat): „Die ist so gut, die bekommt auch woanders eine Stelle." Oder: „Die ist verheiratet und der Mann verdient".

Und weil das auch im 21. Jahrhundert durchaus vorkommt, muss die Quote, und zwar in Verbindung mit Sanktionen, sein. Das ist vielleicht hässlich, aber doch hoffentlich wirksam. Das Schöne ist, dass es Institutionen gibt, die die Vorgaben ihrer (ehemals sogenannten) „Frauenförderpläne" Ernst nehmen. Das weniger Schöne ist, dass es noch immer eine erkleckliche Anzahl von Gruppierungen mit der festen Überzeugung gibt, dass Frauen auf Professorenstellen möglich sind (ja, sogar vorkommen) und weil dies möglich ist, muss an der bisher gehandhabten Praxis auch nichts geändert werden – oder anders ausgedrückt: Pläne zur Herstellung der Chancengleichheit sind etwas völlig Überflüssiges, da diese ja „ins System eingebaut" ist, ergo Frauen dieselben Chancen haben wir Männer. Und dabei wird geflissentlich übersehen, dass bei der Besetzung von Professorenstellen der Geschlechtszugehörigkeit zwar tatsächlich eine (unangemessen) große Beachtung geschenkt wird – zu Lasten der sich bewerbenden FRAUEN.

2. Geschichte: Es ist heftig umstritten, aber jetzt doch geplant, dass ab 2016 30 % der Aufsichtsratssitze in börsennotierten und mitbestimmungspflichtigen Unternehmen an Frauen gehen – anderenfalls bleiben diese „Plätze" unbesetzt. Dieses Gesetz soll am 11. Dezember 2014 vom Kabinett verabschiedet werden. Wenn Sie diesen Text lesen, ist das Gesetz in Kraft – oder auch nicht. Denn es gibt allenthalben ein großes Jammern und Wehklagen, das weitgehend jeder rationalen Grundlage entbehrt[1] (und wo die Gründe weit eher im dem emotionalen Bereich entspringen). Für Vorstände und Manager sollen die Unternehmen sich diesbezüglich selbst verpflichten – und das wird, so ist zu fürchten, aus mehren Gründen schief gehen. Einer dieser Gründe ist, das auch im 21. Jahrhundert, trotz aller Wissenschaftlichkeit, vorkommende Phänomen, dass „mensch" dazu neigt, wenn er selten etwas gesehen hat, z.B. Frauen in Vorstandssitzungen, zu schließen, dass es dort keine Frauen gibt (was ja sogar stimmen kann). Der eigentliche Problemfall ist aber, dass, wenn dann tatsächlich eine Frau oder drei Frauen in einem solchen oder ähnlichen Gremium wahrgenommen werden, dies als irgendwie ungehörig empfunden wird, als ein nicht angemessenes, nicht „artgerechtes" Verhalten (analog dem Hecht im Karpfenteich oder, vielleicht eher sogar, dem Löwenzahn im Rosenbeet). Und dies wird sich noch lange fortschreiben, wenn hier nicht von der Politik klare Regeln: Quotenregeln! vorgegeben werden. Es mag sein und ist für viele Frauen schmerzlich, Quotenfrauen zu sein, aber den Schuh brauchen sie sich gar nicht anzuziehen,

---

1 Was die Autorin eher irritiert, ist, dass die Alternative zu einer oder mehreren Frauen das NICHTS ist, man kann es aber auch positiv formulieren „zu Frauen gibt es keine Alternative!"

denn sie sind nicht *wegen* der Quote auf diese bestimmte Position gekommen, sondern aufgrund ihrer Qualifikation – und die Funktion der Quote besteht einzig und allein darin, die Zugangsbedingungen für Männer und Frauen (ein wenig) zu egalisieren. Denn, und da braucht man sich gar keine Illusionen zu machen, nur weil an ganz prominenter Stelle steht, *dass Männer und Frauen gleichberechtigt sind, dass der Staat die tatsächliche Durchsetzung der Gleichberechtigung von Frauen und Männern fördert und auf die Beseitigung bestehender Nachteile hin wirkt*[2] passiert(e) erst einmal so gut wie überhaupt nichts. Erst als das „fördert" in Förderplänen der unterschiedlichsten Institutionen konkretisiert wurde, wurden Veränderungen auch sichtbar. In vielen Bereichen müssen Männer, aber insbesondere Frauen noch immer auf die „Beseitigung der bestehenden Nachteile" warten. Allerdings eines muss man den staatlichen Institutionen zu Gute halten: Dort gibt es in der Tat keinen Unterschied zwischen Frauen- und Männergehältern auf den entsprechenden Stellen (allerdings auch weniger Ministerialdirektorinnen als -direktoren).

3. Geschichte: In Kindergärten, in der Grundschule und zu einem Gutteil auch in höheren Klassen findet man Frauen, Frauen, Frauen. Frage: Brauchen wir hier auch eine Quote? Die Antwort könnte durchaus ein „JA" sein. Klar, diese Berufe zeichnen sich nicht gerade durch ein hohes Sozialprestige aus – und der im Kindergarten arbeitende Mann ist unter Umständen dem Gespött seiner Kegelbrüder oder zumindest einer milden Herablassung ausgesetzt. Aber dies gilt, wie für die Frau auf der Vorstandsetage, auch nur solange, wie es ein mehr oder weniger einzelnes Vorkommnis bleibt. Es ist nämlich *nützlich*[3], wenn in einer Gesellschaft wie der unseren Kindern vorgelebt wird, dass beinahe (oder doch?) alle Rollen von Männern oder Frauen wahrgenommen werden können, aber das funktioniert natürlich nur, wenn Männer und Frauen in relativer Gleichverteilung in diesen Rollen vorkommen. Man mag nun noch so sehr beschwören, dass sich „das Bewusstsein ändern müsse", nur so etwas wie ein kollektives Bewusstsein gibt es überhaupt nicht. Was es aber gibt, ist die Praxis, eingebettet, wenn man so will, in gesetzliche Rahmenbedingungen und „gestützt" von bestimmten Maßnahmekatalogen. Die ersten Frauen an den Universitäten z.B. mussten ihren Weg noch gegen „geltendes Recht" erkämpfen, Männer, die in „Frauendomänen einbrechen" sind ohne Zweifel (vorläufig) noch derselben gesellschaftlichen Geringschätzung ausgesetzt wie die sich nicht demütig verhaltenden Frauen. Gefragt ist demzufolge Pioniergeist auf der individuellen Ebene und geboten sind eine Art „Männerförderpläne" in den entsprechenden Einrichtungen bzw. herausgegeben von den Trägern dieser Einrichtun-

---

2 Vgl. Grundgesetz für die Bundesrepublik Deutschland, Artikel 3, Abs. 2.
3 Vgl. die Bemerkung zur Nützlichkeit.

gen, die deutlich machen, dass – und dies jetzt nur beispielhaft und bildlich gesprochen – ein Kleinkinder erziehender Mann immer noch ein MANN ist. Dann besteht sogar die Hoffnung, dass es eines („natürlich") noch fernen Tages, normal sein wird, dass sich die relative Gleichverteilung von Männern und Frauen in einer Gesellschaft auch in allen gesellschaftlichen Gruppen widerspiegelt. Und um nochmals auf das Bewusstsein zurückzukommen: Wenn mehr Frauen Bagger fahren und mehr Männer Grundschüler unterrichten, dann stellt sich das entsprechende Bewusstsein bei jenen, die wahrnehmen, schon von selbst ein.

4. Geschichte: ... und dann wäre da noch Buridans Esel (Buridan war unter anderem von 1325 bis 1348 Rektor der Pariser Universität – und das Paradoxon vom Esel, der zwischen zwei Heuhaufen verhungert, weil er sich nicht entscheiden kann, stammt in dieser Formulierung nicht von ihm, sondern von einer Person, die Buridans Fragestellung, ob der Wille vor zwei vollständige gleiche Alternativen gestellt, in der Lage wäre, einer der anderen vorzuziehen, und die Buridan mit NEIN beantwortet, ad absurdum zu führen.

Und das Ganze jetzt angewendet z.B. auf eine Situation, die sich so darstellt (man könnte hier auch auf die „Endphase" der Entscheidung über die Besetzung der Professorenstelle rekurrieren):

Gegeben: Eine hoch dotierte Stelle, eine Bewerberin und ein Bewerber. In Bildung, Ausbildung, Kompetenz, Expertise, praktischer Erfahrung und Alter gibt es keinen Unterschied, auch keinen augenfälligen bei der persönlichen Präsentation, nur eben den „berühmten kleinen".

Wie soll sich der Personalchef (die Personalchefin oder das zuständige Gremium) entscheiden. Wie wird er/sie/es entscheiden?

An dieser Stelle werden Aspekte, die nicht IN/AN den sich Bewerbenden selbst festzumachen sind, ins Spiel kommen müssen[4]. Zum Beispiel: Wie ist die Personalstruktur in der Firma/der Institution insgesamt? Wie ist es um die „Geschlechterverteilung" auf der „höheren Ebene" bestellt? Der nicht erfolgreiche Bewerber oder die nicht erfolgreiche Bewerberin wird es (und das nicht einmal ganz zu *Unrecht* als *ungerecht* empfinden, wenn er oder sie aus Gründen, die in der gegebenen (und gegebenenfalls zu verbessernden) Personalstruktur des Unternehmens liegen, nicht zum Zuge kommt[5].

---

4 Man könnte selbstverständlich auch einfach würfeln, denn dies ist unter Umständen von all den unfairen Methoden immer noch die fairste.

5 Wobei es hochwahrscheinlich ist, dass sich in diesem Fall der Mann als ungerecht behandelt sieht. Aber das ist nun einmal das grundsätzliche Problem, dass die Förderung einer bestimmten Gruppe zu Ungerechtigkeiten gegenüber Individuen führt, die der anderen Gruppe angehören.

3. Wo Chancengleichheit geboten ist
und wo sie Sinn (oder eben keinen Sinn) macht.

Das Konzept der Chancengleichheit bezieht sich erst einmal und prinzipiell auf alle Menschen, aber weil das dann doch sehr viele sind und es sich kaum präzisieren lässt, läuft die Definition des Ausdrucks meist über „alle Bürger" und deren Recht auf Lebens- und Sozialchancen. Diskriminierung aufgrund des Geschlechts, des Alters, der Religion, Krankheit oder Behinderung sind „verboten". Nur eine Kleinigkeit, die aber durchaus auch schon ihre Tücken hat: Abgesehen von Potentaten jedweder Couleur sind alle Personen Bürger, aber eben in verschieden Staaten. Zwar soll auch der „kulturelle" Hintergrund einer Person keine Rolle spielen, die Staatsangehörigkeit muss aber sehr wohl ins Kalkül gefasst werden: Sollten etwa 1,4 Milliarden Chinesen die gleichen Chancen auf dem deutschen Arbeitsmarkt haben? Das macht wenig bis gar keinen Sinn …

Schauen wir uns die Sache mit der Religion an (dieser „Posten" müsste um die Kategorie „Konfession" ergänzt werden). Es ist davon auszugehen, dass – von bestimmten Ausnahmen, wie z.B. Nordirland – die Konfessionszugehörigkeit in Europa keine bedeutende oder hindernde Rolle spielt (ebenso abgesehen natürlich von dem Faktum, dass eine Protestantin nicht Kurienkardinal werden kann, ebenso wenig wie ein Katholik Leiter des Diakonischen Werkes). Es mag allerdings Diskriminierungen von Juden, Moslems und weniger von Buddhisten und Agnostikern geben – aber hier müssen dann ggf. andere Mechanismen greifen, eine Quote bringt da gar nichts (wahrscheinlich aber eine Klage – und manchmal sogar schon die Drohung mit einer solchen).

Mag die Behindertenrechtskonvention (Convention on the Rights of Persons with Disabilities) der UNO auch nur ein Papier, gefüllt mit schönen Worten sein, so kann man diesbezüglich doch, und dies schon in Zeiten vor dieser Resolution, gelegentlich ganz ordentliche Resultate feststellen. Unternehmen in Deutschland mit mehr als 20 Beschäftigten müssen (mindestens) 5 % der Stellen mit behinderten Personen besetzen. Da insbesondere in kleinen Unternehmen nicht immer geeignete Bedingungen herrschen, können sich die Unternehmen freikaufen. Trotzdem liegt die „faktische" Quote bei 4,6 % – und das lässt, sozusagen in Analogie, darauf hoffen, dass es auch auf dem anderen „Chancengleichheitskampfplatz" zu einer angemessenen Verteilung kommt. Denn hier ist es, nicht nur aus Sicht von Frauen, dringend nötig.

4. Wie Chancengleichheit – und hier wird jetzt nur jene von Männern und Frauen thematisiert – hergestellt werden kann.

Appelle halfen nicht, philosophische Konzepte halfen nicht (wirklich), bestimmte Ereignisse, wie Kriege und Nachkriegszeiten, die Frauen in Männerdomänen katapultierten halfen nicht, denn der „roll back" setzte dann schnell ein. Helfen werden Gesetze mit Ausführungsbestimmungen und entsprechenden Kontrollinstanzen. Aber, und das ist nun das ganz Entscheidende: Es muss GEWOLLT sein! Dieses Wollen erwächst aber (von Ausnahmen und von den von Ungerechtigkeiten Betroffenen abgesehen) nicht aus dem Bedürfnis nach Gerechtigkeit. Ergo sind die Gutwilligen gefordert, die Sache pragmatisch anzugehen – und die NÜTZLICHKEIT ganz stark zu machen, d.h. zu zeigen, welchen Gewinn eine Volkswirtschaft oder eine Gesellschaft schlechthin hat, wenn Männer und Frauen nicht nur auf dem Papier dieselben Chancen haben, sondern tatsächlich.

5. Wo Chancengleichheit tatsächlich vorkommt – und weshalb sie dann doch nicht überall vorkommt.

Zum Zeitpunkt des Niederschreibens dieses Textes ganz aktuell: „Der türkische Präsident Recep Tayyip Erdoğan lehnt eine völlige Gleichberechtigung von Mann und Frau als unnatürlich ab. Eine komplette Gleichstellung der Geschlechter sei „gegen die Natur", sagte Erdoğan in einer Rede vor dem Frauenverband Kadem in Istanbul. Der Islam habe für die Frau die Rolle der Mutter vorgesehen. Als Beispiel nannte Erdoğan das Arbeitsleben. „Man kann Frauen nicht die gleiche Arbeit wie Männer machen lassen, wie es in der Vergangenheit unter kommunistischen Regimes geschehen ist", sagte der Staatspräsident. Dies gelte etwa für Schwangere und stillende Frauen, die nicht unter den gleichen Bedingungen arbeiten könnten wie Männer. „Gib ihr eine Schaufel und lass sie arbeiten? So etwas geht nicht. Das widerspricht ihrer zierlichen Statur", sagte Erdoğan.[6]

Natürlich ist es nicht natürlich! Aber sogar schon der alte Platon, dem man das vielleicht gar nicht zutraut, war der Auffassung, dass auf Frauen, auch wenn auf sie „ wegen des Gebärens und Ernährens der Jungen" und weil sie etwas schwächer sind, Rücksicht „bei ihrer Verwendung" genommen werden sollte,[7] „vollen Menschenstatus haben, das heißt die gleichen kognitiven und geistigen Fähigkeiten wie Männer. Das hängt nun mit Platons Ideen- und Seelenlehre zusammen, die die körperliche Beschaffenheit prinzipiell als etwas Äußerliches und damit Unmaßgebliches abweist. Und jetzt ein kühner

---

6 U.a. Zeit online vom 24.11.2014.
7 Platon: Der Staat. 1. Buch.

Sprung in die Gegenwart hoch industrialisierter und technisierter Gesellschaften: Auch hier spielt die körperliche Beschaffenheit kaum mehr eine Rolle.[8]

Ein weiteres Fazit: Solange es gesellschaftlich akzeptiert wird, dass die je „andere" körperliche Ausstattung von Männern und Frauen zum einen Einfluss auf deren „geistige" Fähigkeiten hat und dass es darüber hinaus spezifische männliche und weibliche *wesensmäßige* Eigenschaften gibt, bleibt jedes Konzept von Chancengleichheit „leeres Geschwätz". Hören wir Aristoteles[9]:

> „Fürs erste müssen diejenigen Wesen sich paaren, die ohne einander nicht bestehen können, wie das Männliche und das Weibliche [...] und zwar nicht vorsätzlich, sondern wie bei den Tieren und Pflanzen aus dem natürlichen Trieb, ein ihnen selbst gleichartiges Wesen zu hinterlassen und ebenso ein von Natur zum Herrschen und zum Gehorchen bestimmtes Wesen wegen der Erhaltung der Gattung. [...] Denn ein Wesen, das vermöge seines Verstandes zur Voraussicht befähigt ist, ist *von der Natur* zum Herrschen und Gebieten bestimmt, ein solches dagegen, das das Befohlene nur mit seinem Leib ausführen kann, ist *von der Natur* zum Gehorchen und Dienen bestimmt [...]. Der Fähigkeit zu überlegen entbehrt z.B. der Sklave ganz, das Weib besitzt sie, aber ohne ihr Geltung verschaffen zu können [...]. Denn bei Weib und bei Mann ist die Besonnenheit, die Tapferkeit und die Gerechtigkeit nicht dieselbe, sondern dort ist es die Tapferkeit im Herrschen, hier im Dienen."

Das muss man jetzt einem alten Griechen nicht übel nehmen, aber es ist doch mehr als erstaunlich, dass mehr als 2000 Jahre später dieses Denkmuster noch immer vielen Männer- *und* Frauenköpfen virulent ist. Das ist kein „Beweis" für dessen Richtigkeit, aber ein Indiz für die hohe Wirksamkeit von Vorurteilen. Auch heute greift man gerne auf „Natürliches" – i.e. Biologisches – zurück, um die Andersartigkeit „männlichen" und „weiblichen" Verhaltens zu erklären: Jetzt sind hauptsächlich Hormone dafür „verantwortlich".

Endgültiges Fazit: Jeglicher Rekurs auf angeblich oder wirklich „Natürliches" in Bezug auf Soziales, Gesellschaftliches, Politisches, bei Werten und Normen führt zu Unfug. Allenthalben[10] sind und werden schöne und sogar nützliche Worte gebraucht – und es hat sich in den letzten (sagen wir 50)

---

8 Es ist nicht zu leugnen, dass es auch in modernen Industriegesellschaften noch Bereiche gibt, wo die „schiere" Körperkraft gefragt ist – z.B. in der Kranken- und Altenpflege. Aber wer macht diese Arbeit in der Regel? Frauen!

9 Aristoteles: Politik. 1. Buch. Hervorhebungen nicht im Original.

10 Gemeint mit „allenthalben" sind UNO-Resolutionen, EU-Vorgaben, das Grundgesetz, „Selbstverpflichtungen" von Parteien und anderen Institutionen ...

Jahren einiges, in den letzten (sagen wir 15) Jahren *relativ* viel getan[11], und das ist in erster Linie dem Engagement von Männern und Frauen zu verdanken, die in ihren Bereichen entweder eine Quote eingeführt haben, und deren „Erfüllung" überwachten oder die, auch ohne Quotenregelung z.B. in Betrieben gesehen haben, dass der „Laden besser läuft", wenn das jeweils andere Geschlecht nicht bloß als eine verschwindende Minderheit (oder gar nicht) vorkommt.

---

11 Bedauerlicherweise ist im Moment in Bezug auf die Chancengleichheit eine gewisse Stagnation eingetreten, obwohl, um es mal so auszudrücken: der Markt noch nicht gesättigt ist.

Grenzen und Gefahren der Institutionalisierung von Bereichsethiken

Klaus Wiegerling

Einleitung

Die aktuelle Tendenz Ethik in vielen Anwendungsbereichen zu institutionalisieren, indem man Kodizes formuliert oder Ethikbeauftragte bzw. Ethikkommissionen installiert, birgt Probleme, die bisher wenig erörtert wurden. So richtig es ist, einen Sinn für die Sensibilisierung für moralische Probleme in unterschiedlichen Handlungsfeldern als auch entsprechende Handlungsstrategien zu entwickeln, so problematisch ist die Institutionalisierung, wenn sie nur zur Verrechtlichung der Problemfelder und zu einer Delegation moralischer Fragen führt.

Thesen

Im Folgenden sollen vier Thesen formuliert werden, welche die Grenzen und Gefahren einer Institutionalisierung der Ethik betreffen. Diese eng miteinander verwobenen Thesen sollen anschließend erläutert und an Beispielen exemplifiziert werden:

1. Die Institutionalisierung der Ethik darf nicht zu einer Entlastungs- und Delegationsinstanz degradiert werden.
2. Ethik darf nicht einfach zu einer Verrechtlichung führen.
3. Es gibt in der angewandten Ethik Grenzen des Konsensprinzips und der Partizipation.
4. Angewandte Ethik hat ethische Konflikte in erster Linie aufzuweisen und Handeln kritisch zu begleiten.

1. Die Institutionalisierung der Ethik darf nicht zu einer Entlastungs- und Delegationsinstanz degradiert werden.

Während die institutionelle Entlastung als anthropologisches Entwicklungsprinzip von zentraler Bedeutung für die Stabilität der menschlichen Psyche, aber auch für die Ausdifferenzierung und Komplexitätssteigerung einer Gesellschaft ist, ist institutionelle Entlastung in ethischen Angelegenheiten keineswegs ein Beitrag, der zu einer Verbesserung der ‚conditio humana' und zu einer moralischen ‚Höherentwicklung' der vernunftbegabten Spezies ‚homo sapiens' führen muss. Zwar trifft es zu, dass psychische, aber auch moralische ‚Scheuklappen' die Lebensfähigkeit eines Menschen erhöhen können; dies führt aber nicht unbedingt zu einer Stabilisierung der Gesellschaft, geschweige denn zu einer Verbesserung der ‚conditio humana'. Zwar sind psychotherapeutische Maßnahmen oft darauf gerichtet Hypersensibilität ab-zubauen, die Artikulation und Durchsetzung von Eigeninteressen zu stärken und Scheuklappen gegenüber gewissen moralischen An- bzw. Zumutungen zu entwickeln, schließlich ist psychische Normalität bzw. Stabilität in einer Mittellage angesiedelt, die die eigene Lebensenergie nicht hemmt. Es stellt sich aber die Frage, ob Menschen wirklich als gesund, normal und stabil zu bezeichnen sind, die etwa in einem NS-Vernichtungslager tagsüber ihren mörderischen Dienst verrichteten, abends aber liebevoller Familienväter und feierselige Lebemänner waren. Offenbar kann ethische Sensibilität für die Psyche eines Menschen zum Problem werden, wie psychische Stabilität zu einem ethischen Problem werden kann. Die therapeutische Bändigung einer solchen Sensibilität gehört selbst aber keinem ethischen Diskurs an, psychi-sche Stabilität aber unter Umständen durchaus.

Die für uns entscheidende Frage lautet: Ist Verantwortung teilbar und kann sie an Institutionen delegiert werden. Nun sind Präzisierungen der Verantwortungssphären in kooperativen Handlungsfeldern – und die zeich-nen nun einmal komplexe Gesellschaften aus – notwendig. In jedem Betrieb existieren unterschiedliche Verantwortungssphären. Die Verantwortung des Ingenieurs liegt auf einer anderen Ebene als die des Prokuristen. Aber auch im Falle kooperativer Handlungsfelder heißt das keineswegs, dass sich Ver-antwortlichkeit nur auf juristisch bestimmbare Zuständigkeitsbereiche be-zieht. Kooperative Verhältnisse, die moderne technisch disponierte, kom-plexe Arbeitsfelder charakterisieren, zeichnen sich dadurch aus, dass deren Akteure über ein interdisziplinäres Wissen verfügen. Zwar kann Verantwor-tung im engeren Sinne immer nur dem aufgebürdet werden, der für ein be-stimmtes Arbeitsfeld zuständig ist, dies bedeutet aber nicht, dass ihn be-nachbarte Arbeitsfelder nichts angehen und Verantwortlichkeit quasi an der Tür des eigenen Labors endet. Verantwortung ist prinzipiell transzendierend. Natürlich ist eine erfahrene OP-Krankenschwester nicht für den falsch ange-setzten Schnitt eines unerfahrenen Chirurgen verantwortlich, aber sie trägt in einem moralischen Sinne durchaus Verantwortung, wenn sie weiß, wie ein Schnitt richtig angesetzt wird und nicht interveniert, obwohl ihr juristisch gesehen nichts vorzuwerfen ist. In modernen kooperativen Verhältnissen gibt es Schnittmengen zwischen unterschiedlichen Arbeitsfeldern. Häufig liegen sie in gemeinsamen medialen Dispositionen. Dies bedeutet zwar nicht, dass jeder ein Informatiker sein muss, aber dass in nahezu jedem Handlungsfeld ein Mindestmaß an Handhabungsfähigkeiten von IuK-Syste-men und ein Mindestmaß an Auswirkungswissen vorausgesetzt werden muss. Niemand kann sich in kooperativen Arbeitsverhältnissen komplett von einem Nachbarfeld abkoppeln. In der akademischen Forschung lässt sich –

vielleicht von der Mathematik und der formalen Logik abgesehen – kaum mehr eine von anderen Disziplinen komplett abgekoppelte Disziplin vorstellen.

Das Prinzip der Entlastung mag nun juristisch seine Bedeutung haben, in moralischen Dingen kann es aber zu einer Entethisierung des Einzelnen und der Gesellschaft führen. Ethische Sensibilität als Voraussetzung für eine humane Gesellschaft gründet darin, dass sie begrenzte Verantwortungsbereiche transzendiert. Verantwortung lässt sich nicht ohne weiteres delegieren: Auch wenn es klar ist, dass es unterschiedliche Zuständigkeiten in komplexen Gesellschaften und Grenzen der eigenen Verantwortlichkeit geben muss, so ist dennoch die Idee einer grenzüberschreitenden Verantwortlichkeit die Bedingung eines humanitären Fortschritts. Gewiss ist damit aber auch die Gefahr einer ‚moralischen Überlastung' gegeben, die an die Grenzen des psychisch Zumutbaren geht und zu Handlungsblockaden führen kann.

Wie auch immer wir moralische Verantwortung fassen wollen, es geht in ihr um mehr und – wie wir noch genauer sehen werden – um anderes als bei einer rechtlichen Regelung von Zuständigkeiten. In moralischen Fragen gibt es nur in sehr engem Rahmen ein Delegationsprinzip. Alles was das Individuum von moralischen Entscheidungen suspendiert, führt nicht zu einer Humanisierung der Gesellschaft, sondern nur zu einer Regelung der Gesellschaft, was durchaus nicht dasselbe ist.

Wir können uns eine ethische Entlastung also nur in einem sehr engen Rahmen vorstellen, der letztlich psychologischen Erfordernissen geschuldet ist. Entlastung bedeutet in ethischen Dingen aber unter Umständen auch ‚Entledigung von Verantwortung' wie wir es exemplarisch vom Eichmann-Prozess her kennen. Bis zum heutigen Tag wird in Prozessen die Strategie angewendet, Täterschaft bzw. Mittäterschaft zu entschuldigen, indem Verantwortungsbereiche scharf abgegrenzt werden.

Es gibt nun ein grundsätzliches Problem für die Institutionalisierung der Ethik, wenn sie zur Delegations- oder Entlastungsinstanz degradiert wird. Sie würde in diesem Falle genau das verfehlen, was ihre erste Aufgabe ist, nämlich die Sensibilisierung für normative Konflikte sowie die permanente Reflexion von Handlungen und Selbstverpflichtungen. Insbesondere würde damit ein Verrechtlichungsprozess einsetzen, der der ethischen Reflexion nicht notwendigerweise förderlich ist. Es gibt eine Grundspannung zwischen einem rechtlich-politischen Anliegen und einem ethischen. Ersteres zielt auf eine Veränderung gesellschaftlicher Zustände und bestehender gesetzlicher Regelungen, indem neue Rahmungen gesetzt werden. Diese haben eine zentrale Bedeutung, denn eine Gesellschaft kann nur unter der Bedingung eines Rechtsfriedens, der solche Rahmungen voraussetzt, funktionieren.

Das ethische Anliegen dagegen zielt auf die Haltung und das Handeln des Einzelnen. Gehandelt werden soll, ganz im Sinne Kants, nicht eines äußeren Zwanges, sondern einer Einsicht wegen, die einen nötigt etwas zu tun oder zu lassen.

Moralität ist insofern unteilbar als sie zwar von mir nicht alles fordern, mich aber auch nie suspendieren kann. Als Nichtschwimmer werde ich keinem Ertrinkenden schwimmend Beistand leisten können, ich werde aber einen Helfer alarmieren oder dem Ertrinkenden vielleicht einen Rettungsring zuwerfen können. Dass es Hierarchien von Verantwortlichkeit gibt, dass es besondere Zuständigkeitsbereiche der Verantwortung entsprechend meiner Vermögen gibt, ist unbestreitbar – dies heißt aber nicht, dass Verantwortung abgegeben werden kann.

Bewirkt Ethik eine Entlastung des Menschen, so betrifft diese nicht die Existenz des Menschen als moralisches Subjekt, sondern dessen psychische Stabilität oder dessen Handlungssicherheit. Eine institutionelle Entlastung für das ethische Subjekt wäre dann kontraproduktiv, wenn es dadurch als handelndes Subjekt aus dem Fokus verschwände. Denn nur als wirklich handelndes, das heißt zuletzt wählendes Wesen kann es auch Subjekt eines ethischen Diskurses sein. Institutionelle Entlastung kann nur bedeuten, dass ich eine Unterstützung bei moralischen Problemen, etwa Hinweise auf Möglichkeiten der Umsetzung moralischer Gebote erfahre bzw. auf Folgen von Handlungen hingewiesen werde. Dies hat aber nichts mit einer moralischen Suspendierung des Handlungssubjekts zu tun.

2. Ethik darf nicht einfach zu einer Verrechtlichung führen.

Vertiefen wir diese Überlegungen, indem wir den Unterschied zwischen Ethik und Recht schärfer zu fassen versuchen. Ethik als Begründung von Moral unterscheidet sich in grundsätzlicher Weise von rechtlichen Regelungen, womit keineswegs gesagt ist, dass Ethik und rechtliche Normierung nichts miteinander zu tun haben. Rechtliche Regelungen können schließlich durchaus aus ethischen Diskursen hervorgehen. Die Ablehnung der Todesstrafe ging wesentlich aus ethischen Diskursen hervor, wobei diese Diskurse häufig den Ausgang von historischen Erfahrungen nahmen. Rechtliche Regelungen ersetzen aber keinen ethischen Diskurs, ebenso wenig wie ethische Diskurse eine rechtliche Regelung ersetzen können. Wir erleben heute etwa im Bereich der Medizin einen starken und verständlichen Wunsch der Ärzteschaft nach klaren rechtlichen Regelungen, die das Ende des Lebens betreffen: Wann und unter welchen Umständen ist es erlaubt lebenserhaltende Maßnahmen zu unterlassen, wann sogar einem Lebensmüden beim Suizid zu assistieren? Die rechtliche Regelung mag dem verantwortlichen Arzt helfen eine Situation besser handhaben zu können. Dadurch werden

aber keineswegs moralische Probleme gelöst. Selbst wenn bestimmte Formen der Euthanasie in Deutschland erlaubt werden sollten – was aufgrund
der historischen Belastungen, die mit dem Begriff verbunden sind, tendenziell eher unwahrscheinlich ist – wird es noch immer Ärzte geben, die einen
ärztlichen Beistand zur Beendung des Lebens aus guten Gründen verwei-
gern werden. Der berechtigte Wunsch nach Rechtssicherheit in speziellen
Handlungsfeldern kann zu einer Befriedung von gesellschaftlichen Konflikten
führen, nicht aber zur Lösung moralischer Konflikte, die sich für den Einzelnen ergeben. Die vom Bürger zu fordernde Anerkennung eines in demokratischen Prozessen zustande gekommenen Gesetzes bedeutet noch lange
nicht die moralische Anerkennung dessen, was das Gesetz zulässt.

Zwar mündet ein politischer Gestaltungswille in der Regel auch in rechtlichen Regelungen, diese Regeln können aber kein Ersatz für den ethischen
Diskurs sein. Sie stehen für einen zumindest vorläufigen Abbruch eines Diskurses. Einen solchen Abbruch gibt es aber nicht für die Ethik, da diese sich
immer auch im Aufweis moralischer Probleme äußert, die sich aus neuen –
häufig technisch bedingten – Anwendungsoptionen von Regeln ergeben.

Was einen ethischen Diskurs gegenüber einer juristischen Regelung auszeichnet, geht aus dem bereits erwähnten Beispiel hervor. Der Verantwor-
tungsbereich einer OP-Schwester ist genau festgelegt. Sie hat für die Steri-
lität der Operationswerkzeuge, für die korrekte Anreichung dieser Werk-
zeuge oder die korrekte Erfüllung von Hilfsdiensten bei der Operation zu
sorgen, sie hat aber selbst nicht die Durchführung der Operation zu verantworten. Was juristisch eindeutig sein mag, ist es aber noch lange nicht in
ethischer Hinsicht. Moralische Verantwortung transzendiert juristische Verantwortung. Gesetzestreue ist kein Hinweis auf moralische Integrität. Wir
verehren ‚Gesetzesbrecher‘, die sich nicht den Nürnberger Rassegesetzen
gebeugt haben, die sich nicht an Schussbefehle gegen Unbewaffnete gehalten haben. Aktuell wird die Frage diskutiert, wie ein vermeintlicher ‚Gesetzesbrecher‘ wie Snowden zu beurteilen sei. Nicht wenige halten ihn für
einen Helden, der für Demokratie, Privatheitsschutz und Meinungsfreiheit
viel gewagt hat. Wie auch immer wir es wenden, Formen der Verrechtlichung von Konflikten führen nicht zu einer Suspendierung von ethischen
Diskursen.

Zwischen Ethik und Recht klafft eine Lücke. Der rechtliche Diskurs betrifft
Rahmungen, ist sozusagen für die Festlegung von Reizschwellen zuständig.
Erst ab einer bestimmten Schwelle greift das Gesetz. Jede gesetzliche Regelung kann aber auch ‚unterschritten‘, ‚ausgehebelt‘ oder ‚ausgereizt‘ werden. Im ethischen Diskurs sollen zwar Normen aufgestellt und begründet
werden, es geht aber auch um die Anleitung zur Umsetzung des Gebotenen,
was sich exemplarisch in Kants Kategorischem Imperativ artikuliert. Diese

Umsetzung kann aber durch geänderte Rahmenbedingungen, durch situative Besonderheiten, zeitliche Dehnungen von Handlungsabläufen aufgrund kultureller Dispositionen oder historischer Ereignisse, oder auch durch besondere mediale Vermittlungen des Handelns allerlei Einschränkungen erfahren. Dies kann dazu führen, dass Gebote deliberativ behandelt, dass sie neu bewertet oder unter Umständen verworfen werden müssen. Dies ist etwa dann der Fall, wenn aufgrund von technischen Optionen Handlungen für Laien möglich sind, die sie normalerweise nicht ausüben können, oder wenn über Informationssysteme Gefahren angezeigt werden, die normalerweise nicht wahrgenommen werden können.

Der ethische Diskurs lotet genau die Lücken aus, die im rechtlichen Diskurs offen bleiben müssen. Rechtliche Entlastung ist noch lange keine ethische Entlastung. Rechtliche Schuldzuschreibung ist etwas völlig anderes als moralische Schuldzuschreibung. Eichmann gab auf die Frage, ob er sich denn nicht schuldig fühle für das, was er getan habe, die Antwort, dass er sich im juristischen Sinne nicht schuldig fühle, im moralischen Sinne aber sehr wohl. Dies wäre nun freilich auch aus juristischen Gründen zu bezweifeln, dennoch markiert diese berühmte Antwort eine tatsächlich bestehende Kluft. Das Recht verbietet niemandem gemein, falsch und raffgierig zu sein, solange sein Tun und Lassen im rechtlichen Rahmen bleibt. Dies ist in der Ethik nicht der Fall.

Es wurde in technikethischen Diskursen immer wieder darauf hingewiesen, dass Verantwortung teilbar ist entsprechend arbeitsteiliger Produktionsweisen und Bedienungsanforderungen. In jeder komplexen, arbeitsteiligen und ausdifferenzierten Gesellschaft spielen besondere Verantwortungssphären eine Rolle. Streng genommen ist Verantwortung immer eine Sonderzuschreibung, das heißt nur im Falle einer ‚absurden‘ Verantwortlichkeit, wie sie Elias Canetti für den Dichter beansprucht[1], wäre eine totale Verantwortlichkeit anzunehmen. Verantwortung ist immer eine Teilverantwortung. Die Grenzen der Verantwortungsbereiche werden kulturell bzw. sozial bestimmt. Verantwortlichkeiten sind nicht immer mit einer personalen Zuschreibung im Sinne von Schuld verbunden. Man denke an die ‚politische Verantwortung‘, die zwar keine personale Schuld benennt, aber die Verantwortlichkeit für das, was im ‚eigenen Haus‘ passiert. Der Minister haftet mittelbar für seine Mitarbeiter. Verantwortung ist dann nicht notwendigerweise im Sinne der Verursachung zu sehen. Auch wenn Verantwortung eine Sonderzuschreibung ist, bleibt sie im moralischen Diskurs nicht an bestimmte Handlungen gebunden. Es spielen vielmehr auch Handlungsmöglichkeiten des moralischen Subjekts eine Rolle, wie das Beispiel der OP-Kranken-

---

1 Vgl. Canetti, E. (1975): Der Beruf des Dichters. S. 257–267 in Canetti, E.: Das Gewissen der Worte. München 1975.

schwester belegt. Und noch ein weiteres Moment ist von Bedeutung, nämlich das Situative bzw. Ereignishafte, das Grenzen von Verantwortungsbe-
zirken sprengen kann oder Verantwortungsbezirke in neuen Zusammenhängen erscheinen lässt. Die Mitarbeit an der Herstellung eines Präparates zur
Einschläferung von Tieren erlangt eine neue moralische Dimension, wenn
man weiß, dass dieses Präparat auch für die gezielte Tötung von Menschen
genutzt wird. Verantwortungssphären sind also keine fest umrissenen Be-
zirke. Auch an sich harmlose Handlungen können durch neue Erkenntnisse
und neue Zuordnungen ihre Unschuld verlieren. Medizinische Therapien, die
zu bestimmten Zeiten als wertvoll und hilfreich erachtet wurden, können sich
aufgrund besserer Kenntnis ihrer Wirkung als falsch und gefährlich erweisen. Es ist die handlungsbegleitende Reflexion der angewandten Ethik, die
im Gegensatz zu rechtlichen Regelungen immer zu Irritationen und Unsicherheiten führt und die niemals ein zu enges und zu fest gefügtes Verant-
wortungskonzept dulden kann.

3. Es gibt in der angewandten Ethik Grenzen des
Konsensprinzips und der Partizipation.

Partizipationsverfahren können sich im ethischen Diskurs als Problem darstellen. Ethische Diskurse sind an Argumentation gebunden, nicht aber notwendigerweise an Fragen der Partizipation, zumal Partizipation immer nur
relative Partizipation bedeutet. Das heißt nicht, dass zwischen Argumentation und Partizipation ein Gegensatz besteht, nur dass Argumentation eine
notwendige Bedingung für den Diskurs ist, Partizipation dagegen nicht. Zwar
ist ein kontrafaktischer Vorgriff auf eine ideale Kommunikationsgemeinschaft
im Sinne der Frankfurter Kommunikationsphilosophie, mithin ein partizipati-
ves Element, durchaus eine wichtige Bedingung eines ethischen Diskurses,
der im Sinne des Ideals einer dialektischen Wahrheitsfindung möglichst alle
denkbaren Ansprüche und Interessen hören sollte; dieses Ideal ist aber nie
vollkommen realisierbar, und zwar in einem dreifachen Sinne. Erstens können nicht alle von einer Entscheidung betroffenen Personen in einem Diskurs Gehör finden, weil sich viele der Teilnahme am Diskurs schlichtweg
entziehen; zweitens können viele Menschen an diesem Diskurs nicht teilnehmen, weil sie nicht mündig oder vorübergehend oder dauerhaft nicht
Herr ihrer Sinne sind; dementsprechend müssen sie bei der Artikulation ihrer
Interessen vertreten werden; und drittens ist eine umfassende Teilnahme
schon aus zeitlichen Gründen nicht möglich. Im aktiven Leben stehen alle
Diskurse unter zeitlichem Vorbehalt, da Entscheidungen getroffen werden
müssen, die kaum oder keinen Aufschub dulden.

Die Berücksichtigung unterschiedlicher Positionen bzw. Interessen heißt
nicht, dass alle Positionen den gleichen Rechtsanspruch, also die gleichen

Geltungsansprüche erheben können. Der Anspruch eines Pädophilen, seine sexuelle Neigung ausleben zu dürfen, kann nur schwer mit dem Schutz von Kindern vor sexuellem Missbrauch in Einklang gebracht werden. Interessen und Bedürfnisse zu haben, hat nichts mit deren Berechtigung zu tun. Konsensprinzipien haben gewiss eine soziale Berechtigung, sie können aber noch nicht für eine moralische Legitimation herhalten. Es gibt Staaten, in denen ein weitgehender Konsens in Bezug auf die Todesstrafe, auf die Verfolgung von Homosexuellen und die Züchtigung von Kindern besteht, womit aber noch keine moralische Rechtfertigung dieses Konsenses erlangt ist. Auch der Universalisierungsanspruch der Vernunft, der durchaus für eine moralische Rechtfertigung einzufordern ist, ist inhaltlich oft nur schwer einlösbar und scheitert formal nicht selten an unterschiedlichen Realisierungsbedingungen. Dies macht weder das Konsensprinzip, noch das Universalisierungsprinzip für den ethischen Diskurs wertlos, dies zeigt nur, dass ethische Legitimierung von konkretem Handeln offensichtlich nicht auf diese Prinzipien reduziert werden kann.

Im Feld der angewandten Ethik tritt ein weiteres Problem auf. Der ethische Diskurs kann hier nicht ohne Sachkenntnis der jeweiligen Handlungssphäre geführt werden, was viele Betroffene zwar nicht ausschließt, aber in anderer Weise positioniert. Natürlich spielen im Feld der medizinischen Ethik immer direkt oder indirekt artikulierte Patienteninteressen eine zentrale Rolle, Handlungsakteure sind in diesem Feld aber meistens diejenigen, die über bestimmte Handlungsoptionen als Sanitäter oder Ärzte verfügen. Viele Bindestrichethiken wenden sich an Spezialisten, wovon Ethikkodizes zeugen. Diese Kodizes sind zwar nicht jenseits des allgemeinen ethischen Diskurses angesiedelt, aber die darin angebotenen Handlungsempfehlungen bzw. Handlungsvorschriften wenden sich nicht an jedermann, sondern an Ingenieure, Manager, Wissenschaftler usw. Partizipation bedeutet in der angewandten Ethik also schon von der Sache her eingeschränkte Partizipation. Dies macht die Partizipation der Betroffenen am Diskurs nicht überflüssig, es zeigt nur, dass die für die Diskursteilnahme notwendige Sachkenntnis den Umfang der Partizipation beschränkt.

Moralische Konflikte können auch nicht durch Formen des ‚Einmoderierens‘ bzw. der Kompromissfindung gelöst werden. Die Rolle, die Ethikräte heute im politischen Diskurs spielen, ist innerhalb und außerhalb der Ethik keineswegs unumstritten. So richtig es ist, beim Versuch Handlungsempfehlungen in problematischen Handlungsbezirken zu finden, unterschiedliche Akteure dieser Handlungsbezirke ihre Sicht der Dinge und ihre Interessen artikulieren zu lassen, so problematisch ist es eine Gleichberechtigung all dieser Sichtweisen und Interessen zu suggerieren. Dass es in vielen dieser Felder besondere ökonomische Interessen gibt, gibt diesen Interessen noch keinen ethischen Status. Verdeutlichen wir das an einem drastischen

Beispiel: Natürlich werden möglicherweise Arbeitsplätze geschaffen, wenn Giftsubstanzen für die Tötung von Menschen hergestellt werden. Dies verleiht dem ökonomischen Argument aber noch keinerlei ethischen Status. Ethische Normen gewinnen ihre Legitimität nicht durch Kompromisse, auch wenn solche Kompromisse politisch geboten sein mögen.

Rechtliche Präferenzen mögen im politischen Diskurs ihre Berechtigung haben – schließlich ist eine gewisse Kompatibilität und Anschlussfähigkeit des Handelns – eine Bedingung für das Selbstverständnis eines Rechtsstaats. Und die Kompatibilität und Anschlussfähigkeit ist gewiss auch von Bedeutung für verantwortbares Handeln. Die Idee einer anschließbaren provisorischen Moral, wie sie Descartes formuliert hat, kann in der Tat moralische Verwerfungen verhindern, wie wir sie aus den Krisenzeiten der Geschichte kennen. Dennoch kann die Anschließbarkeit allein noch keine ethische Legitimität begründen. Die Aufhebung der Todesstrafe war in ihren Anfängen gewiss ein Bruch mit bestimmten Konventionen, wodurch die ethische Bedeutung dieser Aufhebung aber keineswegs desavouiert wird.

Konsensfindung ist für die Entwicklung eines stabilen demokratischen Staatswesens eine Leitlinie, aber die Zustimmung zu einer bestimmten moralischen Praxis, legitimiert diese noch nicht. Zustimmung kann zudem immer auch entzogen werden, und dies aus guten Gründen. Erst die Anwendungspraxis entscheidet darüber, ob Handeln wirklich ethisch legitimierbar ist, da niemals alle möglichen Anwendungsfälle bzw. Anwendungssituationen einer Regel in einem Diskurs durchgespielt werden können. Jeder Konsens ist ein vorläufiger. Dies macht ihn nicht verwerflich, relativiert aber seinen Wert für die Begründung.

4. Angewandte Ethik hat ethische Konflikte in erster Linie aufzuweisen und Handeln kritisch zu begleiten.

Aus den Erläuterungen der vier ersten Thesen wird deutlich, warum der angewandten Ethik in besonderer Weise eine aufweisende Rolle zukommt. Diese Rolle bedeutet keineswegs eine Abkehr von der Normenbegründung, sondern nur eine Hierarchisierung der Aufgaben im Bereich der angewandten Ethik. Die aufweisende Rolle muss so interpretiert werden, dass angewandte Ethik sich in erster Linie auf die Bedingungen des ethischen Diskurses fokussieren sollte, also die Frage stellen sollte, ob in einem Handlungsfeld infolge technischer Entwicklungen oder veränderter gesellschaftlicher Praktiken und Organisationweisen Probleme auftauchen, welche die drei metaethischen Bedingungen, Identität des Handlungssubjekts, Bestimmung der Wirklichkeitssphäre und Wahl infrage stellen oder schwächen können. Insbesondere in medienethischen Konstellationen tauchen immer wieder Probleme auf, die genau diese Infragestellung bzw. Schwächung bewirken.

Verantwortlich für sein Tun kann nur ein Subjekt gemacht werden, dessen personale Identität gewährleistet ist, das weiß in welcher Sphäre es handeln muss – eben nicht im Theater, wenn auf der Bühne Wallenstein ermordet wird – und das mit seiner Handlung eine Wahl getroffen hat, denn wir können nur für das Verantwortung übernehmen, was wir gewählt haben. Es sind also in erster Linie Handlungsprobleme aufzuweisen, denen wir beispielsweise bei einer immer ‚autonomer' agierenden Systemtechnologie begegnen, die dem Menschen Entscheidungen bzw. Wahlmöglichkeiten abzunehmen vermag.

Fazit

Ethik schafft zwar Dispositionen zur Lösung von moralischen Problemen, aber sie löst diese nicht. Nur konkrete Handlungen können Probleme lösen. Handlungskontexte wandeln sich, das heißt unsere Handlungen stehen unter besonderen, sich wandelnden historischen und kulturellen Präferenzen. Die aristotelische ‚φρόνησις' ist sozusagen ein gewohnheitsbasiertes, aber situationsgebundenes Vermögen, das man zwar disponieren bzw. einüben kann, das man aber immer situativ, das heißt aufgrund einer begrenzten Erkenntnislage gebrauchen muss. Dieses Vermögen jedenfalls scheint von entscheidender Bedeutung für die angewandte Ethik zu sein.

Juristische Regelungen können insbesondere technisch schnell unterlaufen werden. Nicht grundlos ist eine Vielzahl von Bereichen der angewandten Ethik, von der Informations- bis zur Wissenschaftsethik, von der Medizin- bis zur Wirtschaftsethik in wesentlichen Teilen technisch disponiert. Man denke nur an die Vielzahl medizinethischer Fragen, die in der Anwendung von medizinischen Apparaturen ihre Ursache haben.

Als Grundproblem erweist sich, dass in der praktischen Philosophie nie die Historizität des Handelns übersprungen werden kann. Es können die Probleme der angewandten Ethik nicht allein in logischen Begründungsverfahren gelöst werden. Historizität ist nicht nur die Addition der Zeitdimension im logischen Kosmos, sondern die Erfahrung von Überlagerung, Sedimentierung, Verschiebung, Umwertung, Artikulation und Desartikulation sowie Transformation von Wertfügungen. Das Historische ist eine gegenwärtige Wirksamkeit des Vergangenen, die nicht auf ein Kalkül gebracht werden kann.

Institutionalisierung der Ethik kann zuletzt dann zu einer Entethisierung der Gesellschaft führen, wenn sie allein zu einer Verrechtlichung des Handelns und zur Entlastung des Individuums führt. Auch in ihrer institutionalisierten Form muss sich Ethik in erster Linie als Weise einer kritischen, vermittelnden und aufweisenden Begleitung feldspezifischen Handelns begreifen, niemals aber als Entlastungsinstanz.

Verzeichnis der Autorinnen und Autoren

Ulrich Arnswald
Dr., Institut für Philosophie, Karlsruher Institut für Technologie (KIT)

Michael Assländer
Professor Dr. phil. Dr. rer. pol. habil., Fachbereich Sozialwissenschaften, Technische Universität Dresden – Internationales Hochschulinstitut Zittau

Alexander Bagattini
Dr., Institut für Philosophie, Heinrich-Heine-Universität Düsseldorf

Gerhard Blickle
Professor Dr., Institut für Psychologie, Abteilung Arbeits-, Organisations- und Wirtschaftspsychologie, Universität Bonn

Alexander Brink
Professor Dr. Dr., Professor für Wirtschafts- und Unternehmensethik, Institut für Philosophie, Universität Bayreuth

Renate Dürr
Professorin Dr., Institut für Philosophie, Karlsruher Institut für Technologie (KIT)

Tobias Eberwein
Dr. phil., Dipl.-Journ., Institut für vergleichende Medien- und Kommunikationsforschung der Österreichischen Akademie der Wissenschaften und der Alpen-Adria-Universität Klagenfurt

Eric Fellhauer
Dr., Lazard & Co. GmbH, Frankfurt a.M.

Susanne Fengler
Professorin Dr., Institut für Journalistik, Technische Universität Dortmund, Direktorin des Erich-Brost-Instituts für internationalen Journalismus

Elisabeth Göbel
Professorin Dr., Lehrstuhl für Management, Organistaion und Personal, Unuversität Trier

Armin Grunwald
Professor Dr., Institut für Technikfolgenabschätzung und Systemanalyse und Institut für Philosophie, Karlsruher Institut für Technologie (KIT)

Bernhard Irrgang
Professor Dr. Dr., Institut für Philosophie, Technische Universität Dresden

Matthias Karmasin
Univ. Prof. Mag. Dr. rer. soc. oec. Dr. phil., Ordinarius am Institut für Medien- und Kommunikationswissenschaft der Alpen-Adria-Universität Klagenfurt, Direktor des Instituts für vergleichende Medien- und Kommunikationsforschung der Österreichischen Akademie der Wissenschaften

STEFANIE KAST

Dipl.-Kffr., M.A., wissenschaftliche Mitarbeiterin, Fachbereich Sozialwissenschaften, Technische Universität Dresden – Internationales Hochschulinstitut Zittau

HANS LENK

Professor em. Dr. Dr. h.c. mult., Institut für Philosophie, Karlsruher Institut für Technologie (KIT)

DAVID LORENZ

Professor Dr., FRICS, Fachgebiet Immobilienwirtschaft, Karlsruher Institut für Technologie (KIT)

ARNE MANZESCHKE

Privatdozent Dr. theol. habil., Fachstelle für Ethik und Anthropologie im Gesundheitswesen, Institut Technik – Theologie – Naturwissenschaften an der Ludwig-Maximilians-Universität München

MATTHIAS MARING

Professor Dr., Zentrum für Technik- und Wirtschaftsethik, Institut für Philosophie, Karlsruher Institut für Technologie (KIT)

PETER MICHL

Dipl.-Wi.-Ing., Lehrstuhl Ökonomie und Ökologie des Wohnungsbaus, Karlsruher Institut für Technologie (KIT)

THOMAS MIKHAIL

Dr. phil., Institut für Allgemeine Pädagogik, Karlsruher Institut für Technologie (KIT)

FRIEDEMANN W. NERDINGER

Professor Dr., Lehrstuhl für ABWL: Wirtschafts- und Organisationspsychologie, Universität Rostock

JOCHEN OSTHEIMER

Dr. M.A., Katholisch-Theologische Fakultät, Ludwig-Maximilians-Universität München

GEORG SCHAUB

Profesor Dr.-Ing., Engler-Bunte-Institut, Bereich Chemische Energieträger – Brennstofftechnologie, Karlsruher Institut für Technologie (KIT)

MICHAEL SCHRAMM

Professor Dr., Lehrstuhl für Katholische Theologie und Wirtschaftsethik, Universität Hohenheim

THOMAS TUREK

Professor Dr.-Ing., Institut für Chemische Verfahrenstechnik, Technische Universität Clausthal

ALENA WACKERBARTH

M.A., Fakultät für Angewandte Sozialwissenschaften, OTH – Ostbayerische Technische Hochschule Regensburg

KARSTEN WEBER

Professor Dr., Lehrstuhl für Allgemeine Technikwissenschaften, BTU Cottbus-Senftenberg Fakultät für Allgemeinwissenschaften, Institut für Sozialforschung und Technikfolgenabschätzung (IST), OTH – Ostbayerische Technische Hochschule Regensburg

KLAUS WIEGERLING

Professor Dr., Institut für Technikfolgenabschätzung und Systemanalyse, Karlsruher Institut für Technologie (KIT)

Schriftenreihe des
Zentrums für Technik- und Wirtschaftsethik
am Karlsruher Institut für Technologie
(ISSN 1867-5530)

Herausgegeben von Matthias Maring

Die Bände sind unter www.ksp.kit.edu als PDF frei verfügbar oder
als Druckausgabe bestellbar.

Band 1   Matthias Maring (Hrsg.)
               Verantwortung in Technik und Ökonomie. 2009
               ISBN 978-3-86644-296-2

Band 2   Hans Lenk
               **Umweltverträglichkeit und Menschenzuträglichkeit: Die neue
               Verantwortung für unsere Umwelt und Zukunft.** 2009
               ISBN 978-3-86644-297-9

Band 3   Matthias Maring (Hrsg.)
               **Vertrauen – zwischen sozialem Kitt und der Senkung von Trans-
               aktionskosten.** 2010
               ISBN 978-3-86644-461-4

Band 4   Matthias Maring (Hrsg.)
               **Fallstudien zur Ethik in Wissenschaft, Wirtschaft, Technik und
               Gesellschaft.** 2011
               ISBN 978-3-86644-608-3

Band 5   Matthias Maring (Hrsg.)
               Globale öffentliche Güter in interdisziplinären Perspektiven. 2012
               ISBN 978-3-86644-931-2

Band 6   Matthias Maring (Hrsg.)
               Bereichsethiken im interdisziplinären Dialog. 2014
               ISBN 978-3-7315-0155-8

Band 7   Matthias Maring (Hrsg.)
               **Vom Praktisch-Werden der Ethik in interdisziplinärer Sicht:
               Ansätze und Beispiele der Institutionalisierung, Konkretisierung
               und Implementierung der Ethik.** 2015
               ISBN 978-3-7315-0325-5